Die Rechtsprechung

des

Königlichen Ober-Trib

in

Straf-Sachen

herausgegeben

von

F. C. Oppenhoff,
Ober-Staats-Anwalt beim Königl. Ober-Tribunal.

Zweiter Band.

Berlin, 1862.
Druck und Verlag von Georg Reimer.

Thatsache. — Mangel des Beweisantrags. — Prüfung.

Der Instanzrichter ist nicht verpflichtet, solche thatsächliche Behauptungen, welche ohne Beweis gelassen sind, ausdrücklich zu würdigen [1]).

Vdn. v. 3. Jan. 1852 Art. 31 [vgl. dort n. 32]; § 126 [vgl. dort n. 44].

Erk. (Z. I.) v. 9. Okt. 1861 c. Müller (745. I. Cr.).

Der Richter macht sich keines prozessualischen Verstoßes schuldig, wenn er nicht jedwede thatsächliche aber ohne Beweis gelassene Behauptung in besondere ausdrückliche Erwägung nimmt, sollte er sie auch officio nobili haben berücksichtigen können.

Antr. des GStA.s: gleichl. [17. — 2.]

Weidefrevel. — Rheinisches Ruralgesetz.

Die das Führen von Thieren auf fremdes Eigenthum verbietende Strafvorschrift des Art. 24 Tit. 2 des Rh. Ruralgesetzes v. 28. Sept. 1791 ist durch § 347 Nr. 10 des StGB. nicht aufgehoben.

Vgl. StGB. l. c. n. 30 [2]).

Erk. (V. II.) v. 10. Okt. 1861 c. Schaber (258. II. Cr.).

In Erwägung, daß der Art. 24 des Ruralgesetzes v. 1791 das Verbot enthält, Thiere auf fremdes Eigenthum zu führen (mener sur le terrain d'autrui), woge-

---

[1]) Sic: Bd. I. S. 124. Das Gegentheil gilt nur da, wo thatsächliche Momente behauptet sind, welche mit rechtlicher Nothwendigkeit auf das Vorhandensein oder Nichtvorhandensein eines Begriffsmerkmals schließen lassen. Sic: Beschl. II. 4. Apr. 1861 c. Pöttgen (24. B.).

[2]) Alle Verweisungen auf Oppenhoffs Kommentar zum Strafgesetzbuche beziehen sich auf die dritte Ausgabe.

gen der § 347 Nr. 10 StGB. denjenigen, welcher unbefugt vor völlig beendeter Erndte über Wiesen oder bestellte Aecker ꝛc. geht, fährt, reitet oder Vieh treibt, unter Strafe stellt und in seinem Schlußsatze disponirt, „daß die besonderen Bestimmungen, welche über Weidefrevel in den Feldpolizei-Ordnungen enthalten sind, hierdurch nicht geändert werden;"

daß schon aus diesem Schlußsatze sich ergiebt, daß die Nr. 10 des § 347 l. c. nur solche Uebertretungen vorsieht, bei denen nicht die Ausübung einer Weide Zweck und Gegenstand des Treibens von Vieh über fremdes Eigenthum ist, daß vielmehr, in Gemäßheit des im Art. II Abs. 2 des Einführungsgesetzes ausgesprochenen allgemeinen Grundsatzes, wonach die besondern Strafgesetze, insofern sie Materien betreffen, in Hinsicht deren das allgemeine StGB. nichts bestimmt, in Kraft bleiben sollen, das StGB. die Weidefrevel unter der Sanction der sie betreffenden Spezialgesetze gelassen und im § 347 Nr. 10 nur solche Handlungen unter Strafe gestellt hat, welche, ohne gleichzeitig den Charakter einer unbefugten Ausübung der Weide zu tragen, eine Beeinträchtigung fremden Eigenthums durch Betreten ꝛc. darstellen;

daß im Uebrigen auch schon der Wortlaut des § 347 Nr. 10, sowie die darin enthaltene Zusammenstellung des Viehtreibens mit anderen Fällen, bei denen offenbar an die Ausübung einer Weide nicht gedacht werden kann, die Folgerung ausschließen, als ob derselbe die Stelle des Art. 24 des Ruralgesetzes zu vertreten bestimmt, oder als ob Letzterer mit den Vorschriften des StGB. unvereinbar sei.

(A. d. Gr. Vernichtung ꝛc.)

Antr. des GStA.s: gleichl. [16.—1.]

---

1. Diebstahl von Wild. — Gehege. — Umschlossener Raum.

2. Diebstahl von Wild. — Waffe.

1. Der Diebstahl von Wild, welcher mittelst Einsteigens ꝛc. in ein umzäuntes Gehege verübt

wird, ist, wenn das letztere den Voraussetzungen eines „umschlossenen Raums" entspricht, als schwerer Diebstahl zu betrachten.

StGB. § 218 Nr. 2 [dort einzutr. als n. 14 a].

2. Derjenige, welcher Wild aus einem umzäunten Gehege stiehlt, begeht, wenn er dabei eine Waffe bei sich führt, einen schweren Diebstahl, sollte die Waffe auch nur zur Erlegung des Wildes bestimmt gewesen sein und gedient haben.

StGB. § 218 Nr. 6 [vgl. dort n. 64].

Erk. (B. II.) v. 10. Okt. 1861 c. Vieth (278. II. Cr.).

V. war mit einem geladenen Gewehre in einen fremden, eingefriedigten, den Voraussetzungen eines umschlossenen Raums (StGB. § 221 a. E.) entsprechenden Thiergarten durch eine nicht zum Eingange bestimmte Oeffnung in der Einfriedigung eingedrungen, und hatte dort einen Wilddiebstahl verübt. Der App.-Richter strafte nur aus § 217 Nr. 1, weil dieser in Betreff des Wilddiebstahls den § 218 Nr. 2 ausschließe, und Nr. 6 ibid. hier wegfalle, da das Führen von Waffen bei dieser Art von Diebstählen regelmäßig vorkomme. Auf die NB. des OStA.s ist dieses Erk. vernichtet, und das wegen schweren Diebstahls verurtheilende erstinstanzgerichtliche Erk. bestätigt worden; erwogen wurde:

daß, wenn gleich in einem Falle wie der vorliegende, wo der Eigenthümer das Wild in einem größeren umschlossenen Raume hegt, zur Okkupation desselben die Anwendung von Schuß- oder sonstigen Waffen in der Regel erforderlich sein wird, gleichwohl weder in der Natur der Sache, noch in dem Wortlaute und der ratio des § 218 Nr. 6 ein Grund liegt, um für einen solchen, unter den Begriff des gewöhnlichen Diebstahls (als Gegensatz zur bloßen Jagdkontravention) zu subsumirenden Fall die Vorschrift des § 218 Nr. 6 zu beschränken und hier unbedingt und unter allen Umständen blos den § 217 Nr. 1 für anwendbar zu erachten, da auch hierbei die Gefährlichkeit des mit Waffen versehenen Diebes in viel prägnanterer Weise hervortritt, und es überhaupt bei Anwendung des § 218 Nr. 6 nicht entscheidend ist, ob der Dieb die Waffe zum Angriffe resp. zur Abwehr, oder ob er dieselbe nur als Werkzeug zur Ausführung des Diebstahls selbst, in specie also zur Erlegung des Wildes, mitgenommen hat, indem die gefährliche Lage, in welche der Dieb sich selbst durch sein gesetzwidriges Verhalten versetzt, das Bewußtsein und das Festhalten des ursprünglichen Zweckes im Momente des Betroffenwerdens zurückdrängen, also auch hier jene Gefährlichkeit vorhanden sein wird, welcher das Gesetz durch eine schwerere Pönalsanktion vorbeugen wollte.

Antr. des GStA.s: gleichl. [12. — 1.]

Kompetenz. — Ort der Ergreifung. — Requisition.

Der Gerichtsstand ist bei dem Gerichte des Sprengels, in welchem der Beschuldigte ergriffen wird, selbst dann begründet, wenn diese Ergreifung auf Grund einer Requisition eines anderen kompetenten und mit der Sache bereits befaßten Gerichts erfolgt ist.

Ges. v. 3. Mai 1852 Art. 2 [vgl. dort n. 24]; 4.

Beschl. (II.) v. 10. Okt. 1861 c. Wiegmann (al. **Willer.** 66. B. II. Cr.).

Die W., gegen welche beim Kr.-G. zu Arnsberg wegen eines im Sprengel des letzteren verübten Vergehens die Voruntersuchung eingeleitet worden war, ward demnächst in Folge einer Requisition jenes Gerichts im Sprengel des Kr.-G.s zu Nordhausen zur Haft gebracht. Das OTr. hat demzufolge die inzwischen eröffnete Untersuchung zur Fortführung und Entscheidung an das Kr.-G. zu Nordhausen verwiesen, indem es die territoriale Kompetenz desselben durch die in seinem Sprengel bewirkte Ergreifung für begründet erachtete und in dieser Beziehung erwog:

daß auch bei dem Kr.-G. zu N. der Gerichtsstand dadurch begründet ist, daß die Beschuldigte in N. durch die Polizeibehörde zur Haft gebracht ist, und dort detinirt wird, da zwar die Beschuldigte dorthin nur in Folge einer an die Polizeidirektion zu Harburg gerichteten Requisition des Kr.-G.s zu A. und des von diesem Gerichte erlassenen

Haftbefehls gebracht worden ist, dessen ungeachtet aber N. als Ort der Ergreifung im Inlande erscheint.

Antr. des GStA.s: gleichl. [26.—3.]

Nichtigkeitsbeschwerde. — Legalisirung. — Zuordnung eines Vertheidigers.

Der Angeklagte kann nicht verlangen, daß ihm zum Zwecke der Anfertigung oder Legalisirung einer Nichtigkeitsbeschwerde ein Vertheidiger zugeordnet werde.

Ges. v. 3. Mai 1852 Art. 110 [vgl. dort n. 36].

Beschl. (II.) v. 10. Okt. 1861 c. Ströker (59. B. II. Cr.).

Str. war mit einer in unlegalisirter Form eingereichten NB. durch kreisgerichtliche Verfügung zurückgewiesen worden, ohne daß sein gleichzeitig gestelltes Gesuch „um Zuordnung eines Offizialanwalts zur Vertheidigung" berücksichtigt worden wäre. Seine hierüber geführte Beschw. ward vom OTr. zurückgewiesen, wobei in der letzteren Beziehung ausgeführt wurde:

Ihr Gesuch, daß Ihnen zur Vertheidigung ein Mandatar ex officio zugeordnet werden möge, hat kein dem Angeklagten dieserhalb zustehendes Recht für sich, die Nichtberücksichtigung desselben ist daher auch zu einer Beschwerde nicht geeignet.

Antr. des GStA.s: gleichl. [27.—3.]

Steuerdefraudation. — Dolus. — Bewußtsein.

Bei Steuerdefraudationen kommt es auf die Feststellung eines Dolus oder einer Culpa nicht an, dagegen muß sich der Defraudant der die Defraudation bildenden That bewußt gewesen sein.[1])

Erk. (V. I.) v. 11. Okt. 1861 c. Schröter (711. I. Cr.).

Vernichtung des angegriffenen Erkenntnisses, und Zurückverweisung der Sache in die zweite Instanz.

---

[1]) Sic: V. I. 3. Juni 1859 c. Aßmus (506); Beschl. I. 17. Juni 1859 c. Lüdtke u. Gen. (113. B.); Z. I. 20. Nov. 1861 c. Schütze (959); das erstere sprach gleichzeitig aus, daß die Behauptung des Nichtvorhandenseins jenes Bewußtseins als Strafausschließungsgrund vom Angeklagten bewiesen werden müsse.

Gründe:

Es ist zwar richtig, daß es bei Steuerdefraudationen auf eine Feststellung des Dolus oder der Culpa des Defraudanten nicht ankommt, derselbe muß sich jedoch wenigstens der That, welche die Defraudation bildet, bewußt gewesen sein. — In der Appellationsbeantwortung führt der Angeklagte wiederholt aus, daß er von der Existenz des Fleisches auf dem Wagen nichts gewußt habe. Unter diesen Umständen mußte der zweite Richter auf diesen Einwand näher eingehen und feststellen, ob derselbe thatsächlich begründet ist oder nicht. Keinesweges durfte er sich aber bei dieser Lage der Sache darauf beschränken, wie geschehen, auszusprechen, daß es auf Dolus oder Culpa des Angeklagten überhaupt nicht ankomme.

Antr. des GStA.s: gleichl. [18.—4.]

Bankerutt (einfacher). — Verheimlichung (Vernichtung) nicht erforderlicher Bücher.

Die Verheimlichung oder Vernichtung der Handelsbücher ist selbst dann strafbar, wenn es auch der Führung der Bücher nicht bedurft hätte.

StGB. § 261 Nr. 2 [vgl. dort n. 18; § 259 n. 52].

Erk. (Z. I.) v. 11. Okt. 1861 c. Goldenring (718. I. Cr.).

Zurückweisung der NB. des Angeklagten, welche geltend machte, die Verheimlichung der zum Betriebe des Geschäfts nicht erforderlichen Bücher könne einen einfachen Bankerutt nicht darstellen.

Gründe:

Betrachtet man die bloße Wortfassung der Nr. 2 des § 261 StGB., so könnte man der, von dem Imploranten geltend gemachten entgegengesetzten Auffassung beitreten, daß nämlich nur solche Handlungsbücher gemeint seien, deren Führung nothwendig gewesen. Allein die Entstehungsgeschichte des gedachten Gesetzes ergiebt unzweifelhaft ein anderes Resultat. Die Nr. 2 des § 261 l. c. lautete im Entwurfe von 1851:

„wenn sie die Handlungsbücher zu führen unterlassen haben, deren Führung gesetzlich vorgeschrieben oder nach der Beschaffenheit ihres Geschäftes erforderlich war, oder, wenn sie die Handelsbücher so unordentlich geführt haben, daß dieselben keine Uebersicht des Vermögens gewähren."

Die Kommission der zweiten Kammer beschloß dagegen, diese Vorschriften mehr in Uebereinstimmung mit der Nr. 4 im § 235 (jetzt 259) bringen zu müssen, die vom betrüglichen Bankerutt handelt, und empfahl deshalb, dieselben auch auf die Verheimlichung der Handelsbücher auszudehnen. So entstand die jetzige Fassung. In der Nr. 4 des § 259 l. c. heißt es demnächst nur:

„wenn sie in der Absicht, ihre Gläubiger zu benachtheiligen, ihre Handelsbücher verheimlicht 2c. haben."

Daß aber diese Bestimmung nicht durch die in der vorangehenden Nr. 3 enthaltene zu ergänzen ist, welche ebenfalls nur von solchen Handelsbüchern redet, deren Führung entweder gesetzlich vorgeschrieben oder relativ erforderlich war, hat bereits das Kgl. OTr. [Z. I. 4. April 1855 c. Friedrich; Oppenh. StGB. § 259 n. 52] entschieden,

„weil schon das bloße Fortschaffen einmal vorhandener Bücher den Thatbestand erfülle."

Der gleiche Grund liegt auch bei dem einfachen Bankerutt des § 261 l. c. vor, ja er tritt hier noch erschwerend hervor, weil das Fortschaffen der Bücher, über die Grenzen einer bloßen Fahrlässigkeit, wie sie bei dem Nichthalten derselben angenommen wird, hinausgeht.

Antr. des GStA.s: gleichl. [20.—4.]

Reale Konkurrenz. — Beseitigung eines Falles in der höheren Instanz. — Bestehenlassen der Strafe.

Der höhere Richter, welcher wegen einer von mehreren in realer Konkurrenz angeblich begangenen Strafthaten freispricht, kann dennoch, mit Rücksicht auf die übrigen stehen bleibenden Fälle, das früher verhängte Gesammtstrafmaaß bestehen lassen. [Vgl. Oppenh. Strafverf. Abschn. IV n. 66; § 23 n. 13; StGB. § 56 n. 30].

Erk. (V. I.) v. 11. Okt. 1861 c. Hilbert (734. I. Cr.).

H. war von den Instanzgerichten wegen dreier Betrugsfälle zu einer Gesammtstrafe verurtheilt worden; auf seine NB. ward das app.-gerichtliche Erkenntniß in Beziehung auf einen jener Fälle vernichtet, und H. von der betr. Anklage freigesprochen, im Uebrigen aber die NB. zurückgewiesen, so daß also jenes Gesammtstrafmaaß bestehen gelassen wurde. In dieser Beziehung wurde erwogen:

Obgleich, wie ausgeführt worden, die Instanzrichter insofern rechtlich geirrt haben, als sie auch in dem zwischen dem Angeklagten und J. stattgehabten Verkehr einen Betrug im strafrechtlichen Sinne erkannten, und wiewohl dieser zuletzt erwähnte Fall von den Instanzrichtern bei Abmessung des Strafmaaßes mit berücksichtigt worden sein mag, so konnte es gleichwohl nicht bedenklich erscheinen, ungeachtet der theilweisen Vernichtung des angefochtenen Erkenntnisses, es bei der erkannten Strafe zu belassen, da auch durch die beiden Betrugsfälle bei S. und Sch. ein sehr erheblicher Schaden verursacht ist, und überhaupt das ganze festgestellte Verfahren des Angeklagten in hohem Grade verwerflich erscheint.

Antr. des GStA.s: gleichl. [14. — 4.]

Vorbehalt. — Rechtskraft. — Neues Verfahren.

Die neue Verfolgung einer Strafthat in Folge eines gemachten Vorbehalts ist nicht eher statthaft, bis die den letztern aussprechende Entscheidung rechtskräftig geworden ist; ist dieselbe früher angehoben worden, so muß sie für zur Zeit unstatthaft erklärt werden.

Ges. v. 3. Mai 1852 Art. 30 [dort einzutr. als n. 36 a.].

Erk. (V. I.) v. 11. Okt. 1861 c. Peter (883. I. Cr.).

P. war wegen Urkundenfälschung in Anklagestand versetzt worden, ward aber von den Geschwornen auf alle Fragen für nicht schuldig erklärt; der Schw.-GH. sprach demgemäß frei, behielt aber auf den Antrag des StA.s in dem ohne Gründe publizirten Erkenntnisse eine anderweite Verfolgung wegen Unterschlagung vor. P. ergriff die NB., und gegen den diese zurückweisenden kreisgerichtlichen Beschl. die Beschwerde an das OTr., welche demnächst auch für begründet erachtet wurde. Ehe aber noch über diese befunden war, erhob der StA. die vorbehaltene neue Anklage, und der Richter erster Instanz verurtheilte; der App.-Richter hob indessen dieses Erkenntniß auf, weil zur Zeit über die Statthaftigkeit des neuen Verfahrens noch nicht rechtskräftig entschieden sei, diese Entscheidung auch vom OTr. ausgehen müsse; zugleich sprach er die Zurückverweisung der Sache in die erste Instanz aus, „nachdem über jene NB. erkannt sein werde." Auf die vom Angekl. ergriffene NB. hat das OTr. dieses app.-gerichtliche Erkenntniß, insoweit es die Sache in die erste Instanz zurückverwies, vernichtet, und die Anklage zur Zeit für unstatthaft erklärt.

Gründe:

Richtig ist die [vom App.-Richter] entwickelte Ansicht, daß das jetzt vorliegende Verfahren verfrüht sei, denn es muß zuvor rechtskräftig feststehen, daß es zulässig ist.

An sich hat daher der App.-Richter das in dieser Untersuchung ergangene Erkenntniß erster Instanz mit Recht aufgehoben. Allein er hat darin geirrt, daß er ohne Unterschied des Falles die Sache zur anderweiten Verhandlung und Entscheidung in die erste Instanz zurückverwiesen hat, nachdem auf die gegen das schwurgerichtliche Erk. v. rc. erkannt sein wird. Denn wenn das zu erwartende Erk. in der Schw.-G.-Sache den Vorbehalt der anderweiten Verfolgung des Angeklagten als zur Ungebühr erlassen erachten sollte, so folgt daraus von selbst, daß eine nochmalige Verhandlung und Entscheidung in vorliegender Untersuchung, die eben jene neue Verfolgung zum Gegenstande, und jenen Vorbehalt zur nothwendigen Grundlage hat, nicht zuläßig ist. Der App.-Richter hat daher die bei jeder Anklage vorauszusetzende Bedingung der bereits der Zeit nach eingetretenen Zuläßigkeit der Verfolgung einer strafbaren Handlung verkannt.

Antr. des GStA.s: gleichl. [23.—4.]

Ehefrau des Angeklagten. — Vertretung. — Eigenes Recht.

Hat die Ehefrau des Angeklagten ein eigenes Recht, in Beziehung auf die Verhaftung ihres

Mannes Anträge zu stellen, und die darüber ergangenen Beschlüsse durch Beschwerde anzufechten? (Indirekt bejaht.)

Ges. v. 3. Mai 1852 Art. 20 [dort einzutr. als n. 23 a].

Beschl. (I.) v. 11. Okt. 1861 c. Patzke (234. B. I. Cr.).

Die Ehefrau des Beschuldigten P. hatte bei den Instanzgerichten die Entlassung ihres Mannes aus der Untersuchungshaft beantragt, ohne sich darüber auszusprechen, ob sie dieses kraft eines vermeintlichen eigenen Rechts oder als Vertreterin ihres Mannes thue. Gegen die zurückweisende Verfügung des Kammergerichts ergriff sie die Beschwerde an das OTr. Die GStA.-schaft beantragte Zurückweisung, weil Frauenzimmer als Vertreter nicht auftreten können [vgl. cit. Art. 20 n. 23], und die Ehefrau nicht ein selbstständiges, neben dem ihres beschuldigten Mannes geltend zu machendes Recht zur Stellung von Anträgen in Beziehung auf die Verhaftung des letztern habe, indem ihr indirektes moralisches Interesse bei der Sache wesentlich auf derselben Grundlage, wie das des Mannes selbst, beruhen müsse, und sich daher mit diesem identifizire. Das OTr. hat dagegen ein solches Recht indirekt anerkannt, indem es auf die Beschwerde verfügte:

Sie führen selbst an, daß unter Wegfall aller übrigen Anschuldigungen, nur wegen eines Punktes die Versetzung Ihres Ehegatten in den Anklagestand definitiv ausgesprochen worden ist. Bei dieser gänzlich veränderten Sachlage ist auch der rechtliche Gesichtspunkt, unter welchem die von Ihnen angefochtenen Verfügungen des ꝛc. ergangen sind, ein anderer geworden. Es kann Ihnen daher nur überlassen bleiben, von Neuem bei dem Kgl. Stadtgericht hierselbst, und erforderlichen Falls im Beschwerdewege bei dem Kgl. Kammergericht, Ihre motivirten Anträge auf Entlassung Ihres Ehegatten aus der, über ihn verhängten Untersuchungshaft anzubringen. Sollten Sie mit den demnächst von den gedachten Behörden zu erlassenden Entscheidungen aus Rechtsgründen nicht einverstanden sein, so bleibt es Ihnen dann unbenommen, dieselben unserer Prüfung zu unterbreiten.

Antr. des GStA.s: entg. [20.—3.]

Baum. — Forst. — Fällen. — Bosheit. — Holzdiebstahlsgesetz. — Feldpolizei-Ordnung.

1. Ein Holzdiebstahl im Sinne des Holzdiebstahlsgesetzes liegt nur da vor, wo die Wegnahme in diebischer Absicht geschieht.

HD.-Ges. v. 2. Juni 1852 § 1.

2. Auf das Fällen eines im Forste stehenden Baumes findet § 42 Nr. 3 der FPO. keine Anwendung.

Erk. (S. I.) v. 16. Okt. 1861 c. Richter (748. I. Cr.).

R. war, weil er: „— in einem fremden Forstrevier fünf Eichen, welche zur Zierde des Forstes dienen sollten, vorsätzlich und rechtswidrig, und zwar aus Rache und Bosheit abgeschnitten hatte," aus § 281 StGB. bestraft worden. Zurückweisung seiner NB.

Gründe:

Ein nach dem Ges. v. 2. Juni 1852 zu bestrafender Holzdiebstahl liegt nicht vor, weil die vorigen Richter thatsächlich feststellen, daß der Angeklagte nicht in diebischer Absicht gehandelt hat.

Ebenso wenig kann § 42 Nr. 3 der FPO. v. 13. April 1856 hier Anwendung finden, welcher nur von Bäumen außerhalb eines Forstes spricht, während die in Rede stehenden Eichen in der Forst gestanden haben.

Antr. des GStA.s: gleichl. [18.—2.]

Wahrsprüche. — Mehrheit. — Unterschrift.

Die einmalige Unterschrift des Vorstehers der Geschwornen unter den auf eine Mehrheit gestellter Fragen ergangenen Sprüchen genügt.

Ges. v. 3. Mai 1852 Art. 96 [vgl. dort n. 5].

Erk. (S. II.) v. 24. Okt. 1861 c. Schulte-Braucks (261. II. Cr.).

In Erw., daß der Ausspruch der Geschwornen auf die ihnen gestellten acht Fragen, wie er neben diesen Fragen auf dem Fragebogen niedergeschrieben ist, nach Art. 96 a. a. O. nur der einmaligen Unterschrift des Vorstehers der Geschwornen, wie solche erfolgt ist, bedurfte, die Rüge, welche solche Unterschrift unter einer jeden einzelnen dieser, auch durch das Sitzungsprotokoll konstatirten, Antworten vermißt, daher unbegründet ist.

(A. d. Gr. Zurückweisung der NB. des Angeklagten.)

Antr. des GStA.s: gleichl. [26. — 1.]

Nichtigkeitsbeschwerde. — Fehler des Verfahrens. — Substantiirung.

Soll eine Nichtigkeitsbeschwerde auf die Nichtvernehmung der vorgeschlagenen Entlastungszeugen gestützt werden, so müssen die angeblich nicht vernommenen Personen namentlich bezeichnet, und die Thatsachen, über welche sie hätten vernommen werden sollen, angegeben werden.

Ges. v. 3. Mai 1852 Art. 111 [vgl. dort n. 21.].

Erk. (Z. II.) v. 24. Okt. 1861 c. Freudenthal (284. II. Cr.).

Die zur Rechtfertigung der NB. vorgebrachte Behauptung, daß die Vernehmung der von dem Angeklagten in seiner Appellationsrechtfertigung vorgeschlagenen Entlastungszeugen nicht erfolgt sei, — kann nicht beachtet werden, weil sie weder die Personen namentlich bezeichnet, die angeblich vernommen werden, noch auch die Thatsachen, worüber dieselben hätten vernommen werden sollen, also die gesetzlich erforderliche Substantiirung der Beschwerde durchaus mangelt.

(A. d. Gr. Zurückweisung der NB. des Angeklagten.)

Antr. des GStA.s: gleichl. [11.—1.]

Urkunde. — Unterschrift. — „Pro . . . . ."

Eine Schrift, welche eine Namensunterschrift mit dem vorgesetzten Zeichen: „pro", ohne die gleichzeitige Unterschrift des angeblichen Bevollmächtigten enthält, ist nicht als Urkunde anzusehen. [StGB. § 247 (vgl. dort n. 89)].

Erk. (B. II.) v. 24. Okt. 1861 c. Werner (Ecke & Gen. 267. II. Cr.).

W. hatte eine Quittung, welche demnächst von dem Mitangeklagten E. zum Zwecke der Täuschung gebraucht worden ist, wissend, daß sie dazu dienen sollte, unbefugter Weise mit der Unterschrift: „pr. J. A. Jacob" versehen, und war deshalb vom Schw.-GH. unter Bezugnahme auf die §§ 546—548. II, 8 ALR. aus § 247. 249 und 34 StGB. bestraft worden. Seine, unrichtige Gesetzesanwendung rügende, NB. ward vom GStAnw. für begründet erachtet, weil die Unwahrheit hier nicht im Inhalte der Schrift, sondern in der vorgespiegelten Bevollmächtigung liege, welche durch die Schrift nicht dargethan werde. Demgemäß hat auch das OTr. das verurtheilende Erk. vernichtet, und den W. freigesprochen.

Gründe:

Zum Begriff der Erheblichkeit einer Schrift im Sinne des § 247 StGB. ist erforderlich, daß dieselbe eine Unterschrift habe, aus welcher der für die Schrift haftbare Aussteller mit Sicherheit sich ergiebt, indem sie unter dieser Voraussetzung nur eine Beurkundung enthält, welche zum Beweise von Rechten und Rechtsverhältnissen von Erheblichkeit ist. Die unter dem vorliegenden Scriptum befindliche Unterschrift besitzt aber diese Merkmale nicht.

Denn wenn auch, wie der Schw.-GH. annimmt, das pr. vor der Unterschrift J. A. Jacob unbestritten pro bedeuten soll und keinen andern Sinn haben kann, als daß ein angeblicher Bevollmächtigter des Kaufmanns J. A. Jacob die quittirte Rechnung unterzeichnet habe, so fehlt es doch gerade bei dem Mangel der eigenen Unterschrift des angeblichen Bevollmächtigten an jeder sichern Hindeutung auf den für die Schrift haftbaren Aussteller, den die objektiv zu beurtheilende Schrift selbst darbieten muß.

Die vom Schwurgerichtshofe bezogenen §§ 546 und 548. II, 8 ALR. sind auch nicht geeignet, hierin im vorliegenden Falle etwas zu ändern. Denn sie bestimmen nur, daß Handlungsdiener oder Lehrlinge, die im Laden oder in offenen Gewölben angestellt sind, die daselbst befindlichen Waaren verkaufen und darüber quittiren können. Sie enthalten aber keine Bestimmung darüber, wie die Quittung ausgestellt werden soll. Es mag sein, daß dies unter dem Namen der Firma einfach geschehen kann, denn alsdann liegt ein sichtbarer, für die Schrift haftbarer Aussteller vor. Ist aber nur für die Firma gezeichnet, und ist gleichwohl der Name des angeblichen Bevollmächtigten der Unterschrift nicht beigefügt, so bleibt dieselbe unvollständig, und für sich demnach ungeeignet, ein erhebliches Schriftstück im Sinne des § 247 StGB. darzustellen.

Antr. des GStA.s: gleichl. [27. — 1.]

---

1. Provinzial-Feuer-Sozietät. — Büreaubeamte.
2. Thatsächliche Feststellung. — Thatsächliche Schlußfolgerung.

1. Die Büreaubeamten der Provinzial-Feuer-Sozietäten sind mittelbare Staatsbeamten.

StGB. § 331 [dort einzutr. als n. 27 a].

2. Als thatsächliche Feststellung im Sinne des Art. 101 des Ges. v. 3. Mai 1852 ist der Inbegriff der die Begriffsmerkmale des betr. Straffalls bildenden Thatsachen zu betrachten; der Appellationsrichter darf daher in Ermanglung einer neuen Beweisaufnahme aus den thatsächlichen Annahmen des ersten Richters nicht einen andern thatsächlichen Schluß ziehen.

Ges. v. 3. Mai 1852 Art. 101 [vgl. dort n. 13; Sic: Z. I. 10. Okt. 1860 c. Großmann (775) u. ö.].

Erk. (Z. B. II.) v. 24. Okt. 1861 c. Deimel (290. II. Cr.).

Vernichtung des angegriffenen Erkenntnisses. Es ward erwogen:

daß die Feuer-Sozietät für die Provinz Westphalen ein öffentliches, unter der Oberaufsicht des Ober-Präsidenten stehendes Institut ist, dessen Büreaubeamte nach § 88 des für dasselbe erlassenen Reglements v. 26. Sept. 1859 von dem jedesmaligen Direktor auf Kündigung angestellt werden;

daß der Angeklagte in seiner Eigenschaft als Sozietäts-taxator von dem Direktor ernannt und als solcher mit dem Diensteide belegt worden ist;

daß nach § 69. II, 10 ALR. als Beamte nicht blos solche Personen gelten, welche in unmittelbarem Dienste des Staats, sondern auch solche, welche im Dienste gewisser, demselben untergeordneter Kollegien, Korporationen und Gemeinen stehen, und nach § 331 StGB. die Vorschriften des von den Verbrechen und Vergehen im Amte handelnden Tit. 28 auf alle öffentliche Beamte, sie mögen in unmittelbarem oder mittelbarem Staatsdienste stehen, auf Lebenszeit oder nur zeitweise oder vorläufig angestellt sein, Anwendung finden;

daß auch der § 87 des cit. Reglements, wonach der Direktor, der Inspektor und der Rendant allein Beamte der Sozietät und in ihren Amtsverhältnissen als Kommunalbeamte nach den für solche bestehenden gesetzlichen Vorschriften zu beurtheilen sind, die Eigenschaft des Angeklagten als eines mittelbaren Staatsbeamten nicht ausschließt, da dieser Paragraph offenbar nicht den Zweck hat, über die Beamtenqualität derjenigen Personen, welche als Angestellte der Sozietät fungiren, eine spezielle, von den allgemeinen gesetzlichen Vorschriften abweichende Bestimmung zu treffen, sondern dessen Tragweite sich darauf beschränkt: „daß die von dem Provinzial-Landtage erwählten und vom Minister des Innern bestätigten Direktoren, Inspektoren und Rendanten, als die absolut erforderten Beamten der Sozietät in Folge dieser Wahl und Bestätigung eo ipso als Kommunalbeamte zu betrachten und zu beurtheilen seien;“ ohne daß aus dieser Bestimmung zu folgern wäre, daß die sonst etwa noch für den Zweck der Sozietät vom Direktor auf Kündigung angestellten Funktionaire in Betreff ihrer dienstlichen Stellung rein als Privatpersonen zu betrachten seien;

In Erw., daß die thatsächliche Feststellung sich mit denjenigen Thatsachen zu befassen hat, welche zu den wesentlichen Merkmalen der den Gegenstand der Entscheidung bilbenden strafbaren Handlung gehören, und dieselbe eine positive oder negative insofern genannt werden kann, als sie das Vorhandensein dieser gesetzlichen Merkmale entweder bejaht oder verneint;

daß zum Thatbestand des dem Angeklagten zur Last gelegten, im § 326 StGB. vorgesehenen Vergehens gehört, „daß der Angeklagte Gebühren oder Vergütungen erhoben oder zu erheben versucht habe, von denen er wußte, daß der Zahlende sie gar nicht oder in geringerem Grade verschuldete;“

daß der erste Richter es als erwiesen nicht angenommen hat, „daß der Angeklagte die liquidirte Stundenzahl nicht gearbeitet habe oder nicht habe arbeiten können“, demnach, „da thatsächlich nicht festgestellt werden könne, daß die Feuer-Sozietät nicht schuldige Gebühren gezahlt, resp. der Angeklagte solche verlangt habe,“ letzterer von dem angeschuldigten Vergehen in erster Instanz freigesprochen worden ist;

daß diese Feststellung des ersten Richters sich auf das Ergebniß der vor ihm gepflogenen, die eigentliche Erkenntnißquelle für die Thatfrage bildenden mündlichen Verhandlungen gründete und gerade auf dieser Unmittelbarkeit der Wahrnehmung die im Art. 101 des Ges. v. 3. Mai 1852 enthaltene Vorschrift beruht, wonach der App.-Richter seiner Entscheidung die in dem ersten Urtheile enthaltene Feststellung zum Grunde legen muß, insofern nicht neue Thatsachen oder neue Beweise, oder die gänzliche oder theilweise Wiederholung der in erster Instanz stattgefundenen Beweisaufnahme eine abweichende thatsächliche Feststellung begründen;

daß untergebens eine neue oder wiederholte Beweisaufnahme, resp. die Erhebung neuer Thatsachen in appellatorio nicht stattgefunden hat, die Annahme des App.-Richters daher: „daß es für erwiesen zu erachten, der Angeklagte habe als Taxator der Provinzial-Feuer-Sozietät Gebühren erhoben oder zu erheben versucht, von denen er wußte, daß die Zahlenden sie nicht verschuldeten," eine unzulässige Abweichung von der erstrichterlichen thatsächlichen Feststellung darstellt, welche, als solche, nach Art. 108 i. f. die Verletzung einer wesentlichen Vorschrift des Verfahrens enthält;

daß auch die in der Gegenerklärung der StA.-schaft aufgestellte Behauptung: „der App.-Richter habe sich hierdurch nicht eine unzulässige Abweichung im Sinne des Art. 101 l. c. zu Schulden kommen lassen, sondern nur aus feststehenden Thatsachen andere Schlüsse als der erste Richter gezogen," sich nicht rechtfertigt, da die wissentliche Gebührenüberhebung eine Thatsache ist, für welche die erhobenen Beweise den Anhaltspunkt abgeben mußten, und welche nur auf Grund einer gänzlichen oder theilweisen Reproduktion dieser Beweismomente, resp. der Feststellung neuer Thatsachen in einer von der erstrichterlichen Entscheidung abweichenden Weise beantwortet, beziehungsweise durch bloße Schlußfolgerungen des App.-Richters nicht anders festgestellt werden konnte.

Antr. des GStA.s: gleichl. [16.—1.]

Feuerstätte. — Unterhaltung. — Eigenthümer.

Die Pflicht, die Feuerstätte eines Hauses in brandsicherem Zustande zu erhalten, liegt dem Eigenthümer ob. Diese Pflicht des Eigenthümers ist nicht durch seinen Besitz bedingt, sobald ihm nur nicht die Erfüllung thatsächlich unmöglich war. [StGB. § 347 Nr. 4 (vgl. dort n. 6).]

Erk. (V. II.) v. 24. Okt. 1861 c. Groß (291. II. Cr.).

G. war von der Beschuldigung: „trotz ergangener polizeilicher Aufforderung in seinem Wohnhause zu D. den bei der Feuerrevision vom — für nothwendig erachteten Schornsteinbusen bis jetzt nicht gemacht zu haben," freigesprochen worden, weil er dieses Haus zwar in einem Subhastationsverfahren gegen H. angesteigert habe, bisher aber nicht in den Besitz desselben gelangt sei, da H., ungeachtet er bereits durch förmlichen Gerichtsvollzieherakt ausgesetzt worden, noch fortwährend darin wohne. Auf den Kass.-Rekurs des Pol.-Anw.s hat das OTr. dieses Erk. vernichtet, indem es erwog:

daß sowohl der § 347 Nr. 4 des StGB., als auch die in ihren Detailbestimmungen daneben fortgeltenden §§ 8. 11. 12. 13 und 93 der Feuerordnung für den Regierungsbezirk Koblenz v. 28. Febr. 1842 die Verpflichtung, die Feuerstätten in brandsicherem Zustande zu erhalten, resp. die von der Feuerkommission an den Feueranlagen entdeckten Mängel auf Anzeige der Ortsbehörde zu verbessern, dem Eigenthümer des Hauses auferlegt;

daß an dieser Verpflichtung des Eigenthümers dadurch nichts geändert wird, daß ein Dritter selbst wider seinen Willen sich in den Besitz des brandunsicheren Hauses gesetzt hat, oder darin zu erhalten sucht, weil die polizeiliche Behörde, welche das Interesse der öffentlichen Sicherheit zu wahren hat, sich nur an den anerkannten Eigenthümer halten und sich mit einem solchen Besitzer um so weniger einlassen kann, als dieser vermöge seines bloßen Besitzes zu baulichen Aenderungen in einem fremden Hause kaum befugt, jedenfalls nicht immer verpflichtet erscheint;

daß der anerkannte Eigenthümer vielmehr der ihm gesetzlich obliegenden Verpflichtung genügen muß, so lange ihm die Erfüllung derselben thatsächlich nicht unmöglich gemacht ist, was dann nicht vorliegt, wenn er den widerrechtlichen Besitzer durch rechtliche Mittel zu entsetzen vermag.

Antr. des GStA.s: gleichl. [27. — 1.]

Mitangeklagter. — Freisprechung. — Fähigkeit zum Zeugnisse.

Ein Mitangeklagter ist als solcher zur Ablegung eines Zeugnisses in der Sache unfähig; der Instanzrichter muß ihn daher als Zeugen zurückweisen, sollte er auch gleichzeitig seine Freisprechung aussprechen.

Cr.-Ordn. § 358 Nr. 8 [vgl. Oppenh. Strafverf. § 22 n. 24].

Erk. (Z. II.) v. 24. Okt. 1861 c. Spangenberg u. Gen. (305. II. Cr.).

Die Angeklagten Sp. beriefen sich in zweiter Instanz auf das Zeugniß der in erster Instanz verurtheilten und mitappellirenden Mitangeklagten Eheleute H.; der App.-Richter lehnte die Vernehmung derselben als Zeugen in seinem Erk. ab, obgleich er gleichzeitig in Betreff ihrer auf Freisprechung erkannte. Das rügte die NB. der Angekl. Sp. als eine falsche Auslegung des § 356 Nr. 8 Cr.-Ordn. Zurückweisung.

Gründe:

Schon nach der Stellung der Vorschrift des cit. § 356 Nr. 8 in dem Abschnitte „von dem Verfahren des Richters bei Aufnahme der Beweise" (d. h. der Beweismittel, vgl. § 302—304, also bei der Beweisaufnahme) war sie zunächst eine das von dem die Untersuchung führenden Richter zu beobachtende Verfahren betreffende Vorschrift. Danach war denn aber im § 356 Nr. 8 unter einem solchen, „der an dem Verbrechen, worüber sein Zeugniß erfordert wird, Theil genommen hat," nicht etwa ein solcher zu verstehen, gegen den bereits solche Theilnahme von dem erkennenden Richter rechtskräftig festgestellt ist, sondern auch schon derjenige, gegen den der begründete Verdacht der Theilnahme vorhanden ist (vgl. Cr.-Ordn. § 333, auch § 295. 306. 307), und insbesondere derjenige, gegen den als Theilnehmer die Untersuchung (eröffnet, vgl. Cr.-Ordn. Thl. II, Tit. 1 im Rubrum; Tit. 3 im Rubrum; §§ 120. 147. 201. 411. 476. 478; ALR. II, 20 §§ 381. 382; und noch) anhängig ist.

Es ist danach eine unter der Anklage der Theilnahme stehende Person in der gegen sie anhängigen Untersuchung nicht nur kein über alle Einwendungen erhabener Zeuge (vgl. Cr.-Ordn. § 386), sondern überhaupt nicht eine zur Ablegung eines Zeugnisses fähige Person.

Dafür spricht auch eine Vergleichung der Vorschriften des Civil-Prozeßverfahrens (AGO. I, 10 §§ 86. 228 Nr. 7. 8, wo das Corp. iur. Frid. IV 6, § 77 Nr. 7 noch ausdrücklich „Litiskonsorten" angab).

Hierin ändert denn auch der Umstand nichts, daß bei dem jetzigen Strafverfahren die Beweisaufnahme vor dem erkennenden Richter erfolgen soll.

Auch bei diesem Verfahren ist der einer Theilnahme

beschuldigte Mitangeklagte ein Theilnehmer im Sinne des § 356 Nr. 8 der Cr.-Ordn.

In demselben Verfahren kann er nicht als Beweiszeuge gelten; und ob der erkennende Richter eine Trennung des, wegen der Konnexität eingeleiteten gleichzeitigen Verfahrens (Einf.-Ges. v. 14. April 1851 Art. XXI. XXII, Ges. v. 3. Mai 1852 Art. 3) anordnen und Vertagung des Verfahrens gegen den (Haupt-) Angeklagten bis nach etwaiger rechtskräftiger Freisprechung eines zum Zeugen vorgeschlagenen Mitangeklagten eintreten lassen will, hängt von seinem Ermessen ab, dessen Ausübung nicht Gegenstand des Angriffs durch NB. werden kann.

Antr. des GStA s: gleichl. [26.—1.]

---

1. Ehebruch. — Ehescheidung. — „Dringende Vermuthung."

2. Ehebruch. — Civilrechtliche Entscheidung. — Bindende Kraft.

1. Die Strafverfolgung wegen Ehebruchs ist statthaft, sobald die betr. Ehe wegen einer dringenden Vermuthung der verletzten ehelichen Treue geschieden worden ist.

StGB. § 140 [vgl. dort n. 9; Sic: Erk. I. Civ.-Sen. 9. Sept. 1861 Nath c. Nath.].

2. Im Falle einer Strafverfolgung wegen Ehebruchs ist die in Betreff des Ehebruchs ergangene civilrichterliche Entscheidung für den Strafrichter nicht maaßgebend, derselbe ist vielmehr zu einer selbstständigen Prüfung der betr. Thatsache in Gemäßheit der strafprozeßrechtlichen Grundsätze berufen.

StGB. § 140 [vgl. dort n. 13].

Erk. (Z. II.) v. 24. Okt. 1861 c. Rulf (311. II. Cr.).

Zurückweisung der NB. der Angeklagten. Erwogen wurde:

daß § 673. II, 1 ALR. einen unerlaubten Umgang, wodurch eine dringende Vermuthung der verletzten ehelichen

Treue begründet wird, dem Ehebruche gleich achtet, und, in Verbindung mit dem § 677 ibid., den unschuldigen Theil auf Grund eines solchen Umgangs auf Scheidung zu klagen für berechtigt erklärt;

daß untergebens die Ehe des ꝛc. B. durch rechtskräftiges Erkenntniß des Civilrichters v. ꝛc. auf Grund des cit. § 673 geschieden, der Ehemann für den allein schuldigen Theil erklärt und demnächst die strafrechtliche Verfolgung gegen B. wegen Ehebruchs und gegen die Imploranten R., als Mitschuldige, auf Grund des § 140 StGB. eingeleitet worden ist;

daß der § 140 den Ehebruch, wenn wegen dieses Vergehens die Ehe geschieden ist, sowie den Mitschuldigen an diesem Vergehen mit Gefängnißstrafe bedroht; hieraus aber, sowie aus der Verschiedenheit der civilrechtlichen und der strafrechtlichen Gesichtspunkte und deren Zwecke folgt, einerseits, daß auch die vom Civilrichter auf Grund des § 673 ausgesprochene Scheidung die Zulässigkeit einer Strafverfolgung wegen Ehebruchs begründet, und sonach die Civilentscheidung nach dieser Richtung hin selbstständig und entscheidend wirkt; andererseits, daß das Erkenntniß des Civilrichters in Betreff der darin angenommenen Ehescheidungsursache für den Strafrichter in keiner Weise bindend, Letzterer vielmehr, sowohl dem angeblichen Ehebrecher, als dessen Mitschuldigen gegenüber, welcher bei der Ehescheidungsprozedur nicht einmal Partei war, zur selbstständigen Untersuchung und Entscheidung der Schuldfrage berufen ist;

daß der Ehebruch im strafrechtlichen Sinne zwar allerdings eine fleischliche Vermischung einer verheiratheten Person mit einer anderen, mit welcher sie nicht verheirathet ist, voraussetzt; daß aber der Strafrichter in seiner Beurtheilung darüber: ob diese Voraussetzung im konkreten Falle zutreffe, nicht an positive Beweisregeln gebunden oder auf den Nachweis bestimmter, die fleischliche Vermischung unmittelbar konstatirender Thatsachen beschränkt ist, er vielmehr zu einem bestimmten Resultate auch auf dem Wege der Schlußfolgerung aus anderen concludenten Momenten gelangen kann;

daß diese geistige Operation des Strafrichters allerdings einige Verwandtschaft mit der im § 673 l. c. dem Eherichter gegebenen Befugniß hat, die Ehescheidung auch wegen eines unerlaubten, die dringende Vermuthung verletzter ehelicher Treue begründenden Umgangs auszusprechen, daß aber gleichwohl zwischen diesem thatsächlichen Ermessen des Strafrichters und der, für den Civilrichter geltenden Vorschrift des § 673 eine eben so große Verschiedenheit, wie zwischen den strafrechtlichen und den civilrechtlichen Folgen des Ehebruchs besteht; die Vorschrift des § 673 für den Strafrichter in keiner Weise maaßgebend oder sein Ermessen über die Schuldfrage nach irgend einer Richtung hin beschränkend ist, demnach eine strafrechtliche Verurtheilung wegen Ehebruchs nicht würde zu Recht bestehen können, welche etwa in der Art motivirt wäre:

> „daß zwar nicht eine fleischliche Vermischung, wohl aber ein unerlaubter Umgang im Sinne des § 673 nachgewiesen und dieser dem Ehebruche gleich zu achten sei;"

daß vielmehr Alles darauf ankommt, ob der Strafrichter durch den Inhalt der vor ihm gepflogenen Verhandlungen die Ueberzeugung von der Schuld der Angeklagten d. h. von der Verübung eines Ehebruchs gewonnen und er den Thatbestand gehörig festgestellt habe.

Antr. des GStA.s: gleichl. [16.—1.]

Holzdiebstahl. — Dritter Rückfall. — Fernerer Fall.

Auch nach erfolgter Bestrafung wegen Holzdiebstahls im dritten Rückfalle ist ein fernerer Holzdiebstahl nur als solcher und nicht als Diebstahl im Sinne des StGB. zu bestrafen.

StGB. § 215 [dort einzutr. als n. 88 a].

Erk. (Z. I.) v. 25. Okt. 1861 c. Danbert (816. I. Cr.).

D. hatte, nachdem er im J. 1856 wegen Holzdiebstahls im dritten Rückfalle bestraft worden war, sich im J. 1860 eines neuen Holzdiebstahls schuldig gemacht, und ward von den Instanzrichtern aus § 4 des H.-D.-Ges. v. 2. Juni 1852 verurtheilt. Die NB. des OStA.s suchte auszuführen, daß der einmal wegen Holzdiebstahls im vierten Rückfalle Bestrafte den Vorzug der milderen Beurtheilung nach dem H.-D.-Ges. ganz verliere, und fortan nur nach dem StGB. beurtheilt werden könne. Zurückweisung.

Gründe.

Die Ausführung der NB. geht von dem ganz willkührlichen Vordersatze aus, daß ein wegen dritten Rückfalls bestrafter Holzdieb

„den Vorzug der milderen Beurtheilung nach dem Holzdiebstahlsgesetze ganz verliere und fortan nur nach den Vorschriften des StGB. beurtheilt werden könne."

Dieser Satz steht im Widerspruche mit Art. II des Einf.-Ges. zum StGB., mit § 16 des H.-D.-Ges. v. 2. Juni 1852 und mit der eigenthümlichen Natur des Diebstahls an Holz vom Stamme in den Forsten, der mit Rücksicht auf sein Objekt, wie auf die regelmäßigen Motive der That, in Deutschland von jeher nicht unter den Begriff des gemeinen Diebstahls gebracht, sondern als ein Frevel von geringerer Strafbarkeit vom gemeinen Strafrechte ausgeschieden und in besondere Forstgesetze oder Landespolizei-Ordnungen verwiesen worden ist. So bekanntlich schon in der C. C. C. Art. 168 und so in dem angeführten Art. II des Einf.-Ges. v. 14. April 1851, wonach sich das Spezialgesetz über den Holzdiebstahl nur so weit und nicht weiter aus dem StGB. ergänzen läßt, als dieses auf einzelne Bestimmungen von jenem ausdrücklich hinweist. Solches geschieht nicht in § 8 des H.-D.-Ges., der den Begriff des „Rückfalls" für alle „Holzdiebstähle" ohne Unterschied feststellt, und daß auch der dritte und jeder fernere Holzdiebstahl eines Individuums ein Rückfall nur dann ist, wenn die Kriterien des § 8 dabei vorliegen, wird überdies durch die ausdrückliche Verweisung des § 16 auf § 8 zur Erklärung der Worte: „im dritten oder ferneren Rückfalle“ unzweideutig dargethan. Für einen dritten und ferneren Rückfall im Sinne des § 8 sollen nun die Bestimmungen des § 216 StGB., gemäß dem Wortlaute und der strikten, allein zulässigen Auslegung des § 16 des H.-D.-Ges. zur Anwendung kommen, d. h. jeder fernere Rückfall in einen Holzdiebstahl im Sinne des § 8 soll mit der Strafe, welche der § 216 StGB. einem Diebstahle androht, geahndet werden, womit aber keineswegs der dritte Holzdiebstahl für einen gemeinen Diebstahl erklärt, der Rückfall in denselben den §§ 58—60 StGB. untergeordnet und dem ausdrücklich zur Vermeidung der Möglichkeit eines Mißverständnisses in Bezug genommenen § 8 des H.-D.-Ges. stillschweigend wieder entzogen werden soll. Der Anwendung des § 8 des H.-D.-Ges. mit Ausschluß der §§ 58 ff. des StGB. bleiben nach dem Eingange des § 16 des ersteren alle „Holzdiebstähle“ ihres besonderen strafrechtlichen Charakters halber in allen Rückfällen eben so unterworfen, wie nach dem Schlußsatze daselbst aus der nämlichen Ratio kein „Holzdiebstahl“ unter den „Diebstählen“ in Betracht kommt, welche die Anwendung des § 219 des StGB. begründen können.

Antr. des GStA.s: gleichl. [23.—4.]

---

1. Versuch. — Anfang der Ausführung.
2. Felddiebstahl. — Werth. — Absicht.

1. Es gehört zur thatsächlichen Beurtheilung, ob eine Versuchshandlung den Anfang der Ausführung der That enthält.

StGB. § 31 [vgl. dort n. 17].

2. Im Falle der Entwendung von Bodenerzeugnissen vom Felde ist die Diebstahlsstrafe nur dann gerechtfertigt, wenn festgestellt ist, daß der Werth oder die Quantität geringe waren,

oder daß bei der That eine gewinnsüchtige Absicht obwaltete.

StGB. § 215 [vgl. dort n. 85; § 349 n. 19].

Erk. (Z. S. I.) v. 25. Okt. 1861 c. Kötsch (886. I. Cr.).

Die NB. behauptet zunächst eine Verletzung des § 31 StGB. um deswillen, weil die vorigen Richter schon in der Hinwegnahme der über dem Kartoffelhaufen des Damnifikaten befindlichen Decke von Erde und Stroh eine Ausführungshandlung des Diebstahls gefunden haben, indem auszuführen versucht wird, daß nur dann eine Handlung, welche den Anfang der Ausführung enthalte, vorgelegen haben würde, wenn der Angeklagte die Decke von den Kartoffeln vollständig entfernt, und die Kartoffeln in das mitgenommene Behältniß gelegt, oder doch wenigstens ergriffen gehabt hätte. Dieser Angriff ist jedoch ein verfehlter, denn es gehört ausschließlich zur thatsächlichen Beurtheilung des einzelnen Falles, ob die einem Angeklagten nachgewiesenen Versuchshandlungen unter den gegebenen Umständen als solche zu betrachten sind, welche den Anfang der Ausführung der That enthalten. Es konnten daher vorliegenden Falles die Instanzrichter, ohne Verletzung eines Gesetzes, in der dem Angeklagten nachgewiesenen Handlung der Zerstörung der Decke, durch welche der Kartoffelhaufen des Damnifikaten gegen Kälte und Nässe geschützt worden war, unter den die That des Angeklagten begleitenden Umständen eine Handlung finden, welche den Anfang der Ausführung des Diebstahls bildete, und gegen diese thatsächliche Entscheidung ist ein Angriff in der Nichtigkeitsinstanz nach Art. 107 des Ges. v. 3. Mai 1852 nicht zulässig.

Dagegen erscheint der fernere Angriff, welcher eine Verletzung der §§ 215, 216 und 219 des StGB. durch unrichtige Anwendung und des § 42 Nr. 2 der FPO. durch Nichtanwendung behauptet, insofern als begründet, als es an einer, zur Anwendung der ersterwähnten Paragraphen erforderlichen, thatsächlichen Feststellung mangelt.

Die vom zweiten Richter lediglich beibehaltene thatsächliche Feststellung des Kr.-G.s zu L. geht nämlich dahin, daß der Angeklagte rc. versucht hat, aus einem Kartoffelhaufen des rc. M. Kartoffeln in der Absicht rechtswidriger Zueignung wegzunehmen, welcher Kartoffelhaufen sich in dem Feldgarten des M. befindet. Der § 42 Nr. 2 der FPO. nach der durch das Ges. v. 13. April 1856 erhaltenen Modifikation findet nämlich an sich auch auf geerndtete Bodenerzeugnisse, welche aus Gärten, Feldern rc. entwendet werden, Anwendung, und zwar auch dann, wenn die Bodenerzeugnisse sich bereits in Haufen, Gruben rc. befinden, vorausgesetzt, daß diese Gruben rc. nicht zu dem Zwecke angelegt und eingerichtet sind, um die darin aufbewahrten Früchte zu verbergen oder gegen Diebstahl zu schützen [vgl. StGB. § 215 u. 78. 81]. Im Uebrigen ist die Anwendbarkeit dieses Paragraphen nach seinem Wortlaute und nach dem § 45 das. nur dann ausgeschlossen, wenn die Bodenerzeugnisse von geringem Werthe waren, oder in geringer Quantität entwendet wurden, oder endlich, wenn die Wegnahme in gewinnsüchtiger Absicht stattgefunden hat. Alle diese, die Ausschließung des gedachten § 42 bedingenden Momente sind von den Instanzrichtern nicht geprüft worden, und da die §§ 215. 216 und 219 des StGB. nur dann zur Anwendung kommen durften, wenn feststand, daß der Fall nicht unter die FPO. zu subsummiren war, so genügt die Feststellung der Instanzrichter, sowie sie jetzt vorliegt, allerdings noch nicht, um die Diebstahlsstrafe gegen den Angeklagten zu verhängen. [14.—4.]

---

1. Verleumdung. — Verbreitung.
2. Verleumdung. — Anzeigepflicht.
3. Ausführung von Gerechtsamen. — Eigene Rechte. — Vertreter.

1. Derjenige, welcher nur auf Veranlassung eines Andern eine verleumderische Aeußerung

macht, kann als Verbreiter derselben angesehen werden. StGB. § 156 [vgl. dort n. 14].

2. Der Thatbestand einer Verleumdung wird dadurch, daß es sich von der Anzeige bei einer Behörde handelte, nicht ausgeschlossen, sobald die betreffende Behörde nicht die zuständige war, oder vom Anzeigenden nicht wenigstens für zuständig erachtet wurde.

StGB. § 156 [vgl. dort n. 25. 26].

3. Nur die Ausführung der eigenen Gerechtsame, oder der Gerechtsame solcher Personen, welche zu vertreten man gesetzlich berechtigt ist, kann eine Ehrverletzung straflos machen.

StGB. § 154 [vgl. dort n. 5].

Erk. (Z. I.) v. 30. Okt. 1861 c. Streisand (681. I. Cr.).
Zurückweisung der NB. des Angeklagten.

Gründe:

Zu Nr. 1. Ob der Angeklagte nur auf Veranlassung dritter Personen die inkriminirten Thatsachen vorgebracht hat, ist rechtlich gleichgültig, und die angebliche Eigenschaft des „Mandatars“ könnte zwar den Angeklagten davor schützen, daß er als der „Behauptende,“ nicht aber daß er als der „Verbreitende“ anzusehen wäre. Der Thatbestand der Verleumdung ist aber nach § 156 des StGB. in beiden Fällen vorhanden.

Zu Nr. 2. Außer den speziell im StGB. vorgesehenen Fällen, von denen hier keiner vorlag, existirt keine allgemeine Pflicht, verübte Verbrechen rc. anzuzeigen, sobald nicht außerdem eine Amtspflicht dazu vorhanden ist. Allerdings unterliegt der Thatbestand der Verleumdung alsdann einer anderen Beurtheilung, wenn dennoch von Privatpersonen verübte Verbrechen zur Anzeige gebracht werden. Allein dies setzt eine Anzeige bei öffentlichen Behörden, welche zur Ermittelung oder Verfolgung solcher Verbrechen rc. berufen sind, oder welche der Anzeigende dazu berufen glaubt, voraus. Davon ist aber hier keine Rede gewesen; die Versammlung der Rabbiner und des Gemeindevorstandes war keine solche Behörde, und konnte von dem Angeklagten in keinem Falle dafür gehalten werden.

Zu Nr. 3. Der § 154 des StGB. schützt allerdings in gewissem Sinne die Ausführung oder Vertheidigung von Gerechtsamen in Bezug auf das Vergehen der Beleidigung resp. der Verleumdung, und dieser Schutz beschränkt sich nicht allein auf gerichtliche Angelegenheiten, sondern kann unter Umständen auch in außergerichtlichen Angelegenheiten in Anspruch genommen werden (G. Matt. 2. S. 325 Nr. 3). Mit Recht aber beschränkt der App.-Richter diesen letzteren Fall auf die Ausführung oder Vertheidigung eigener Gerechtsame. In gerichtlichen Angelegenheiten sind nur bestimmte Personen zur Vertretung Anderer gesetzlich berechtigt, mithin vom Gesetze im § 154 berücksichtigt. Aber auch in außergerichtlichen Angelegenheiten kann man nur solchen Personen, welche Andere zu vertreten berechtigt sind, einen solchen Schutz zusprechen; ohne eine solche Beschränkung würde sich keine Grenze finden lassen, und dem bloßen Vorwand der Vertheidigung fremder Gerechtsame ein Vorschub geleistet, welcher andererseits dem Zwecke des Gesetzes, den Schutz der angegriffenen Ehre zu gewähren, widersprechen würde.

Daß nun aber der Angeklagte den D. als dessen Angehöriger zu vertreten berechtigt gewesen sei, hat der App.-Richter thatsächlich verneint.

Antr. des GStA.s: gleichl. [15. — 2.]

Umschlossener Raum. — Verbindung der Umschließung mit dem Boden.

Der Begriff eines umschlossenen Raums wird dadurch nicht ausgeschlossen, daß die Umschließung nicht in fester unauflöslicher Verbindung mit dem Boden steht und als Mobiliargegenstand anzusehen ist. [StGB. § 221 (dort einzutr. als n. 11 a).]

Erk. (V. I.) v. 30. Okt. 1861 c. Feind u. Gen. (830. I. Cr.).

Die Angeklagten hatten einen Hammel aus einem verschlossenen Stalle mittelst Einbruchs gestohlen, gleichwohl betrachtete das App.-Gericht nur den Thatbestand eines einfachen Diebstahls als vorliegend, weil die Stiele, an welchen die den Stallraum vollständig umschließenden Bretter angenagelt waren, nicht eingegraben waren, sondern frei auf untergelegten Steinen ruhten, und sonach der Stall kein Immobile, also auch kein Gebäude sei. Auf die NB. des OStA.s ist dieses Erkenntniß vernichtet und die Sache in die zweite Instanz zurück verwiesen worden.

Gründe:

Der App.-Richter faßt in seinen Erwägungen den Begriff des umschlossenen Raumes nach dem Sinne des § 221 (Schlußsatz) des StGB. in zu enge Grenzen, wenn er denselben aus der Nr. 4 dieses Paragraphen dahin erläutert:

> daß unter „umschlossenen Raum" jeder größere, die Möglichkeit der Umschließung von Gebäuden gebender Flächenraum zu verstehen sei, in welchen man nur durch den Gebrauch von Schlüsseln rc. gelangen könne, so daß ein nicht fundirtes Ställchen nicht unter diesen Begriff falle.

Diese Ansicht widerlegt sich durch die Betrachtung, daß die Bestimmungen in Nr. 4 des § 221 nach dessen deutlicher Fassung lediglich den speziellen Fall, in welchem ein umschlossener Raum den bewohnten Gebäuden gleichgestellt wird, betrifft, während der Schlußsatz des § 221 den allgemeinen Begriff des „umschlossenen Raums" enthält, wie derselbe im § 218 Nr. 2 vorausgesetzt wird, und jeden umschlossenen Raum bezeichnet, insofern man in denselben nur durch den Gebrauch von Schlüsseln rc. gelangen kann.

Um nun zur Erledigung des Antrags der StA.-schaft auf Inkompetenzerklärung prüfen zu können, ob der § 221 (Schlußsatz) hier Anwendung finde, hätte die Untersuchung vorausgehen müssen, ob der von den Wänden des Stalles abgegrenzte Raum ein solcher sei, in den man nur durch den Gebrauch von Schlüsseln ꝛc. gelangen könne. Wenn auch der Stall nach seiner Konstruktion, namentlich, weil er mit dem Boden nicht in fester, dauernder Verbindung steht, als ein Mobiliargegenstand zu betrachten sein mag, so folgt doch nicht, daß dieser Umstand allein den gesetzlichen Begriff eines umschlossenen Raums ausschließt. Es gehört vielmehr zur thatsächlichen Beurtheilung, ob man in den fraglichen Raum nach der thatsächlichen Beschaffenheit des Stalles nur durch den Gebrauch von Schlüsseln oder durch Einbrechen oder Einsteigen gelangen kann oder ob dieses auch auf eine andere Weise mit Rücksicht auf die Beweglichkeit des Stalles oder sonstiger Umstände geschehen kann.

Antr. des GStA.s: gleichl. [13. — 2.]

Civileinrede. — Eigenes Recht. — Servitut. — Verjährung.

1. **Der Strafrichter kann das Strafverfahren in Gemäßheit des Ges. v. 31. Jan. 1845 nur dann aussetzen, wenn der Beschuldigte eine ihm persönlich zustehende Berechtigung behauptet [1])**

2. **Die vorgeschützte Civileinrede ist nicht zu berücksichtigen, wenn der geltend gemachte Rechtsgrund nicht geeignet ist, das behauptete Recht zu begründen.**

Ges. v. 31. Jan. 1845 § 2. 1.

Erk. (S. II.) v. 31. Okt. 1861 c. Hackhausen u. Gen. (317. II. Cr.).

Die H. und Gen. beschuldigt: „— unbefugt durch ein auf dem Halme stehendes Weizenfeld des B. gegangen zu sein," wandten ein, sie seien nicht über das Feld, sondern über einen Weg gegangen, der

---

[1]) Wenn der Beschuldigte nicht ein eigenes Recht, sondern das der Gemeinde, welcher er angehört, behauptet, so kann die Aussetzung des Strafverfahrens nur dann ausgesprochen werden, wenn die Gemeinde in das Verfahren eintritt, und ihrerseits die Einrede geltend macht. Vgl. Cass. 12 juill. 1816 (Sir. C. N. 5. 1. 217); Merl. Rép. 14 p. 466; Proudh. 6 n. 93; Mang. Act. publ. n. 215. 216. Ein Beispiel siehe unten Z. II. 14. Nov. 1861 c. Schmitz; 309.

über 30 Jahre bestanden und von ihnen benutzt, jetzt aber erst durch B. umgepflügt worden sei; sie glaubten ein Recht zur Fortbenutzung des Weges zu haben. Der (Rh.) Pol.-Richter setzte demzufolge das Strafverfahren aus, bis über den erhobenen Präjudizialeinwand entschieden sein werde, und überließ es dem B., seine Rechte im Civilwege geltend zu machen. Auf den Kass.-Rekurs des Pol.-Anwalts ist dieses Erkenntniß vernichtet, und die Sache an ein anderes Pol.-Gericht verwiesen worden, und zwar:

In Erw., daß nach § 1 des Ges. v. 31. Jan. 1845 in Feldfrevelsachen die von dem Angeschuldigten vorgebrachte Einrede, daß er zu der, ihm als Frevel zur Last gelegten Handlung berechtigt gewesen sei, vom Strafrichter nur dann berücksichtigt und das Erkenntniß nur dann ausgesetzt werden darf, wenn die Einrede durch Angabe des bestimmten Rechtsgrundes und der Beweismittel hinreichend bescheinigt und zugleich von der Art ist, daß sie im Falle ihrer Richtigkeit jede Strafe ausschließt;

J. E., daß nach den Gründen des angefochtenen Urtheils die Beschuldigten der gegen sie erhobenen Beschuldigung die Einrede entgegengesetzt haben, daß das in Rede stehende Terrain, über welches sie, um zu ihren Ländereien zu gelangen, gegangen, stets ein öffentlicher Weg gewesen, den sie seit mehr als dreißig Jahren benutzt hätten; daß sie ein Recht hätten, hier zu gehen und der B. den Weg widerrechtlich umgepflügt habe;

J. E., daß wenn dieser Einwand dahin aufzufassen wäre, daß das fragliche Terrain einen öffentlichen, also im Gemeindeeigenthum befindlichen Weg gebildet habe, derselbe nicht geeignet sein würde, zum Vortheil der Beschuldigten eine Präjudizialeinrede im Sinne des cit. Paragraphen zu begründen, da eine solche nur dann vorliegt, wenn ein dem Beschuldigten persönlich zustehendes Recht behauptet ist;

daß, wenn man dagegen unter dem von den Beschuldigten geltend gemachten Rechte, zumal bei der Art, wie es geltend gemacht ist, ein ihnen persönlich zustehendes Recht zu verstehen hätte, dieses, da von einem Privateigenthum auf den Weg überall keine Rede ist, nur ein Servitutrecht und namentlich nur eine Wegegerechtigkeit darstellen könnte;

daß diese Servitut aber nach Art. 691 des BGB. nur durch Titel, insbesondere durch Verjährung nicht erworben werden könnte;

daß sich gleichwohl die Beschuldigten für das von ihnen behauptete Recht nur auf eine mehr als dreißigjährige Benutzung des Terrains als Weg stützen; daß sonach aber der von ihnen geltend gemachte Rechtsgrund nicht geeignet erscheint, das behauptete Recht zu begründen, also auch im Falle seiner Richtigkeit nicht von der Art wäre, die Strafe auszuschließen.

Antr. des GStA.s: gleichl. [27. — 1.]

Körperverletzung. — Fahrlässigkeit. — Unterlassung.

Da, wo eine besondere Pflicht zur Thätigkeit vorhanden ist, kann auch durch eine Unterlassung eine Fahrlässigkeit begangen werden.

StGB. § 198 [vgl. dort Nr. 4].

Erk. (Z. II.) v. 31. Okt. 1861 c. Hoffmann (320. II. Cr.).

Zurückweisung der NB. des Angeklagten.

Gründe:

Auch durch Unterlassungen kann, wo eine besondere Pflicht zur Thätigkeit vorhanden ist, — es kann namentlich durch unterlassene Erfüllung besonderer Berufspflichten, durch unterlassene Anwendung der Aufmerksamkeit oder der Vorsicht, wozu Jemand durch seinen Beruf oder sein Gewerbe besonders verpflichtet ist, eine Fahrlässigkeit begangen und insbesondere fahrlässigerweise eine Körperverletzung oder Gesundheitsbeschädigung herbeigeführt, daher der Thatbestand des § 198 des StGB. hergestellt werden. Es ist dazu keineswegs ausschließlich eine positiv auf den Körper eines Andern einwirkende, gegen diesen gerichtete Thätigkeit geeignet. Namentlich fallen deshalb auch Körperverletzungen oder Gesundheitsbeschädigungen, die von einem Arzte bei einer von ihm übernommenen Kur durch wesentliche Nachlässigkeit und Versäumniß in seiner Berufspflicht herbeigeführt werden, unter die Strafbestimmung des § 198 des StGB.

Antr. des GStA.s: gleichl. [26. — 1.]

Falsche Anschuldigung. — Schlußfolgerung.

Es kann als eine wider besseres Wissen angebrachte Beschuldigung angesehen werden, wenn die behauptete Thatsache als Schlußfolgerung aus vorhergehenden, unter Beweis gestellten thatsächlichen Aufstellungen hergeleitet wird.

StGB. § 133 [vgl. dort n. 5].

Erk. (Z. I.) v. 1. Nov. 1861 c. Wenzel (691. I. Cr.).

Zurückweisung der NB. des Angeklagten.

Gründe:

Das Gesetz erfordert zum Thatbestande der falschen Anschuldigung nur eine bei einer öffentlichen Behörde gemachte Anzeige, durch welche Jemand wider besseres Wissen des Anzeigenden einer strafbaren Handlung beschuldigt wird. Eine solche Anzeige hat der App.-Richter mit Recht in der vom Angeklagten der StA.-schaft eingereichten Eingabe v. ꝛc. gefunden, denn in derselben gelangt der Angeklagte auf Grund vorgetragener und unter Beweis gestellter Thatsachen zu dem Schluß, daß nur R. die angezeigte Verfälschung vorgenommen haben könne, und zu dem ausdrücklichen Antrage, den R. gemäß §§ 247. 249. 251 StGB. zu bestrafen. Daß aber diese Anzeige vom Angeklagten wider besseres Wissen gemacht worden, beruht selbstredend in der erstrichterlichen, vom App.-Richter nicht reprobirten thatsächlichen Feststellung, nach welcher Angeklagter selbst derjenige ist, welcher die auf dem Wechsel sich findende Abänderung der Jahreszahl 1861 in 1860 vorgenommen hat.

Antr. des GStA.s: gleichl. [21. — 4.]

Diebstahl. — Dienstbote. — Gewahrsam.

Der Dienstbote erlangt an den Sachen, welche ihm zu einer bestimmten in den Räumlichkeiten des Dienstherrn vorzunehmenden Dienstleistung übergeben sind, keine Gewahrsam. Durch die Wegnahme dieser Sachen begeht derselbe daher einen Diebstahl, nicht eine Unterschlagung.

StGB. § 215 [vgl. dort n. 34].

Erk. (Z. I.) v. 1. Nov. 1861 c. Köpke (753. I. Cr.).

Zurückweisung der NB. des Angeklagten.

Gründe:

Hatte der Angeklagte die in Rede stehenden Akten auch wirklich zu der Zeit, als sie ihm zum Transport übergeben waren, also nicht erst nach geschehener Ablieferung auf dem zweiten Boden, fortgenommen und sich angeeignet, so läßt sich doch nicht behaupten, daß er damals eine wirkliche Gewahrsam, also die Fähigkeit, darüber mit Ausschließung Anderer zu verfügen, erlangt gehabt habe. Diese Fähigkeit verblieb vielmehr in dem Bereiche desselben Gebäudes demjenigen, welcher ihm die Akten zu einem rein mechanischen Dienste übergeben hatte.

Antr. des GStA.s: gleichl. [15. — 4.]

Vertheidiger. — Zuordnung. — Auswahl. — Mittheilung an den Angeklagten.

1. Die Auswahl eines von Amtswegen zu bestellenden Vertheidigers steht dem Gerichte zu.

Vdn. v. 3. Jan. 1849 § 134 [vgl. dort n. 15].

2. Die Nothwendigkeit, dem verhafteten Angeklagten den ihm zur zweiten Instanz zugeordneten Vertheidiger namhaft zu machen, fällt weg, wenn der betr. Antrag so spät einging, daß eine solche Mittheilung nicht mehr vor dem angesetzten Termine erfolgen konnte.

Vdn. v. 3. Jan. 1849 § 134 [vgl. dort n. 16].

Erk. (Z. I.) v. 1. Nov. 1861 c. Richter (1026. I. Cr.).

Zurückweisung der NB. des Angeklagten.

Gründe:

Zwar muß dem Angeklagten, wenn er, wie hier, verhaftet ist, auf seinen Antrag ein Vertheidiger für die zweite Instanz von Amtswegen zugeordnet werden, das Gericht ist aber hierbei nicht an die Wünsche des Angeklagten, falls dieser ein besonderes Vertrauen zu einem bestimmten Rechtsanwalt kund giebt, gebunden, sondern kann ihm jeden anderen qualifizirten Vertreter zuordnen, vorbehaltlich des Rechts des Angeklagten, auf seine Kosten sich durch einen selbstgewählten und mit Vollmacht versehenen Vertheidiger vertreten zu lassen.

Im vorliegenden Falle hat nun aber der App.-Richter sogar auf den Wunsch des Angeklagten Rücksicht genommen, und den IR. H. zur Erklärung darüber aufgefordert, ob er die Vertheidigung des Angeklagten übernehmen wolle, und erst nachdem dieser die Vertheidigung abgelehnt hatte, hat das App.-Gericht dem Angeklagten einen anderen gesetzlich qualifizirten Vertheidiger von Amtswegen bestellt. Von dieser Bestellung eines Offizialvertheidigers konnte, wie die Akten ergeben, wegen der Kürze der Zeit dem Angeklagten keine Mittheilung gemacht werden; denn sein Antrag ging dem Appellationsgericht erst am 31. Aug. c. zu, es wurde sofort verfügt, dem Angeklagten die Aufsetzung einer Instruktion für seinen Vertheidiger zu gestatten, und ꝛc. H. wurde sofort zur Erklärung über die Annahme der Vertheidigung aufgefordert; seine ablehnende Erklärung ging am 2. Sept. ein, und da der Audienztermin am 3. Sept. anstand, so blieb nur noch Zeit zur Ernennung des Offizialdefensors, nicht aber zur Benachrichtigung des in St. verhafteten Angeklagten.

Antr. des GStA.s: gleichl. [14.—4.]

Zollvergehen. — Gewerbeverlust.

Im Falle eines Zollvergehens tritt die Strafe des Verlusts des Rechts zum Gewerbebetriebe nur in Betreff des bestimmten Gewerbes ein, bei dessen Ausübung die That begangen wurde.

Zoll-Str.-Ges. v. 23. Jan. 1838 § 4.

Beschl. (I.) v. 1. Nov. 1861 c. Volkmann (238. B. I. Cr.).

In Erw., daß nach § 4 des Zoll.-Str.-Ges. v. 23. Jan. 1838 der Verlust des Rechtes zum Betriebe des Gewerbes nur da Platz greifen soll, wo die Kontrebande oder Defraudation gerade bei der Ausübung eines bestimmten, augenblicklich also bereits betriebenen Gewerbes begangen worden ist; daß dies also mit Nothwendigkeit da wegfällt, wo der Angeschuldigte die That nicht in Ausübung eines Gewerbes beging, oder wo er zur Zeit gar kein Gewerbe betrieb;

daß sonach im letzteren Falle mit der Möglichkeit der Untersagung des Gewerbebetriebes auch die, nur durch die letztere begründete Kompetenz des höheren Richters in Wegfall geräth, die Zuständigkeit vielmehr lediglich nach der im Einzelfalle als allein statthaft sich darstellenden Geldbuße resp. Gefängnißstrafe bemessen werden muß.

A. d. Gr. Aufhebung des app.-gerichtlichen Beschlusses rc.

Antr. des GStA.s: gleichl. [18. — 3.]

Beschwerde. — Partei. — Untergericht.

Beschwerden gegen gerichtliche Verfügungen und Beschlüsse stehen nur den Parteien, nicht also den Kreisgerichten zu, sie müssen den Anweisungen des vorgesetzten Appellationsgerichts Folge leisten. [Ges. v. 3. Mai 1852 Art. 11 (vgl. dort n. 23)].

Beschl. (I.) v. 1. Nov. 1861 c. Eisenhauer (239. B. I. Cr.).

Die §§ 12. 13 ff. der Vdn. v. 3. Jan. 1849 in Verbindung mit den Artt. 11 ff. des Ges. v. 3. Mai 1852 ergeben deutlich, daß an das Kgl. OTr., als oberste Spruchbehörde, nur Beschwerden der Parteien gelangen können,

und da dasselbe nicht auch zugleich eine Aufsichtsbehörde darstellt, so folgt daraus, wie auch bereits in dem Beschl. [I.] v. 2. Juni 1858 [c. Gritzke, 109. B. JMBl. S. 216] ausgeführt worden, daß das Kgl. Kreisgericht der Anweisung seines ihm unmittelbar vorgesetzten App.-Gerichts unverweigerlich Folge leisten muß.

Antr. des GStA.s: gleichl. [20. — 3.]

Urkunde. — Objektive Bedeutung.

Als Urkunde ist eine Schrift nur dann zu betrachten, wenn aus ihrem Wortinhalte [objektiv] ihre Erheblichkeit für den Beweis von Rechten oder Rechtsverhältnissen ersichtlich ist.

StGB. § 247 [vgl. dort n. 73. 80].

Beschl. (I.) v. 1. Nov. 1861 c. Heyse (240. B. I. Cr.).

In St. besteht eine Unterstützungskasse für die Gesellen verschiedener Handwerke. Tritt ein Erkrankungsfall ein, so ist dieser dem Altgesellen anzuzeigen, welcher darüber eine Bescheinigung ausstellt, und dadurch gleichzeitig den Tag der Meldung feststellt; unter dieser Bescheinigung attestirt dann der Arzt die Dauer der Krankheit, wobei er stets jenen Meldungstag als den Anfangstermin festhält. Der Schlossergeselle H. hatte demgemäß dem Altgesellen seine Erkrankung anzeigen lassen, und darüber eine vom 15. Nov. datirte Bescheinigung erhalten, welche wörtlich (nicht passend) dahin gefaßt war:

„Der Schlossergeselle H. ist vom Hrn. Dr. Hg. ärztlich untersucht und an keiner ansteckenden Krankheit leidend befunden worden."

H. hat geständlich das Datum dieses Scheins: „15. Nov." in „14. Nov." verändert, und sich dann mit demselben beim Dr. Hg. eingestellt, welcher wörtlich darunter attestirte:

„Gemeldet den 14. Nov. 1860 bis incl. 20. Nov. 1860."

Auf Grund dieser Schrift erhielt H. beim Ladenmeister die statutenmäßige Unterstützung für die 6 Tage vom 15—20. Nov., forderte aber demnächst auch den angeblich noch rückständigen Betrag für den 14 ej. In dieser Handlungsweise fand die StA.-schaft einen Betrugsversuch, und beantragte die Eröffnung der Untersuchung; die Rathskammer lehnte diesen Antrag ab, weil Urkundenfälschung vorliege, es also zunächst der Einleitung der Voruntersuchung bedürfe. Auf die Beschwerde des StA.s eröffnete dagegen das App.-G. die Untersuchung wegen Betrugs, weil zwar die nachträgliche Bescheinigung des Dr. Hg., nicht aber das allein veränderte Attest des Altgesellen für den Beweis des zu erhebenden Unterstützungsbetrags erheblich, und somit eine Urkunde gewesen sei. Die Gerichtsabtheilung erachtete aber auch das letztere Attest für eine Urkunde, weil es für den Beginn der rechtlichen Verpflichtung der Kasse maaßgebend gewesen sei, und erklärte sich demgemäß durch Erkenntniß für inkompetent, wogegen das App.-G., bei seiner früheren Ansicht verharrend, wiederum die Eröffnung der Untersuchung wegen Betrugsversuch aussprach, und dann die Akten zur Hebung des entstandenen negativen Kompetenzkonflikts dem OTr. einreichte.

Die GStA.-schaft hielt dafür, daß hier nur ein Betrugsversuch und nicht eine Urkundenfälschung vorliege. Zwar brauche eine Schrift, um als Urkunde zu gelten, nicht den vollständigen Beweis eines Rechtsgeschäfts zu liefern, vielmehr genüge es, wenn aus derselben in Verbindung mit andern Umständen der betr. Nachweis hervorgehe (vgl. Oppenh. § 247 n. 80); dagegen sei der Charakter der Schrift stets objektiv zu prüfen, so daß also nur der aus dem Wortsinne sich ergebende Inhalt ohne Rücksicht auf eine andere durch Parteiübereinkunft demselben beigelegte anderweite Bedeutung, maaßgebend sei (vgl. Oppenh. l. c. n. 73); daraus folge, daß eine Schrift nur dann als Urkunde betrachtet werden dürfe, wenn aus ihrem Wortinhalte ein Moment hervorgehe, welches begrifflich für das Bestehen oder Nichtbestehen eines Rechts oder Rechtsverhältnisses von wesentlicher Bedeutung sei, so daß also aus der Schrift auch die Natur dieses Rechtsverhältnisses erkennbar werde (vgl. B. I. 15. Juli 1859 c. Fischer; G. A. 7. S. 848; Oppenh. l. c. n. 80). Hier sei nun der an und für sich verständliche Inhalt der Bescheinigung des Altgesellen K. objektiv durchaus nicht geeignet, ein Moment darzuthun, welches — wenn auch in Verbindung mit andern Momenten, — begrifflich für das Bestehen 2c. eines Rechtsverhältnisses von wesentlicher Erheblichkeit sei; derselbe könne vielmehr eine solche Bedeutung nur erlangen, wenn ihm eine solche durch eine besondere, anderweitig nachzuweisende Uebereinkunft für einen konkreten Fall beigelegt worden sei, was für den Begriff der Urkunde nicht genüge. Dagegen würde dem Schriftstücke im Ganzen auch dann der Charakter einer Urkunde und der Handlung des H. der einer Urkundenfälschung beizulegen sein, wenn, wie das AG. annehme, jene objektive Bedeutung dem nachträglich beigefügten Atteste des Dr. Hg. beiwohne, wenn gleich dieses Attest allem Anscheine nach erst nach der im Datum der Bescheinigung des Altgesellen vorgenommenen Aenderung ausgestellt sei, und selbst keine Abänderung erlitten habe, denn nach den Zeugenaussagen sei für die Attestirung des Dr. Hg. das Datum jener Bescheinigung als Anfangstermin der Krankheitsdauer maaßgebend gewesen, so daß also durch die fälschliche Antedatirung der Bescheinigung Dr. Hg. induzirt wurde, seinerseits etwas Unrichtiges zu attestiren; wenn daher dieses Attest eine Urkunde darstelle, so liege der Thatbestand einer intellektuellen Fälschung (vgl. § 252) vor, deren Begriff keineswegs auf öffentliche Urkunden beschränkt werden dürfe. Es könne indessen dem, an sich durchaus verständlichen, Inhalte dieses Attestes eine objektive Bedeutung für den Beweis ebensowenig, wie der Bescheinigung des Altgesellen zugesprochen werden.

Dem genommenen Antrage gemäß hat das OTr. das kreisgerichtliche Urtheil aufgehoben und die Sache an das KG. zur Verhandlung und Entscheidung über die vom AG. wieder eröffnete Untersuchung verwiesen, und dabei erwogen:

daß aus dem Inhalte der von dem Altgesellen K. unterzeichneten, demnächst veränderten Scriptur irgend eine Beziehung auf einen Vertrag, Verfügung, Verpflichtung, Befreiung oder überhaupt auf Rechte oder Rechtsverhältnisse nicht ersichtlich ist; daß ihr daher die Eigenschaft einer Urkunde im Sinne des § 247 StGB. abgeht, folglich durch eine Veränderung derselben eine Urkundenfälschung nicht verübt worden sein kann.

Antr. des GStA.s: gleichl. [14.—3.]

Steuerdefraude. — Gewerbtreibender. — Subs. Haftbarkeit. — Mehrheit der Gewerbe.

Ein Gewerbtreibender ist für die von seinen Gewerbsgehülfen verübten Steuerdefraudationen nur insoweit haftbar, als diese mit dem betriebenen Gewerbe in Verbindung stehen. Ist dieses aber der Fall, so macht es keinen Unterschied, ob er neben diesem Gewerbe noch ein anderes treibt, und die Defraude des Gehülfen in Ausübung dieses letztern verübt worden ist.

St.-Ordn. v. 8. Febr. 1819 § 83; M.- u. Schl.-St.-Ges. v. 30. Mai 1820 § 17; Ges. v. 2. April 1852; Ges. v. 21. Sept. 1860.

Erk. (Z. B. I.) v. 6. Nov. 1861 c. Haberkorn (Wurzel u. Gen. 834. I. Cr.).

W. hatte als Gewerbsgehilfe des Spediteurs, Mühlenbesitzers und Mehlhändlers H. sowohl mahl- als schlachtsteuerpflichtige Waaren in die Stadt N. eingebracht, ohne sie am Thore zu deklariren. Er ward daher wegen beider bestraft, und H. für die Geldbuße subsidiarisch haftbar erklärt. Die NB. des Letztern behauptete Gesetzesverletzung, weil W. bei der Defraude nur in seinem Speditionsgeschäfte thätig gewesen sei, die Haftbarkeit sich aber jedenfalls nur auf die Mahl-, nicht auch auf die Schlachtsteuerdefraude beziehen könne. Nur dieser letztere Einwand ward für begründet erachtet, und demgemäß das angegriffene Erkenntniß vernichtet.

Gründe:

Mit Recht nimmt der vorige Richter an, wie es ganz unerheblich sei, ob der Angeklagte H. die Kollis, unter denen sich das Faß mit den steuerpflichtigen Gegenständen befand, als Mehlhändler oder als Spediteur dem W. zum Transport übergeben hat, und daß diese Gegenstände dem v. G. abzuliefern waren, weil das Dienstverhältniß des Angeklagten W. gegen den Angeklagten H. und der Gewerbebetrieb des Angeklagten H. als Mehlhändler die Anwendung des § 83 der Steuer-Ordnung allerdings jedenfalls rechtfertigen.

Dies gilt jedoch nur von der Geldbuße, welche der Angeklagte W. durch die verübte Mahlsteuerdefraudation verwirkt hat, während der Angeklagte H. für die von W. begangene Schlachtsteuerdefraudation, weil sie mit seinem Gewerbe als Mehlhändler in gar keiner Beziehung steht, zu haften nicht verpflichtet ist.

Antr. des GStA.s: gleichl. [18.—2.]

Nachdruck. — Geistesprodukt. — Werth. — Verbreitung.

1. **Jedes Geistesprodukt, ohne Rücksicht auf Gattung, Umfang, Darstellungsweise und Werth, ist gegen Nachdruck geschützt.**

Ges. v. 11. Juni 1837 § 1. 3.

2. **Das Vergehen des Nachdrucks ist vollendet, sobald Exemplare vorgefunden werden, welche den bestehenden Vorschriften zuwider angefertigt sind; der Verbreitung bedarf es nicht.**

Ebendas. § 14 [vgl. B. I. 7. Dez. 1860 c. Schultze; RbO. 1. S. 101].

Erk. (Z. II.) v. 7. Nov. 1861 c. Hottenroth (277. II. Cr.).

Unter den Werken der Wissenschaft und Kunst, welche das Ges. v. 11. Juni 1837 in Schutz nimmt, sind allerdings Geistesprodukte verstanden, und zwar solche, bei welchen von einer Autorschaft überhaupt die Rede sein kann.

Das Wort Wissenschaft im Gegensatz zur Kunst ist hier nicht auf streng wissenschaftliche Werke beschränkt, sondern umfaßt literarische Erzeugnisse jeder Art, d. h. schon der Theorie nach alle durch die Sprache, jedenfalls alle durch die Schrift fixirte individuelle geistige Hervorbringungen, welche der Vermittelung der Gedanken und Vorstellungen auf dem Gebiete des allgemein geistigen Verkehrs dienen, und objektiv in denselben zu treten geeignet sind (vgl. Wächter, das Verlagsrecht, § 12). Auf die Gattung, den Umfang, die Darstellungsweise der geistigen Produktion kommt dabei überall nichts an. Ein einzelnes Gedicht, ein Lied, ist so gut ein literarisches Erzeugniß, wie eine wissenschaftliche Schrift oder ein größeres poetisches Werk. Noch weniger wird der Begriff des literarischen Erzeugnisses durch den literarischen Werth, den innern Gehalt der Arbeit berührt. Denn das Autorrecht besteht an den literarischen Erzeugnissen als solchen; schlecht oder ausgezeichnet, fallen sie gleichmäßig in diese Kategorie, und die rechtliche Beurtheilung eines ursprünglichen Geistesproduktes kann nicht nach subjektiven Gesichtspunkten, sondern nur nach objektiven Merkmalen erfolgen (Wächter, § 12 S. 115; Friedländer, Rechtsschutz gegen Nachdruck, S. 24; Eisenlohr, das literarisch-artistische Eigenthum, S. 48; Bluntschli, deutsches Privatrecht, Bd. I. S. 195).

Der mit dem Gesetz v. 11. Juni 1837 publizirte Bundesbeschluß v. 29. Nov. 1837 rechnet darum auch zu den Werken der Wissenschaft oder Kunst (§ 3) literarische Erzeugnisse jeder Art, und Werke der Kunst überhaupt, und indem das eben cit. Gesetz v. 11. Juni 1837 der unter seinen Schutz gestellten Gattungen der Werke der Wissenschaft und Kunst bezeichnet, führt es im § 1 bereits herausgegebene Schriften, ohne dabei einen weiteren Unterschied zu machen, und im § 3 Manuscripte jeder Art, auf, so daß es auch hiernach nicht zweifelhaft sein kann, daß unter den Werken der Wissenschaft Schriften überhaupt — sobald sie nur der literarischen Sphäre angehören — begriffen sind, ohne daß dabei ihre innere Güte in Betracht kommen könnte.

Mit Recht hat daher der App.-Richter angenommen, daß das hier in Frage stehende, durch den Druck veröffentlichte Lied: „die Crinoline," ohne Rücksicht auf den Werth oder Unwerth desselben, Gegenstand des verbotenen Nachdrucks sein könne, und daß namentlich der Richter auf eine Prüfung des Werthes oder Unwerthes des Geistesproduktes sich weiter nicht einzulassen habe. —

Auch der zweite Angriff ist verfehlt, wenn, wie thatsächlich feststeht, der Angeklagte das qu. Lied ohne Erlaubniß des Autors gedruckt hat, da nach § 14 das Vergehen des Nachdrucks vollendet ist, wenn E x e m p l a r e eines Buches vorgefunden worden, welche den gegenwärtigen Vorschriften zuwider angefertigt sind, zur Vollendung des Vergehens also die Verbreitung nicht gehört.

Antr. des GStA.s: gleichl. [27. — 1.]

Beweisantrag. — Contumacia. — Verzicht.

Erscheint der Angeklagte im Audienztermine weder in Person noch durch einen Vertheidiger, so ist anzunehmen, daß er auf die vorher gestellten Beweisanträge verzichtet habe[1]).

Vdn. v. 3. Jan. 1849 § 52 [vgl. dort n. 18].

---

[1]) Contra: B. II. 26. Jan. 1860 c. Linde (313 v. 1859); B. II. 27. Sept. 1860 c. Feldmann (223; JMBl. S. 395); im letztern Falle ward ein Gewicht darauf gelegt, daß der Angeklagte vorgeladen war ohne Benachrichtigung darüber, ob und welche der vorgeschlagenen Zeugen geladen worden seien.

Erk. (Z. I.) v. 8. Nov. 1861 c. Dietrich (780. I. Cr.).

Der Angeklagte war weder selbst in der Audienz erschienen, noch auch dort durch einen Vertheidiger vertreten, hat daher seine sonstigen Beweisanträge in dieser Audienz nicht wiederholt, und muß demnach als darauf verzichtend angesehen werden. [15. — 4.]

Hauptverhandlung. — Wahnsinn des Angeklagten.

Das Verfahren (zweiter sowohl als erster) Instanz ist nichtig, wenn zur Zeit der betr. Hauptverhandlung der Angeklagte seines Verstandes nicht mächtig ist, sollte auch das Gericht von diesem Zustande keine Kenntniß erlangt haben.

Vdn. v. 3. Jan. 1849 § 14 [vgl. dort n. 27; § 34 n. 1; Art. 74 n. 9].

Erk. (V. I.) v. 8. Nov. 1861 c. Czwielung (794. I. Cr.).

Es ergiebt sich aus den Akten, daß der Angeklagte nach Einlegung seiner Appellation und vor der Audienzverhandlung ꝛc. in Wahnsinn verfallen ist, und es muß nach den in der Beschwerdeschrift angeführten und durch die Akten bestätigten Umständen allerdings angenommen werden, daß diese Thatsache dem App.-Gerichte zur Zeit der Audienz unbekannt gewesen sei. Mag sie aber auch dem App.-Richter bekannt gewesen sein, so ist doch überall die Thatsache allein, ohne alle Rücksicht auf die Kenntniß des Richters von ihrem Vorhandensein, von entschiedenem Einflusse auf die Zulässigkeit der Verhandlung überhaupt. Die Verhandlung mit einem Angeklagten, welcher seines Verstandes nicht mächtig, also außer Stande ist, seine Vertheidigung zu führen, ist unstatthaft.

Ein Unterschied, ob diese Unfähigkeit bereits vor oder in der ersten Instanz, oder ob sie erst in einer der folgenden Instanzen eingetreten ist, findet nicht statt, weil die Befugniß der Vertheidigung in allen Instanzen dieselbe, und nur in ihren Formen verschieden ist. Was insbesondere die Lage des verhafteten Angeklagten in der App.-Instanz nach den obigen Vorschriften betrifft, so folgt daraus, daß der App.-Richter seine persönliche Vorführung, also seine persönliche Anhörung und Vertheidigung nicht für erforderlich erachten darf, und sie hier nicht erforderlich erachtet hat, für die vorliegende Frage nichts. So lange vor der Verhandlung und Entscheidung des App.-Richters die gedachte Unfähigkeit des Angeklagten, sich überhaupt zu vertheidigen, besteht, kann er auch die Mittel nicht ergreifen, welche ihm, außer jener persönlichen Vertheidigung vor dem App.-Richter, durch einen gewählten Vertheidiger oder durch Schriftsätze gesetzlich zustehen.

Der App.-Richter hat daher zu erwägen, ob der Zustand des Angeklagten ein solcher ist, welcher ihn verhindert, seine Rechte in der angedeuteten Art wahrzunehmen, und, wenn er dies findet, muß das Verfahren bis zur Wiederherstellung des Angeklagten ausgesetzt werden.

Antr. des GStA s: gleichl. [15.—4.]

---

1. Zuwiderhandlung gegen Fiskalgesetze. — Uebertretung.

2. Begünstigung. — Uebertretung.

1. Zuwiderhandlungen gegen Fiskalgesetze sind als „Uebertretungen" zu betrachten, wenn die im Einzelfalle verwirkte Strafe 50 Thlr. nicht übersteigt. [Einf.-Ges. z. StGB. Art. VIII (vgl. dort n. 4).]

2. Die Begünstigung einer Uebertretung ist, insofern sie nicht in Folge einer vor der That genommenen Abrede gewährt wurde, nicht strafbar.

StGB. § 37 [vgl. dort n. 3; oben S. 36].

Erk. (Z. I.) v. 8. Nov. 1861 c. Skonicki (808. I. Cr.).

Zuvörderst ist es unrichtig, daß, wie die NB. [des OStA.s] behauptet, jede Zuwiderhandlung wider die Vorschriften der Zoll- und Steuergesetze als ein Vergehen und nicht als eine Uebertretung zu betrachten ist, vielmehr entscheidet in dieser Beziehung, nach Art. VIII des Einf.-Ges. v. 14. April 1851, die Höhe der in jedem einzelnen Fall vom Defraudanten verwirkten Geldstrafe, wie das Kgl. OTr.

bereits früher in mehrfachen Entscheidungen angenommen und ausgeführt hat. Im vorliegenden Fall beträgt die vom Defraudanten Sch. zu entrichtende Geldbuße nur 5 Thlr. 10 Sgr., also unter 50 Thlr., und er hat sich daher nur einer Uebertretung der Zollgesetze schuldig gemacht. Diese Uebertretung soll nun die Angeklagte Sk. begünstigt, nämlich dem Sch. nach Verübung der That wissentlich Beistand geleistet haben, um ihn der Bestrafung zu entziehen und ihm die Vortheile der Defraudation zu sichern. Mit Recht hat aber der App.-Richter ausgeführt, daß die Begünstigung einer Uebertretung gesetzlich überhaupt nicht strafbar ist. Denn der § 37 des StGB. bezieht sich nur auf den dem Urheber eines Verbrechens oder Vergehens nach Verübung der That geleisteten Beistand, kann also, wenn es sich um eine bloße Uebertretung handelt, nicht Anwendung finden, es wäre denn, was hier nicht festgestellt ist, daß die Begünstigung in Folge einer vor der That genommenen Abrede gewährt worden, in welchem Falle nach § 38 des StGB. die Grundsätze von der Theilnahme an strafbaren Handlungen Anderer Platz greifen, welche auch bei Uebertretungen maaßgebend sind. In diesem Sinne hat sich auch das Kgl. OTr. bereits in dem vom zweiten Richter allegirten Erk. v. 5. Nov. 1856 c. Blankenburg ausgesprochen.

Antr. des GStA.s: gleichl. [18.—4.]

Staatsanwalt. — Legitimation. — Angeklagter.

Der Angeklagte ist nicht befugt, die Vertretung des Staatsanwalts durch einen an sich qualifizirten Beamten zu kritisiren.

Vdn. v. 3. Jan. 1849 § 2 [vgl. dort n. 11; § 3 n. 4. 12].

Erk. (Z. I.) v. 8. Nov. 1861 c. Schöps (828. I. Cr.).

Wenn der Vertreter der StA.-schaft als illegitimirt in der NB. bezeichnet wird, so ist diese Anführung eine gänzlich unhaltbare, denn einer besonderen Legitimation des Vertreters dem Angeklagten gegenüber bedarf es nicht und ebenso wenig steht es einem Angeklagten zu, die Vertretung des StA.s im Einzelfalle durch einen an sich qualifizirten Beamten zu kritisiren, da die erforderliche Ertheilung des Commissorii dazu zur inneren Dienstverwaltung der Gerichtsbehörden gehört.

Antr. des GStA.s: gleichl. [14. -4.]

Einbruch. — Durchschneiden eines Fadens.

Es gehört zur thatsächlichen Beurtheilung, ob die Zerschneidung eines Fadens als eine zum Thatbestande des „Einbruchs" gehörige Gewalt anzusehen sei.

StGB. § 223 [vgl. dort n. 7].

Erk. (Z. I.) v. 8. Nov. 1861 c. Krätke (961. I. Cr.).

Zum Begriffe eines Einbruchs im Sinne des § 223 StGB. gehört es, daß er „mittelst Gewalt" ausgeführt worden ist; ob im einzelnen Falle eine Anwendung von Gewalt stattgefunden hat, ist eine rein thatsächliche Frage, die vom Instanzrichter ausdrücklich bejaht werden muß, wenn von der Anwendung der § 218 Nr. 2 und 223 l. c. die Rede sein soll. Der App.-Richter hat nun diese Thatfrage nicht nur nicht bejaht, sondern er hat sie ausdrücklich verneint. Es ist dies geschehen nach sorgfältiger Aufzählung der einzelnen Umstände des vorliegenden Falles und unter der Betrachtung, daß es zum Zerschneiden oder Zerreißen eines Zwirnfadens keiner Kraftanstrengung bedürfe; weder bei dieser Betrachtung, noch bei jener thatsächlichen Feststellung überhaupt, ist ein Rechtsirrthum des vorigen Richters erkennbar, es mangelt daher schon aus diesem Grunde der NB. die rechtliche Begründung. [14. — 4.]

Wucher. — Prolongation. — Selbstständiger Fall.

Die Prolongation eines wucherischen Geschäfts, bei welcher eine erneuerte Zinsüberhebung stattgefunden hat, stellt einen selbstständigen Wucherfall dar.

StGB. § 263 [vgl. dort n. 12. 54].

Erk. (Z. I.) v. 13. Nov. 1861 c. Schwarze (818. I. Cr.).

Jede einzelne Prolongation ist ein selbstständig strafbarer Wucherfall, sobald, wie hier festgestellt, bei jeder derselben dieselbe wucherliche Operation stattgefunden hat.

Antr. des GStA.s: gleich. [15. 2.]

Militärpflicht. — Unterlassene Rückkehr.

Ein Verlassen des Landes ohne Erlaubniß liegt auch da vor, wo der Wehrpflichtige mit einer auf eine bestimmte Zeit beschränkten Erlaubniß ins Ausland gegangen, und dann über jene Zeit hinaus außerhalb Landes verblieben ist.

StGB. § 110 [vgl. dort n. 4. 7; und unten B. II. 21. Nov. 1861 c. Feuerborn: 322].

Erk. (B. I.) v. 13. Nov. 1861 c. Böttcher (863. I. Cr.).

Der § 110 des StGB. hat überall nur den Zweck gehabt, in Betreff der Entziehung aus dem Militärdienst diejenigen Aenderungen eintreten zu lassen, welche durch das in dem Art. 11 der Verfassungsurkunde v. 31. Jan. 1850 ertheilte Recht der Auswanderung, gegenüber dem früheren unter Strafe angedrohten Verbot der Auswanderung ohne Erlaubniß, und durch die im Art. 10 der Verfassungsurkunde enthaltene Aufhebung der Strafe der Vermögenskonfiskation, nothwendig geworden war. Die Redaktionsgeschichte des § 110 StGB. läßt hierüber gar keinen Zweifel. Man schloß sich im Uebrigen an die früheren gesetzlichen Vorschriften, also an den noch im § 3 des Ges. v. 15. Sept. 1818 bestätigten § 469. II, 20 und die §§ 49. 50. II, 10 ALR. an, nur allein mit dem Unterschiede, daß man die Fassung des § 469 cit. „um sich den Kriegsdiensten zu entziehen," in das gleichbedeutende: „und sich dadurch dem Eintritt 2c. zu entziehen sucht," änderte, und daß man die in den §§ 49 und 50 cit. im Gesetze selbst ausgesprochene und auch in die Entwürfe von 1846 und 1847 übergegangene Vermuthung als eine solche gesetzliche zwar fallen ließ, und nur beschloß, sie von der Nichtbefolgung der Proklamen abhängig zu machen (Goltd. Matt. 2. S. 185). So wie man also früher nicht daran zweifeln konnte und nicht daran gezweifelt hat, daß auch die auf eine bestimmte Zeit ertheilte Erlaubniß zum Verlassen des Landes dann, wenn nach Ablauf dieser Zeit die Rückkehr und die Gestellung zur Erfüllung der Dienstpflicht nicht erfolgte, den Thatbestand des im Wesentlichen gleichlautenden § 469. II, 20 ALR. gleichfalls darstelle, so wenig kann man daran zweifeln, daß dies auch nach § 110 StGB. noch jetzt der Fall sei. Nach wie vor ist, da der Art. 11 der Verfassungsurkunde die Auswanderung nur mit Vorbehalt der Erfüllung der Wehrpflicht gestattet, auch die Auswanderung mit Verletzung dieser Pflicht Thatbestand des Vergehens, und diese Verletzung ist sowohl dann vorhanden, wenn das Verlassen des Landes gleich ursprünglich ohne Erlaubniß erfolgte, und dadurch gesucht wird, sich der Wehrpflicht zu entziehen, als unter gleicher Voraussetzung, dann, wenn die Erlaubniß nur auf eine bestimmte Zeit ertheilt wird, und nach Ablauf dieser Zeit die Rückkehr nicht erfolgte. Das Kammergericht erkennt selbst an, daß der Ausdruck „verlassen" eine mehrfache Bedeutung haben könne; es glaubt aber ausschließlich nur der grammatikalischen folgen zu müssen. Selbst mit dieser allein aber gelangt man zu einem entgegengesetzten Resultate, weil man sehr wohl von demjenigen, welcher die Rückkehr in sein Vaterland aufgiebt, sagen kann, daß er sein Vaterland verlasse.

Hiermit erledigen sich auch alle diejenigen Bedenken, welche das Kammergericht über die Fassung des nach § 3 des Ges. v. 10. März 1856 von der Landespolizeibehörde auszustellenden, dem Strafverfahren zum Grunde zu legenden, Attestes, und über die Befähigung dieser Behörde, die Umstände zu beurtheilen, welche eine Rückkehr des nur zeitweise mit Erlaubniß fortgegangenen Wehrpflichtigen ohne seinen Willen verhindert haben, oder aber seine Absicht, durch die unterlassene Rückkehr sich seiner Wehrpflicht zu entziehen, aufstellt.

Dieselben Bedenken würden sich mit mehr oder minderem Rechte auch gegen die Ausstellung von Attesten über das ursprüngliche Verlassen des Landes ohne Erlaubniß mit der Absicht, sich schon dadurch der Wehrpflicht zu entziehen, aufstellen lassen. Der Gesetzgeber hat sie aber nicht getheilt, er hat die Behörden verpflichtet, nach sorgfältiger Erkundigung solche Atteste auszustellen, und wenn sie ausgestellt sind, so muß der Richter ihnen die gesetzlich vorgeschriebene Wirkung beilegen. [15.—2.]

---

1. **Betrug. — Vermögensbeschädigung. — Entziehung eines Exekutionsobjekts.**
2. **Gründe. — Verständlichkeit.**

1. Die Entziehung eines Exekutionsobjekts stellt eine Vermögensbeschädigung für den Gläubiger dar. [StGB. § 241 (dort einzutr. als n. 15 a).]

2. Unverständliche Gründe sind als nicht vorhanden zu betrachten.

Ges. v. 3. Mai 1852 Art. 31 [vgl. dort n. 29].

Erk. (B. I.) v. 13. Nov. 1861 c. Wegner u. Hirsekorn (892. I. Cr.).

W. hatte, um seinem Gläubiger K. die Exekutionsobjekte zu entziehen, mit H. einen Scheinkauf über seine Mobiliareffekten abgeschlossen, und H. hatte auf Grund dieses Vertrags in der Exekutionsinstanz einen Interventionsprozeß angestrengt. Von der hierauf gestützten Anklage wegen Betrugsversuchs hat der App.-Richter beide freigesprochen, 1. weil die Entziehung des Exekutionsobjekts für den Gläubiger keine Vermögensbeschädigung, sondern nur einen entzogenen Gewinn darstelle, da die Forderung desselben bestehen bleibe; und 2. weil — was näher auszuführen gesucht wird — eine Irrthumserregung nicht anzunehmen sei. Auf die NB. des OStA.s hat das OTr. das Erkenntniß vernichtet, und die Sache in die zweite Instanz zurückverwiesen.

Gründe:

Die Ansicht des App.-Richters [zu Nr. 1] beruht offenbar auf einer unrichtigen Rechtsanschauung, denn das Wesen einer begründeten Forderung eines Gläubigers an seinen Schuldner besteht gerade darin, von dem letzteren die reelle Befriedigung zu verlangen resp. zu erzwingen. Erreicht der Gläubiger diese Befriedigung, so erlangt er dadurch keinen „Gewinn," kein lucrum, sondern er erlangt nur dasjenige, was ihm von vornherein gebührte, er tritt nur in den effektiven Besitz eines ihm schon früher gebührenden Vermögenstheils. Derjenige also, welcher dem Gläubiger die zu seiner Befriedigung dienlichen Exekutionsobjekte widerrechtlich entzieht, entzieht oder erschwert wenigstens ihm die Möglichkeit, seine Forderung realisiren zu können, er beeinträchtigt ihn also in seinen Vermögensrechten, fügt ihm also ein damnum emergens zu, beschädigt ihn folglich im Sinne des § 241 StGB. Hieran läßt sich um so weniger zweifeln, als der Gesetzgeber — arg. § 243 Nr. 6 — die zum Begriffe eines Betruges erforderliche Vermögensbeschädigung selbst dann als vorhanden schon annimmt, wenn die zur Reailsirung einer Forderung verhängte Exekution nur auf bestimmte Art verzögert und hinausgeschoben wird.

Die Ausführung des vorigen Richters [zu Nr. 2] greift die NB. mit dem Vorwurfe an, daß sie unverständlich, jedenfalls unzutreffend sei. Es läßt sich auch in der That nicht verkennen, daß es den Entscheidungsgründen an dem zu ihrem Verständniß erforderlichen logischen Zusammenhange fehlt, und daß deshalb nicht zu erkennen ist, ob dieser thatsächlichen Feststellung ein Rechtsirrthum zu Grunde liegt oder nicht; jedenfalls aber umfaßt diese Motivirung nicht alle, durch die Anklage angeregte, und bei der Frage der Irrthumserregung maaßgebende Momente in erschöpfender Weise rc.

Antr. des GStA.s: gleichl. [14.—2.]

Vorsitzender. — Vertheidiger. — Nachweis aus den Akten.

Der Vertheidiger kann nicht verlangen, seinerseits Thatsachen aus den Akten nachzuweisen; es steht ihm nur zu, auf Verlesung einzelner Aktenstücke Anträge zu stellen, über welche dann das Gericht zu befinden hat.

Vdn. v. 3. Jan. 1849 § 54. Art. 51. 76 [dort einzutr. als n. 4 a].

Erk. (Z. I.) v. 13. Nov. 1861 c. Wendorf (922. I. Cr.).

Nach dem Sitzungsprotokolle hatte der Vertheidiger der Angeklagten den Antrag gestellt: „aus den Akten festzustellen," daß ein Mitangeklagter G. eine bestimmte Thatsache in der Voruntersuchung erst nachträglich vorgebracht habe. Der Vorsitzende verneinte dieses und konstatirte, daß dasselbe bereits zu einer früheren Zeit geschehen sei. Der Vertheidiger wollte hierauf die Richtigkeit seiner Behauptung nachweisen, und beantragte die Verlesung eines [näher angegebenen] RK.-Beschlusses. Der Vorsitzende schnitt ihm indessen das Wort zu dieser Ausführung ab, da nur ihm selbst zustehe, die Konstatirung aus den Akten vorzunehmen und zu bestimmen, in welcher Weise dieselbe erfolgen solle; er verwies sodann darauf, daß er den erwähnten RK.-Beschluß bereits mitgetheilt habe. Die NB. der Angeklagten suchte die Richtigkeit jener Aufstellungen darzuthun, und fand in dem Verfahren des Vorsitzenden eine Beschränkung der Vertheidigung. Zurückweisung.

Gründe:

Wenn unter dem erbotenen Nachweise nach der Sachlage nichts anderes gemeint sein konnte, als ein unmittelbarer Nachweis aus den Akten durch den Vertheidiger, so befand sich der Vorsitzende allerdings in seinem Rechte, wenn er die Akten aus seiner Hand nicht geben wollte, vielmehr sich als das Organ bezeichnete, wodurch — von Amtswegen oder auf Anträge, der Akteninhalt zur Mittheilung gelangen könnte. Denn dem Vorsitzenden gebührt wesentlich die Instruktion der Sache und der mündlichen Verhandlung.

In dieser Hinsicht konnte er also auch dem Vertheidiger das Wort versagen.

Etwas anders verhält es sich mit dem Antrage auf Vorlesung des Rathskammer-Beschlusses. Diese hätte, abgesehen von dem auf dergleichen Prozedurakte nicht anwendbaren Art. 25 des Ges. v. 3. Mai 1852, der Vorsitzende allein auf gehöriges Insistiren des Vertheidigers nicht versagen können, sondern nur das Gericht aus zutreffenden Rechts- oder thatsächlichen Gründen.

In der That hat indessen auch der Vorsitzende Nichts versagt, denn er hat darauf hingewiesen, daß er den Rathskammerbeschluß bereits mitgetheilt habe. Daß diese Mittheilung eine mangelhafte gewesen sei, ist nicht zu vermuthen und selbst nicht einmal behauptet. Eine zweimalige Mittheilung oder Spezialverlesung hätte wenigstens besonders begründet werden müssen.

Antr. des GStA.s: gleichl. [17. — 2.]

Wucher. — Cession.

Der Instanzrichter kann in der Cession einer Forderung einen eingekleideten Wucher finden, wenn er annimmt, die Cessionsform sei nur gewählt, um ein beabsichtigtes Darlehen zu verstecken.

StGB. § 263 [dort einzutr. als n. 11 a]; ALR. I, 11 § 390.

Erk. (Z. I.) v. 13. Nov. 1861 c. Bärmann u. Gen. (945. I. Cr.).

Eine Verletzung des § 390. I, 11. ALR. liegt hier nicht vor; denn wenn derselbe auch die Bestimmung der Höhe des Cessionspreises bei Ueberträgen von Forderungen dem Uebereinkommen der Kontrahenten anheimstellt, so haben die Angeklagten nach der Feststellung der Instanzrichter eine wirkliche Cession von Forderungsrechten gar nicht beabsichtigt, sondern die äußere Form dieses Geschäftes nur gewählt, um in dieselbe das eigentlich und in der Wirklichkeit beabsichtigte und abgeschlossene Darlehnsgeschäft einzukleiden, und zwar bloß zu dem Zwecke, um die Strafbarkeit ihrer Handlungsweise zu verbergen.

Antr. des GStA.s: gleichl. [14. — 2.]

Beweisantrag. — Sachverständige.

Der erkennende Richter ist an einen Antrag des Angeklagten auf Einholung eines Gutachtens nicht gebunden. [Vgl. Oppenh. Strafverf. § 52 n. 52.]

Erk. (Z. I.) v. 13. Nov. 1861 c. Müller (951. I. Cr.).

Der erkennende Richter ist an einen Antrag des Angeklagten auf Einholung eines Gutachtens überhaupt und insbesondere dann nicht gebunden, wenn er sich persönlich diejenige Kenntniß zutrauen kann, die ihm durch die Sachverständigen erst verschafft werden soll.

Antr. des GStA.s: gleichl. [14. — 2.]

---

1. Urkunde. — Untersuchungsaktenstücke.
2. Schwurgerichtshof. — Untersuchungsrichter.
3. Staatsanwalt. — Ablehnung.

1. Ein Gerichtsbeschluß über die Einleitung einer Untersuchung und das Audienzprotokoll über die Hauptverhandlung in einem Strafverfahren sind (öffentliche) Urkunden.

StGB. § 251. 247 [vgl. dort n. 101].

2. Der Untersuchungsrichter kann als Mitglied des Schwurgerichtshofs mitwirken.

Vdn. v. 3. Jan. 1849 § 38 [vgl. dort n. 14].

3. Es steht dem Angeklagten nicht zu, den fungirenden Beamten der Staatsanwaltschaft abzulehnen.

Vdn. v. 3. Jan. 1849 § 3 [vgl. dort n. 12].

Erk. (Z. I.) v. 13. Nov. 1861 c. Graßmann (1031. I. Cr.).

Zu Nr. 4. Es handelt sich hier um die Urkundenqualität eines Beschlusses des Kreisgerichts über die Einleitung einer Untersuchung und eines Audienzprotokolles über die Hauptverhandlung in einer Untersuchung, und zwar im Sinne des § 251 Nr. 2 StGB., welcher von solchen Urkunden handelt, die von Staatsbehörden rc., oder Beamten aufgenommen, ausgefertigt oder beglaubigt werden. Es kann aber keinem Bedenken unterliegen, jene Schriften als solche soeben bezeichnete Urkunden zu erachten. Abgesehen davon, daß beide die wichtigsten Akte des Untersuchungsprozesses bilden, also zur Grundlage für die definitive Entscheidung über den Angeklagten dienen, so sind sie auch in der That von einer Staatsbehörde, nämlich der im Gesetze bestimmten Abtheilung eines Gerichts, und von dem Schwurgerichtshofe, oder mindestens doch von den dazu gesetzlich bestimmten Beamten „aufgenommen."

Zu Nr. 5. Wollte man auch die Eigenschaft des Kreisgerichtsraths K. als Untersuchungsrichter annehmen, so würde dies doch nach der Entscheidung des OTr. v. 7. Sept. 1855 [Z. I. c. Engelhardt; 888; G. A. 3. S. 665] mit seiner Eigenschaft als Mitglied des Schwurgerichtshofes nicht im Widerspruch stehen.

Zu Nr. 6. Die Stellung des Staatsanwaltes zur Untersuchung widerspricht überhaupt der Anwendung der in Beziehung auf das Richterpersonal geltenden Perhorreszenzgründe auch auf ihn durchaus, wie dies auch das OTr. bereits in dem Beschl. [I.] v. 22. Sept. 1854 c. Schröbter [1080; G. A. 2. S. 812] ausgesprochen hat. Dem Angeklagten ist es unbenommen, die Uebertragung der Funktionen des Staatsanwaltes auf eine andere Person bei der kompetenten Staatsbehörde zu beantragen, wenn er eine Benachtheiligung für sich befürchtet; wird ihm dieselbe verweigert, so hat er darüber kein Beschwerderecht bei den höheren Gerichten.

Antr. des GStA.s: gleichl. [15.—2.]

Insinuation. — Verweigerung der Annahme. — Zuständigkeit.

Die Geldbuße, mit welcher die Verweigerung der Annahme einer behändigten gerichtlichen Verfügung bedroht ist, stellt eine Ordnungsstrafe dar, welche nur von demjenigen Richter verhängt werden kann, von welchem jene Anordnung ausging.

AGO. I, 7. § 37. 38 [einzutr. StGB. Einf.-Ges. Art. II. n. 9].

Beschl. (I.) v. 13. Nov. 1861 c. Jacobsohn (244. B. I. Cr.).

In der Bd. I. S. 536 erwähnten Sache hat der betr. OStA. seine Beschwerde mit ministerieller Ermächtigung wiederholt; sie ist indessen vom OTr. nunmehr als unbegründet zurückgewiesen worden.

Gründe:

Es kann nicht anerkannt werden, daß die neuere, das Strafverfahren betreffende Gesetzgebung, namentlich der § 1 der Vdn. v. 3. Jan. 1849, ganz allgemein und ohne jede Unterscheidung, die Verfolgung und Beahndung aller, etwaige gesetzliche Vorschriften nicht beachtender Handlungen, dem Strafrichter übertragen hat. Es kommt vielmehr in jedem Spezialfalle darauf an, zu untersuchen, ob nach dem Sinne und dem Zusammenhange der betreffenden gesetzlichen Bestimmungen causa criminalis vorliegt, oder ob der Zweck dieser Vorschriften nur der gewesen, die vorgekommene, an sich zu beahndende Handlung, in Verbindung mit der Hauptsache, zu der sie gehört, zum Austrage zu bringen. In die letztere Kategorie fallen von vorn herein alle sogenannten Ordnungsstrafen, welche die Behörden unter Autorisation des Gesetzes gegen Parteien oder Untergebene festzusetzen befugt sind. Sie beabsichtigen, vorgekommene, dem vorgeschriebenen Verfahren entgegenlaufende, bloße Ordnungswidrigkeiten in der kürzesten Weise zu rügen, und zugleich die Autorität der ausführenden Behörden nach außen hin aufrecht zu erhalten. In dieser Richtung enthalten die bestehenden Prozeßgesetze mehrfache Vorschriften, die auch noch gegenwärtig zur Kognition des Civilrichters gehören. Es sind dahin z. B. zu rechnen die in dem § 51. I, 23. AGO. enthaltenen Strafbedrohungen des frevelhaften Leugnens vor Gericht und die durch den § 36 der Instr. v. 24. Juli 1833, resp. der AKO. v. 24. Okt. 1838, dem Civilrichter auch jetzt noch übertragene Befugniß, vorgekommene Störungen der öffentlichen Verhandlungen sofort und unmittelbar zu bestrafen.

Ein Gleiches muß nun auch von dem, im vorliegenden Falle zur Sprache kommenden § 38. I, 7. AGO. gelten. Die §§ 37. 39 l. c. stehen mit einander im wesentlichen Zusammenhange. Sie lassen den maaßgebend gewesenen Zweck deutlich hervortreten, nämlich, daß Jedermann verpflichtet sein soll, gerichtliche Verfügungen unverweigerlich anzunehmen, resp. deren ihm geschehene Zustellung vorschriftsmäßig zu bescheinigen. Lediglich zu diesem Behufe werden die dort angedrohten Strafen aufgestellt, denn sie werden neben den sonstigen, den Ungehorsamen außerdem treffenden Nachtheilen, sei es als Partei, sei es als Zeuge, verhängt. Endlich bestimmt der § 39 l. c. ausdrücklich, daß anderweitige strafbare Handlungen, welche bei Gelegenheit von Insinuationen gerichtlicher Verfügungen vorkommen, im förmlichen Untersuchungsverfahren verfolgt werden sollen. Schon hieraus ergiebt sich, daß die übrigen in den §§ 37—39 l. c. enthaltenen Strafen lediglich Ordnungsstrafen im oben angegebenen Sinne sind, nämlich solche, durch welche die vorgeschriebene formelle Ordnung und die Autorität der Behörden erhalten resp. gesichert werden sollen.

Außerdem kommt aber noch in Betracht, daß die in Rede stehenden Strafen im engen Zusammenhange mit der Entscheidung in der betreffenden Hauptsache stehen, und eine getrennte Behandlung durch verschiedene Behörden nicht zulassen. Es würde zu nicht zu lösenden Inkonvenienzen führen, wenn die nach § 38 l. c. zu verhängende Strafe von einem andern Richter als dem der Hauptsache, rechtskräftig ausgesprochen sein würde, während dem der letztere in einer höhern Instanz dem erhobenen Einwande gemäß anerkennen möchte, daß eine verweigerte Insinuationsbescheinigung nicht vorgekommen sei.

Es versteht sich dabei von selbst, daß unter dem im § 38 l. c. gemeinten, zur Festsetzung der Strafe befugten Richter allemal derjenige zu erachten ist, gegen dessen Anordnung in der näher bezeichneten Art gehandelt worden ist. Es kann daher der in der Beschwerde herangehobene Fall nicht vorkommen, daß nämlich eine in einer Voruntersuchung verweigerte Insinuationsbescheinigung von dem Civilrichter gestraft werden müsse.

Antr. des GStA.s: entg. [20.—3.]

---

1. Fiskalvergehen. — Strafresolut. — Gerichtliches Gehör.

2. 3. Stempel. — Aktiengesellschaft. — Strafresolut. — Kompetenz.

1. Die von einer Fiskalbehörde erlassenen Strafresolute treten durch den Antrag auf rechtliches Gehör als solche außer Kraft.

Ges. v. 3. Mai 1852 Art. 136 [vgl. dort n. 27].

2. Ist die Festsetzung einer Stempelstrafe gegen den Vorstand einer Aktiengesellschaft statt von der dazu berufenen Regierung von einer andern Behörde ausgegangen, so hat im Falle eines Antrags auf rechtliches Gehör, der Richter auszusprechen, daß die Sache, so lange nicht von der zuständigen Verwaltungsbehörde darüber befunden worden, zur gerichtlichen Kognition nicht erwachsen sei.

Ges. v. 25. Mai 1857 § 3.

3. Die im § 2 des Ges. v. 25. Mai 1857 den Vorständen &c. von Aktiengesellschaften angedrohte Geldbuße ist eine Stempel-, nicht eine Disziplinarstrafe.

Erk. (V. II.) v. 14. Nov. 1861 c. Keferstein (196. II. Cr.).

K. hatte als Mitglied des Verwaltungsraths einer Aktiengesellschaft Aktien unterschrieben, zu welchen ein Stempel nicht verwendet war. Das Hauptsteueramt zu H., welches durch die Denunziation eines Steuerbeamten Kenntniß davon erlangt hatte, verhängte dieserhalb die ordentliche Stempelstrafe. K. beantragte rechtliches Gehör und machte geltend: daß nach dem Ges. v. 25. Mai 1857 § 3 (GS. S. 517) zunächst die Regierung zu M. darüber zu befinden habe, ob er straffällig sei, und ob die ordentliche Stempelstrafe oder nur eine dem einfachen Stempelbetrage gleichkommende Geldbuße verwirkt sei. Das KG. zu M. hob demgemäß das Strafresolut des HSt.-Amts auf, wogegen das AG. zu N. auf die Appellation der StA.-schaft von der Anklage der Stempelcontravention freisprach. Beide Richter gingen davon aus, daß die Frage, ob K. die ordentliche Stempelstrafe verwirkt habe, zur gerichtlichen Entscheidung gehöre, daß dagegen darüber, ob denselben nicht eine dem einfachen Stempelbetrage gleichkommende Geldbuße (als Ordnungs- oder Disziplinarstrafe) treffe, die Regierung zu M. zu befinden habe. Auf die NB. der Prov.-St.-Direktion hat das OTr. das appellationsgerichtliche Erkenntniß vernichtet, das erstrichterliche aufgehoben, und die Sache selbst, als zur Zeit zur richterlichen Entscheidung noch nicht erwachsen, aus dem eingeleiteten gerichtlichen Verfahren zurückgewiesen, indem es erwog:

daß, wie die Materialien zu diesem Gesetze ergeben, durch das Ges. betr. die Revision der Aktiengesellschaften im Stempelinteresse v. 25. Mai 1857 bezweckt worden ist, nicht nur die Vorschrift des § 34 des Ges. wegen der Stempelsteuer v. 7. März 1822, wonach alle Behörden und Beamte gehalten sind, den Stempelfiskalen die Einsicht ihrer stempelpflichtigen Verhandlungen bei den vorzunehmenden Stempelvisitationen zu gestatten, auf die Aktiengesellschaften auszudehnen, sondern auch die Vorstände und Beauftragten dieser Aktiengesellschaften, wenn von ihnen zu den Namens der letzteren gepflogenen Verhandlungen und abgeschlossenen Verträgen der tarifmäßige Stempel verwendet worden, so wie die unmittelbaren oder mittelbaren Staatsbeamten, nach den Bestimmungen der Nr. 2 und 3 der AKO. v. 28. Okt. 1836 zu behandeln, und dieselben zugleich in solcher Hinsicht einer Staatsbehörde als der ihnen vorgesetzten Aufsichts- oder Dienstbehörde zu unterwerfen; daß dem entsprechend zunächst der § 1 des Ges. v. 25. Mai 1857 angeordnet hat, daß die obgedachte Vorschrift des § 34 des Stempelgesetzes fortan auf alle Aktiengesellschaften Anwendung findet, welche ganz oder theilweise auf einen Handels- oder Gewerbebetrieb irgend welcher Art gerichtet sind;

daß sodann in dem § 2 jenes Gesetzes bestimmt worden ist, daß Vorstände und Beauftragte der im § 1 genannten Gesellschaften, welche bei den Namens derselben gepflogenen Verhandlungen oder mit Privatpersonen abgeschlossenen Verträgen den tarifmäßigen Stempel nicht verwenden, mit einer dem einfachen Betrage des nicht verwendeten Stempels gleichkommenden Geldbuße, die jedoch die

Summe von 50 Thlrn nicht übersteigen soll, zu belegen sind, daß aber, soweit nachgewiesen wird, daß die Verwendung des gesetzlich erforderlichen Stempels gegen besseres Wissen unterblieben ist, in allen vorbezeichneten Fällen die ordentliche Stempelstrafe nach dem Stempel-Ges. v. 7. März 1822 eintritt;

daß endlich der § 3 jenes Gesetzes dahin lautet:

„Die Strafe gegen die im § 2 gedachten Vorstände und Beauftragten ist von der Regierung, unter deren Aufsicht die Aktiengesellschaft steht, festzusetzen. Die Entscheidung in zweiter Instanz steht dem Minister für Handel, Gewerbe und öffentliche Arbeiten zu, welcher auch zur Ermäßigung oder Niederschlagung der Strafe ermächtigt ist.

„Der Rechtsweg findet gegen diese Stempelstrafen, wie gegen andere Stempelstrafen statt."

daß hieraus sich zugleich von selbst ergiebt, daß das vorstehend gedachte Ges. v. 25. Mai 1857 keinesweges ausschließlich die Revision der Aktiengesellschaften durch die Stempelfiskale und die Behandlung der von letzteren gezogenen Defekte zum Gegenstande hat, daß dasselbe vielmehr auf alle Fälle, in denen von den Vorständen und Beauftragten der in dem § 1 des Gesetzes genannten Gesellschaften bei den Namens der letzteren gepflogenen Verhandlungen oder mit Privatpersonen abgeschlossenen Verträgen nicht der tarifmäßige Stempel verwendet worden, zur Anwendung kommt, und zwar ohne Rücksicht darauf, ob diese Fälle durch eine von dem Stempelfiskal bei der betreffenden Aktiengesellschaft vorgenommene Stempelrevision oder außerhalb eines solchen Stempelrevisionsverfahrens zur Sprache gebracht sind;

daß mithin jenes Gesetz auf den vorliegenden Fall, wo es sich darum handelt, ob der Angeklagte sich dadurch, daß zu den in Rede stehenden Aktien, welche von ihm als Mitglied des Verwaltungsrathes dieser Gesellschaft mit unterschrieben sind, nicht der tarifmäßige Stempel verwendet worden, straffällig gemacht hat, volle Anwendung finden muß, und daß diese volle Anwendbarkeit durch den Umstand überall nicht zweifelhaft gemacht werden kann, daß die Nichtverwendung des Stempels zu den fraglichen Aktien durch eine Denunziation des Ober-Steuerkontrolleurs S. zu H. und durch eine in Folge dessen von Seiten des Kgl. Haupt-Steueramtes daselbst in dem Büreau der Aktiengesellschaft vorgenommenen Revision zur amtlichen Kenntniß gekommen ist;

daß die eben gedachten Aktien zwar das Datum Halle am 1. Mai 1856 führen; daß jedoch der Umstand, daß hierdurch die Aktien vor der Emanation des Ges. v. 25. Mai 1857 ausgefertigt worden sind, ebenso wenig dazu geeignet ist, die Anwendbarkeit dieses Gesetzes hier bedenklich zu machen, da das letztere als das mildere, wenn auch später ergangene Gesetz dem Angeklagten jedenfalls zu statten kommen muß;

In Erw. sodann, daß aus der Anwendung jenes Gesetzes auf den vorliegenden Fall von selbst folgt, daß die vor Emanation dieses Gesetzes nicht erfolgte Entscheidung über die Strafbarkeit des Angeklagten und die Festsetzung der von ihm verwirkten Strafe in Gemäßheit des § 3 zunächst vor die Kgl. Regierung zu M., als die der obgenannten Aktiengesellschaft vorgesetzte Aufsichtsbehörde, gehört, und daß die Kompetenz dieser Administrativbehörde, besonders wenn man dabei die Vorschrift des Abs. 3 des § 30 des Stempel-Ges. v. 7. März 1822 mit in Betracht zieht, sich als eine so ausschließliche darstellt, daß es keiner anderen Behörde hat zustehen können, sich mit jener Straffestsetzung zu befassen;

daß es daher ganz inkompetenter Weise geschehen ist, daß das Kgl. Haupt-Steueramt zu H. die Untersuchung im Administrativwege gegen den Angeklagten eröffnet, und sodann mittelst Resoluts die Stempelstrafe festgesetzt hat;

daß der Angeklagte gegen diesen Strafbescheid rechtzeitig auf rechtliches Gehör angetragen hat; daß solches jedoch von ihm seiner ausdrücklichen Erklärung zufolge lediglich zu dem Zwecke geschehen ist, um seinerseits die

Sache an die Königliche Regierung zu M. verwiesen zu sehen;

daß dem Angeklagten auch das ihm gesetzlich zustehende Recht, daß über die ihm zur Last gelegte Stempelkontravention zunächst von der ihm vorgesetzten Aufsichtsbehörde entschieden wird, dadurch nicht hat entzogen oder beeinträchtigt werden können, daß eine unzuständige Behörde die Sache vor sich gezogen und darüber kognoscirt hat;

daß nun zwar in Folge des von dem Angeklagten eingebrachten Antrages auf rechtliches Gehör der Strafbescheid v. ꝛc. ganz außer Kraft getreten und hinweggefallen ist;

daß durch diese Provokation auf den Rechtsweg aber für sich allein die Kompetenz der Gerichte zur Zeit noch nicht hat begründet werden können, weil für die letztere in einem Falle der vorliegenden Art nothwendige Voraussetzung ist, daß zuvor die kompetente Administrativbehörde mit der Sache befaßt gewesen ist, und daß diese entweder den durch die Provokation auf rechtliches Gehör hinweggefallenen Strafbescheid erlassen hat, oder daß von ihr in Gemäßheit der Vorschrift des Abs. 4 des Art. 136 des Ges. v. 3. Mai 1852, unter Entsagung auf die Entscheidung wegen Einleitung des gerichtlichen Verfahrens, das Erforderliche veranlaßt worden ist;

daß es hier an der eben gedachten Voraussetzung fehlt, und daß sich deshalb dem Antrage des Angeklagten auf rechtliches Gehör nur die Wirkung beilegen läßt, daß der inkompetenter Weise erlassene Strafbescheid hinweggefallen, nicht aber auch, daß schon jetzt die Kompetenz der Gerichte eingetreten ist;

daß hiernach, wenn nach stattgefundener Provokation auf rechtliches Gehör nicht sofort die Abgabe der Sache an die Kgl. Regierung zu M., als die allein zuständige Administrativbehörde, erfolgte, die Gerichte sich lediglich darauf zu beschränken hatten, sich zur Zeit in dieser Sache für inkompetent zu erklären, daß solches aber von den Instanzrichtern nicht geschehen ist;

daß vielmehr der App.-Richter in der Sache selbst erkannt und den Angeklagten der Stempelsteuer-Kontravention für nicht schuldig erachtet und deshalb von Strafe und Kosten freigesprochen hat;

daß die hiergegen von der Kgl. Pr.-St.-Direktion zu M. wegen Gesetzesverletzung erhobene Nichtigkeitsbeschwerde sich hiernach als begründet darstellt;

daß in Folge dessen das Appellationserkenntniß der Vernichtung unterliegt;

daß zugleich, da in der Sache selbst gar nicht erkannt werden kann, auch das Erkenntniß erster Instanz, welches bezüglich auf eine nach § 2 Abs. 1 des Ges. v. 1857 festzusetzende Strafe die Sache an die Kgl. Regierung zu M. verwies, auf die Appellation der Kgl. Staatsanwaltschaft aufgehoben werden muß, und zwar um so mehr, als dadurch ausgesprochen worden ist, daß das Strafresolut des Kgl. H.-St.-Amts zu H., so weit es den Angeklagten betrifft, wegen Inkompetenz aufzuheben und die Akten zur anderweiten Untersuchung und Entscheidung an die Kgl. Regierung zu M. abzugeben, dem Richter erster Instanz es aber in keiner Weise zustand, so wie geschehen, den Kompetenzpunkt unter den Verwaltungsbehörden zu reguliren;

daß deshalb durch die gegenwärtige Entscheidung nur auszusprechen ist, daß die vorliegende Sache noch nicht als zur richterlichen Entscheidung erwachsen angesehen werden kann;

daß durch diese Entscheidung auch dem Angeklagten, welcher allerdings bereits ein freisprechendes richterliches Erkenntniß für sich hatte, keineswegs zu nahe getreten wird, da von ihm, wie von Anfang an, so auch noch in seiner Gegenerklärung auf die NB. es geltend gemacht worden ist, daß es hier, weil von dem Kgl. H.-St.-Amte zu H. ganz inkompetenter Weise der Strafbescheid v. ꝛc. erlassen worden, nur darauf ankommen könne, diese Inkompetenz zu konstatiren und die Abgabe der Sache an die kompetente Administrativbehörde zu erwirken;

daß letzteres sich aber nur in der Art ausführen läßt, daß die Sache aus dem darüber eingeleiteten gerichtlichen Verfahren, als dazu zur Zeit noch nicht erwachsen, zurückgewiesen wird;

daß dabei zwar die auch dem Appellationserkenntnisse zum Grunde liegende Auffassung des Angeklagten, als handele es sich hier überhaupt nur um eine gegen ihn zu verhängende Disziplinarstrafe, eine unrichtige ist, da die nach dem Ges. v. 25. Mai 1857 gegen den Angeklagten festzusetzende Strafe, wiewohl diese Festsetzung zunächst durch die vorgesetzte Aufsichts- und Disziplinarbehörde erfolgt, doch immer, wie sich aus jenem Gesetze klar ergiebt, eine wirkliche Stempelstrafe ist und bleibt.

Antr. des GStA.s: gleichl. [25.—1.]

Branntweinsteuer. — Versiegelung. — Lieferung des Materials.

Die Weigerung eines Gewerbtreibenden, das zur beabsichtigten Versiegelung eines Destillirgeräths erforderliche Material zu liefern, ist mit der Strafe des § 90, nicht mit der des § 89 der Steuer-Ordnung v. 8. Febr. 1819 zu ahnden.

Erk. (Z. II.) v. 14. Nov. 1861 c. Deipenbrock (272. II. Cr.).

Bei einer Revision der Brennerei des Angeklagten hatte derselbe das von den Steuerbeamten zum Zweck der Versiegelung eines Maischbottichs von ihm begehrte Siegellack verweigert, und war von den Instanzgerichten aus § 90 der St.-Ordn. v. 8. Febr. 1819 bestraft worden. Die NB. des OStA.s, welche hier den § 89 l. c. für zutreffend erachtete, ist zurückgewiesen worden.

Gründe:

Während die Zollgesetze für zollamtliche Waarenverschlüsse (vgl Zoll-Ordn. v. 23. Jan. 1838 § 27. 29. 41. 55—57) denjenigen, der hierzu die Waaren gestellt, nur verpflichtet, das übrige etwa dazu erforderliche Material, mit Ausschluß des von der Zollverwaltung anzuschaffenden Materials an Blei, Lack, Licht und Versicherungsschnur zu besorgen (Zoll-Ordn. § 57) und nicht schon die Unterlassung solcher Beschaffung mit einer besonderen Strafe (Zoll-Str.-Ges. § 18), sondern nur die Behinderung eines zur Wahrnehmung des Zollinteresses verpflichteten Beamten in der rechtmäßigen Ausübung seines Amtes durch Handlungen oder Unterlassungen mit einer solchen besonderen Strafe von 10 bis 50 Thlrn. bedroht (Zoll-Str.-Ges. § 26), verpflichtet die Steuerordnung vom 8. Febr. 1819 § 24 in Verbindung mit dem Regulative vom 1. Dez. 1820 § 11 und der, das letztere genehmigenden AKO. v. 24. Juni 1822 (GS. S. 176; vgl. auch AKO. v. 10. Jan. 1824 und v. 10. Juli 1826; GS. S. 74) den Besitzer einer Brennerei, für den Fall, daß Brennerei- und Maischgeräthe außer Gebrauch gesetzt werden (vgl. Ges. v. 8. Febr. 1819 § 14; GS. S. 97; Regul. v. 1. Dez. 1820 § 5 a. E.; § 6 a. E.; Erfurter Regul. v. 24. Nov. 1833 § 9. 22. 49), und daß dies an Ort und Stelle durch Versiegelung oder Verschluß eines solchen Geräthes geschehen soll, die Materialien hierzu in guter Eigenschaft zu liefern, also zu einem Geben von Sachen (dare). Sie verpflichtet ihn ferner (§ 55) bei vorzunehmenden Revisionen Dienste zu leisten oder leisten zu lassen, welche erforderlich sind, um die Revision in den vorgeschriebenen Grenzen (§§ 50. 51) zu vollziehen, also zu Handlungen (facere).

Wenn nun aber die Steuerordnung diese Verpflichtungen zu einem Geben von Sachen und zu anderen Leistungen, namentlich zu Handlungen, — zur Leistung von Hülfsdiensten solchergestalt von einander unterscheidet, und im § 89 neben der Widersetzlichkeit gegen Steuerbeamte, die Versagung der Hülfsdienstleistung, deren die Beamten bei ihrem Revisionsgeschäfte abseiten der Gewerbetreibenden bedürfen (§ 55) mit (besonderer) Strafe von 10 bis 50 Thlrn. oder verhältnißmäßiger Gefängnißstrafe bedroht; so hat sie hier nicht auch die unterlassene Lieferung der Materialien zur Versiegelung oder zum Verschlusse (§ 24) als Versagung eines Hülfsdienstes ansehen können.

Eine — im vorliegenden Falle von den Instanzrichtern auch nicht festgestellte — Verhinderung der Beamten an der Ausführung eines Revisions- oder überhaupt eines ihnen obliegenden Geschäfts (vgl. Erf. Reg. v. 24. Nov. 1833 § 49. 76) enthält jenes unterlassene Geben an sich noch nicht und zwar um so weniger, als dem Ermessen der Steuerbehörde zu bestimmen überlassen bleibt, welches der verschiedenen Mittel, Brennerei- und Maischgeräthe außer Gebrauch zu setzen, nach den Umständen zur Anwendung kommen soll (vgl. Erf. Reg. cit. § 22. 9).

Antr. des GStA.s: gleichl. [26. — 1.]

Civileinrede. — Feldweg. — Vicinalweg. — Verengung.

1. In dem Falle, wo ein bloßer Feldweg durch Abgraben ꝛc. verengt sein soll, steht nach Rheinischem Rechte dem Beschuldigten die Eigenthumseinrede zu, deren Entscheidung im Civilverfahren herbeizuführen ist [1]).

Ges. v. 31. Jan. 1845 § 1.

2. Das Ges. v. 31. Jan. 1845 kann bei Beschädigungen an öffentlichen oder Privatwegen Anwendung finden.

3. Nur bei solchen Wegen, welche von der Regierung für einen „Vicinalweg" erklärt und in ihrer Richtung und Ausdehnung fixirt worden sind, kann es in Frage gestellt werden, ob sich der Beschuldigte gegen die Strafverfolgung mit dem Einwande des Eigenthums schützen könne [1]).

Ges. v. 28. Sept. — 6. Okt. 1791 Tit. 2 Art. 40; — Dekret vom 9. vend. XIII Art. 6; Dekr. v. 16. Okt. 1813; Ress.-Regl. vom 20. Juli 1818 § 2.

---

[1]) Die Gründe des oben mitgetheilten Urtheils erkennen die Befugniß des befaßten Strafrichters an, seinerseits die Qualität des Weges zu prüfen, insofern dieser nicht bereits vor der angeblichen Uebertretung durch Regierungsverfügung für einen „Vicinalweg" erklärt

Erk. (Z. II.) v. 14. Nov. 1861 c. Schmitz (309. II. Cr.).

Durch die Anlage einer neuen Roerbrücke und die Eröffnung einer andern Fahrbahn war ein bis dahin als Gemeindeweg benutzter Weg als solcher außer Gebrauch gekommen, und nur noch als Culturweg benutzt worden; die Gemeinde beschloß daher mit Genehmigung der Regierung, die bis dahin 2 Ruthen und mehr betragende Breite desselben auf eine Ruthe zu reduziren; sie ließ darauf den Weg durch einen Geometer vermessen, die überflüssigen Stücke abstecken, und die letzteren verkaufen, nachdem vorher eine informatio de commodo et incommodo stattgefunden, und die erhobenen Einwendungen von der Regierung für „nicht zu berücksichtigen" erklärt worden waren. In Beziehung auf den so verengten Weg ward Schm. der Abackerung (§ 349 Nr. 1 StGB.) beschuldigt. In das Verfahren intervenirte D. als Verpächter des Schm. und machte geltend: bei der Vermessung des Weges und der Absteckung der zu verkaufenden Strecken sei die Richtung des alten Weges verlassen, und in sein an Schm. verpachtetes Grundstück eingegriffen und dieses theilweise zum Wege geschlagen worden, um auf der andern Seite ein breiteres Stück verkäuflich zu machen; er habe daher seinen Pächter Schm. angewiesen, sich im Besitze dieses seines Streifens Land zu halten. Gleichzeitig erbot sich D. durch Zeugen zu beweisen, daß er das betr. Terrain seit 30 J. als Theil seines Grundstücks besessen habe.

Hierauf setzte der Polizeirichter das Strafverfahren einstweilen aus, bis die Gemeinde die von D. erhobene Eigenthumseinrede im rechtlichen Wege beseitigt haben werde. Kass.-Rekurs des Pol.-Anwalts, weil der Weg im Verzeichnisse der öffentlichen Wege der Gemeinde als 2 Ruthen 4 Fuß breit aufgeführt, und seine Verengung auf 1 Ruthe von der Regierung angeordnet, die letztere aber ausschließlich berufen sei, die Nothwendigkeit, Nützlichkeit, Richtung und Breite der Gemeindewege zu bestimmen. Verwerfung. Es ward erwogen:

---

worden war. In früheren Entscheidungen schien dagegen das OTr. von dem Grundsatze auszugehen, daß über die Eigenschaft eines Wegs als Gemeindeweg, sowie über dessen Breite und Richtung nur die Regierungen zu befinden hätten, daß daher, wenn diese Frage bei einer angeblichen Zuwiderhandlung gegen § 349 Nr. 1 StGB. streitig werde, nur die Entscheidung dieser Verwaltungsbehörde erfordert, nicht aber der Ausgang der Sache von einer Entscheidung des Civilrichters abhängig gemacht werden könne. So: B. II. 13. Febr. 1855 c. Schurz (375); B. II. 9. Sept. 1858 c. Wilms (244); B. II. 27. Okt. 1859 c. Meunier (259); ähnlich: B. II. 25. Okt. 1860 c. Corlin (366). Die vom OTr. adoptirte neue Praxis stimmt mit der Ansicht der GStA.-schaft, und der des Pariser Kassationshofs überein.

daß es sich, nach den thatsächlichen Feststellungen des Polizeirichters, hier nicht von einem Wege handelt, welcher von der zuständigen Verwaltungsbehörde, in Gemäßheit des Art. 6 des Ges. v. 9. ventôse XIII für einen Vicinalweg erklärt und in seiner Richtung und Ausdehnung wäre fixirt worden, es daher untergebens nicht auf einer Erörterung der Frage ankam: ob bei einem Eingriffe in einen solchen, als Vicinalweg deklarirten und festgestellten Weg der Kontravenient, dessen Eigenthum hierzu ohne formelle Expropriation herangezogen werden, mit dem Einwande des Eigenthums gegen die Strafverfolgung sich schützen, oder ob er dieserhalb blos einen Entschädigungsanspruch geltend machen könne?

daß indeß die Beschuldigung immer noch bestehen blieb, falls auch der Mittchesweg nur als ein alter, der Gemeinde zugehöriger und von derselben, mit Genehmigung der Regierung, auf eine gewisse Breite reduzirter Feldweg und die abgeackerte Bodenfläche als ein integrirender Bestandtheil desselben in Betracht kam, da der § 349 Nr. 1 des StGB. selbst die unbefugte Verringerung eines Privatweges unter Polizeistrafe stellt;

daß unter diesen Voraussetzungen aber, und mit Rücksicht auf die vorgeführte Eigenthumseinrede, der § 2 des Ges. v. 31. Jan. 1845, welcher in einem solchen Falle dem Strafrichter die Aussetzung der Sache vorschreibt, Anwendung fand und ebenso auch die allgemeine Voraussetzung der Anwendbarkeit dieses Gesetzes nicht ermangelte, indem die im § 349 Nr. 1 l. c. vorgesehene Beschädigung an öffentlichen oder Privatwegen unzweifelhaft unter den allgemeinen Begriff von Feldfreveln fällt;

daß demnach der Polizeirichter, wenn er, die Eigenthumseinrede für hinreichend bescheinigt annehmend, in Gemäßheit des § 2 a. a. O. erkannte, das Ges. v. 31. Jan. 1845 richtig angewendet hat.

Antr. des GStA.s: gleichl. [16. — 1.]

---

1. Bankerutt. — Zahlungseinstellung. — Prüfung.
2. 3. Bankerutt. — Zahlungseinstellung. — Zeitpunkt. — Reihenfolge.
4. Bankerutt. — Handeln eines Dritten. — Kenntniß.
5. Bankerutt. — Einzelhandlungen. — Analogie.
6. Bankerutt. — Anerkennen von Schulden.

1. Bei einer Anklage wegen Bankerutts hat der Strafrichter den Zeitpunkt der Zahlungseinstellung selbstständig zu prüfen; die vorgängige Entscheidung des Handelsgerichts ist für ihn nicht maaßgebend. [StGB. § 259 (vgl. dort n. 28).]

2. Zur Begründung einer Anklage wegen Bankerutts bedarf es nicht der Feststellung eines bestimmten Tages der Zahlungseinstellung; es genügt, wenn die Zeitangabe so bestimmt ist, daß die betr. Einzelhandlungen mit der Zahlungseinstellung in Verbindung gesetzt werden können.

StGB. § 259 [vgl. dort n. 42. 30].

3. Der Thatbestand des betrüglichen Bankerutts im Sinne des § 259 Nr. 2 kann auch dann vorliegen, wenn die Einzelhandlungen der Zahlungseinstellung vorhergegangen sind.

Vgl. l. c. n. 30.

4. Im Falle des § 260 des StGB. wird zwar Kenntniß von der Zahlungseinstellung des Handelsmanns vorausgesetzt, es bedarf aber der ausdrücklichen Feststellung derselben nicht, so lange nicht das Gegentheil behauptet wird.

Vgl. StGB. § 260 n. 2.

5. Die Aufzählung der Einzelhandlungen in den §§ 259 und 260 des StGB. ist limitativ.

Vgl. StGB. § 259 n. 41.

6. Im Falle des § 259 Nr. 2 macht es keinen Unterschied, ob die Anerkennung erdichteter Schulden direkt oder indirekt (z. B. durch die kollu-

forische Nichtausschwörung eines zugeschobenen Eides) geschieht. [Einzutr. z. StGB. § 259 unter n. 46 a.]

7. Sind die im § 260 des StGB. vorgesehenen Handlungen im Einverständnisse mit dem Gemeinschuldner verübt, so greift die Strafe der Theilnahme Platz, ohne daß es der besondern Feststellung der Voraussetzungen des § 34 bedürfte.

Einzutr. z. StGB. § 260 als n. 5 a.

Erk. (Z. II.) v. 14. Nov. 1861 c. Cürten & Kemmerich (313. II. Cr.).

Der AGH. zu Cöln hatte die Anklage gegen C. wegen betrüglichen Bankerutts, gegen K. wegen Geltendmachung erdichteter Forderungen wider den Gemeinschuldner C. erkannt, und dabei in Betreff des ersteren den Thatbestand u. A. auch darin gefunden, daß er in einem Theilungsprozesse mit seinen Kindern einen ihm über die Gemeinschaftsqualität eines Immobiles zugeschobenen Eid wider besseres Wissen nicht ausgeschworen, und in Beziehung auf eine im Inventar aufgeführte Aktivforderung eine Aufstellung der Kinder wider besseres Wissen nachgegeben, und das Gegentheil derselben absichtlich in keiner Weise justifizirt habe. Beide ergriffen gegen dieses Verweisungsurtheil den Kassationsrekurs, resp. die Nullitätsklage, wobei sie auszuführen suchten, daß die ihnen zur Last gelegten Handlungen nicht geeignet seien, den Thatbestand der §§ 259 und 260 StGB. darzustellen. Aus den Gründen des die Rechtsmittel verwerfenden Erkenntnisses interessiren nur die folgenden Erwägungsgründe:

J. E., daß zuvörderst das Urtheil des Handelsgerichts, wodurch die Eröffnung des Falliments gegen C. auf den 18. Mai 1859 fixirt wurde, hier außer Betracht bleibt, weil dieses Urtheil dem Strafrichter nicht präjudizirt, dieser vielmehr den Zeitpunkt der Zahlungseinstellung selbstständig zu beurtheilen hat;

daß sodann die Behauptung der Denkschrift, daß zur Begründung der Anklage jedenfalls ein bestimmter Tag der Zahlungseinstellung habe fixirt werden müssen, unbegründet ist, da eine diesfällige Vorschrift für das Strafverfahren nicht besteht, und es nach der Natur der Sache genügt, wenn die Epoche der Zahlungseinstellung ihrem Anfangspunkte nach so bestimmt ist, daß die Einzelhandlungen, welche den § 259 resp. 260 des StGB. bezeichnen, mit der Zahlungseinstellung in Verbindung gesetzt werden können;

daß der Thatbestand des betrüglichen Bankerutts im Sinne des § 259 Abs. 2 auch vorliegen kann, wenn die hier bezeichneten Einzelhandlungen der Zahlungseinstellung vorangegangen sind;

daß schließlich zwar und soviel die Anklage wider K. betrifft, es zu den Voraussetzungen des im § 260 StGB. vorgesehenen Verbrechens gehört, daß der Angeklagte von der Zahlungseinstellung des betreffenden Handelsmannes Kenntniß gehabt habe;

daß es aber der ausdrücklichen Angabe dieses Momentes im Verweisungsurtheile nicht bedurfte, solches vielmehr erst bei Verhandlung der Sache geeigneten Falls zum Gegenstande der Erörterung event. der Feststellung, zu machen ist;

J. E., daß zwar anzuerkennen ist, daß die im § 259 resp. 260 des StGB. vorgesehenen Einzelhandlungen, durch welche im Falle einer kaufmännischen Zahlungseinstellung der betrügliche Bankerutt begonnen wird, limitativ sind;

daß unter Anerkennung oder Aufstellung erdichteter Schulden, im Sinne des § 259 Abs. 2, das Anerkenntniß oder die Aufstellung solcher Schulden zu verstehen ist, die in Wirklichkeit nicht existirten, und bei eingetretener Zahlungseinstellung als Mittel dienen, die Gesammtheit der Gläubiger dolose zu beschädigen;

daß eine erdichtete Schuld eine derselben entsprechende erdichtete Forderung voraussetzt, so daß der Gemeinschuldner den entsprechenden Vermögenswerth entweder für sich behalten, oder etwa anderen Personen zum Nachtheil der Gläubiger zuwenden will;

daß das Gesetz nicht unterscheidet, ob die Anerkenntnisse direkt oder indirekt gemacht worden, wenn sie nur an sich geeignet waren, den oben bezeichneten Zweck zum Nachtheil der Gesammtgläubiger hervorzubringen;

J. E., daß hier die ad 1. bezeichneten Handlungen allerdings das Anerkenntniß einer erdichteten Schuld im Geiste des oft cit. § 259 Abs. 2 begründen würden, da die supponirte kollusorische Nichtausschwörung des Eides Seitens des C. das Anerkenntniß einer nicht existenten Forderung zu Gunsten der Gütergemeinschaftsmasse resp. seiner Kinder involvirte, welches den der Gesammtmasse der Gläubiger gehörigen Vermögensbestand in entsprechender Weise verkürzen würde;

J. E., daß daher auch das Verweisungsurtheil, insoweit es die dem Angeklagten K. zur Last gelegten Handlungen mit Rücksicht auf das im § 260 des StGB. vorgesehene spezielle Verbrechen betrifft, der gesetzlichen Unterlage keineswegs entbehrt;

daß, wenn sodann der Angeklagte die im § 260 Nr. 2 bezeichnete Geltendmachung erdichteter Forderungen im Einverständniß mit dem Gemeinschuldner vorgenommen hat, das hier vorgesehene Verbrechen nach dem Schlußsatze des Paragraphen in Theilnahme an dem Verbrechen des betrüglichen Bankerutts übergeht und es mit Rücksicht auf die Anwendbarkeit des § 35 des StGB. genügt, wenn dieses Einverständniß in Verbindung mit der Geltendmachung der erdichteten Forderungen zur Voraussetzung gemacht ist;

daß das Verweisungsurtheil dem Mitangeklagten K. gegenüber das Erforderniß des Einverständnisses mit dem Hauptangeklagten rücksichtlich der ihm, dem K. imputirten Handlungen aufstellt, die Behauptung der Denkschrift, daß in Absicht auf die Voraussetzungen der Theilnahme dem Gesetze nicht genügt sei, daher unbegründet erscheint.

Antr. des GStA.s: gleichl. [27.—1.]

Ausland. — Vergehen. — Uebertretung.

Eine von einem Preußen im Auslande begangene, nach den Preußischen Gesetzen ein Vergehen darstellende Handlung kann in Preußen bestraft werden, sollte sie am Orte der That auch nur den Charakter einer Uebertretung an sich tragen.

StGB. § 4 Nr. 3 [vgl. dort n. 20].

Erk. (Z. II.) v. 14. Nov. 1861 c. Knopf & Bleistein (325. II. Cr.).

Zurückweisung der NB. der Angeklagten. Erwogen ward:

daß die den Angeklagten zur Last gelegte Thathandlung sich zwar objektiv nur als ein Felddiebstahl darstellt, jedoch mit Rücksicht auf § 45 des Ges. v. 13. April 1856 und auf die Seitens des App.-Richters erfolgte Feststellung der gewinnsüchtigen Absicht der Angeklagten mit der Strafe des Diebstahls bedroht, mithin nach § 1 des StGB.s als ein Vergehen im Sinne des § 4 Nr. 3 l. c. charakterisirt ist, hiernach aber die Frage sich als unerheblich darstellt, ob nach Art. 34 der Konvention v. 12. Mai 1853 auch die Uebertretungen, welche im Dessauischen von Preußischen Unterthanen verübt worden sind, unbedingt zu verfolgen seien;

daß auch das Vorhandensein des weitern Requisits der Strafbarkeit dieses im Auslande verübten Vergehens im angegriffenen Urtel festgestellt worden ist, daß die betreffende Handlung auch durch die Gesetze des Orts, wo sie begangen wurde, mit Strafe bedroht ist;

daß es in letzterer Beziehung nach dem klaren Wortlaute des Gesetzes ganz unerheblich ist, ob diese im Auslande angedrohte Strafe eine polizeiliche oder eine Kriminalstrafe ist, und daß insbesondere die NB. auch nicht durch den Schlußsatz des § 4 ibid., wonach die im Auslande begangenen Uebertretungen in Preußen nur dann bestraft werden sollen, wenn dies durch besondere Gesetze oder Staatsverträge angeordnet ist, gerechtfertigt werden kann, indem diese Bestimmung voraussetzt, daß es sich um Uebertretungen im Sinne der Preußischen Gesetze handelt, während es sich nach dem Gesagten vorliegend um ein Vergehen handelt.

Antr. des GStA.s: gleichl. [22.—1.]

Versteigerung. — Abhalten vom Bieten.

Das Abhalten vom Mitbieten bei einer Versteigerung ist auch dann strafbar, wenn es nicht bei, sondern vor der Versteigerung stattfand.

· StGB. § 270 [dort einzutr. als n. 1 a].

Erk. (Z. II.) v. 14. Nov. 1861 c. Fricke (331. II. Cr.).

Fr. hatte sich dem G. gegenüber erboten, bei einer Pachtversteigerung nicht mit zu bieten, falls dieser ihm 3 Thlr. gebe, und dadurch den G. veranlaßt, von diesem Anerbieten Gebrauch zu machen. Hierin fanden die Instanzrichter den Thatbestand der Anstiftung zu dem Vergehen des § 270. Die NB. des Fr. machte geltend, sowohl seine Anreizung als die Abhaltung durch G. hätten nicht bei, sondern vor der Versteigerung stattgefunden. Zurückweisung.

Gründe:

In Erw., daß nichts darauf ankommt, daß die qu. Anreizung zu dem Vergehen, resp. die Abhaltung vom Mitbieten durch Zusicherung eines Vortheils nicht bei, sondern vor der Versteigerung stattgehabt hat, indem die vom Imploranten desfalls angerufenen Worte des Gesetzes: „bei Versteigerungen" keinesweges als eine Bestimmung des Momentes, in welchem die Abhaltung vom Bieten bewirkt worden sein muß, sondern kraft ihres Zusammenhanges mit den vorhergehenden Worten nur als eine nähere Charakterisirung des in Rede stehenden Mit- oder Weiterbietens aufzufassen sind.

Antr. des GStA.s: gleichl. [22. — 1.]

Betrug. — Bettelei. — Postvorschuß.

Es kann als ein Betrugsversuch angesehen werden, wenn Jemand auf einen Brief, in welchem er den Adressaten um eine Unterstützung bittet, einen Postvorschuß zu erheben versucht.

StGB. § 241 [vgl. dort n. 28; einzutr. zu § 118 als n. 2 a].

Erk. (Z. I.) v. 15. Nov. 1861 c. Bartsch (849. I. Cr.).

B. hatte auf verschiedene Briefe, in welchen er die Adressaten um eine Unterstützung bat, Postvorschüsse zu erheben versucht, und war deshalb wegen Betrugsversuchs bestraft worden. Seine NB. machte unter Bezugnahme auf das Präj. Nr. 182 (Z. Pl. 29. Okt. 1855 c. Suchrow; Entsch. 31. S. 223) geltend, die That könne nur als Bettelei angesehen und bestraft werden. Zurückweisung.

Gründe:

Wenn auch der Angeklagte in den an die rc. gerichteten Schreiben um eine Unterstützung bittet, so kann doch eine Bettelei in den Handlungen des Angeklagten schon deshalb nicht gefunden werden, weil er dadurch, daß er die gewünschten Beträge sofort durch Postvorschuß erhob, beziehungsweise zu erheben versuchte, den Adressaten gar nicht die Wahl ließ, ob sie ihm die erbetenen Summen zukommen lassen wollten, während eine jede Bettelei der Natur der Sache nach voraussetzt, daß die Mildthätigkeit zu einer freiwilligen Gabe in Anspruch genommen wird. Von Anwendung des § 118 des StGB. konnte daher im vorliegenden Fall keine Rede sein. Der Plenarbeschluß des OTr.s v. 29. Okt. 1855, auf welchen der Angeklagte in seiner NB. Bezug nimmt, steht ihm auch keineswegs zur Seite, weil derselbe einen ganz anderen Fall betrifft, indem dort der Angeklagte unter Ueberreichung einer versiegelten Büchse und einer Subscriptionsliste fälschlicherweise für die niedergekommene Ehefrau eines übergefahrenen Arbeiters um Geld angesprochen, also in der That gebettelt hatte.

Antr. des GStA.s: gleichl. [21.—4.]

Beleidigung. — Vertheidigung von Gerechtsamen. — Geeignetes Mittel. — Absicht zu beleidigen.

Wenn der einer Ehrverletzung Angeklagte geltend macht, er habe die betr. Aeußerung zur Ausführung einer Gerechtsame und ohne beleidigende Absicht gemacht, so genügt es zur Beseitigung dieses Einwandes nicht, wenn die gewählten Ausdrücke für ungeeignet erachtet werden, zur Ausführung von Gerechtsamen zu dienen.

StGB. § 154 [vgl. dort n. 6].

Erk. (S. I.) v. 15. Nov. 1861 c. Hennig (Schnabel u. Gen. 858. I. Cr.).

H., angeklagt durch eine an die Regierung zu St. gerichtete Eingabe den Landrath H. in Beziehung auf seinen Beruf beleidigt zu haben, nahm die Vorschrift des § 154 StGB. für sich in Anspruch und behauptete die Abwesenheit der beleidigenden Absicht, da die Wahl ungeeigneter Ausdrücke nur dem Konzipienten zur Last falle. Diesen Einwand beseitigte der App.-Richter mit der Erwägung: „die beleidigende Absicht des Angeklagten werde dadurch nicht ausgeschlossen, daß ein Anderer Konzipient der Beschwerde gewesen, auch seien die beleidigenden Ausdrücke durchaus nicht geeignet zur Ausführung ꝛc. der Gerechtsame des Angeklagten, resp. zur Begründung der Beschwerde zu dienen." Auf die NB. des Angeklagten erfolgte Vernichtung.

Gründe:

Der erste Grund ist lediglich eine negativ gefaßte Beseitigung des von dem Angeklagten erhobenen Einwandes, keinesweges eine positive, dem § 154 entsprechende Feststellung. — Der zweite Satz ist ein rechtlich irriger; denn ob die erwähnten Aeußerungen objektiv den Charakter der Beleidigung an sich tragen und kein Grund zur Beschwerdeführung vorgelegen, die gewählten Ausdrücke auch nicht geeignet gewesen, zur Ausführung von Gerechtsamen zu dienen, ist bei der, in Folge des § 154 StGB. nothwendigen Beurtheilung: „ob subjektiv bei dem Angeklagten die Absicht zu beleidigen vorwaltend gewesen," gleichgültig. Hier entscheidet lediglich der Umstand, ob der Angeklagte sich in gutem Glauben befunden hat oder nicht. Hierauf mußte der App.-Richter seine Prüfung erstrecken, wie auch das Kgl. OTr. mehrfach, namentlich noch in dem Erkenntnisse v. 27. Jan. 1860 [S. I. c. Bernkopf; JMBl. S. 137] (G. A. 8. S. 276) ausgesprochen hat.

Antr. des GStA.s: gleichl. [20.—4.]

Ausland. — Vergehen. — Strafbarkeit in concreto.

Ein von einem Preußen im Auslande verübtes Vergehen ist nur dann in Preußen zu be-

strafen, wenn die konkrete That auch nach den Gesetzen des Auslandes strafbar ist.

StGB. § 4 Nr. 3 [vgl. dort n. 18].

Erk. (B. I.) v. 15. Nov. 1861 c. Scheinmann (907. I. Cr.).

Vernichtung des angegriffenen Erkenntnisses und Zurückverweisung der Sache in die zweite Instanz.

Gründe:

Der App.-Richter sagt nur: die That sei in Polen verübt; der Betrug werde dort nach Art. 2200 des Russischen StGB.s auch mit Strafe bedroht, und die Einleitung einer Untersuchung wegen des hier fraglichen Vorfalles auch in Polen sei nicht behauptet.

Läßt sich nun hierin nicht die Feststellung finden, daß die vorliegende Handlung, sowie sie in den Urteln festgestellt ist, auch nach Polnischen Gesetzen bestraft werde, vielmehr nur die Feststellung, daß der Betrug in abstracto auch in Polen überhaupt eine strafbare Handlung sei und daher gleichgültig, nach welchem Thatbestande bestraft werde, so ist dies ein Irrthum, wenn damit dem § 4 Nr. 3 genügt werden soll. Derselbe spricht von der konkreten Handlung, und fordert, daß sie — also so wie sie vorliegt — nach dem ausländischen Gesetze des fori delicti commissi bestraft werde, um auch hier strafbar zu sein.

Den Gegensatz bildet Nr. 2. Hier werden Hochverrath, Landesverrath ꝛc., welche im Auslande gegen Preußen verübt werden, diesseits ohne Rücksicht auf ihre Strafbarkeit im Auslande, also lediglich nach dem in den Preußischen Gesetzen aufgestellten Thatbestande, und ohne Rücksicht auf ihre Straflosigkeit oder anderweite Qualifikation nach den ausländischen Gesetzen in Preußen bestraft.

Im Uebrigen also ist es erforderlich, daß sich der Richter darüber ausspreche, ob die Handlung, sowie dieselbe festgestellt ist, mit dem Thatbestande des ausländischen Gesetzes übereinstimme, und also auch dort, gleichgültig, unter welcher Bezeichnung, bestraft werden würde. [15. — 4.]

Theilnahme. — Hülfeleistung zu allen die That vollendenden Handlungen.

Zum Thatbestande der Theilnahme durch Hülfeleistung bedarf es nicht einer Hülfe zu allen die That vollendenden Handlungen.

StGB. § 34 [dort einzutr. als n. 62 a].

Erk. (B. I.) v. 15. Nov. 1861 c. Strunge (Stockdreher u. Gen. 928. I. Cr.).

Str. war angeklagt, eine dem St. zur Last gelegte Urkundenfälschung dadurch erleichtert und vorbereitet zu haben, daß er demselben die von diesem zu benutzende falsche Urkunde anfertigte. Die Geschwornen stellten fest, daß Str. die Schrift jedoch ohne die Unterschrift angefertigt habe, worauf der Schw.-GH. freisprach, weil die Schrift ohne Unterschrift keine Urkunde sei. NB. des StA.s. Vernichtung.

Gründe:

Allerdings ist es richtig, daß ein Schriftstück in der Regel erst durch die Unterschrift seine verpflichtende Kraft als eine Urkunde im Sinne des § 247 StGB. erhält. Allein durch das Verdikt der Geschwornen ist auch festgestellt, daß das von dem St. wissentlich und in gewinnsüchtiger Absicht gebrauchte Schriftstück eine Unterschrift zc. gehabt hat, also eine Urkunde gewesen ist. Der Irrthum des Schw.-GH.s besteht aber darin, daß derselbe fordert, der Theilnehmer des Verbrechens müsse an allen den Handlungen Theil genommen haben, oder solche zum Zwecke der Hülfeleistung allein verübt haben, welche zur Vollendung des Verbrechens gehören. Dies ist aber unrichtig, wie schon der Wortlaut des § 34 Nr. 2 ergiebt, welcher alternative von Handlungen spricht, welche die That vorbereitet, erleichtert oder vollendet haben.

Antr. des GStA.s: gleichl. [15.—4.]

Ehrenstrafen. — Polizeiaufsicht. — Reale Konkurrenz.

Der Grundsatz des § 56 Abs. 2 des StGB. ist auch auf die Untersagung der Ehrenrechte und auf die Polizeiaufsicht anzuwenden.

StGB. § 56 [vgl. dort n. 28]; § 21 [n. 2]; § 26 [n. 2].

Erk. (Z. I.) v. 15. Nov. 1861 c. Sanne (1011. I. Cr.).

Der § 56 Abs. 2 spricht allerdings seinem Wortlaute nach nur von Freiheitsstrafen. Es liegt jedoch in der Natur der Sache, daß sein Grundsatz auch auf die Untersagung der Ehrenrechte und die Polizeiaufsicht anzuwenden ist, wie dies von dem OTr. bereits in den von der Beschwerde in Bezug genommenen Entscheidungen [B. I. 29. Sept. 1858 c. Toltz; B. I. 6. Okt. 1858 c. Langen] G. A. 6. S. 839. 840 ausgesprochen worden ist. Beide sind nämlich nur Accessorien von Freiheitsstrafen, folgen sonach der Regel nach den Grundsätzen der letzteren. Die Nichtanwendung des § 56 Abs. 2 auf diese Accessorien würde zur Folge haben, daß, wenn der zweite erkennende Richter findet, daß bereits durch die von dem ersten erkennenden Richter verhängte Strafe die sämmtlichen Verbrechen und Vergehen des Angeklagten genügend geahndet sind, wenn er daher keine zusätzliche Freiheitsstrafe erkennt, vielmehr dieselbe gemäß § 56 Abs. 2 durch die bereits erkannte Strafe für absorbirt erklärt, er dennoch verpflichtet sein würde, selbstständig auf jene Accessorien, also ohne gleichzeitige Hauptstrafe, zu erkennen, was ein Widerspruch in sich sein würde.

Die von der Beschwerde gleichfalls in Bezug genommenen Entscheidungen [B. I. 27. Jan. 1854 c. Langhoff; Z. I. 15. Mai 1861 c. Schufft; 434] G. A. 2. S. 250; 9. S. 495 stehen dem nicht entgegen. Sie haben die Frage über die Anwendbarkeit des § 56 Abs. 2 gar nicht im Auge gehabt, vielmehr nur die Frage über die Verhängung verschiedener Interdiktionen resp. Polizeiaufsichten in Fällen, wo successiv auf solche wirklich erkannt wird, ferner über die Art ihrer Vollstreckung und endlich über die Anwendbarkeit des § 57 auf diese Accessorien entschieden. Hier dagegen ist auf dieselben nicht erkannt.

Antr. des GStA.s: entg. [15. — 4.]

1. Brandstiftung. — Dolus. — Kenntniß.
2. Fragstellung. — Selbstverständliches Merkmal. — Zusatzfrage.

1. Im § 287 des StGB. ist die Kenntniß des Angeklagten davon, daß die in Brand gesetzte Sache geeignet sei, das Feuer einem Wohngebäude ꝛc. mitzutheilen, als ein selbstverständliches Begriffserforderniß vorausgesetzt. [Vgl. l. c. n. 2.]

2. In den Fällen, wo zum Thatbestande eines Verbrechens ein in der Begriffsbestimmung nicht ausdrücklich enthaltenes (selbstverständliches) Merkmal gehört, ist es statthaft, dieses zum Gegenstande einer Nebenfrage zu machen.

Ges. v. 3. Mai 1852 Art. 81 [vgl. dort n. 22; RdO. I. S. 274].

Erk. (Z. I.) v. 15. Nov. 1861 c. Gercke (1058. I. Cr.).

Den Geschwornen war eine der wörtlichen Fassung des § 287 StGB. entsprechende Hauptfrage, und sodann die Nebenfrage vorgelegt worden: ob dem Angeklagten bekannt gewesen, daß die in Brand gesetzten Sachen geeignet waren, das Feuer einem der in den §§ 285. 286 erwähnten Gegenstände mitzutheilen. Die erste Frage ward bejaht, die zweite aber dahin beantwortet: „Nein, es war dem Angeklagten nicht bekannt." Hierauf sprach der Schw.-GH. frei; die NB. des OStA.s rügte Verletzung des § 287 des StGB. und des Art. 81 des Ges. v. 3. Mai 1852; jene liege vor, weil es zur Anwendung der Strafe genüge, wenn objektiv die angezündete Sache die qu. Eigenschaft gehabt habe, ohne daß es auch auf das Bewußtsein (die Kenntniß) des Thäters ankomme, insofern nicht besondere Umstände behauptet würden, aus welchen die Unkenntniß gefolgert werde. Der Art. 81 sei dagegen verletzt, weil die Kenntniß des Angeklagten zum Gegenstande einer Nebenfrage gemacht worden sei, obgleich der in der Hauptfrage erwähnte und dort bejahte Vorsatz diese Kenntniß in sich schließe, sonach ein Widerspruch zwischen beiden Sprüchen vorliege; es ward dabei auf B. II. 11. April 1861 c. Göhe (42; RdO. I. S. 271; JMBl. S. 104) Bezug genommen. Zurückweisung.

Gründe:

Für die im ersten Satze der Beschwerde angeregte prinzipielle Frage, also für den von der Kenntniß des Angeklagten überhaupt angeblich unabhängigen Thatbestand des Verbrechens in seinen subjektiven und objektiven Bestandtheilen, macht es selbstverständlich keinen Unterschied, worauf die präsumtive Kenntniß oder Unkenntniß des Angeklagten beruht, ob sie also ganz allgemein vorhanden gewesen ist, oder ob sie auf besonderen Umständen beruht. Solche Umstände können vielmehr nur als bloße Beweismomente in Betracht kommen, und bleiben somit bei der Rechtsfrage als solcher gänzlich außer Betracht.

Allein auch diese Rechtsfrage selbst muß in einem von der Beschwerde verschiedenen Sinne aufgefaßt werden, und ist in solchem Sinne auch von dem OTr. bereits entschieden worden.

Der strafrechtliche Dolus als solcher hat zwei nothwendige Erfordernisse: das Wollen und das Wissen. Der Thäter muß gewußt haben, daß die von ihm verletzte Person oder Sache eine solche sei, welche das Gesetz als Objekt einer Rechtsverletzung, resp. einer durch ihre besondere Eigenschaft qualifizirten Rechtsverletzung bezeichnet. Hat er dies nicht gewußt, so geht seine Handlung in das Gebiet der culpa über. Dies spricht der § 44 deutlich aus, und es liegt gar kein Grund vor, diesen Grundsatz bei gemeingefährlichen Verbrechen auszuschließen. Der Unterschied bei diesen ist nur der, daß das Gesetz im Tit. 27 die Gemeingefährlichkeit der Handlung nicht besonders und in jedem einzelnen Falle nachgewiesen wissen will, sondern daß es, was z. B. die Brandstiftung betrifft, besondere Gegenstände, so Wohngebäude ꝛc. nennt, deren Anzündung ohne Weiteres als eine gemeingefährliche Handlung bestraft wird; daß es ferner auch die direkte Absicht des Thäters, durch den Brand eine gemeine Gefahr für Menschenleben und Eigenthum hervorzurufen, nicht fordert, vielmehr die hohe Strafe auch dann schon eintreten läßt, wenn auch nur die unbestimmte Absicht — der indeterminirte Dolus — des Thäters vorliegt. Diese letztere aber besteht nicht darin, daß der Thäter die Eigenschaft der Sache gar nicht kannte, sondern vielmehr darin, daß er trotz dieser Kenntniß handelte, und, wenn auch ohne bestimmte Absicht, in jeden Erfolg, der eintreten möchte, stillschweigend willigt.

Die Verhandlungen des O.Tr.s, welche zu dem Plenarbeschlusse v. 26. April 1858 in der Untersuchung wider Raden geführt haben, und welche ausführlich in G. Arch. 6. S. 307 ff. mitgetheilt sind, ergeben dies deutlich. Die Streitfrage war nicht die, ob der Thäter die im § 287 gedachte Eigenschaft der Sache gekannt haben müsse, sondern die, ob diese Kenntniß des Thäters genüge, oder ob vielmehr gegen ihn der Vorsatz (also der direkte Dolus), durch die Anzündung der Sache das Feuer einem der in den §§ 285. 286 gedachten Gegenstände mitzutheilen, nachgewiesen werden müsse. Diese letztere Frage ist nur verneint, die Kenntniß oder das Bewußtsein des Thäters über die Eigenschaft der Sache ist dagegen als selbstverständliches Erforderniß zur Anwendung der Strafe anerkannt.

Die Rüge nun, daß in Fällen der vorliegenden Art ein Widerspruch zwischen der Haupt- und Zusatzfrage vorliege, ist nicht anzuerkennen.

Allerdings liegt in der Feststellung des Vorsatzes natürlich auch diejenige seiner einzelnen Bestandtheile. Die für sich bestehende Hauptfrage entscheidet daher unbedenklich, daß der Thäter die Handlung gewollt, und daß er insbesondere auch die vom Gesetze hervorgehobenen Eigenschaften der verletzten Person oder Sache gewußt habe. Dagegen gestattet neben solcher den Vorsatz bereits feststellenden Hauptfrage der Art. 81 des Ges. v. 3. Mai 1852 im dritten Absatze die Stellung von Zusatzfragen, welche die Annahme des reinen Vorsatzes modifiziren (Zurechnungsfähigkeit und andere Ausschließungsgründe, zu denen auch das Gesetz den Fall des § 44 rechnet). Die Annahme des Vorsatzes in der Hauptfrage ist also in solchen Fällen durch den Inhalt der Zusatzfrage mitbedingt. Die von der Beschwerde citirte Entsch. v. 11. April 1861 c. Gäde [B. II, 42] G. A. 9.

S. 480 [RdO. I. S. 274] betrifft einen von dem gegenwärtigen ganz verschiedenen Fall.

Antr. des GStA.s: gleichl. [15. — 4.]

Appellationsrichter. — Neue Beweiserhebung. — Vernehmung der Zeugen über generalia. — Vernehmung des Angeklagten.

1. Die Vernehmung von Zeugen kann als eine den Appellationsrichter zur Abweichung von der erstrichterlichen thatsächlichen Feststellung ermächtigende Beweiserhebung nur dann gelten, wenn sie zur Sache erfolgte und sich nicht bloß auf die Generalfragen beschränkte.

Vdn. v. 3. Jan. 1849 § 126 [dort einzutr. als n. 80 a].

2. Die Vernehmung des Angeklagten kann nur dann eine von der erstrichterlichen abweichende thatsächliche Feststellung des Appellationsrichters rechtfertigen, wenn sie ausdrücklich als Akt der Beweiserhebung bezeichnet worden ist.

Ibid. [vgl. dort n. 94].

Erk. (B. I.) v. 20. Nov. 1861 c. Lax (967. I. Cr.).

Der App.-Richter hatte drei neue Zeugen, jedoch nur über die Generalfragen vernommen, und sie dann entlassen, weil sich ein nahes Verwandtschaftsverhältniß zum Angeklagten ergab. Hierauf, sowie auf die erfolgte persönliche Vernehmung des Angeklagten sich stützend, hat er sodann eine von der erstrichterlichen abweichende thatsächliche Feststellung getroffen. Auf die NB. des OStA.s erfolgte Vernichtung.

Gründe:

Eine Zeugenvernehmung hat gar nicht stattgefunden, weil, wie das Protokoll ergiebt, die Zeugen nur über ihr Verwandtschaftsverhältniß zu dem Angeklagten befragt, und sodann sofort entlassen sind, weil sie wegen dieses ermittelten Verwandtschaftsverhältnisses nicht weiter vernommen werden sollten.

Es läßt sich nun nicht ermitteln, ob der App.-Richter, wie geschehen, erkannt haben würde, wenn er allein die Erklärungen des persönlich abgehörten Angeklagten vor Augen gehabt hätte, während er nach Inhalt seines Erkenntnisses sich auch vermöge der angeblichen Beweisaufnahme durch die „theilweise" Vernehmung jener drei Zeugen zur freien Beurtheilung des Sachverhältnisses für befugt erachtet hat. Sodann aber fehlt es an einer Ankündigung darüber, daß die persönliche Abhörung des Angeklagten als ein Akt der Beweisaufnahme erfolgen solle. Dies war hier aber nothwendig, um den OStA. zu befähigen, seine Einwendungen in dieser Hinsicht geltend zu machen, zumal derselbe aus dieser Abhörung allein nicht ersehen konnte, ob sie lediglich als eine gewöhnliche Maaßregel der Untersuchung oder speziell als eine Beweisaufnahme gelten solle.

Antr. des GStA.s: gleichl. [15. — 4.]

Betrug. — Falsche Thatsache. — Rechtsregel.

Das Behaupten eines unrichtigen Rechtssatzes kann als das Vorbringen einer falschen Thatsache angesehen werden.

StGB. § 241 [vgl. dort n. 49. Sic: Z. I. 12. Juli 1861 c. Radszat; 532].

Erk. (Z. I.) v. 20. Nov. 1861 c. Rost (970. I. Cr.).

R. hatte die Wittwe U. glauben gemacht, es bedürfe zur Stempelung eines in ihrem Besitze befindlichen Wechsels, oder zur Vorlegung desselben an den Bezogenen ihrer Unterschrift auf der Kehrseite des Wechsels, um sie als Eigenthümerin zu legitimiren, und hatte sodann diese ihre Unterschrift als Blancogiro benutzt. Deshalb aus § 241 StGB. bestraft, ergriff er die NB., weil jener Thatbestand nicht das zum Begriffe des Betrugs erforderliche Vorbringen einer falschen Thatsache, sondern nur ein falsches Urtheil über dasjenige enthalte, was mit dem Wechsel erforderlich sei. Zurückweisung.

Gründe:

Es liegt nach den Feststellungen der bisherigen Richter kein bloßes Urtheil des Angeklagten über die rechtliche Nothwendigkeit einer Handlung der U. in Beziehung auf ihre Wechselforderung vor, sondern das bestimmte Behaupten dieser Nothwendigkeit, mithin eines thatsächlich bestehenden, obwohl falschen Rechtssatzes, worin allerdings auch nach hiesigen Judikaten das Vorbringen einer falschen Thatsache im Sinne des StGB.s § 241 befunden werden kann; vgl. Erk. [B. I.] v. 13. Mai 1857 (JMBl. S. 200).

Antr. des GStA.s: gleichl. [17.—4.]

Nichtigkeitsbeschwerde. — Mangel der Legalisirung. — Anerkennung zu Protokoll.

Den formellen Vorschriften des Art. 110 des Ges. v. 3. Mai 1852 ist nicht genügt, wenn der Angeklagte eine die Gründe seiner Nichtigkeitsbeschwerde enthaltende unlegalisirte Schrift zu Protokoll übergiebt, und sich im Uebrigen nur auf den Inhalt dieser Schrift bezieht.

Vgl. l. c. n. 47.

Erk. (S. I.) v. 20. Nov. 1861 c. Stach (1077. I. Cr.).

Der Inhalt des nicht legalisirten Schriftstücks v. rc. kann nach Art. 110 des Ges. v. 3. Mai 1852 hier keine Berücksichtigung finden, und auch die Bezugnahme darauf in dem Protokolle v. rc. dasselbe nicht zum formellen Theile des Protokolles selbst machen.

Antr. des GStA.s: gleichl. [23.—4.]

---

1. Wechselformular. — Blancoaccept. — Unbefugte Ausfüllung.

2. Wechsel. — Bezogener. — Mehrheit gleichnamiger Personen.

1. Wer ein Wechselformular, auf dessen Vorderseite sich eine (als Annahme geltende) Namensschrift findet, widerrechtlich zu einem von ihm selbst ausgestellten Wechsel macht, macht sich des im § 248 StGB. vorgesehenen Verbrechens schuldig; es ist gleichgültig, ob der Context der Urkunde sich räumlich über der Namensschrift befindet.

Vgl. l. c. n. 3. 5. 6; und unten S. I. 13. Dez. 1861 c. Jacob; 1115.

2. Wenn ein Wechsel den Namen des Bezogenen enthält, so ist es auf die Wechseleigenschaft ohne Einfluß, daß sich am Zahlungsorte mehrere Personen dieses Namens befinden.

Allg. Wechs.-Ordn. Art. 4. 7.

Erk. (Z. II.) v. 21. Nov. 1861 c. Rohden (255. II. Cr.).

R. war von den Geschwornen schuldig befunden worden:

1. in der Absicht, sich Gewinn zu verschaffen, das Formular eines gezogenen Wechsels, auf dessen Vorderseite A. und B. ihre Namen geschrieben hatten, ohne den Willen dieser Personen zu einem von ihm an seine eigene Ordre gezogenen und von ihnen angenommenen Wechsel über ꝛc. ausgefüllt, und von dem solchergestalt gefälschten Schriftstücke zum Zwecke der Täuschung Gebrauch gemacht zu haben;
2. auf einem (näher bezeichneten) Wechsel, welcher auf Heinrich Schobeld in Magdeburg, Breiter Weg Nr. 128, gezogen war, die Worte: „angenommen, Heinrich Schobelt" fälschlich geschrieben und von diesem Schriftstücke zum Zwecke der Täuschung Gebrauch gemacht zu haben.

Aus § 247. 248. 251 StGB. verurtheilt, ergriff er die NB. Zurückweisung.

Gründe:

Die NB. behauptet bei dem ersten Anklagepunkte unrichtige Anwendung des § 248 des StGB., weil ein auf einen Wechsel gesetztes Accept nach §§ 116. 118. 120. 123. 152. I, 5 ALR.; Wechs.-Ordn. § 4 Nr. 5 und § 136. I, 10 AGO. keine Unterschrift sei, welche nothwendig unter dem Kontexte der Urkunde stehen müsse. Der auf die Vorderseite eines gezogenen Wechsels zum Accept geschriebene Namen, der an beliebiger Stelle Platz finden könne, sei nicht, wie von dem Gerichtshofe geschehen, als eine im § 248 des StGB. vorausgesetzte Unterschrift anzusehen.

Dieser Nichtigkeitsgrund konnte für begründet nicht erachtet werden. Denn jedes, die ächte Namensunterschrift eines Andern enthaltendes Papier, ohne Rücksicht auf sonstigen Inhalt, nimmt die Eigenschaft einer Urkunde an, wenn der Namen mit der Hinzufügung eines Schriftsatzes in Verbindung gebracht wird, welcher durch die Namensschrift für die Begründung oder den Beweis von Rechtsverhältnissen erheblich wird. Dies ist nach § 21 der W.-Ordn. unzweifelhaft der Fall, wenn ein mit der eigenhändigen Namensschrift eines Andern versehenes Wechselformular, wie im vorliegenden Falle festgestellt worden ist, durch Ausfüllung desselben, die Eigenschaft einer wirklichen Wechselurkunde annimmt. Die Namensschrift erlangt dadurch die Kraft einer Unterschrift in dem Sinne des § 248 des StGB. Damit zerfällt der erste Beschwerdepunkt.

Bei dem zweiten Anklagepunkte hatte Angeklagter behauptet: „es wohnte zu Magdeburg, Breiter Weg Nr. 128, ein Heinrich Schobelt und ein anderer dieses Namens habe dort sein Geschäftslokal; jene Bezeichnung des Bezogenen in dem, v. 21. Dez. 1860 datirten Wechsel sei also nach der Wechs.-Ordn. nicht genügend." Diese Anführung hat der Schw.-GH. für unerheblich erklärt, weil sie die vorhandene Wechseleigenschaft der Urkunde nach Art. 4 und 7 der Allg. W.-Ordn. nicht beeinträchtige. Die NB. behauptet dagegen: „nach § 4 Nr. 7 der W.-Ordn. sei für den Wechsel die individuell bezeichnete Person des Bezogenen wesentlich."

Der Motivirung des Gerichtshofes: „das Dokument sei wenigstens in Beziehung auf den Aussteller ein Wechsel," wird entgegengesetzt: „ein Wechsel, der es nicht für den Bezogenen sei, könne es auch nicht für den Bezieher sein, also sei § 247 unrichtig angewendet."

Allein nach Art. 4 Nr. 7 der Wechs.-Ordn. ist jede Schuldurkunde, welche sich als Wechsel bezeichnet und sonst dessen Erfordernisse enthält, ein gezogener Wechsel, wenn sie einen wechselverbindlichen Trassaten mit Namen oder Firma bezeichnet. Das ist festgestelltermaaßen in dem in Rede stehenden Schriftstücke geschehen. Es liegt also keine der von dem Imploranten behaupteten unrichtigen Gesetzanwendungen vor.

Antr. des GStA.s: gleichl. [12.—1.]

1. Gründe. — Bezugnahme auf ein vernichtetes Erkenntniß.

2. 3. Militärpflicht. — Nichtgestellung. — Dolus. — Väterliche Gewalt.

1. Es genügt nicht, zur Rechtfertigung einer Entscheidung auf die Gründe eines vernichteten Erkenntnisses Bezug zu nehmen.

Ges. v. 3. Mai 1852 Art. 31 [vgl. dort n. 40].

2. Ein Preuße macht sich des im § 110 StGB. vorgesehenen Vergehens schuldig, wenn er nach erreichtem militärpflichtigem Alter sich mit dem dann obwaltenden Bewußtsein der Militärpflichtigkeit zum Eintritte in den Dienst nicht gestellt.

StGB. § 110 [vgl. dort n. 7].

3. Die Nichtgestellung zum Eintritte in den Militärdienst ist auch an demjenigen strafbar, welcher noch in väterlicher Gewalt steht.

StGB. § 110 [dort einzutr. als n. 7 a].

Erk. (S. II.) v. 21. Nov. 1861 c. Feuerborn u. Gen. (322. II. Cr.).

F. u. Gen. waren in zweiter Instanz von der Anklage: „die Kgl. Lande verlassen zu haben, um sich dadurch dem Eintritte in den Militärdienst zu entziehen," freigesprochen, das betr. Erk. aber auf die NB. des OStA.s vernichtet, und die Sache an das AG. zu V. zurückverwiesen worden. Hier erfolgte abermals eine Freisprechung, weil die Angeklagten im unmündigen Alter mit ihren Aeltern ausgewandert seien, und die Absicht, sich dem Militärdienste zu entziehen, weder zur Zeit des Verlassens der Kgl. Lande, noch zur Zeit, wo ihre Militärpflicht wirksam wurde, gehabt hätten. Rücksichtlich dieser Absicht bezog sich das AG. zunächst auf die Gründe seines früheren vernichteten Erkenntnisses, und führte dann aus: das Gesetz bestrafe das Verlassen der Lande, nicht die unterlassene Rückkehr; zur Zeit jenes Verlassens hätten die damals unmündigen Angeklagten die erforderliche strafbare Absicht nicht gehabt, da sie — ohne eigenen Willen — ihren Aeltern hätten folgen müssen; aber auch zur Zeit des Eintritts der Militärpflicht habe bei ihnen jene Absicht nicht vorgewaltet, da sie — noch fortwährend minderjährig und unselbstständig — im Abhängigkeitsverhältnisse von ihren Aeltern ohne freien Willen und außer Stande gewesen seien, zurückzukehren. Auch dieses Erk. ist auf die NB. des

OStA.s vernichtet, und die Sache an ein anderes AG. zurückverwiesen worden.

Gründe:

Zuvörderst war eine Bezugnahme auf Gründe des früheren App.-Erk.s v. 2c. unstatthaft; sie kann, da jenes Erkenntniß vernichtet worden ist, auf Berücksichtigung keinen Anspruch machen.

Sodann ist der im § 110 StGB. und in den §§ 3 und 8 des Ges. v. 10. März 1856 als strafbar bezeichnete Thatbestand, schon nach der, bei der Gesetzesredaktion — vgl. Erk. v. 22. Sept. 1859 [B. II. c. Finkenflügel]; JMBl. S. 425; G. A. 8. S. 123 [Oppenh. StGB. § 110 n. 7] — absichtlich gewählten Wortfassung, keineswegs das Verlassen der Kgl. Lande ohne Erlaubniß, um sich dadurch dem Eintritte in den Dienst des stehenden Heeres zu entziehen, also das Auswandern ohne Erlaubniß, mit solcher bei der Auswanderung obwaltenden Absicht — wie der App.-Richter angegeben hat — sondern des im § 110 des StGB. mit Strafe bedrohten Vergehens macht sich derjenige männliche Preuße schuldig, der ohne Erlaubniß die Kgl. Lande verläßt und sich dadurch dem Eintritte in den Dienst des stehenden Heeres zu entziehen sucht.

Danach muß allerdings, wenn der Thatbestand jenes Vergehens vorliegen soll, ein Verlassen der Kgl. Lande ohne Erlaubniß stattgefunden haben, und es muß zu dieser Thatsache die Absicht, dadurch sich dem Eintritte in den Dienst des stehenden Heeres zu entziehen, hinzukommen; aber es ist keineswegs erforderlich, daß diese Absicht schon bei jenem Verlassen der Kgl. Lande ohne Erlaubniß, — welches aber im Sinne des § 110 a. a. O. selbst auch da vorliegt, wo der Wehrpflichtige sogar Erlaubniß zum einstweiligen Aufenthalte im Auslande erhalten hatte, und mit solcher auf bestimmte Zeit erhaltenen Erlaubniß dorthin gegangen war, aber über jene Zeit hinaus dort verblieben ist — vgl. Erk. v. 10. März 1859 [B. II. c. Karsten]; JMBl. S. 146 [Oppenh. StGB. § 110 n. 4] — vorhanden war. Vielmehr wird das im § 110 des StGB. mit Strafe bedrohte Vergehen von einem Preußen, der vor Erreichung des zum Eintritt in den Dienst des stehenden Heeres verpflichtenden Alters ohne Erlaubniß außer Landes gegangen oder gebracht ist, erst zu der Zeit, wo nach dem erreichten Lebensalter die Pflicht, im stehenden Heere zu dienen, eintritt (Ges. v. 3. Sept. 1814 § 1 und 9; AKO. v. 30. Jan. 1834) und noch fortdauert, durch Nichtgestellung zum Eintritt in diesen Dienst, in der Absicht, sich diesem zu entziehen, — also auch mit dem dann vorhandenen Bewußtsein, Preuße und als solcher zu diesem Dienste bei sich ergebender Diensttauglichkeit, daher zunächst zu jener Gestellung verpflichtet zu sein, — begangen.

Nur darauf, ob zu dieser Zeit, wenn auch etwa früher nicht, jene Absicht, und also auch ein solches Bewußtsein vorhanden war, kann es daher, und namentlich auch in Betreff solcher Eingebornen ankommen, die, als sie noch unmündig waren, ohne Erlaubniß (ohne Entlassung aus dem Unterthanenverbande) außer Landes gingen oder gebracht wurden, und bei Erreichung des zum Eintritte in den Dienst des stehenden Heeres verpflichtenden Lebensalters die Eigenschaft eines Preußen noch nicht verloren hatten. Auch solche Personen sind, nach der näheren Ausführung in den Erkk. v. 28. Febr. 1855 [Z. I. Fiskus c. Müller]; G. A. 3. S. 423; v. 27. März 1856 [B. II. 27. März 1856 Fiskus c. Behning]; G. A. 4. S. 558; und v. 11. Dez. 1856 [B. II. 11. Dez. 1856 Fiskus c. Thiemann]; Entsch. 34. S. 362; — bei Erreichung jenes Lebensalters sich zum Eintritt in den Dienst des stehenden Heeres zu gestellen verpflichtet und verfallen, wenn sie dies, mit dem im § 110 des StGB. vorausgesetzten Dolus, der in dem gegen sie eingeleiteten Verfahren, welches die in dem Ges. v. 10. März 1856 § 3 und 8 vorgeschriebene Grundlage hat, vermuthet wird, unterlassen, der in diesem Gesetze gedachten Strafe.

Es tritt dies auch ein, wenn sie sich dann noch in väterlicher Gewalt befinden. Die noch bestehende väterliche

Gewalt thut der Rechts- und Handlungsfähigkeit des Sohnes in Bezug auf Verhältnisse des öffentlichen Rechts, und daher auch in Bezug auf Verpflichtungen gegen den Staat, zu denen die Wehrpflicht gehört, überall keinen Abbruch; dieselbe ist nur in Privatverhältnissen, nicht auch in öffentlichen wirksam. Dies bestimmte schon das römische Recht (vgl. L. 9. D. I. 6; L. 13. § 15; L. 14. pr. D. 36. 1; v. Savigny, System, Bd. 2. S. 52. 53 e), und dies liegt auch den Bestimmungen des ALR. II. 2. § 219. 221 (vgl. II. 18. § 810), sowie der AKO. v. 10. Febr. 1825 (GS. S. 15) zum Grunde.

Diesen Grundsätzen und demnach dem § 110 des StGB., sowie den §§ 3 und 8 des Ges. v. 10. März 1856 ist es zuwider, wenn der App.-Richter zunächst davon ausgegangen ist, und angenommen hat, es komme Rücksichts des Vorhandenseins des Dolus, welcher im ersten Satze jenes § 110 vorausgesetzt, und durch dessen Worte: „und sich dadurch dem Eintritte in den Dienst des stehenden Heeres zu entziehen sucht," bezeichnet wird, auf die Zeit an, wo die fünf Angeklagten in dem Alter von noch nicht vierzehn Jahren mit ihren Aeltern in das Ausland gingen, und wenn der App.-Richter sodann in Bezug auf die Zeit, wo die Angeklagten das zum Eintritte in den Dienst des stehenden Heeres verpflichtende Lebensalter erreichten (was gesetzlich stets im noch minderjährigen Alter eintritt), der Vermuthung gegenüber, welche durch die, dem § 3 des Ges. v. 10. März 1856 entsprechende Regierungserklärung, nach § 8 dieses Gesetzes begründet wurde, einen die Annahme, daß die Angeklagten durch das Verlassen der Kgl. Lande ohne Erlaubniß und durch das — einem solchen gleichstehende — Verbleiben im Auslande [vgl. Oppenh. l. c. n. 4. 5] ohne Erlaubniß nach Erreichung jenes Lebensalters sich dem Eintritte in den Dienst des stehenden Heeres zu entziehen gesucht haben, ausschließenden Umstand, und demzufolge als festgestellt: „daß die fünf Angeklagten nicht in der Absicht, sich dem Militärdienste zu entziehen, nicht zurückgekehrt seien," deshalb angenommen hat, weil, und zwar auch noch zu dieser letztern Zeit, die Angeklagten minderjährig gewesen und unter väterlicher Gewalt gestanden, oder — wie der App.-Richter sich ausdrückt — im minderjährigen, unselbstständigen Zustande, im Abhängigkeitsverhältnisse von ihren Eltern ohne freien Willen und außer Stande zurückzukehren sich befunden hätten.

Antr. des GStA.s: gleichl. [26. — 1.]

Zeugniß. — Ablehnung. — Theilnahme. — Zeitschrift. — Redakteur.

1. Unfähig zum Zeugnisse wegen Theilnahme an der betr. Strafthat ist nur derjenige, gegen welchen zum mindesten ein begründeter Verdacht der Theilnahme obwaltet. Es kann daher Niemand das von ihm geforderte Zeugniß lediglich deshalb ablehnen, weil er selbst aufstellt: er sei „eventuell als Theilnehmer der betr. That anzusehen."

Cr.-Ordn. § 356 Nr. 8 [vgl. Oppenh. Strafverf. § 20 n. 9; dort einzutr. als n. 10 a].

2. Der Redakteur 2c. einer Zeitschrift, welcher einen Artikel strafbaren Inhalts in sein Blatt aufgenommen hat, und deshalb einer der in den §§ 35 bis 37 des Preßges. v. 12. Mai 1851 angedrohten Strafen unterliegt, hat sich dadurch eines selbstständigen Vergehens schuldig gemacht; er ist nicht als Theilnehmer am Vergehen des Urhebers des Artikels zu betrachten.

Einzutr. ibid; vgl. Z. II. v. 17. Sept. 1855 Gierse c. Zumbroock 181; JMBl. S. 362.

Beschl. (II.) v. 21. Nov. 1861 c. Bieler u. Gen. (96. B. II. Cr.).

Die StA.-schaft zu Bernburg hatte in mehreren durch die Magdeburger Zeitung veröffentlichten Artikeln den Thatbestand eines Vergehens erkannt, und gegen verschiedene Anhalt-Bernburgische Unterthanen als präsumtive Einsender ꝛc. ein Skrutinialverfahren, resp. die Einleitung einer Voruntersuchung beantragt. Demzufolge ward das St.- u. Kr.-G. zu M. um eidliche Vernehmung des Redakteurs H. über die Personen der Einsender requirirt. H. lehnte die Vernehmlassung ab, und ergriff, als mit Zwangsmaaßregeln gegen ihn vorgegangen wurde, gegen die betr. appellationsgerichtliche Verfügung die Beschwerde an das OTr., indem er auszuführen suchte: wenn auch der höchste Gerichtshof wiederholt die Zeitungsredakteure zur Ablegung eines eidlichen Zeugnisses über die Person eines Korrespondenten für verpflichtet erklärt habe (vgl. Oppenh. Strafverf. § 20 n. 9; RdO. 1. S. 338), so hätten sich die betr. Entscheidungen doch nur auf disziplinarische Untersuchungen bezogen, in Betreff deren von einer Theilnahme des Redakteurs nicht habe die Rede sein können; anders aber liege die Sache, sobald eine unter die allgemeinen Strafgesetze fallende That vorliege; in Betreff dieser würde der den Abdruck des strafbaren Artikels veranlassende Redakteur eventuell als Theilnehmer anzusehen sein; jedenfalls würde er der in dem § 37 des Preßges. v. 12. Mai 1851 angedrohten Strafe unterliegen, weshalb er nach § 356 Nr. 8 der Cr.-O. zum Zeugnisse gänzlich unfähig sei.

Diese Beschwerde ist vom OTr. zurückgewiesen worden.

Gründe:

Nach der, die gegenseitigen Gerichtsbarkeitsverhältnisse betreffenden Uebereinkunft v. 9.—27. Sept. 1840 Art. 1 und 42 haben die Preußischen Gerichte die Requisitionen Herzogl. Anhalt-Bernburgischer Gerichte — und daher jetzt auch die in einem Skrutinialverfahren von der dortigen StA.-schaft gestellten Anträge — wegen Vernehmung von Zeugen in derselben Weise, nach Maaßgabe der diesseitigen Gesetze und Gerichtsverfassung zu erledigen, wie dies bei Requisitionen, resp. Anträgen hiesiger Gerichte und St.-Anwalte eintreten müßte. Voraussetzung ist dabei für Strafrechtssachen allerdings die, wenigstens wahrscheinliche Existenz eines Verbrechens oder Vergehens, überhaupt einer strafbaren Handlung. Der blos requirirten Behörde steht jedoch, bei der in der Requisition geschehenen Annahme dieser Voraussetzung, darüber eine Prüfung nicht zu. Für das Voruntersuchungs- und resp. Skrutinialverfahren, in welchem, behufs der Ermittelung des Verfassers der in der ꝛc. Zeitung abgedruckten Mittheilungen aus B., der StA.

zu B. bei dem St.= u. Kr.=G. zu M. Ihre eidliche Vernehmung beantragt, resp. des Kr.=G. zu B. um solche requirirt hat, liegt solche Voraussetzung vor. Es werden Handlungen als wahrscheinlich von Anhalt=Bernburgischen Unterthanen, durch Anfertigung, Einsendung und demnächst, ihrem Willen gemäß, durch Druck erfolgte Veröffentlichung jener Aufsätze, — begangen angenommen, welche sowohl nach § 101 des Preußischen, als nach dem damit gleichlautenden § 101 des Bernburgischen StGB.s strafbar sind.

Es ist aber, und zwar nicht bloß nach eröffneter förmlicher Untersuchung, sondern auch, behufs der dazu erforderlichen vorläufigen Ermittelungen, bei einem Skrutinial= oder Informativverfahren, Jedermann, wo nicht ein gesetzlich ausgenommener Fall vorliegt (Cr.=Ordn. § 8. 313), verpflichtet, sich über das, was in Beziehung auf eine strafbare Handlung oder den Thäter ihm bekannt ist, auf Erfordern des Richters als Zeuge vernehmen zu lassen und seine Aussage zu beeidigen (Cr.=Ordn. § 7. 311. 312. 332. 337).

Einer jener Ausnahmefälle liegt hier nicht vor. Wenn nach § 356 Nr. 8 der Cr.=Ordn. zur Ablegung eines Zeugnisses alle diejenigen unfähig sind, welche an dem Verbrechen, worüber ihr Zeugniß erfordert wird, oder an den daraus entstandenen Vortheilen wissentlich mittelbar oder unmittelbar Theil genommen haben, so kann diese Bestimmung nur da Platz greifen, wo entweder der zu Vernehmende bereits als Theilnehmer verurtheilt oder gegen ihn als Theilnehmer die Untersuchung mit eröffnet und hierdurch seine Theilnehmerschaft ins Klare gestellt ist, oder doch gegen ihn, nach der gegen einen Andern gerichteten Anklage oder nach den in Folge derselben hervorgetretenen Umständen, der begründete Verdacht der Theilnahme obwaltet (Cr.=Ordn. § 333, vgl. auch § 295. 306. 307). Es kann aber, um der nach den §§ 7. 311 und 337 der Cr.=Ordn. bestehenden Verpflichtung überhoben zu sein, nicht genügen, daß der zum Zeugnisse Aufgeforderte — wie dies von Ihnen geschieht — selbst aufstellt, er sei eventuell als Theilnehmer der betreffenden Strafthat anzusehen, da eine solche Aufstellung, dieses sein Schuldverhältniß festzustellen, nicht geeignet sein würde und nichts ihn abhalten könnte, bei einem demnächstigen gegen ihn selbst gerichteten Strafverfahren seine Theilnehmerschaft zu bestreiten. Daraus, daß das Voruntersuchungs- resp. Skrutinialverfahren, in welchem Ihre eidliche Vernehmung angeordnet worden ist, Vergehen zum Gegenstande hat, welche durch veröffentlichte Druckschriften, namentlich durch die erwähnten Artikel der rc. Zeitung angeblich strafbaren Inhalts, und zwar von Personen, gegen welche der § 101 des Bernburgischen StGB.s anwendbar sein würde, begangen sein sollen, folgt eventuell noch nicht eine Ihnen als Redakteur dieser Zeitung zur Last fallende Theilnahme an diesen Vergehen. Denn nach § 34 des Preß-Ges. v. 12. Mai 1851 sind in Betreff der Betheiligung als Urheber, Miturheber oder Theilnehmer an einem durch eine Druckschrift begangenen Verbrechen oder Vergehen die allgemeinen strafrechtlichen Grundsätze maaßgebend; nach diesen würde aber eine Theilnahme des Redakteurs an dem durch Veröffentlichung eines Artikels strafbaren Inhalts in seinem Blatte verübten Vergehen nur dann anzunehmen sein, wenn er mit Kenntniß von diesem Inhalte zur Veröffentlichung mitgewirkt hätte, und dies steht hier nicht fest. Sie sind dessen auch nicht beschuldigt worden.

Soll sodann zwar nach § 37 des Preß-Ges. der Redakteur eines kautionspflichtigen Blattes wegen der in dasselbe aufgenommenen Veröffentlichungen strafbaren Inhalts stets auch dann einer Strafe unterliegen, wenn er nicht nach den allgemeinen strafrechtlichen Grundsätzen (§ 34) als Urheber oder Theilnehmer strafbar erscheint, so haben doch die §§ 35 bis 37 ibid. — weil, Inhalts der Redaktionsmaterialien, der Grundsatz des § 34 nicht ausreichend erachtet wurde — nur eine mehr bloß formale, nicht durch Bekanntschaft mit dem strafbaren Inhalte einer Druckschrift bedingte Verantwortlichkeit der Verleger, Drucker und Redakteure bestimmt und daran Strafen geknüpft, die in den Redaktionsmaterialien als Polizei-, als Fahrlässigkeits- oder als Ordnungsstrafen bezeichnet werden. Es ist namentlich in dem Falle des § 37 das dem Redakteur zur Last fallende, auf seiner präsumirten Fahrlässigkeit bei der erfolgten Aufnahme des Schriftstücks strafbaren Inhalts beruhende Vergehen ein durchaus selbstständiges, welches mit der dolosen Strafthat des Urhebers in keinem weitern Zusammenhange steht, so daß sich in solchem Falle nicht sagen läßt, daß der Redakteur an dem Verbrechen oder Vergehen des Urhebers mittelbar oder unmittelbar Theil genommen habe.

Nur das kann in Fällen der vorliegenden Art der zum Zeugnisse Aufgeforderte beanspruchen, daß er nicht genöthigt werde, etwas ihn selbst Belastendes auszusagen, namentlich also solche Thatsachen zu bekunden, die ihn selbst als Urheber oder Theilnehmer an der strafbaren Handlung (im Sinne des § 34 des StGB.s und des § 34 des Preßges.) erscheinen lassen würden. In dieser Beziehung ist aber schon von dem App.-Gerichte angeordnet, daß Ihnen bei Ihrer Vernehmung dieserhalb ein Vorbehalt zu gestatten sei.

Antr. des GStA.s: gleichl. [26.—3.]

Nichtigkeitsbeschwerde. — Prüfung des ersten Richters.

1. Der Richter erster Instanz hat in Betreff einer ergriffenen Nichtigkeitsbeschwerde nur die Beobachtung der Formen und Fristen, nicht die Rechtfertigung der Beschwerdepunkte zu prüfen.

Ges. v. 3. Mai 1852 Art. 112 [vgl. dort n. 2].

2. Der Richter erster Instanz kann seine eine Nichtigkeitsbeschwerde zurückweisende Verfügung nicht wieder aufheben, nachdem der Implorant dagegen rechtzeitig die Beschwerde an das Ober-Tribunal ergriffen hat. [Ibid. (vgl. dort n. 8).]

Erk. (Z. I.) v. 22. Nov. 1861 c. Haladuda (930. I. Cr.).

Die NB. enthielt eine Angabe von Beschwerdepunkten, wie solche der Art. 107 des Ges. v. 3. Mai 1852 im Allgemeinen zuläßt. Ob diese Beschwerdepunkte gehörig gerechtfertigt worden seien, das unterliegt allein der Beurtheilung des OTr.s. Dem Kr.-Gericht steht nach Art. 112 nur die Prüfung zu, ob die im Art. 110 vorgeschriebenen Formen und Fristen erfüllt sind, und es darf nur alsdann, wenn dies nicht der Fall, die Beschwerde zurückweisen. Der Beschluß v. ꝛc., durch welchen die bereits eingeleitete Beschwerde wieder zurückgewiesen wurde, lag daher außerhalb der Kompetenz des Kr.-Gerichts, welches auch die über diese Zurückweisung erhobene, an das OTr. gerichtete und rechtszeitig eingereichte Beschwerde hierher zur Verfügung hätte einreichen sollen, während es auf dieselbe seinen oben gedachten Zurückweisungsbeschluß wieder aufgehoben hat.

Antr. des GStA.s: gleichl. [15.—4.]

Nichtigkeitsbeschwerde. — Aktenverlust. — Schuld des Angeklagten.

Die vom Angeklagten zur Rechtfertigung seiner Nichtigkeitsbeschwerde vorgebrachte Rüge angeblicher Verstöße gegen die Grundsätze ꝛc. des Verfahrens kann eine Berücksichtigung nicht finden, wenn er selbst die betreffenden Akten unterdrückt, und so dem Nichtigkeitsrichter die Prüfung des Verfahrens unmöglich gemacht hat.

Ges. v. 3. Mai 1852 Art. 111 [dort einzutr. als n. 27].

Erk. (Z. I.) v. 22. Nov. 1861 c. Hoffmann (1005. I. Cr.).

H. hatte gegen ein ihn verurtheilendes schwurgerichtliches Erkenntniß die NB. ergriffen, und dieselbe auf mehrere angebliche Mängel des stattgehabten Verfahrens gestützt. Das betr. Sitzungsprotokoll war indessen nicht mehr beizubringen, weil H. selbst die ganzen Untersuchungsakten bei Seite geschafft hatte, um zu verhindern, daß die Sache zur rechtskräftigen Entscheidung gelange. Nachdem er wegen dieses Vergehens rechtskräftig aus § 243 Nr. 8 bestraft worden war, ward auch jene NB. zurückgewiesen.

Gründe:

Es kann dahingestellt bleiben, wie unter solchen Umständen zu verfahren sein würde, wenn ein solcher durch die Schuld des Angeklagten selbst, und lediglich zu dem Zwecke, um dem Richter die Beweismittel zu entziehen, und seine Verurtheilung zu verhindern, herbeigeführter Verlust der Akten schon im Laufe der ersten Instanz eingetreten wäre; für die folgenden Instanzen ist dagegen jedenfalls das Verhältniß ein anderes. Es liegt eine bereits ergangene Entscheidung vor, deren Unrichtigkeit der Angeklagte durch seine Rechtsmittel darthun will; insoweit kann man, obwohl auch in der App.-Instanz noch die Offizialpflicht des Richters zur Ermittelung der Wahrheit konkurrirt, von einer Beweislast des Angeklagten gegen die Feststellungen respektive gegen das Verfahren des ersten Richters reden; in der Nichtigkeitsinstanz nimmt das Verfahren vollends einen rein formellen, lediglich von den Angriffen des Angeklagten und der Art ihrer Begründung abhängigen Charakter an; hier beschränkt sich die Prüfung allein auf den Inhalt der Akten, also der durch dieselben allein bewiesenen Förmlichkeiten des Verfahrens, respektive der Gesetzesanwendung auf das in denselben festgestellte Sachverhältniß, und selbst von einer konkurrirenden Offizialpflicht des Richters über den Inhalt der Beschwerde und über den Umfang dieses Sachverhältnisses hinaus ist in dieser Instanz vollends keine Rede mehr.

Sobald also dem Nichtigkeitsrichter durch die Schuld des Angeklagten selbst das ausschließliche Mittel für eine solche Prüfung, nämlich die Existenz der Akten, entzogen wird, fallen ihm auch die Folgen eines solchen Mangels zur Last, seine Beschwerde muß zurückgewiesen werden, weil er selbst den Beweis für dieselbe vernichtet hat.

Antr. des GStA s: gleichl. [15.—4.]

---

1. Schlachtsteuer. — Polizeilicher Erlaubnißschein.
2. Schlachtsteuer. — Bestellung.

1. Die im § 1 a. E. des Ges. v. 2. April 1852 gewährte Vergünstigung kommt nur demjenigen zu statten, auf dessen Namen der polizeiliche Erlaubnißschein lautet.

2. Bei Schlachtsteuer-Defraudationen gegen die Vorschrift des Ges. v. 2. April 1852 kommt Nichts darauf an, ob das Fleisch bestellt war.

Erk. (V. I.) v. 27. Nov. 1861 c. Gründel & Teuber (1014. I. Cr.).

Vernichtung des freisprechenden Erkenntnisses zweiter Instanz.

Gründe:

Es ist unrichtig, wenn der App.-Richter den Mitangeklagten G. durch den seinem Meister T. ertheilten Erlaubnißschein: „innerhalb des halbmeiligen Umkreises der innern Stadt Frankenstein Fleisch und Fleischwaaren zum Verkauf herumzutragen" für legitimirt hält, im Auftrage seines gedachten Meisters solches zu thun. Denn dieser dem Mitangeklagten T. in Gemäßheit des § 1 a. E. des Ges. vom 2. April 1852 ertheilte polizeiliche Erlaubnißschein lautet nur auf die Person des T. selbst und kann daher auch nur von ihm persönlich benutzt werden. Dies folgt schon aus der ganz exceptionellen, also keine ausdehnende Erklärung gestattenden Vorschrift des letzten Abs. des § 1 l. c., welcher lautet:

> „Die Bestimmung unter lit. b. Nr. 1 findet jedoch auf diejenigen keine Anwendung, welche nach Inhalt eines ihnen ertheilten Gewerbescheins, oder eines polizeilichen Erlaubnißscheins die Befugniß haben, Gegenstände der in Rede stehenden Art innerhalb des halbmeiligen Umkreises einer mahl- und schlachtsteuerpflichtigen Stadt zum Verkauf umherzutragen."

Hier sind der polizeiliche Erlaubnißschein und der Hausirgewerbeschein ganz gleichgestellt, und wenn in Beziehung auf letztern im Regul. v. 28. April 1824 ausdrücklich ausgesprochen ist, daß er nur diejenige Person legitimirt, auf welche er speziell lautet, dergestalt, daß er nur von dieser

Person selbst, nicht auch von ihren Angehörigen, ihrem Gesinde oder ihrem Gewerbegehülfen benutzt werden darf, so muß dies um so mehr auch von einem bloßen polizeilichen Erlaubnißschein der in Rede stehenden Art gelten, da er dem Inhaber viel geringere Befugnisse einräumt, als ein Hausirgewerbeschein, und das Steuerinteresse in beiden Fällen eine gleich strenge Kontrolle erfordert.

Zwar bemerkt der App.-Richter, daß einem Schlächtermeister, welcher sich im Besitze eines solchen polizeilichen Erlaubnißscheins befindet, nicht zugemuthet werden könne, alles bei ihm bestellte Fleisch im halbmeiligen Umkreis der Stadt selbst umherzutragen. Es ist aber hierbei übersehen, einestheils, daß die Bestimmung unter lit. b. Nr. 1 l. c. sich gar nicht auf Gewerbtreibende allein bezieht, sondern eine allgemeine für Jedermann gültige Vorschrift enthält, anderntheils, daß, wenn ein Gewerbtreibender auf Grund eines polizeilichen Erlaubnißscheins Gegenstände der in Rede stehenden Art durch seinen Gesellen zum Verkauf im halbmeiligen Umkreis der Stadt umhertragen zu lassen wünscht, nichts entgegenstehen wird, solches in dem polizeilichen Erlaubnißschein ausdrücklich bemerken zu lassen, was im vorliegenden Fall nicht geschehen ist.

Anlangend den Einwand der Angeklagten, daß das Fleisch bestellt gewesen sei, so kommt es, weil es sich hier nicht um eine Hausirgewerbe-Kontravention, sondern um eine Schlachtsteuer-Defraudation wider die Vorschriften des Ges. v. 2. April 1852 handelt, darauf, ob das Fleisch bestellt war, gar nicht an, wie denn auch der dem Angeklagten T. ertheilte polizeiliche Erlaubnißschein in dieser Beziehung nicht unterscheidet, sondern ganz allgemein von Fleisch und Fleischwaaren spricht und nur bemerkt, daß jeder Hausirhandel ausgeschlossen sei.

Antr. des GStA.s: gleichl. [18.—4.]

Preßvergehen. — Zuziehung des Beschlagnahme-Interessenten. — Nachholung in zweiter Instanz.

1. Wenn in erster Instanz die erforderliche Zuziehung des Beschlagnahme-Interessenten zu dem wegen Preßvergehens eröffneten Verfahren versäumt ist, so kann dieser Mangel nicht dadurch gehoben werden, daß der Appellationsrichter durch **Beschluß** eine nachträgliche Verhandlung und Entscheidung erster Instanz über die Beschlagnahme, unter Zuziehung jenes, anordnet.

Ges. v. 3. Mai 1852 Art. 102 [dort einzutr. als n. 14 a].

2. Ist die Untersuchung wegen Preßvergehens gegen eine für den Inhalt verantwortliche Person eröffnet worden, so bedarf es der Zuziehung des Beschlagnahme-Interessenten zum Verfahren nicht.

Preß-Ges. v. 12. Mai 1851 § 50.

Beschl. (I.) v. 27. Nov. 1861 c. Jagielski (253. B. I. Cr.).

Gegen J. war die Untersuchung wegen Preßvergehens eröffnet worden, der StA. hatte gegen das freisprechende erstrichterliche Erk. appellirt. Der App.-Richter erachtete indessen die Zuziehung des Buchhändlers M., bei welchem die betr. Schrift in Beschlag gelegt war, für erforderlich, und „beschloß" daher, „die Akten an den Richter erster Instanz zu remittiren, um den rc. M. zum Audienztermine vorzuladen, ihn auf Verlangen hinsichtlich der Beschlagnahme zu hören, und demnächst hierüber zu erkennen." Auf die Beschwerde des OStA.s ist dieser Beschluß aufgehoben, und dem AG. aufgegeben worden, auf die Appellation zu verhandeln und zu erkennen.

Gründe:

In formeller Beziehung war die Untersuchung gegen den Angeklagten, Redakteur Ludwig Jagielski, zur Entscheidung in zweiter Instanz an das Kgl. App.-Gericht zu Posen gediehen. Die Anklage war gegen den Buchhändler M. nicht mit gerichtet; ein beschwerendes Erkenntniß wider ihn lag auch nicht vor, denn das Urtheil erster Instanz hatte die vorläufige Beschlagnahme der betreffenden Nummer der erwähnten Zeitschrift aufgehoben. Erachtete es das Kgl.

App.-Gericht zu Posen nach Maaßgabe des § 50 des Preßgesetzes v. 12. Mai 1851 für geboten, den rc. M. in zweiter Instanz zuzuziehen, so mochte es diese Maaßregel veranlassen, demnächst aber wider den Angeklagten J. in zweiter Instanz erkennen. War es aber, wie der Fall, der rechtlichen Ansicht, daß die gesetzlich gebotene Zuziehung des rc. M. schon in erster Instanz hätte erfolgen müssen und zu Unrecht unterblieben wäre, so blieb nichts übrig, als durch Erkenntniß die Verhandlung und Entscheidung der Sache in die erste Instanz zurückzuweisen. Durch einen Beschluß aber die nachträgliche Abhörung des gedachten Beschlagnahme-Interessenten zu veranlassen, war, abgesehen von dem Art. 102 des Ges. v. 3. Mai 1852, nach dem letzten Absatz des § 50 des Preßgesetzes v. 12. Mai 1851 schon um deshalb gänzlich unzulässig, weil die dort erwähnte „Sitzung" bereits abgehalten und der Richter erster Instanz mit der Sache nicht mehr befaßt war.

Indeß auch materiell ist die, dem in Rede stehenden Beschlusse zum Grunde liegende, Ansicht eine rechtlich irrthümliche.

Die sämmtlichen, im § 50 des Preßgesetzes v. 12. Mai 1851 enthaltenen Bestimmungen müssen mit den vorhergehenden in den erforderlichen Zusammenhang gebracht werden. Der § 28 l. c. beläßt es hinsichts des Gerichtsstandes, der Einleitung und Führung des Vorverfahrens, sowie des Verfahrens in der Hauptsache, auch bei Untersuchungen wegen Preßvergehen, bei den allgemeinen Strafprozeßvorschriften. Nach § 34 l. c. ist für das, durch eine Druckschrift begangene Verbrechen oder Vergehen Jeder verantwortlich, welcher nach allgemeinen strafrechtlichen Grundsätzen als Urheber oder Theilnehmer strafbar erscheint. Im Anschlusse hieran bestimmt sodann der § 50 l. c. im ersten Absatze:

1. daß, wenn in einer Schrift der Thatbestand einer strafbaren Handlung — natürlich einen angeklagten Thäter oder Theilnehmer vorausgesetzt — erkannt wird, durch das Straf-

urtheil die Vernichtung aller vorfindlichen Exemplare und der dazu bestimmten Platten und Formen auszusprechen ist, und dies

2. selbst dann geschehen muß, wenn zwar der Angeklagte freigesprochen, in der Schrift jedoch der Thatbestand einer strafbaren Handlung von dem Richter erkannt worden ist.

Es wird dann hinzugefügt, daß diese Vernichtung sich auf alle, noch im Besitz des Verfassers, Druckers, Herausgebers, Verlegers und Buchhändlers befindlichen oder an öffentlichen Orten ausgelegten Exemplare erstreckt.

Bis dahin ist davon keine Rede, daß, außer dem Angeklagten selbst, die bei der Beschlagnahme etwa konkurrirenden Civilinteressenten das Recht hätten, ihre Zuziehung zu dem Untersuchungs-Verfahren zu verlangen. Es liegt hier vielmehr die Sache gerade so, wie in jeder andern Untersuchung, bei der möglicherweise dritte Personen, außer dem Angeklagten, ebenfalls Rechte geltend zu machen haben. In solchen Fällen bleibt ihnen wegen ihrer Interessen der zur Verantwortung gezogene Angeschuldigte verhaftet und ein Gleiches hat der Gesetzgeber auch bei den, durch die Presse verübten strafbaren Handlungen angenommen, sofern ein im Bereiche der Gerichtsbarkeit befindlicher Thäter oder Theilnehmer vorhanden ist, für welchen die gewöhnlichen Strafprozeßvorschriften in Kraft treten. Für dergleichen Fälle lag deshalb kein Grund zur Ausnahme von der Regel vor.

Andere Gesichtspunkte dagegen kamen zur Geltung, sobald es sich um die Frage handelte, „wie es zu halten sei, wenn die Schrift zwar den Thatbestand einer strafbaren Handlung darstellt, eine gerichtliche Verfolgung aber um deshalb nicht eintreten kann, weil es an einer verantwortlichen Person im Bereiche der richterlichen Gewalt fehlt.“ Die Gefahr, die durch eine solche verbrecherische Schrift herbeigeführt werden kann, erforderte jedenfalls entsprechende Gegenmaaßregeln, und deshalb verordnete der dritte Absatz des § 50 l. c.:

daß das im Bezirke der Beschlagnahme nach § 27. 28 für das Kontumazialverfahren zuständige Gericht die Vernichtung zu erkennen habe.

In solchen Fällen ermangelt es eines verfolgbaren Subjekts, und es liegt lediglich ein Objekt vor, das nicht weiter vertreten ist. In diesem, von den gewöhnlichen abweichenden Ausnahmefalle war es naheliegend, diejenigen Personen auf ihr Verlangen vor Fällung des Erkenntnisses zu hören, welche bei der definitiv auszusprechenden Beschlagnahme der bei ihnen vorgefundenen Exemplare ein besonderes Civilinteresse haben können.

Aus dieser Erwägung ist, wie die Entstehungsgeschichte des letzten Alinea des § 50 des Preßgesetzes ergiebt, die in Rede stehende Vorschrift entstanden. Sie fehlte dem Entwurfe gänzlich und verdankt ihren Ursprung der Kommission der zweiten Kammer, welche sie in Antrag brachte (vgl. Rönne, das Gesetz über die Presse, S. 276). Deshalb ist auch, wie bereits die Wortstellung und die Reihenfolge der Sätze des § 50 l. c. ergeben, die Bestimmung des Abs. 4 l. c. nur auf den vorangehenden Abs. 3, nicht aber auch auf die übrigen Absätze daselbst zu beziehen, selbst wenn man die obige, bei Abs. 1 näher entwickelte Bedeutung desselben nicht in Betracht ziehen wollte, was jedoch dem innern Zusammenhange gemäß geschehen muß.

Im vorliegenden Falle handelt es sich aber lediglich um einen solchen, wie ihn der erste Satz des § 50 l. c. vor Augen hat. Denn es ist ein Angeklagter vorhanden, es ist wider ihn die Untersuchung eröffnet, und es ist in derselben in erster Instanz erkannt. Eine Zuziehung der Beschlagnahme-Interessenten war nach dem Vorangeschickten daher nicht zulässig und erscheint deshalb die in dem Beschlusse des Kgl. App.-Gerichts zu Posen v. 12. Nov. 1861 ausgesprochene entgegengesetzte, im Beschwerdewege angefochtene Ansicht als eine rechtsirrthümliche.

Antr. des GStA.s: gleichl. [20. — 3.]

Zurückbehaltungsrecht. — Vermiether. — Gewahrsam. — Wegnahme.

1. Der Vermiether kann wegen rückständigen Miethzinses die eingebrachten Sachen des Miethers ohne Mitwirkung des Gerichts zurückbehalten; er erlangt dadurch den Schutz des § 271 StGB.

Vgl. dort n. 5; Konk.-Ordn. v. 8. Mai 1855 § 33 Nr. 4.

2. Dagegen fällt § 271 weg, wenn der Miether die Sachen weggeschafft hat, ehe der Vermiether sein Zurückbehaltungsrecht zur Anwendung brachte.

StGB. § 271 [vgl. dort n. 10].

Erk. (Z. II.) v. 28. Nov. 1861 c. Schimmel (344. II. Cr.).

In Erw., daß nach zivilrechtlichen Grundsätzen dem Vermiether wegen rückständigen Miethszinses ein Zurückbehaltungsrecht an den, vom Miether eingebrachten Sachen zusteht (§ 33 Nr. 4 der Konk.-Ordn. v. 8. Mai 1855), welches durch die Verabfolgung der Sache an den Eigenthümer dieser Mobilien verloren gehen, und selbst durch eine bei der Ablieferung gemachte Protestation nicht erhalten werden würde (§§ 559 und 560. I, 20. ALR.); daß als Selbstfolge dieser Bestimmungen sich ergiebt, daß der Vermiether, bei dem Vorhandensein der zur Ausübung des Retentionsrechtes erforderten, in concreto festgestellten Voraussetzungen, berechtigt ist, die beim Abzuge des Miethers in der Miethswohnung noch befindlichen Effekten desselben einzubehalten, ohne daß es zu diesem Zwecke und behufs rechtlicher Wirksamkeit des Retentionsrechtes einer richterlichen Autorisation, resp. Besitzeinweisung, geschweige denn einer ausdrücklichen Uebertragung des Besitzes Seitens des Miethers auf ihn bedürfte, indem in einem solchen Falle das Besitzrecht durch das Gesetz selbst gegeben ist, und in concreto auch die Besitzergreifung durch die Vernagelung der Thür, in Verbindung mit der Erklärung an den Miether, „daß die Effekten wegen rückständiger Miethe einbehalten würden," vollständig vollzogen, somit alle Erfordernisse des § 271 und insbesondere auch das Merkmal der Wegnahme zum Nachtheile desjenigen, welchem das Zurückbehaltungsrecht zustand, vorhanden waren;

In Erw., daß allerdings das Requisit der Wegnahme einen Naturalbesitz auf Seiten des Retentionsberechtigten voraussetzt, und dem § 271 nicht die Ausdehnung zu geben ist, als ob derselbe auch auf solche Fälle für anwendbar erachtet werden könne, in denen das an und für sich bestehende stillschweigende Pfandrecht des Vermiethers etwa durch heimliche Fortschaffung der diesem Pfandrechte unterliegenden invecta et illata gefährdet und solchergestalt dem Pfand-, resp. Retentionsrechte, welche Beide zu ihrer Wirksamkeit die körperliche Innhabung der Sache auf Seiten des Gläubigers voraussetzen, das Objekt der Befriedigung entzogen wird, indem, wenn hierüber noch ein Zweifel bestehen könnte, schon die Kommissionsverhandlungen der ersten Kammer überzeugend ergeben würden, daß es gar nicht in der Absicht des Gesetzgebers gelegen hat, einen solchen Fall, bei welchem sich zu der Zeit, wo der Miether über sein Illatum disponiret, gar noch nicht ermessen läßt, ob im Augenblicke des Aufhörens des Miethsverhältnisses eine Miethsforderung und demgemäß das accessorische Pfandrecht für eine solche existiren werde, unter die Vorschrift des § 271 mitzubegreifen;

daß aber, wie ausgeführt, die thatsächlichen Verhältnisse untergebens ganz andere sind, und die Imploranten daher zu Unrecht auf das Erk. des OTr.s v. 22. Nov. 1854 [Z. I. c. Comouth] als ihrem Angriffe zur Seite stehend, sich bezogen haben, indem diese Entscheidung gerade wesentlich darauf beruht, daß in jenem Falle ein Naturalbesitz an den Illaten auf Seiten des Vermiethers nicht vorhanden war.

Antr. des GStA.s: gleichl. [16. — 1.]

Dollmetscher. — Nothwendigkeit. — Nachweis.

Der Angeklagte, welcher behauptet, der deutschen Sprache nicht mächtig zu sein, muß dieses vor dem Instanzrichter geltend machen und Zuziehung eines Dollmetschers beantragen. In der Nichtigkeitsinstanz ist eine Beweiserhebung darüber unstatthaft.

Ges. v. 3. Mai 1852 Art. 27 [vgl. dort n. 7].

Erk. (Z. II.) v. 28. Nov. 1861 c. Wlodarczyk (352. II. Cr.).

Zurückweisung der NB. des Angeklagten. Erwogen ward:

daß die Behauptung des Imploranten: „er sei der deutschen Sprache nicht vollkommen mächtig," weder in der Voruntersuchung, noch bei der mündlichen Verhandlung von ihm aufgestellt worden ist, vielmehr Ausweise der Untersuchungsakten und des Sitzungsprotokolles die gerichtlichen Verhandlungen in deutscher Sprache mit ihm gepflogen worden sind und demnach angenommen werden muß, daß das Bedürfniß der Zuziehung eines Dollmetschers sich nicht geltend gemacht habe;

daß jedenfalls, wenn der Angeklagte bei Anwendung der deutschen Sprache in seiner Ausdrucksweise oder in seinem Verständnisse sich beengt gefühlt hätte, es an ihm gewesen wäre, dies in Anregung und die Zuziehung eines Dollmetschers in Antrag zu bringen und solchergestalt das Gericht zur Entscheidung über diesen Punkt zu veranlassen;

daß dagegen, in Ermangelung alles Dessen, in der Nichtigkeitsinstanz von der Erhebung eines Beweises hierüber, sowie von einer Verletzung des Art. 27 des Ges. v. 3. Mai 1852 nicht die Rede sein kann.

Antr. des GStA.s: gleichl. [16.—1.]

Verhafteter. — Antrag auf Vorführung vor das Appellations-Gericht. — Prüfung.

Wenn der Appellationsrichter einen Antrag des Angeklagten auf Vorführung zum Audienztermine ungeprüft läßt, so tritt Nichtigkeit ein, sollte auch die Schuld der Versäumniß nicht den Appellationsrichter, sondern den Richter erster Instanz treffen.

Vdn. v. 3. Jan. 1849 § 134. 135 [dort einzutr. als n. 2]; Ges. v. 3. Mai 1852 Art. 108 [vgl. dort n. 11].

Erk. (V. I.) v. 29. Nov. 1861 c. Böhnert (1015. I. Cr.).

B., in einer andern Untersuchungssache verhaftet, hatte den Antrag zu Protokoll gegeben, zum Audienztermine zweiter Instanz vorgeführt zu werden. Statt diesen Antrag dem AG. einzureichen, wies das Gericht erster Instanz denselben durch Verfügung zurück. Eine Vorführung erfolgte nicht. Auf die NB. des Angeklagten ist das Erkenntniß zweiter Instanz vernichtet worden.

Gründe:

Zu einer Zurückweisung des Antrags auf Vorführung war das Gericht erster Instanz nicht berechtigt, da der § 135 des Ges. v. 3. Mai 1852 die Bewilligung oder Ablehnung eines solchen Antrags in die Hände des AG.s gelegt hat. Weil nun durch das Verschulden des Gerichts erster Instanz die mögliche Gewährung des Verlangens des Angeklagten verhindert worden ist, so war nach Art. 107 Nr. 2 in Verbindung mit Art. 117 l. c. das angegriffene Erkenntniß rc. zu vernichten.

Antr. des GStA.s: gleichl. [20.—4.]

Stempel. — Wechsel. — Inländer. — Pflicht.

Jeder, der im Inlande Inhaber eines noch nicht gestempelten Wechsels wird, ist bei Vermeidung der Stempelstrafe verpflichtet, denselben sofort zur Stempelung vorzulegen; ein Unterschied zwischen Inländern und Ausländern greift hier nicht Platz.

Stemp.-Ges. v. 7. März 1822 § 20. 20.

Erk. (V. I.) v. 29. Nov. 1861 c. Körner (1052. I. Cr.).

Der Kaufmann Schoje Körner aus Warschau hatte zu Danzig einen Wechsel auf S. L. zu Warschau an die Ordre von R. u. H. zu Danzig gezogen und vor der Stempelung dem Remittenten ausgehändigt. Gleichwohl wurde er in beiden Instanzen von der Anklage der Stempelkontravention freigesprochen, weil zwar der im Inlande ausgestellte Wechsel als inländischer zu betrachten sei, § 26 des Stempelges. aber nur eine Strafandrohung gegen Inländer, nicht aber gegen Ausländer enthalte. Auf die NB. des Pr.-St.-Direktors ist das appellationsgerichtliche Erkenntniß vernichtet, und K. in die Stempelstrafe verurtheilt worden.

Gründe:

Der § 20 des Stemp.-Ges. v. 7. März 1822, welcher den Thatbestand einer Wechselstempel-Kontravention enthält, verordnet:

„Gezogene inländische Wechsel müssen gleich nach der Ausstellung, ausländische gleich nach dem Eingange in Unsere Staaten, und ehe ein Geschäft damit gemacht, oder Zahlung darauf geleistet wird, gestempelt werden."

Hier ist nur zwischen inländischen und ausländischen Wechseln, aber nicht zwischen inländischen und ausländischen Ausstellern oder Inhabern eines Wechsels unterschieden. Inländische gezogene Wechsel, d. h. solche, welche im Inlande, gleichviel ob von einem Preußen oder von einem Ausländer, ausgestellt sind, sollen gleich nach der Ausstellung, ausländische Wechsel, d. h. solche, welche im Auslande, sei es von einem Preußen oder von einem Ausländer, ausgestellt sind, aber erst nach dem Eingange in die Preußischen Staaten gestempelt werden, dergestalt also, daß ein ausländischer Wechsel, bevor er in die Preußischen Staaten gelangt, selbst wenn er von einem Preußen ausgestellt sein, oder sich sonst in den Händen eines Preußischen Unterthanen befinden sollte, der Stempelsteuer nicht unterliegt. Auf die Nationalität des Ausstellers oder Inhabers eines gezogenen Wechsels, ob er ein Preuße oder Ausländer ist, kommt es hiernach in Beziehung auf die Verpflichtung, den Wechsel stempeln zu lassen, gar nicht an.

Daraus ergiebt sich dann aber auch unzweifelhaft, daß, wenn im zweiten Absatz des § 20 l. c. ganz allgemein, also sowohl in Betreff inländischer wie ausländischer Wechsel bestimmt ist:

„Jeder inländische Inhaber eines noch nicht gestempelten Wechsels ist verpflichtet, denselben sofort zur Stempelung vorzulegen,"

dies nur heißt: „jeder, der im Inlande Inhaber eines noch nicht gestempelten Wechsels wird, ist verpflichtet, denselben sofort zur Stempelung vorzulegen." Keinesweges aber kann der Ausdruck „inländischer Inhaber" bloß auf Preußische Unterthanen, die Inhaber eines Wechsels sind, bezogen werden, weil dies dem im ersten Absatz des § 20 ausgesprochenen Grundsatze, nach welchem nur zwischen ausländischen und inländischen Wechseln, aber nicht zwischen ausländischen und inländischen Inhabern eines Wechsels unterschieden werden soll, widersprechen würde.

Geht man nun hiervon aus, so kann auch, da der § 26 l. c. wesentlich nur über die Strafe einer Wechselstempelkontravention, und nicht sowohl über den Thatbestand einer solchen disponirt und gewiß am allerwenigsten in letzterer Beziehung den § 20 abändern will, der im § 26 enthaltene Ausdruck „jeder Inländer" nicht anders als der im § 20 gebrauchte Ausdruck „jeder inländische Inhaber" verstanden werden, dergestalt, daß nach § 26 l. c. die Strafe des fünf und zwanzigfachen Betrages des tarifmäßigen Stempels besonders und ganz entrichtet werden soll von jedem, der im Inlande als Aussteller, Präsentant, Acceptant, Indossant oder Girant an dem Umlauf des Wechsels Antheil genommen hat.

Diese Auslegung des § 26 l. c. rechtfertigt sich auch dadurch, daß durchaus kein innerer Grund ersichtlich ist, weshalb ein Ausländer, wenn er sich in Preußen aufhält, und im Inlande ein Wechselgeschäft vornimmt, von der Verpflichtung, den Wechsel stempeln zu lassen, befreit sein, also eine Ausnahme von der sowohl im ALR. als im neuen StGB. geltenden Regel eintreten soll, nach welcher die Preußischen Strafgesetze auf alle in Preußen begangene Verbrechen, Vergehen und Uebertretungen, auch wenn der Thäter ein Ausländer ist, Anwendung finden (§ 34 Einl.;

§ 12. 13. I, 20. ALR.; StGB. § 3). Hätte der Gesetzgeber wirklich beabsichtigt, in Beziehung auf verwirkte Stempelstrafen eine solche Ausnahme zu Gunsten der Ausländer, auch wenn sie Wechselgeschäfte im Inlande vornehmen, zu machen, so würde er solches deutlich ausgesprochen haben, wozu um so mehr Veranlassung vorlag, als er ausdrücklich zwischen inländischen und ausländischen Wechseln unterschieden hat.

Antr. des GStA.s: gleichl. [18.—4.]

---

1. Zeuge. — Eidesunfähigkeit. — Beweis.
2. Appellationsrichter. — Vernichtung. — Abweichung von der Feststellung.

1. Der Instanzrichter kann seine Ueberzeugung von der Schuld 2c. des Angeklagten aus der unbeeidigten Aussage eines eidesunfähigen Zeugen schöpfen.

Vdn. v. 3. Jan. 1849 § 22 [vgl. dort n. 26. 70]; Cr.-Ordn. § 358.

2. Der Appellationsrichter kann auch dann, wenn er das erstrichterliche Erkenntniß vernichtet, eine selbstständige thatsächliche Feststellung nur auf den Grund einer neuen Beweisaufnahme treffen.

Ges. v. 3. Mai 1852 Art. 102 [vgl. dort n. 11; RdO. I. S. 209].

Erk. (B. I.) v. 29. Nov. 1861 c. Adler (1055. I. Cr.).

Der erste Richter hatte den Angeklagten verurtheilt, indem er den Beweis seiner Schuld vorzugsweise aus der unbeeidigten Aussage zweier eidesunfähigen Zeugen entlehnte. Auf die Appellation des Angeklagten erfolgte in zweiter Instanz Aufhebung jenes Urtheils und Freisprechung, weil mit Unrecht die beiden gedachten Personen als Beweiszeugen angesehen seien, und in Ermanglung anderer Beweismittel die Ueberzeugung von der Schuld nicht gewonnen werden könne. NB. des OStA.s wegen Verletzung der § 22 und 126 der Vdn. v. 3. Jan. 1849. Vernichtung.

Gründe:

Da der Schlußsatz des § 356 der Cr.-Ordn. dem Richter ausdrücklich gestattet, die der bürgerlichen Ehre verlustigen Personen (Nr. 7 daselbst) zur Entdeckung der

Wahrheit nicht eidlich zu vernehmen, auch der § 12 Nr. 4 des StGB.s nur die eidliche Vernehmung derselben als Zeugen verbietet, und der § 22 der Vdn. v. 3. Jan. 1849 es der freien Ueberzeugung des Richters überläßt, welche Wirkung er für sein Erkenntniß über Schuld oder Nichtschuld des Angeklagten den vor ihm erfolgten Verhandlungen beilegen will: so hat das Kreisgericht, indem es die ꝛc. vernahm, ohne sie zu vereiden, und aus ihren wiewohl unbeeideten Aussagen die Ueberzeugung der Schuld des Angeklagten schöpfte, gegen keine jener Vorschriften verstoßen, vielmehr das App.-Gericht demselben zu Unrecht einen solchen Verstoß vorgeworfen. Der Vorwurf würde nur begründet gewesen sein, wenn der erste Richter jene Personen als „Beweiszeugen“ im engeren Sinne, d. h. als formell gültige Zeugen vernommen hätte, wovon das Gegentheil aus der Unterlassung ihrer Beeidung erhellet, oder wenn er in seinem Erkenntnisse sie nachweislich als beeidete Zeugen betrachtet und mit Rücksicht auf diese rechtsirrthümlich angenommene Eigenschaft derselben seine Ueberzeugung motivirt hätte.

Außerdem ist aber auch der zweite Angriff gegen das appellationsgerichtliche Urtel vollkommen zu dessen Vernichtung wegen Verletzung des § 126 der Vdn. v. 3. Jan. 1849 und Art. 101 des Ges. v. 3. Mai 1852 ausreichend. Denn gemäß dieser wesentlichen Prozeßvorschriften konnte der zweite Richter zu keiner neuen thatsächlichen Feststellung gelangen, ohne Beweisverhandlungen vor sich selbst aufzunehmen, sei es mittelst Erhebung neuer Beweismittel, sei es mittelst Wiederholung der Beweisführung erster Instanz. Die Beobachtung dieser Vorschriften lag demselben um so näher, als er das Gegentheil von der erstrichterlichen Feststellung schon der Natur der Sache nach unmöglich aus dem schriftlich niedergelegten Resultate der nämlichen Bekenntnisse des Angeklagten und Zeugenaussagen entnehmen konnte, die mündlich vor dem ersten Richter theils abgelegt, theils verlesen worden waren. Der App.-Richter hatte sich nicht zu fragen: ob er auf Grund der (in erster Instanz abgegebenen) Aussagen der unfähigen Zeugen ꝛc. in Verbindung mit den Aussagen der Zeugen S. und M. und der Angaben des Angeklagten," die Ueberzeugung von der Schuld des letzteren gewonnen habe, sondern ob er sie auch nicht gewinnen oder ob seine Bedenken gegen den erstrichterlichen Schuldspruch nicht beseitigt werden würden, wenn er selbst den Beweis erhöbe, wie es der erste Richter gethan hatte. Wäre dessen Feststellung mit einer wirklichen Nichtigkeit, wie das Appellationsgericht angenommen hat, behaftet gewesen, so mußte letzteres die Mittel zu einer eigenen Ueberzeugung sich um so vollständiger verschaffen, durfte aber keinenfalls das Beweisverfahren erster Instanz zur Grundlage seines Ausspruchs machen.

Antr. des GStA.s: gleichl. [23.—4.]

---

1. Holzberechtigung. — Provinzialrecht. — Beschränkung der Ausübung. — Gültigkeit.

2. Holzberechtigung. — Ueberschreitung. — Holzdiebstahl.

1. Aeltere provinzialrechtliche Bestimmungen, nach welchen die eigenmächtige Ausübung einer Holzberechtigung als Holzdiebstahl bestraft werden soll, sind, was die Strafandrohung betrifft, aufgehoben, aber als forstpolizeiliche Vorschrift noch gültig. [HDG. v. 2. Juni 1852 § 1.]

2. Die in bewußter Ueberschreitung einer Holzberechtigung vorgenommene Wegnahme von Holz ꝛc. ist als Holzdiebstahl zu bestrafen. [Ibid.]

Erk. (S. I.) v. 29. Nov. 1861 c. Wrasse u. Gen. (1083. I. Cr.).

W. hatte durch seine Leute drei gesunde Buchen eigenmächtig und ohne Anweisung des Forstbedienten im Kgl. Forste fällen und auf seinen Hof schaffen lassen. Auf die gegen Alle erhobene Anklage des Holzdiebstahls wandte W. ein, daß ihm die Berechtigung, seinen Holzbedarf aus abgestandenen Bäumen zu entnehmen, rechtskräftig zugesprochen sei. Demzufolge sprach der Polizeirichter Alle frei, weil die vorliegende Ueberschreitung der Holzberechtigung nicht als Defraudation betrachtet werden könne, und die das Gegentheil aussprechende Vorschrift des § 4 der Pomm.-Forst-Ordn. v. 22. Juni 1800 durch § 54 des H.-D.-Ges. v. 2. Juni 1852 aufgehoben sei, die Bestimmungen einer Reg.-Verf. v. 18. Febr. 1853 über die Bestrafung der Ueberschreitungen vorhandener Holzberechtigungen aber im eigenthümlichen Verfahren wegen Holzdiebstahls nicht zur Geltung kommen könnten. Der vom Pol.-Anwalt hiergegen ergriffene Rekurs ward durch appellationsgerichtliche Verfügung zurückgewiesen, weil, wie der erste Richter richtig ausgeführt habe, hier das H.-D.-Ges. und nicht die Forst-Ordn. Anwendung finde, nach jenem aber ein Holzdiebstahl nicht vorliege. Auf die mit ministerieller Ermächtigung ergriffene NB. des OStA.s hat das OTr. diese Verfügung aufgehoben und die Sache zur kontradiktorischen Verhandlung und Entscheidung in die zweite Instanz zurückverwiesen.

Gründe:

Es ist zwar richtig, daß der § 4 Tit. II der Pommerschen Forst-Ordn. v. 22. Juni 1800, welcher verordnet:

> „Wer zum Bau-, Nutz- und Brennholz in Klaftern oder ganzen Bäumen berechtigt ist, darf nicht eigenmächtig und also nicht ohne Anweisung und Anschlag der Revier-Forstbedienten hauen, sonst er als Holzdefraudant bestraft wird,“

wenn er auch als forstpolizeiliche Vorschrift noch gültig ist, nicht mehr die Strafe des Holzdiebstahls begründen kann, weil bereits durch das H.-D.-Ges. v. 7. Juni 1821, an dessen Stelle das jetzige H.-D.-Ges. v. 2. Juni 1852 getreten ist, alle früheren über den Holzdiebstahl ergangenen gesetzlichen Bestimmungen, namentlich die desfallsigen Vorschriften der Forstordnungen ausdrücklich aufgehoben sind. Dagegen gehen aber die vorigen Richter darin zu weit, und befinden sich in einem Rechtsirrthum, wenn sie bloß deshalb, weil, wie festgestellt worden, dem Mitangeklagten W. die Berechtigung zusteht: „seinen Brennholzbedarf frei aus den abgestandenen Bäumen der Kgl. Forst zu entnehmen,“ folgern, daß im vorliegenden Fall nur von Ueberschreitung der Grenzen seines gedachten Rechts die Rede sein könne. Der Angeklagte W. hat nach der thatsächlichen Feststellung des ersten Richters durch seine Leute drei gesunde Buchen eigenmächtig und ohne Anweisung der Forstbedienten in der Kgl. Forst fällen und auf seinen Hof schaffen lassen. Befand er sich dabei in gutem Glauben, indem er nur seine Holzberechtigung auszuüben vermeinte, so kann er allerdings nicht wegen Holzdiebstahls bestraft werden. War er sich dagegen bewußt, daß er kein Recht hatte, diese gesunden Bäume durch seine Leute für sich fällen und auf seinen Hof holen zu lassen, hatte er also die Absicht, sich dieselben rechtswidrig zuzueignen, so hat er auch einen, nach dem Ges. v. 2. Juni 1852 zu bestrafenden Holzdiebstahl verübt, oder doch als intellektueller Urheber sich der Theilnahme an einem Holzdiebstahl schuldig gemacht, ohne daß seine Berechtigung zu abgestandenen Bäumen hierin etwas ändern kann.

W. und die übrigen Angeklagten sind nun wegen Holzdiebstahls zur Untersuchung gezogen und es gehörte daher, weil sie einwandten, nur die dem W. zustehende Holzberechtigung ausgeübt zu haben, zur Erledigung der Anklage wesentlich die thatsächliche Feststellung: „ob die Angeklagten in gutem Glauben gewesen, oder in der Absicht, sich eine fremde Sache rechtswidrig anzueignen, gehandelt haben," worüber sich aber die vorigen Richter gar nicht aussprechen.

Hiernach mußte die angefochtene Verfügung des App.-Gerichts zu C. wegen Gesetzesverletzung aufgehoben, und die Sache zur kontradiktorischen Verhandlung in die Rekursinstanz zurückgewiesen werden. Sollte nun aber auch von dem in der gegenwärtigen Entscheidung angegebenen rechtlichen Gesichtspunkt eine Freisprechung von der erhobenen Anklage des Holzdiebstahls erfolgen müssen, sich jedoch herausstellen, daß den Angeklagten die Uebertretung einer forstpolizeilichen Strafvorschrift zur Last fällt, so würde wenigstens der StA.-schaft in dem Tenor des Erkenntnisses in jener Beziehung die anderweitige Verfolgung der Angeklagten vorzubehalten sein, weil andernfalls die Erhebung einer neuen Anklage wegen derselben Handlung, welche den Gegenstand der vorliegenden Untersuchung bildet, nach dem Grundsatz non bis in idem unstatthaft sein würde.

Antr. des GStA.s: gleichl. [18. — 4.]

Urkunde. — Kassenbeamter. — Rechnungsbücher.

Die von einem rechnungspflichtigen Beamten über seine Einnahmen rc. geführten Bücher sind keine Urkunden und haben keinen amtlichen Glauben.

StGB. § 247 [vgl. dort n. 133]; § 251 Nr. 3 [dort einzutr. als n. 26 a].

Erk. (B. I.) v. 4. Dez. 1861 c. Zomack (685. I. Cr.).

Z. hatte als Privatschreiber des städtischen Kämmerers Schn. die für diesen geführten Bücher durch Ueberklebung einzelner Stellen rc. in gewinnsüchtiger Absicht verfälscht, und von denselben zum Zwecke der Täuschung Gebrauch gemacht. Das verurtheilende Erkenntniß des Schw.-G.-H.s ward vom OTr. vernichtet, und Z. freigesprochen.

Gründe:

Der NB. muß darin beigestimmt werden, daß die von dem Angeklagten für den Kämmerer Schn. geführten Bücher und angefertigten Register ihrer ganzen Beschaffenheit nach weder zu den unter amtlichem Glauben geführten, im Sinne des StGB. § 251 Nr. 3, noch selbst überhaupt zu Urkunden nach § 247 ebendas. gerechnet werden können, woran oder worin auf die vorgedachte Weise von dem Angeklagten eine Fälschung zu begehen gewesen wäre. Sie erscheinen vielmehr als Privatschriften, wodurch der Kämmerer Schn. seiner Rechnungspflicht zu genügen hatte, die auch gegen ihn als Beweis über die darin enthaltenen Angaben rücksichtlich der von ihm zu vertretenden Gegenstände dienen konnten, die aber nicht mit der Aufstellung und Ablieferung an den Magistrat einen amtlichen, also gegen Jedermann beweisenden Glauben gleich den öffentlichen außergerichtlichen Urkunden im Gegensatz der Privaturkunden erlangten; vgl. AGO. I, 10 § 127 ff. 133. 158 a. 159. Der Kämmerer selbst hätte sich durch unrichtige Angaben oder Verfälschung richtiger Angaben lediglich des im § 325 StGB. bezeichneten Verbrechens schuldig machen können, nicht aber einer Urkundenfälschung, weder einer formalen noch materiellen. Auch sein Privatschreiber befand sich nicht in diesem Falle. Er verfertigte keine Urkunde unter amtlichem Glauben; er stellte höchstens beweisfähige Urkunden gegen seinen Prinzipal unter dessen Vertretung auf; machte er darin unrichtige Angaben oder verwandelte er vor der Einlieferung richtige Sätze in unrichtige, so handelte es sich dabei doch erst um die Ausstellung einer Privaturkunde, womit zwar die Wahrheit entstellt, nicht aber ein die Richtigkeit der Angabe beweisendes Schriftstück geschaffen werden konnte.

Antr. des GStA.s: gleichl. [17. — 2.]

Torf. — Entwendung.

Der § 349 Nr. 2 des StGB. setzt die Wegnahme solcher Gegenstände voraus, welche noch Theile des Grundstücks sind; er bleibt ausgeschlossen, wenn diese Gegenstände bereits eingesammelt, zubereitet oder aufgestellt sind; z. B. gewonnener Torf, in Betreff desselben kommen daher die Vorschriften über den Diebstahl zur Anwendung. [Vgl. l. c. n. 7; § 217 n. 23.]

Erk. (Z. I.) v. 4. Dez. 1861 c. Küster (938. I. Cr.).

Der deutlich erhellende Sinn der Vorschrift des § 349 Nr. 2 StGB. ist der, daß dadurch der Beeinträchtigung des Grundbesitzes als solchen durch Wegnahme von Gegenständen, welche noch Theile des Grundstückes sind, oder doch noch uneingesammelt als natürliches Zubehör auf demselben sich befinden, vorgebeugt, eine solche Beeinträchtigung daher bestraft werden soll. Daher heißt es: „wer aus Grundstücken ꝛc. gräbt.“ Hat daher der Besitzer des Grundstückes selbst bereits eine Perzeption solcher Theile durch Graben, Einsammeln oder Zubereiten eintreten lassen, und diese Gegenstände auf seinem Grundstücke aufgestellt ꝛc., so kann von einer Anwendung jener Vorschrift nicht mehr die Rede sein, vielmehr müssen sodann die Vorschriften über den Diebstahl Anwendung finden. Dies ist im vorliegenden Falle um so unzweifelhafter, als es sich um gewonnenen und aufgestellten Torf, also sogar um einen solchen Gegenstand handelt, der außer der Gewinnung noch einer Art Zubereitung bedarf, um gebraucht werden zu können.

Antr. des GStA.s: gleichl. [15. — 2.]

Wahrspruch. — Stimmenzahl.

Die genaue Angabe der Stimmenzahl in einem dem Angeklagten günstigen Spruche begründet keine Nichtigkeit.

Ges. v. 3. Mai 1852 Art. 93 [vgl. dort n. 7; Sie: Z. II. v. 8. Nov. 1860 c. Groß; 410].

Erk. (Z. I.) v. 4. Dez. 1861 c. Ischel (Gwizdick u. Gen. 1032. I. Cr.).

Der Art. 93 des Ges. v. 3. Mai 1852 enthält im ersten Satze zwar das wesentliche, bei Strafe der Nichtigkeit ausdrücklich erlassene Gebot an die Geschworenen, in Aussprüchen zum Nachtheile des Angeklagten anzugeben, ob derselbe mit einer Mehrheit von mehr als sieben Stimmen oder nur mit sieben Stimmen gegen fünf beschlossen ist, und im Schlußsatze das nicht unter Androhung der Nichtigkeit ausgesprochene Verbot, in jenen Aussprüchen die Zahl der Stimmen „im Uebrigen," d. h. noch über das allgemeine Verhältniß von sieben oder mehr Stimmen hinaus näher auszudrücken; allein ein Verbot, die Stimmenzahl überhaupt auch in Aussprüchen zu Gunsten des Angeklagten, z. B. für mildernde Umstände, auszudrücken, ist darin keineswegs enthalten, und auf dergleichen Aussprüche so wenig der Nachsatz, als der Vordersatz des Art. 93 gemäß ihrem Verhältnisse zu einander und der Absicht des Gesetzgebers nach Art. 92 daselbst zu beziehen.

Antr. des GStA.s: gleichl. [23. — 2.]

Zusammenrotten. — Begriff.

In der Verabredung eines gemeinschaftlichen gewaltsamen Ausbruchs durch mehrere in einer Zelle zusammen befindliche Gefangene kann der Instanzrichter ein Zusammenrotten erkennen.

StGB. § 96 [vgl. dort n. 8. 9; § 91 n. 2. 3].

Erk. (Z. I.) v. 4. Dez. 1861 c. Siebert (1124. I. Cr.).

Es fehlt an jedern innern Veranlassung, in das Gesetz einen Unterschied zwischen Verabredungen oder gemeinschaftlichen Vorbereitungen, Komplotten zu einem gewaltsamen Ausbruche, je nachdem die Verbündeten in einer Zelle, in einem Arbeitssaale oder in anderen Lokalitäten des Gefangenhauses ohne ihren Willen zusammengekommen oder bis zur Ausführung des Ausbruchs durch Wände getrennt waren, hineinzutragen, denn das körperliche Zusammensein an sich bleibt für die Strafbarkeit immer gleichgültig und die Meuterei beginnt unter allen Umständen nicht früher, als die Gefangenen die Uebereinstimmung ihres Willens zu einem gewaltsamen Ausbruche einander zu erkennen geben.

Wie das bloß körperliche oder räumliche Zusammensein Mehrerer eine Gewaltthat, womit es in keinem Causalzusammenhange durch gemeinsame Willensbestimmung steht, nicht zum Verbrechen der Meuterei stempeln kann, so kann auch die längere oder kürzere räumliche Trennung vor oder während der Willensverbündung zur Gewaltthat zum Begriffe der Meuterei nicht erforderlich sein. Mit dieser Bedeutung der Ausdrücke „zusammenrotten" und „Meuterei" im § 96 des StGB. stimmt auch der Begriff der letztern im gemeinen und unserm Militär-Strafrechte wesentlich überein (vgl. Feuerbach Lehrbuch § 488; Mil.-StGB. v. 3. April 1845 § 137), und kann im Uebrigen hier auf die ergangenen Präjudizien verwiesen werden.

Antr. des GStA.s: gleichl. [23. — 2.]

Gotteslästerung. — Oeffentlichkeit.

Die zur Strafbarkeit einer Gotteslästerung erforderliche Oeffentlichkeit ist nicht auf die Oeffentlichkeit des Orts zu beschränken; es genügt, wenn die betreffende Aeußerung Andern erkennbar geworden, und so in die Oeffentlichkeit getreten ist. Ob dieses anzunehmen sei, ist Gegenstand der thatsächlichen Prüfung.

StGB. § 135 [vgl. dort n. 2].

Beschl. (I.) v. 4. Dez. 1861 c. Heller (252. B.).

H. hatte in einer Privatwohnung in Gegenwart mehrerer Personen eine Gott lästernde Aeußerung gethan; die Instanzrichter lehnten indessen die aus § 135 beantragte Eröffnung der Untersuchung ab, weil die im Paragraphen vorausgesetzte Oeffentlichkeit im Sinne des § 36 auf eine Oeffentlichkeit des Orts zu beziehen sei, eine solche aber nicht vorliege. Auf die Beschw. des OStA.s hat das OTr. den betr. Beschluß des AG.s aufgehoben, und die Sache an dasselbe zur anderweitigen Beschlußfassung zurückgewiesen.

Gründe:

Der § 36 StGB. gedenkt ausdrücklich eines „öffentlichen Ortes," an welchem die betreffende Handlung begangen worden. Der § 135 l. c. dagegen enthält diese Bezeichnung nicht, sondern bedient sich lediglich des Ausdrucks „öffentlich." Der § 36 l. c. kann deshalb für die Auslegung des § 135 l. c. nicht entscheidend sein. Aus letzterm erhellt vielmehr, daß der Gesetzgeber die Oeffentlichkeit des Ortes allein nicht im Auge gehabt, im Gegentheil einen weitern Begriff zum Grunde gelegt hat, nämlich den der Oeffentlichkeit der Handlung in den verschiedensten Beziehungen, d. h. einer solchen, welche vermöge der gerade obwaltenden Umständen Andern erkennbar geworden, und solchergestalt in die Oeffentlichkeit gelangt ist. Es kann daher nicht bezweifelt werden, daß dem § 135 l. c. sonst entsprechende Aeußerungen 2c. unter denselben fallen können, wenngleich sie nur in einem Privatzimmer geschehen sind. In jedem Einzelfalle ist sonach zu prüfen, ob das

Moment der Oeffentlichkeit mit Rücksicht auf die ermittelten Umstände, z. B. auf die Zahl der anwesenden Personen, auf den Zweck ihres Dortseins, auf die Möglichkeit des Hinzutritts Anderer 2c. anzunehmen sei.

Antr. des GStA.s: gleichl. [20.—3.]

Mißhandlung. — Begriff. — Dolus.

Mißhandlung ist jede auf den Körper eines Menschen gerichtete thätliche Einwirkung, welche bei ihm körperliches Mißbehagen zur Folge hat. — Es ist gleichgültig, ob neben der Vorsätzlichkeit der Handlung und dem Bewußtsein von der eintretenden Folge, noch eine andere Absicht bei dem Thäter vorwaltete. [StGB. § 187 (vgl. dort n. 6).]

Erk. (Z. II.) v. 5. Dez. 1861 c. Biefhaus (315. II. Cr.).

Jede auf den Körper eines Menschen gerichtete thätliche Einwirkung, welche bei ihm körperliches Mißbehagen zur Folge hat, ist als eine Mißhandlung desselben anzusehen, welche die Eigenschaft einer vorsätzlichen dadurch nicht verliert, daß mit dem Bewußtsein, die Handlung werde eine Störung des körperlichen Wohlbefindens hervorbringen, und dem Wollen der Handlung ungeachtet dieses Bewußtseins, noch eine andere Absicht verbunden ist. Wenn also auch in dem vorliegenden Falle das Motiv des Angeklagten nicht auf die Zufügung von Schmerzen gerichtet war, so konnten doch die Instanzrichter aus dem Sachverhältnisse zu der thatsächlichen Annahme kommen, daß Angeklagter, abgesehen von seinem eigenen Zwecke, die Wirkungen seines unzüchtigen Angriffes auf die Person der L. D. eingesehen und gewollt habe.

Antr. des GStA.s: gleichl. [11.—1.]

Protokollarische Zeugenvernehmung. — Verlesung.

Der erkennende Richter darf die Aussagen der durch einen beauftragten Richter zu Protokoll vernommenen Zeugen nur dann berücksichtigen, wenn das gedachte Protokoll in der Sitzung verlesen worden ist; es genügt nicht, wenn der Referent (zweiter Instanz) in seiner Darstellung der bisher stattgehabten Verhandlungen derselben Erwähnung gethan hat.

Vdn. v. 3. Jan. 1849 § 21 [vgl. dort n. 16]; § 126 [vgl. dort n. 95].

Erk. (V. II.) v. 5. Dez. 1861 c. Gödde (347. II. Cr.).

Vernichtung des angegriffenen Erkenntnisses, und Zurückverweisung der Sache in die zweite Instanz.

Gründe:

Der auf die Behauptung gestützte Angriff, daß die Beweisaufnahme zweiter Instanz nicht vor dem erkennenden Richter aufgenommen, auch die desfallsigen Zeugenaussagen vor demselben nicht verlesen, vielmehr durch den Referenten nur eine Darstellung der bisher stattgehabten Verhandlung gegeben worden, muß nach Inhalt des Audienzprotokolls als begründet erachtet werden, indem nach § 21 der Vdn. v. 3. Jan. 1849 zwar wegen Krankheit ꝛc. (von denen keines als vorliegend ausdrücklich konstatirt worden ist) die protokollarische Vernehmung von Zeugen zwar gestattet, jedoch die demnächstige Verlesung des Vernehmungsprotokolls bei der gerichtlichen Verhandlung selber vorgeschrieben und diese Vorschrift ihrem Grunde nach als eine wesentliche Vorschrift des Verfahrens zu betrachten ist.

Antr. des GStA.s: gleichl. [22.—1.]

---

1. Förmlichkeiten des Verfahrens. — Verzicht. — Statthaftigkeit.

2. Kommissarische Beweisaufnahme. — Mangel der Motivirung. — Verzicht.

3. Beweisantrag (schriftl.). — Nichtwiederholung in der Sitzung. — Verzicht.

1. Ein Verzicht des Angeklagten auf die Beobachtung der vorgeschriebenen Förmlichkeiten des Verfahrens ist nur da statthaft, wo es sich von der Geltendmachung der in seinem Vertheidigungs-

rechte liegenden Befugnisse handelt, nicht aber da, wo wesentliche Formen oder Grundsätze des Verfahrens in Frage stehen.

Vgl. Oppenh. Strafverf. Art. 102 n. 2; Art. 108 n. 9. 13. 37.

2. Abweichungen von der Regel, daß die Beweisaufnahme vor dem erkennenden Richter selbst erfolgen soll, haben die Nichtigkeit des Verfahrens mit Nothwendigkeit zur Folge, wenn die betreffende Anordnung nicht durch Angabe der Gründe gerechtfertigt ist. Diese Nichtigkeit kann durch einen Verzicht des Angeklagten, oder durch den Mangel der Rüge vor dem Instanzgerichte nicht gedeckt werden.

Vdn. v. 3. Jan. 1849 § 21 [vgl. dort n. 3. 14; RdO. I. S. 383].

3. Hat die Nichtberücksichtigung eines vor der Hauptverhandlung schriftlich gestellten Beweisantrags Nichtigkeit zur Folge, wenn derselbe in der Hauptverhandlung nicht wiederholt worden ist.

[Diese Frage ist v. OTr. nicht gelöst; vgl. aber d. Antr. d. GStA.s.]

Vgl. Oppenh. Strafverf. § 52 n. 18. 68. 69; und oben S. 42.

Erk. (V. Pl.) v. 9. Dez. 1861 c. Zabel (224. II. Cr.; 2. Pl.).

Der in erster Instanz aus § 192 a. StGB. verurtheilte Angeklagte hatte appellirt, und in seiner Appellationsschrift drei neue Beweise angetreten. Das AG. gab indessen nur einem derselben, welcher sich auf ein angebliches Alibi bezog, statt, und ordnete durch Beschluß die Vernehmung der betreffenden Zeugen durch einen kommittirten Richter an, ohne diese Maaßregel weiter zu rechtfertigen, und ohne der übrigen Beweisanträge Erwähnung zu thun. In der demnächstigen in Gegenwart des Angeklagten und seines Vertheidigers statt gehabten Schlußverhandlung theilte der Referent das Resultat des aufgenommenen Alibibeweises mit. Der Angeklagte wiederholte die beiden früher gestellten, vom App.-Richter übergangenen Beweisanträge nicht, und rügte ebenso wenig, daß die Alibizeugen nicht in der Sitzung vernommen seien. Darauf erging das bestätigende Erkenntniß, welches in Betreff der zuletzt erwähnten Abweichung von der gesetzlichen Regel ebenso wenig wie der frühere Beschluß Gründe angab. Die NB. des Angeklagten rügte dagegen: 1. diesen Verstoß und 2. die Nichterhebung der beiden andern in Antrag gebrachten Beweise.

Der GStA. beantragte die Vernichtung des Erkenntnisses, und führte zur Begründung Folgendes aus:

„Die Beweisanträge sind in der Schlußsitzung von dem in derselben anwesenden Angeklagten und dessen Vertheidiger nicht wiederholt. In derartigen Fällen hat das K. OTr. die auf Verletzung des Rechts der Vertheidigung gestützte NB. allemal zurückgewiesen, nicht selten unter Anführung des Grundes, daß ein Verzicht auf den Beweisantrag anzunehmen sei. Einen solchen Verzicht scheint die StA.-schaft zu M. auch in dem Falle für zulässig zu halten, wo es sich um die Abweichung von der Regel handelt, daß die Zeugen mündlich in der Audienz zu vernehmen sind; denn sie vermeint, der etwaige Verstoß sei durch die Nichtrüge von Seiten des Angeklagten gedeckt.

„Was die Nichtberücksichtigung von Beweisanträgen betrifft, welche in der Sitzung nicht wiederholt worden, so sind m. E. die Entscheidungen des K. OTr.s nicht nur dann vollkommen gerechtfertigt, wenn der Angeklagte oder sein Vertheidiger erschienen ist, sondern man gelangt, in richtiger Anwendung der Grundsätze, zu dem nämlichen Resultate selbst dann, wenn der nicht verhaftete Angeklagte in der Sitzung ausgeblieben und auch durch einen Vertheidiger nicht vertreten gewesen ist. Aber es ist m. E. nicht genau, hier von einem Verzichte zu reden. Unter allen Umständen aber würde ein Verzicht auf die Beobachtung der Regel, daß das Verfahren ein mündliches sein solle, nimmermehr von Wirkung sein können. Bei der großen grundsätzlichen und praktischen Wichtigkeit der hier in Betracht kommenden Grundsätze erscheint es mir angemessen, dieselben einer eingehenden Erörterung zu unterwerfen.

„Die Vorschriften und Grundsätze des Strafverfahrens haben den gemeinsamen Zweck, ein gerechtes Urtheil, die Freisprechung des Nichtschuldigen, die Verurtheilung des Schuldigen zu einer dem Grade seiner Verschuldung entsprechenden Strafe herbeizuführen. Sind demnach alle diese Normen Mittel zur Erreichung eines wesentlichen Zweckes, so besteht doch unter ihnen eine durchgreifende Verschiedenheit. Einige sind von der Art, daß sie unbedingt befolgt werden müssen, daß ein Verfahren, in welchem sie verletzt worden sind, als ein im Wesentlichen regelmäßiges nicht erscheint, daß folglich ein Urtheil, welches auf einem solchen Verfahren beruht, als ein gesetzlich zu Stande gekommenes nicht angesehen werden kann. Die Nothwendigkeit der Befolgung solcher Vorschriften ist selbstredend unabhängig von dem Willen der Betheiligten, ein von ihnen ausgehender Verzicht ist durchaus wirkungslos. Andere Prozeßvorschriften stellen sich als solche dar, welche den Betheiligten Rechte gewähren, jedoch nur unter der Bedingung, daß von denselben in gewissen Formen und Fristen Gebrauch gemacht wird. Dahin gehören insbesondere die Bestimmungen über die Einlegung von Rechtsmitteln. Wenngleich die Beobachtung der gesetzlichen Fristen und Formen unzweifelhaft von dem Willen der Betheiligten abhängt, so liegt doch der Grund, weshalb das Recht verloren geht, oder vielmehr nicht zur Existenz gelangt, nicht in der ausdrücklichen oder stillschweigenden Willenserklärung der Betheiligten, sondern in dem Gesetze, dessen Bedingungen nicht erfüllt sind. Denn so lange diese noch erfüllt werden können, so lange die Frist noch läuft, ist jeder Verzicht unwirksam. Noch andere Vorschriften endlich, welche den Betheiligten Rechte gewähren, sprechen zwar nicht ausdrücklich aus, daß diese Rechte verloren gehen, wenn sie nicht in einer bestimmten Frist und Form ausgeübt werden; gleichwohl aber läßt der Inhalt jener Vorschriften darüber keinen Zweifel, daß sie nicht unbedingt eine strikte Beobachtung erheischen, daß vielmehr auch ohne eine solche das Verfahren ein im Wesentlichen regelmäßiges sein kann. In diese Kategorie gehören besonders diejenigen Vorschriften und Grundsätze, welche bezwecken, die Vertheidigung des Angeklagten zu sichern. Dieselben betreffen theils den äußern Gang des Verfahrens, theils beziehen sie sich mehr unmittelbar auf dessen letzten Zweck, die Ausmittelung der Schuld oder Nichtschuld, indem sie die Aufnahme der Beweise zum Gegenstande haben. Die Vorschriften, welche den äußern Gang des Verfahrens regeln, sind unter andern diejenigen, zufolge deren der nicht verhaftete Angeklagte zum Audienztermine gehörig vorgeladen, demselben in Schwurgerichtssachen eine mindestens achttägige Frist zwischen der Behändigung der Vorladung und dem Termine belassen, dem verhafteten Angekl. die Dienstliste der Geschwornen, welche Namen, Stand und Wohnort der Geschwornen enthält, am Tage vor der Verhandlung zugestellt, dem Angeklagten die Namen der vorgeladenen Zeugen bekannt gemacht werden sollen und dergleichen mehr. Obgleich nun z. B. die Vorladung die Thatsachen des den Gegenstand der Anklage bildenden Vergehens nicht enthält, so kann der Angekl. mit denselben hinreichend bekannt sein, er kann der kürzern als achttägigen Frist ungeachtet, seine Vertheidigung vollständig vorbereitet haben; die Geschwornen und Zeugen kann er entweder genau kennen, oder er kann, auch wenn ihm die Liste mitgetheilt worden wäre, sich dennoch außer Stande befunden haben, über dieselben Nachrichten einzuziehen. In diesen und ähnlichen Fällen ist die Beobachtung der betr. Vorschrift für die Erreichung des Zweckes, die Sicherung der Vertheidigung des Angeklagten, ohne jede Bedeutung. Der Angeklagte kann sogar ein großes Interesse haben, den begangenen Verstoß nicht zu rügen, damit nicht ein zweckloser Aufenthalt entstehe. Es würde sicherlich nicht weise sein, wenn gleichwohl der Richter genöthigt wäre, die Beobachtung der Förmlichkeit für unerläßlich zu erachten. Vielmehr wird, den richtigen Grundsätzen zufolge, die Förmlichkeit für außerwesentlich zu erachten sein, wenn feststeht, daß sie im gegebenen Falle für ihren Zweck, für die Vertheidigung nicht erheblich war. Nur darauf wird es ankommen, wie diese Unerheblichkeit festzustellen sei. Da der Angeklagte selbst am besten wissen kann, ob die Beobachtung der betr. Vorschrift für seine Vertheidigung wesentlich war oder nicht, so kann es keinem Bedenken unterliegen, die Nichtwesentlichkeit anzunehmen, wenn der Angekl. die Beobachtung nicht beantragte, und wenn der aus dem Stillschweigen des Angekl. zu entnehmenden Ansicht desselben von Seiten des Gerichts ausdrücklich oder stillschweigend beigetreten wird. Die Nothwendigkeit, daß das Gericht beitrete, folgt daraus, daß es sich im Strafverfahren um unveräußerliche Rechte handelt, daß die Gewährung der Möglichkeit der Vertheidigung nicht bloß ein Recht des Angekl., sondern ein Recht und eine Pflicht der bürgerlichen Gesellschaft ist. Daraus ergiebt sich dann aber weiter, daß der Grund, aus welchem über die Versäumung der betr. Förmlichkeit hinwegzugehen ist, nicht in einem Verzichte des Angekl, sondern nur in der Annahme gefunden werden kann, für die Vertheidigung desselben sei die Beobachtung der Förmlichkeit ohne Bedeutung gewesen. Denn wenn z. B. der Angeklagte erklärte, in Folge der Verkürzung der Vorladungsfrist habe er seine Vertheidigung so wenig vorbereiten können, daß er außer Stande sei, die Beweise für seine Nichtschuld beizubringen, gleichwohl verzichte er auf eine längere Frist, so würde das Gericht ein nichtiges Urtheil erlassen, wenn es, obgleich es jene Erklärung des Angeklagten für richtig hielte, dennoch auf Grund des Verzichtes zur Verhandlung geschritten wäre. Es ergiebt sich hieraus, daß es ein nicht genau gewählter Ausdruck ist, wenn der § 79 der Vdn. v. 3. Jan. 1849 von einem Verzicht auf die Vorladungsfrist spricht. Nicht minder würde das Urtheil nichtig sein, wenn das Gericht die Verhandlung etwa in der Erwägung vorgenommen hätte, daß zwar die dem Angeklagten belassene Frist in der That zu kurz gewesen sei für die Vorbereitung seiner Vertheidigung, daß aber eine Aussetzung der Sache von dem Angekl. nicht beantragt worden und hierin ein Verzicht auf die gesetzliche Vorladungsfrist zu finden sei.

„Ist es sonach nicht ein Verzicht, durch welchen die Nichtbeobachtung solcher Vorschriften gedeckt wird, die den äußern Gang des Verfahrens betreffen, so kann noch weniger von einem Verzichte da die Rede sein, wo es sich noch unmittelbarer um die Erreichung des letzten Zweckes des Strafverfahrens, der Feststellung der Schuld oder Nichtschuld des Angeklagten, durch Aufnahme der Beweise, handelt. Denn der Richter ist von Amtswegen verpflichtet, alle zu seiner

Kenntniß gelangten Beweismittel zu prüfen und alle diejenigen Beweise aufzunehmen, welche ihm für die Ausmittelung der Wahrheit erheblich scheinen. Unzweifelhaft würde ein Urtheil nichtig sein, wenn darin die Nichtaufnahme eines Beweises, welchen der Angekl. erboten, auf welchen er aber demnächst verzichtet hätte, etwa so motivirt worden wäre: „Es könne dahin gestellt bleiben, ob von dem Beweise ein Resultat für die Ausmittelung der Wahrheit zu erwarten sei; denn es sei auf Grund des von dem Angekl. erklärten Verzichtes von der Beweisaufnahme abzusehen."

„Soll nun aber aus der Unwirksamkeit eines Verzichtes des Angeklagten auf die von ihm erbotenen Beweise folgen, daß es allemal einen Nichtigkeitsgrund darstellt, wenn der Richter einen Beweisantrag mit Stillschweigen übergangen hat, welchen der Angekl. in der App.-Instanz, oder in Schwurgerichtssachen nach Mittheilung der Anklageschrift gestellt hatte? Wie ich bereits bemerkt habe, bin ich dieser Ansicht keineswegs, glaube vielmehr, daß diejenigen Grundsätze, welche in Beziehung auf den äußern Gang des Verfahrens von mir entwickelt worden, auch hier anwendbar sind, daß es auch hier darauf ankommt, ob anzunehmen ist, daß die Berücksichtigung des von dem Angekl. erbotenen Beweises für seine Vertheidigung erheblich gewesen, daß durch dessen Ignorirung sein Vertheidigungsrecht verletzt sei. Dies dürfte sich aus Folgendem ergeben:

„Von dem Standpunkte des öffentlichen Interesses an der Strafrechtspflege ist es nicht von entscheidender Wichtigkeit, ob die Beweismittel durch die Betheiligten oder ob sie anderweit zur Kenntniß des Richters gebracht sind. Die Prüfung, ob sie zur Ausmittlung der Wahrheit dienen können, und falls diese Frage bejaht wird, die Aufnahme der Beweise, liegt dem Richter in gleicher Weise ob, auf welchem Wege sie immer zu seiner Kunde gelangt sein mögen. Wenn die Beweise aufgenommen sind und es sich nun darum handelt, das Resultat zu ziehen, welches sich aus den stattgehabten Beweisverhandlungen ergiebt, so erklärt das Gesetz es nicht für wesentlich, daß der Richter sich in den Urtheilsgründen ausdrücklich darüber ausspreche, warum er einzelnen Beweisen keinen Werth beilege; von denjenigen, die er nicht erwähnt, ist anzunehmen, daß sie stillschweigend als für die Feststellung der Thatsachen bedeutungslos erachtet worden seien.

„Nicht ganz ebenso verhält sich die Sache, wenn es sich nicht um die aufgenommenen Beweise und deren Resultat, sondern darum handelt, ob ein Beweis aufzunehmen sei. Hier sind die Betheiligten nicht in der Lage, sich über vorhandenes Material zur Ausführung ihrer Rechte zu verbreiten; das Material ist erst zu beschaffen, und dazu bedürfen sie häufig der Mitwirkung des Richters. Wenn anzunehmen ist, daß die dem Richter vorgelegten Beweise nothwendig diejenige Wirkung auf seine Ueberzeugung haben, deren sie fähig sind, so ist eine solche Wirkung nicht möglich, wenn die Beweise nicht vorliegen, sondern erst durch Hülfe des Richters beschafft werden sollen. Versagt er daher ohne Grund diese Hülfe, so verletzt er wesentlich das Recht der Vertheidigung.

„Die schwierigere Frage ist aber die, unter welchen Voraussetzungen eine solche rechtsverletzende Versagung anzunehmen ist. Hier kommt nun in Betracht, daß von den Angekl. häufig der Beweis von Thatsachen erboten wird, welcher für die Feststellung des erheblichen Sachverhalts augenscheinlich ohne Bedeutung sind; daß nicht minder oft von den vorgeschlagenen Beweismitteln ein Ergebniß für die Erforschung der Wahrheit gar nicht zu erwarten ist, von dem Angekl. selbst nicht erwartet wird; daß sich im Laufe der mündlichen Verhandlung und namentlich in Fällen, wo ein Theil der Beweise erhoben wird, nach dem Resultate derselben andere Beweise als bedeutungslos darstellen und dergleichen mehr. Diese praktischen Momente erklären es, daß das Gesetz dem Richter nicht bei Nichtigkeitsstrafe geboten hat, in seinem Urtheile jeden Beweisantrag ausdrücklich zu erwähnen; sie machen es aber nicht minder dem obersten Gerichtshofe zur Pflicht, eine wesentliche Verletzung des Vertheidigungsrechts nicht ohne dringenden Grund anzunehmen.

„Was nun den Inhalt der einschlägigen Gesetze betrifft, so bestimmt der durch Art. 64 des Ges. v. 3. Mai 1852 auch auf Schwurgerichtssachen für anwendbar erklärte § 49 der Vdn. v. 3. Jan. 1849:

> Ist der Angeklagte verhaftet, so wird ihm die Anklageschrift nebst dem Beschlusse vorgelesen, und er wird darüber vernommen: ob und welche Beweismittel zu seiner Vertheidigung er herbeigeschafft, insbesondere, welche Zeugen er vorgeladen zu sehen verlange.

Der § 51 bestimmt:

> Ist der Angeklagte nicht verhaftet, so wird derselbe unter Mittheilung einer Abschrift der Anklageschrift und des Beschlusses nach § 32 schriftlich vorgeladen.

Die Vorladung soll nach § 32 eine Angabe der Thatsachen des dem Angekl. angeschuldigten Vergehens und die Aufforderung an ihn enthalten, die zu seiner Vertheidigung dienenden Beweismittel mit zur Stelle zu bringen, oder solche dem Richter so zeitig vor dem Termine anzuzeigen, daß sie noch zu demselben herbeigeschafft werden können.

„Im Wesentlichen die nämliche Bestimmung enthält der § 79 für Schwurgerichtssachen, wenn der Angekl. nicht verhaftet ist.

„Der § 52, welcher auf alle Sachen anwendbar ist, sagt:

Als Zeugen werden, ohne Rücksicht darauf, ob sie schon in der Voruntersuchung vernommen sind oder nicht, alle diejenigen vorgeladen, deren Abhörung der Staatsanwalt oder das Gericht für erforderlich erachtet, oder der Angekl. verlangt, insofern das Gericht die Umstände, über welche die Abhörung der Zeugen beantragt ist, wesentlich findet. Zu diesem Zwecke müssen die Thatsachen ganz bestimmt angeführt werden.

Dem Staatsanwalte und dem Angekl. sind die vorgeladenen Zeugen namhaft zu machen.

Sodann bestimmt der Art. 26 des Ges. v. 3. Mai 1852:

Wenn über einen und denselben Umstand von dem Angekl. mehrere Zeugen vorgeschlagen sind, so unterliegt der Prüfung und Bestimmung des Gerichts auch die Zahl der davon vorzuladenden Zeugen.

Welche Zeugen vorzuladen sind, ist dem Angekl. bekannt zu machen. Demselben bleibt unbenommen, auf seine Kosten andere Zeugen in der Sitzung zu gestellen.

„Für das Verfahren in der Appellationsinstanz endlich bestimmen die §§ 129. 130. 126 der Vdn. v. 3. Jan. 1849 und der Art. 104 des Ges. v. 3. Mai 1852, daß der Appellant neue Thatsachen oder Beweismittel in der Appellationsanmeldung anführen kann, sie jedoch spätestens innerhalb der auf den Tag dieser Anmeldung nächstfolgenden zehn Tage anführen muß; daß die Appellationsschrift dem Appellaten mit der Aufforderung mitgetheilt werden soll,

binnen einer Frist von zehn Tagen anzuzeigen, ob und welche neue Thatsachen oder Beweismittel er seinerseits anzuführen habe;

daß, wenn der Angekl. Appellat und verhaftet ist, ihm der Inhalt der Appellationsschrift vorgelesen und jene Aufforderung zum Protokoll bekannt gemacht werden soll; daß die Fristen sowohl zu Gunsten des Appellanten als des Appellaten verlängert werden können; daß das AG. befugt ist, die Appellationsschrift, sowie die Gegenschrift auch noch nach Ablauf der Fristen zuzulassen; und daß dieses Gericht endlich zu beurtheilen hat, ob die neuen Thatsachen und neuen Beweismittel erheblich sind.

„Das in diesen Bestimmungen enthaltene Gebot, schriftlich oder zu Protokoll vor der Audienz die zu beweisenden Thatsachen zu artikuliren und die Zeugen namhaft zu machen, und zwar in der Appellationsinstanz innerhalb einer wenigstens der Regel nach präklusivischen Frist, findet seine Erklärung in der Gerichtsverfassung der ältern Provinzen, welche ein gesetzliches Mittel, die Zeugen unmittelbar vorladen zu lassen, den Betheiligten nicht gewährt, sondern dieselben nöthigt, sich deshalb an den Richter zu wenden. Nur hierin liegt der Grund, aus welchem in das wesentlich mündliche Strafverfahren ein gewisses Element der Schriftlichkeit, nämlich die Nothwendigkeit vorheriger schriftlicher Angabe der Thatsachen und Beweismittel, verbunden mit einer Art von Präklusion in der Appellationsinstanz, gekommen ist, ein Element, welches dem Rh. Strafverfahren fremd ist und dort auch jeder Berechtigung entbehren würde.

„Ist aber diese Schriftlichkeit Ausnahme von der Regel und nur die Folge eines in der Gerichtsorganisation wurzelnden praktischen Bedürfnisses, so dürfen auch ihre Wirkungen nicht über dieses Bedürfniß hinaus ausgedehnt werden. Dies würde aber geschehen, wenn man, nachdem einmal die Angabe der Thatsachen und Beweismittel schriftlich erfolgt wäre, in Beziehung hierauf der mündlichen Verhandlung keine wesentliche Bedeutung beilegen wollte. Man muß daran festhalten, daß die mündliche Verhandlung es ist und bleibt, welche den Schwerpunkt des Verfahrens bildet; daß dagegen diejenige Prüfung, welche der Richter in einem Verfahren vornehmen soll, bei welchem den Betheiligten die Garantien der Mündlichkeit nicht gewährt sind, nur als eine Vorprüfung erscheint, die keinen andern Zweck hat, als Vertagungen zu vermeiden, welche sonst nothwendig werden können, um die Herbeischaffung der Beweise zu ermöglichen. Wenn diese Herbeischaffung nicht erfolgt, dem Betheiligten ein Resultat jener Vorprüfung nicht mitgetheilt wird, die schriftliche Angabe der Beweismittel also die von ihm beabsichtigte Wirkung nicht gehabt hat, so ist, eben weil die mündliche Verhandlung den Schwerpunkt des Verfahrens bildet, die Audienz der Ort, wo die Nothwendigkeit der Beweisaufnahme zu begründen ist. Wer in dem Hauptverfahren, auf welchem die Entscheidung beruht, welches die Gelegenheit gewährt, die Erheblichkeit der erbotenen Beweise dem Gerichte unmittelbar darzulegen, diesem Gerichte Anträge auf Beweisaufnahme nicht unterbreitet, obgleich dasselbe nicht nur zur Anordnung eines jeden Beweises noch die volle Befugniß hat, sondern erst jetzt in der Lage ist, über die Erheblichkeit der Beweise endgültig zu beschließen, hat keinen Grund zur Beschwerde darüber, daß sein Vertheidigungsrecht beschränkt worden sei. Das Nämliche gilt von demjenigen, welcher, nachdem seine Beweise zum Theil aufgenommen sind, nachdem sich also der Sachverhalt wesentlich verändert haben kann, es unterläßt, wegen Aufnahme der übrigen früher erbotenen Beweise Anträge zu stellen. Es kann nicht im Sinne des Gesetzes liegen, ein Rechtsmittel, welches, wie die NB., aus guten Gründen beschränkt ist, demjenigen zu gewähren, welcher nicht nachhaltig zu erkennen gegeben hat, daß er die Aufnahme eines erbotenen Beweises als für seine Vertheidigung in der That erheblich ansehe, welcher nicht das Seinige gethan hat, um sein Recht vor dem Instanzrichter zur Geltung zu bringen.

„Aus diesem Grunde, nicht wegen eines fingirten Verzichtes, welcher bei unveräußerlichen Rechten nicht zulässig ist, kann die Nichterwähnung eines Beweisantrages, welcher nicht in der Sitzung gestellt, resp. wiederholt worden ist, die NB. nicht rechtfertigen. Für diejenigen Fälle, wo der Angekl. in Person erschienen, oder durch einen Vertheidiger vertreten gewesen ist, stimmt meine Ausführung im Resultate mit der Rechtsprechung des K. OTr.s überein. Dagegen hat der K. Gerichtshof in solchen Fällen, wo der Angekl. weder in Person, noch durch einen Vertheidiger erschienen war, sich mehr zu der Annahme geneigt, daß der Angekl. befugt sei, die Nichterwähnung seines schriftlich gestellten Beweisantrages im Wege der NB. zu rügen. Nur dann ist wohl das Gegentheil angenommen worden, wenn der Angekl. anderweit, z. B. aus der Vorladung, habe ersehen können, daß sein schriftlich gestellter Beweisantrag unberücksichtigt geblieben sei. Es hängt dies, wie mir scheint, mit der Idee von dem Verzichte zusammen. Ist nun aber von der Annahme eines Verzichtes abzusehen, liegt vielmehr der Grund, weshalb die Nichtberücksichtigung eines Beweisantrages nicht durch NB. gerügt werden kann, darin, daß der Betheiligte sein Recht nicht durch Anträge, welche in dem mündlichen Hauptverfahren vor dem Instanzrichter gestellt worden, zur Geltung gebracht hat, so steht dieser Grund auch dem nichterschienenen Angekl. entgegen, vorausgesetzt, daß er nicht verhaftet ist. Faßt man das praktische Resultat ins Auge, so ist es sicherlich sehr zu wünschen, daß in Beziehung auf einen so vielfach gebrauchten und mißbrauchten Beschwerdepunkt, wie die Beschränkung der Vertheidigung durch Nichterwähnung erbotener Beweise ist, der ausgebliebene Angekl. nicht melioris conditionis sei, wie der erschienene; und zwar um so mehr, als die Anwesenheit des Angeklagten, wenn das Gesetz sie auch der Regel nach nicht als unerläßlich betrachtet, doch für die Aufklärung der Sache dienlicher ist, als sein Ausbleiben, als daher dieses eine Begünstigung und Beförderung nicht verdient.

„In Ansehung des verhafteten Angekl. hat das Gesetz für die Appellationsinstanz die Regel der Mündlichkeit beschränkt. Wird derselbe dem App.-Richter nicht vorgeführt, so muß seine schriftliche Angabe der Beweise die nämliche Wirkung haben, als wenn die Beweisaufnahme in der Audienz beantragt worden wäre.

„Bei dem großen und berechtigten Einflusse, welchen die Rechtsprechung des obersten Gerichtshofes auf das Verfahren der Instanzgerichte hat, sei es mir gestattet, einen Blick auf die Folgen zu werfen, welche die Annahme der von mir entwickelten Grundsätze für die Strafrechtspflege haben würde. Die Theorie von dem Verzichte führt mit Nothwendigkeit dahin, daß, über dessen Vorhandensein zu urtheilen, die Instanzgerichte wenigstens vorzugsweise berufen sind, wenn man dazu das K. OTr. nicht geradezu für unbefugt erachten will, weil es sich um ein Prozessuale handelt. Nach meiner Auffassung dagegen würden die Instanzgerichte einen Beweisantrag niemals mit dem Grunde beseitigen können, daß ein Verzicht auf den erbotenen Beweis anzunehmen sei. Sie würden nur etwa für ihre Annahme, daß von der Erhebung des Beweises ein Resultat nicht zu erwarten sei, als adminikulirendes Moment anführen können, daß der Betheiligte den Beweisantrag nicht wiederholt habe.

„Freilich muß zugegeben werden, daß, wenn die Nichterwähnung eines in der Sitzung nicht wiederholten Beweisantrages die NB. begründet, die Gerichte dazu übergehen könnten, sich nicht bloß der Erwähnung, sondern sogar der Prüfung der bloß schriftlich gestellten Beweisanträge zu entschlagen. Allein hierin würde eine Pflichtverletzung liegen, welche nicht zu besorgen ist. Wäre aber ein Gericht einer solchen Pflichtwidrigkeit fähig, so würde es auch leicht eine Formel für Erwägungsgründe finden, welche sein Urtheil der Kritik des Nichtigkeitsrichters entzöge, z. B. es sei von der Aufnahme der Beweise ein Ergebniß für die Ausmittelung der Wahrheit nicht zu erwarten u. dgl. Das Gesetz hat nun einmal das Gebiet der Thatsachen den Instanzrichtern allein überwiesen; eine wirksame Kontrolle des obersten Gerichtshofes ist auch in der That nicht möglich, wenn nicht derselbe zur Stellung eines Instanzrichters herabgedrückt und die Mündlichkeit des Verfahrens in ihrem Wesen zerstört werden soll.

„Geht man hiervon aus, so kann für die Strafrechtspflege kein Nachtheil daraus entstehen, daß die Nichterwähnung eines bloß schriftlich gestellten Beweisantrages nur noch in dem Falle geeignet ist, die Vernichtung des Urtheils herbeizuführen, wenn der Angekl. verhaftet und dem App.-Richter nicht vorgeführt ist. Dagegen kann es für die Strafrechtspflege nur von ersprießlichen Folgen sein, wenn die Mündlichkeit ihre volle Bedeutung auch in Beziehung auf die Beweisanträge erhält, indem dieselben in der Sitzung wiederholt und als erheblich nachgewiesen werden müssen. Alsdann ist eine eingehende Prüfung sicherer zu erwarten, als wenn, wie es so vielfach geschieht, bloß schriftlich Behauptungen gehäuft und unter Beweis gestellt werden, deren mögliche Erheblichkeit für die Sache nicht selten schwer zu erkennen ist, und die dann auch mit Gründen abgefertigt werden, welche, wie wenig eingehend sie auch immer sein mögen, sich dennoch als thatsächliche der Kritik des Nichtigkeitsrichters entziehen.

„Somit zerfallen die Beschwerdepunkte, welche aus einer angeblichen Beschränkung des Rechtes der Vertheidigung entnommen sind.

„Was dagegen die Beschwerde darüber betrifft,

daß die Vernehmung der Zeugen über das Alibi des Angekl. nicht in der Audienz stattgefunden hat, auch ein Grund für diese Abweichung von der Regel von dem App.-Richter nicht angegeben ist,

so erscheint dieselbe als begründet, und es kann nicht in Betracht kommen, daß der Angekl. den begangenen Fehler nicht vor dem Instanzrichter gerügt hat. Es kann nämlich nach den von mir entwickelten Grundsätzen in Strafsachen von einem Verzichte überhaupt nicht die Rede sein. Wäre dieser Satz aber auch nicht unbedingt als richtig anzuerkennen, so unterliegt es doch jedenfalls keinem Zweifel, daß die Mündlichkeit der Verhandlungen nicht bloß ein Recht der Betheiligten darstellt, sondern ein im öffentlichen Interesse vorgeschriebener wesentlicher Grundsatz des Verfahrens ist, daß daher die Regel der Mündlichkeit beobachtet werden muß, sofern nicht das Gesetz eine Ausnahme gestattet; daß das Vorhandensein eines Ausnahmefalles von dem Richter unter Anführung der Gründe festgestellt sein muß; daß aber, weil es sich nicht bloß um ein Recht der Betheiligten handelt, ein Verzicht, es sei ausdrücklich oder stillschweigend, gar keine Wirkung äußern kann."

Dieser Schlußausführung gemäß hat das OTr. das appellationsgerichtliche Erkenntniß vernichtet und die Sache in die zweite Instanz zurückverwiesen, ohne den zweiten Beschwerdepunkt näher zu erörtern.

Gründe:

Nach § 18 der Vdn. v. 3. Jan. 1849 soll der Fällung des Urtheils bei Strafe der Nichtigkeit ein mündliches Verfahren, bei welchem die Beweisaufnahme vorzunehmen ist, vorhergehen. Die Beweisaufnahme, also auch die Vernehmung der Zeugen vor dem erkennenden Richter, bildet mithin so sehr einen wesentlichen Bestandtheil des ordentlichen Strafverfahrens, daß sie bei Strafe der Nichtigkeit geboten ist.

Zwar kann nach § 21 der cit. Verordnung der erkennende Richter auch in gewissen Fällen die Vernehmung eines Zeugen, statt solche vor sich selbst vorzunehmen, durch einen kommittirten Richter bewirken, und dann im mündlichen Verfahren das Vernehmungsprotokoll verlesen lassen.

Auch ist er nach Art. 25 des Ges. v. 3. Mai 1852 befugt, in soweit es zur Aufklärung der Sache nothwendig oder dienlich erscheint, außer den Fällen des § 21 cit. die Verlesung des Protokolls über die frühere Aussage eines Zeugen anzuordnen. Diese gesetzlichen Bestimmungen bilden aber nur Ausnahmen von dem im § 14 der Verordnung niedergelegten Grundprinzipe des mündlichen Verfahrens, wie denn auch der cit. Art. 25 in seinem Eingange ausdrücklich auf die Vorschrift des § 14 als die Regel hinweist, und der § 21 daselbst nur solche Fälle begreift, wo die Vernehmung eines Zeugen in dem mündlichen Verfahren wegen unabwendbarer oder großer Hindernisse nicht erfolgen kann. Aus dem Verhältnisse der Ausnahme zur Regel folgt aber von selbst, daß die Abweichung von der letzteren in jedem einzelnen Falle durch Angabe der bestimmenden Gründe gerechtfertigt werden muß. Die Beurtheilung der Legalität des Verfahrens kann nur von der Regel ausgehen. Liegt daher im Einzelfalle ein der Regel nicht entsprechendes Verfahren vor, so enthält dasselbe, bei nicht gerechtfertigter Ausnahme, nothwendig eine Verletzung der Regel. Die Anordnung einer kommissarischen Zeugenvernehmung, für welche keine Rechtfertigungsgründe angegeben sind, involvirt hiernach schon unzweifelhaft die im § 14 der Vdn. v. 3. Jan. 1849 angedrohte Nichtigkeit. Die Motivirung einer solchen Ausnahmsmaaßregel stellt sich aber auch um deswillen als eine prozessualische Nothwendigkeit dar, weil es sonst für den angerufenen höheren Richter unmöglich sein würde, zu prüfen, ob der Vorderrichter bei Anordnung derselben sich nicht nur der gesetzlichen Regel bewußt gewesen, sondern auch dabei von einem durch das Gesetz sanktionirten Fall der Ausnahme ausgegangen sei, und weil sie überhaupt ein Postulat des Grundsatzes bildet, worauf die Vorschriften der Art. 13 und 31 des Ges. v. 3. Mai 1852 beruhen, des Grundsatzes nämlich, daß jeder Beschluß, jedes Urtheil die zur Prüfung seiner Gesetzlichkeit erforderlichen Gründe angeben muß. Nach Allem diesem erscheint also der dem App.-Richter im gegenwärtigen Falle zum Vorwurfe gemachte Verstoß gegen die Vorschrift des § 14 der Vdn. v. 3. Jan. 1849, resp. den Satz, daß für eine Abweichung von dem darin enthaltenen Grundprinzipe die Rechtfertigungsgründe angegeben werden müssen, vollkommen begründet.

Allerdings ist nun zwar die hieraus hervorgehende Nichtigkeit, wie aus den Verhandlungen zweiter Instanz, und namentlich aus dem Sitzungsprotokolle v. 2c. hervorgeht, in der dem Appellationserkenntnisse vorangegangenen mündlichen Verhandlung, von dem anwesenden Angeklagten, resp. seinem Vertheidiger nicht gerügt worden. Allein sie konnte durch den Mangel der Rüge überall nicht gedeckt werden.

Unbedenklich giebt es Vorschriften des Verfahrens, rücksichtlich derer eine Deckung der dagegen begangenen Verstöße durch Verzicht, Entsagung, Anerkennung oder durch ein bestimmtes Verhalten der Betheiligten, namentlich des Angeklagten, rechtlich zulässig erscheint. So wird sich beispielsweise die Wirksamkeit eines Verzichtes 2c. regelmäßig nicht verkennen lassen, wo es sich um Vorschriften des Verfahrens handelt, welche lediglich im Interesse des Angeklagten gegeben sind, die etwa nur die Geltendmachung der in seinem Vertheidigungsrechte liegenden Befugnisse berühren, und deren relative Bedeutung das Gesetz selbst dadurch zu erkennen giebt, daß die Verletzung derselben von der Staatsanwaltschaft zum Nachtheile des Angeklagten nicht geltend gemacht werden kann (Art. 109 des Ges. vom 3. Mai 1852). Insofern erscheint also auch der Satz, daß das Strafverfahren überhaupt dem öffentlichen Rechte angehöre, und deshalb der Privatwillkür entzogen sei, nicht durchgreifend.

Anders verhält sich dagegen die Sache, wenn es sich um Vorschriften des Verfahrens handelt, deren Beobachtung das Gesetz unbedingt bei Strafe der Nichtigkeit geboten hat, oder wo Formen oder Grundsätze des Verfahrens in Frage stehen, die als absolut wesentlich zu betrachten sind. Diese Vorschriften und prozessualischen Grundsätze können nur als im allgemeinen und öffentlichen Interesse geboten betrachtet werden; sie unterliegen deshalb einer Abänderung im Wege der Konvention der Interessenten nicht; ihre Nichtbefolgung muß vielmehr überall eine absolute Nullität begründen. Ist nun aber die mündliche Vernehmung der Zeugen vor dem erkennenden Richter, nach dem bereits Ausgeführten, eine Grundregel des Verfahrens, deren Beobachtung bei Strafe der Nichtigkeit geboten ist, und von welcher nur ausnahmsweise, in gewissen vom Gesetze selbst bestimmten Fällen abgewichen werden darf, so ergiebt sich von selbst, daß die, durch die nicht gerechtfertigte Abweichung von jener Grundregel begründete Nichtigkeit auch durch einen Verzicht, eine Anerkennung, oder ein sonstiges Verhalten des Angeklagten nicht gedeckt werden kann.

Die Annahme, welche eine solche Deckung gleichwohl für möglich erachtet, beruht auf der Voraussetzung, daß man es in Absicht auf die Nichtmotivirung der Ausnahme von der Regel, nur mit einem Satze zu thun habe, von dessen Nichtbeobachtung das Vertheidigungsrecht des Angeklagten ausschließlich berührt werde. Diese Voraussetzung ist aber als richtig nicht anzuerkennen, und sie findet auch keine Stütze in der Plenarentscheidung des Kgl. OTr.s v. 15. Okt. 1855 c. Wolf; Präj. Nr. 176; Entsch. 31. S. 332 [Oppenh. Strafverf. § 21 n. 14], welche analog dafür angerufen ist. Denn das Prinzip der Mündlichkeit des Verfahrens hat seinen Grund keineswegs allein in dem Vertheidigungsrechte des Angeklagten. Es steht vielmehr unter den wesentlichen Formen des Verfahrens, wodurch der Rechtsschutz überhaupt vermittelt werden soll. Die Beobachtung desselben ist dem erkennenden Richter im Interesse der Wahrheitsfindung, der zu ermittelnden Schuld oder Unschuld, gleichmäßig geboten. Ebenso ist die damit zusammenhängende nothwendige Angabe der Rechtfertigungsgründe für die Abweichung von der Regel nicht nur ein Postulat dieser Regel, sondern auch ein im Interesse der Gerechtigkeitspflege gebotener allgemeiner Grundsatz. Der Angeklagte kann den Richter, welchem die Befolgung dieser Rechtsformen zur Pflicht gemacht ist, hiervon nicht entbinden, er kann also auch weder ausdrücklich noch stillschweigend darauf verzichten.

Der Plenarbeschluß v. 15. Okt. 1855 paßt hierher nicht, denn in dem, jenem Beschlusse zum Grunde liegenden, Falle war die Gesetzlichkeit des Beschlusses, welcher die kommissarische Zeugenvernehmung angeordnet hatte, außer Frage, und der Angeklagte hatte nur darüber geklagt, daß ihm, Mangels einer Benachrichtigung von dem Vernehmungstermine der Zeugen, das Recht entzogen worden sei, bei der Vernehmung zugegen zu sein. Er hatte hiernach auch bloß Beschränkung der Vertheidigung im Sinne des Art. 108 Nr. 5 des Ges. v. 3. Mai 1852 behauptet. Das OTr. hat diese Beschränkung nicht anerkannt, weil der Angeklagte die nicht erfolgte Benachrichtigung in dem demnächstigen Hauptverfahren nicht gerügt habe, und mit Recht. Denn es bildete bloß ein Vertheidigungsrecht des Angeklagten, bei der Vernehmung der Zeugen zugegen zu sein. Dieses Rechtes konnte er sich nach Willkühr begeben, und wenn er seine unterbliebene Zuziehung bei der Vernehmung in dem Audienztermine demnächst ungerügt ließ, so hat er eben dadurch anerkannt, daß ihm die Unterlassung nicht schädlich gewesen sei.

Hier konnte sich also ein Verzicht, eine Anerkennung als wirksam erweisen, während dies im gegenwärtigen Falle, wo der Beschluß über die kommissarische Anordnung der Zeugenvernehmung selbst gesetzlich nicht gerechtfertigt war, ausgeschlossen bleiben muß.

Antr. des GStA.s: gleichl. [27.—1.]

1. Spezialgesetz. — Aufhebung durch das Strafgesetzbuch.

2. Bestechungsversuch. — Steuerbeamte. — Strafbarkeit.

1. Wenn ein Spezialgesetz eine im [älteren] gemeinen Strafrechte vorgesehene Handlung unter gewissen Voraussetzungen mit einer härteren Strafe als jenes bedrohte, das neue Strafgesetzbuch aber allgemein auf jene Handlung eine relativ noch härtere Strafe gesetzt hat, so wird dadurch auch die Strafbestimmung des Spezialgesetzes beseitigt.

Einf.-Ges. v. 14. April 1851 Art. II [dort einzutr. als n. 4 a].

2. Die Bestechung (der Bestechungsversuch) eines Steuer- oder Zollbeamten, um denselben zur Verübung einer Pflichtwidrigkeit zu bestimmen, ist aus § 311 des Strafgesetzbuchs zu bestrafen. Die betreffenden Vorschriften der [älteren] Steuergesetze sind nur insoweit in Kraft verblieben, als sie sich auf Geschenke für nicht pflichtwidrige Amtshandlungen beziehen.

StGB. § 311 [vgl. dort n. 17; Einf.-Ges. Art. II n. 17. 22]; Steuer-Ordn. v. 8. Febr. 1819 § 88; Z.-Str.-Ges. v. 23. Jan. 1838 § 25; Ges. v. 17. Mai 1856 § 33.

Erk. (V. Pl.) v. 9. Dez. 1861 c. Holstein (607. I. Cr.).

H. hatte dem seinen Kahn revidirenden Steuerbeamten ein Geldgeschenk angeboten, um ihn zu einer, eine Verletzung seiner Amtspflichten enthaltenden, Unterlassung zu bestimmen. Die Instanzrichter haben demgemäß, in Uebereinstimmung mit der überwiegenden Praxis des OTr.s [vgl. Oppenh. StGB. § 311 n. 17], die Strafe des § 88 der Steuer-Ordn. v. 8. Febr. 1819 verhängt. Auf die NB. des OStA.s hat das OTr. nunmehr das app.-gerichtliche Erkenntniß vernichtet, und den Angeklagten aus § 311 StGB. bestraft.

Gründe:

Das ALR. strafte in den §§ 368. 369. II, 20 nur die aktive Bestechung von „Gerichtspersonen." In Betreff der Accise- und Zollbeamten hatte aber bereits das Edikt

v. 26. März 1787 im § 24 die Strafe des vier und zwanzigfachen Betrages gegen diejenigen angedroht, welche solchen Beamten „Geschenke, Douceurs oder Trinkgelder anbieten oder geben" (Mylius Sammlung 8. S. 819). Außerdem setzte das Publikandum v. 27. März 1801 fest, daß diejenigen, welche es versuchen würden, Finanz- und Polizeibeamte durch Geschenke zu bestechen oder zu einer pflichtwidrigen Geneigtheit zu verleiten, außer der Konfiskation des Geschenks um den vierfachen Betrag des Angebotenen oder Gegebenen auf gleiche Art, wie diejenigen bestraft werden sollen, welche einen Justizbedienten bestechen wollen; hinsichtlich jener Accise- und Zollbeamten ließ es aber ausdrücklich jenes Edikt v. 26. März 1787 bestehen. Dieses Edikt ist nun in seiner obengedachten Strafbestimmung des § 24 später in den § 88 der Steuer-Ordn. v. 1819, in den § 146 der Zoll- und Verbrauchssteuer-Ordn. v. 26. Mai 1818, und in die späteren ähnlichen Finanzgesetze (§ 17 b des Ges. v. 30. Mai 1820, § 25 des Ges. v. 23. Jan. 1838, § 33 des Ges. v. 17. Mai 1856 ꝛc.) übergegangen.

Hiernach bestand also das Edikt als ein Spezialgesetz neben dem ALR., und neben dem das letztere auch auf die sonstigen Finanzbeamten — außer den Accise- und Zollbeamten — ausdehnenden Publikandum v. 27. März 1801 fort. Der Grund dafür lag darin, daß die Gesetzgebung damals die Strafandrohung des ALR.s gegen die Bestechung als eine ungenügende in Hinsicht auf jene Accise- und Zollbeamten erachtete, mithin eine schärfere Strafandrohung für nöthig hielt.

An die Stelle des ALR.s ist nun allerdings das StGB. getreten, und seine Vorschriften über die Bestechung umfassen nicht mehr nur einzelne Kategorien öffentlicher Beamten, sondern erstrecken sich auf alle solche Beamten. Nach den in dem Plenarbeschlusse des OTr.s v. 25. März 1861 in der Untersuchung c. Bussas [Rechtspr. 1. S. 316] über das Verhältniß gemeinschaftlicher Strafvorschriften in den neben dem StGB. fortbestehenden Spezialgesetzen zum

StGB. selbst ausgesprochenen Grundsätzen ist es ferner keinem Zweifel unterworfen, daß der hier in Rede stehende § 88 der St.-Ordnung, und daß die gleichlautenden Vorschriften der übrigen oben genannten Steuergesetze an und für sich neben dem StGB. fortbestehen, sowie denn auch noch in dem neuerlich, nach der Publikation des StGB.s noch erlassenen Ges. v. 17. Mai 1856 (GS. S. 445) die Strafandrohung noch wiederholt worden ist. Allein als das Motiv für jene Grundsätze des Plenarbeschlusses ist dasjenige ausgesprochen, daß es unstatthaft sei, die gemeinrechtlichen Strafvorschriften in den Spezialgesetzen immer nur vereinzelt, also getrennt von dem Zusammenhange, in welchem das Gesetz sie erlassen hat, aufzufassen. Hiernach soll also untersucht werden, welchen Zweck das Spezialgesetz durch seine Strafvorschrift erreichen wollte. Ist man berechtigt anzunehmen, daß es beabsichtigt habe, für gewisse Handlungen im Verhältnisse zu dem damals bestandenen gemeinen Rechte mildernde Rücksichten, also eine mildere Strafe, als die in dem letzteren angedrohte, eintreten zu lassen, und waltet diese Rücksicht auch in dem Verhältnisse zu dem neuen gemeinen Rechte, also zu dem StGB. vom 14. April 1851 fort, so wird es in der Regel keinem Bedenken unterliegen, aus dem in Betracht zu ziehenden Zwecke des Spezialgesetzes seine Strafvorschrift auch jetzt noch als fortdauernd zu betrachten. Umgekehrt aber, wenn das Spezialgesetz eine Schärfung gegenüber dem gemeinen Rechte beabsichtigte, das neue Gesetzbuch nunmehr aber allgemein für die in Rede stehende Handlung eine relativ noch härtere Strafe androht, so würde man jener Absicht geradezu widersprechen, wenn man die Strafvorschrift des Spezialgesetzes bloß deshalb, weil sie sich eben in einem solchen Gesetze findet, also aus der rein formellen Vorschrift des Art. II des Einf.-Ges., für fortbestehend erachten wollte. Man würde dadurch alle diese fortbestehenden Spezialgesetze aus ihrem Zusammenhange mit der fortschreitenden Rechtsentwickelung des Landes trennen. Hat diese die Nothwendigkeit einer allgemeinen stärkeren Repression gegen gewisse strafbare Handlungen ergeben, und es waltet eben jener zuerst gedachte Gesichtspunkt einer milderen Auffassung bei dem Spezialgesetze, welchem dasselbe durch seine Vorschrift Ausdruck geben wollte, nicht ob, vielmehr der entgegengesetzte Gesichtspunkt, so müssen die Spezialgesetze selbstverständlich sich dem neuen allgemeinen Gesetze insoweit anschließen, also nunmehr seiner Strafvorschrift folgen. Ein solcher Fall liegt hier vor. Der Zweck des Edikts vom 26. März 1787, insbesondere der zur Zeit des Bestehens des ALR.s erlassenen, aus jenem entnommenen, oben gedachten Vorschriften in den Steuergesetzen, eine härtere Strafandrohung gegen die aktive Bestechung der Accise- und Zollbeamten eintreten zu lassen, ist nun durch das StGB. allgemein erfüllt, soweit es die Bestechung der Beamten überhaupt zu pflichtwidrigen Amtshandlungen betrifft, und zwar durch die Strafandrohung im § 311, welche relativ härter ist, als die Strafandrohung in den gedachten Steuergesetzen. Nach den oben angeführten Grundsätzen tritt daher in soweit der § 311 an die Stelle dieser Vorschriften, also auch des § 88 der St.-Ordnung. Diese bleiben somit nur noch in Kraft, soweit es das Anbieten oder Geben von Geschenken für nicht pflichtwidrige Amtshandlungen betrifft, und zwar in der Ausdehnung, wie sie der Wortlaut dieser Vorschriften andeutet.

Antr. des GStA.s: gleichl. [15. — 1.]

---

1. Staatsgerichtshof. — Inkompetenz. — Verweisung vor ein anderes Gericht.

2. Hochverrath. — Aufforderung. — Verbreitung. — Bestimmte Handlung.

1. Der Anklagesenat des Staatsgerichtshofs ist nicht befugt, eine Sache zur Aburtheilung im gewöhnlichen Verfahren vor ein anderes Gericht zu verweisen, wenn dieses letztere sich vorher durch

rechtskräftiges Erkenntniß inkompetent erklärt hatte.

Ges. v. 25. April 1853 § 8; Ges. v. 3. Mai 1852 Art. 9 [vgl. dort n. 11].

2. Die Aufforderung zu einem hochverrätherischen Unternehmen, und die Vorbereitung eines solchen sind nur dann strafbar, wenn sie sich auf ein bestimmtes Unternehmen der gedachten Art bezogen.

StGB. § 65 [dort einzutr. als n. 2 a]; § 66 [vgl. dort n. 1].

Beschl. (Pl.) v. 9. Dez. 1861 c. Lewandowski (246. B. I. Cr.).

Gegen L. war beim Kr.-G. zu S. die Untersuchung auf Grund des § 100 StGB. eröffnet worden; die Gerichtsabtheilung erklärte sich indessen inkompetent, weil die That unter § 65 StGB. falle, also zur Kompetenz des Staatsgerichtshofs gehöre; ein gleiches that sodann aber auch der Anklagesenat des Kammergerichts, weil nicht der Thatbestand des § 65, sondern nur der des § 100 vorliege. Die Beschwerde des OStA.s, welche es rügte, daß nicht in Gemäßheit des § 8 des Ges. v. 25. April 1853 die Zurückverweisung der Sache vor das Kr.-G. zu S. ausgesprochen worden sei, ist vom OTr. zurückgewiesen, und sodann zur Hebung des negativen Kompetenzkonflikts das Inkompetenzurtheil des Kr.-G.s aufgehoben worden, indem erwogen ward:

daß die Vorschrift des cit. § 8 sich unzweifelhaft nur auf den Fall bezieht, wenn die Sache schon in der Voruntersuchung als zur Kompetenz des Staatsgerichtshofes gehörig behandelt ist, der Anklagesenat des Kammergerichts für Staatsverbrechen aber findet, daß seine Kompetenz nicht begründet sei; im vorliegenden Fall dagegen die Sache in gewöhnlicher Weise auf Grund des § 100 StGB. eingeleitet und erst später sententionando vom Kr.-G. zu S. ausgesprochen ist, daß die Sache zur Kompetenz des Staatsgerichtshofes gehöre; das Kammergericht sich daher mit Recht darauf beschränkt hat, auch seinerseits sich für inkompetent zu erklären, ohne die Sache an das Kr.-G. zu S. zurückzuweisen, weil das Kammergericht das rechtskräftig gewordene Erkenntniß des Kgl. Kr.-G.s zu S. aufzuheben nicht befugt war;

daß unter diesen Umständen ein negativer Kompetenzkonflikt vorliegt, welcher in Gemäßheit des Art. 9 des Ges. v. 3. Mai 1852 vom OTr. zu erledigen ist;

In Erw., daß in der Sache selbst der Beschluß des Kgl. Kammergerichts v. 2c. in durchaus zutreffender und überzeugender Weise ausführt, wie in dem durch den Angeklagten — — vorgelesenen Schriftstücke die Aufforderung zu einer bestimmten hochverrätherischen, das Unternehmen unmittelbar zur Ausführung bringenden Handlung nicht zu finden sei, mithin § 65 StGB. nicht Platz greife, da derselbe die Strafe bestimmt, welche denjenigen treffen soll, der öffentlich durch Rede oder Schrift zur Ausführung einer Handlung auffordert, welche nach § 62 l. c. als ein hochverrätherisches Unternehmen zu bestrafen wäre, nach dem allegirten § 62 aber nur solche Unternehmungen als hochverrätherische Handlungen anzusehen sind, durch welche ein bestimmtes, sich nach § 61 als Hochverrath darstellendes Vorhaben unmittelbar zur Ausführung gebracht werden soll;

daß das Kammergericht ferner mit Recht annimmt, wie der § 66 StGB. gleichfalls hier nicht Anwendung finde, nach welchem (im Gegensatz zu den in den §§ 62—65 vorangegangenen Strafbestimmungen) auch jede andere ein hochverrätherisches Unternehmen vorbereitende Handlung mit Strafe bedroht ist, weil hier ebenfalls die Vorbereitung eines bestimmten hochverrätherischen Unternehmens vorausgesetzt wird, ein solches aber aus dem Inhalte des in Rede stehenden Schriftstücks nicht ersichtlich ist, 2c.

Antr. des GStA.s: gleichl. [18. — 3.]

Beleidigung. — Vertheidigung von Gerechtsamen. — Thatsächliche Beurtheilung.

Ob eine Aeußerung zur Ausführung oder Vertheidigung von Gerechtsamen gemacht worden sei, unterliegt der thatsächlichen Beurtheilung des Instanzrichters. [StGB. § 154 (vgl. dort n. 3).]

Erk. (Z. I.) v. 11. Dez. 1861 c. Jonas (917. I. Cr.).

Der erste Richter hat ausdrücklich erklärt, und der App.-Richter hat es dabei belassen, daß Implorant die beigemessene Aeußerung nicht zur Ausführung oder Vertheidigung seiner Gerechtsame gethan habe. Die Richtigkeit dieser Annahmen zu prüfen, besteht in jetziger Instanz keine Berechtigung, vielmehr sind in der Sache selbst nur die von dem Richter der Thatfrage als erwiesen angenommenen Thatsachen zum Grunde zu legen.

Antr. des GStA.s: gleichl. [17. — 2.]

Konkurs. — Zahlungseinstellung. — Entscheidung des Civilrichters.

1. Im Falle eines Konkurses ist der Strafrichter an die durch den Civilrichter bewirkte Bestimmung des Tages der Zahlungseinstellung nicht gebunden, sondern zur selbstständigen Feststellung berufen.

Konk.-Ordn. v. 8. Mai 1855 § 308. 309. 113. 116 [Sic: B. I. v. 2. Nov. 1859 c. Legarth; 988; JMBl. 60. S. 58; vgl. StGB. § 259 n. 28].

2. Zu den Merkmalen der Zahlungseinstellung gehört nicht die Vermögensunzulänglichkeit, sondern der Zustand der Zahlungsunfähigkeit.

Ibid. § 308. 309. 113. 118. 122. 322. 332.

Erk. (Z. I.) v. 11. Dez. 1861 c. Nitzsche (Todt u. Gen. 964. I. Cr.).

Die Vorderrichter waren so verpflichtet als berechtigt, sich die Ueberzeugung von dem Vorhandensein sämmtlicher Merkmale des ihrer Kognition unterbreiteten Vergehens (§ 309 der Konk.-Ordn.) einschließlich des Zeitpunktes der Zahlungseinstellung des T. nach den Regeln der Strafgesetze zu verschaffen und dieselbe festzustellen und durften sich dabei durch die gemäß § 122 l. c. von dem Civilrichter zu civilrechtlichen Zwecken erfolgte Bestimmung des Tages der Zahlungseinstellung nicht gebunden erachten, wie solches bereits in anderen Untersuchungssachen an hiesiger Stelle ausgeführt worden ist. Dabei kann es keinen Unterschied machen, ob die Strafe auf Grund eines Paragraphen des StGB.s oder einer materiellen Strafbestimmung in der Konkursordnung selbst eventuell auszusprechen ist, da der Strafrichter immer die für ihn erlassenen Vorschriften des Verfahrens zu befolgen hat. Zu den Merkmalen der Zahlungseinstellung selbst gehört aber auch nicht, wie die Imploranten behaupten, die erwiesene Unzulänglichkeit des Vermögens des betreffenden Handelsmannes zur Deckung seiner Schulden, sondern sein Zustand der Zahlungsunfähigkeit, was eine Vergleichung der §§ 113. 118. 122 im Tit. II l. c.: „von dem Verfahren im kaufmännischen Konkurse" mit den §§ 322 ff. 332 in Tit. III: „von dem Verfahren im gemeinen Konkurse" anschaulich macht. Könnte daran gezweifelt werden, ob der Gesetzgeber in diesen Paragraphen den Ausdruck: „Unzulänglichkeit des Vermögens" nicht etwa gleichbedeutend mit dem Ausdrucke: „Zahlungsunfähigkeit" oder „Zustand der Zahlungsunfähigkeit" in jenen Paragraphen gebraucht habe, — was gewiß nicht vorauszusetzen ist, — so müßte jedes Bedenken vor den unzweideutig ausgesprochenen Motiven der Verschiedenartigkeit der gedachten Gesetzesstellen verschwinden. Denn darnach sollte die unter der Herrschaft der AGO. (I, 50 § 2—4. 11 ff.) zur Eröffnung des Konkurses erforderlich gewesene Untersuchung über die materielle Vermögensunzulänglichkeit des Gemeinschuldners bei Handelsleuten als unpraktisch und gefährlich aufgehoben werden, bei denselben „darf es überhaupt nicht mehr auf den Nachweis der Unzulänglichkeit ihres Vermögens ankommen," weil „der Kredit bei ihnen das Entscheidende und die nothwendige Voraussetzung desselben die pünktliche Erfüllung der Zahlungsverbindlichkeiten ist" (Motive z. Entw. der Konk.-Ordn. S. 6); bei Handeltreibenden ist demnach „die Zahlungseinstellung die ausschließliche Bedingung der Konkurseröffnung" und bezeichnet überhaupt den Zustand der Zahlungsunfähigkeit, welcher den Kredit des Gemeinschuldners vernichtet, es mag die Zahlungsunfähigkeit — — in einer wirklichen Vermögensunzulänglichkeit oder nur in einer Unzulänglichkeit der Zahlungsmittel beruhen" (das. zu § 108 des Entw., § 113 des Ges., S. 89). An derselben Stelle wird anerkannt, daß zwar nicht jede einzelne Zahlungsverweigerung eine Zahlungseinstellung im Sinne des § 113 (Entw. § 108) sei, die Beurtheilung darüber, wann letztere vorhanden, aber den Gerichten überlassen und aus den jedesmaligen konkreten Umständen, z. B. den Beweggründen der Zahlungsweigerung entnommen werden müsse. Mit dieser Bedeutung des Schlußsatzes des jetzigen § 113 hat sich auch die Kommission der zweiten Kammer (Nr. 200 der Drucks. S. 70 unten) einverstanden erklärt und so ist derselbe schließlich zum Gesetze erhoben worden. Es ist demnach im § 113 einerseits und im § 322 andererseits ein prinzipieller wesentlicher Unterschied zwischen den Voraussetzungen des kaufmännischen Konkurses und des gemeinen Konkurses sanktionirt, für die Eröffnung des ersteren bloß Zahlungsunfähigkeit, und im § 122 die Feststellung des Tages der Zahlungseinstellung, für die Eröffnung des letzteren der Nachweis der Vermögensunzulänglichkeit gefordert, und dieser Unterschied in den Motiven des Gesetzes wiederholt hervorgehoben (vgl. noch Motive der Reg. zu den §§ 314. 339 des Entw. S. 133 und Bericht der zweiten Kammer „zum III. Titel" S. 133). Diesem Unterschiede entsprechend ist die Verschiedenheit des Thatbestandes des den gegenwärtigen Angeklagten zur Last gelegten Vergehens im § 309 l. c., und des analogen, im gemeinen Konkurse durch § 341 daselbst vorgesehenen Vergehens durch den Wortlaut dieser Strafbestimmungen bezeichnet. Dabei legt der § 309 das Gewicht auf die „Zahlungseinstellung," ohne den Ausdruck „Zahlungsunfähigkeit" zu gebrauchen, und gestattet um so weniger seine Anwendbarkeit von der Untersuchung abhängig zu machen, ob außer der im § 309 durch den Zustand der letztern charakterisirten Zahlungseinstellung am Tage derselben das

Vermögen des Gemeinschuldners doch zur Deckung seiner Schulden ausgereicht habe.

Antr. des GStA.s: gleichl. [23.—2.]

Rübenzuckersteuer. — Vorrathsdeklaration. — Defraudation.

Auch derjenige macht sich einer Rübenzuckersteuer-Defraudation schuldig, welcher nach Einreichung eines Verzeichnisses aller am Schlusse der Erndte vorhandenen Rübenvorräthe, den ferneren Rübenzugang unvollständig anmeldet.

Ges. v. 7. Aug. 1846 §§ 13 a. 17 Nr. 1.

Erk. (Z. I.) v. 11. Dez. 1861 c. John (1012. I. Cr.).

Das Ges. v. 7. Aug. 1846 verordnet im § 13 die Einreichung eines Verzeichnisses der sämmtlichen Rübenvorräthe des Fabrikanten am Schlusse der Erndte, spätestens am letzten Tage des Monats November, und die Anmeldung des späteren Zugangs an Rüben zur Nachtragung in den Verzeichnissen. Im § 17 Nr. 1 droht es die Defraudationsstrafe an, wenn in dem nach § 13 zu überreichenden Verzeichnisse der Rübenvorräthe diese zu gering angegeben werden. Es läßt sich nun in keiner Art absehen, wie diese Strafandrohung nur auf jenes zuerst gedachte Verzeichniß und nicht auch auf diese Nachtragsanmeldungen sollte bezogen werden können; sie würde so völlig unwirksam werden. Wollte man allein den Wortlaut, nämlich den Ausdruck „Verzeichniß" in jenem § 17 in Betracht ziehen und also sagen, daß das Gesetz nur die erste Deklaration und nicht auch die Nachtragsanmeldungen „Verzeichnisse" nenne, so würde dem schon von vorn herein entgegenstehen, daß diese letzteren Anmeldungen nach § 13 in jenem Verzeichnisse nachgetragen, dadurch also integrirende Theile des letzteren werden sollen. Dieses „Verzeichniß," als Ganzes betrachtet, kann daher sowohl ursprünglich falsch sein, als auch nachträglich durch unrichtige spätere Anmeldungen falsch werden.

Antr. des GStA.s: gleichl. [15.—2.]

Torf. — Entwendung. — Strafgesetz.

Die Entwendung von Torf ist nicht nach § 42 Nr. 2 der Feldpolizei-Ordnung, sondern als gewöhnlicher Diebstahl zu bestrafen.

FPO. § 42 Nr. 2; StGB. § 215 [dort einzutr. als n. 77a; vgl. § 217 n. 23; Z. I. 4. Dez. 1861 c. Küster, oben S. 116].

Erk. (Z. II.) v. 12. Dez. 1861 c. Wenning & Steuvers (330. II. Cr.).

Die Angeklagten, welche wegen Torfdiebstahls aus § 216 StGB. bestraft waren, machten im Wege der NB. geltend, ihre Handlung falle unter § 42 Nr. 2 der FPO. Zurückweisung. Erwogen wurde:

daß die Bestimmung des § 42 Nr. 2 der FPO. auf die Entwendung von Torfstücken, welche aus Torfmooren ausgewonnen und auf denselben in Hidden (Haufen) aufgestellt worden sind, sich nicht beziehen läßt, da, wenngleich der Torf an und für sich ein Bodenerzeugniß, er doch ein solches nicht im Sinne des § 42 Nr. 2 der FPO. ist, da die Absicht der FPO. nicht dahin gerichtet war, alle Bodenerzeugnisse ohne Unterschied unter der Herrschaft ihrer Dispositionen zu begreifen, dieselbe vielmehr, wie dies in der Einleitung positiv ausgesprochen ist, erlassen wurde, „um dem Landbau einen wirksameren Schutz zu gewähren;"

daß auch die Beschränkung auf diesen Zweck sich schon unzweideutig aus den oben cit. Worten des § 42 ergiebt, indem darin gerade Gärten, Weinberge 2c. als diejenigen Orte bezeichnet sind, aus welchen die von der FPO. vorgesehenen Entwendungen verübt worden;

daß dagegen der Torf, welcher das Mittelglied zwischen dem Stein- und Pflanzenreiche darstellt, sich nach den verschiedenen Stufen seiner Bildung bald mehr dem Einen, bald mehr dem Andern annähert, hauptsächlich als Brennmaterial dient und sich rein unterirdisch von selbst erzeugt, weder dem Feld-, noch dem Garten-, noch dem Wiesenbaue angehört, und daher dessen Entwendung, in Ermangelung irgend einer sonstigen, speziell hierauf bezüglichen Strafbestimmung, unter die allgemeine Pönalsanktion des § 215 des StGB.s fällt.

Antr. des GStA.s: gleichl. [16.—1.]

1. Nichtigkeit. — Appellationsrichter. — Frist.
2. Urtheilsverkündung. — Vertagung. — Prüfung.

1. Auch der Appellationsrichter hat zu beurtheilen, ob eine Vorschrift oder ein Grundsatz des Verfahrens als wesentlich zu betrachten sei.

Ges. v. 3. Mai 1852 Art. 102 [dort einzutr. als n. 3 a]; Art. 108 [dort einzutr. als n. 39 a].

2. Die Vorschrift, daß die Gerichtsabtheilung die Urtheils-Verkündung nicht über acht Tage hinausschieben dürfe, ist nicht für eine wesentliche zu erachten.

Vdn. v. 3. Jan. 1849 § 59 [vgl. dort n. 3].

Erk. (Z. V. I.) v. 13. Dez. 1861 c. Werkmeister (853. I. Cr.).

Der App.-Richter hatte das erstinstanzgerichtliche Erkenntniß vernichtet, und die Sache in die erste Instanz zurückgewiesen, weil die Verkündung des ersteren mehrere Wochen nach der Schlußverhandlung stattgefunden habe. NB. des OStA.s, welche geltend machte:

1. daß das AG. nur wegen der im Art. 108 Nr. 1 bis 7 erwähnten Verstöße die Nichtigkeit des Verfahrens aussprechen dürfe, da die im Schlußsatze des cit. Art. ertheilte Befugniß, auch andere Vorschriften des Verfahrens für wesentliche zu erachten, nur dem OTr. beigelegt sei;

2. daß die Vorschrift des § 59 der Vdn. v. 3. Jan. 1849 nicht als eine wesentliche betrachtet werden dürfe.

Das OTr. hat den zweiten Beschwerdepunkt für begründet erachtet, und demgemäß die Vernichtung ausgesprochen.

Gründe:

Was den ersten Grund der StA.-schaft betrifft, so beruht deren Ansicht, daß nur das Kgl. OTr. und nicht die App.-Gerichte befugt seien, zu prüfen, ob eine Prozeßvorschrift außer den Fällen der Nr. 1 bis 7 des Art. 108 cit. eine wesentliche sei, — hauptsächlich auf den vor Erlassung dieses Gesetzes stattgehabten legislativen Vorverhandlungen, und namentlich auf dem betreffenden Komm.-Ber. der zweiten Kammer, aus welchem allerdings hervorgeht, daß bei den Faktoren der Gesetzgebung die Ansicht vorgeherrscht hat, durch den Schlußsatz des Art. 108 dem OTr., als solchem, und mit Rücksicht auf seine Stellung und seinen Beruf, möglichste Einheit in der Rechtsprechung herbeizuführen, eine diskretionäre Befugniß zur Feststellung der Wesentlichkeit der in den Nr. 1 bis 7 jenes Artikels nicht ausdrücklich mit aufgezählten Vorschriften einzuräumen.

Demohnerachtet kann der Ansicht der StA.-schaft bei diesem Punkt nicht beigetreten werden.

Zunächst kann aus der Wortfassung des Artikels für die beregte Ansicht nichts hergeleitet werden, denn derselbe befindet sich in dem Abschnitt von der NB., über welches Rechtsmittel immer nur das Kgl. OTr. zu entscheiden hat; hieraus erklärt es sich von selbst, daß in dem Schlußsatz des allegirten Artikels keine andere Behörde, als das OTr. als diejenige bezeichnet werden konnte, welche darüber zu entscheiden berufen sein sollte, ob eine Vorschrift rc. als wesentlich zu betrachten sei.

Sodann aber beruht der Schlußsatz des Art. 108 offenbar auf der Auffassung des Gesetzgebers, daß ein erschöpfendes und umfassendes Verzeichniß aller, als wesentlich zu betrachtender, Prozeßvorschriften nicht aufgestellt werden könne; es ist daher die in den Nr. 1 bis 7 daselbst erfolgte Aufzählung nur als eine exemplikative, einen Leitfaden für die Beurtheilung der Gerichte bildende, anzusehen, und es sollte daher durch den Schlußsatz den Gerichten die Möglichkeit gegeben werden, auch in ähnlichen, vielleicht noch prägnanter liegenden Fällen die Nichtigkeit des Verfahrens ohne Verletzung eines Gesetzes aussprechen zu können.

Wenn nun der Art. 102 a. a. O. auch den App.-Gerichten, die im Wege der Berufung mit einer Sache befaßt sind, die Befugniß einräumt, resp. ihnen die Pflicht auflegt, zu prüfen, ob das Urtheil erster Instanz oder das demselben vorhergehende Verfahren an einer Nichtigkeit laborirt, und wenn in einem solchen Falle der App.Richter das Urtheil aufheben und nach den Umständen des Falles und beim Vorwalten wichtiger Gründe die Sache zur ersten

Instanz zurückweisen soll, so muß er, der Natur der Sache nach, auch befugt sein, prüfen zu können, ob die seiner Ansicht nach vom ersten Richter verletzte Prozeßvorschrift eine wesentliche ist, oder nicht. Denn für den App.-Richter fehlt es an besonderen Bestimmungen darüber, wann er ein Urtheil oder ein Verfahren des ersten Richters für nichtig zu erklären hat, und er ist daher ebenfalls darauf angewiesen, hierzu den Art. 108 cit. als Leitfaden zu benutzen. Ist dies aber der Fall, so ist nicht abzusehen, warum er nur die in den Nr. 1 bis 7 daselbst aufgezählten Fälle, nicht aber auch den Schlußsatz berücksichtigen dürfe, besonders da ihm jede Möglichkeit mangelt, vor seiner Entscheidung erst die Ansicht des OTr. darüber einzuholen, ob die vom ersten Richter verletzte Vorschrift auch wirklich als eine wesentliche zu betrachten sei oder nicht. Auch hat endlich eine solche Entscheidung der App.-Gerichte keine Inkonvenienz zur Folge, da die schließliche Entscheidung über die Wesentlichkeit einer Prozeßvorschrift immer im Wege der NB. vom OTr. erfolgen kann, folglich die dem letztern gewissermaßen eingeräumte authentische Interpretation des Gesetzes und die beabsichtigte Rechtseinheit gesichert bleibt.

Was dagegen den zweiten Angriff anlangt, so erscheint derselbe allerdings begründet. Die Motive, auf denen die Vorschrift des § 59 der Vdn. v. 3. Jan. 1849 resp. des Art. 32 des Ges. v. 3. Mai 1852 hinsichtlich der Publikationsfrist der Erkenntnisse der Gerichtsabtheilungen beruht, gehen aus diesen gesetzlichen Bestimmungen und den denselben voraufgegangenen Verhandlungen nicht hervor, sie sind daher aus dem ganzen Zusammenhange der Novellen und aus dem sonst ersichtlichen Zwecke der Vorschrift abzuleiten.

Es ist nun zwar richtig, wie der App.-Richter annimmt, daß die Vorschrift des § 59 cit. ihren Grund darin hat, daß nach dem durch die Novellen eingeführten Verfahren der erkennende Richter seine Ueberzeugung von der Schuld oder Nichtschuld des Angeklagten aus dem Gesammtresultate der vor ihm stattgehabten Verhandlungen schöpfen soll, und daß es eine größere Garantie für die Richtigkeit seiner Entscheidung gewährt, wenn dieselbe in einer möglichst kurzen Frist nach der stattgehabten Verhandlung, also zu einer Zeit erfolgt, zu welcher präsumtiv der Totaleindruck der Verhandlungen noch nicht geschwächt, sondern noch ein vollkommen reger und lebendiger ist. Auch ist die ratio legis noch ferner in dem allgemeinen Interesse zu suchen, welches für den Staat sowohl als auch für den Angeklagten an einer raschen und prompten Strafrechtspflege überhaupt vorwaltet.

Wenn nun auch dem App.-Richter zuzugeben ist, daß diese Motive des Gesetzes der öffentlichen Ordnung angehören, so ist gleichwohl der Schlußfolgerung desselben nicht beizutreten, daß deshalb die gedachte Vorschrift zu den wesentlichen Prozeßvorschriften zu rechnen sei, deren buchstäbliche Erfüllung die Gültigkeit des Urtheils und des demselben voraufgegangenen Verfahrens bedinge. Denn jede Vorschrift im Kriminalprozesse ohne Ausnahme und insbesondere auch die sogenannten bloß reglementarischen, gehören der öffentlichen Ordnung an, weil sie eben Regeln sind, deren Befolgung der Gesetzgeber dem erkennenden Richter vorzuschreiben für erforderlich hielt, um mit Hülfe derselben den obersten Zweck einer jeden Kriminalprozedur möglichst zu erreichen, der vorzugsweise in der sichersten Ermittelung materieller Wahrheit beruht. Kann also der Umstand, daß eine Prozeßvorschrift der öffentlichen Ordnung angehört, für sich allein den Maaßstab für deren Wesentlichkeit im Sinne des Art. 108 a. E. nicht abgeben, so muß die letztere aus dem Wesen der Vorschrift selbst und aus ihrem Zusammenhange mit dem ganzen Systeme hergeleitet werden, auf welchem die Prozedur beruht.

Was nun zunächst die Wortfassung der gedachten Vorschrift sowohl in dem § 59, als auch im Art. 32 des Ges. v. 3. Mai 1852 — soweit derselbe den erstern Paragraphen modifizirt — betrifft, so läßt dieselbe keinesweges erkennen, daß der Gesetzgeber einen so hohen Werth auf die Beobachtung derselben gelegt hat, daß er hiervon die Gültigkeit des ergehenden Urtheils abhängig machen zu müssen glaubte. Dies ergiebt sich daraus, daß der achttägige Termin zur Urtheilsverkündigung als ein peremtorischer nicht bezeichnet; daß für die schriftliche Abfassung der Urtheilsgründe ungeachtet deren unverkennbarer Wichtigkeit keine Frist vorgeschrieben; daß auf die Nichtbeobachtung der fraglichen Vorschrift die Strafe der Nichtigkeit des Urtheiles und des Verfahrens nicht angedroht, ja nicht einmal Vorsehung für diejenigen Fälle getroffen ist, in denen, wie hier, ohne irgend welches Verschulden von Seiten des erkennenden Richters durch äußere unabwendbare Umstände die Unmöglichkeit eintritt, der gesetzlichen Anordnung zu genügen.

Eine Veranlassung hierzu hätte um so näher gelegen, wenn man die Quelle in Betracht zieht, aus welcher die Vorschrift offenbar hervorgegangen ist; diese Quelle ist nämlich sowohl in der rheinischen Kriminalprozeß-Ordnung (Art. 153 und 190 das.), als auch in der Vdn. v. 1. Juni 1833 über den Mandats- 2c. Prozeß zu suchen; obgleich nun aber in den bezogenen Artikeln der rheinischen Kriminalprozeß-Ordnung die fragliche Vorschrift viel präciser, als im § 59 cit. geschehen, und in ganz imperativer Weise ausgesprochen ist, so hat gleichwohl die französische, wie rheinische, Doktrin und Praxis diese Bestimmung nicht für so wesentlich erkannt, daß sie ein, in einem späteren, als dem gesetzlich vorgeschriebenen Stadium publizirtes, Urtheil für nichtig erachtet hätte, und doch hat nach dem dortigen Prozeßverfahren der erkennende Richter ebenfalls, ohne an eine Beweistheorie gebunden zu sein, seine Ueberzeugung von der Schuld oder Nichtschuld des Angeklagten nur aus den vor ihm stattgehabten Verhandlungen zu schöpfen.

Die Verordnung über das Verfahren in Civilsachen v. 21. Juli 1846 hat sogar im § 12 die im § 29 der Vdn. v. 1. Juni 1833 enthaltene Vorschrift ausdrücklich dahin modifizirt, daß der erkennende Richter nach Umständen die achttägige Publikationsfrist verlängern kann. Es würde jedenfalls unvermeidlich gewesen sein, der nicht selten vorkommenden Fälle zu gedenken, in denen unvermeidliche Hindernisse die Publikation des Urtheiles in der achttägigen Frist unmöglich machen; es würde nahe gelegen haben, hierbei die Fälle zu unterscheiden, in denen in der achttägigen Frist das Urtheil wenigstens berathen und beschlossen worden, und jene, in denen auch dies unausführbar gewesen.

Von alle dem besagt aber die Verordnung nichts, und es erscheint also die Vorschrift nur als eine sogenannte reglementarische Dienstanordnung, durch welche den Gerichten ein rascher und geregelter Geschäftsgang hat vorgezeichnet werden sollen.

Dahin führt auch die Betrachtung, daß innere Gründe dafür nicht sprechen, daß der Gesetzgeber die gedachte achttägige Frist als eine peremtorische habe hinstellen wollen. Dies würde sich nur dann annehmen lassen, wenn man unterstellen wollte, der Gesetzgeber habe eine gesetzliche Präsumtion dahin aufzustellen beabsichtigt, daß nach Ablauf von acht Tagen der erkennende Richter keine so lebendige und vollständige Erinnerung an die vor ihm stattgehabten Verhandlungen mehr haben könne, daß ein zuverlässiges, die Interessen der Parteien sicherndes, Urtheil sich erwarten lasse.

Allein gegen die Absicht, eine solche Präsumtion aufstellen zu wollen, spricht nicht nur, wie bereits bemerkt, die Fassung des § 59 im Allgemeinen, sondern auch der Umstand, daß erfahrungsmäßig das Gedächtniß und die Erinnerungsfähigkeit nach der Individualität der einzelnen Person — hier des erkennenden Richters — sehr verschieden ist.

Von der Bestimmung der achttägigen Frist konnte also der Gesetzgeber unmöglich sich als sicheres Resultat die Zuverlässigkeit der ergehenden Urtheile versprechen; daß dieser Gedanke aber auch wirklich für den Gesetzgeber der maaßgebende nicht gewesen ist, ergiebt sich daraus, daß nach den

Art. 29 und 30 des Ges. v. 3. Mai 1852 es dem Richter unbenommen ist, zur Vervollständigung der Verhandlung, zur bessern Vorbereitung der Vertheidigung rc. eine Vertagung der Sache anzuordnen. Nun ist aber nirgends vorgeschrieben, oder auch nur angedeutet, daß in dem neuen Termin, und wenn er auch, wie dies gewöhnlich der Fall sein wird, erst mehrere Wochen später stattfinden kann, — die sämmtlichen Beweise reproduzirt werden müßten, welche in dem ersten Termine bereits aufgenommen worden waren; und dennoch bildet die erste, in dem wochenlang vorher abgehaltenen Termine stattgehabte Beweisaufnahme zusammen das Material, aus welchem der erkennende Richter seine Ueberzeugung zu schöpfen hat. Eine solche Prozedur, vorausgesetzt, daß immer dieselben Mitglieder des Gerichts dabei mitwirken, hat die Praxis stets als eine zulässige und regelrechte anerkannt.

Die entgegengesetzte Ansicht würde aber gerade den Hauptzweck des Gesetzes, die Erreichung einer möglichst raschen und prompten Strafrechtspflege, vereiteln; denn der Fall, daß die Urtheilsverkündigung nicht sofort nach Beendigung der Verhandlungen erfolgen kann, wird der Natur der Sache nach am häufigsten dann eintreten, wenn es sich um eine recht weitläufige Untersuchung handelt, bei der die große Masse des Beweismaterials sich vom erkennenden Richter nicht rasch vollständig übersehen läßt. Soll in einem solchen Falle, wenn, wie hier, die Urtheilspublikation durch unabwendbare Umstände in der achttägigen Frist verhindert wird, oder wenn eine Vervollständigung der Untersuchung für nothwendig erachtet und deshalb ein anderweiter Schlußtermin anberaumt wird, — die ganze Prozedur nochmals von vorn anfangen, also das ganze umfangreiche Beweismaterial wieder beigebracht werden, so würde dies, ganz abgesehen von einem unnützen Aufwande an Kosten und Arbeitskräften, eine wochen- und monatelange Verzögerung der Prozedur herbeiführen, die dem letzten Zweck einer jeden Kriminalprozedur, nämlich möglichst sicherer Ermittelung der materiellen Wahrheit, nur Eintrag thun, die Erreichung jenes Zweckes aber nie befördern könnte.

Kann daher in dieser Hinsicht die Garantie für die Zuverlässigkeit der ergehenden Erkenntnisse nur in der Gewissenhaftigkeit und Pflichttreue des erkennenden Richters gefunden werden, so muß es dieser Gewissenhaftigkeit auch anheim gegeben sein, zu prüfen, ob er bei längerer unvermeidlicher Verzögerung der Urtheilspublikation sich noch eines so lebendigen Eindrucks der vor ihm stattgehabten Verhandlungen bewußt ist, daß er sich mit Sicherheit über das Resultat derselben aussprechen kann, oder ob er eine Wiederholung der Verhandlungen für nothwendig erachtet.

Ein Mißbrauch dieses in den Richter gesetzten Vertrauens läßt sich von vorn herein nicht erwarten, es würde aber auch einem solchen, wenn er hervorträte, im Aufsichtswege begegnet werden können, und äußersten Falls bliebe den App.-Gerichten, wenn sie wegen zu langer Frist zwischen der Verhandlung und der Urtheilspublikation erhebliche Bedenken gegen die Richtigkeit der thatsächlichen Feststellungen haben sollten, das gesetzliche Mittel immer noch unbenommen, die Beweisaufnahme vor sich wiederholen zu lassen.

Wenn es daher auch richtig ist, daß es, wie der App.-Richter mit Recht angenommen, auf die Verzichtleistung des Angeklagten und seines Vertheidigers, sowie der StA.-schaft auf die, wie vermeint wurde, aus dem § 59 cit. herzuleitende Einrede der Nichtigkeit nicht ankommen konnte, — so beruht doch die Annahme des App.-Richters, daß die in dem beregten Paragraphen enthaltene Vorschrift eine so wesentliche sei, daß die Nichtbeachtung derselben die Nichtigkeit des ergehenden Urtheils zur Folge haben müsse, auf einer unrichtigen Auffassung und Auslegung des Gesetzes.

Antr. des GStA.s: entg. [15. — 4.]

Gründe. — Natur derselben. — Nichtigkeit.

Ein Erkenntniß ist nichtig, wenn aus demselben nicht zu ersehen ist, ob die entscheidende Frage aus thatsächlichen oder aus rechtlichen Gründen gelöst worden ist.

Ges. v. 3. Mai 1852 Art. 31 [vgl. dort n. 26]; Art. 13 [vgl. dort n. 2].

Erk. (V. I.) v. 13. Dez. 1861 c. Mehrmann (1078. I. Cr.).

Der App.-Richter beschränkt sich darauf, ganz allgemein auszusprechen, „daß nach den Aussagen des B. nicht für festgestellt angenommen werden könne, daß die Thätigkeit der Angeklagten eine gewerbsmäßige gewesen, wie sie § 26 des Hausirregulativs voraussetzt," ohne dies thatsächlich oder rechtlich zu begründen. Es ergiebt sich also nicht, ob der App.-Richter die Frage, welche er selbst für entscheidend erklärt, aus thatsächlichen oder rechtlichen Gründen verneint hat. Das Urtheil des App.-Richters entzieht sich auf diese Weise gänzlich der Kritik des OTr.s, was im vorliegenden Falle um so weniger zulässig war, als der Begriff einer gewerbsmäßigen Thätigkeit im Sinne des § 26 cit. keineswegs rein thatsächlicher Natur ist.

A. d. Gr. Vernichtung 2c.

Antr. des GStA.s: gleichl. [18. — 4.]

Fälschung. — Blankett. — Wechselaccept. — Ausfüllung.

Die unbefugte Ausfüllung eines Blanketts (z. B. eines Blankoaccepts) kann möglicher Weise auch so erfolgen, daß über oder neben die Unterschrift eine an sich selbstständige, von einem Dritten unterschriebene Urkunde geschrieben wird.

StGB. § 248 [vgl. dort n. 6; und oben S. 84].

Erk. (Z. I.) v. 13. Dez. 1861 c. Jacob (1115. I. Cr.).

J. war von den Geschwornen schuldig befunden worden: in der Absicht, sich Gewinn zu verschaffen, ein von dem 2c. Bublitz mit der Unterschrift: „angenommen, C. Bublitz" versehenes Wechselformular, wissend, daß dasselbe von einem Andern zu einem vollständigen Wechsel über 110 Thlr. ausgefüllt war, durch Hinzufügung seines

Namens als Ausstellers und Indossanten ohne Wissen und Willen des B. ausgefüllt, und von dem so angefertigten Wechsel zum Zwecke der Täuschung Gebrauch gemacht zu haben. Aus § 248. 250 des StGB.s verurtheilt, ergriff er die NB. und machte geltend: § 248 sei zu Unrecht angewendet, weil gegen ihn nichts weiter feststehe, als daß er seinen Namen nicht über die Unterschrift des B., sondern unter einen bis auf die Unterschrift fertigen Wechsel an die dazu bestimmte Stelle gesetzt habe, wozu er durch das bereits darauf befindliche Accept eines Andern berechtigt gewesen sei, und weil es überhaupt nicht als „Ausfüllung" angesehen werden könne, wenn über oder unter die Unterschrift eines Andern eine ganze, selbstständig unterzeichnete Urkunde gesetzt werde. Zurückweisung.

Gründe:

In den im Verdikt enthaltenen thatsächlichen Feststellungen liegen unzweifelhaft alle im § 248 l. c. erforderten Kriterien einer Urkundenfälschung. Denn es ist vollständig gleichgültig, ob die in der angegebenen Weise mißbrauchte Unterschrift des vorgeblichen Acceptanten des Wechsels unter oder — wie Angeklagter behauptet — neben dem ausgefüllten Wechsel steht, da durch die wider Willen des Andern erfolgte Ausfüllung des Wechselformulars der erschlichenen und mißbrauchten Unterschrift des Andern der Sinn und die Bedeutung eines Wechselacceptes gegeben werden sollte, und da, wenn keine betrügliche Anfertigung des Wechsels stattgehabt hätte, die Unterschrift des B. mit dem Worte „angenommen" auch wirklich den Werth eines vollkommen gültigen Wechselacceptes gehabt haben würde.

Eben so gleichgültig ist es aber auch, ob die Ausfüllung des mit der Unterschrift des B. versehen gewesenen Papiers in der Art erfolgte, daß über diese Unterschrift nur einzelne Worte oder einzelne Sätze in der Absicht geschrieben wurden, daß die Unterschrift des B. als die Unterschrift der fälschlich angefertigten Urkunde sich darstellen sollte, oder ob die Fälschung dadurch begangen wurde, daß über oder neben die Unterschrift des B. eine an sich selbstständige, von einem Dritten — hier dem Angeklagten — unterzeichnete Urkunde geschrieben wurde, da durch diese selbstständige, wider den Willen des B. auf das mißbrauchte

Papier gesetzte, Urkunde, nämlich durch den gezogenen Wechsel, der darauf befindlichen Unterschrift des B. erst die Bedeutung und der Werth eines Wechselaccepts gegeben, folglich dem B. durch Mißbrauch seiner erschlichenen Unterschrift eine durch diese bekräftigte kontraktliche Verpflichtung auferlegt werden sollte, die letzterer weder übernommen hatte, noch zu übernehmen Willens war.

Wenn hierbei von der NB. noch insbesondere hervorgehoben wird, daß der Angeklagte nach Inhalt des Verdiktes nur seinen Namen unter die im Uebrigen bereits fertige Urkunde gesetzt, und zwar an die dazu bestimmte Stelle gesetzt habe, und daß er hierzu durch das bereits früher auf das Wechselformular geschriebene Accept des B. sogar berechtigt gewesen sei, so sind diese Anführungen völlig unzutreffend. Denn eines Theils fügte der Angeklagte nach Inhalt des Verdikts dem wider den Willen des B. ausgefüllten Wechselformular, wissend, daß die Ausfüllung wider den Willen des B. erfolgt war, seine Unterschrift als die des Wechselausstellers bei, wodurch die ausgefüllte Schrift gesetzlicher Bestimmung nach erst zum Wechsel wurde; seine Unterschrift vollendete also die betrügliche Ausfüllung des Wechselformulars; daß Angeklagter seinen Namen an die dafür bestimmte Stelle schrieb, vollendete also gerade die beabsichtigte Fälschung, ganz abgesehen davon, daß die Stelle zur Unterschrift nicht von dem ꝛc. B., sondern von demjenigen hierzu bestimmt worden war, der bereits in betrüglicher Weise den übrigen Context des Wechsels ausgefüllt hatte, und von einer Ermächtigung des Angeklagten zum Unterzeichnen seines Namens kann um deswillen keine Rede sein, weil nach Inhalt des Verdiktes B. eben kein Wechselaccept hatte ausstellen wollen, seine in anderer Absicht abgegebene Unterschrift vielmehr wider seinen Willen hierzu mißbraucht worden ist, was dem Angeklagten bekannt war.

Antr. des GStA.s: gleichl. [14.—4.]

Urkunde. — Dorfschulze. — Beglaubigung einer Unterschrift.

Die Beglaubigung einer Unterschrift durch den Dorfschulzen ist nicht als eine öffentliche Urkunde zu betrachten.

StGB. § 251 Nr. 2 [dort einzutr. als n. 17 a]; AGO. I, 10 § 129; ALR. II, 7 § 46 ff. 82.

Erk. (S. I.) v. 18. Dez. 1861 c. Maschorreck (864. I. Cr.).

Die höhere Strafe des § 251 StGB. tritt nach Nr. 2 unter Anderem dann ein, wenn Urkunden Gegenstand der Fälschung sind, welche von inländischen Beamten oder von solchen Personen, welche nach den Gesetzen des Inlandes öffentlichen Glauben haben, aufgenommen, ausgefertigt oder beglaubigt werden. In welchen Fällen der Beamte bei Abfassung der Urkunde öffentlichen Glauben hat, oder, wann die Urkunde als eine öffentliche zu betrachten, wird durch das Civilrecht in den §§ 124 ff. I, 10. AGO. bestimmt und hier ist in dem § 129 die Vorschrift enthalten, daß Urkunden, welche zwar nicht von Gerichtspersonen, aber von andern in Eid und Pflicht stehenden Offizianten aufgenommen werden, unter gewissen Voraussetzungen als öffentliche außergerichtliche Urkunden zu betrachten sind, wenn sie Angelegenheiten zum Gegenstande haben, welche ihr Amt unmittelbar betreffen. Das ALR. bezeichnet in den §§ 46 ff. II, 7. den Geschäftskreis der Dorfschulzen, führt aber die Beglaubigung von Unterschriften darin nicht auf, giebt vielmehr im § 82 den speziellen, hier nicht vorliegenden Fall an, in welchem eine bloße Beglaubigung durch die Dorfgerichte, zu welchen außer dem Schulzen noch die Schöffen und der Gerichtsschreiber gehören, stattfinden kann.

Antr. des GStA.s: gleichl. [13.—2.]

Gewerbsunzucht. — Identität der Handlung.

Die Anklage wegen Gewerbsunzucht umfaßt das ganze unzüchtige Treiben; es ist daher statthaft, in zweiter Instanz andere Einzelfälle zum Gegenstande der Verfolgung zu machen, als in erster Instanz geltend gemacht waren.

StGB. § 146 [vgl. dort n. 7].

Erk. (B. I.) v. 18. Dez. 1861 c. Braun gen. Kräftzig (1038. I. Cr.).

Der Pol.-Anwalt hatte gegen die B. die Ankl. wegen Gewerbsunzucht erhoben und in der Anklageschrift hervorgehoben, daß sie mit dem ꝛc. K. wiederholt gegen Bezahlung den Beischlaf vollzogen habe. Gegen das wegen Mangels des Beweises freisprechende Erk. erster Instanz appellirte derselbe, und machte hier verschiedene andere Fälle geltend, in welchen sich die Angeklagte andern Männern gegen Bezahlung Preis gegeben habe. Diese Thatsachen erachtete das App.-G. für erwiesen, sprach aber dennoch frei, weil die Anklage nur die Unzucht mit dem ꝛc. K. zum Gegenstande habe, und die Untersuchung über diese Grenze hinaus nicht erstreckt werden dürfe. Auf die NB. des OStA.s ist dieses Erkenntniß vernichtet und die Sache zur neuen Verhandlung in die zweite Instanz zurückverwiesen worden.

Gründe:

Das zur Anklage gebrachte Vergehen bestehet in einem polizeiwidrigen Hurengewerbe. Dasselbe äußert sich nicht schon in einem einfachen Preisgeben gegen Entgelt an eine oder die andere bestimmte Person, sondern es muß eine solche Hingebung als Gewerbe, den polizeilichen Anordnungen zuwider, getrieben werden. Mit welchen Personen dieses geschieht, ist gleichgültig, nothwendig nur, daß es geschieht und bewiesen wird. Die Anführung einzelner Fälle dient also nur zur Substantiirung und für den Beweis der Anklage; es könnte zuweilen unthunlich sein, bestimmte Personen nachzuweisen, und dennoch möglich sein, den gewerbsmäßigen Umgang eines Frauenzimmers mit Mannspersonen darzuthun. Hierin liegt also der Kern der Anklage auf Grund des § 146. Sie muß dafür freilich Material liefern, aber der Thatbestand knüpft sich nicht nothwendig an das Verhalten zu einer oder der andern bestimmten Person. Es muß deshalb auch eine Ergänzung des thatsächlichen Materials sowohl in erster als in zweiter Instanz zugelassen, und deshalb bei der endlichen Feststellung mitberücksichtigt werden. Für die Anklage wegen gewerbsmäßiger, also andauernder oder doch begonnener andauernder Unzucht gegen Entgelt erscheinen die einzelnen Fälle der Ausübung nur als die näheren Umstände derselben, wobei dann Art. 30 und 101 des Ges. v. 3. Mai 1852 maaßgebend sind.

Antr. des GStA.s: gleichl. [17.—2.]

Zeuge. — Denunziantenantheil. — Glaubwürdigkeit.

Der Instanzrichter kann auch einen solchen Zeugen, welcher einen Denunziantenantheil erhält, für glaubwürdig erachten.

Vdn. v. 3. Jan. 1849 § 22 [vgl. dort n. 39].

Erk. (Z. I.) v. 18. Dez. 1861 c. Müller (1088. I. Cr.).

Der App.-Richter nimmt allerdings an, daß der Ober-Zollinspector T. einen Denunziantenantheil erhält, erachtet jedoch die amtseidliche Aussage desselben für glaubwürdig. Die Glaubwürdigkeit eines Zeugen unterliegt aber wesentlich der Beurtheilung des Richters der That, dessen Ermessen in dieser Beziehung mit der NB. nicht angefochten werden kann, es wäre denn, daß dem Richter hierbei ein Rechtsirrthum zur Last fiele, was hier nicht der Fall ist.

Antr. des GStA.s: gleichl. [18.—2.]

Eröffnung der polizeigerichtlichen Untersuchung. — Ablehnung. — Beschwerde. — Frist.

Die Beschwerde gegen einen die Eröffnung einer polizeigerichtlichen Untersuchung ablehnenden appellationsgerichtlichen Beschluß ist im gewöhnlichen Wege zu erledigen; sie muß daher innerhalb der Präklusivfrist beim Ober-Tribunal selbst angebracht werden.

Vdn. v. 3. Jan. 1849 § 12 [vgl. dort n. 1]; Ges. v. 3. Mai 1852 Art. 129 [vgl. dort n. 10. 11].

Erk. (Z. I.) v. 18. Dez. 1861 c. Margott (1117. I. Cr.).

Gegen den Beschluß, durch welchen das Kammergericht die Eröffnung einer polizeigerichtlichen Untersuchung abgelehnt hatte, ergriff der OStA. mit ministerieller Ermächtigung die „Nichtigkeitsbeschwerde," welche er beim Gerichte erster Instanz einreichte. Dieses veranlaßte die Instruktion des gedachten Rechtsmittels, und bewirkte sodann die Einsendung an das OTr., bei welchem die Akten aber erst nach Ablauf der sechswöchentlichen Frist des Art. 129 eingingen. Das OTr. hat das Rechtsmittel als „Beschwerde" aufgefaßt und als „verspätet" zurückgewiesen.

Gründe:

Der OStA. hat mit Genehmigung des Justizministers über die Verfügungen des Forstrichters beim Kgl. KG. zu T. v. 2c. und des Kriminalsenats des Kgl. Kammergerichts v. 3. Sept. 1861, durch welche eine wider den 2c. M. wegen einer Forstkontravention erhobene Anklage zurückgewiesen ist, Beschwerde geführt. Diese Beschwerde ist vom OStA. unrichtig NB. genannt, und als solche auch vom Gericht erster Instanz behandelt, anscheinend weil das Präj. Nr. 251 (Pl.-Beschl. v. 26. April 1858 c. Lübbert; JMBl. S. 238 [Oppenhoff Strafverf. Art. 139 n. 10]), mißverstanden ist, welches sich nur auf Beschwerden bezieht gegen Verfügungen, durch welche der Rekurs in Gemäßheit des § 169 der Vdn. v. 3. Jan. 1849 ohne kontradiktorisches Verfahren zurückgewiesen ist. Im vorliegenden Fall handelte es sich aber um eine nach Maaßgabe des § 12 der cit. Vdn. von der StA.-schaft erhobene Beschwerde gegen den Beschluß, durch welchen der Antrag auf Eröffnung einer Untersuchung zurückgewiesen war, welche im gewöhnlichen Wege zu erledigen, also auch beim OTr. unmittelbar rechtzeitig selbst dann anzubringen ist, wenn die Beschwerde, weil es sich um eine Uebertretung handelt, nur in Gemäßheit des Art. 129 des Ges. v. 3. Mai 1852 mit ausdrücklicher Ermächtigung des Justizministers erhoben werden kann, in welchem Fall statt in der gewöhnlichen, im § 13 l. c. vorgeschriebenen zehntägigen präklusivischen Frist die Beschwerde beim OTr. unmittelbar innerhalb sechs Wochen nach Bekanntmachung der angefochtenen Verfügung angebracht werden muß.

Antr. des GStA.s: gleichl. [18. — 2.]

Geistlicher. — Hinverweisung auf den Amtseid.

Bei den als Zeugen vernommenen Geistlichen kann in Sachen, welche ihr Amt unmittelbar betreffen, die Verweisung auf den Amtseid die Vereidung ersetzen

Cr.-Ordn. § 335 Nr. 2 [einzutr. zur Vdn. v. 3. Jan. 1849 § 55 n. 32 a].

Erk. (Z. I.) v. 18. Dez. 1861 c. Himburg (Schumann u. Gen. 1142. I. Cr.).

Nach dem thatsächlich Mitgetheilten ist der Prediger F. bei der inzwischen verstorbenen verehelichten H. resp. deren Ehemann zu verschiedenen Malen in Ausübung seines Seelsorgeramtes gewesen. Zuerst behufs Ertheilung des heil. Abendmahles. Bei dieser Gelegenheit sind ihm keine Geständnisse abgelegt worden. Etwa acht Tage später ließ ihn die von Gewissensbissen gepeinigte verehelichte H. wieder zu sich kommen, und nunmehr gab sie ziemlich umfassende Bekenntnisse, jedoch, wie der ꝛc. F. versichert, unter dem Siegel des Beichtgeheimnisses ab. Daß die solchergestalt erhaltene Kenntniß des Zeugen unmittelbar sein Amt betraf, kann nach den §§ 75 ff. II, 11. ALR. nicht zweifelhaft sein. Daß unter diesen Umständen und in Folge der allegirten Gesetze der ꝛc. F. durch sein Amt verpflichtet war, durch fortgesetzten geistlichen Zuspruch sowohl die verehelichte H., als auch deren Ehemann, zu bewegen, ihre Verschuldung dem Richter unumwunden zu offenbaren, unterliegt ebenfalls keinem Bedenken. Alles das, was er daher bei seinen späteren Unterredungen in dieser Beziehung bewirkte, ging sein Amt nicht minder unmittelbar an, und man kann deshalb wohl annehmen, daß die Bekräftigung seiner gerichtlichen diesfälligen Aussagen auf seinen Amtseid genügte.

Antr. des GStA.s: gleichl. [20. — 2.]

Fragstellung. — Alternative.

Stellung einer alternativen Frage ist statthaft, wenn durch die so zusammengefaßten Fälle derselbe Thatbestand hergestellt wird.

Ges. v. 3. Mai 1852 Art. 80 [vgl. dort n. 12].

Erk. (Z. I.) v. 18. Dez. 1861 c. Ehrhardt (1148. I. Cr.).

Die Geschwornen hatten die Frage:

Ist die E. schuldig, — — der Unzucht der J. E. mit Mannspersonen durch Gewährung oder Verschaffung von Gelegenheit Vorschub geleistet zu haben, und zwar: a. aus Eigennutz, b. mit dem Umstande, daß die zur Unzucht gebrauchte J. E. ihre leibliche Tochter ist,

dahin beantwortet:

Ja, die Angeklagte ist schuldig, und zwar ad a. und b. mit mehr als sieben Stimmen.

Die NB. der Angeklagten rügte die Zusammenfassung der durch „oder" getrennten Alternativen in einer Frage. Zurückweisung.

Gründe:

Einflußlos ist es, daß die Frage die Alternative „Gewährung oder Verschaffung von Gelegenheit" enthält, und der Wahrspruch nicht hervorhebt, welches von beiden angenommen worden sei, weil der Thatbestand der Kuppelei in jedem Falle erfüllt ist, mag das Eine oder das Andere oder beides zugleich als vorhanden angesehen werden.

Antr. des GStA.s: gleichl. [20. — 2.]

---

1. Weg (Verschönerung). — Beschädigung. — Feldpolizei-Ordnung.

2. Weg (Verschönerung). — Bestimmung. — Erfüllung des Zweckes.

1. Auf die vorsätzliche Zerstörung ꝛc. der zum öffentlichen Nutzen oder zur Verschönerung öffentlicher Wege dienenden Gegenstände findet die Feldpolizei-Ordnung keine Anwendung; vielmehr greift § 282 StGB. Platz, sollte auch nicht feststehen, daß Rachsucht oder Bosheit das Motiv der Handlung gewesen sei.

StGB. § 282 [dort einzutr. als n. 8 a]; FPO. § 42 Nr. 3; 45.

2. Um die Anwendbarkeit des § 282 auf die Beschädigung der an öffentlichen Wegen oder Anlagen aufgestellten Gegenstände zu begründen, genügt es, wenn diese Gegenstände dazu bestimmt sind, um zur Verschönerung zu dienen; es ist gleichgültig, ob sie diese Bestimmung erfüllen.

StGB. § 282 [dort einzutr. als n. 8 b].

Erk. (B. II.) v. 19. Dez. 1861 c. Heinrich (326. II. Cr.)

H. hatte nach der erstrichterlichen Feststellung „— — am Wege von S. nach M. einen Apfelbaum abgehauen, und dadurch einen zur Verschönerung eines öffentlichen Weges dienenden Gegenstand vorsätzlich zerstört und denselben in der Absicht rechtswidriger Zueignung weggenommen." Gleichwohl erachtete der App.-Richter nur den § 42 Nr. 3 der FPO. für zutreffend, weil nach § 45 ibid. die Strafe der Vermögensbeschädigung (§ 282 StGB.) nur da Platz greife, wo aus Rachsucht oder Bosheit gehandelt sei, was hier nicht vorliege; gleichzeitig deutete derselbe an, daß die Annahme: „der Apfelbaum habe zur Verschönerung des Weges gedient," nicht für begründet zu erachten sei. Auf die NB. des OStA.s ist dieses Erk. vernichtet, und die Sache zur nähern thatsächlichen Prüfung in die zweite Instanz zurückverwiesen worden.

Gründe:

In Bezug auf die Bestimmung des ALR. II, 20 Abschn. 5: „über Verletzungen der Ehrfurcht gegen den Staat" § 211, welche demjenigen, der öffentliche Denkmäler, ... Spaziergänge oder andere zum Gebrauche des Publikums bestimmte Werke rc. verunstalte oder beschädige, Strafe drohte (vgl. § 1151. 1188. 1490—1492), hatte die AKO. v. 9. Aug. 1822 (v. Kamptz Jahrb. 21. S. 324) festgesetzt, daß die Strafe jenes § 211 durch die eigennützige Absicht bei dem Frevler nicht ausgeschlossen werde. Dies war namentlich in Bezug auf die Beschädigung (öffentlicher) Alleen ausgesprochen, nachdem früher schon in verschiedenen Provinzialwege-Reglements, z. B. in dem v. 4. Mai 1796 § 10 (Rabe's Sammlung 3. S. 344) angeordnet war, daß, um zu verhindern, daß die an den öffentlichen Wegen anzulegenden Seitengräben durch zu nahes Fahren an diesen beschädigt würden, und um den Reisenden bei Nacht und

Winterszeit den zu befahrenden Weg zu bezeichnen, — also des öffentlichen Nutzens wegen, — mit Bäumen besetzt (vgl. auch ALR. II, 15 § 9), und diejenigen, welche muthwilliger Weise solche an den Wegen gesetzte Bäume verderben und behauen würden, bestraft werden sollten, und nachdem andere Provinzialverordnungen, z. B. die Ostpreußische Forstordnung v. 3. Dez. 1775, Tit. 14 § 7 (Rabe I. S. 128) und die Westpreußische Forstordnung v. 8. Okt. 1805 Tit. 4 § 17. 23. 2 (vgl. Tit. 1 § 33. 37 Rabe 8. S. 388. 363. 364) bestimmt hatten, wie derjenige bestraft werden solle, der Bäume in öffentlichen und Privatalleen ... widerrechtlich beschädige oder abhaue oder selbige entwende, solche Bestimmungen der Forstordnungen jedoch, rücksichts des Holzdiebstahls, durch das Holzdiebstahlsgesetz v. 7. Juni 1821 (im Eingange, GS. S. 89) aufgehoben worden waren. Nachdem weiterhin in der Nr. 19 der zusätzlichen Vorschriften zu dem Chausseegelder-Tarife v. 29. Febr. 1840 (GS. S. 99) die Strafe verschuldeter (fahrlässiger) Beschädigungen von Chausseebäumen, für den Fall, daß die allgemeinen Gesetze keine härtere Strafe vorschreiben, bestimmt war, hatte dann die nach dem Muster des Französischen Ruralgesetzes vom 28. Sept. — 6. Okt. 1791 abgefaßte Feldpolizei-Ordnung v. 1. Nov. 1847, durch welche, wie im Eingange derselben ausgesprochen wurde, dem Landbau ein wirksamerer Schutz gewährt werden sollte und welche in ihren §§ 2 bis 40 von Hütungsfreveln, sowie in den §§ 41 bis 45 von der Bestrafung anderer Feldfrevel (vgl. § 49. 51) handelte, zu diesen Feldfreveln, — außer anderen Entwendungen, z. B. § 41 b; 42 Nr. 5 und 6 — in dem § 43 Nr. 3 das unbefugte Abhauen, Abbrechen oder Beschädigen von Bäumen, welche in ... Alleen ... oder sonst außerhalb eines Forstes stehen ... gerechnet, und im § 45 (vgl. § 14 Abs. 3) bestimmt, daß, wenn in den Fällen der §§ 41 bis 43 eine Beschädigung fremden Eigenthums aus Rache oder Bosheit verübt sei, der Thäter mit den, in den Criminalgesetzen bestimmten strengeren

Strafen (vgl. ALR. II, 20 § 1492) bestraft werden müsse.

Neben diesen Bestimmungen der FPO. blieb, in dem Gebiete des Strafrechts des ALR.s, für die Fälle einer, wenn auch in eigennütziger Absicht geschehenen, Beschädigung der Bäume in Alleen an öffentlichen Wegen durch Abhauen und Wegnehmen derselben die Strafvorschrift des § 211. II, 20. verbunden mit der obengedachten AKO. v. 9. Aug. 1822 dergestalt anwendbar, daß Bäume in öffentlichen Alleen nicht zu den Gegenständen gehörten, deren in eigennütziger Absicht geschehene Wegnahme in der FPO. §§ 41 bis 43 unter Strafe gestellt war, solche Bäume vielmehr zu den im § 211. II, 20. ALR., gegen Beschädigung überhaupt, und daher auch gegen die mit Wegnahme in eigennütziger Absicht erfolgende Beschädigung, unter besondern Schutz gestellten Gegenständen gehörten.

Einige Strafbestimmungen der FPO. wurden hiernächst in das StGB. aufgenommen; so namentlich, ohne selbige jedoch ganz zu beseitigen, § 42 Nr. 6 in das StGB. § 349 Nr. 3. An die Stelle des § 1492. II, 20. ALR. trat dagegen der § 281 StGB., und an die Stelle des § 211. II, 20. ALR. der § 282 StGB., wobei, was diesen letzteren betrifft, nach dem Komm.-Ber. der zweiten K. S. 142 zu § 256 des Entwurfes die Fassung des letzteren zu dem Zwecke geändert worden war, um hier auch Baumfrevel, nämlich die Beschädigung von Bäumen, welche zum öffentlichen Nutzen oder zur Verschönerung öffentlicher Anlagen gereichen und die Beschädigung von Wegen unter Strafe zu stellen.

Hiernach mußten daher gleichfalls neben den Bestimmungen der FPO. die §§ 281 ff., und namentlich für die letztgedachten Gegenstände der § 282 StGB. Anwendung finden, wie denn jenes auch bei den Berathungen über den Art. III des Ges. v. 22. Mai 1852 (GS. S. 250) anerkannt wurde (Komm.-Ber. der ersten K. Nr. 289 S. 5. 6). Nachdem sodann an die Stelle des Holzdiebstahls-Gesetzes

v. 7. Juni 1821 das v. 2. Juni 1852 getreten und in diesem (§ 50) ausgesprochen war, daß durch dasselbe die in der FPO. mit Strafe bedrohten Uebertretungen, soweit sie nicht nach § 1 des Ges. v. 2. Juni 1852 unter die Bestimmungen dieses Gesetzes fielen, nicht berührt würden, hat das Ges. v. 13. April 1856 (GS. S. 205) Abänderungen der FPO. getroffen, während das gleichzeitig zur Berathung gekommene Ges. v. 14. April 1856 (GS. S. 210) auch hinsichts des StGB.s und namentlich hinsichts des § 349 Nr. 3 desselben, sowie in Bezug auf beide Gesetze (zu dem Einf.=Ges. v. 14. April 1851) das Ges. v. 14. April 1856, Art. I § 3 (GS. S. 209) solche Aenderungen traf.

Jenes, die Abänderung der §§ 41 bis 46 der FPO. betreffende Ges. v. 13. April 1856 hat die Auffassung der Bestimmungen der FPO. und deren Verhältnisses zu den Vorschriften des StGB.s beseitigen sollen, welche in den Erkenntnissen des OTr.s v. 12. Jan. 1853 (JMBl. S. 172), sowie in den Erkenntnissen v. 8. Febr. 1854 (JMBl. S. 151) und v. 10. März 1854 (G. A. 2. S. 417) [Oppenh. StGB. § 225 n. 83] ausgesprochen war. Es soll danach der § 42 Nr. 3 der FPO. neuer Fassung nicht nur beim Abhauen oder Abbrechen in Gärten ꝛc. oder sonst außerhalb eines Forstes stehender Bäume, sondern auch beim Ausreißen oder Ausroden solcher Bäume mit der Wurzel zur Anwendung kommen; es sollen ferner danach (§ 45. Abs. 2) da, wo das unbefugter Weise erfolgte, mit Wegnehmen verbundene Abhauen ꝛc. solcher Bäume in gewinnsüchtiger Absicht stattgefunden hat, die Strafen des Diebstahls eintreten; es soll also die Anwendbarkeit der (nur Feldfrevel mit Strafe bedrohenden) Vorschriften der FPO. durch eigentlich diebische Absicht, mit welcher gehandelt worden ist, allerdings ausgeschlossen werden; vgl. Motive in G. A. 3. S. 862. 863, und Landtags=Verhandll. 4. S. 143 ff.; vgl. auch S. 126. 127; Instr. v. 1. Juli 1856 Art. 4 (JMBl. S. 199). Durch diese und die sonst in dem Ges. v. 13. April 1856 getroffenen Abänderungen der FPO., namentlich auch des

§ 45, sowie durch die des StGB.s (§ 349) blieb aber der § 282 StGB. und sein Verhältniß zu den Bestimmungen der FPO. völlig unberührt. Der Grundsatz, welchen der § 45 der FPO. aussprach, daß nämlich da, wo von den verschiedenen Motiven, aus welchen, oder den verschiedenen Zwecken, zu welchen in den Fällen der §§ 41—43 gehandelt worden, und namentlich das unbefugte und insbesondere das mit demnächstiger Wegnahme verbundene unbefugte Abhauen eines Baumes geschehen kann, — bloßer Muthwille oder Leichtsinn, Rache oder Bosheit, vorübergehende Gebrauchszwecke (vgl. z. B. Westpreuß. Forstordnung vom 8. Okt. 1805 Tit. I § 37 Satz 3; Tit. IV § 17; Rabe 8. S. 364. 387), eigennützige und insbesondere diebische Absicht — Rache oder Bosheit als Motiv bei der Beschädigung obgewaltet habe, die strengeren Strafen der Criminalgesetze zur Anwendung kommen sollen, ist in den ersten Satz des § 45 der FPO. v. 13. April 1856 dahin übernommen:

daß, wenn in den Fällen der §§ 41 bis 43 eine Beschädigung fremden Eigenthums aus Rache oder Bosheit verübt ist, den Thäter die Strafe der Vermögensbeschädigung trifft,

und wenn sodann der zweite Satz eben dieses § 45 (neuer Fassung) bestimmt hat:

daß, wenn in den Fällen §§ 41 bis 43 eine Wegnahme in gewinnsüchtiger Absicht stattgefunden hat, die Strafen des Diebstahls zur Anwendung kommen,

so ist hierdurch und durch jene neue Fassung des ersten Satzes des § 45 das Verhältniß der Bestimmungen der FPO. zu denen des StGB.s §§ 281 bis 283 nicht ein anderes geworden, als es vor Erscheinung des Ges. vom 13. April 1856 war.

Es ist dadurch nicht bestimmt, daß, wo eine vorsätzliche Beschädigung und resp. ein in der Absicht rechtswidriger Aneignung geschehenes Wegnehmen solcher Gegenstände, wie sie der § 282 StGB. aufführt, namentlich solcher, welche zum öffentlichen Nutzen oder zur Verschönerung öffentlicher Wege oder Anlagen dienen, — mit Einschluß von Bäumen an öffentlichen Wegen, — stattgefunden hat, jene Beschädigung nur dann der Strafe der Vermögensbeschädigung (§ 282 StGB.) unterliege, wenn als Motiv der Handlung Rache oder Bosheit festgestellt wird, und resp. daß diese in der Absicht rechtswidriger Aneignung geschehene Wegnahme nur dann der Strafe des Diebstahls unterliege, wenn auch festgestellt wird, daß sie in gewinnsüchtiger Absicht stattgefunden habe.

Vielmehr gehören die im § 282 StGB. bezeichneten Gegenstände zu den besonders befriedeten, unter besonderen Schutz gestellten Gegenständen, auf welche die FPO. keinen Bezug hat (vgl. Erk. v. 5. Sept. 1856 c. Kuba; G. A. 4. S. 851), sie gehören nicht zu den Sachen, deren Wegnahme, — wie es in dem Ges. v. 14. April 1856 Art. I § 3 heißt, — in den §§ 41 bis 43 der FPO. unter Strafe gestellt ist. Wenn nun der App.-Richter die Feststellung: „daß der in Rede stehende Baum in einer Allee an einem öffentlichen Wege stand und von dem Angeklagten in der Absicht, sich denselben rechtswidrig zuzueignen, umgehauen und weggenommen sei," nicht geändert, aber zur Motivirung des ersten Erkenntnisses angegeben hat:

„Der Holzwerth des gedachten Baumes, der bei der Entwendung nur in Berücksichtigung gezogen werden könne, sei als ein geringer zu achten und ein Umstand, daß der Angeklagte die Entwendung aus gewinnsüchtiger Absicht vorgenommen habe, nicht dargethan; deshalb finde auf die Thathandlung des Angeklagten lediglich § 42 Nr. 3 (vgl. § 45) der FPO. Anwendung; sei dies aber der Fall, so könne den Angeklagten nach § 45 der FPO. die Strafe der Vermögensbeschädigung nur dann treffen, wenn er dieselbe, — wofür jedoch nicht der mindeste Anhalt vorliege, — aus Rache oder Bosheit verübt hätte. Für Beschädigung von Alleebäumen, wie sie hier vorliege, sei die Feldpolizei-Ordn. um so mehr maaßgebend, als darin nirgend zwischen öffentlichen und Alleen in Privatanlagen unterschieden werde und als grade die §§ 41—46 der FPO. aus dem Ges. v. 13. April 1856 entnommen, mithin dem StGB. gegenüber als neuere Bestimmungen anzusehen seien. Abgesehen davon könne aber auch nicht von jedem Obstbaume an einem öffentlichen Kommunikationswege ohne Weiteres angenommen werden, daß er ein Gegenstand sei, welcher „zum öffentlichen Nutzen oder zur Verschönerung öffentlicher Wege oder Anlagen diene," denn was insbesondere die Verschönerung anlange, so sei es fraglich, inwiefern bei der sonstigen Beschaffenheit des Weges überhaupt noch von dessen Verschönerung die Rede sein könne, inwiefern eine Allee von Obstbäumen überhaupt zur Verschönerung diene, inwiefern das Wegfallen eines und gerade dieses Baumes die Verschönerung beeinträchtige, — Fragen, zu deren dem Angeklagten nachtheiligen Beantwortung die Anklage auch nicht das mindeste Material liefere;"

so wird zunächst dahin gestellt bleiben können, ob der App.-Richter nicht in dem ersten Theile dieser Argumentation das Verhältniß der Bestimmungen der FPO. § 42 Nr. 3 und § 45, zu denen des StGB.s § 282, nach dem Obigen unrichtig aufgefaßt habe. Denn er hat hiernächst erklärt, davon absehen zu wollen, und also jenen Theil seiner Argumentation wohl nicht als seine Hauptentscheidungsgründe enthaltend angesehen wissen wollen.

In seiner weiteren obigen Argumentation hat aber der App.-Richter den in dem Gesetze vorausgesetzten Begriff von „Gegenständen, welche (zum öffentlichen Nutzen oder) zur Verschönerung öffentlicher Wege oder Anlagen dienen," verkannt. Sind nämlich Gegenstände an öffentlichen Wegen oder Anlagen zu dem Zwecke, um zur Verschönerung zu dienen, aufgestellt worden, — sollten sie ihrer Bestimmung nach hierzu dienen, so kommt es nicht darauf an, ob sie und insbesondere jeder Theil derselben, namentlich auch zu der Zeit, wo sie vorsätzlich zerstört oder beschädigt werden, diese Bestimmung erfüllen, für den Schönheitssinn überhaupt und allgemein ansprechend sind. Hiervon aber geht gleichwohl der App.-Richter aus, indem er, — der Anklage, welche von dem in Rede stehenden Apfelbaum angegeben hatte, daß er in der Allee an dem näher bezeichneten Wege von der Gemeinde S. gepflanzt sei und welche ihn als einen zur Verschönerung eines öffentlichen Weges dienenden Gegenstand bezeichnet hatte, so wie der Eingangs gedachten Feststellung des ersten Richters gegenüber die obigen Fragen aufwirft und dann angiebt, daß zu der dem Angeklagten nachtheiligen Beantwortung dieser Fragen die Anklage nicht das mindeste Material liefere.

Durch solche Verkennung des in dem Gesetze (§ 282. StGB.), vorausgesetzten Begriffs hat der App.-Richter das Gesetz verletzt, was, da Gesetzesverletzung überhaupt gerügt ist, zur Vernichtung seines Erkenntnisses führt.

Antr. des GStA.s: gleichl. [26.—1.]

Kaution. — Zeitschrift. — Neuer Herausgeber.

Die Kautionsbestellung ist eine persönliche Verpflichtung des Herausgebers einer Zeitschrift. Die bestellte Kaution haftet daher nicht ohne Weiteres für einen neuen, die Zeitschrift übernehmenden Herausgeber, dieser muß vielmehr eine neue Kaution bestellen.

Preßges. v. 13. Mai 1851 §§ 11. 16. 18. 42.

Erk. (S. II.) v. 19. Dez. 1861 c. Stein (357. II. Cr.).

In Erwägung, daß in dem angegriffenen Urtheile thatsächlich festgestellt worden ist, daß der Implorant St. das rc. Kreisblatt von dessen früherem Herausgeber D., welcher die vorgeschriebene Kaution bestellt hatte, übernommen und die Herausgabe desselben vier Monate lang fortgesetzt hat, bevor er seinerseits eine Kautionsbestellung bewirkte;

daß, wenn ungeachtet dieser Feststellung die Freisprechung des Angeklagten auf die Erwägung gegründet worden ist, daß die von dem früheren Herausgeber D. bestellte Kaution nach § 16 des Preßges. noch sechs Monate lang für alle vermittelst des betreffenden Blattes verübte oder zu verübende Preßvergehen verhaftet gewesen und durch den Wechsel in der Person des Herausgebers an der Sachlage nichts geändert worden sei, vielmehr der neue Herausgeber nur ein durch Kaution gedecktes Geschäft fortgesetzt habe, — diese Auffassung des zweiten Richters sowohl mit dem Wortlaute als dem Zwecke des Gesetzes im Widerspruche steht;

daß nämlich nach § 11 l. c. ein Jeder, welcher eine Zeitung herausgeben will, verpflichtet ist, vor der Herausgabe eine näher normirte Kaution zu bestellen, und durch § 42 ibid. derjenige, welcher eine Zeitung verlegt, bevor jene Kaution erlegt ist, mit Strafe bedroht wird;

daß hiernach die Bestellung jener Kaution eine persönliche, durch das Strafgesetz sanktionirte Verpflichtung des Herausgebers in der Weise darstellt, daß die Herausgabe der Zeitung vor Erfüllung dieser Verpflichtung eine strafbare Handlung bildet;

daß auch die Bestimmung des § 16 l. c., wonach die Zurückgabe der Kaution erst nach Ablauf von 6 Monaten von dem Tage angerechnet, an welchem das letzte Blatt der betreffenden Zeitung erschienen, zurückgegeben werden darf, hiermit in vollem Einklange steht, und keinesweges, wie das angegriffene Urtheil anzunehmen scheint, zur Stellung einer zweifachen Kaution für ein und dasselbe Preßerzeugniß führt, indem jene Zurückhaltung der Kaution nur die Bedeutung hat, daß sie für die im Laufe jener 6 Monate ermittelten, aber selbstredend vor derselben bereits verübten Preßvergehen die Exekution sicher stellt;

daß daher im vorliegenden Falle nichts darauf ankommt, daß die von dem früheren Herausgeber bestellt gewesene Kaution noch nicht zurückgefordert worden war, als der Angeklagte die Herausgabe der Zeitung begann, sondern die negativ festgestellte Thatsache, daß jene Kaution weder von ihm, noch für ihn bestellt worden ist, zur Feststellung seiner Strafbarkeit genügt.

A. d. Gr. Vernichtung des Erk.s zweiter Instanz, und Verurtheilung des Angeklagten aus § 42 l. c.

Antr. des GStA.s: gleichl. [22. — 1.]

Appellation. — Frist. — Verhafteter.

Die Frist zur Anmeldung der Appellation ist gewahrt, wenn der verhaftete Angeklagte innerhalb derselben die betreffende Erklärung zu ge-

richtlichem Protokolle abgiebt, sollte dieses letztere auch erst nach dem Ablaufe der Frist bei dem befaßten Gerichte eingehen.

Vdn. v. 3. Jan. 1849 § 126. 127 [einzutr. zu Abschn. IV als n. 54 a].

Erk. (V. I.) v. 20. Dez. 1861 c. Schumann (Kurz u. Gen. 1073. I. Cr.).

Die Angeklagte, welche im Gefängnisse zu O. eine Freiheitsstrafe abbüßte, ward auf eine neue Anklage dem KG. zu N. in der Sitzung v. 26. Juli vorgeführt, und sofort nach der in ihrer Gegenwart verkündeten Verurtheilung nach O. zurückgeführt. Hier meldete sie am 5. Aug. die Appellation zu gerichtlichem Protokolle an, welches sogleich befördert am 6 ej. beim KG. zu N. eintraf. Das AG. erachtete das Rechtsmittel für nicht devolvirt, weil das Protokoll erst am 11. Tage beim KG. zu N. eingetroffen sei, auch bei ungesäumter Beförderung nicht früher habe eintreffen können. Auf die NB. der Angeklagten erfolgte Vernichtung.

Gründe:

Die Angeklagte ist in der Strafanstalt zu O. verhaftet, und dieser Umstand, gleichviel, ob die Verhaftung sich auf die vorliegende Untersuchung bezieht, oder wegen eines anderen Grundes stattfindet, hat zur rechtlichen Folge, daß derselben hierdurch die zehntägige Appellationsfrist in keiner Weise beschränkt werden darf, — daß sie mithin befugt bleibt, ihren Willen wegen Gebrauchs des Rechtsmittels bis zum letzten Tage der Frist gültig zu erklären.

Die Angeklagte hat diese Erklärung rechtzeitig am 2c., als dem zehnten Tage nach der in ihrer Gegenwart erfolgten Verkündigung des ersten Urtheils v. 2c. zum gerichtlichen Protokolle abgegeben, die Frist des § 126 der Vdn. v. 3. Jan. 1849 ist daher gewahrt, und die verspätete Ankunft des Protokolles bei dem Gerichte erster Instanz für sie ohne Rechtsnachtheil.

Antr. des GStA.s: entg. [13.—4.]

Leumundszeugniß. — Verlesung.

Es ist nicht unstatthaft, amtliche Leumundszeugnisse bei den Verhandlungen vorzulesen.

Vdn. v. 3. Jan. 1849 § 22 [vgl. dort n. 13]; Ges. v. 3. Mai 1852 Art. 25 [vgl. n. 10].

Erk. (Z. I.) v. 20. Dez. 1861 c. Mahlow (1106. I. Cr.).

Der verurtheilte Angeklagte rügte es in seiner NB. als einen Verstoß gegen das Prinzip der Mündlichkeit, daß ein schriftliches Zeugniß der Polizeibehörde über seinen Leumund in der Sitzung verlesen worden sei, was für die Aufklärung der Sache nicht allein nicht dienlich, sondern sogar höchst schädlich gewesen sei. Zurückweisung.

Gründe:

Indem der Art. 25 das im § 14 der Vdn. ausgesprochene Prinzip der Mündlichkeit des Verfahrens vor dem erkennenden Richter aufrecht erhält, läßt er zugleich Fälle der Ausnahme zu, und stellt deren Beurtheilung lediglich dem freien richterlichen Ermessen nach den Umständen des Falles anheim, welches im Wesentlichen davon auszugehen hat, daß durch eine solche ausnahmsweise vorgenommene Verlesung von Schriftstücken der Charakter des mündlichen Verfahrens in der betr. Sache nicht verloren gehe, und nicht in ein schriftliches umgewandelt werde. Dieser Grundsatz ist hier von dem Schw.-GH. nicht verletzt. Der Art. 25 spricht hauptsächlich von Zeugenaussagen, von welchen die amtlichen Berichte der Behörden über Gegenstände ihres Ressorts an und für sich verschieden sind. Die Auskunft einer Polizeibehörde über die Aufführung und den Ruf einer Person ist in dieser Hinsicht nicht wie eine schriftliche Aussage in der Voruntersuchung zu betrachten, und es können daher solche Leumundszeugnisse bei den Verhandlungen vorgelesen werden, ohne das Prinzip der Mündlichkeit anzugreifen. Wollte man auch unterstellen, in dem vorliegenden Falle sei für die Verlesung jener polizeilichen Auskunft ein Beschluß des Gerichts erforderlich gewesen, so ist derselbe als vorhanden anzunehmen; ꝛc.

Antr. des GStA.s: entg. [13. — 4.]

---

1. Raub. — Gewalt. — Dolus.
2. 3. Diebstahl. — Waffe. — Absicht.

1. Zum Thatbestande des Raubes ist erforderlich, daß bei Anwendung der Gewalt die

Absicht, den Diebstahl zu begehen, obgewaltet habe. [StGB. § 230 (vgl. dort n. 4).]

2. Ein in seine einzelnen Theile auseinander genommenes Gewehr ist nicht als Waffe im Sinne des § 218 Nr. 6 des StGB.s anzusehen.

Vgl. StGB. § 218 n. 59.

3. Die Anwendbarkeit des cit. § 218 Nr. 6 ist nicht durch die Absicht des Thäters bedingt, von den Waffen beim Diebstahl Gebrauch zu machen. [vgl. ibid. n. 61.]

Erk. (Z. I.) v. 20. Dez. 1861 c. Jahre u. Gen. (1132. I. Cr.).

In einem früheren Verfahren waren K. u. L. schuldig befunden worden, den rc. v. O. vorsätzlich getödtet zu haben, um ein der Verübung eines Jagdfrevels entgegenstehendes Hinderniß zu beseitigen und sich der Ergreifung auf frischer That zu entziehen. Demnächst wurde gegen mehrere andere Personen, in deren Besitz sich Sachen vorgefunden hatten, welche der v. O. bei sich getragen, die Untersuchung wegen Hehlerei eröffnet. Die Instanzrichter stellten fest, daß K. und L., nachdem sie den v. O. erschlagen, dessen Uhr rc. in der Absicht rechtswidriger Zueignung weggenommen, und daß die Eheleute J. u. Gen. diese Gegenstände, von denen sie wußten, daß sie von einem Diebstahle herrührten, verheimlicht rc. hätten; sie straften indessen nur wegen einfacher Hehlerei, weil die That des K. und des L. nicht einen Raub darstelle, da die Absicht zu stehlen bei ihnen erst nach der Tödtung entstanden sei, und ebensowenig einen schweren Diebstahl, weil die Thäter zwar Schußwaffen bei sich geführt, dieselben aber auseinandergenommen in einem Sacke getragen, und gar nicht beabsichtiget hätten, sich derselben nöthigenfalls bei dem Diebstahle zu bedienen. Die, Gesetzesverletzung behauptende, NB. des OStA.s ward zurückgewiesen.

Gründe:

Von welcher Auffassung die Doktrin und die deutschen Gesetzbücher auch über das Wesen des Verbrechens des Raubes ausgegangen sein mögen, ob sie also denselben nur als einen durch das Mittel der Gewalt qualifizirten Diebstahl, oder als einen Gewaltangriff gegen die Person zum Zwecke des Diebstahls betrachten, mithin das Hauptgewicht in jenem Falle auf den Angriff gegen das Vermögen, in diesem Falle dagegen auf den Angriff gegen die Person legen, immer ist die Absicht eines Diebstahls bei diesem Verbrechen das Erforderniß, und nur die Frage über die Vollendung gestaltet sich verschieden, je nachdem man dem einen oder dem andern der beiden Systeme folgt. Das Verbrechen ist also nach dem zuerst gedachten Systeme erst durch die Besitznahme der fremden beweglichen Sache, nach dem zweiten aber schon durch die Verübung der Gewalt zum Zwecke dieser Besitznahme vollendet. Für die durch die NB. angeregte Frage wird hierdurch also Nichts gewonnen.

Das StGB. betrachtet im § 230 den Raub als einen, wie bemerkt, durch das Mittel der Gewalt gegen die Person verübten qualifizirten Diebstahl; es muß also bereits bei der Anwendung dieses Mittels die Absicht des Diebstahls nothwendig vorhanden gewesen sein, weil es sonst an dem besondern Dolus dieses Verbrechens, nämlich an dem Vorsatze, das qualifizirte Mittel zu dem vorgesetzten Zwecke wählen und anwenden zu wollen, fehlen würde. Wird also die Gewalt gegen die Person zu irgend einem anderen Zwecke verübt, und erst hinterher die Absicht des Diebstahls gefaßt, indem etwa der bewußtlose Zustand der Person, welcher mittelst der Gewalt herbeigeführt war, auch zur Verübung eines Diebstahls gegen dieselbe benutzt würde, so liegt kein Raub vor. —

Was sodann die fernere Frage über einen durch K. und L. verübten schweren Diebstahl im Sinne des § 218 Nr. 6 betrifft, so ist es zwar unrichtig, wenn ein solcher durch den App.-Richter aus dem Grunde verneint wird, weil jene beiden nicht die Absicht gehabt hätten, von den Waffen bei dem Diebstahl nöthigenfalls Gebrauch zu machen. Eine solche Absicht ist, wenn das „bei sich führen“ der Waffen festgestellt worden, nicht erforderlich. Dagegen stellt der App.-Richter zugleich fest, daß die Gewehre jener beiden Thäter zur Zeit der That „nicht zusammengesetzt“ gewesen seien. Dies läßt sich nicht nur dahin verstehen, daß dieselben, wie die Beschwerde anführt, nicht schußfertig gewesen, sondern daß dieselben auseinander genommen, also in ihre einzelnen Theile getrennt und deshalb nicht zusammengesetzt gewesen seien. Ein Gewehr in diesem Zustande kann aber im Sinne des § 218 Nr. 6 nicht als Waffe angesehen werden und der Appellationsrichter hat daher nicht geirrt, wenn er aus jenem Grunde die Eigenschaft der Gewehre im Augenblicke der That als Waffe verneint hat.

Antr. des GStA.s: entg. [15.—4.]

Brausteuer. — Mahlsteuer. — Verletzung des amtlichen Verschlusses. — Bestrafung.

In den Fällen, wo die Braumalzsteuer als Mahlsteuer erhoben wird, zieht die Verletzung ꝛc. des amtlichen Verschlusses der Mahlgeräthe die Strafe des § 87 der Steuer-Ordnung v. 8. Febr. 1819 nach sich. Diese Strafe ist die der Urkundenfälschung, wenn eine beweisende amtliche Feststellung in der Art verändert worden ist, daß sie jetzt den Nachweis einer unwahren Thatsache in sich schließt; in den andern Fällen tritt die Strafe des Betrugs ein, wenn seine Voraussetzungen vorliegen.

St.-O. v. 8. Febr. 1819 § 86. 87; AKO. v. 17. Aug. 1831 (GS. S. 173); M.- u. Schl.-St.-Ges. v. 30. Mai 1820 § 16 c. 17 b.

Beschl. (I.) v. 20. Dez. 1861 c. Pfuhl & Krüger (250. B. I. Cr.).

In der Brauerei des Kr. war die Einrichtung getroffen, daß die Brausteuer nach Anleitung der AKO. v. 17. Aug. 1831 als Mahlsteuer erhoben wurde; zu diesem Ende hatte das HSt.-Amt zu D. den Malzschrotkasten der Schrotmühle unter amtlichen Verschluß gelegt. Der Braumeister Pf. war nun beschuldigt worden: „in der Absicht dem Staate die schuldigen Gefälle zu entziehen, jenen Verschluß unbrauchbar gemacht und wiederholt aus dem Kasten Braumalzschrot, welches erst versteuert werden sollte, heimlich herausgenommen, und ohne es zu versteuern, in der Brauerei verwendet zu haben," weshalb die StA.-schaft seine Versetzung in den Anklagestand beantragte, weil die That in Gemäßheit der §§ 86. 87 der StO. v. 8. Febr. 1819 als Fälschung anzusehen sei, und sonach der Strafe des § 251 StGB. unterliege. Die

Instanzgerichte eröffneten indessen die Untersuchung nur wegen der Steuerdefraude, weil die citt. Paragraphen der StO. sich nur auf die Verschlüsse von Destillirgeräthen bezögen, und auf andere amtliche Verschlüsse nicht ausgedehnt werden dürften. Die vom OStA. hiergegen ergriffene Beschwerde, welche die Anwendbarkeit der citt. Gesetzesstellen, insbesondere auch des § 251 StGB. darzuthun suchte, hielt die GStA.-schaft für nicht begründet, weil zwar an sich die §§ 86. 87 der StO. hier Platz greifen müßten, beide aber verschiedene Thatbestände voraussetzten, welche nach Belegenheit der Fälle entweder die Strafe der Fälschung (d. h. jetzt der Urkundenfälschung) oder des Betrugs nach sich ziehen müßten; die Voraussetzungen der Fälschung lägen hier nicht vor, es müsse daher nunmehr mit Nothwendigkeit die Strafe des Betrugs Platz greifen; gleichwohl werde es nicht erforderlich sein, in dieser Richtung den Eröffnungsbeschluß zu ergänzen, da es der StA.-schaft unbenommen sei, bei der mündlichen Verhandlung ihre Anträge auf den Betrug auszudehnen. Das OTr. ist zwar in der Hauptsache diesen Ausführungen, unter Adoption der geltend gemachten Gründe, beigetreten, hat aber demzufolge die instanzgerichtlichen Beschlüsse aufgehoben und die Sache an das Gericht erster Instanz zurückgewiesen zur „anderweiten Prüfung, ob nicht wenigstens die thatsächlichen Voraussetzungen des Betrugs vorliegen."

Gründe:

Es handelt sich hier von einem Falle, in welchem in Gemäßheit der AKO. v. 17. Aug. 1831 die Braumalzsteuer als Mahlsteuer erhoben wird, so daß also, nach der ausdrücklichen Bestimmung der cit. AKO. a. E., die gesetzlichen Vorschriften und Strafbestimmungen, welche für die Mahlsteuer bestehen, auch auf die Bereitung des Braumalzes in kontrollpflichtigen Mühlen und auf den Eingang des Braumalzschrots Anwendung finden. Da nun nach dem Mahl- und Schlachtsteuer-Ges. v. 30. Mai 1820 § 16 c. die Müller rc. verpflichtet sind, dasjenige genau zu beobachten, was von der obersten Verwaltungsbehörde zur Kontrolle der Steuer entweder allgemein, oder, mit Berücksichtigung örtlicher Verhältnisse, besonders vorgeschrieben wird, so kann die Befugniß der Steuerbehörde, die kontrollpflichtige Mühle in irgend einer ihr angemessen scheinenden Weise unter zeitweiligen Verschluß zu legen, einem Bedenken nicht unterliegen, wenn gleich im Uebrigen das cit. Ges. v. 30. Mai

1820 einer solchen Maaßregel nicht wie die Steuerordnung v. 8. Febr. 1819 § 21. 15. 24 in Betreff der Destillirgeräthe eine besondere und ausdrückliche Erwähnung thut.

Ist dem nun aber so, so muß die Verletzung des amtlichen Verschlusses auch nach Anleitung des § 87 der St.-O. strafbar sein, da § 17 b. des cit. Ges. v. 30. Mai 1820 ausdrücklich auch die Strafe dieses § 87 auf die Uebertretung der gesetzlichen Vorschriften zur Gefährdung der Steuer angedroht hat. Freilich spricht § 87 nur von demjenigen Verschlusse, wodurch Destillirgeräthe außer Gebrauch gesetzt worden sind, wenn aber, wie bemerkt, § 17 b. l. c. die Uebertretung der gesetzlichen Vorschriften zur Gefährdung der Mahlsteuer für den geeigneten Fall auch mit der Strafe des § 87 bedroht, so kann dabei der Gesetzgeber unmöglich an die Verletzung eines an einem Destillirgeräthe angebrachten Verschlusses gedacht haben, es muß vielmehr die betreffende Bestimmung mit Nothwendigkeit auf den Verschluß solcher Geräthe bezogen werden, welche zu der hier der Besteuerung unterliegenden gewerblichen Thätigkeit dienen, d. h. also hier auf den Verschluß der Mahlgeräthe, also auch und vorzugsweise auf die Verschlüsse an Mühlen oder einzelnen Theilen derselben. Hierbei greift offenbar eine analoge Anwendung des Strafgesetzes nicht Platz, da der § 17 b. für Mahlsteuer-Defraudationen ausdrücklich die Bestrafung der Uebertretungen der gesetzlichen Vorschriften zur Gefährdung der Steuer unter Hinverweisung auf jenen § 87 anordnet, und der letztere, da er überall nur von Destillirgeräthen spricht, in dieser buchstäblichen Fassung sonst bei Schlacht- und Mahlsteuer-Defraudationen nie zur Anwendung kommen könnte.

Ein Zweifel an der Richtigkeit der vorstehenden Auslegung könnte möglicher Weise nur daraus hergeleitet werden, daß § 87 der St.-Ordn. eben nur von den Verschlüssen der Destillirgeräthe spricht, während die Ordnung im Uebrigen sich keineswegs bloß auf die Besteuerung des Branntweins bezieht, vielmehr auch die des Braumalzes, des Weinmostes und des Tabaks zum Gegenstande hat, so daß also jener § 87 auch im Systeme der Steuer-Ordnung eine beschränkte Bedeutung erhalten hat. Das erklärt sich aber vollständig durch den Umstand, daß dieses Gesetz eben nur in Betreff der Brennereigeräthe eine solche Kontrolle anordnet, in Gefolge welcher durch die Behörde ein Außergebrauchsetzen derselben für statthaft erklärt worden ist, während etwas Aehnliches in Betreff der Erhebung der übrigen mitbehandelten Steuern nicht vorgeschrieben worden ist. Wenn dagegen ein anderes Gesetz in Beziehung auf anderweitige Steuererhebungen ähnliche Maaßregeln gestattet, und nun auch hier die betreffende Strafandrohung durch Hinverweisung auf den § 87 wiederholt, so ist es ganz folgerichtig, diese auf die Verletzung derjenigen Verschlüsse zu beziehen, welche hier befugter Weise auf die betreffenden Gewerbsgeräthe von der vorgesetzten Finanzbehörde angelegt worden sind.

Dagegen kann der vom OStA. zu M. geäußerten Ansicht, daß — weil es sich von der Verletzung eines **amtlichen** Verschlusses handle — auch nothwendig die Strafe der Fälschung einer amtlichen Urkunde Platz greifen müsse, nicht beigepflichtet werden. Der § 87 der Steuer-Ordn. sieht mehrere ganz selbstständige Thatbestände vor, und verweist nur in Betreff der zu verhängenden Strafe auf § 86; es ist daher auf die Worte: „eine Fälschung begeht" am Schlusse des § 86 ein besonderes Gewicht nicht zu legen, zumal, da der Ausdruck „Fälschung" nach dem Systeme des geltenden Strafgesetzbuchs, und auch nach dem des Tit. II, 20 ALR. eine technisch feststehende Bedeutung gar nicht hat. Die verwirkte Strafe ist somit nach § 86 zu ermitteln. Nun sieht aber auch dieser Paragraph nicht etwa einen einzigen mit einer bestimmten Strafe bedrohten Thatbestand vor, sondern umfaßt mehrere verschiedene Thatbestände, welche nach den für anwendbar erklärten allgemeinen Strafgesetzen auch verschiedene Strafen nach sich ziehen würden. Handelte es sich nämlich von dem Gebrauche verfälschter

Privat- oder öffentlicher Urkunden, so würde unbedenklich die Strafe des § 250 resp. des § 251 StGB. Platz greifen; handelte es sich dagegen nur von dem Gebrauche unrichtiger Papiere oder Bescheinigungen, welche also entweder keine Urkunden oder nicht ge- oder verfälscht sind, so würde die That nur unter den allgemeinen strafrechtlichen Begriff des Betrugs fallen, und nur die im § 242 angedrohte Strafe nach sich ziehen.

Unter diesen Umständen bleibt nichts Anderes übrig, als auch bei den im § 87 der Steuer-Ordn. zusammengefaßten Fällen näher zu erörtern, ob die That ihrer innern Natur nach den Charakter einer Verfälschung, wie ihn das jetzt geltende Gesetz kennt, in sich schließt, und nur für den Bejahungsfall die Strafe der Urkundenfälschung eintreten, für alle anderen Fälle es aber bei der Strafe des Betrugs bewenden zu lassen.

Im vorliegenden Falle deutet nun aber Nichts darauf hin, daß — was doch zum Wesen einer Verfälschung gehören würde — eine beweisende amtliche Feststellung in der Art entstellt worden sei, daß sie jetzt den Nachweis einer unwahren Thatsache in sich schließen würde; es ist vielmehr ein amtliches Kontrollmittel beseitigt, und die beabsichtigte Konstatirung gänzlich unmöglich gemacht worden. Hierin kann eine Verfälschung nicht gefunden werden, es bleibt sonach nur übrig, die Strafe des Betrugs zur Anwendung zu bringen.

Hiernach mußten die Verfügungen des K. AG.s zu M. v. rc. und des K. St.- u. KG. zu D. v. rc. insoweit aufgehoben werden, als sie den Antrag des StA.s, wider den Angeklagten Pf. auch die Untersuchung auf Grund der §§ 86. 87 der St.-O. v. 8. Febr. 1819 zu eröffnen, ablehnen, und war die Sache in dieser Beziehung zur anderweitigen Prüfung, insbesondere ob nicht die thatsächlichen Voraussetzungen des Betruges insofern vorliegen als

der Angeklagte Pf. in gewinnsüchtiger Absicht das Vermögen des Fiskus dadurch beschädigt hat, daß er durch Unterdrückung der wahren Thatsache, daß der steueramtliche Verschluß des Malzkastens unbrauchbar gemacht war, resp. durch Vorspiegelung der unwahren Thatsache, daß der steueramtliche Verschluß des Malzkastens den Zugang zu dem letztern verhinderte, einen Irrthum bei den Steuerbeamten erregte,

in die erste Instanz zurückzuweisen. [18. — 3.]

---

1. Geschwornenspruch. — Verlesung. — Widerspruch einzelner Geschwornen. — Zurücksendung.

2. Geschwornenspruch. — Aenderung. — Unterschrift.

1. Wird die Richtigkeit des vom Vorsteher der Geschwornen verlesenen Wahrspruchs von einzelnen der letzteren bestritten, so muß der Gerichtshof alle zur Feststellung der Wahrheit in das Berathungszimmer zurücksenden. Es steht denselben dann zu, den Spruch selbst zum Nachtheile des Angeklagten abzuändern.

Ges. v. 3. Mai 1852 Art. 96 [vgl. dort n. 7].

2. Die im Geschwornenspruche nachträglich vorgenommenen Aenderungen bedürfen der besondern Unterschrift des Vorstehers dann nicht, wenn mit Rücksicht auf den durch das Protokoll konstatirten Sachverhalt ein Zweifel darüber nicht obwaltet, was jetzt als Spruch gelten solle.

Ibid. Art. 97 [vgl. dort n. 37].

Erk. (Z. I.) v. 8. Jan. 1862 c. Volkmann (34. I. Cr.).

Bei der Verlesung der Wahrsprüche durch den Vorsteher der Geschwornen wurde von einzelnen der letzteren bemerkt, daß die niedergeschriebene Angabe des Stimmenverhältnisses in Betreff einer Frage irriger Weise laute: „mit fünf gegen sieben Stimmen," und daß sie umgekehrt: „mit sieben gegen fünf Stimmen" lauten müsse. Die Geschwornen begaben sich darauf in ihr Berathungszimmer zurück, und berichtigten diesen Irrthum vermittelst Durchstreichung und Ueberschreibung. Die NB. des Angekl. rügte dieses „durch Art. 97 des Ges. vom 3. Mai 1852 nicht gerechtfertigte" Verfahren; der anfänglich niedergeschriebene günstige Spruch sei ihm erworben gewesen; jedenfalls habe die Aenderung nicht vermittelst Durchstreichung erfolgen dürfen, auch habe es einer besonderen Unterzeichnung der Aenderung durch den Vorsteher bedurft. Zurückweisung.

Gründe:

Da einige Geschwornen bei der Verlesung des Ausspruchs durch ihren Vorsteher sofort, bevor noch die Verkündigung desselben in Gegenwart des Angeklagten erfolgt war, die Angabe der Stimmenzahl für unrichtig, als Ergebniß eines Schreibfehlers erklärten, so war die Zurückweisung sämmtlicher Geschwornen in ihr Berathungszimmer zur Feststellung der Wahrheit ebenso nothwendig wie in den durch Art. 97 cit. vorgesehenen Fällen, wenn man auch unter dem Buchstaben desselben den vorliegenden Fall nicht begreifen wollte. Nach jener Erklärung konnte der GH. in der That die Angabe des Stimmenverhältnisses nur als noch völlig ungewiß und nicht vorhanden ansehen und mußte sie von Neuem herbeiführen; die nunmehr erfolgte Angabe allein ist für den Angeklagten in Wirksamkeit getreten. Daß die Geschwornen in ihrem Berathungszimmer letzteren mittelst Durchstreichung des Schreibfehlers und Ueberschreibung zum schriftlichen Ausdrucke brachten, kann eine Nichtigkeit derselben nicht begründen, da die leserlich durchstrichenen Worte in Verbindung mit dem Sitzungsprotokoll an der Alleingültigkeit der überschriebenen Worte nicht den mindesten Zweifel lassen, und letzterer daher unter dem obwaltenden Zusammenhange mit dem Protokolle auch keine besondere Unterschrift des Vorstehers der Geschwornen erforderte.

Antr. des GStA.s: gleichl. [17.—2.]

Gründe. — Anderer Gesichtspunkt.

Der Richter thut genug, wenn er in den seiner Entscheidung beigefügten Gründen die That nur von demjenigen Gesichtspunkte aus erörtert, von welchem sie in der Anklage 2c. des Staats-

anwalts aufgefaßt ist; es bedarf dann keiner ausdrücklichen Prüfung anderer Gesichtspunkte, unter welchen die That möglicher Weise noch hätte strafbar sein können.

Ges. v. 3. Mai 1852 Art. 30 [vgl. dort n. 6]; Vdn. v. 3. Jan. 1849 § 39 [vgl. dort n. 25]; § 78 [vgl. dort n. 13].

Beschl. (I.) v. 8. Jan. 1862 c. Matzke (10. B. I. Cr.).

M. war der Urkundenfälschung beschuldigt worden; die Rathskammer lehnte indessen die vorläufige Versetzung in den Anklagestand ab, weil für die Absicht: „sich oder Andern Gewinn zu verschaffen oder Andern Schaden zuzufügen, keine Indizien vorlägen." Der StA. erhob Beschw., weil der Beschuldigte die gewinnsüchtige Absicht selbst zugestanden habe; das AG. nahm indessen ebenfalls an, daß es an genügenden Anzeigen für diese gewinnsüchtige Absicht fehle. Der OStA. focht auch diesen Beschluß an, weil das AG. nicht geprüft habe, ob nicht genügende Indizien für die Absicht des M., Andern Schaden zuzufügen, ermittelt seien. Zurückweisung. Erwogen ward:

daß die Beschwerde der StA.-schaft lediglich auf die Behauptung gestützt wurde, daß der Angeklagte „die gewinnsüchtige Absicht" zugestanden habe;

daß unter diesen Umständen der App.-Richter genug that, wenn er, wie geschehen, in seinem Beschlusse aussprach, daß weder Anzeigen dafür, daß der Angeklagte von den fraglichen Quittungen zum Zwecke der Täuschung Gebrauch gemacht, noch dabei „in gewinnsüchtiger Absicht" gehandelt habe, vorlägen, weil, wenn auch der App.-Richter verpflichtet war, den Thatbestand auch in der Richtung zu prüfen, ob der Angeklagte nicht wenigstens in der Absicht gehandelt habe, „Andern Schaden zuzufügen," er doch keine Veranlassung hatte, sich hierüber noch speziell auszusprechen, indem einestheils der erste Richter, dessen Entscheidung er, wie der ganze Zusammenhang seiner Gründe zeigt, auch in diesem Punkte beitrat, dies schon gethan hatte, und indem anderntheils diese Frage, wie bemerkt, in der Beschwerde der StA.-schaft beim App.-Richter nicht speziell angeregt worden war.

Antr. des GStA.s: gleichl. [18.—3.]

1. Zeugniß. — Verlesung. — Beschluß.
2. Verfahren. — Untheilbarkeit.
3. Sitzungsprotokoll. — Aenderung. — Genehmigung.

1. Die Verlesung der in der Voruntersuchung zu Protokoll genommenen Aussage eines Zeugen in dem Hauptverfahren hat die Nichtigkeit des letzteren zur Folge, sobald sie nicht auf den Grund eines förmlichen sie anordnenden Beschlusses des ganzen Gerichtes erfolgte, und zwar selbst dann, wenn feststeht, daß die Vernehmung des Zeugen in der Sitzung wegen eines unabwendbaren Hindernisses nicht erfolgen konnte.

Vdn. v. 3. Jan. 1849 § 14. 21 [vgl. dort n. 17]; Ges. v. 3. Mai 1852 Art. 25 [vgl. dort n. 6; E. II. v. 13. Dez. 1860 c. Hahn, RdO. I. S. 88, und dort die Note].

2. Die gegen mehrere derselben Strafthat Angeklagte gepflogene Verhandlung ist, soweit es sich um die Schuld- und Beweisfrage handelt, untheilbar; eine im Laufe derselben vorgekommene Nichtigkeit kann von jedem der Angeklagten geltend gemacht werden, selbst wenn der betreffende Prozedurakt sich nur auf einen derselben bezog.

Ges. v. 3. Mai 1852 Art. 108 [vgl. dort n. 12. 36. 9; Art. 117 n. 3; Art. 102 n. 2. 3].

3. Durchstreichungen im Sitzungsprotokolle bedürfen einer ausdrücklichen Genehmigung.

Ges. v. 3. Mai 1852 Art. 78 [vgl. dort n. 53]; Cr.-Ordn. § 55.

Erk. (E. II.) v. 9. Jan. 1862 c. Schertling (1. II. Cr.).

In der schwurgerichtlichen Verhandlung hatte nach dem Sitzungsprotokolle: „der Vorsitzende mitgetheilt, daß die Wittwe B. (als Zeugin) zwar vorgeladen, aber wegen bescheinigter Altersschwäche nicht erschienen sei;“ derselbe hatte sodann „den Inhalt von deren Aussage mitgetheilt.“ Das rügte die NB. des Sch. als eine Verletzung des Grundsatzes der Mündlichkeit. Gleichzeitig machte dieselbe geltend: gegen denselben Grundsatz sei auch dadurch verstoßen, daß der Vorsitzende eine Mittheilung aus dem Gutachten eines Sachverständigen gemacht habe; zwar gehe dieses nicht mehr aus dem Protokolle hervor, dasselbe habe aber früher einen jetzt dick durchstrichenen Vermerk darüber enthalten, welcher gleichwohl noch immer das früher Geschriebene erkennen lasse. Diese in keiner Weise genehmigte Durchstreichung sei gesetzlich unstatthaft gewesen und könne daher auch eine Berücksichtigung nicht finden. — Es erfolgte Vernichtung und Zurückverweisung der Sache vor den Schw.-GH., indem erwogen wurde:

In Erw., daß von dem im § 14 der Vdn. v. 3. Jan. 1849 und im Art. 25 des Ges. v. 3. Mai 1852 ausgesprochenen, die wesentlichste Grundlage des Kriminalverfahrens bildenden Grundsatze allerdings einzelne Ausnahmen im Gesetze gemacht und namentlich solche Ausnahmefälle in dem § 21 der cit. Vdn. und dem cit. Art. 25 enthalten sind;

daß der § 21 l. c. den Fall voraussetzt, wo vor oder bei der mündlichen Verhandlung die Nothwendigkeit einer kommissarischen Zeugenvernehmung sich ergiebt, in welchem Falle das Gericht durch einen motivirten, die Verhinderungsursache konstatirenden Beschluß die Vernehmung anderweitig bewirken und das darüber aufgenommene Protokoll bei der mündlichen Verhandlung verlesen lassen kann;

daß dieser Fall in Betreff der rc. B. untergebens nicht vorlag, da eine kommissarische Vernehmung derselben überall nicht angeordnet worden ist;

daß wenn dagegen bei deren Ausbleiben es zur Aufklärung der Sache nothwendig oder dienlich erachtet wurde, den Geschwornen Kenntniß von deren, in der Voruntersuchung abgegebenen Aussage zu geben, der Art. 25 cit. hierzu das gesetzliche Mittel an die Hand gab, wonach die Vorlesung dieser Deposition, als eines Schriftstückes der Prozedur zur Aufklärung der Sache erfolgen konnte;

daß hierzu aber, sowohl nach den Worten des Art. 25, als nach konstanter, durch eine große Anzahl von Entscheidungen festgestellter Praxis gehörte, daß die Verlesung der Aussage vom Gerichte angeordnet, und daß diese Abweichung vom Prinzipe des § 14 l. c. durch einen öffentlich verkündeten Beschluß motivirt wurde;

daß aber in keiner Voraussetzung, sowohl im Falle des Art. 25 als des § 21 es für dem Gesetze entsprechend angesehen werden kann, daß der Vorsitzende bei dem Ausbleiben eines Zeugen, sollte dasselbe auch in Krankheit ꝛc. seinen Grund haben, statt dessen Aussage vorzulesen oder vorlesen zu lassen, sich, wie in casu nach Inhalt des Sitzungsprotokolles als geschehen angenommen werden muß, auf eine mündliche Mittheilung des Inhaltes dieser Aussage beschränke;

daß demnach der auf die ꝛc. B. bezügliche Beschwerdepunkt als begründet sich darstellt und hieran auch durch den, von der örtlichen StA.-schaft behufs Aufrechthaltung der angegriffenen Prozedur hervorgehobenen Umstand: „daß die Aussage der B. bloß auf den Mitangeklagten G., nicht aber auf den Imploranten Sch. Bezug gehabt habe,“ nichts geändert wird, indem bei einer ungetrennt gegen mehrere Angeklagte wegen desselben Verbrechens (hier § 178. StGB.) gepflogenen mündlichen Verhandlung die Schuld- und Beweisfrage, gegenüber den einzelnen Angeklagten, sich nicht in der Weise trennen läßt, daß isolirt nur die speziell gegen jeden Einzelnen vorliegenden Beweismomente in Betracht kommen könnten; in dieser Beziehung vielmehr die Verhandlung ein untrennbares Ganze bildet und die Rückschlüsse, welche der Richter der That aus dem intimen, abhängigen oder sonstigen persönlichen Verhältnisse der Angeklagten von der Schuld des Einen auf die Mitschuld des Andern macht, sich nicht bemessen und begrenzen lassen;

daß demnach, da schon aus dem vorstehend entwickelten Grunde das Verfahren der Vernichtung unterliegt, es eines näheren Eingehens auf den ferneren Beschwerdepunkt, betreffend den im Sitzungsprotokolle durchstrichenen Passus, nicht ankommen kann, obgleich auch in dieser Beziehung nicht unerwähnt bleiben mag, daß, bei der großen Wichtigkeit, welche das Gesetz den amtlichen Konstatirungen durch das Sitzungsprotokoll beilegt, es jedenfalls hiermit nicht als vereinbar und dem Gesetze entsprechend angesehen werden kann, wenn eine solche Durchstreichung nicht bloß ohne alle genehmigende Rand- oder Schlußbemerkung, sondern auch in einer Weise erfolgte, welche das Bestreben dokumentirt, den ursprünglich niedergeschriebenen Satz durchaus unleserlich zu machen.

Antr. des GStA.s: gleichl. [16.—1.]

---

1. Rheinisches Verfahren. — Beantragung von Zusatzfragen. — Zeitpunkt.
2. Brandstiftung. — Mittheilung des Feuers. — Dolus.
3. Brandstiftung. — Mittheilung des Feuers. — Ueberwachung.
4. Zusatzfrage. — Ablehnung. — Unerheblichkeit.

1. Nach Rheinischem Verfahren besteht das Recht, auf Stellung von Fragen anzutragen, so lange, bis ein regelrechter die Anklage erschöpfender Wahrspruch verkündigt ist.

Rh. StPO. Art. 339 [vgl. Oppenh. Strafverf. Art. 79 n. 38—41; Art 84 n. 17. 18; Art. 86 n. 25; Art. 87 n. 5; RdO. I. S. 514].

2. Die vorsätzliche In-Brand-Setzung von Sachen, welche geeignet sind, Wohngebäuden ꝛc. das Feuer mitzutheilen, ist aus § 287 StGB. strafbar, ohne daß die Absicht des Thäters auf diese Mittheilung gerichtet zu sein braucht.

Vgl. StGB. § 287 n. 1.

3. Ebenso wird im gedachten Falle die Strafbarkeit nicht durch die Absicht des Thäters, das Feuer zu überwachen und seinem Weitergreifen ein Ziel zu setzen, ausgeschlossen, sobald die objektive Möglichkeit des Umsichgreifens bestehen blieb. [StGB. § 287 (dort einzutr. als n. 1 a).]

4. Die verweigerte Stellung einer rechtlich unerheblichen Frage begründet keine Nichtigkeit.

Rh. StPO. Art. 339. 408.

Erk. (Z. II.) v. 9. Jan. 1862 c. Jäger (14. II. Cr.).

Der Präsident des Schw.-GH.s legte nach Beendigung seines Schlußvortrags den Geschwornen die Frage vor: „ob J. schuldig sei, — — fremde Kleidungsstücke, welche vermöge ihrer Beschaffenheit und Lage geeignet waren, Gebäuden, welche zur Wohnung von Menschen dienten, das Feuer mitzutheilen, vorsätzlich in Brand gesetzt zu haben." Der Vertheidiger beantragte darauf die Stellung von zwei Zusatzfragen:

1. hat J. die Absicht gehabt, das Haus des K. zu gefährden, oder ist nicht vielmehr erwiesen, daß er diese Absicht nicht gehabt habe?

2. hat J. das Brennen der Kleider nicht in einer Weise überwacht, daß dasselbe das Haus nicht in Brand setzen konnte?

Der Präsident erklärte indessen, daß er nach dem Schlusse der Verhandlungen auf die Stellung von Zusatzfragen nicht mehr eingehen könne. Kassationsrekurs des Angeklagten. Verwerfung. Es ward erwogen:

daß die nach Inhalt des Audienz-Protokolles beim Schlusse des Resumés und vor Verlesung der Fragen Seitens des Assisenpräsidenten von dem Vertheidiger des Angeklagten beantragte Fragestellung zwar mit Unrecht wegen des bereits erfolgten Schlusses der Verhandlungen durch den Assisenpräsidenten zurückgewiesen worden ist, indem das Recht der Fragestellung im Allgemeinen so lange besteht, bis ein regelrechter die Anklage erschöpfender Wahrspruch der Geschwornen verkündigt ist, im vorliegenden Falle auch der bereits erfolgte Schluß der Verhandlungen um so weniger ein gesetzliches Hinderniß bildete, als die den Geschwornen zu stellenden Fragen bis dahin noch nicht verlesen waren, deren Formulirung mithin, im Falle des Bestreitens noch Gegenstand einer, durch Aufhebung jenes Schlusses zu ermöglichenden fernern Debatte werden mußte;

daß indessen die vom Vertheidiger beantragten Fragen selber jeder rechtlichen Bedeutung entbehren, indem ad 1. im Falle des § 287 StGB. die Absicht des Thäters nur auf das Inbrandsetzen der Kleidungsstücke, welche vermöge ihrer Beschaffenheit und Lage geeignet waren, Wohngebäuden das Feuer mitzutheilen, nicht auch auf Inbrandsetzen der letzteren gerichtet sein mußte, und ad 2. die Behauptung des Angeklagten, das Brennen der Kleider in einer Weise überwacht zu haben, daß dasselbe das Haus nicht in

Brand stecken konnte, soweit sie sich auf die objektive Möglichkeit des Weitergreifens des Feuers bezieht, durch die bejahende Erklärung der Geschwornen erledigt wird; die behauptete Absicht des Angeklagten aber, diesem möglichen Weitergreifen des Feuers seinerseits ein Ziel zu setzen, das durch Anzündung der qu. Kleider bereits vollendete Verbrechen nicht mehr aufheben konnte, der Inhalt dieser Behauptung auch das Bewußtsein des Angeklagten von der obwaltenden Gefährlichkeit seiner Handlung voraussetzt, — die verweigerte Stellung jener unerheblichen Fragen mithin nicht in Gemäßheit der Art. 339 und 408 der StPO. die Kassation des angegriffenen Urtheils herbeiführt.

Antr. des GStA.s: gleichl. [22. — 1.]

Rheinisches Verfahren. — Wahrspruch. — Erschwerender Umstand. — Stimmenverhältniß.

Nach Rheinischem Verfahren tritt Nichtigkeit ein, wenn der Wahrspruch der Geschwornen nicht auch in Betreff eines in der Frage enthaltenen erschwerenden Umstandes das Stimmenverhältniß angiebt, mit welchem die Bejahung beschlossen worden ist.

Rh. StPO. Art. 345; AKO. v. 31. Dez. 1833.

[Contra: Z. II. 3. Mai 1860 c. Tervelden; 176; G. A. 8. S. 526 in Beziehung auf die einen Strafausschließungs- oder Milderungsgrund betreffenden Fragen.]

Erk. (V. II.) v. 9. Jan. 1862 c. Bardenheuer (15. II. Cr.).

Die Geschwornen hatten die Frage, welche einen mittelst Einsteigens verübten Diebstahl zum Gegenstande hatte, dahin beantwortet:

„Ja, der Angeklagte ist schuldig, mit absoluter Stimmenmehrheit."

Auf den Kassationsrekurs des Angeklagten hat das OTr. das Verfahren vernichtet und die Sache vor einen andern Schw.-GH. verwiesen. Erwogen wurde:

daß die Antwort eine spezielle Erklärung der Geschwornen über den in die Frage aufgenommenen erschwerenden Umstand des Einsteigens nicht enthält, eine solche Erklärung aber gesetzlich nothwendig gewesen wäre;

J. E. in dieser Hinsicht, daß schon der Art. 345 der Str.-Pr.-O. die Vorschrift ergiebt, daß die Geschwornen, welche im Falle der Bejahung der Hauptthat über die dieselbe begleitenden Umstände besonders abzustimmen haben, sich auch über das Vorhandensein oder Nichtvorhandensein der erschwerenden Umstände besonders erklären sollen;

daß diese Vorschrift auch den guten Grund hat, daß nur bei ihrer strikten Beobachtung für den Richter die Sicherheit gegeben ist, daß die erschwerenden Umstände wirklich zum Gegenstande der Abstimmung gemacht und überhaupt nicht übergangen worden seien;

daß es daher auch mehr als bedenklich blieb, wenn diese Vorschrift wohl in der ältern Rechtsprechung nicht als eine wesentliche, vielmehr als eine reglementarische betrachtet worden ist;

daß indessen nach dem Erscheinen der AKO. v. 31. Dez. 1833 jedenfalls kein Zweifel mehr darüber obwalten kann, daß das Ergebniß der Abstimmung über die erschwerenden Umstände, welche die Hauptthat begleiten, durch den Ausspruch der Geschwornen, besonders, ausdrücklich und bestimmt, hervorgehoben werden muß;

daß nämlich diese, im Zusammenhange mit dem Art. 351 der Str.-Pr.-O. erlassene Kab.-Ordre zuvörderst die Bestimmung dieses Artikels, wonach dann, wenn der Angeklagte nur mit einfacher Stimmenmehrheit der Geschwornen der Hauptthat für schuldig erklärt worden, die Stimmen der Richter und Geschwornen zusammengezählt werden sollen, in Betreff der Art der Stimmenberechnung abändert und hiernächst den übrigen Inhalt desselben auch auf die erschwerenden Umstände — welche nach Art. 347 daselbst schon durch einfache Stimmenmehrheit endgültig entschieden waren — ausdehnt;

J. E., daß dann aber nach § 4 die Geschwornen bei Beantwortung der ihnen gestellten Fragen in Ansehung nicht nur der Hauptthat, sondern auch der erschwerenden Umstände, im Eingange ihrer Erklärung bestimmt und ausdrücklich anzeigen müssen, ob die bejahte Frage durch einfache Stimmenmehrheit von ihnen entschieden sei, und nach § 5 der Präsident des Assisenhofes den Vorsteher der Geschwornen, insofern die Anzeige nach § 4 nicht unmittelbar erfolgt ist, jedesmal zu befragen hat: ob die Entscheidung wider den Angeklagten, es sei über die That selbst oder über einen erschwerenden Umstand, auf der absoluten oder auf der einfachen Stimmenmehrheit beruhe, — Vorschriften, deren Beobachtung im § 7 bei Strafe der Nichtigkeit des Verfahrens geboten ist;

J. E., daß also nach Maaßgabe der gedachten, nach ihrem Eingange zur Verhütung der Rechtsunsicherheit erlassenen Kab.-Ordre die ausdrückliche und bestimmte Anzeige über das Ergebniß der Abstimmung, nicht nur in Betreff der Hauptthat, sondern auch der erschwerenden Umstände erforderlich ist und dem Zwecke und den Worten dieses Gesetzes nur genügt sein kann, wenn bezüglich der erschwerenden Umstände das spezielle Verdikt in ausdrücklicher und bestimmter Weise durch den Ausspruch der Geschwornen ersichtlich gemacht ist.

Antr. des GStA.s: gleichl. [27. — 1.]

Allerhöchster Amnestie-Erlaß. — Endgültige Entscheidung.

Im Sinne des Allerh. Amnestie-Erlasses vom 18. Okt. 1861 liegt zu Gunsten des Angeklagten eine endgültige Entscheidung vor, sobald die Verkündung des verurtheilenden Erkenntnisses stattgefunden hat.

Allerh. Erl. v. 18. Okt. 1861; Vdn. v. 3. Jan. 1849 § 158. 159.
Sic: Beschl. I. 9. Jan. 1862 c. Bothe; 18. B.

Beschl. (I.) v. 9. Jan. 1862 c. Wilkowsky (15. B. I. Cr.).

W. war durch ein am 3. Okt. 1861 verkündetes Kontumazialurtheil des Polizeirichters zu einer Geldbuße verurtheilt worden; gleichwohl erachteten die Instanzrichter den Allerh. Gnadenerlaß v. 18. Okt. 1861 auf ihn nicht für anwendbar, weil dieser eine „endgültige Entscheidung" voraussetze, jenes Urtheil aber erst am 10. Okt. dem W. zugestellt, und sonach erst mit dem Ablaufe des 20. rechtskräftig geworden sei. Die dagegen von W. ergriffene Beschwerde erachtete die GStA.-schaft für ungerechtfertigt, weil der Gnadenerlaß, wie auch aus dem Min.-Rescr. von demselben Tage hervorgehe, eine rechtskräftige Entscheidung voraussetze. Das OTr. hat dagegen dem W. die Wohlthat des Erlasses zu Theil werden lassen.

Gründe:

Das Erkenntniß v. 3. Okt. v. J. ist eine „endgültige Entscheidung" im Sinne des Allerh. Amnestie-Erlasses und war rechtsgrundsätzlich bereits am 18. Okt. insofern endgültig, als es sich um den Vortheil des Angeklagten handelte. Das Strafverfahren wider den Angeschuldigten W. hatte dadurch am 3. Okt. in Gemäßheit des Antrages des Polizeianwalts und des absolut bestimmten Strafgesetzes sein Ende erreicht und konnte nach dieser Sachlage nur noch im Interesse des Angeklagten selbst, sei es durch ihn oder durch den Polizeianwalt in einer höhern Instanz wieder anhängig gemacht werden. Aber auch abgesehen von der konkreten Sachlage hemmt sogar ein schon eingelegtes Rechtsmittel der StA.-schaft nach dem Grundsatze des § 158 der Vdn. v. 3. Jan. 1849 die Vollstreckung des Erkenntnisses nicht zum Nachtheile des Angeklagten, und der Lauf der Fristen, worin jene und dieser die Befugniß haben, die Fortdauer eines Endurtels in Frage zu stellen, von derselben aber keinen Gebrauch machen, führt nicht erst ein endgültiges Erkenntniß herbei, sondern suspendirt seine Wirksamkeit in der Art, daß sie, soweit dies nach der Natur der Strafe faktisch möglich ist, zu Gunsten des Angeklagten auch rechtlich vom Tage der Urtels-Verkündung an eintritt, daher die Vollstreckung einer Gefängnißstrafe gegen Jemanden, der sich im Gefängnisse befindet, von diesem Zeitpunkte an, und nicht erst vom Tage des Ablaufs der Fristen oder der Rechtskraft des Urtels im Sinne des § 536 der Cr.-Ordn., ungeachtet des § 159 der cit. Vdn., berechnet wird (Beschl. v. 14. Juni 1854 c. Tamms; id. v. 1. Okt. 1856 c. Bruma; id. v. 6. Juni 1860 c. Klempke [Oppenh. Strafverf.

§ 158 n. 3]; id. v. 12. Dez. 1860, Oppenh. Rechtspr. I. S. 174; vgl. Cr.-Ordn. § 557. 560.) Nach denselben Grundsätzen ist auch die Endgültigkeit einer Verurtheilung, die ihrem Gegenstande nach unter den Kgl. Gnadenakt v. 18. Okt. v. J. fällt, behufs der Anwendung der Allerh. Gnade auf den Tag der Urtels-Verkündung um so gewisser anzunehmen, als sonst eine zum Vortheile des Verurtheilten laufende Frist zu seinem Nachtheile benutzt, und unter gleichmäßig und oft auch gleichzeitig verurtheilten Personen auf Grund äußerer, von ihrem Willen unabhängiger, Umstände der einen die Wohlthat der Amnestie ertheilt, der andern entzogen würde, dem W. z. B. deshalb entzogen, weil ihm das Erkenntniß v. rc. zufällig am 10. nämlichen Monats und nicht zwei Tage früher behändigt worden ist. Es bedarf keiner Ausführung, daß eine dahin zielende Auslegung des Allerh. Erlasses der Intention der Kgl. Gnade ebenso direkt zuwiderläuft, wie mit den obigen Rechtsgrundsätzen nicht im Einklange steht. [23. — 3.]

Wasserheilanstalt. — Konzession. — Approbation.

Die Konzession zur Errichtung einer Wasserheilanstalt ist nicht als Approbation für die gesammte ärztliche Praxis anzusehen, sie enthält nur die Gestattung der Kurbehandlung der in die Anstalt aufgenommenen Kranken, und kann daher die Strafbarkeit der Behandlung eines Kranken außerhalb der Anstalt nicht beseitigen.

StGB. § 199 [vgl. dort n. 8].

Erk. (Z. I.) v. 10. Jan. 1862 c. Vieck (833. I. Cr. v. 1861).

Die thatsächliche Feststellung giebt an, daß der Angeklagte nicht approbirt ist und hierbei findet eine Rechtsverletzung nicht statt. Unbestritten besitzt der Angeklagte keine Approbation als praktischer Arzt, er war daher zur Heilung irgend einer Krankheit nicht befugt. Eine Ausnahme von dieser Regel macht das Reglement v. 11. Juni

1842 (GS. S. 243) bei denjenigen Personen, welche die Konzession für die Errichtung und Verwaltung einer Wasserheilanstalt erhalten haben. Obgleich sie die ärztliche Qualifikation nicht besitzen, sind sie doch zur Kurbehandlung der in die Anstalt aufgenommenen Kranken befugt. Allein diese Ausnahme ist auf das Innere der Anstalt ausdrücklich nach § 2 des Reglements beschränkt, — außerhalb derselben bleibt es bei der Regel.

Für die Anwendung des § 199 genügt der Gesichtspunkt, daß die für die Errichtung der Wasserheilanstalt ertheilte Konzession nicht die Natur einer Approbation für die gesammte ärztliche Praxis hat.

(A. d. Gr. Zurückweisung der NB. des Angeklagten.)

Antr. des GStA.s: gleichl. [13.—4.]

Geschworne. — Aufklärung. — Gegenwart der Mitglieder des Gerichtshofs. — Nichtigkeit.

1. Nichtigkeit tritt ein, wenn bei einer den Geschwornen vom Vorsitzenden des Schwurgerichtshofs ertheilten Aufklärung nicht alle Mitglieder des letzteren gegenwärtig gewesen sind, selbst wenn jene Aufklärung nur einen unwesentlichen Nebenpunkt zum Gegenstande hatte.

Ges. v. 3. Mai 1852 Art. 94 [dort einzutr. als n. 7a]; Art. 90 [vergl. dort n. 8].

2. Diese Nichtigkeit betrifft das ganze schwurgerichtliche Verfahren, sollte auch die Aufklärung sich nur auf einen von mehreren Angeklagten und nur auf einen von mehreren Anklagepunkten bezogen haben.

Ges. v. 3. Mai 1852 Art. 94 [dort einzutr. als n. 7b]; Art. 108 [vgl. dort n. 12]; Art. 117 [vgl. dort n. 3]. Vgl. oben S. 186.

Erk. (V. Pl.) v. 6. Jan. 1862 c. Steinberg & Mell
(342. II. Cr. v. 1861).

In einer schwurgerichtlichen Verhandlung gegen St. und M. erbaten sich die Geschwornen vom Vorsitzenden eine nähere Aufklärung über den Sinn einer einzelnen, den Angeklagten St. betreffenden, Frage. Diese Aufklärung ward in Gegenwart der übrigen Mitglieder des SH.s, jedoch „mit Ausnahme des Kr.-G.-Raths H., welcher abwesend war," ertheilt. Auf die NB. beider Angeklagten, welche Verletzung des Art. 94 cit. geltend machte, erfolgte die Vernichtung des angegriffenen Erk.s und Zurückverweisung der Sache vor den Schw.-G.-H.

Gründe:

In Erw., daß es unverkennbar einen Verstoß gegen die Schlußvorschrift des Art. 94 des Ges. v. 3. Mai 1852 enthält, daß, nach Ausweis des Protokolles, bei der von den Geschwornen erbetenen Auskunftsertheilung der Schwurgerichtshof nicht vollständig besetzt gewesen ist;

daß zwar die ebengedachte Vorschrift nicht zu denjenigen gehört, deren Beobachtung bei Strafe der Nichtigkeit vorgeschrieben ist;

daß es jedoch keinem Zweifel unterworfen sein kann, daß jene Schlußvorschrift des Art. 94 cit. eine wesentliche Vorschrift des Verfahrens enthält, und daß eine Verletzung derselben eine Vernichtung des Verfahrens in Gemäßheit der Bestimmung des Art. 108 a. E. l. c. zur Folge haben muß, und zwar ohne Rücksicht darauf, was die von den Geschwornen erbetene Auskunftsertheilung für einen Gegenstand betroffen hat, und ob der letztere besonders erheblich und wesentlich für die Entscheidung der Sache selbst gewesen ist oder nicht;

daß daher, da die ebengedachte Verletzung einer wesentlichen Vorschrift des Verfahrens hier vorliegt, es nicht darauf ankommt, daß die in Rede stehende, von den Geschwornen erbetene Auskunftsertheilung allerdings nur einen unbedeutenden Nebenpunkt betroffen hat, und daß dieser Nebenpunkt auf die Entscheidung der Sache selbst von gar keinem besonderen Einflusse hat sein können, und auch offenbar nicht gewesen ist;

daß eine genaue Befolgung der Schlußvorschrift des Art. 94 a. a. O. darum als unbedingt wesentlich geboten erscheint, weil, wie die Materialien zu diesem Gesetze ergeben, bei der Auskunftsertheilung, welche von Seiten des Vorsitzenden an die Geschwornen auf deren Ersuchen erfolgt, ausdrücklich die Gegenwart der übrigen Mitglieder des Gerichtshofes um deswillen vorgeschrieben worden ist, weil dadurch nicht nur Gewähr dafür hat geleistet werden sollen, daß die Aufklärungen, welche von dem Vorsitzenden ertheilt werden, nicht über die Grenzen des Statthaften hinausgehen, sondern auch weil dadurch ein Ersatz für die Oeffentlichkeit, welcher jene Auskunftsertheilung mit Rücksicht darauf, daß sie in dem Berathungszimmer der Geschwornen erfolgt, entzogen worden ist, hat gewährt werden sollen;

daß hiernach von den beiden Angeklagten in ihrer Nichtigkeitsbeschwerde es mit Recht als die Verletzung einer wesentlichen Vorschrift des Verfahrens gerügt wird, daß bei der mehrgedachten Auskunftsertheilung Seitens des Vorsitzenden an die Geschwornen der Schwurgerichtshof nicht vollständig besetzt gewesen ist;

daß in Folge dessen das Schwurgerichtserkenntniß und das demselben voraufgegangene, vor den Geschwornen stattgefundene mündliche Verfahren der Vernichtung unterliegt;

daß diese Vernichtung sich nicht auf den Angeklagten St. allein und auch nur auf den ersten Anklagepunkt, insoweit dieser ihn betrifft, beschränken läßt, daß von derselben vielmehr das ganze schwurgerichtliche Verfahren betroffen wird, weil erst, nachdem der gerügte Formenverstoß vorgekommen ist, die Geschwornen ihren Wahrspruch auf die sämmtlichen ihnen vorgelegten Fragen abgegeben haben, und dem zufolge dieser Wahrspruch in allen seinen einzelnen Theilen dergestalt durch die voraufgegangene Nichtigkeit des Verfahrens affizirt worden ist, daß er nicht als in einer fehlerfreien und legalen Weise ergangen angesehen werden kann.

Antr. des GStA.s: gleichl. [25. — 1.]

Wucher. — Thatbestand. — Civilrechtliche Vorschrift.

Bei Prüfung der Frage, ob Jemand als Urheber oder Theilnehmer an einem Wucher anzusehen sei, muß die Vorschrift des § 671. I, 11. ALR. außer Betracht bleiben.

StGB. § 263 [dort einzutr. als n. 2 a]; ALR. I, 11. § 671.

Erk. (B. I.) v. 15. Jan. 1862 c. Seemann (1068. I. Cr. v. 1861.).

S. war des durch Einkleidung in ein Wechselgeschäft versteckten Wuchers angeklagt, und machte geltend, nicht er, sondern ein Dritter K. sei der wirkliche Darlehnsgeber gewesen, er selbst habe nur seinen Namen zum Geschäfte hergegeben. Der App.-Richter verwarf diesen Einwand, weil nach § 671. I, 11. ALR., wenn Jemand unter fremdem Namen Geld zum Darlehen gebe, der Vertrag nur zwischen dem Empfänger und demjenigen, auf dessen Namen das Darlehen gegeben worden, d. h. also hier dem Angeklagten, bestehe, und diese civilrechtliche Wirkung selbstverständlich auch für die strafrechtliche Konstruktion des persönlichen Rechtsverhältnisses zwischen Gläubiger und Schuldner beim Thatbestande eines Wuchers maaßgebend sei. Die GStA.-schaft erachtete die Bezugnahme auf den cit. § 671 für unzutreffend, hielt aber dafür, daß das Erk. aus andern Gründen aufrecht zu erhalten sei. Ohne auf diese einzugehen, hat das OTr. das Erk. vernichtet und die Sache in die zweite Instanz zurückverwiesen.

Gründe:

Aus dem gesammten Zusammenhange der §§ 661—673 I, 11. ALR. ist zu entnehmen, daß dieser ganze Abschnitt des Titels vom Darlehen lediglich civilrechtliche Vorschriften und Fiktionen in Betreff des Verhältnisses des Darlehnsnehmers zu dem Geber des Geldes resp. dem wahren Eigenthümer desselben und seine Rechte und Pflichten bei der Rückzahlung enthalten. Namentlich wird davon der vom App.-Richter zur Anwendung gebrachte § 671. l. c. betroffen. Dergleichen, ausschließlich für civilrechtliche Verhältnisse aufgestellte, Fiktionen aber können nicht dafür entscheidend sein, wenn es sich strafrechtlich um die Feststellung des Thatbestandes einer strafbaren Handlung frägt. Der Zweck der Untersuchung ist ausschließlich der, die objektive Wahrheit zu ermitteln, und hiernach das Strafurtheil zu fällen. Es kommt daher darauf an, die Thatsachen, die von Erheblichkeit sind, so wie sie sich wirklich zugetragen haben, zu eruiren und festzustellen, nicht aber auf Vermuthungen sich zu stützen, welche zwar gesetzliche, aber doch für ganz andere Verhältnisse und unter abweichenden Voraussetzungen gegeben sind. Die gleichen Grundsätze hat das Kgl. OTr. auch in dem Plenarbeschlusse vom 9. Nov. 1857 in der Untersuchung c. Köppe (G. A. 5. S. 749 [Oppenh. StGB. § 180. n. 2]) ausgesprochen und zur Anwendung gebracht.

Der App.-Richter hat daher rechtlich geirrt, wenn er ausführt, daß die im § 671 l. c. enthaltene, lediglich auf civilrechtliche Verhältnisse passende Vorschrift auch strafrechtlich von Wirksamkeit sei, und zur Konstruktion des Vergehens des Wuchers ausreiche. Er hätte vielmehr die konkret vorliegenden Thatumstände in Betracht ziehen, und nach dem Ergebniß derselben sich entscheiden sollen, ob der Angeklagte als Thäter, oder vielleicht etwa als Theilnehmer anzusehen sei, oder nicht. Da er dies nicht gethan, so hat er, wie ihm vorgeworfen worden, den § 263. StGB. verletzt und seine Entscheidung unterliegt der Vernichtung. [20.—2.]

---

1. Urtheil. — Nachträgliche Begründung.

2. Verlesung bedeutungsloser Aktenstücke. — Nichtigkeit.

1. Nachträgliche Ausführungen zur Rechtfertigung einer früher erlassenen Entscheidung stehen den Richtern nicht zu; ein derartiges Schriftstück muß beim ferneren Verfahren gänzlich unberücksichtigt bleiben.

Ges. v. 3. Mai 1852 Art. 31 [dort einzutr. als n. 25 a].

2. Die Verlesung eines [für die Beweiserhebung] anerkanntermaaßen bedeutungslosen in den Akten befindlichen Schriftstücks kann keine Nichtigkeit begründen.

Ges. v. 3. Mai 1852 Art. 25 [dort einzutr. als n. 4 a].

Erk. (Z. I.) v. 15. Jan. 1862 c. Foitzik (1092. I. Cr. v. 1861).

Der Angekl. hatte das erstinstanzgerichtliche Erk. durch Appellation angefochten, weil mit Unrecht gegen ihn die Strafe des Betrugs verhängt worden sei; der StA. hielt in seiner Gegenschrift diese Beschwerde für begründet, und suchte diese Ansicht durch eine rechtliche Ausführung zu rechtfertigen. Hierdurch sah sich der betr. KG.-Direktor veranlaßt, „als Vorsitzender der Deputation für Strafsachen und Konzipient des Urtheils“ eine nähere Begründung des erlassenen Erkenntnisses zu den Akten zu geben. In der Verhandlung zweiter Instanz griff die Vertheidigung diese „Ergänzung des Urtheils“ als eine „unzulässige Aktenveränderung“ an; dem widersprach der OStA., und beantragte Verlesung des Schriftstücks, welche auch, da der Vertheidiger „nichts dabei zu erinnern hatte,“ erfolgte. Das AG. bestätigte das erste Erk., indem es den nachträglichen Vermerk des Direktors für eine „übrige Erklärung, aber nicht für eine Urtheilsergänzung“ erachtete. Die NB. des Angeklagten rügte die Verlesung des Vermerks; derselbe sei als Ergänzung des ersten Urtheils unstatthaft gewesen, und nicht zur Kenntniß des Angeklagten gelangt; er habe daher auch nicht zur Kunde des AG.s gebracht werden dürfen, da er doch auch nicht als Beweisstück gelten könne. Zurückweisung.

Gründe:

Allerdings war die Ausführung des Kreisgerichts-Direktors, wodurch er mittelst einer Erklärung „als Vorsitzender“ des Richterkollegiums und „Konzipient des Urtels“ dieses gegen die von dem StA. in seiner Beantwortung der Appellationsschrift ausgesprochene Ansicht zu vertheidigen sucht, unangemessen und mußte ohne Einfluß auf das Verfahren und die Entscheidung in zweiter Instanz bleiben; keinenfalls konnte sie als Theil des ersten Urtheils, zu dessen Ergänzung nach erfolgter Publikation, Vollziehung desselben durch das Kollegium und Zustellung an den Angeklagten der Kreisgerichtsdirektor in keiner der genannten Eigenschaften befugt war, in Betracht kommen oder eine rückwirkende Kraft auf dieses Urtheil äußern, dasselbe aber auch ebenso wenig hinterher ungültig machen, wie unterstützen. In der That hat der zweite Richter in seinen Entscheidungsgründen lediglich an den Inhalt des Urtheils v. 2c. selbst sich gehalten und ausdrücklich erklärt, daß der Vermerk eine „übrige“ Bemerkung, keine Urtelsergänzung sei, und aus dessen Verlesung in der mündlichen Verhandlung folgt nicht, daß er ihr irgend eine Einwirkung auf sein Erkenntniß gestattet, sie für etwas Anderes als ein überflüssiges Aktenblatt angesehen habe. Denn nach Ausweis des Audienzprotokolles hat das App.-G. erst aus Anlaß der Behauptung des Vertheidigers, der Akteninhalt sei durch die in Rede stehende Ergänzung des Direktors wesentlich verändert worden, was unzulässig sei, davon Notiz genommen, und auf den Widerspruch des OStA.s gegen diese Behauptung dem Antrage desselben, das Schriftstück zu verlesen, stattgegeben, ersichtlich nur zu dem Zwecke, den Streit über die Zulässigkeit der Einbringung eines derartigen Schriftstücks zu den Akten und dessen Bedeutung zu beurtheilen; damit war ihm aber noch keine Bedeutung beigelegt und eine solche ist in den Erkenntnißgründen verneint worden; ja die Vertheidigung selbst hatte gegen die Verlesung Nichts zu erinnern, wie das Sitzungsprotokoll konstatirt und Implorant, dem es freistand, dagegen Einspruch zu thun, jetzt vergeblich bestreiten will.

Antr. des GStA.s: gleichl. [23.—2.]

Polizeigerichtliches Verfahren. — Beschwerde an das Ober-Tribunal.

Gegen appellationsgerichtliche Verfügungen, welche in Beziehung auf eine polizeigerichtliche Untersuchungssache ergangen sind, steht dem Angeklagten eine Beschwerde an das Ober-Tribunal nicht zu.

Ges. v. 3. Mai 1852 Art. 13 [vgl. dort n. 9]; Art. 129 [vgl. dort n. 12].

Beschl. (I.) v. 15. Jan. 1862 c. Hoffmann (16. B. I. Cr.).

H. war wegen unbefugten Schenkwirthschaftsbetriebs durch polizeirichterliches Erkenntniß (vgl. Strafverf. § 27 n. 8; E.-G. z. StGB. Art. XX. n. 6) zu einer Geldbuße von 100 Thlr., ev. sechswöchentlichem Gefängnisse verurtheilt; als die letztere zur Vollstreckung gebracht werden sollte, nahm er den Allerh. Gnadenerlaß v. 18. Okt. 1861 für sich in Anspruch, und ergriff gegen den ablehnenden Bescheid des AG.s die Beschw. an das OTr., ward aber mit derselben zurückgewiesen, weil eine solche gemäß Art. 12 und 120 des Ges. v. 3. Mai 1852 und § 169 der Vdn. v. 3. Jan. 1849 unzulässig ist.

Antr. des GStA.s: gleichl. [23. — 3.]

Erkenntniß. — Nichtigkeitsbeschwerde. — Beschwerde.

Erkenntnisse können nur mit den gegen diese gestatteten Rechtsmitteln angefochten werden; es ist unstatthaft, ihren Inhalt zum Gegenstande einer „Beschwerde" zu machen.

Vdn. v. 3. Jan. 1849 Abschn. IV [vgl. dort n. 1a].

Beschl. (I.) v. 15. Jan. 1862 c. Peter (30. B. I. Cr.).

In der oben S. 8 erwähnten Sache stellte der StA., nachdem das dort mitgetheilte vernichtende Erk. des OTr.s ergangen war, beim Kreisgerichte den Antrag, dem früher ergangenen schwurgerichtlichen Erkenntnisse, da dieses ohne alle Gründe abgefaßt sei, nachträglich die Gründe hinzuzufügen, weil dasselbe ohne Gründe als ein Urtheil gar nicht gelten könne. Gegen den diesen Antrag ablehnenden Beschluß ergriff er die Beschw. an das OTr. — Die GStA.-schaft hielt dafür, daß, da es sich hier von der Vervollständigung des im Hauptverfahren ergangenen Erk.s handle, der angefochtene Beschluß also sich mit Nothwendigkeit auf die Hauptverhandlung beziehe, die Beschw. mit Recht an das OTr., und nicht an das AG. gerichtet worden sei; dieselbe sei indessen durchaus unbegründet; die Abfassung der Erkenntnisse sei lediglich Sache der Gerichte, der StA.-schaft stehe dabei eine Kontrolle über die Beobachtung der vorgeschriebenen Förmlichkeiten nicht zu; ihre Befugniß beschränke sich darauf, den als Erkenntniß verkündeten Spruch durch das statthafte Rechtsmittel beim höheren Richter anzufechten, sie könne daher in Betreff der Redaktion keine nachträglichen Anträge beim betr. Gerichte selbst stellen; noch weniger sei es statthaft gewesen, einen solchen Antrag an das Kreisgericht zu richten, bei welchem das Schwurgericht früher abgehalten worden sei. Das OTr. hat die Beschwerde zurückgewiesen.

Gründe.

Die Frage: „ob dem in dem Schwurgerichtserkenntnisse v. 8. März 1861 enthaltenen Vorbehalte der anderweitigen Verfolgung des Angeklagten stattgegeben werden kann," hängt davon ab, ob das gedachte Urtheil die Rechtskraft beschritten hat. Dies ist bis jetzt nicht der Fall, da nach Ausweis der Akten das in Rede stehende Erkenntniß weder mündlich mit Gründen eröffnet worden ist, noch auch schriftliche Gründe enthält.

Nach Art. 110 des Ges. v. 3. Mai 1852 sind demnach die Fristen zur Anbringung der NB. sowohl für den Angeklagten als auch für die K. StA.-schaft noch immer offen, und weil Erkenntnisse, so lange sie noch nicht rechtskräftig geworden sind, ausschließlich nur mit der NB. angegriffen werden können, so muß auch im vorliegenden Falle nicht der Weg einer bloßen Beschwerde, sondern der des gedachten Rechtsmittels beschritten werden. [20.—3.]

Sachverständiger. — Tod. — Verlesung des Gutachtens.

Die Vorschrift des § 21 der Verordnung vom 3. Jan. 1849, nach welcher die im Vorverfahren zu Protokoll genommene Aussage eines demnächst verstorbenen Zeugen in der Sitzung verlesen werden darf, ist auf Sachverständige auszudehnen.

Vdn. v. 3. Jan. 1849 § 21 [dort einzutr. als n. 2a].

Erk. (Z. I.) v. 17. Jan. 1862 c. Weinberger (948. I. Cr. v. 1861).

Der Angekl. rügte es in der zweiten Instanz, daß in erster Instanz das im Vorverfahren abgegebene Gutachten eines Sachverständigen C. verlesen worden sei, ohne daß diese Abweichung vom Grundsatze der Mündlichkeit irgendwie gerechtfertigt worden wäre; das AG. verwarf diesen Einwand, weil C. notorisch inzwischen verstorben, und die Vorschrift des § 21 für Nothfälle auch auf Sachverständige auszudehnen sei, auch habe W. gegen die Verlesung nicht protestirt, und sei daher so anzusehen, als habe er auf den betr. Einwand verzichtet. Die NB. des Angekl. erachtete der GStA. für begründet; ein Verzicht auf die Beobachtung eines wesentlichen Grundsatzes des Verfahrens sei wirkungslos (vgl. V. Pl. 9. Dez. 1861 c. Zabel, oben S. 121); zwar könne im Nothfalle auch die Verlesung eines Gutachtens zur Aufklärung der Sache angeordnet werden; unrichtig sei es aber, wenn das AG. den Sachverständigen hier einem Zeugen gleichstelle ohne zu berücksichtigen, daß ein verstorbener Zeuge nicht ersetzt werden könne, während dieses in Beziehung auf ein Gutachten unbedenklich ausführbar sei. **Das OTr. hat die NB. zurückgewiesen.**

Gründe:

Es ist zwar richtig, daß der § 21 der Vdn. v. 3. Jan. 1849 sich seinem Wortlaute nach nur auf Zeugen bezieht; es liegt indeß kein haltbarer Grund vor, seine Vorschrift nicht auch auf Sachverständige auszudehnen. Denn der Grund der Vorschrift ist überall nur, an die Stelle der von dem Gesetze als Regel vorgeschriebenen unmittelbaren Erkenntnißquelle durch persönliche Abhörung des zu Vernehmenden eine solche durch Verlesung der schriftlichen Auslassung zu setzen, und dieser Grund findet sowohl auf das Gutachten Sachverständiger als auf die Bekundung von Zeugen Anwendung. Ist aber hiernach der § 21 auch in diesem Falle anzuwenden, so ist es gleichgültig, ob der Sachverständige, wie hier der Fall, das alleinige Beweismittel für den Richter, außer der persönlichen Abhörung des Angeklagten, gewesen war. Eine Verpflichtung für den Richter, in solchem Falle, selbst wenn er aus dem verlesenen Gutachten bereits eine vollkommene Ueberzeugung schöpft, auch noch einen zweiten Sachverständigen von Amtswegen zu hören, besteht nicht; es muß vielmehr seinem freien Ermessen überlassen bleiben, ob er nun statt des verstorbenen Sachverständigen einen neuen vernehmen, oder aber jetzt bei dem allerdings nur noch schriftlichen Gutachten des ersteren verbleiben wolle, da er selbst unter diesen Umständen besondere Gründe haben kann, dasselbe für ein zuverlässigeres und beweisfähigeres Mittel der Ueberzeugung, als das Gutachten eines anderen Sachverständigen, zu erachten. In jedem Falle liegt aber in dem stattgefundenen Verfahren, sobald man überhaupt die Anwendung des § 21 auf einen solchen Fall für zulässig erachten muß, keine Verletzung unzweifelhafter Rechtsgrundsätze.

Antr. des GStA.s: entg. [15.—1.]

Betrug. — Postschein. — Thäter. — Theilnehmer.

Derjenige, welcher, um eine Exekution von sich abzuwenden, die Ausstellung eines unrichtigen Postscheins veranlaßt, und denselben dem Gerichte einreicht, ist, selbst wenn er sich dabei der Hülfe eines Dritten Unbetheiligten bedient, als Thäter des Vergehens zu betrachten, sollte auch dieser Dritte wissentlich Hülfe geleistet haben.

StGB. § 243 Nr. 6 [vgl. dort n. 22].

Erk. (Z. I.) v. 17. Jan. 1862 c. Oppenheim (1121. I. Cr. v. 1861).

O. hatte, um eine ihm drohende Exekution abzuwenden, dem Gerichte einen unrichtigen Postschein durch den von dem Sachverhalte unterrichteten J. einreichen lassen, und war aus § 243 Nr. 6 als Thäter bestraft worden, während J. als Theilnehmer angesehen worden war. Die NB. des ersteren rügte Gesetzesverletzung, weil nach dem festgestellten Thatbestande nur J. als Thäter, er selbst aber nur als Theilnehmer hätte angesehen werden dürfen. Zurückweisung.

Gründe:

Die Instanzrichter haben nicht geirrt, indem sie den O. für den Thäter und den J. nur für den Theilnehmer erachtet haben. Die subjektive Voraussetzung der Theilnahme, nämlich diejenige, daß der Theilnehmer nur eine fremde Absicht habe unterstützen wollen, ist hier vorhanden. Es handelt sich also nur um die objektive Voraussetzung, also um die Art und Weise, wie sich derselbe bei der strafbaren Handlung betheiligt hat. Das hier in Rede stehende Vergehen besteht darin, daß zum Zwecke der Abwendung einer verhängten Exekution von einem Postschein Gebrauch gemacht wird, welcher in der Art, wie dies der § 243 Nr. 6 StGB. näher bezeichnet, unrichtig ist. Derjenige nun, gegen welchen die Exekution verfügt war, welcher dieselbe von sich abwenden wollte, zu diesem Zwecke den Brief mit einem nicht in Geld oder anderen Werthgegenständen bestehenden Inhalt versah, den Postschein darüber dennoch so ausstellen ließ, als ob darin Geld oder andere Werthgegenstände enthalten seien, und diesen Postschein dem Gerichte zum fälschlichen Nachweis der Absendung solcher Effekten einreichen ließ, ist als derjenige zu erachten, welcher von dem Postschein Gebrauch gemacht hat, wenn gleich er sich dabei äußerlich der Hülfe eines Anderen, welcher bei dem ganzen Exekutionsverfahren unbetheiligt war, insofern diese gegen ihn selbst nicht verfügt war, welcher auch die Absicht der Abwendung der Exekution von sich selbst nicht haben konnte, bedient haben mag.

Antr. des GStA.s: gleich. [15. — 1.]

Gift. — Quantität. — Fragestellung.

Die Beibringung von Gift in jeder Quantität fällt unter den § 197 des StGB. Es tritt daher Nichtigkeit ein, wenn die von den Geschworenen verneinte Frage die Beibringung von Gift, „welches der Quantität nach die Gesundheit zu zerstören geeignet war," zum Gegenstande hatte.

StGB. § 197 [vgl. dort n. 4].

Erk. (S. I.) v. 17. Jan. 1862 c. Patzke (1149. I. Cr. v. 1861).

In einer einen „Mordversuch" betreffenden schwurgerichtlichen Verhandlung hatte der Schw.-GH. die besondere Frage gestellt:

> ob die Angeklagte schuldig sei, — vorsätzlich der rc. K. Phosphorgift, welches der Quantität nach die Gesundheit zu zerstören geeignet war, beizubringen versucht zu haben, auch diesen Versuch rc.

Diese Frage ward ebenso wie die Hauptfrage verneint, und demgemäß die Angeklagte freigesprochen. Die NB. des StA.s rügte Verletzung des § 197, weil die Worte: (Gift) „welches der Quantität nach die Gesundheit zu zerstören geeignet war," mit Unrecht in die Frage aufgenommen sei, da das Gift immer die Eigenschaft habe, daß es geeignet sei, die Gesundheit zu zerstören, und jene Worte im § 197 ebendeshalb auch nur auf: „andere Stoffe" bezogen werden könnten; in Betreff der Quantität habe es lediglich der Beurtheilung der Geschwornen überlassen werden müssen, ob in der Beibringung einer unschädlichen Quantität Gift der Anfang der Ausführung des Versuchs zu finden sei. **Vernichtung und Zurückverweisung der Sache vor den Schw.-GH.**

Gründe:

Der NB. war Statt zu geben, zwar nicht wegen der gerügten materiellen Gesetzesverletzung an und für sich, sondern weil durch die Stellung der zweiten Frage an die Geschwornen, gegen welche allein ohne Anfechtung der ersten Frage und direkt der Angriff gerichtet ist, indem behauptet wird, daß hierdurch (indirekt) die §§ 197 und 31 StGB. verletzt worden seien, allerdings eine Nichtigkeit begründet wird. Denn die zweite Frage hatte den Zweck, festzustellen, ob die Handlung der Angeklagten auch nicht unter die Strafbestimmung des § 197 des StGB. falle, und auf Grund der Verneinung derselben durch die Geschwornen hat das Erkenntniß des Schwurgerichtshofes demgemäß die Anwendbarkeit des § 197 gleichfalls verneint. Allein jener Zweck konnte durch die Frage in ihrer den Geschwornen vorgelegten Schlußfassung nicht erreicht werden, da der § 197 die Beibringung von Gift, das seinem Begriffe nach die Gesundheit zu zerstören geeignet ist, während bei „anderen Stoffen" diese Eigenschaft besonders festgestellt werden muß, ohne Rücksicht auf die Quantität desselben mit Strafe bedroht und es daher nach Verneinung der gestellten Frage an die Geschwornen immer noch ungewiß blieb, ob dieselben den daselbst vorgesehenen Thatbestand des fraglichen Verbrechens nicht angenommen haben würden, wenn sie nicht über die rechtlich unerhebliche Quantität des der K. beigebrachten Phosphorgifts sich hätten aussprechen müssen. [23.—1.]

Urkunde. — Beweismittel. — Vollständigkeit.

Eine Schrift ist selbst dann für eine Urkunde zu erachten, wenn sie nur ein unvollständiges Beweismittel für die Entstehung eines Rechtsverhältnisses darstellt.

StGB. § 247 (vgl. dort n. 80. 149. 150).

Erk. (Z. I.) v. 17. Jan. 1862 c. Sudau (1156. I. Cr. v. 1861).

Die Angeklagte hatte eine Schrift, wörtlich lautend:

Ew. geboren bitte ich um 2, 3 Paar braunwollene Morgenschuhe für meine Frau zum Anpassen durch meinen Burschen.

unbefugter Weise mit der Unterschrift: „Fischer, Schneidermeister“ versehen, und vermittelst desselben durch einen abgesandten Knaben bei einem Kaufmann D. die verlangten Waaren entnehmen lassen. Auf die wegen Betrugs erhobene Anklage erklärten sich die Instanzgerichte unzuständig, weil Urkundenfälschung vorliege. NB. des OStA.s, welcher die Urkundenqualität der Schrift bestritt, weil der Name dessen, an den sie gerichtet sein sollte, sowie der Name des mit der Abholung Beauftragten nicht angegeben, der verlangte Gegenstand nicht deutlich bezeichnet, und die Erklärung des Ausstellers, für die Gegenstände haften zu wollen, darin nicht enthalten sei; ebenso fehlten die Bezeichnung des beabsichtigten Rechtsgeschäfts und das Datum der Abfassung. Zurückweisung.

Gründe:

Mit Recht gehen die Vorderrichter davon aus, daß es hinsichtlich der Anwendbarkeit des § 247 StGB. darauf ankomme, ob die in Rede stehende Schrift eine Erheblichkeit für den Beweis eines Rechtsgeschäfts habe, nicht aber darauf, ob sie an sich ein selbstständiges Rechtsverhältniß konstituire, und haben dieses in Uebereinstimmung mit mehrfachen Präjudizien hiesiger Stelle (vgl. Oppenh. StGB. § 247 n. 147—149) zur Genüge ausgeführt. Die in der NB. hervorgehobenen Mängel der Urkunde lassen dieselbe zwar nur als ein unvollständiges Beweismittel für die Entstehung eines Rechtsverhältnisses zwischen dem angeblichen Aussteller Fischer und dem ꝛc. D. erkennen, entziehen demselben aber nicht die Kraft, in Verbindung mit den übrigen in den vorigen Erkenntnissen dargelegten Umständen für den Beweis eines solchen, namentlich der Verbindlichkeit des Fischer, wenn seine Unterschrift ächt gewesen wäre, dem ꝛc. D. die Schuhe zurückzugeben oder zu bezahlen, zumal mit Rücksicht auf die §§ 24. 26. I, 13. ALR., einen erheblichen Beitrag zu liefern, wie der App.-Richter, ohne daß ein Rechtsirrthum untergelaufen ist, näher auseinandergesetzt hat.

Antr. des GStA.s: gleichl. [23.—1.]

---

1. Nachdruck. — Konfiskation. — Vernichtung.
2. Nachdruck. — Konfiskation. — Ausdehnung.

1. Im Falle eines Nachdrucks ist die Konfiskation, nicht aber die Vernichtung der nachgedruckten Exemplare anzuordnen.

Ges. v. 11. Juni 1837 § 10. 12.

2. Es fällt nur der Beurtheilung des Instanzrichters anheim, in welcher Art und in welchem Umfange die Konfiskation eines nur zum Theil nachgedruckten Preßerzeugnisses zu vollstrecken sei. [Ibid. § 10.]

Erk. (V. I.) v. 17. Jan. 1862 c. Wolf (15. I. Cr.).

In der Bd. I. S. 473 erwähnten Sache hatte das Kammergericht in Gefolge der durch das OTr. ausgesprochenen Zurückverweisung nach einer stattgehabten neuen Verhandlung die Vernichtung der nachgedruckten Stellen des betr. Werkes angeordnet, und die einzelnen Seiten bezeichnet, welche dieser Maaßregel unterliegen sollten. NB. des OStA.s, welche auf Verletzung materieller Rechtsvorschriften, insbesondere der §§ 10. 12 des Ges. v. 11. Juni 1837 und § 19 des StGB. gestützt wurde. Zunächst habe nach § 10 cit. nicht auf Vernichtung, sondern nur auf Konfiskation erkannt werden können. Sodann gestatte der § 19 des StGB. ausnahmsweise wohl eine theilweise Vernichtung, nicht aber eine theilweise Konfiskation. Es sei daher anzunehmen, daß bei der Konfiskation eines gedruckten Werkes dieses in seiner Gesammtheit, d. h. auch mit seinem erlaubten Inhalte der Konfiskation unterliege, vorausgesetzt, daß nicht etwa dieser erlaubte Inhalt von dem unerlaubten in einer Weise gesondert werden könne, daß beide Theile dann noch die Eigenschaft eines gedruckten Werkes behielten.

Dieser Ausführung trat der GStA. bei, indem er noch darauf hinwies, daß nach § 12 cit. der Beschädigte die Ueberlassung der konfiszirten Exemplare verlangen könne, die Ausübung dieses Rechtes aber durch die Verstümmelung des Werkes unmöglich werde. Das OTr. hat nur den ersten Beschwerdepunkt für begründet erachtet, demgemäß das Erkenntniß vernichtet und die Sache in die zweite Instanz zurückverwiesen.

Gründe:

Die Beschwerde des OStA. ist insoweit begründet, als das Kammergericht auf Vernichtung in dem von ihm näher bezeichneten Umfange erkannt hat. Denn der § 10 des Ges. v. 11. Juni 1837 schreibt nur die Konfiskation, nicht also die Vernichtung vor, und wenn auch die letztere im Wesentlichen nur eine Folge der Konfiskation, nämlich der allein als solche anzuerkennenden Strafart ist, so ist doch auch im Uebrigen in jenem Gesetze nirgends vorgeschrieben, daß das Konfiskat des Nachdrucks zu vernichten, also der Richter darauf zu erkennen habe, vielmehr ist im § 12 sogar ein Anspruch des durch den Nachdruck Beschädigten auf das Konfiskat, als Mittel zu seiner Entschädigung, ausdrücklich anerkannt, und einem solchen Anspruche darf durch eine erkannte Vernichtung nicht vorgegriffen werden. —

Im Uebrigen aber hat der Beschwerde des OStA.s diesseits keine Folge gegeben werden können. Es mag derselben zugegeben werden, daß der Festsetzung des Kammergerichts eine unrichtige Beurtheilung der Ausführung der hier in Rede stehenden gesetzlichen Maaßregel zum Grunde liegt; ein rechtlicher, allein in der Nichtigkeitsinstanz zu verfolgender Irrthum ist jedoch darin nicht zu erkennen. Die Festsetzung ist vielmehr insoweit eine rein thatsächliche, als sie allein die Ausführung des in dem Urtel des OTr.s ausgesprochenen Prinzips enthält, mithin nur ausspricht, in welcher Art und in welchem Umfange die Strafe vollstreckt werden solle. Insoweit diese Art der Vollstreckung eine andere war, als sie gesetzlich überhaupt nur zulässig ist, mußte, wie geschehen, eine Aenderung dieser Festsetzung erfolgen; der Umfang der Vollstreckung aber durch spezielle Bezeichnung der allein nur als Nachdruck erscheinenden Objekte, jener Theile des Werkes, unterliegt lediglich dem Ermessen der Instanzrichter.

Es hat indeß nicht angemessen erscheinen können, nunmehr nach Vernichtung des Appellationsurtels schon in der Sache selbst zu erkennen. Nachdem nämlich nun ausgesprochen und die Festsetzung des Appellationsurtels dahin berichtiget ist, daß nicht Vernichtung, sondern nur Konfiskation des Nachdrucks stattfinde, muß es dem weiteren Ermessen des Kammergerichts überlassen bleiben, ob es diese Konfiskation in dem früher bereits festgesetzten oder in welchem anderen Umfange eintreten lassen wolle.

[15. — 1.]

Verlesung. — Zeugniß. — Beschluß. — Einverständniß.

Der Mangel eines die Verlesung eines Schriftstücks anordnenden motivirten Gerichtsbeschlusses zieht die Nichtigkeit des Verfahrens selbst dann nach sich, wenn diese Maaßregel im Einverständnisse mit dem Staatsanwalte und dem Angeklagten erfolgt ist.

Ges. v. 3. Mai 1852 Art. 25 [vgl. dort n. 7].

Erk. (V. I.) v. 17. Jan. 1862 c. Klein & Fischer (87. I. Cr.).

In einer schwurgerichtlichen Verhandlung waren die vor der Polizeibehörde und dem Untersuchungsrichter abgegebenen Aussagen eines Zeugen, welcher bei der Vorladung zur Hauptverhandlung nicht aufgefunden worden war, „in Uebereinstimmung mit der StA.-schaft und der Vertheidigung" vorgelesen worden, ohne daß diese Verlesung im Uebrigen nach Anleitung des Art. 25 gerechtfertigt worden wäre. Auf die NB. des Angeklagten erfolgte Vernichtung und Zurückverweisung der Sache vor den Schw.-GH.

Gründe:

Ein solcher Mangel ist ein wesentlicher, weil er ein das Grundprinzip des öffentlichen und mündlichen Verfahrens selbst und nicht das Parteienrecht oder das Interesse des Angeklagten allein betreffender ist. Aus diesem Grunde ist daher auch die erklärte Uebereinstimmung des StA.s und der Vertheidigung einflußlos. Es hätte vielmehr registrirt werden müssen, aus welchem Grunde die persönliche Vernehmung unausführbar und die bloße Verlesung der Aussage geboten sei.

Antr. des GStA.s: gleichl. [15. — 1.]

Vertretung des Angeklagten. — Ehefrau. — Beschwerde.

Ist die Ehefrau des Angeklagten qualifizirt, als Bevollmächtigte desselben, die ihn betreffenden gerichtlichen Verfügungen durch Beschwerde anzufechten? (Indirekt bejaht.)

Ges. v. 3. Mai 1852 Art. 20 [dort einzutr. als n. 23a; vgl. oben S. 9; in demselben Sinne erging: Beschl. I. 15. Jan. 1862 c. Phibig; 34. B. I.].

Beschl. (I.) v. 18. Jan. 1862 c. Meißner (4. B. I. Cr.).

Der Schwiegervater des Angekl. M. hatte gegen das den letzteren verurtheilende Erk. die NB. ergriffen, war aber mit derselben als nicht legitimirt zurückgewiesen worden. Hiergegen ergriff die Ehefrau des M., gestützt auf eine General-Vollmacht des letzteren, die Beschw. an das OTr., ward aber mit derselben ebenfalls zurückgewiesen, weil jene NB. verspätet gewesen sei. Auf eine Erörterung der Qualifikation der Ehefrau zur Ergreifung der Beschwerde ging der Beschluß nicht näher ein. [18.—4.]

Fischereifrevel. — Dolus.

Das Vergehen des unberechtigten Fischens setzt als Dolus das Bewußtsein von der Nichtzuständigkeit eines Rechts voraus.

StGB. § 273 [dort einzutr. als n. 11 a].

Erk. (B. I.) v. 22. Jan. 1862 c. Tübbecke (1009. I. Cr.).

Vernichtung des angefochtenen Erk.s und Zurückverweisung der Sache in die zweite Instanz.

Gründe:

Unzweifelhaft bedarf es nach allgemeinem strafrechtlichen Grundsatze im Sinne des § 273 zur Strafbarkeit eines unberechtigten Fischens des Bewußtseins von der Nichtzuständigkeit eines Rechtes dazu.

Da nun Implorant in seiner Appellations-Rechtfertigung einen Beweis nicht allein dahin angetreten hatte, daß ihm das fragliche Recht zustehe, sondern auch zu dem Ende, daß ihm unter den angegebenen Umständen ein Vergehen nicht beizumessen sei, weil er sich bei seiner Handlung in gutem Glauben befunden, so hätte die Berufung auch aus diesem Gesichtspunkte geprüft werden müssen. Dies ist nicht geschehen, demnach zu einer anderweiten Verhandlung und Entscheidung zu verstellen.

Antr. des GStA.s: gleichl. [17. — 5.]

Mißhandlung. — Zeuge. — Vernehmungsbefugniß.

Die schwerere Bestrafung der Mißhandlung eines Zeugen in Beziehung auf seinen Beruf ist nicht dadurch bedingt, daß der Zeuge ein gerichtlicher oder zulässiger Beweiszeuge sei; als Zeuge ist jeder anzusehen, welcher auf Erfordern einer befugten Behörde seine Kenntniß über Thatsachen mittheilt. StGB. § 192 [vgl. dort n. 6].

Erk. (Z. [B.] I.) v. 22. Jan. 1862 c. Dembowsky (1099. I. Cr.).

Eine Beschränkung des Begriffes eines Zeugen auf gerichtliche Zeugen oder gar auf unbedingt zulässige Beweiszeugen, also mit Ausschluß der Informativzeugen oder der von nicht richterlichen Behörden vernommenen Personen, ist im § 192 durch Nichts indicirt. Zeuge ist überhaupt jeder, der auf Erfordern einer dazu befugten Behörde seine Kenntniß von Thatsachen mittheilt. Daß aber auch die Polizeibehörde innerhalb ihres Wirkungskreises, im Besondern im Gebiete der Kriminalpolizei, zu einem Zeugniß im gedachten Sinn auffordern und ein solches aufnehmen dürfe, unterliegt keinem Zweifel. Daß die Mißhandlung der R. in Bezug auf ihre Eigenschaft als Zeugin erfolgt sei, besagt die thatsächliche Feststellung ausdrücklich.

Antr. des GStA.s: gleichl. [17. — 5.]

Rechtsanwalt. — Pflicht zum Zeugnisse.

Der Rechtsanwalt, welcher einer Partei (in einer bürgerlichen Angelegenheit) rechtlichen Bei-

stand geleistet hat, ist nicht befugt, seine Vernehmlassung als Zeuge über die ihm bei dieser Gelegenheit anvertrauten Dinge abzulehnen.

Vdn. v. 3. Jan. 1849 § 20 [vgl. dort n. 7]; Cr.-Ordn. § 311. 312; AGO. I, 10. § 230 Nr. 11; StGB. § 155 [vergl. dort n. 9].

Beschl. (I.) v. 22. Jan. 1862 (256. B. I. Cr. v. 1861).

Zwei Kadetten v. E. hatten sich aus der Kadettenanstalt entfernt, ohne in dieselbe zurückzukehren; es entstand der Verdacht, daß sie von ihrer Mutter, welche, von ihrem ersten Manne geschieden, sich demnächst anderweitig wieder verheirathet hatte, in das Ausland entführt worden seien. In dem gegen die Kadetten eingeleiteten Disziplinarverfahren requirirte das Kommando des Kadettenkorps das StG. zu B. um Vernehmung des Rechtsanwalts R. über den jeweiligen Aufenthalt der gedachten Mutter, Ehefrau K. R. lehnte seine Vernehmlassung ab, weil er den Aufenthalt der K. nur daher kenne, daß dieselbe in Beziehung auf Vergleichungsunterhandlungen seinen rechtlichen Beistand nachgesucht habe; diesen Einwand erachteten die beiden Instanzgerichte für gerechtfertigt. Beschwerde des Kommandos an das OTr. Die GStA.-schaft sprach sich für die Zurückweisung aus, weil die Rechtsanwalte den ihnen vom Staate übertragenen Beruf nur dann erfüllen könnten, wenn sich die beistandsbedürftige Partei mit vollem Vertrauen an sie wenden könnte, ohne besorgen zu müssen, daß die gemachten vertraulichen Mittheilungen später zu ihrem Nachtheile veröffentlicht werden würden; es könne daher nur dem eigenen pflichtmäßigen Ermessen des Rechtsanwalts überlassen bleiben, inwieweit er sich zur Vernehmlassung über derartige Mittheilungen befugt und verpflichtet erachte. Das OTr. hat indessen das StG. angewiesen, den ꝛc. R. zur Vernehmlassung anzuhalten.

Gründe:

Das K. Kammergericht erachtet den JR. R. für befugt, das von ihm erforderte eidliche Zeugniß zu verweigern, weil ihm der § 312 Nr. 1 der Cr.-Ordn. zur Seite stehe. Dies ist aber unrichtig, da § 312 Nr. 1 l. c. nur den Fall vorsieht, wenn ein Pfarrer oder anderer Geistlicher über Umstände, die ihm unter dem Siegel der Beichte oder der geistlichen Amtsverschwiegenheit anvertraut sind, befragt werden soll, was, selbst mit Rücksicht auf § 230 Nr. 11. I, 10. AGO., nicht schlechthin auf Rechtsanwalte ausgedehnt werden kann.

Eben so wenig greift hier einer der übrigen im § 312 l. c. aufgeführten Fälle Platz, in welchen allein von der im § 311 festgesetzten Regel eine Ausnahme stattfindet, nach welcher Jedermann schuldig ist, sich als Zeuge eidlich vernehmen zu lassen. Zwar hat sich das K. Kammergericht auch noch auf mehrere Entscheidungen des K. OTr.s berufen, worin allerdings ausgesprochen worden, daß in Untersuchungen der Vertheidiger des Angeklagten unter Umständen seine eidliche Vernehmung ablehnen kann. Dies paßt aber nicht auf den vorliegenden Fall, da bisher gegen die verehel. K. ein Untersuchungsverfahren gar nicht eingeleitet ist, und noch viel weniger der ꝛc. R. als ihr Defensor fungirt oder fungirt hat.

Hierin ändert endlich auch der § 155 des StGB.s nichts, welcher zwar auf Rechtsanwalte unzweifelhaft Anwendung findet, denselben aber nur bei Strafe verbietet, unbefugterweise Privatgeheimnisse zu offenbaren, die ihnen kraft ihres Amtes anvertraut sind, wovon nicht die Rede sein kann, wenn, wie hier, die kompetente Behörde in einem gesetzlich zulässigen Fall das eidliche Zeugniß eines Rechtsanwalts erfordert, letzterer also nach der allgemeinen Regel des § 311 der Cr.-Ordn. dasselbe abzulegen verpflichtet ist.

Antr. des GStA.s: entg. [18. — 3.]

Beweisaufnahme. — Verlesung von Aktenstücken. — Vernehmung des Angeklagten.

Die Verlesung einzelner Aktenstücke durch den Referenten zweiter Instanz und die Vernehmung des Angeklagten können als neue Beweisaufnahme nicht angesehen werden, wenn der Appellationsrichter nicht bei der Verhandlung selbst ausdrücklich zu erkennen gegeben hat, daß dieselben zum Zwecke der Beweisaufnahme erfolgen sollten.

Vdn. v. 3. Jan. 1849 § 21 [vgl. dort n. 16]; § 126 [vgl. dort n. 90. 93. 94. 95]; vgl. oben S. 82. 120.

Erk. (B. II.) v. 23. Jan. 1862 c. Bätge (4. II. Cr.).

Bei der Verhandlung zweiter Instanz hatte der Referent nach dem Sitzungsprotokolle: „eine mündliche Darstellung der bis jetzt stattgehabten Verhandlungen vorgetragen," und „insbesondere" einzelne (speziell namhaft gemachte) Aussagen und Aktenstücke mitgetheilt. Außerdem ward ein erschienener Mitangeklagter zur Sache vernommen. Hierauf sich stützend nahm das Erkenntniß eine von der erstrichterlichen abweichende thatsächliche Feststellung vor. Auf die NB. der Angekl. erfolgte Vernichtung und Zurückverweisung der Sache in die zweite Instanz; erwogen ward:

daß nach dem Protokollinhalte von selbst klar ist, daß in dem Audienztermine zweiter Instanz eine Beweisaufnahme nicht stattgefunden hat, und zwar so wenig eine neue, als auch eine nur theilweise erfolgte Wiederholung der in erster Instanz stattgehabten Beweisaufnahme;

daß namentlich darin, daß von dem ernannten Referenten bei seiner mündlichen Darstellung der bis dahin stattgehabten Verhandlungen insbesondere noch die näher bezeichneten Aktenstücke vorgetragen worden, eine Beweisaufnahme nicht gefunden werden kann, da dieser Vortrag des Referenten offenbar nur einen Theil seines Referats gebildet hat, das letztere als solches aber sich nicht als eine vom Gerichte angeordnete Beweisaufnahme auffassen läßt;

daß ebenso wenig die von dem in dem Audienztermine persönlich anwesend gewesenen Mitangeklagten Sch. abgegebene und zu Protokoll vermerkte Erklärung als eine Beweisaufnahme zu betrachten ist, da dieselbe ebenso, wie die zu Protokoll vermerkten Anträge der Staatsbehörde und des Vertheidigers des Angeklagten, nur zu den Parteivorträgen gehörte, und keineswegs als das Ergebniß einer von dem Gerichte vorgenommenen Vernehmung des Mitangeklagten Sch. dasteht;

daß überdies, wenn der obgedachte Vortrag des Referenten und die Protokollirung der obenerwähnten Erklärung des Mitangeklagten Sch. zum Zwecke der Beweisaufnahme hätte erfolgen sollen, es unerläßlich war, daß dies von dem App.-Richter bei der mündlichen Verhandlung ausdrücklich zu erkennen gegeben und daß solches zu Protokoll konstatirt wurde;

daß es aber an jedem desfalsigen Vermerke in dem Audienzprotokolle fehlt, und daß es deshalb ohne alle Bedeutung ist, daß sich nachträglich in dem App.-Erkenntnisse ausgesprochen findet, daß zu den in diesen neu festgestellten Thatsachen die mündliche Verhandlung und die vorgetragenen Theile der Akten als neue Beweisaufnahme Grund gegeben hätten.

Antr. des GStA.s: gleichl. [25. — 2.]

Ausland. — Preuße. — Verlust der Ehre.

Handelt es sich davon, ob ein im Auslande wegen eines dort verübten Verbrechens :c. bestrafter Preuße im Inlande noch zum Verluste der bürgerlichen Ehre :c. verurtheilt werden könne, so ist die That selbstständig und lediglich nach Preußischen Gesetzen zu beurtheilen.

StGB. § 24 [vgl. dort n. 6].

Erk. (Z. II.) v. 23. Jan. 1862 c. Moses (8. II. Cr.).

M., ein Preuße, hatte sich eines im zweiten Rückfalle im Auslande begangenen Diebstahls schuldig gemacht, und war deshalb am Orte der That mit 1½ jähriger Zuchthausstrafe bestraft worden. Nach seiner Rückkehr nach Preußen ward hier ein neues Strafverfahren auf Grund der §§ 24 219. StGB. gegen ihn eingeleitet. Der erste Richter nahm zwar den Thatbestand des § 219 für erwiesen an, hielt aber doch nur den § 216 für anwendbar, und erkannte demgemäß nur auf zeitige Untersagung der Ausübung der bürgerlichen Ehrenrechte, „weil dem M. die geringere Schärfe der ausländischen Gesetzgebung und die Auffassung des ausländischen Richters über die Strafbarkeit des Verbrechens insofern zu Statten kommen müsse, daß der Fall zur Verhängung der Zuchthausstrafe im mindesten Maaße des Pr. StGB.s um so weniger für angethan erachtet werden könne, als eine wesentliche Verschiedenheit in der Intensität der hiesigen und der ausländischen Zuchthausstrafe nicht anzunehmen sei." Auf die Appellation des StA.s erkannte aber das AG. auf den Verlust der bürgerlichen Ehre, indem es das Vorhandensein mildernder Umstände verneinte. Die NB. des M. rügte Verletzung von Gesetzen und Rechtsgrundsätzen, und unstatthafte Abweichung von der erstrichterlichen Feststellung insofern, als das Vorhandensein von mildernden Umständen verneint worden sei. Zurückweisung.

Gründe:

Der § 24 StGB. spricht einestheils deutlich aus, daß nicht an die Strafe, an die Art oder das Maaß der erkannten Strafe, und also namentlich auch nicht an die in dem ausländischen Urtheile ausgesprochene Strafe, der Verlust der bürgerlichen Ehre hat gebunden werden sollen, sondern daß die strafbare Handlung, das Verbrechen, dessen der Thäter schuldig erklärt und wegen dessen er verurtheilt wird, diesen Verlust zur Folge haben soll, anderntheils, daß es die Preußischen Gesetze sind, nach welchen in diesem Verfahren die That beurtheilt und gegen eines solchen Verbrechens schuldig Befundene auf Verlust der bürgerlichen Ehre erkannt werden muß. —

Ebenso wenig hat der App.-Richter dadurch, daß er das Vorhandensein mildernder Umstände, und zwar allerdings ohne stattgehabte neue oder wiederholte Beweisaufnahme verneint hat, gegen den Art. 101. Ges. v. 3. Mai 1852 verstoßen.

Auch der erste Richter hatte nämlich ausdrücklich erklärt, daß mildernde Umstände in dem engeren Sinne des Preußischen Gesetzes — also doch im Sinne des StGB. § 219 Nr. 1 Abs. 2 — nicht vorhanden seien. Wenn er gleichwohl daraus, daß der Angeklagte das Verbrechen im Auslande verübt hatte, aus der supponirten geringeren Schärfe der dortigen Gesetzgebung und aus der Auffassung des ausländischen Richters über die Strafbarkeit des Angeklagten Gründe entnahm, durch welche er sich verhindert hielt, gegen den Angeklagten den § 219 StGB. Nr. 1 rücksichts der Aberkennung der bürgerlichen Ehre, zur Anwendung zu bringen, so hatte er dadurch überall nicht festgestellt, daß die Strafthat des Angeklagten unter mildernden Umständen verübt oder doch in Beziehung auf selbige mildernde Umstände (im Sinne des § 219 l. c.) vorhanden seien, und er hatte dadurch auch nicht etwa solche in den Strafgesetzen besonders hervorgehobene Thatumstände festgestellt, welche das Gesetz als Milderungsgrund berücksichtigt. Er hatte vielmehr unter unrichtiger Auffassung der Bestimmungen des § 24 (verbunden mit § 4 Nr. 3 und § 219 Nr. 1) StGB., statt selbstständig und unabhängig von dem Erkenntnisse des ausländischen Gerichts und von der darin festgesetzten Dauer der erkannten Freiheitsstrafe die Strafbarkeit der Handlung des Angeklagten zu beurtheilen und hierbei lediglich die Pr. Gesetze zur Richtschnur zu nehmen, jenes im Auslande ergangene Urtheil und die darin festgesetzte Strafe, namentlich die darin bestimmte Dauer der Freiheitsstrafe als maaßgebend für seine Entscheidung über die Aberkennung oder Nichtaberkennung der bürgerlichen Ehre angesehen. Er hatte insbesondere darin, daß das ausländische Gericht die Zuchthausstrafe, zu welcher es den Angeklagten verurtheilte, auf geringere als zweijährige Dauer bestimmt hatte, ein Hinderniß gefunden, die Strafbarkeit des Angeklagten nach dem Pr. Gesetze zu beurtheilen, nach diesem nämlich „den Fall zur Verhandlung der Zuchthausstrafe im mildesten Maaße des Preußischen Strafgesetzes von zwei Jahren für angethan zu erachten."

Diesen Rechtsirrthum konnte der App.-Richter, ohne sich einer unzulässigen Abweichung von der thatsächlichen Feststellung des ersten Richters schuldig zu machen, berichtigen, wenn auch eine neue oder wiederholte Beweisaufnahme von ihm nicht bewirkt war.

Antr. des GStA.s: gleichl. [26. — 2.]

Verjährung. — Unterbrechung. — Vertagungsurtheil.

Durch eine gerichtliche Verhandlung, insbesondere durch ein Vertagungsurtheil eines Rheinischen Gerichts, wird die Verjährung unterbrochen.

StGB. § 48 [dort einzutr. als n. 6a]; 339.

Erk. (B. II.) v. 23. Jan. 1862 c. Dahmen (24. II. Cr.).

D., wegen einer am 13. Aug. verübten Uebertretung vor das Pol.-Gericht geladen, leugnete die That, worauf der Richter die Sache zur Sitzung vom 14. Nov. vertagte und die Vorladung eines Zeugen anordnete. In dieser neuen Sitzung erfolgte sodann aber sofortige Freisprechung, weil die Vorladung zur ersten Sitzung nichtig gewesen, und seit dem 13. Aug. die dreimonatliche Verjährungsfrist verstrichen sei. Auf den Kass.-Rekurs des Pol.-Anwalts erfolgte die Vernichtung dieses Erkenntnisses, indem erwogen ward:

daß nach Ausweis des bei den Akten befindlichen Auszuges aus dem Sitzungsregister des Polizeigerichts zu G. die Sache bereits in der Sitzung dieses Gerichts v. 10. Okt. 1861 zur kontradiktorischen Verhandlung gekommen war und, da der Beschuldigte dabei die ihm zur Last gelegte Beschuldigung in Abrede stellte, durch Urtheil des Polizeigerichts von demselben Tage auf die Sitzung v. 14. Nov. behufs Vorladung des Protokollanten vertagt worden ist;

daß durch die Verhandlungen in dieser Sitzung, namentlich das in Gegenwart des Beschuldigten erfolgte Vertagungsurtheil, die Verjährung unzweifelhaft im Sinne des Abs. 3 des § 339 StGB. unterbrochen worden ist;

daß daher der Pol.-Richter, indem er ohne Rücksicht hierauf und ungeachtet der von ihm selbst verordneten Vertagung der Sache auf den 14. Nov. 1861 durch das angegriffene Urtheil von diesem Tage die weitere Verfolgung des Beschuldigten wegen eingetretener Verjährung der Uebertretung für unstatthaft erklärte, den § 339 cit. direkt verletzt hat, und bei der Sachlage auf die etwaige mangelhafte Vorladung des Beschuldigten v. 7. Okt. und darauf, ob er zum Termin v. 14. Nov. geladen war, um so weniger etwas ankommen kann, als der Mangel der Ladung durch das Erscheinen des Beschuldigten und die Nichtrüge gedeckt war (Art. 146 und 147 der Rh. Cr.-P.-O.) und durch das Vertagungsurtheil auch die Vorladung zum Termine vom 14. Nov., worin der Beschuldigte ebenmäßig erschienen, ersetzt worden ist.

Antr. des GStA.s: gleichl. [27.—2.]

Rechtsanwalt. — Mandatariengebühren. — Personalarrest.

Es ist den Rechtsanwalten nicht untersagt, statt baarer Zahlung für ihre Mandatarien-Gebühren von ihren Schuldnern freiwillig angebotene Wechsel anzunehmen, und demnächst das ihnen dadurch eingeräumte Wechselrecht durch Personalarrest geltend zu machen.

Erk. (Bestätigg. I. Civ.-Sen.) v. 24. Jan. 1862 c. Rechtsanwalt T. (289. D. I.).

Es existirt weder eine gesetzliche noch eine reglementarische Bestimmung, welche die Rechtsanwalte an sich verhindert, statt baarer Zahlung von ihren Schuldnern freiwillig offerirte Wechsel anzunehmen. Erscheinen sie aber dazu, wie jeder andere Gläubiger, befugt, dann sind sie auch berechtigt, das ihnen von den Schuldnern eingeräumte Wechselrecht in gesetzlichem Wege, also auch durch Personalarrest geltend zu machen. In den Rescripten v. 9. Okt. 1816 (v. Kamptz Jahrb. 8. S. 264) und v. 27. Jan. 1832 (ibid. 39. S. 165) wird zwar ausgeführt, daß es ganz gegen die Pr. Gerichtsverfassung streite, zur Beitreibung von Mandatarienkosten den Personalarrest als Exekutionsmittel zuzulassen. Im vorliegenden Falle handelt es sich aber nicht um die Beitreibung von Mandatariengebühren in ihrer ursprünglichen Qualität, sondern um die Beitreibung einer rechtskräftig feststehenden Wechselforderung und wenn dieser Wechselforderung auch Mandatariengebühren zum Grunde liegen sollten, so läßt sich doch nicht ohne Weiteres annehmen, daß sich der Angeschuldigte den Wechsel lediglich zu dem Behuf habe ausstellen lassen, um das Verbot zu umgehen, seine Mandatariengebühren durch Personalarrest beizutreiben. Dazu hätte es eines besonderen Nachweises bedurft, der indeß nicht geführt ist.

Antr. des GStA.s: entg. [2.]

1. Stempel. — Verbindung mehrerer Geschäfte.
2. Stempel. — Nachbringung. — Kompetenz.

1. Für jedes der in einer schriftlichen Verhandlung enthaltenen verschiedenen, im Stempeltarif vorgesehenen Geschäfte ist der tarifmäßige Stempel besonders zu berechnen, sollten diese Geschäfte unter sich auch dergestalt in Verbindung stehen, daß das eine das andere seinem Rechtsbegriffe nach mit umfaßt, und mit diesem nach der betr. Civilgesetzgebung nur ein Rechtsgeschäft bildet (z. B. Verdingungsvertrag und Uebernahme der Lieferung der Materialien durch den Unternehmer).

Stemp.-Ges. v. 7. März 1822, Allg. Vorschr. z. Tarif Nr. 1.

2. Der Strafrichter hat über die Verpflichtung zur Entrichtung oder Nachbringung eines Stempels nicht zu erkennen.

AKO. v. 28. Nov. 1828 (GS. 1829 S. 16); Ges. v. 24. Mai 1861 § 11—14 (GS. S. 241).

Erk. (Z. V. Pl.) v. 27. Jan. 1862 c. Heinemann (266. II; 3 Pl. Cr.).

Die hier allein als maaßgebend zu betrachtende Nr. 1 der allgemeinen Vorschriften zum Stempeltarif v. 7. März 1822 lautet dahin:

> Enthält eine schriftliche Verhandlung verschiedene stempelpflichtige Gegenstände oder Geschäfte, so ist der Betrag des Stempels für jeden dieser Gegenstände und jedes dieser Geschäfte nach den darauf Anwendung habenden Vorschriften besonders zu berechnen und die Verhandlung mit der Summe aller dieser Stempelbeträge zusammengenommen zu belegen, insofern der nachstehende Tarif nicht ausdrücklich Befreiungen für besondere Fälle dieser Art enthält.

In dem früheren Erkenntnisse v. 14. April 1859 c. Baumann [90; Entsch. 42. S. 106] ist von der Erwägung ausgegangen, daß unter den in dieser Nr. 1 gedachten stempelpflichtigen Gegenständen und Geschäften nur solche verstanden werden können, welche der Stempeltarif vorgesehen hat, daß daher hinsichtlich einer schriftlichen Verhandlung, welche verschiedene Geschäfte im vulgären Sinne umfaßt, die verschiedenen Positionen des Tarifs über verschiedene Gattungen von Verträgen, oder die Position für eine bestimmte Gattung, wie „Lieferungsverträge," neben der Position der „Verträge," wofür kein besonders bestimmter Stempel zu entrichten ist, nur insofern anwendbar sind, als jene Geschäfte verschiedene Rechtsgeschäfte oder verschiedene Verträge ihrem Rechtsbegriffe nach bilden, ohne Unterschied, welche thatsächliche Merkmale der gesetzliche Rechtsbegriff eines und desselben Vertrages umfaßt. Von dieser Auffassung und Auslegung jener Nr. 1 ist jedoch jetzt zurückzutreten worden, weil der in der letzteren gebrauchte Ausdruck: „verschiedene stempelpflichtige Gegenstände oder Geschäfte" in dem gewöhnlichen, der Nomenklatur des Stempeltarifs entsprechenden Sinne verstanden werden muß, und daher für die Berechnung des Stempels zu einer schriftlichen Verhandlung, welche verschiedene stempelpflichtige Gegenstände oder Geschäfte enthält, allein das Entscheidende ist, daß und wie jeder dieser Gegenstände und jedes dieser Geschäfte in dem Stempeltarife als stempelpflichtig aufgeführt steht. Hierbei kann es nicht darauf ankommen, ob etwa die in der schriftlichen Verhandlung enthaltenen verschiedenen Geschäfte im rechtlichen Sinne nach der betreffenden Civil-Gesetzgebung als Ein Geschäft (unum negotium) anzusehen sind. Und zwar kann hierauf bei der Stempelberechnung um so weniger gerücksichtigt werden, als sich in dem Stempeltarife selbst nirgends ausgesprochen findet, daß, wenn die verschiedenen, nach demselben besonders zu besteuernden Geschäfte ihrem Rechtsbegriffe nach nur Ein Rechtsgeschäft oder nur einen Vertrag bilden, der zu der schriftlichen Verhandlung zu verwendende Stempel nur einfach nach dem gesetzlichen Rechtsbegriffe dieses Rechtsgeschäftes oder Vertrages zu berechnen sei. Eine solche ausdrückliche Bestimmung würde aber, zufolge jener Nr. 1 der Stempeltarif nothwendig enthalten müssen, wenn eine derartige Ausnahme oder Befreiung von der in der Nr. 1 als Regel vorgeschriebenen, für jedes der verschiedenen Geschäfte eintretenden besonderen Berechnung des Stempels sollte angenommen werden können. Die obgedachte, in dem früheren Erkenntnisse ausgesprochene Voraussetzung wird auch so wenig durch den Inhalt der mehr allegirten Nr. 1, als durch die einzelnen Positionen des Stempeltarifes selbst gerechtfertigt. Die in dem letzteren enthaltene Nomenklatur zeigt vielmehr, daß die einzelnen, speziell aufgeführten Vertragsgattungen es sind, welche die Art ihrer besonderen Stempelpflichtigkeit begründen; und muß danach, wenn eine dieser Vertragsgattungen vorliegt, in welcher Form und Gestalt es auch sein mag, die besondere Versteuerung derselben nach dem Tarife eintreten. Namentlich ergiebt die unter der Position „Verträge" getroffene Bestimmung: „daß Verträge einen Stempel von 15 Sgr. erfordern, insofern für einzelne Gattungen derselben nicht ein durch den Tarif besonders bestimmter Stempel zu entrichten ist," nicht, daß, wenn ein derartiger, in dem Tarif nicht besonders namhaft gemachter Vertrag vorliegt, derselbe auch dann nur einen Stempel von 15 Sgr. erfordert, wenn er zugleich einen der in dem Tarif als besonders stempelpflichtig bezeichneten Verträge enthält, und solchen, seinem gesetzlichen Rechtsbegriffe nach mit umfaßt. Im Gegentheile ist dadurch, daß unter der Position: „Verträge" ausdrücklich auf die einzelnen im Tarife als besonders stempelpflichtig aufgeführten Verträge verwiesen worden, hinlänglich zu erkennen gegeben, daß ein Vertrag, sobald in demselben eine dieser letzteren Vertragsgattungen enthalten ist, stets nach der diese besondere Vertragsgattung betreffenden Tarifposition versteuert werden muß.

Ueberdies kommt in Betracht, daß das Stempelgesetz nebst dem dazu gehörenden Tarife für den ganzen Umfang der Monarchie erlassen ist, und daß daher die Bestimmungen desselben in gleicher Weise in den Bezirken des gemeinen sowohl als des rheinischen Rechtes, wie in denjenigen des ALR.s zur Anwendung gebracht werden müssen. Die verschiedenen, in diesen resp. Bezirken bestehenden Civilgesetzgebungen können dabei keine besondere Berücksichtigung finden, und insbesondere nicht zur Folge haben, daß jene gesetzlichen Bestimmungen in den einzelnen Bezirken, je nach der dort bestehenden besonderen Gesetzgebung, in einer verschiedenen, von einander abweichenden Weise zur Anwendung zu bringen sind. Namentlich muß dies in dem vorliegenden Falle, wo es sich ebenso, wie in jenem früheren, um einen Bauverdingungs- oder Bauentreprise-Kontrakt handelt, in welchem der Werkmeister zugleich die Lieferung der zu dem verdungenen Baue erforderlichen Materialien übernommen hat, zur vollen Geltung kommen. Ein Vertrag dieser Art ist nach dem gemeinen Rechte (l. 20. 65. D. de contrah. emtione; 20. 1; l. 22. § 2. D. locati conducti; 19. 2.) als ein Miethsvertrag anzusehen. Nach dem rheinischen Rechte, wo das b. GB. in dem Art. 1711 den Verdingungsvertrag ausdrücklich als eine Unterart des Miethsvertrages bezeichnet, wenn der Stoff von dem Besteller des Werkes geliefert wird, gleichwohl in dem Art. 1787 u. ff. unter dem Titel vom Miethsvertrage auch die Fälle behandelt, in denen der Werkmeister zugleich den Stoff liefern soll, ist es dagegen kontrovers, ob in den letzteren Fällen subsidiarisch die Grundsätze vom Miethsvertrage oder vom Kaufe zur Anwendung zu bringen sind. Die Doktrin hat sich indessen für die letztere Ansicht entschieden. Das ALR. endlich handelt in dem Titel: „von Verträgen über Handlungen“ unter besonderen Rubriken: von den Verträgen über ein verdungenes Werk (Verdingungsverträgen), insonderheit über einen verdungenen Bau (§§ 925—965. 966—970 I, 11), und sodann von den „Lieferungsverträgen“ (§§ 981—987 ebend.), ohne den ersteren, den Verdingungsverträgen, für die zugleich mit vorgesehenen Fälle, daß von dem Werkmeister auch die Lieferung der Materialien zu dem verdungenen Werke übernommen worden, einen besonderen rechtlichen Charakter, oder einen anderweitigen Rechtsbegriff beizulegen. Nach diesen landrechtlichen Bestimmungen bleibt der Verdingungsvertrag, seinem Rechtsbegriffe nach, allerdings auch dann derselbe, wenn darin zugleich vom Werkmeister die Lieferung der Materialien übernommen worden, der Vertrag mithin einen an sich nach den §§ 981—987 a. a. O. zu beurtheilenden Lieferungsvertrag mit umfaßt.

Wegen der Verschiedenheit der Art und Weise der Besteuerung, welche hiernach bei dem in Rede stehenden Vertrage in den einzelnen Bezirken, unter Berücksichtigung der dort bestehenden verschiedenen Civilgesetzgebungen eintreten würde, erscheint es aber ebenfalls als dem Gesetz entsprechend, sich für alle Bezirke strenge an die Bestimmungen des Stempeltarifes zu halten, und diesen eine solche Ausdehnung zu geben, daß in den einzelnen Landestheilen eine dem Zwecke des Stempelgesetzes widerstreitende Verschiedenheit in der Besteuerung nicht aufkommen kann. Und dies geschieht, wenn die Nr. 1 der allgemeinen Vorschriften zum Stempeltarif dahin aufgefaßt wird, daß für jedes der in einer schriftlichen Verhandlung enthaltenen verschiedenen stempelpflichtigen Geschäfte, insofern für dasselbe eine besondere Besteuerung nach dem Tarif eintritt, dieser tarifmäßige Stempel besonders berechnet werden muß, und daß hiervon auch alsdann keine Ausnahme stattfindet, wenn dieses Geschäft mit einem anderen in jener Verhandlung enthaltenen Geschäfte dergestalt in Verbindung steht, daß es von dem letzteren, seinem Rechtsbegriffe nach, mit umfaßt wird und mit demselben nach der betreffenden Civilgesetzgebung nur Ein Rechtsgeschäft bildet.

Hiernach kommt es in dem gegenwärtigen Falle nicht darauf an, daß nach dem ALR. I, 11 § 925 ff.; 926 ff., unter dessen Herrschaft der jetzt vorliegende Vertrag abgeschlossen worden, der Verdingungsvertrag auch dann, wenn derselbe zugleich einen Lieferungsvertrag (§§ 981 ff) über die von dem Werkmeister zu dem verdungenen Baue herzugebenden Materialien enthält, nur als Ein Rechtsgeschäft und zwar nur als ein bloßer Verdingungsvertrag, seinem Rechtsbegriffe nach anzusehen ist. Für die Berechnung des zu dem fraglichen Vertrage zu verwendenden Stempels ist dies von keiner besonderen Bedeutung, indem vielmehr das das allein Entscheidende ist, daß und wie in dem Stempeltarife der Verdingungsvertrag als solcher, nach der Tarifposition: „Verträge" einen Stempel von 15 Sgr. erfordert, und daß für den Lieferungsvertrag, da nach dem Tarife „Lieferungsverträge" ganz wie Kaufverträge zu versteuern sind, ein Stempel von 1/3 Prozent berechnet werden muß.

Dagegen ist es in der NB. mit Recht gerügt, daß von dem App.-Richter gegen den Angeklagten auf Nachzahlung der Stempelsteuer für den fraglichen Vertrag erkannt worden. Dies ist den Bestimmungen der AKO. v. 18. Nov. 1828 zuwider, nach welchen über die Verbindlichkeit zur Entrichtung einer Stempelsteuer der ordentliche Weg Rechtens nicht stattfindet, vielmehr die desfallsige Beschwerde nur im Wege der verfassungsmäßigen Instanzen zu verfolgen ist. Ist zwar durch das Ges., betr. die Erweiterung des Rechtsweges, v. 24. Mai 1861 auch in Beziehung auf die Stempelsteuer (§§ 11—14) der Rechtsweg zugelassen worden, so ist doch dadurch keineswegs dem Strafrichter die Befugniß beigelegt, über die Verpflichtung zur Entrichtung oder Nachbringung einer Stempelsteuer zu erkennen. Die Kompetenz hierzu ist, wie sich aus dem § 14 jenes Gesetzes unzweifelhaft ergiebt, nur allein dem Civilrichter, als solchem eingeräumt. Und ist es deshalb auch nach den Bestimmungen jenes Gesetzes, von denen namentlich die Anwendung des § 14 vorliegend noch nicht in Anregung gekommen ist, als unstatthaft anzusehen, daß der App.-Richter auch auf die Nachbringung der fraglichen Stempelsteuer gegen den Angeklagten mit erkannt hat. In dieser Beziehung hat mithin sein Erkenntniß der Vernichtung unterliegen müssen.

Antr. des GStA.s: gleichl. [25.—1.]

Urtheilsausfertigung. — Angeklagter. — Verzicht. — Frist.

Der Angeklagte, welcher die Nichtigkeitsbeschwerde ergriffen hat, kann gültiger Weise auf die Ertheilung einer Ausfertigung des angefochtenen Erkenntnisses verzichten. In diesem Falle läuft die Frist zur Rechtfertigung des Rechtsmittels von der Erklärung jenes Verzichtes an.

Ges. v. 3. Mai 1852 Art. 110 [vgl. dort n. 15; Abschn. IV (S. 459) n. 48].

Erk. (3. Pl.) v. 27. Jan. 1862 c. Fiedler (1102. I. Cr.; 2. Pl.).

F. hatte gegen ein Erk. des AG. zu M. die NB. angemeldet, dieselbe auch sofort zu Protokoll gerechtfertigt, und zugleich auf Ertheilung einer Ausfertigung des angefochtenen Erk.s verzichtet. Mit Rücksicht darauf, daß ein Beschl. I. 3. Jan. 1860 c. Damke (79. Cr.; Oppenh. Strafverf. Abschn. IV n. 48) einem solchen Verzichte jede Wirksamkeit abgesprochen hatte, ward jene Sache zur Entscheidung der vereinigten Abtheilungen des Senats für Strafsachen gebracht, welcher sich für die Statthaftigkeit und Wirksamkeit des Verzichts entschied, und sodann zur Sache die NB. zurückwies. In der erstern Beziehung ward ausgeführt:

Die Behändigung einer Ausfertigung des angefochtenen Urtheils hat einen doppelten Charakter. Sie ist sowohl im Interesse des Angeschuldigten, wie auch von Amtswegen als ein Akt des Prozesses selbst vorgeschrieben. In beiderlei Hinsicht kann sie aber als eine so wesentliche und nothwendige, daß ihre Erfüllung unter allen Umständen erfolgen müßte, nicht erachtet werden.

Das Interesse des Angeklagten allein bei derselben besteht darin, daß derselbe durch die Behändigung der Ausfertigung eine vollständige und zuverlässige Kenntniß der Entscheidungsgründe des von ihm anzugreifenden oder bereits angegriffenen Erkenntnisses erhalten solle, damit er dadurch zu einer ausreichenden Begründung seiner Beschwerde in den Stand gesetzt werde. Erklärt derselbe, daß er darauf verzichte, so liegt darin unbedenklich ein Anerkenntniß, daß er bereits auf anderem Wege, theils durch die mündliche Verkündigung oder sonst jene Kenntniß von den

Gründen der Entscheidung erlangt habe. Der Zweck der Maaßregel ist sodann als vollständig erfüllt zu erachten, und sie wird insoweit überflüssig.

Was sodann die Frage betrifft, ob die Vorschrift nicht außerdem als ein nothwendiger Akt des Prozesses selbst zu befolgen sei, so ergiebt der Inhalt des Art. 110 cit., daß die Ertheilung der Ausfertigung in beiden Fällen, nämlich nach Anmeldung des Rechtsmittels von Seiten des bei der Verkündigung anwesend gewesenen Angeklagten, und sofort nach dieser Würdigung für den dabei nicht anwesend gewesenen Angeklagten, allerdings von Amtswegen vorgeschrieben ist, und daß die Fristen für die Rechtfertigung in dem ersteren Falle, sowie für die Anmeldung und Rechtfertigung in dem zweiten Falle, jedesmal von dem Tage der Behändigung an gerechnet werden sollen. Allein jene Vorschrift, daß die Ertheilung der Ausfertigung immer von Amtswegen erfolgen solle, hat nur den Sinn, daß es dazu nicht erst des besonderen Antrages des Angeklagten bedürfe. Was dagegen die damit verbundene Regulirung jener Fristen betrifft, so könnte es zwar den Anschein gewinnen, als ob der Richter nicht befugt sei, willkührlich andere Fristen, welche das Gesetz nicht kennt, an die Stelle der ausdrücklich vorgeschriebenen zu setzen, so also hier die aus dem Tage des erklärten Verzichtes sich ergebende Frist. Allein das Ges. v. 5. Mai 1838 wegen Insinuation der richterlichen Erkenntnisse ꝛc. dient hierbei zum Anhalt, indem darauf im Art. 33 des Ges. v. 3. Mai 1852 verwiesen worden ist. Auch jenes Gesetz enthält im § 5 die Regel, daß der Lauf der Fristen für die Rechtsmittel gegen Erkenntnisse mit der Insinuation der letzteren beginnt.

Gleichwohl werden im § 6 von dieser Regel Ausnahmen gemacht, unter denen zwar der Fall, daß die Parthei auf Zustellung der Urtelsausfertigung verzichtet, nicht besonders aufgeführt ist, welche Ausnahme sich aber schon von selbst aus dem vorhergehenden § 3 lit. e ergiebt, indem darin bestimmt ist:

„daß wenn die Parthei im Publikationstermin oder nach dessen Abhaltung erklärt, daß sie die Zustellung einer Ausfertigung des Erkenntnisses nicht verlange, . . . die darüber aufgenommene Registratur oder die Anzeige des mit der Zustellung beauftragten Beamten die Stelle der Insinuation vertritt."

Die rechtliche Folge davon ist, daß auf Grund einer solchen Erklärung nicht nur die Insinuation überhaupt unterbleibt, sondern auch die Frist zur Einlegung des Rechtsmittels von dem Zeitpunkt der Erklärung des Verzichtes an berechnet werden muß, indem die Beurkundung derselben ja gerade die Stelle der Insinuation vertreten soll. Dies versteht sich so sehr von selbst, daß die besondere Hervorhebung dieses Ausnahmefalls von der Regel des § 5 in dem § 6 überflüssig erscheinen mußte, man vielmehr im § 6 nur solche Ausnahmefälle noch besonders erwähnte, in denen wegen ihrer besonderen Natur die Bestimmung eines anderweiten Termins, von welchem an die Präklusivfrist für das Rechtsmittel zu berechnen sei, für angemessen erachtet wurde.

Es liegt nun aber in der Fassung und in dem Zwecke des Art. 110 des Ges. v. 3. Mai 1852 kein Grund vor, aus welchem die oben erwähnte Vorschrift des an sich für das Strafverfahren gleichfalls anzuwendenden Gesetzes nicht auch hier für das Rechtsmittel der NB. in diesem Strafverfahren anzuwenden wäre. Die Behändigung der Ausfertigung mußte vielmehr auch hier in dem angeführten Falle eines Verzichtes des Angeklagten auf dieselbe für entbehrlich erachtet werden.

Antr. des GStA.s: gleichl. [16. — 1.]

Vergehen. — Polizeirichterliche Kompetenz. — Verjährung.

Die Verjährung eines ausnahmsweise der polizeirichterlichen Kompetenz unterliegenden Vergehens ist nichtsdestoweniger lediglich nach § 46 StGB. zu beurtheilen.

Einf.-Ges. z. StGB. Art. XX [vgl. dort n. 4]; StGB. § 46.

Erk. (Z. I.) v. 29. Jan. 1862 c. Rehse (50. I. Cr.).

Die NB. ist unbegründet. Der § 177 der Gew.-Ordn. v. 17. Jan. 1845 droht eine Strafe bis zu 200 Thlr. oder bis zu 3 Monat Gefängniß an. Die bezügliche strafbare Handlung stellt sich daher nach Art. VIII des Einf.-Ges. z. StGB. als ein Vergehen dar, wie der App.-Richter zutreffend ausgeführt hat. Dabei fällt es nicht ins Gewicht, daß nach Art. XX l. c. die Verfolgung dieser Strafthat der Kompetenz des Polizeirichters überwiesen worden ist, da durch diese prozessualische Vorschrift die Natur der strafbaren Handlung nicht geändert wird. Liegt aber ein Vergehen vor, dann verjährt dasselbe nach § 46 des StGB. erst in drei Jahren und nicht schon nach § 339 l. c. in drei Monaten.

Antr. des GStA.s: gleichl. [20.—5.]

Anstiftung eines Entschlossenen. — Anleitung.

Der Entschluß des Thäters im Allgemeinen, ein Vergehen zu verüben, schließt rechtlich die strafbare Theilnahme eines Dritten, welcher den Thäter bei einer speziell sich darbietenden Gelegenheit zur Verübung der Strafthat in Gemäßheit des § 34 Nr. 1. StGB. anreizt, nicht aus.

StGB. § 34 Nr. 1 [vgl. dort n. 33a; RdO. I. S. 303].

Erk. (Z. I.) v. 31. Jan. 1862 c. Borchert (1060. I. Cr. v. 1861).

W. Borchert Sohn hatte zwei Schaffelle gefunden und zunächst eins derselben zum Nachtheile des Eigenthümers an G. veräußert; sodann war er durch seinen dazu kommenden Vater J. B. angereizt worden, dem G. auch das zweite Fell zu verkaufen, während er selbst beabsichtigt hatte, dasselbe an einen anderen Händler zu veräußern. Demgemäß ward W. B. wegen Unterschlagung, J. B. wegen Anstiftung zu derselben verurtheilt, weil er den ersteren durch Mißbrauch seines väterlichen Ansehens zum Verkaufe bestimmt habe. Die NB. des letzteren rügte Verletzung des § 34 Nr. 1, weil die Anstiftung eines Entschlossenen nicht möglich sei. Zurückweisung.

Gründe.

Aus dem in der NB. hervorgehobenen Umstande daß der Sohn W. B. bereits entschlossen gewesen, das Fell an einen Andern als den G. zu verhandeln, daß mithin die Aufforderung seines Vaters ihn nicht zu der Unterschlagung bestimmt habe, kann ein Bedenken nicht entnommen werden, einestheils, weil die thatsächliche Feststellung entgegensteht, welche grade in der Aufforderung des Vaters mittelst des Mißbrauchs seines Ansehens die Bestimmung des Sohnes zum Verkaufe findet, — anderntheils, weil der Entschluß des Thäters im Allgemeinen, ein Vergehen zu verüben (das Fell an einen andern Händler zu verkaufen), rechtlich die strafbare Theilnahme eines Dritten nicht beseitigt, welcher den Thäter bei einer speziell sich darbietenden Gelegenheit zur Verübung der strafbaren Handlung durch eines der im § 34 Nr. 1 genannten Mittel anreizt.

Antr. des GStA.s: gleichl. [13.—4.]

Haftbarkeit für die Strafe. — Kosten.

Derjenige, welcher verurtheilt wird, für die gegen einen Andern verhängte Geldbuße zu haften, muß auch die durch die betreffende Untersuchung veranlaßten Kosten tragen.

Vdn. v. 3. Jan. 1849 § 178 [vgl. dort n. 17]; Ges. v. 3. Mai 1853 § 3.

Erk. (Z. I.) v. 31. Jan. 1862 c. v. Bethmann-Hollweg (Mälitz u. Gen. 1151. I. Cr. v. 1861).

Der Gutsbesitzer v. B.-H. war in der gegen den Brennerei-Inspektor M. u. Gen. wegen Branntweinsteuerdefraude geführten Untersuchung für die gegen jene verhängte Geldbuße haftbar erklärt, und zu den Kosten verurtheilt worden. Das letztere rügte seine NB. als einen Verstoß gegen die §§ 178. 179 der Vdn. v. 3. Jan. 1849, weil gegen ihn keine „Verurtheilung" ausgesprochen sei. Zurückweisung.

Gründe:

Der Implorant hat gegen das erste Erkenntniß gemeinschaftlich mit den beiden Angeklagten M. und W. appellirt, indem er auf Freisprechung antrug. Seine Freisprechung ist aber nicht erfolgt, das Rechtsmittel der Appellation also von ihm ohne Erfolg eingelegt. Nach § 179 der Vdn. v. 3. Jan. 1849 fallen dem Imploranten daher unbedenklich die Kosten seiner Appellation zur Last. —

Anlangend aber die Kosten erster Instanz, — so hat das Kammergericht unterschieden, indem es erklärt, daß die Seitens der Steuerbehörde dagegen gerichtete Beschwerde, daß Implorant nicht auch verurtheilt worden, in subsidium für die (den Angeklagten M. und W. zur Last fallenden) Untersuchungskosten zu haften, als begründet nicht angesehen werden könne, ihm dagegen, weil er mit zur Untersuchung gezogen worden, in Gemäßheit der §§ 178 und 179 l. c. eben so, wie den beiden Angeklagten M. und W., die Kosten der Untersuchung zur Last gelegt werden müßten. Allerdings ist es nun thatsächlich unrichtig, daß Implorant ursprünglich mit zur Untersuchung gezogen ist, diese ist vielmehr vom ersten Richter nur gegen M. und W. eingeleitet worden, während Implorant nur behufs Auslassung über seine eventuelle Haftbarkeit vorgeladen worden. Dies ändert aber in seiner Verbindlichkeit, auch die Kosten der Untersuchung in erster Instanz zu tragen, nichts, da er ungeachtet seines Wiederspruches verurtheilt ist, für die gegen M. und W. erkannten Geldbußen subsidiarisch zu haften. Denn auch eine solche Verurtheilung ist im Sinne des § 178 l. c. und des § 3 des Ges. v. 3. Mai 1853, die Kosten in Untersuchungen betreffend, als die Verurtheilung in eine Strafe anzusehen, mit welcher zugleich die Verurtheilung in alle Kosten des Verfahrens ausgesprochen werden soll.

Ob die Untersuchung auch formell wider den subsidiarisch Verurtheilten mit gerichtet gewesen ist, oder nicht, kann hierin keinen Unterschied machen. [18. — 4.]

Konnexität. — Einfacher Holzdiebstahl. — Verweisung vor ein anderes Gericht.

Gesetzlich steht Nichts entgegen, einen einfachen Holzdiebstahl, welcher mit einem schwereren Straffalle konnex ist, mit diesem vor das für den letzteren zuständige Gericht zu bringen.

Einf.-Ges. z. StGB. Art. XXI [dort einzutr. als n. 1a]; Ges. vom 3. Mai 1852 Art. 3 [dort einzutr. als n. 2a]; H.-D.-Ges. vom 2. Juni 1852 § 25 ff. Vergl. Min.-Verf. v. 11 Nov. 1831 a. E. (v. Kampß Jahrb. 38. S. 429).

Beschl. (I.) v. 31. Jan. 1862 c. Paust (43. B. I. Cr.).

P. war eines einfachen Holzdiebstahls und einer damit konnexen Widersetzlichkeit gegen einen Forstbeamten im Dienste beschuldigt; die StA.-schaft beantragte deshalb bei dem für die letztere zuständigen Gerichte die Eröffnung der Untersuchung wegen beider Straffälle. Die Instanzrichter erachteten dieses indessen für unstatthaft, weil § 25 des HDG.s die Zuständigkeit für einfache Holzdiebstähle besonders regele, und für sie in den folgenden §§ ein eigenthümliches Verfahren vorgeschrieben sei. Auf die Beschwerde des OStA.s hat das OTr. den app.-gerichtlichen Beschluß aufgehoben, und die Sache zur näheren Prüfung der Zweckmäßigkeit der beantragten Verbindung an das AG. zurückverwiesen.

Gründe:

Durch die §§ 24 und 25 des HDGes. v. 2. Juni 1852 sind die allgemeinen Vorschriften über Konnexität bei einfachen Holzdiebstählen in keiner Weise gänzlich ausgeschlossen worden, und ebenso wenig steht einer Vereinigung des Verfahrens rücksichtlich der von dem P. verübten strafbaren Handlungen der Umstand entgegen, daß der einfache Holzdiebstahl, wenn er für sich allein zur Aburtelung gelangen sollte, nach andern Formen, als den für Vergehen maaßgebenden zu erörtern wäre, weil die sich auf Konnexität stützende Verbindung die Wirkung hat, daß die weniger strafbare Handlung in den Formen zur Verhandlung und Entscheidung gelangt, welche für die konkurrirende, gesetzlich strafbarere That, vorgeschrieben sind.

Antr. des GStA.s: gleichl. [44. — 3.]

Hund. — Verdacht der Wuthkrankheit. — Pflicht der Tödtung.

Die von der Polizeibehörde gehegte „Besorgniß," daß ein Hund von einem tollen Hunde gebissen sei, und die demgemäß von ihr an den Eigenthümer gerichtete Aufforderung, denselben zu tödten, verpflichten diesen nicht unbedingt zur Befolgung der Aufforderung, sobald festgestellt wird, daß jene Besorgniß weder objektiv begründet, noch subjektiv beim Eigenthümer vorhanden gewesen sei.

Regul. v. 8. Aug. 1835 §§ 99. 93 (GS. S. 264).

Erk. (Z. II.) v. 6. Febr. 1862 c. Baur (25. II. Cr.).

B. hatte einer von der Ortspolizeibehörde an ihn ergangenen Aufforderung, seinen Hund zu tödten, da gegründete Besorgniß obwalte, daß derselbe von einem tollen Hunde gebissen sei, — keine Folge geleistet, ward aber vom Pol.-Richter von der aus §§ 99. 93 des Regul. v. 8. Aug. 1835 gegen ihn erhobenen Beschuldigung freigesprochen, weil jene Besorgniß durch Nichts gerechtfertigt gewesen sei, und B. sich die vollständige Ueberzeugung von der Gesundheit des Hundes verschafft habe. Der Kass.-Rekurs des Pol.-Anwalts, welcher auszuführen suchte, daß es zur Anwendung des § 99 cit. genüge, wenn die Pol.-Behörde, der die Sorge für die öffentliche Sicherheit anvertraut sei, die „gegründete Besorgniß" hege, ward verworfen; erwogen ward:

daß die allerdings sehr unbestimmte Fassung des § 99 cit. dem Zweifel Raum giebt, ob die gegründete Besorgniß: „ein Hund sei von einem tollen Hunde gebissen worden," auf Seiten des Eigenthümers des Thiers vorhanden sein müsse, damit er sofort zur Tödtung desselben schreite, oder ob es hinreiche, daß eine solche Befürchtung von der Polizeibehörde gehegt werde, oder ob endlich der zur Anwendung der Bestimmung berufene Strafrichter zu untersuchen und nach Maaßgabe des Ergebnisses dieser Untersuchung darüber zu entscheiden habe, ob objektiv eine Besorgniß, wie sie der cit. § voraussetzt, in concreto gegründet gewesen, demnach die Strafe desselben zu verhängen sei; daß jedoch in dem angegriffenen Urtheile eine Feststellung und Entscheidung dahin zu finden ist: „daß, nach Maaßgabe der erhobenen Beweise, im untergebenen Falle weder subjektiv noch objektiv eine solche gegründete Besorgniß obgewaltet, und der Beschuldigte von dem letzteren auf das Gewissenhafteste sich überzeugt habe;" — daß jedenfalls die Behauptung der Staatsbehörde, daß es hierbei lediglich auf die individuelle Ansicht und Befürchtung der Polizeibehörde und die von derselben ausgegangene Aufforderung zur Tödtung des verdächtigen Hundes ankomme, in dem Wortlaute des § 99 eine Unterstützung nicht findet, daher der ergriffene Rekurs sich als begründet nicht darstellt.

[16. — 2.]

Reale Konkurrenz. — Getrennte Verhandlung. — Strafverwandlung.

Wenn im Falle einer getrennten Verhandlung über mehrere realiter konkurrirende Straffälle die im § 57 Nr. 2. StGB. vorgeschriebene Strafverwandlung unterblieben ist, so kann dieser Mangel nicht durch Nichtigkeitsbeschwerde, sondern nur nach Anleitung der Artt. 131 ff. des Gesetzes vom 3. Mai 1852 gehoben werden.

StGB. § 57 Nr. 2 [vgl. dort n. 1; einzutr. als n. 8 a]; Ges. v. 3. Mai 1852 Art. 131 [vgl. dort n. 7].

Erk. (Z. II.) v. 6. Febr. 1862 c. Surges (Zisgen u. Gen. 42. II. Cr.).

In Erw., daß die Vorschrift des § 57 Nr. 2. StGB. nur dann als eine imperative angesehen werden kann, wenn die verschiedenen konkurrirenden Verbrechen oder Vergehen den Gegenstand einer und derselben Verhandlung bilden, was hier mit der Anklage wegen Meuterei und wegen der Diebstähle nicht der Fall war;

daß auch die unterbliebene Verbindung beider Anklagen die NB. nicht rechtfertigen kann, da nach Art. XXI und XXII des Einf.-Ges. und Art. 3 des Ges. v. 3. Mai

1852 die Verbindung konnexer Anklagen nicht imperativ, sondern nur fakultativ vorgeschrieben ist, folglich dem Ermessen des erkennenden Richters anheim gestellt bleibt;

daß hierdurch jedoch die Zulässigkeit der Umwandlung der im Erk. v. ꝛc. erkannten Gefängnißstrafe in Zuchthausstrafe nicht ausgeschlossen wird;

daß dies aber in dem, durch die Art. 131—133 des Ges. v. 3. Mai 1852 vorgezeichneten, besonderen Verfahren zu bewerkstelligen ist, nicht aber im Wege der NB. gegen die angegriffenen Erkenntnisse erfolgen kann.

(A. d. Gr. Zurückweisung der NB. des Angeklagten.)

Antr. des GStA.s: gleichl. [14. — 2.]

Perhorrescenz. — Offenbare Feindschaft.

Ein Perhorrescenzgesuch wegen „offenbarer Feindschaft" kann nur auf die in den §§ 145. 146. I, 18. ALR. erwähnten Thatsachen gestützt werden.

Ges. v. 26. April 1851 Art. V [dort einzutr. als n. 25]; Cr.-Ordn. § 47; AGO. I, 2. § 143. Sic: Beschl. II. 23. Jan. 1862 c. Bott, 73. B. v. 1861.

Beschl. (II.) v. 6. Febr. 1862 c. Grohmann (9. B. II. Cr.).

Um des Umstandes willen, daß der gehörige Richter mit einer Partei in offenbarer Feindschaft lebe, gestattet der § 143. I, 2. AGO., worauf auch der § 47 und der inzwischen aufgehobene § 94 der Crim.-Ordn. Bezug nehmen, den gehörigen Richter zu perhorresziren nur in den Fällen, welche die §§ 145. 146. I, 18. ALR. angeben.

Antr. des GStA.s: gleichl. [26. — 3.]

---

1. Zolldefraude. — Grenzbezirk. — Nicht-Gewerbtreibender. — Nachweis der Verzollung.
2. Begünstigung. — Uebertretung.

1. Aus dem Umstande, daß ein Nicht-Gewerbtreibender, bei welchem im Grenzbezirke zollpflichtige Waaren gefunden werden, die geschehene Verzollung oder den inländischen Ursprung nicht nach-

zuweisen vermag, ist nicht mit Nothwendigkeit zu folgern, daß er sich einer Defraude schuldig gemacht habe.

Zoll-Str.-Ges. v. 23. Jan. 1838 § 6 Nr. 4; Zoll-Ges. v. 23. Jan. 1838 § 37. Sic: Z. I. 29. April 1853 c. Ahlers, 504.

2. Die Begünstigung einer Uebertretung ist nicht strafbar.

StGB. § 37 [vgl. dort n. 3, und oben S. 44].

Erk. (Z. I.) v. 7. Febr. 1862 c. Labrenz (1081. I. Cr. v. 1861.).

Bei dem Angekl. (einem Bauer) war im Grenzbezirke eine Quantität St.-Ubes-Salz vorgefunden worden; die Instanzrichter sprachen ihn aber von der Ankl. der Zolldefraude frei, weil nicht erwiesen sei, daß er das Salz nach Preußen eingeführt, oder in anderer unter den § 6 des Z.-Str.-Ges. zu subsumirender Art eine Defraude begangen habe. NB. des OStA.s. Zurückweisung.

Gründe:

Die NB. beruft sich auf § 37 des Zollgesetzes; dieser bestimmt aber nur, daß, wenn Gründe vorhanden sind, anzunehmen, daß Jemand im Grenzbezirk sich einer Zuwiderhandlung gegen die Zollgesetze schuldig gemacht habe, zur Ermittelung derartiger Kontraventionen Hausvisitationen und Revisionen der Waarenlager unter Erforderung des Ausweises für die geschehene Verzollung oder den inländischen Ursprung der vorgefundenen Waaren stattfinden können, es ist aber nicht gesagt, und kann daher nicht angenommen werden, daß unter allen Umständen, sobald dieser Nachweis nicht geführt werden kann, eine Defraude für erwiesen angesehen werden soll; vielmehr verordnet § 6 Nr. 4 des Z.-St.-Ges., daß nur, wenn Gewerbetreibende im Grenzbezirk sich nicht in Gemäßheit der nach § 35 des Zollgesetzes getroffenen Anordnungen über die erfolgte Versteuerung oder die steuerfreie Abstammung der vorgefundenen Gegenstände ausweisen können, sie als Defraudanten bestraft werden sollen. Der Angeklagte ist aber ein Bauer, also kein Gewerbetreibender im Sinne des Zollgesetzes.

Endlich ist auch der rechtlichen Ansicht des App.-Richters beizutreten, daß die Begünstigung einer bloßen Uebertretung nicht strafbar ist.

Antr. des GStA.s: gleichl. [18.—4.]

---

1. Rückfall. — Rechtskraft der Vorentscheidung. — Nichtigkeitsbeschwerde.
2. Meuterei. — Strafkumulation.

1. Rückfall liegt nur dann vor, wenn die That nach dem Eintritte der Rechtskraft der Vorentscheidung, d. h. nach dem Ablaufe der für die Anfechtung derselben gewährten Frist begangen worden ist.

StGB. § 58 [vgl. dort n. 14]; vgl. oben S. 193.

2. Die Vorschrift des § 96 Abs. 2. StGB. ist durch die veränderte Fassung des § 56 Abs. 2 nicht aufgehoben worden.

StGB. § 96 [vgl. dort. n. 26].

Erk. (V. I.) v. 7. Febr. 1862 c. Pritzkoleit & Paltowitz (24. I. Cr.).

Die Angeklagten hatten sich in der Nacht zum 4. Juli 1861 der schweren Meuterei schuldig gemacht; der Schw.-G.-H. strafte deshalb den Pr. und zwar wegen Rückfalls, weil er wegen desselben Verbrechens „am 2. Juli 1861 rechtskräftig bestraft worden sei." Gegen Paltowitz wurde dagegen nur eine Zusatzstrafe zu derjenigen verhängt, zu welcher er bereits früher mit Rücksicht auf diejenigen Verbrechen verurtheilt worden war, wegen welcher er sich damals in Haft befunden hatte. Auf die NB. des StA.s erfolgte in Betreff beider die Vernichtung des angefochtenen Erkenntnisses.

Gründe:

Das jetzt vorliegende Verbrechen des Pr. ist innerhalb der zehntägigen Frist, welche dem Angekl. zur Einlegung der NB. gegen das Urtel v. 2. Juli 1861 zustand, und vor deren Ablauf dieses Urtel nicht rechtskräftig wurde, verübt worden. Wenn nun auch der Angekl. diese NB. in Wirklichkeit nicht eingelegt hatte, so ist dies doch nur in Beziehung auf die Frage, ob hinterher für gewisse Straffolgen die Rechtskraft bis zum Tage der Verkündung des Urtels zurückzubeziehen sei, nicht aber in Beziehung auf die Frage des Rückfalls, also auf die Frage, ob die am 4. Juli verübte neue Meuterei im Sinne des § 58 StGB. als eine nach rechtskräftiger Verurtheilung wegen desselben Verbrechens verübte anzusehen sei, von rechtlichem Einflusse. Diese letztere Frage muß aber, weil es sich hier nicht um solche späteren Straffolgen, sondern um den Charakter der That im Augenblicke ihrer Verübung handelt, verneint werden, wie dieses auch bereits in der Entscheidung v. 24. Okt. 1856 [Oppenh. l. c.] geschehen ist.

In Betreff des rc. Paltowitz war es nach der deutlichen Vorschrift des § 96 StGB. unstatthaft, die jetzige Strafe nur als eine Zusatzstrafe zu der früher erkannten deshalb zu verhängen, weil das vorliegende Verbrechen zugleich zum Gegenstande dieser früheren Untersuchung hätte gemacht werden können; denn der Abs. 2 des § 56 StGB. hat jene Vorschrift des § 96 nicht aufgehoben, wie dieses auch bereits durch die Entscheidung v. 21. Sept. 1854 [Oppenh. l. c.] ausgesprochen ist.

Antr. des GStA.s: gleichl. [15.—4.]

Fragstellung. — Zurechnungsfähigkeit. — Vorsitzender.

Auch der Vorsitzende des Schwurgerichtshofs ist befugt, in Betreff der Zurechnungsfähigkeit des Angeklagten von Amtswegen eine Frage zu stellen.

Ges. v. 3. Mai 1852 Art. 81 [dort einzutr. als n. 50 a].

Erk. (Z. I.) v. 7. Febr. 1862 c. Podratz (99. I. Cr.).

Die NB. des StA.s, welche es als eine Verletzung des citirten Art. 81 rügte, daß der Vorsitzende von Amtswegen die Frage gestellt hatte: „ob der Angeklagte die That ohne Zurechnungsfähigkeit begangen habe," ist zurückgewiesen worden.

Gründe:

Das leitende Prinzip über die Befugnisse des Vorsitzenden resp. des Gerichtshofes liegt in den Artt. 79 und

87 des Ges. v. 3. Mai 1852. Hiernach liegt dem Vorsitzenden das Resümé, nämlich die Darstellung der gesammten Lage der Sache, die Erläuterung der gesetzlichen, in dem gegebenen Falle zur Anwendung kommenden Vorschriften und die Hinzufügung derjenigen Bemerkungen, welche zur Herbeiführung eines sachgemäßen Ausspruches der Geschwornen geeignet erscheinen, ob. Als Ausfluß dieser thatsächlichen und rechtlichen Darstellung, als die Formulirung ihres Ergebnisses, erscheint nunmehr die unmittelbar daran sich anschließende, dem Vorsitzenden allein übertragene Fragestellung, indem der Schluß des Art. 79 bestimmt:

„Der Vorsitzende stellt darauf — d. h. am Schlusse des Resümés — die von den Geschwornen zu beantwortenden Fragen."

Daß diese Fragen aber, so lange kein Widerspruch dagegen erhoben wird, lediglich dem Ermessen des Vorsitzenden allein unterliegen, ergiebt der Art. 87. Hiernach kann der Vorsitzende auf die Anträge der StA.-schaft oder des Angeklagten Abänderungen der von ihm gestellten Fragen, mit denen er einverstanden ist, eintreten lassen, und erst dann, wenn er diese Anträge ablehnt, oder wenn zwischen der StA.-schaft und dem Angeklagten Widerspruch obwaltet, entscheidet der GH. über die so streitig gewordene Fragestellung. —

Es ist nun richtig, daß zwischen diesen beiden das Prinzip enthaltenden Vorschriften der Artt. 79 und 87 sich verschiedene andere finden, welche davon eine Ausnahme zu machen scheinen. So soll nach Art. 81 die besondere Frage über die Zurechnungsfähigkeit nur dann gestellt werden, wenn sie beantragt, oder vom G e r i c h t selbst für nöthig erachtet wird. Hier wird also allerdings nicht der Vorsitzende allein als derjenige genannt, von dessen Ermessen eine solche Frage anscheinend abhängig sein soll. Sodann ist wiederum im Art. 84 gesagt:

„Wegen der in den Strafgesetzen besonders hervorgehobenen Thatumstände, welche, die Verhängung einer schwereren oder einer mildere Strafe begründen, sind geeignetenfalls von Amtswegen Fragen zu stellen.“ —

Hier ist also derjenige nicht genannt, von dessen Ermessen eine solche Frage abhängig sein soll. Dasselbe ist der Fall nach Art. 86 Abs. 1 bei eventuellen, erst aus dem Ergebniß der Hauptverhandlung als nothwendig sich ergebenden Fragen, während wiederum nach Abs. 2 der Beschluß über die Nichtstellung solcher Fragen deshalb, weil eine bessere Vorbereitung der Anklage oder der Vertheidigung erforderlich erscheint, dem Gerichtshofe obliegen soll. Endlich sind wiederum auch die Vorschriften im Einf.-Ges. z. StGB. Art. 24. 25 hierher gehörig, nach denen Zusatzfragen im Sinne jenes Art. 84 und eventuelle Fragen im Sinne des Art. 86 nöthigenfalls von Amtswegen zu stellen sind, ohne daß hier des Vorsitzenden oder des GH.s besonders gedacht ist.

Allein es kann nicht anerkannt werden, daß durch diese Vorschriften in der That eine Abänderung des oben gedachten Prinzips beabsichtiget worden sei. Wollte man nämlich annehmen, daß nur da, wo ohne weiteren Zusatz der Fragestellung von Amtswegen gedacht ist, der Vorsitzende allein gemeint sei, so würde es nicht erklärlich sein, weshalb ihm die Stellung der wichtigen Zusatzfrage nach Art. 84, sowie die eventuelle Frage nach Abs. 1 des Art. 86 überlassen, die Stellung der Zusatzfrage nach Art. 81 aber entzogen und dem Gerichtshofe allein übertragen sein solle. Denn in diesem letzteren Falle handelt es sich nur darum, die Entscheidung über die Zurechnungsfähigkeit des Angeklagten, welche nach Abs. 1 des Art. 81 an und für sich bereits durch den Ausspruch des „Schuldig“ oder „Nichtschuldig“ überhaupt erfolgt, aus bloßen Zweckmäßigkeitsgründen in geeigneten Fällen abgesondert herbeizuführen; es handelt sich also hier in der That mehr nur um eine bloße Fassung. Erklärlich würde es dagegen sein, daß nach Abs. 2 des Art. 86 der Beschluß über die Nichtstellung der eventuellen Frage dem Gerichtshofe überlassen bleiben soll, weil damit zugleich der, eine erhebliche materielle Wirkung enthaltende, Vorbehalt weiterer Verfolgung verbunden sein muß. —

Schon diese Betrachtung der einzelnen Fälle ergiebt, daß es nicht die Absicht gewesen sein kann, dadurch irgendwie das obengedachte Prinzip der Fragestellung zu ändern. Mehr aber noch ergiebt sich dies aus der Entstehungsgeschichte der hier in Rede stehenden Vorschriften.

Schon die Vdn. v. 3. Jan. 1849 sprach es aus, daß der Vorsitzende die Fragen zu stellen und der Gerichtshof über die Erinnerungen dagegen zu entscheiden habe (§ 100. 102. 104). Bei der Entwerfung des Ges. v. 1852 handelte es sich unter Anderem um die Frage, welche Attributionen dem Vorsitzenden allein, im Unterschiede von dem Gerichtshofe, beizulegen seien. Ein Vorschlag ging dahin, diese Attributionen wesentlich zu erweitern, und dem Vorsitzenden auch die Entscheidung über die Erinnerungen gegen die Fragestellung, soweit er denselben nicht von selbst beitrete, beizulegen. Dieser Vorschlag wurde aber abgelehnt, indem es zwar als unbedenklich anerkannt wurde, daß dem Vorsitzenden als solchem die Stellung der Fragen gebühre, insoweit also seine im Verhältniß zu dem Gerichtshofe erhöhte Befugniß anzuerkennen sei, dagegen für angemessen erachtet wurde, die Entscheidung über Differenzen dem Gerichtshofe zu überlassen. Insbesondere ist es dabei auch anerkannt, daß der Vorsitzende Anträgen auf Abänderung der von ihm gestellten Fragen nach seinem eigenen Ermessen stattgeben könne, der Fall einer solchen Differenz also erst eintrete, wenn er jene Anträge ablehne. „Wenn," so heißt es in den Verhandlungen, „der Vorsitzende sich mit der StA.-schaft und mit der Vertheidigung einigt, so kommt der GH. gar nicht zur Anhörung." „Das Gericht muß ein Organ haben, durch welches es die Fragen stellt, und dies ist der Vorsitzende. Er ist in seinem Rechte, die Fragen allein zu stellen, so lange kein Widerspruch gegen seine Fragestellung erfolgt; denn so lange hat er die Vermuthung für sich, daß er die Fragen im Sinne des Gerichts gestellt hat u. s. w." — (Matt. S. 111. 112. 135. 619—621.)

Vergleicht man nun hiermit die speziellen Erörterungen über die Entwerfung der oben gedachten Artt. 81. 84 und 86, welche die dort genannten speziellen Fälle von Fragestellungen betreffen, so ist dabei nirgends, insbesondere nicht bei dem in dem vorliegenden Falle in Rede stehenden Art. 81, die Aufstellung irgend einer Ausnahme von jener anerkannten Regel zur Sprache gekommen, eine solche also offenbar auch nicht beabsichtiget, und es ist demnach entweder nur zufällig, daß in jenem Art. 81 eine Fassung gewählt ist, die als eine Ausnahme bezeichnet werden könnte, oder es ist damit nur beabsichtiget, den Gegensatz zwischen den Interessenten, dem StA. oder dem Vertheidiger, und dem Gerichte zu bezeichnen, jedoch in Beziehung auf diesen ohne Aenderung des Prinzips. —

Es kann daher auch nur zur Unterstützung des bisher Ausgeführten bemerkt werden, daß auch die Quelle der Gesetze von 1849 und 1852, nämlich die französische Straf-Prozeß-Ordnung, sowie die überwiegende Mehrzahl der derselben nachgebildeten deutschen Prozeß-Ordnungen dem Präsidenten des Schwurgerichtshofes die Stellung der Fragen, mit Vorbehalt eines Rekurses an den Gerichtshof allein überläßt.

Antr. des GStA.s: gleichl. [15.—4.]

Bildung der Dienstliste. — Angeklagter. — Beschwerde.

Der Angeklagte kann es nicht rügen, daß andere Geschworne als die ursprünglich oder ergänzungsweise berufenen hätten berufen werden können, und daß dieselben von den betr. Behörden mit Unrecht übergangen worden seien.

Vdn. v. 3. Jan. 1849 § 71 [dort einzutr. als n. 3]; Ges. v. 3. Mai 1852 Art. 61 [dort einzutr. als n. 3a].

Erk. (Z. I.) v. 7. Febr. 1862 c. Pinn (100. I. Cr.).

Die NB. des Angekl. machte geltend, daß bei der Ziehung von Ergänzungsgeschwornen auch der Bürgermeister B. gezogen, vom GH. aber deshalb beseitigt worden sei, weil derselbe Pol.-Anwalt, und demgemäß unfähig sei, als Geschworner zu fungiren. Hierin fand die NB. eine Verletzung des Art. 56 Abs. 2 des Ges. v. 3. Mai 1852. Zurückweisung.

Gründe:

Dem Angeklagten steht kein Recht zu, über die Anfertigung der Dienstliste der Geschwornen, aus welchen das Schwurgericht gegen ihn später erst nach Maaßgabe der §§ 83 ff. der Vdn. v. 3. Jan. 1849 und der Artt. 68 ff. des Ges. v. 3. Mai 1852 gebildet werden soll, gehört zu werden, und es bedarf nach Art. 61 das. ebensowenig bei der Ziehung von Ergänzungsgeschwornen als bei der Aufstellung jener Liste seiner Zuziehung. Sein Recht zur Theilnahme an der Bildung des Schwurgerichts beschränkt sich auf die Forderung, daß bei dem Beginne der Verhandlung wenigstens 24 gesetzlich befähigte Geschworne anwesend seien, und die Auswahl der 12, welche über seine Schuld befinden sollen, aus jenen, ohne Verkümmerung der nach §§ 86. 90 ff. der cit. Vdn. und Art. 69 ff. des Ges. von 1852 ihm gewährten Befugniß zu Ablehnungen erfolge. Hat er diese ausgeübt, so kann er eine Nichtigkeit des Verfahrens vor dem so gebildeten Schwurgerichte am allerwenigsten aus dem Umstande herleiten, daß andere Geschworne als die ursprünglich oder ergänzungsweise zum Dienste berufenen dazu hätten berufen werden können, und — sei es von den Verwaltungsbehörden oder dem Gerichte — aus irgend einem Grunde übergangen seien.

Auf einen Irrthum des GH.s über die Anwendbarkeit der §§ 63 und 95 der Vdn. hinsichtlich des B. oder einen Verstoß desselben gegen den Schlußsatz des Art. 56 kommt daher in gegenwärtiger Sachlage Nichts an.

Antr. des GStA.s: gleichl. [23.—4.]

Unterschlagung. — Trödelvertrag.

Derjenige, welcher in den Besitz einer Sache durch einen Trödelvertrag gelangt ist, kann an derselben keine Unterschlagung begehen.

StGB. § 225 [dort einzutr. als n. 6 a].

Erk. (Z. I.) v. 12. Febr. 1862 c. Lesser (6. I. Cr.).

L. hatte von H. Sachen zum Verkaufe erhalten unter der Abrede, innerhalb einer gewissen Frist, entweder jene selbst zurückzugeben, oder dafür einen vorher genau bestimmten Preis zu entrichten. Nach Ablauf jener Frist veräußerte er die Sachen. Von der Anklage, das dafür gelöste Geld unterschlagen zu haben, sprachen ihn die Instanzgerichte frei, weil hier ein Trödelvertrag vorliege, und er also gesetzlich mit dem Ablaufe der Frist Eigenthümer der Sachen und somit auch des dafür erzielten Kaufpreises geworden sei. NB. des OStA.s. Zurückweisung.

Gründe:

Ist es zutreffend, daß nach den in dieser Sache thatsächlich festgestellten Voraussetzungen ein Trödelvertrag vorliegt, so wird dadurch prinzipiell die Anwendbarkeit des § 225 StGB. ausgeschlossen. Der Trödelvertrag ist ein dem Kaufvertrage ähnliches Rechtsverhältniß mit bestimmten, im Gesetz ausgesprochenen Modifikationen. Durch ihn erlangt der Geber der Sache kein Recht auf den Preis, den der Trödler etwa bei einem weiteren Verkaufe erhält. Er hat vielmehr nur ein persönliches Recht gegen den Trödler auf denjenigen Preis, den er mit ihm verabredet hat. Von einer Unterschlagung desselben kann daher nicht die Rede sein. Während der bestimmten Frist ferner darf der vorige Inhaber die Sache nicht zurückfordern, er muß sich mit der Zahlung des vereinbarten Preises zufrieden geben, oder bis zum Ablaufe des Termins geduldet (§ 511. 514. I, 11. ALR.). Mit dem Eintritte dieses letztgedachten Zeitpunktes wird der Trödler sogar Eigenthümer der Sache, dem früheren Inhaber aber steht, sofern er den bestimmten Preis nicht erhalten, die Sache dagegen noch unverkauft bei dem Empfänger sich befinden sollte, das Zurückforderungsrecht derselben zu, gleichwie in einem ähnlichen Falle der § 330 l. c. bei dem Kaufvertrage dem Verkäufer die Berechtigung, von dem Vertrage zurückzutreten, zugesteht (vgl. § 515 ibid.). Diese rein civilrechtlichen und persönlichen Ansprüche aus einem Kontraktsverhältnisse begründen in keiner Weise die Anwendung eines Strafgesetzes, namentlich nicht die des § 225 StGB., dessen Voraussetzungen überall fehlen.

Antr. des GStA.s: gleichl. [20.—5.]

Titel. — Unbefugte Annahme.

Als „unbefugte Annahme" eines Titels kann nur dasjenige Verfahren angesehen werden, wodurch man sich wirklich als ein Betitelter rc. geltend machen will.

StGB. § 105 [dort einzutr. als n. 21a].

Erk. (Z. I.) v. 12. Febr. 1862 c. Held (42. I. Cr.).

Nach der thatsächlichen Feststellung des App.-Richters hatte H. sich den Titel: „Doktor der Philosophie" beigelegt, nicht aber weil er behauptete, Doktor rc. zu sein, oder beabsichtigte, sich dieses Titels künftig zu bedienen, sondern nur ein einziges Mal zu dem ausgesprochenen Zwecke, um eine richterliche Entscheidung über die Beweislast in Betreff der Berechtigung herbeizuführen, oder wie H. selbst sagte, zum Scherze. Hiernach sprach das Kammer-Gericht den Angekl. von der Ankl. aus § 105 StGB. frei; die NB. des OStA.s, welche Gesetzesverletzung rügte, ward zurückgewiesen.

Gründe.

Es ist zwar richtig, daß es nicht darauf ankommen würde, was der Angeklagte mit einer an sich strafbaren That bezweckt habe. Allein § 105 setzt das Annehmen eines Titels rc. voraus, was nichts anderes sein kann, als ein Verfahren, wodurch man sich wirklich als ein Betitelter geltend machen will, was sich aber da, wo durch die Ausdrucksweise selbst angezeigt wird, daß man solches nicht ernstlich wolle, nicht schlechthin behaupten läßt. Nach dieser Auffassung hat das Kgl. Kammergericht den Artikel und die Unterschrift des Imploranten beurtheilt und darin eine Annahme des Doktortitels nicht befunden. Bei dieser thatsächlichen, auf keinem Rechtsirrthum beruhenden, Feststellung muß es lediglich verbleiben.

Antr. des GStA.s: gleichl. [17. — 5.]

Stempel. — Punktation. — Einreichung bei Gericht.

Die Nichtverwendung eines Stempels zu einer Punktation wird nur dann durch die rechtzeitige Ueberreichung derselben bei Gericht straflos, wenn diese nach dem übereinstimmenden Willen beider Theile behufs der gerichtlichen Vollziehung als Akt der freiwilligen Gerichtsbarkeit erfolgt.

AKO. v. 24. Nov. 1835. Vgl. RbO. I. S. 52. 588.

Erk. (Z. I.) v. 12. Febr. 1862 c. Marx & Gruner (89. I. Cr.).

Unerheblich ist rechtlich die unter Beweis gestellte Behauptung der Angeklagten, daß die Punktation rechtzeitig von dem Angeklagten M. dem Gerichte mit der Klage auf Erfüllung überreicht sei. Denn hierin kann kein „Einreichen der Punktation zur gerichtlichen Anerkennung" im Sinne der AKO. v. 24. Nov. 1835 gefunden werden, welche voraussetzt, daß sie dem Gericht nach dem übereinstimmenden Willen beider Theile behufs der gerichtlichen Vollziehung als Akt der freiwilligen Gerichtsbarkeit überreicht wird.

Antr. des GStA.s: gleichl. [18. — 5.]

Disciplinarverfahren gegen Verwaltungsbeamte. — Vorbereitende Zeugenvernehmung. — Requisition.

Die Gerichte sind verpflichtet, auf das Ansuchen der zuständigen Verwaltungsbehörden eidliche Zeugenvernehmungen vorzunehmen, welche jene zur Vorbereitung eines einzuleitenden förmlichen Disciplinarverfahrens für erforderlich erachten.

Cr.-Ordn. § 7. 8. 311 ff. 337; Vdn. v. 3. Jan. 1849 § 20 [vgl. dort n. 9]; Vgl. RbO. I. S. 338; II. S. 91.

Beschl. (I.) v. 12. Febr. 1862 (52. B. I. Cr.).

Der Regierungspräsident zu F. hatte bei dem Kreisgerichte daselbst die eidliche Vernehmung eines Zeugen nachgesucht, um denjenigen Verwaltungsbeamten zu ermitteln, welcher durch den Bruch der Amtsverschwiegenheit es veranlaßt habe, daß ein Amtsgeheimniß in die Oeffentlichkeit gebracht worden sei. Sowohl das Kr.-G. als das AG. lehnten indessen diesen Antrag unter Bezugnahme auf eine im JMBl. von 1851 S. 294 mitgetheilte Justiz-Ministerialverfügung aus dem Grunde ab: „weil der Richter nicht befugt sei, vor Einleitung einer förmlichen Disciplinaruntersuchung eine eidliche Vernehmung auf Requisition der Verwaltungsbehörde vorzunehmen.“ Auf die Beschw. des Regierungspräsidenten hat das OTr. die betr. Verfügungen aufgehoben und das Kr.-G. angewiesen, die Vernehmung vorzunehmen.

Gründe:

Es handelt sich hier um die Ermittelung des Umstandes, ob etwa von einem Verwaltungsbeamten das Amtsgeheimniß verletzt worden ist. Vorläufig ist nach dem § 23 des Disciplinar-Ges. v. 21. Juli 1852 der beschwerdeführende Regierungspräsident derjenige, welcher die vorbereitenden Maaßregeln zu dem Zwecke der etwaigen Einleitung eines Disciplinarverfahrens gegen einen nichtrichterlichen Beamten zu ergreifen hat. Dazu gehört nun unleugbar die Erforschung der betreffenden Persönlichkeit, sofern dieselbe, wie im vorliegenden Falle, unbekannt ist. Zu den Mitteln, um eine solche Kenntniß des, zur Zeit nicht bekannten, Beamten, zu erlangen, muß ohne Zweifel die Vernehmung solcher Zeugen gerechnet werden, von denen, wie hier, vorauszusetzen ist, daß sie eine dergleichen Wissenschaft haben. Weder das erwähnte Disciplinargesetz, noch überhaupt ein anderes Gesetz verbietet, daß eine Gerichtsbehörde um eine dergleichen Vernehmung, sei es auch eine eidliche, von der kompetenten Disciplinarbehörde requirirt werden dürfe. Im Gegentheil sprechen die §§ 7. 8. 311 ff. 337 der Cr.-Ordn., § 179. I, 10 AGO. ganz allgemein einen dahin zielenden Grundsatz aus, wobei zugleich nicht bezweifelt werden kann, daß die verschiedenen Staatsbehörden wechselseitig zur Leistung der ressortmäßigen Hülfe ohne weitere Prüfung verpflichtet sind, sobald nur die Requisition von einer dazu berufenen Behörde ausgeht, und das gestellte Verlangen nicht bestehenden gesetzlichen Vorschriften zuwiderläuft. Das letztere ist hier, wie bereits bemerkt, nicht der Fall, namentlich steht die in dem JMBl. von 1851 S. 294 erwähnte Ansicht des Herrn Justiz-Ministers nicht entgegen, die sich lediglich auf das hier nicht in Rede stehende Disciplinargesetz für richterliche Beamte vom 7. Mai 1851 bezieht und die Stellung der Staatsanwaltschaft zum Disciplinargericht im Auge hat.

Antr. des GStA.s: gleichl. [20. — 3.]

Zeuge. — Jude. — Vereidung. — Förmlichkeiten.

Die im § 340. I, 10 AGO. für die Vereidung eines jüdischen Zeugen vorgeschriebene Förmlichkeit ist nicht für eine wesentliche Strafprozeßvorschrift zu erachten.

Vdn. v. 3. Jan. 1849 § 55 [dort einzutr. als n. 17 a]; Cr.-Ordn. § 336; AGO. I, 10. § 340.

Erk. (Z. II.) v. 13. Febr. 1862 c. Cörs (30. II. Cr.).

Sollte auch bei der Vereidung der jüdischen Zeugen S. der jüdische Gelehrte die Vorschrift des § 340. I, 10. AGO. nicht beobachtet haben, so kann diese als eine Instruktion, deren Befolgung ihm von einem jüdischen dogmatischen Punkte oblag, mit Rücksicht auf § 336 der Cr.-Ordn. für eine wesentliche Strafprozeßvorschrift keinesfalls angesehen werden.

Antr. des GStA.s: gleichl. [23. — 2.]

Holzdiebstahl. — Abraum.

Abraum sind solche Holztheile von geringerem Werthe, welche bei der Abholzung eines Forstes und der Aufarbeitung der gefällten Hölzer übrig bleiben, und nicht in der gewöhnlichen Weise (als

Nutz- und Brennholz) verwerthet werden, ohne daß es dabei auf die Stärke derselben ankäme.

H.-D.-Ges. v. 2. Juni 1852 § 1. Sic: B. I. 2. Nov. 1859 c. Kaminski, 831; vgl. B. I. 16. Sept. 1859 c. Bissen (691; G. A. 7. S. 809).

Erk. (Z. II.) v. 13. Febr. 1862 c. Scholle (31. II. Cr.).

Zurückweisung der NB. des OStA.s. Erwogen ward:

daß in der thatsächlichen Feststellung ein Rechtsirrthum des vorigen Richters nicht zu finden ist, theils weil das H.-D.-Ges. den Begriff von „Abraum" nicht näher definirt, theils weil, wenn man auch zur näheren Bestimmung dieses Begriffs auf den § 215. I, 22. ALR. zurückgeht, hiernach, wie nach dem Sinne des H.-D.-Ges.s unter „Abraum" keine derelinquirte Sache, wie die NB. zu unterstellen scheint, verstanden wird, vielmehr als Abraum nur solche Holztheile von geringerem Werthe, die bei der Abholzung eines Forstes und der Aufarbeitung der gefällten Hölzer übrig bleiben, und nicht in der gewöhnlichen Weise zu verwerthen sind, wie dies bei dem Nutz- und Brennholz der Fall zu sein pflegt, die aber gleichwohl nicht als ganz werthlos und deshalb von dem Waldeigenthümer aufgegeben (derelinquirt) zu betrachten sind, was sich daraus zur Genüge ergiebt, daß die Wegnahme solchen Abraums nach dem H.-D.-Ges. als Holzdiebstahl, und nicht etwa als eine bloße forstpolizeiliche Uebertretung bestraft werden soll, und daß nach dem cit. § 215. I, 22. ALR. solcher Abraum nur von den zum Raff- und Leseholz Berechtigten weggenommen werden darf;

daß die NB. der StA.-schaft zwar auch insofern in der erwähnten Feststellung des vorigen Richters einen Rechtsirrthum zu finden glaubt, als derselbe den Forstort, in welchem die beanzeigte Handlung stattgefunden hat, für einen abgeholzten erklärte, obgleich nach der thatsächlichen Annahme beider Instanzrichter noch Stämme von den gefällten Bäumen zur Zeit der That darin gelegen haben;

daß aber durch diesen Umstand der Begriff der Abholzung eines Forstorts nicht ausgeschlossen wird, da ein Schlag vollständig abgeholzt sein kann, wenn auch noch jahrelang einige abgehauene Stämme im Schlage liegen bleiben, vorausgesetzt, daß das Schlagen der Bäume, das Aufklaftern des Brennholzes und das Zurichten des Nutzholzes beendigt ist;

daß demnach der vorige Richter, indem er die vom Angeklagten zusammengelesenen Aeste nicht als gefälltes, im Walde liegendes Holz im Sinne des § 217 StGB., sondern als bloßer Abraum im Sinne des § 1 Nr. 2 des H.-D.-Ges.s betrachtete, die angeführten Gesetze nicht verletzt hat, und jene faktische Annahme auch dann nicht ausgeschlossen wird, wenn selbst die Aeste die Dicke eines Arms hatten.

Antr. des GStA.s: gleichl. [14. — 2.]

Name. — Berechtigung. — Kompetenz. — Beweis.

Im Falle der Anklage wegen Führung eines nicht zukommenden Namens hat der Strafrichter über die behauptete Berechtigung zur Führung des Namens selbst zu entscheiden, und ist dabei an das Ergebniß der Eintragungen im Kirchenbuche nicht gebunden.

StGB. § 105 [vgl. dort n. 2]; Strafverf. § 22 [vgl. dort n. 73. 75. 83].

Erk. (Z. II.) v. 13. Febr. 1862 c. Füllner (37. II. Cr.).

Der Vater des Angeklagten war der Sohn einer unverehelichten Margarethe Füllner, und als uneheliches Kind in das Kirchenbuch mit dem Bemerken eingetragen worden, daß die Mutter als außerehelichen Vater einen „Ackersmann Füllner" angegeben habe. Nichts destoweniger hatte sich derselbe fortwährend Br. genannt, und demgemäß ist auch der jetzige Angeklagte als ehelicher Sohn des „N. Br." in das Kirchenbuch eingetragen, und hat fortwährend den Namen Br. geführt. Im Jahre 1855 ward durch Verfügungen der Regierung und des Ministeriums (zu Bernburg) die Führung dieses Namens dem Vater untersagt, und auch bei dem den jetzigen Angeklagten betreffenden Taufakte im Kirchenbuche ein entsprechender Vermerk vorgenommen. Nichts destoweniger fuhr der letztere trotz wiederholter Verwarnung fort, sich Br. zu nennen, weshalb er der Führung eines falschen Namens angeklagt, und in beiden Instanzen aus § 105 StGB. verurtheilt wurde. Seine NB. machte geltend: der status einer Person, wozu auch ihr Name und besonders ihr Geschlechtsname gehöre, könne nur durch Spruch des Civilrichters geändert werden; der Staat habe kein Recht, Jemanden einen Namen, auf welchen er einen rechtlichen Titel (hier die Eintragung im Kirchenbuche) habe, durch ein polizeiliches Verbot ohne vorgängige civilrichterliche Cognition zu nehmen. Zurückweisung.

Gründe:

Aus dem für erwiesen angenommenen Sachverhalte konnte ohne Rechtsirrthum entnommen werden, daß der Angeklagte „Füllner" heiße, und ihm der Name „Br." nicht zukomme. Denn es ist völlig unrichtig, wenn die NB. behauptet, daß hierüber erst und nur der Civilrichter zu erkennen gehabt habe (vgl. Oppenhoff, StGB. § 105 n. 2 und Oppenhoff, Strafverf. § 22 n. 73. 75. 83). Es ist ebenso unrichtig, daß gegen eine in das Kirchenbuch erfolgte Eintragung ein Gegenbeweis dahin, daß dabei ein Irrthum vorgefallen sei, nicht, sondern nur der Beweis der Fälschung zulässig sei (vgl. Jacobson in Weiske's Rechtslexikon IV. S. 99. 100). Solcher Nachweis eines Irrthums bei der Eintragung des Taufakts des Angeklagten Hinsicht's der Angabe des Namens seines Vaters ist aber, nach jenem Sachverhalte, durch das Kirchenbuch selbst für geführt angenommen. Es war nach diesem der Vater des Angeklagten ein unehelicher Sohn der Margarethe F., woraus sich von selbst ergab (L. 24. D. de statu hominum; 1. 5), daß dem Vater des Angeklagten und diesem selbst der Name F., aber nicht der Name B. zukomme, wie denn auch bei diesem geführten Nachweise nicht davon die Rede sein konnte, daß etwa der Angeklagte mit seinem Vater das Recht, den Namen B. zu führen, durch Immemorialpräscription erworben gehabt hätte (v. Savigny, System IV. S. 482. 509. 531).

Antr. des GStA.s: gleichl. [26. — 2.]

1. Chausseegeld. — Verpflichtung. — Entziehung.
2. Appellationsrichter. — Vernichtung des erstrichterlichen Urtheils. — Grund.

1. Die Weigerung, ein nicht verschuldetes Chausseegeld zu zahlen, kann nicht als Defraudation angesehen werden.

Chausseegeld-Tarif v. 29. Febr. 1840, Zus. Vorschr. Nr. 5.

2. Der Appellationsrichter kann das erstrichterliche Erkenntniß nur wegen eines Verstoßes gegen Grundsätze ꝛc. des **Verfahrens** vernichten; wegen unrichtiger Anwendung eines Gesetzes kann er nur reformiren.

Ges. v. 3. Mai 1852 Art. 102 [vgl. dort n. 7; RdO. I. S. 206].

Erk. (Z. I.) v. 14. Febr. 1862 c. Zanthier (33. I. Cr.).

Gründe:

Der App.-Richter führt richtig aus, daß der Angeklagte ein höheres Chausseegeld, als er bezahlt hat, zu entrichten nicht verpflichtet war, und die NB. bestreitet dieses auch nicht weiter, sondern behauptet nur, daß die Strafe der Defraudation schon verwirkt sei, sobald das vom Chaussee-Einnehmer geforderte Chausseegeld nicht gezahlt wird, sollte seine Forderung auch unbegründet sein. Dieser Ansicht kann aber nicht beigetreten werden, wie denn auch vom OTr. bereits in dem Erk. v. 25. Nov. 1857 c. Scheider [Z. I; 1248; G. A. 6. S. 105) ausgesprochen ist, daß nur derjenige eine Defraudation begehen kann, welcher Gefälle, zu deren Entrichtung er gesetzlich verpflichtet war, nicht gezahlt hat.

Muß hiernach auch die NB. verworfen werden, so hat doch der App.-Richter den Art. 102 des Ges. v. 3. Mai 1852 unrichtig ausgelegt, indem er das erste, den Angekl. freisprechende Erkenntniß anstatt dasselbe einfach zu bestätigen, vernichtet und sodann gleichfalls auf Freisprechung erkannt hat. Denn die Vernichtung des ersten Erkenntnisses auf Grund des Art. 102 l. c. kann vom App.-Richter nur wegen Verletzung wesentlicher Vorschriften oder Grundsätze des Verfahreus, niemals aber wegen unrichtiger Anwendung des Gesetzes ausgesprochen werden, da der zweite Richter jederzeit in der Lage ist, das Gesetz selbst richtig zur Anwendung zu bringen, und einen dem ersten Richter zur Last fallenden Rechtsirrthum selbst zu berichtigen. Im vorliegenden Falle vernichtet überdies der App.-Richter das erste Erkenntniß, weil der erste Richter verkannt habe, daß schon die bloße Weigerung des Chausseegeldes zur Anwendung des § 5 der zusätzlichen Bestimmungen zum Chausseegeld-Tarif v. 29. Febr. 1840 ausreichend sei, während der App.-Richter hiermit im Widerspruch selbst den Angeklagten gerade deshalb freispricht, weil eine strafbare Entziehung von Gefällen nicht vorliege, wenn ein höherer Betrag derselben verlangt wird, als gesetzlich zulässig war.

Antr. des GStA.s: gleichl. [18.—4.]

---

1. Appellationsrichter. — Abweichung von der erstrichterlichen Feststellung. — Neue Beweisaufnahme.
2. Widerstand gegen eine Amtshandlung. — Anfang der Vollziehung der letztern.

1. Der Appellationsrichter kann auch dann, wenn er eine neue Beweiserhebung vorgenommen hat, eine von der erstrichterlichen abweichende Feststellung nur insoweit treffen, als ihm dazu jene Beweiserhebung die Anhaltspunkte dargeboten hat; er ist nicht befugt, eine solche Abweichung lediglich auf Schlußfolgerungen aus den Anführungen des ersten Richters zu stützen.

Vdn. v. 3. Jan. 1849 § 126 [vgl. dort n. 100]. — Contra: Z. I. 19. Dez. 1860 c. Schimming; 878.

2. Die Anwendbarkeit des § 89 des StGB. wird dadurch, daß mit der Vornahme der Vollstreckungshandlung, gegen welche der geleistete

Widerstand gerichtet war, noch nicht begangen worden, nicht ausgeschlossen.

StGB. § 89. 90 [vgl. dort n. 8].

Erk. (Z. I.) v. 14. Febr. 1862 c. Ellwardt (41. I. Cr.).

E. hatte nach der app.-richterlichen Feststellung einen Exekutor, welcher sich zur Vornahme einer aufgetragenen Vollstreckung „in Bewegung setzte," durch Drohungen bewogen, von jener abzustehen. Das AG. strafte aus § 90, weil der Exekutor mit der Vollstreckung seines Auftrags noch nicht den Anfang gemacht habe, und sonach § 89 ausgeschlossen sei. Die NB. des Angekl. rügte:

1. unstatthafte Abweichung von der erstrichterlichen Feststellung; zwar habe in zweiter Instanz auch eine Beweiserhebung stattgefunden, der App.-Richter gebe aber selbst zu erkennen, daß die getroffene abweichende Feststellung nicht auf diese, sondern auf Schlußfolgerungen aus den erstrichterlichen Feststellungen gestützt werde;
2. Verletzung des Strafgesetzes.

Das OTr. hat das angefochtene Erk. vernichtet und die Strafe aus § 89 abgemessen.

Gründe:

Der App.-Richter hat neuen Beweis erhoben. Allerdings erklärt er ausdrücklich, daß dieser Beweis nur zur Feststellung der Frage, ob das von der StA.-schaft behauptete Vergehen des Aufruhrs vorliege, erhoben worden sei, während es im Uebrigen, also abgesehen von dieser Frage, den Anschein hat, als ob eine Aenderung der thatsächlichen Feststellung erster Instanz, die jedenfalls in Absicht auf die Charakterisirung der Aeußerungen des Angeklagten als einer Drohung im Sinne des § 90 vorliegt, lediglich auf Schlußfolgerungen aus den Anführungen des ersten Richters gerechtfertigt worden sei. Wäre dies letztere mit Bestimmtheit aus dem Appellationsurtel zu entnehmen, so würde darin allerdings eine Verletzung des Art. 101 des Ges. v. 3. Mai 1852 liegen.

Allein die Fassung des Urtels läßt auch den Schluß zu, daß der Richter sich zugleich durch jene neue Beweisaufnahme zu dieser Aenderung für ermächtigt gehalten habe. Ist dies aber der Fall, so kommt es darauf nicht weiter an, zu welchem Zwecke diese Beweisaufnahme nur veranlaßt ist, weil Nichts entgegensteht, daß der Richter ihre Resultate auch in anderer Beziehung bei der dem Angeklagten zur Last gelegten strafbaren Handlung benutzen dürfe. —

Die Ansicht des App.-Richters, daß der § 90 deshalb hier Anwendung finde, weil die Vollstreckung der Amtshandlung noch nicht begonnen gehabt habe, und gerade in dem Zwange zur Unterlassung einer solchen das Wesen jenes Vergehens bestehe, ist eine irrthümliche, und widerlegt sich allein durch die Betrachtung, daß, nach dieser Ansicht, der Widerstand gegen die bereits begonnene Vollstreckung der Amtshandlung, also das objektiv schwerere Vergehen, mit der milderen Strafe des § 89 belegt werden soll. Der § 90 setzt vielmehr einen ganz anderen hier gar nicht vorliegenden Fall voraus, und es liegen alle Erfordernisse des § 89 vor. Der Exekutor G. war ein zur Vollstreckung der Befehle des Rentamts, also einer Verwaltungsbehörde berufener Beamter; er war, wie auch der App.-Richter offenbar annimmt, in der Ausübung seines Amtes, indem er sich zur Exekutionsvollstreckung verfügte, wenn auch diese Vollstreckung selbst noch nicht begonnen hatte, er wurde durch eine gefährliche Drohung genöthigt, hiervon abzustehen. Daß aber der § 89 nicht allein den Fall im Auge habe, wenn der Widerstand unmittelbar gegen die bereits begonnene Vollstreckung geleistet wird, sondern auch den Fall, wenn die Drohung einen so gefährlichen Charakter hat, daß der Beamte dadurch schon an dem Beginn der Vollstreckung gehindert, also gezwungen wird, diese zu unterlassen, liegt auf der Hand.

Antr. des GStA.s: gleichl. [15.—4.]

Schlachtsteuer. — Jüdischer Schächter.

Das von einem jüdischen Schächter nach den Ritualgesetzen im Auftrage des Schlachtenden verrichtete Tödten eines Thiers ist nicht für ein

„Schlachten" im Sinne des Schlachtsteuergesetzes zu erachten, und deshalb nicht steuerpflichtig.

M.- u. Schl.-St.-Ges. v. 30. Mai 1820 § 8. 17; St.-Ordn. v. 8. Febr. 1819 § 60.

Erk. (Z. I.) v. 19. Febr. 1862 c. Landsberg (1193. I. Cr. v. 1861).

Nach der thatsächlichen Feststellung hatte L. zwei ihm nur zu diesem Behufe übergebene, für die jüdische Gemeinde bestimmte, Kälber im Auftrage eines Fleischermeisters nach den jüdischen Ritualgesetzen geschächtet, bevor dieselben zur Schlachtung deklarirt und versteuert worden waren. Die Instanzrichter sprachen ihn von der Ankl. der Schlachtsteuerdefraude frei; die NB. der Pr.-St.-Direktion ward zurückgewiesen.

Gründe:

Die NB. ist unbegründet, weil, wie bereits in dem Erk. des OTr.s v. 26. Sept. 1855 c. Landecker [Z. I, 803] ausgesprochen ist, das Schächten für keine Gewerbshandlung im Sinne des § 60 der St.-Ordn. erachtet werden kann, von welcher eine Steuer zu entrichten ist, auch kein Gesetz besteht, welches dem Schächter das Schächten untersagt, wenn ihm nicht zuvor die Versteuerung oder die steueramtliche Erlaubniß zum Schlachten des ihm zum Schächten übergebenen Thiers nachgewiesen wird.

Antr. des GStA.s: gleichl. [18.—4.]

---

1. Anklage. — Befassung mit der ganzen That. — Umstände.

2. Anklage. — Diebstahl. — Gesichtspunkt der Unterschlagung.

1. Unter den „näheren Umständen," welche der durch die Anklage mit einer Sache befaßte Richter zu berücksichtigen hat, um die Strafbarkeit der Handlung zu beurtheilen, sind nicht bloß „erschwerende Umstände" im Sinne des Art. XXIV des Einf.-Ges. z. StGB. und des Art. 84 des Ges. v. 3. Mai 1852, sondern überhaupt alle Umstände zu verstehen, welche auf die Strafbarkeit der Hand-

lung von Einfluß sein können, insbesondere also auch konstitutive Elemente des Straffalles.

Ges. v. 3. Mai 1852 Art. 30 [vgl. dort n. 3].

2. Ist die Anklage wegen Diebstahls einer Sache erhoben worden, so kann der Richter die That als Unterschlagung betrachten, sollten auch Zeit und Ort der Verübung der letzteren andere sein, als dieses in Betreff des vermeintlichen Diebstahls der Fall gewesen sein würde.

Ibid. [vgl. dort n. 4. 27]; Vdn. v. 3. Jan. 1849 § 1 [vgl. dort. n. 47].

Erk. (V. I.) v. 19. Febr. 1862 c. Daubitz (79. I. Cr.).

Die des Diebstahls mehrerer Kleider angeklagte D. behauptete diese Kleider von der Denuntiantin miethweise und mit dem Rechte, durch allmälige Abzahlung das Eigenthum zu erwerben, erlangt zu haben; sie mußte gleichwohl zugeben, daß sie mehrere Monate später eines dieser Kleider an eine dritte Person verschenkt habe; der StA. beantragte daher, sie demgemäß wegen Unterschlagung zu bestrafen. Das lehnten die Instanzgerichte ab, weil die Handlung, in welcher die Unterschlagung zu finden, von derjenigen, durch welche ev. der Diebstahl verübt worden wäre, durchaus verschieden sei, und weil das Gesetz es nicht gestatte, das Verfahren auf eine andere ganz selbstständige That auszudehnen; es sei daher der StA.-schaft zu überlassen, in Beziehung auf die Unterschlagung eine neue Ankl. zu erheben. Auf die NB. des OStA.s hat das OTr. das Erk. des AG.s vernichtet, und die Sache zur anderweiten Verhandlung in die zweite Instanz zurückverwiesen.

Gründe:

Zwar ist es nicht richtig, daß die Instanzrichter schon deshalb, wie behauptet wird, den veränderten Gesichtspunkt ihrer Prüfung und Entscheidung hätten unterwerfen müssen, weil bereits in der Anklage von dem durch die Angeklagte bewirkten Verschenken des Thibetkleides die Rede gewesen sei. Denn die Anklage hatte nur zum Zwecke des Beweises des von ihr behaupteten Diebstahls, also lediglich als ein Indizium des letztern, angeführt, die Angeklagte sei im Besitze der gestohlenen Kleider gewesen, und habe namentlich das Thibetkleid verschenkt. Die Anführung war sonach nicht als eine eventuelle Hindeutung auf den Gesichtspunkt der Unterschlagung, und somit auch nicht mit der Verpflichtung des Richters, die Anklage aus diesem Gesichtspunkt zu erschöpfen, aufzufassen. Jedenfalls würde es in dieser Hinsicht auch an der gleichzeitigen Behauptung, daß die Kleider der Angeklagten anvertraut waren, gefehlt haben.

Dagegen ist allerdings der Art. 30 des Ges. v. 3. Mai 1852 verletzt, indem dieser zugleich den Fall im Auge hat, daß der veränderte Gesichtspunkt nicht schon durch die in der Anklage indizirten Thatsachen, sondern erst durch neu ermittelte, also der Anklage hinzutretende, Umstände begründet wird.

Von den Instanzrichtern wird nämlich der Sinn der „begleitenden Umstände" verkannt. Daß unter den letzteren nicht bloß sogenannte erschwerende Umstände, welche der im Uebrigen unverändert bleibenden einfachen Hauptthat der Anklage durch das Ergebniß der Hauptverhandlung neu hinzutreten, gemeint sein können, ergiebt der mit dem Art. 30 übereinstimmende Art. 86 und sein Verhältniß zu den übrigen Vorschriften über die Fragestellung. Neu hinzutretende erschwerende Umstände sind dort nämlich in den Art. 84. 85 und in dem Einf.-Ges. v. 14. April 1851 Art. XXV abgesondert behandelt, sie müssen daher nothwendig von den in dem folgenden Art. 86 behandelten „begleitenden Umständen" verschieden gedacht sein. Sind also die im Art. 86 erwähnten nicht solche bloß erschwerende Umstände der Hauptthat, so müssen sie nothwendig Umstände dieser letzteren, welche ihren Begriff und Thatbestand selbst betreffen und verändern, sein, mit anderen Worten also, konstitutive Elemente selbst. Was aber von dem Art. 86 gilt, das muß selbstverständlich auch von dem gleichlautenden Art. 30 gelten, indem der Unterschied zwischen beiden nur in der prozessualischen Behandlung, nämlich in der Feststellung durch eine eventuelle Fragestellung nach Art. 86 und in der unmittelbaren Feststellung durch den Thatrichter selbst nach Art. 30 besteht.

Jeder Zweifel hierüber erledigt sich aber durch die Entstehungsgeschichte des Art. 30 und durch seinen sonstigen Inhalt. Der Art. 30 sagt nämlich, daß bei der Ausdehnung der Entscheidung auf einen veränderten Gesichtspunkt durch neue Umstände auch „Fälle nicht ausgeschlossen sein sollen, wo die That sich als eine Gesetzesverletzung einer andern, selbst schwereren, Gattung darstellt." Also auch eine andere, von der Behauptung der Anklage verschiedene Gattung strafbarer Handlungen unterliegt auf solchem Wege der Entscheidung des erkennenden Richters. Nun ist aber gewiß, daß erschwerende Umstände derselben That in der Regel dieselbe nicht zu einer strafbaren Handlung anderer Art oder Gattung umwandeln, vielmehr nur die Strafe erhöhen. Das also, was Art und Gattung unterscheidet, muß nothwendig ein solches konstitutives Element selbst sein. Die Entstehungsgeschichte des Art. 30 bestätigt dies vollkommen. Nach dieser ist darüber verhandelt, ob man die Ausdehnung nur auf erschwerende Umstände derselben Hauptthat, oder auf Umstände, welche diese zu einer anderen Art (Species), oder endlich auf solche, welche sie sogar zu einer anderen Gattung strafbarer Handlungen umwandeln, gestatten wolle, und man hat ausdrücklich jene Beschränkungen abgelehnt, und den letzteren Fall, also die weiteste Ausdehnung, angenommen. Natürlich bleibt die Voraussetzung immer, daß die materielle That in ihrer wesentlichen Identität unverändert bleibe, daß sie nur in ihrer Gestaltung, in ihrem Zwecke, Erfolge rc., also in ihren besonderen Umständen eine andere, den strafrechtlichen Gesichtspunkt modifizirende Richtung erhalten habe.

Im vorliegenden Falle ist die materielle That in diesem Sinne die rechtswidrige Aneignung der bestimmten Kleider aus dem Vermögen der Damnifikatin. Ihren näheren, das darauf anzuwendende Strafgesetz bedingenden Ausdruck erhält sie dadurch, daß die Kleider entweder aus dem Besitze der P. weggenommen wurden, oder daß sie der Angeklagten anvertraut waren, und diese mit Verletzung ihrer Rückgabepflicht sich die Kleider durch Dispositionen darüber, Verschenkung 2c. aneignete. Dies waren im Sinne des Art. 30 die begleitenden, d. h. diejenigen Umstände, welche den Unterschied in dem Begriffe des Diebstahls und der Unterschlagung bildeten, und sonach für den Richter das anzuwendende Strafgesetz bestimmten. Daß Zeit und Ort der Verübung andere waren, als sie die Anklage behauptet hätte, ist in diesem Falle gleichgültig; die Identität der That wird dadurch keinesweges zweifelhaft. Das Objekt, welches sich die Angekl. aus dem Vermögen der P. rechtswidrig angeeignet hat, ist dasselbe geblieben; das Mittel dieser Aneignung ist nur ein anderes geworden, als es die Anklage behauptete; die Angeklagte hat das Kleid allerdings zwar im Januar aus dem Hause der P. mitgenommen, aber damals nicht in der Absicht rechtswidriger Zueignung, sie hat erst später im Juni Handlungen verübt, die sogar in der Hauptsache denselben Charakter haben, nur mit dem Unterschiede, welchen rechtlich die Besitzfrage zwischen den beiden Vergehen der Unterschlagung und des Diebstahls herbeiführt.

Der Art. 30 verfolgt hauptsächlich einen praktischen Zweck. Er geht davon aus, daß der Richter von Amtswegen mit der ganzen That befaßt sei, und daß er eben deshalb nicht genöthigt werde, eine neue Untersuchung wegen eines veränderten, aber durch ihn bereits vollständig ermittelten, wenn nur nicht eine ganz andere That darstellenden, Sachverhältnisses einzuleiten. Hier nun ist die Unterschlagung vollständig festgestellt, die Angeklagte leugnet nur den Dolus. Fälle solcher Art hat sich recht eigentlich das Gesetz gedacht, und es sind gerade die beiden so nahe verwandten Vergehen des Diebstahls und der Unterschlagung, die bei den Verhandlungen über Art. 30 als Beispiele aufgestellt sind. [15.—4.]

**1. Vergehen. — Uebertretung. — Ideale Konkurrenz.
2. Jagdfrevel. — Mangel des Jagdscheins. — Konkurrenz.**

1. Der Grundsatz des § 55 StGB. greift auch da Platz, wo ein Vergehen ideal mit einer Uebertretung konkurrirt.

StGB. § 55 [vgl. dort n. 2]; § 337 [vgl. dort n. 1].

2. Wenn Jemand, ohne einen Jagdschein zu besitzen, unberechtigter Weise jagt, so liegt ein Fall der idealen Konkurrenz vor.

StGB. § 274 [vgl. dort n. 31]; Jagd-Pol.-Ges. v. 7. März 1850 § 16.

Erk. (B. I.) v. 19. Febr. 1862 c. Dölle (129. I. Cr.).

Der App.-Richter hat darin gefehlt, daß er eine reale Konkurrenz annimmt, und die Anwendbarkeit des § 55 StGB. verneint. Der letztere stellt ein allgemeines Prinzip für die ideale Konkurrenz auf, welches auch bei dem Zusammentreffen eines Vergehens und einer Uebertretung maaßgebend ist, wenn gleich ausdrücklich nur des Falles Erwähnung geschicht, wo eine und dieselbe Handlung die Merkmale mehrerer Verbrechen oder Vergehen in sich vereinigt. Der § 337 l. c., welcher denselben Grundsatz in Beziehung auf die ideale Konkurrenz bei mehreren Uebertretungen ausspricht, steht der Anwendbarkeit desselben im Falle der idealen Konkurrenz eines Vergehens und einer Uebertretung nicht entgegen, und noch weniger der § 338 l. c., welcher von einer realen Konkurrenz handelt und mit dem § 56 correspondirt.

Es liegt aber nur eine Handlung des Angeklagten, das Jagen, vor, welche gleichzeitig gegen verschiedene strafrechtliche Bestimmungen verstößt. Die Deduktion des zweiten Richters: es wäre reale Konkurrenz vorhanden, weil der § 274 l. c. ein positives Handeln, und der § 16 des Jagd-Pol.-Ges.s v. 7. März 1850 ein Unterlassen strafe, ist verfehlt. Die unterlassene Lösung des Jagdscheins, an und für sich betrachtet, wird nicht mit Strafe bedroht; das

Strafbare war die Ausübung der Jagd, welche, da sie ohne Berechtigung dazu auf fremden Grundstücken erfolgte, dem § 274 cit., wegen der Verletzung der Schonzeit dem § 275 ibid., und, da der Angeklagte keinen Jagdschein besaß, dem § 16 des Jagd-Pol.-Ges.s zuwiderlief; vgl. Oppenhoff, StGB. § 274 n. 31.

Antr. des GStA.s: gleichl. [44. — 4.]

Postbeamter. — Briefgeheimniß. — Ausdehnung.

Postbeamte sind nicht befugt, unberufenen Personen mitzutheilen, daß ein Brief angekommen, noch daß auf einem Briefe die Wohnung des Adressaten in einer bestimmten Weise angegeben worden sei.

ALR. II, 15 § 204; Verfassung v. 31. Jan. 1850 Art. 33.

Erk. (S. I.) v. 19. Febr. 1862 c. Ullrich (152. I. Cr.).

Der Angeklagte hatte den Postexpediteur K. durch das Anbieten eines Geschenks dazu zu bestimmen gesucht, ihm, auf Grund einer demselben vorliegenden Adresse, den Aufenthaltsort des Adressaten F. mitzutheilen. Gleichwohl sprach der App.-Richter von der Anklage aus § 311. StGB. frei, weil § 204. II, 15. ALR. eine solche Mittheilung nicht untersage, aus einer solchen auch nicht zu entnehmen gewesen sein würde, mit wem F. in Korrespondenz stehe. Auf die NB. des OStA.s erfolgte Vernichtung dieses Erk.s und Zurückverweisung der Sache in die zweite Instanz.

Gründe:

Es wird im § 204. II, 15. ALR. vorgeschrieben:

„Die Postbedienten müssen die ankommende und abgehende Korrespondenz verschwiegen halten und mit wem Jemand Briefe wechsele, keinem Anderen offenbaren."

Hierdurch sind die Amtspflichten der Postbeamten keinesweges nur auf das Verschweigen des Inhalts der Briefe selbst, und der Personen, mit welchen correspondirt wird, beschränkt, sondern es wird den Postbeamten die Wahrung des Briefgeheimnisses, welches auch der Art. 33 der Verfassungsurkunde für unverletzlich erklärt, unbedingt zur Pflicht gemacht. Dieses ist klar durch die generelle Vorschrift:

„die Postbedienten müssen die ankommende und abgehende Korrespondenz verschwiegen halten,"

ausgedrückt. Der Zusatz:

„und mit wem Jemand Briefe wechsele, keinem andern offenbaren."

stellt nur ein besonderes wichtiges Beispiel auf; er hat aber keineswegs zum Zweck, den vorstehenden allgemeinen Grundsatz auf den Fall einzuschränken, daß lediglich die Person des Korrespondenten nicht genannt werden dürfe; sondern die durch den § 204 l. c. angeordnete Verpflichtung, die ankommende und abgehende Korrespondenz verschwiegen zu halten, bezieht sich auf alle Thatsachen, welche der Postbeamte durch eine stattgehabte Korrespondenz amtlich in Erfahrung gebracht hat. Die Adressen der Briefe gehören unzweifelhaft mit zu der Korrespondenz, die der Postbeamte verschwiegen halten soll, und er ist weder befugt, unberufenen Personen mitzutheilen, daß an Jemand ein Brief angekommen, noch daß auf einem Briefe die Wohnung des Adressaten in einer bestimmten Weise angegeben worden.

Hiermit übereinstimmend verbietet das Rescript vom 3. Febr. 1852 alle Mittheilungen über die von gewissen Personen gepflogenen Korrespondenzen mit Ausnahme von einzelnen, auf Requisition der kompetenten Behörde zu treffenden Maaßregeln, und es kann die Auskunft der Ober-Postdirektion zu P. v. 2c., daß der Postexpediteur K. durch Vorzeigung der Adresse der an den 2c. F. gerichteten Briefe sich einer Verletzung einer Amtspflicht schuldig gemacht haben würde, nicht für unzutreffend erachtet werden. Denn mit der Vorzeigung der Adresse steht die Mittheilung des Inhalts derselben vollkommen gleich.

Antr. des GStA.s: gleichl. [44.—4.]

Zeugniß. — Pflicht. — Redakteur einer Zeitung. — Theilnehmer.

1. Der Verleger 2c. einer Druckschrift ist von der Pflicht, über die Persönlichkeit des Verfassers eidliches Zeugniß abzulegen, nicht entbunden.

Vdn. v. 3. Jan. 1849 § 20 [vgl. dort n. 9]; Preßges. v. 12. Mai 1851 § 35 ff. Vgl. RdO. I. S. 388; II. S. 91 und 249.

2. Dagegen ist derselbe zur Ablegung eines Zeugnisses unfähig, sobald angenommen wird, daß er „Theilnehmer" an der betreffenden Strafthat gewesen sei.

Cr. Ordn. § 356 Nr. 8 [einzutr. zum cit. § 20 der Vdn. v. 3. Jan. 1849 n. 10 a].

Beschl. (II.) v. 20. Febr. 1862 (17. B. II. Cr.).

Die StA.schaft hatte mit Rücksicht auf einen im Herforder Kreisblatte abgedruckten, von ihr für strafbar (Amtsbeleidigung) erachteten Artikel die eidliche Vernehmung des Verlegers H. über die Persönlichkeit des Verfassers beantragt; da indessen dieser erklärte: „der Artikel sei mit seinem Vorwissen in das Blatt aufgenommen worden, auch sei er bereit, für denselben aufzukommen," so erachteten beide Instanzgerichte seine Weigerung der Vernehmlassung für gerechtfertigt, wobei das AG. erwog: „der § 35 des Preßges., welcher den Verleger mit Strafe bedrohe, wenn er den Verfasser eines strafbaren Artikels bei seiner ersten gerichtlichen Vernehmung nicht nachweise, bestimme die Grenzen, über welche hinaus den Verleger für die unterlassene Namhaftmachung des Verfassers keine Nachtheile treffen könnten, weshalb die Anwendung von weiter gehenden Zwangsmaaßregeln unstatthaft sei; überdies enthalte die Auslassung des H. hinreichende Momente, um ihn als Theilnehmer im Sinne des § 34 l. c. erscheinen zu lassen." Die hiergegen ergriffene Beschw. des OStA.s rügte Verletzung der §§ 35. 34 des Preßges. und des § 34 StGB., und suchte in Beziehung auf den letzten Grund des AG.s auszuführen: der den Abdruck eines beleidigenden Artikels mit Kenntniß vom Inhalte veranlassende Verleger könne nicht als Theilnehmer des Verfassers angesehen werden, weil der Abdruck der Beleidigung nicht die That selbst, sondern nur ein Mittel zu ihrer weiteren Verbreitung sei, und weil man überhaupt zwischen den „Mitteln der That" und den „Mitteln zur That" unterscheiden müsse, hier aber der Verleger die Mittel zur That, d. h. die Materialien zur Beleidigung nicht geliefert habe. Das OTr. hat die Beschwerde zurückgewiesen.

Gründe:

Allerdings wird in dem Bescheide des AG.s dem § 35 a des Preßges. v. 12. Mai 1851 eine unrichtige Auslegung gegeben, wenn daraus gefolgert wird, daß der Verleger einer Druckschrift strafbaren Inhalts, deren Veröffentlichung erst eine strafbare That bildet, dadurch, daß er einer Geldstrafe verfällt, wenn er bei seiner ersten gerichtlichen Vernehmung den Verfasser oder Herausgeber nicht nachweist, der nach den allgemeinen gesetzlichen Vorschriften für Jedermann eintretenden Verpflichtung überhoben sei, sich, wenn nicht ein gesetzlich ausgenommener Fall — Crim.-Ordn. § 8 und 313 — vorliegt, über das, was in Beziehung auf eine strafbare Handlung oder den Thäter ihm bekannt ist, auf Erfordern des Richters als Zeuge vernehmen zu lassen und seine Aussage zu beeidigen (Crim.-Ordn. §§ 7. 311. 312. 332. 337). Denn der § 35 cit. enthält darüber keine Vorschriften, in wie fern der Verleger einer solchen Druckschrift gehalten sei, sich als Zeuge über eine ihm bekannte Thatsache vernehmen zu lassen und eventuell zur Erfüllung dieser allgemeinen Bürgerpflicht durch die gesetzlichen Zwangsmittel angehalten werden könne, und die Bestimmung desselben lit. a namentlich hat rücksichts des den erwähnten Nachweis nicht sofort liefernden Verlegers die angeführten allgemeinen gesetzlichen Vorschriften weder aufgehoben noch modifizirt. Der in dem Bescheide v. 28. v. M. zur Motivirung desselben angegebene erste Grund ist daher allerdings unhaltbar (vgl. Bescheid v. 21. Nov. 1861. Oppenhoff, Rechtspr. II. S. 91—95). Dagegen trägt der zweite in jenem Bescheide angegebene selbstständige Grund die getroffene Entscheidung vollkommen. Wenn nämlich der Crim.-Senat des AG.s weiter erwogen hat, daß aus den Auslassungen des H. hinreichende Momente hervorgingen, um denselben als Theilnehmer im Sinne des § 34 l. c. erscheinen zu lassen, so würdigt diese

Erwägung den thatsächlichen Sachverhalt, — sie unterliegt in so fern nicht der Kritik des Richtigkeitsrichters. Diese zu Grunde liegende rechtliche Auffassung aber leidet an keinem erkennbaren Mangel. Es darf insbesondere hier nicht so, wie die Beschwerde will, zwischen den Mitteln der That und den Mitteln zur hat Tunterschieden werden, da bei einer durch die Presse verübten Beleidigung ꝛc. die strafbare Handlung eben durch den Akt der Veröffentlichung, und nicht schon durch die Niederschreibung des zum Abdrucke bestimmten Manuscripts begangen wird, so daß also hier die strafbare Thätigkeit des die Veröffentlichung bewirkenden Verlegers und die des Autors, auf dessen Veranlassung und nach dessen Willen die Veröffentlichung erfolgt, allerdings zusammentreffen. Nach § 356 Nr. 8 der Cr.-Ordn. sind aber alle diejenigen, welche an der betreffenden Strafthat wissentlich mittelbar oder unmittelbar Theil genommen haben, zur Ablegung eines Zeugnisses unfähig. Der um Vernehmung eines Zeugen requirirte Richter hat unzweifelhaft zu prüfen, ob diese Maaßregel gesetzlich zulässig sei, er muß, wenn er sie ungesetzlich befindet, nothwendig dieselbe ablehnen, statt deren übrigens das Gesetz (Cr.-Ordn. §§ 307. 125—131) andere Mittel zur Erforschung der Wahrheit an die Hand giebt.

Antr. des GStA.s: gleichl. [26. — 3.]

Funddiebstahl. — Ableugnen des Fundes.

Nur das Ableugnen der **Gewahrsam** einer gefundenen Sache wird der Unterschlagung gleichgeachtet, nicht also der Fall, wo die Gewahrsam zugegeben, und nur das Finden abgeleugnet und statt desselben ein anderer Erwerb behauptet wird.

StGB. § 226 [dort einzutr. als n. 19 a].

Erk. (Z. I.) v. 21. Febr. 1862 c. Reimer (1046. I. Cr. v. 1861).

Zurückweisung der NB. des OStA.s.

Gründe:

Nach der Feststellung des App.-Richters hat die Angeklagte vor dem Polizeisergeanten G. die Gewahrsam des [gefundenen] Portemonnaie nicht abgeleugnet, sondern nur die Thatsache des Findens in Abrede gestellt. Auf die erhebliche Verschiedenheit beider Umstände wird in dem angegriffenen Erk. hingewiesen, da der Verlierende bei dem dolosen Ableugnen der Gewahrsam nicht weiß, an wen er sich wegen der verlornen Sache zu halten habe, während er bei dem bloßen Ableugnen des Findens denjenigen, welcher die gefundene Sache vorzeigt, mit der Vindikation verfolgen kann. Der § 226, indem er nur das Ableugnen der Gewahrsam mit dem Veräußern, Verbrauchen, Beiseiteschaffen ꝛc. auf gleiche Linie stellt, geht nicht von dem nämlichen Prinzip, wie § 22. I, 9. ALR. aus:

„Der Finder muß bestimmt angeben, wie und wo er zum Besitze der gefundenen Sache gelangt sei;"

sondern bedroht lediglich das für den Eigenthümer mit größeren Nachtheilen verbundene Ableugnen der Gewahrsam. Bei dieser klaren Fassung des Gesetzes und bei dem wesentlichen Unterschiede beider Fälle darf jene Strafvorschrift nicht ausdehnend interpretirt werden.

Antr. des GStA.s: gleichl. [13. — 5.]

Schröpfen ꝛc. — Mangel der Approbation. — Strafbarkeit.

Das Setzen von Schröpfköpfen, Blutegeln und Klystiren ohne vorgängige Approbation, wenn es nach ärztlicher Anordnung erfolgt, ist nicht als das Unternehmen einer Heilung anzusehen, fällt daher nicht unter § 199. StGB., kann vielmehr nur nach §§ 42. 177 der Gew.-Ordn. strafbar sein.

StGB. § 199 [vgl. dort n. 21. 22].

Erk. (Z. I.) v. 21. Febr. 1862 c. Dittmer (48. I. Cr.).

Die Bestimmung des § 199. StGB. kann sich nur auf denjenigen beziehen, welcher die Krankheit geprüft hat und die Mittel zur Heilung anräth und anordnet, nicht aber auf denjenigen, welcher ohne selbstständige Beurtheilung die von einem Arzte angeordneten Mittel zur Ausführung bringt, und nur als ein Werkzeug des letztern anzusehen ist. In richtiger Auffassung dieses Sinnes des Paragraphen hat der App.-Richter den Unterschied festgehalten, welcher bei der Heilung einer Krankheit zwischen dem Anordnen der Mittel und der mechanischen Hülfeleistung zur Ausführung der Anordnung besteht; der § 199 verfolgt lediglich das Erstere, wenn es von einer nicht approbirten Person ausgeht, während das letztere zu einem Strafverfahren führen kann, wenn die Voraussetzungen des § 198. StGB. oder des § 42 der Gew.-Ordn. vorliegen.

[13. — 5.]

Widernatürliche Unzucht. — Befriedigung des Geschlechtstriebs. — Vollendung.

Zum Thatbestande des § 143. StGB. ist eine Befriedigung des Geschlechtstriebs nicht erforderlich; es genügt jede hierauf gerichtete unzüchtige Handlung.

StGB. § 143 [vgl. dort n. 2]; Sic: Z. II. 27. Febr. 1862 c. Krakau, 53.

Erk. (Z. I.) v. 21. Febr. 1862 c. Lewinski (96. I. Cr.).

Zur Erfüllung des Thatbestandes des im § 143. StGB. vorgesehenen Vergehens ist eine Befriedigung des Geschlechtstriebs nicht erforderlich. Es genügt jede hierauf gerichtete unzüchtige Handlung, wenn gleich der beabsichtigte Erfolg nicht erreicht worden sein sollte. Etwas Anderes hat der App.-Richter auch nicht gemeint und es ist daher auch kein Gewicht auf die Schlußbemerkung desselben zu legen, nach welcher der Angeklagte Alles gethan, um seinen Zweck zu erlangen und der nur dadurch vereitelt worden, daß seinen Anforderungen von den betr. Personen nicht entsprochen worden, während dem vorher ausgeführt ist, daß Alles geschehen, um die Strafthat als vollendet ansehen zu können. Es hat vielmehr nur damit angedeutet werden sollen, daß die Erlangung des Erfolges nicht in Betracht kommt. Etwas Abweichendes liegt auch nicht in der Ausführung des ersten Richters, welcher wegen des vollendeten Vergehens straft und lediglich ausführt, daß die festgestellten Handlungen des Angeklagten, wenn man sie mit Rücksicht auf den beabsichtigten Erfolg betrachtet, nur als Versuchshandlungen sich darstellen, die jedoch für den § 143 cit. den Thatbestand des vollendeten Vergehens ausmachen.

Antr. des GStA.s: Vernichtung wegen nicht ausreichender thatsächlicher Feststellung. [20. — 5.]

---

1. Begnadigung. — Strafmilderung.
2. Begnadigung. — Verhängung der Polizeiaufsicht. — Zuwiderhandlung. — Strafe.

1. Dem Könige steht es zu, im Gnadenwege eine gelindere Strafe an die Stelle einer schwereren treten zu lassen.

ALR. II, 13 § 9; II, 17 § 121. 122; Cr.-Ordn. § 590; StGB. § 16 [vgl dort n. 3]; § 17 [vgl. dort n. 14].

2. Wenn im Wege der Königlichen Gnade eine Strafermäßigung stattgefunden hat, so ist die substituirte gelindere Strafe so anzusehen, als sei sie durch Richterspruch verhängt worden; besteht dieselbe daher in der „Polizeiaufsicht des Strafgesetzbuchs," so sind Zuwiderhandlungen gegen die dadurch auferlegten Beschränkungen nach § 116 l. c. zu bestrafen.

StGB. § 27 [vgl. dort n. 8]; § 116 [vgl. dort n. 2].

Erk. (Z. I.) v. 21. Febr. 1862 c. Fastag (166. I. Cr.).

F. war rechtskräftig zur Einsperrung bis zur Begnadigung verurtheilt, demnächst aber dahin begnadigt worden, daß er „auf die Dauer von 3 Jahren nach Maaßgabe und mit den Wirkungen der §§ 26 — 28. StGB. unter Polizeiaufsicht gestellt" sein sollte. Den hieraus fließenden Beschränkungen hatte er entgegengehandelt, war aber von den Instanzgerichten freigesprochen, weil die Pol.-Aufsicht gegen ihn nicht durch Richterspruch verhängt sei. Auf die NB. des OStA.s erfolgte Vernichtung und Verurtheilung aus § 116 l. c.

Gründe.

Die Ansicht des App.-Richters ist nicht richtig, und sie findet sich keineswegs in den Erkk. des K. OTr.s ausgesprochen, auf welche das K. Kammergericht durch Berufung auf Oppenhoffs StGB. [§ 27 n. 8; § 116 n. 2] sich zu stützen sucht. Ein Theil dieser Entscheidungen stellt nur dem auch in der Min.-Verfügung v. 2. Nov. 1859 anerkannten Grundsatz auf, daß der § 116 in den Fällen nicht anwendbar sei, wo die Polizeibehörde auf Grund des § 569 der Cr.-Ordn. und der Circ.-Verf. v. 12. Sept. 1815 (Jahrb. 6. S. 26) eine polizeiliche Beaufsichtigung habe eintreten lassen, indem die Bestimmungen der §§ 26—28 StGB. ein die Stellung unter Polizeiaufsicht anordnendes Erkenntniß voraussetzten; vgl. Z. I. v. 16. Juli 1852 c. Hauswald; Beschl. I. v. 3. Nov. 1854 c. Pohl; Z. I. v. 1. Juli 1853 c. Nyakowsky. Um eine solche von der Polizeibehörde getroffene bloße Sicherheitsmaaßregel handelt es sich im vorliegenden Falle nicht, und die vorstehenden Entscheidungen beziehen sich mithin auf ganz andere Verhältnisse. In zwei Untersuchungssachen (vgl. Erk. I. v. 7. Juli 1854 c. Stöwe und v. 7. Sept. 1859 c. Reinhardt) war bei der Begnadigung der Verurtheilten durch AKO. bestimmt worden, daß die Letzteren „bis auf weitere Anordnung" unter Polizeiaufsicht zu stellen seien. Mit Rücksicht auf diese Fassung der AKO. wurde von dem OTr. angenommen: es wäre nicht diejenige Polizeiaufsicht gemeint gewesen, welche der § 26. StGB. im Auge habe, weil sonst sofort eine bestimmte Dauer derselben würde angeordnet worden sein; sondern lediglich eine mit Rücksicht auf die allgemeine Sicherheit vorgeschriebene polizeiliche Beaufsichtigung der Begnadigten bezweckt, welche nicht die Natur einer Strafe habe. Aus diesem Grunde entschied das OTr. sich gegen die Anwendbarkeit des § 116 l. c. Es leuchtet aber ein, daß diese beiden Erkenntnisse nicht für, sondern gegen die Ansicht des App.-Richters sprechen. Denn es hätte der Erörterung der Frage, ob durch die AKO. nur eine Polizeimaaßregel oder eine Stellung unter Polizeiaufsicht mit den Wirkungen der §§ 26 ff. l. c. angeordnet wäre, gar nicht bedurft, wenn das OTr. unter allen Umständen einer nicht durch gerichtliches Erkenntniß verhängten Stellung unter Polizeiaufsicht die Kraft abgesprochen hätte, eine Strafe aus dem § 116 l. c. herbeizuführen.

Darauf, daß in den Rescripten v. 14. und 23. März 1861 (BMBl. Nr. 82) für die Aufhebung der Stellung unter Polizeiaufsicht ein gleiches Verfahren vorgeschrieben wird, es mag dieselbe durch richterliches Erkenntniß oder bei einer Begnadigung ausgesprochen sein, wäre zwar kein entscheidendes Gewicht zu legen. Die Unrichtigkeit der Ansicht des Appellationsrichters ergiebt sich aber aus Folgendem:

Durch die AKO. v. 15. Jan. 1861 wurde es genehmigt, daß der zur Einsperrung bis zur Begnadigung rechtskräftig verurtheilte Angeklagte als begnadigt aus der Strafanstalt zu Spandau entlassen werde, und zugleich bestimmt: „es soll jedoch derselbe auf die Dauer von 3 Jahren nach Maaßgabe und mit den Wirkungen der §§ 26 bis 28 StGB. unter Polizeiaufsicht gestellt werden.“ Danach unterliegt es keinem Zweifel, daß diejenige Polizeiaufsicht gemeint ist, welche der Regel nach als eine accessorische Strafe von dem Richter ausgesprochen wird, und es kann nicht für zutreffend erachtet werden, wenn das K. Kammergericht Gewicht darauf legt, daß in der AKO. der § 116 l. c. nicht mit erwähnt wäre. Eine Stellung unter Polizeiaufsicht, bei welcher das Belieben des Observaten darüber entscheidet, ob er die Kontrollvorschriften halten will oder nicht, läßt sich nicht als eine Polizeiaufsicht, nach Maaßgabe und mit den Wirkungen der §§ 26 bis 28 l. c. ansehen; zu den letzteren gehört vielmehr wesentlich, daß der Observat, sobald er den betreffenden Beschränkungen zuwider handelt, der Strafe des § 116 l. c. verfällt. Zur Zeit der Entlassung des Angeklagten lag ein solches Zuwiderhandeln noch nicht vor, und es fehlte an jeder Veranlassung, den § 116 l. c. in die allegirte AKO. mit aufzunehmen, weil derselbe voraussetzt, einmal, daß die betreffende Person unter Polizeiaufsicht gestellt wird, und sodann, daß sie durch späteres Zuwiderhandeln die ihr auferlegten Beschränkungen verletzt; und weil ohne eine ausdrückliche Erwähnung des § 116 es zu den Wirkungen der §§ 26 bis 28 gehörte, daß eine Nichtbefolgung der polizeilichen Anordnungen für den Angeklagten die Strafe des § 116 begründete.

Danach geht die Intention und der Zweck der AKO. v. 16. Jan. 1861 deutlich dahin, daß der Angeklagte für die Dauer von 3 Jahren ganz in derselben Weise unter Polizeiaufsicht zu stellen, als wenn die letztere durch ein rechtskräftiges Urtheil ausgesprochen wäre. Es handelt sich also nicht um eine Stellung unter Polizeiaufsicht als eine Polizeimaaßregel, sondern um eine Polizeiaufsicht, welche die Natur einer Strafe hat.

Das Recht der Verhängung einer solchen stand dem Oberhaupte des Staates zu. Schon nach gemeinem Recht competirt das Recht der Begnadigung als ein Hoheitsrecht dem Landesherrn unbedingt und ohne Einschränkung, insofern nicht durch die Landesverfassungen Grenzen gezogen sind. Es kann ganz oder theilweise ausgeübt werden (aggratiatio plena und minus plena), namentlich auch durch Minderung der Strafe (mitigatio poenae ex capite gratiae). Letztere wird nicht allein dadurch bewirkt, daß die Herabsetzung einer Strafe im Maaße erfolgt, sondern auch dadurch, daß im Wege der Gnade eine härtere Strafe in eine gelindere verwandelt wird. Geschieht dieses, so hat, wie auch der § 592 der Cr.-Ordn. ausdrücklich vorschreibt, die letztere Strafe dieselbe Kraft und Wirkung, als wenn sie durch das competente Gericht ausgesprochen wäre, und es ist nicht das ergangene Erkenntniß, sondern lediglich die Vorschrift der betreffenden AKO. zu befolgen.

Dabei kommt es keineswegs darauf an, ob die Gesetze

für die That des theilweise Begnadigten eine Strafe, wie sie die Begnadigungsordre bestimmt, vorschreiben, sondern nur darauf, daß die im Gnadenwege substituirte Strafe eine gelindere, als die gesetzliche ist.

Hiermit im Einklang zählt der § 9. II, 13. ALR. das Recht, „aus erheblichen Gründen" Verbrechen zu verzeihen, zu den Majestätsrechten, und der § 590 der Cr.-Ordn. besagt, noch genereller:

„Das Recht, Verbrechen zu verzeihen, Untersuchungen niederzuschlagen, Verbrecher ganz oder zum Theil zu begnadigen, erkannte Zuchthaus-, Festungs- oder andere Leibesstrafen in gelindere zu verwandeln, bleibt dem Oberhaupte des Staats allein vorbehalten, insofern nicht dieses Recht durch Gesetze für gewisse Arten von Verbrechen oder Strafen einem Departement ausdrücklich übertragen worden."

Der Art. 49 der Verf.-Urkunde v. 31. Jan. 1850 bestimmt:

„Der König hat das Recht der Begnadigung und Strafmilderung;"

und nur in einem speziellen, hier nicht vorliegenden Falle wird der Antrag einer Kammer, ferner bei der Niederschlagung bereits eingeleiteter Untersuchungen ein Gesetz erfordert; vgl. Beschl. I. v. 8. März 1861 (RdO. I. S. 293). Zu einer Strafmilderung ist aber kein Gesetz nothwendig. Das Recht des Landesherrn, die Verwandlung einer strengeren Freiheitsstrafe in eine gelindere und selbst in eine Geldstrafe anzuordnen, kann daher nicht in Zweifel gezogen werden; vgl. Oppenhoff StGB. § 16 n. 3 [§ 17 n. 14]; Beschl. I. v. 2. Juni 1858 c. Warschauer; Z. I. v. 2. Dez. 1854 c. Nasse (JMBl. S. 81).

Die als Strafe verhängte Stellung unter Polizeiaufsicht hat die Beschränkung der persönlichen Freiheit zur Folge, und sie ist daher den Freiheitsstrafen beizuzählen; es kann aber auch darüber nicht der entfernteste Zweifel sich erheben, daß eine derartige Stellung unter Polizeiaufsicht eine gelindere Strafe darstellt, als die gegen den Angeklagten rechtskräftig erkannte Einsperrung in eine Strafanstalt bis zur Begnadigung, welche letztere eine relativ lebenswierige Freiheitsstrafe involvirte.

Den Wirkungen der weit gelinderen, von dem Landesherrn im Begnadigungswege an Stelle der härteren eingesetzten Strafe darf sich der Angeklagte nicht entziehen.

Antr. des GStA.s: gleichl. [44. — 5.]

Unterschlagung. — Beiseiteschaffen. — Vorenthalten.

Eine Unterschlagung durch „Beiseiteschaffen" setzt eine Verfügung über die Sache voraus, durch welche der Anspruch auf Ablieferung entweder unmöglich gemacht oder wenigstens erheblich erschwert wird; die widerrechtliche Verweigerung der Herausgabe genügt dazu nicht.

StGB. § 225 [vgl. dort n. 49].

Erk. (B. I.) v. 28. Febr. 1862 c. Berliner (1084. I. Cr. v. 1861).

Nicht die widerrechtlich verweigerte Herausgabe der abzuliefernden Sache an den Berechtigten, nicht das Vorenthalten ist für sich allein die strafbare Handlung, sondern es muß in Beziehung auf diese Sache selbst von dem Verpflichteten eine Verfügung getroffen sein, welche den Anspruch auf Ablieferung entweder unmöglich macht oder erheblich erschwert. Dies beweisen die dem Beiseiteschaffen gleichgestellten Handlungen des Veräußerns, Verpfändens und Verbrauchens. In der widerrechtlichen Verweigerung der Herausgabe der vom Angeklagten noch besessenen Gelder liegt keine solche Erschwerung für den Berechtigten, seine Ansprüche geltend zu machen, wie sie der § 225 voraussetzt.

Antr. des GStA.s: entg. [13. — 4.]

1. Urkunde. — Vorladung.

2. Urkundenfälschung. — Aenderung unwesentlicher Theile.

3. Urkundenfälschung. — Verdeckung einer andern Strafthat.

4. Urkundenfälschung. — Name einer bestimmten Person.

1. Eine gerichtliche Vorladung ist eine Urkunde.

StGB. § 247 [vgl. dort n. 100]. § 323.

2. Die Verfälschung einer Urkunde in einem durchaus unwesentlichen Theile fällt nicht unter § 247. StGB., sollte dadurch auch eine Täuschung herbeigeführt werden.

Vgl. dort n. 32.

3. Eine Urkundenfälschung wird dadurch nicht straflos, daß sie zur Verdeckung einer andern bereits verübten Strafthat begangen wird.

StGB. § 247 [vgl. dort n. 59].

4. Für den Begriff der Urkundenfälschung ist es unerheblich, ob die gefälschte Unterschrift den Namen einer bestimmten Person wiedergiebt oder nicht.

StGB. § 247 [vgl. dort n. 41].

Erk. (Z. A. I.) v. 28. Febr. 1862 c. Wolff (1141. I. Cr. v. 1861).

Der Hülfsbote W. war unter der Anklage: „in der Absicht, sich Gewinn zu verschaffen, eine ihm vermöge seines Amtes anvertraute gerichtliche Vorladung in einer Holzdiebstahlssache an zwei Holzfrevler dadurch verfälscht zu haben, daß er den Betrag der in der Vorladung als verwirkt angegebenen Strafe von 2 Thlr. 6 Sgr. in 3 Thlr. 26 Sgr. umänderte," und gleichzeitig wegen eines ihm zur Last gelegten Betrugs vor den Schw.-GH. gestellt worden. In der Hauptverhandlung beantragte der StA. in Betreff des letzteren Anklagepunktes die Fragstellung auf Urkundenfälschung auszudehnen, weil er über den durch den Betrug erlangten Betrag eine Quittung unter einem falschen Namen ausgestellt habe. Der Schw.-GH. lehnte dieses ab, weil die Quittung nur zur Verdeckung eines bereits ausgeführten Betrugs ausgestellt, und weil nicht dargethan sei, daß der Angekl. die Absicht gehabt habe, den

Namen einer bestimmten Person unter die Quittung zu setzen. Nachdem die Geschwornen die in Gemäßheit des ursprünglichen Anklagebeschlusses gestellten Fragen bejaht hatten, strafte der Schw.-GH. nur wegen des Betrugs, weil die Angabe der angeblich verwirkten Strafe in der Vorladung durchaus unwesentlich sei, die betreffende Veränderung also keine Verfälschung der Vorladung dargestellt habe. Die NB. des StA.s, welche 1. diese Erwägung anficht, und 2. die Nichtstellung der Frage wegen Urkundenfälschung in Beziehung auf den zweiten Anklagepunkt rügte, ist vom OTr. nur ad 2. für begründet erachtet, und demgemäß Vernichtung, sowie Zurückverweisung der Sache vor dem SchwGH. ausgesprochen worden.

Gründe:

Was den ersten Anklagepunkt betrifft, so unterliegt es keinem Bedenken, daß eine gerichtliche Vorladung in Forststrafsachen an sich die Eigenschaft einer Urkunde im Sinne der §§ 247 und 323. StGB. besitzt, da diese Schrift zum Beweise von Rechtsverhältnissen von Erheblichkeit ist. Diese Qualifikation kann sich jedoch nur auf die wesentlichen Theile der Vorladung, wie sie für Forststrafsachen in den §§ 27 und 29 des Ges. v. 2. Juni 1852 angegeben sind, beziehen, — wogegen etwaige Zusätze, welche für das Rechtsverhältniß des Angeklagten gesetzlich keinen Einfluß äußern, dem Schriftstücke für diesen Theil seines Inhaltes nicht den Charakter einer Urkunde geben, eine Verfälschung desselben daher auch nicht unter den § 247 fällt. —

Mit Recht betrachtet aber das K. Schwurgericht die Angabe der demnächst zu erkennenden Strafe in der Vorladung als einen nicht wesentlichen Theil, da das citirte Gesetz dieselbe nicht vorschreibt, die Strafe auch ohne alle Rücksicht auf eine solche Androhung in der Vorladung erst nach Verhandlung der Sache von dem Richter auszusprechen ist.

Die Angabe der Strafe hat daher rechtlich keine Bedeutung — nur auf diese objektive Erheblichkeit der Schrift oder des fraglichen Theils der Schrift kommt es bei dem Verbrechen der Urkundenfälschung allein an, nicht aber auf den Umstand, ob durch die Verfälschung eine

Täuschung beabsichtigt und nach dem subjektiven Verhältnisse des zu Täuschenden bewirkt worden ist.

Das Letztere mag zu einer Annahme des Betruges führen und dort einen erschwerenden Umstand bilden, kann aber das Verbrechen der Urkundenfälschung nicht begründen. —

Bei dem zweiten Anklagepunkte können die Gründe des Schwur-G.H.s nicht für richtig erachtet werden. Eine an sich strafbare Handlung verliert dadurch nicht diesen Charakter, daß sie zur Begehung oder Verdeckung eines anderen Vergehens oder Verbrechens verübt wird; es kann nach den Umständen des Falles eine ideale oder reale Konkurrenz von strafbaren Handlungen entstehen, welche zur Anwendung der §§ 55 oder 56 führt. Ferner ist es bei der Urkundenfälschung, welche in der Verfälschung einer Unterschrift bestehet, im Sinne des § 247. StGB. unerheblich, ob dieser Name einer bestimmten Person angehört oder angehören soll, oder ob diese Person nur fingirt wird.

Antr. des GStA.s: gleichl. [13. — 5.]

Verjährung. — Unterbrechung. — Staatsanwalt. — Innerer Dienst der Registratur.

Handlungen des Staatsanwalts, welche sich lediglich auf den inneren mechanischen Dienst der Registratur beziehen, und materiell die Verfolgung nicht berühren, z. B. Anordnungen wegen Vorlegung der Akten, unterbrechen die Verjährung nicht. [StGB. § 48 [vgl. dort n. 3]; § 339].

Erk. (Z. I.) v. 28. Febr. 1862 c. Schlegel (38. I. Cr.).

Den Verfügungen von rc. betreffend die Aktenvorlage, hat der App.-Richter mit Recht die Eigenschaft, die Verjährung zu unterbrechen, abgesprochen, da sie lediglich sich auf den inneren mechanischen Dienst der Registratur beziehen, materiell aber die Verfolgung der strafbaren Handlung gar nicht berühren.

Antr. des GStA.s: gleichl. [13. — 5.]

Betrug. — Sparkassenbuch. — Wiederholte Verfügung.

Wenn auch die Verwaltung einer Sparkasse nach den betreffenden Statuten den Vorzeiger eines Sparkassenbuches als den zur Empfangnahme von Rückzahlungen Berechtigten ansehen kann, so ist doch ein solches Buch nicht als ein Papier auf den Inhaber zu behandeln. Es kann daher einen Betrug darstellen, wenn Jemand ein auf seinen Namen lautendes, in seinem Besitze befindliches Sparkassenbuch verpfändet ꝛc., nachdem er dasselbe vorher bereits auf einen Anderen übertragen hatte.

StGB. § 241 [dort einzutr. als n. 49 a]; Ges. v. 12. Dez. 1838 Art. 22. 14; ALR. I, 11. § 401; I, 15. § 47; I, 20. §§ 286. 287.

Erk. (B. I.) v. 28. Febr. 1862 c. Kussel (94. I. Cr.).

K. hatte sein über eingezahlte 20 Thlr. lautendes Sparkassenbuch, als Pfand für eine Forderung von 10 Thlr. dem Tr. übergeben; die Sparkasse verweigerte aber die Auszahlung an den letzteren, weil nach einem vorher zwischen K. und dem Stadt-Magistrate getroffenen Uebereinkommen, die verschriebene Summe Einzugsgeld sei, welches K. für seine Niederlassung in B. dem Magistrate zu entrichten hatte, so daß er kein ferneres Dispositionsrecht gehabt habe. Die Anklage fand hierin einen zum Nachtheile des Tr. verübten Betrug, der zweite Richter sprach indessen frei, weil nach dem Sparkassenstatut und kraft des Ges. v. 12. Dez. 1838 der Vorzeiger des Buchs bei allen Auszahlungen für den rechtmäßigen Inhaber gelte, so daß ohne alle Legitimation an ihn ausgezahlt werden könne, insofern nicht vorher ein Protest eingelegt worden sei, und weil demgemäß das Buch die Natur eines Papiers auf den Inhaber an sich trage, Tr. also als Inhaber durchaus befugt gewesen sei, von der Kasse die Auszahlung zu beanspruchen. Auf die NB. des OStA.s ist dieses Erk. vernichtet, und die Sache in die zweite Instanz zurückverwiesen worden.

Gründe:

Das Sparkassenbuch (Quittungsbuch) ist nicht au porteur oder auf jeden Inhaber ausgestellt, der Art. 22 des Ges. v. 12. Dez. 1838 verbietet sogar die Ausstellung von Sparkassenbüchern auf jeden Inhaber, sondern es ist in

Gemäßheit des Art. 14 daselbst und der §§ 3 und 10 des Statuts für die Berliner Sparkasse auf den vollständigen Namen des Einlegers, im vorliegenden Falle des Angeklagten, ausgestellt, und dieser zugleich gemäß den §§ 3. 6. 8. 11 daselbst in die Bücher der Sparkassenverwaltung als Gläubiger der Stadtkommune B. (§§ 1. 10. 12. 15. 16. 17. 24 ibid.) eingetragen. Daß eine solche Urkunde auch nicht dadurch, daß der Schuldner vermöge einer darin enthaltenen Klausel berechtigt ist (Art. 14 cit.), an jeden Vorzeiger derselben ohne Prüfung seiner Legitimation die Zahlung zu leisten, zu einem Papier auf den Inhaber seinem wesentlichen Inhalte zuwider gemacht wird, ist in Präjudizien des Kammergerichts selbst und des Ober-Tribunals anerkannt. Mathis (Monatsschr. 3. S. 199. 288) und Koch (Recht der Forderungen 2. S. 99) und v. Savigny (Obl.-Recht 2. S. 99), worauf in dem angefochtenen Erkenntnisse Bezug genommen wird, führen keinesweges das Gegentheil aus. Vielmehr unterscheidet v. Savigny (l. c. 2. S. 154; § 70. Nr. 2) Urkunden der vorliegenden Art von den vorher behandelten Papieren auf den Inhaber, so daß die Hinweisung auf S. 99 daselbst gar nicht zutrifft. Der Unterschied ist aber auch innerlich nach Grund und Zweck dieser und jener Papiere vollkommen gerechtfertigt und in seinen Folgen anschaulich.

Die in Rede stehende Bestimmung der Statuten der Sparkassen hat ihren Grund nach Art. 14 des Ges. von 1838 lediglich einerseits in den Weitläufigkeiten und Kosten, welche mit dem Beweise der Identität der Person des Präsentanten des Buches mit derjenigen, worauf es lautet, für diesen letzteren verbunden sind, und andererseits in den Schwierigkeiten, welche die Prüfung eines solchen Beweises für den Kommunalbeamten und die Vertretungsverbindlichkeit der Kommune mit sich führt, sie bezweckt daher, diese Schwierigkeiten der Legitimation des Inhabers des Buches, als des darin benannten Einlegers des Geldes und folgeweise Gläubigers der Kommune zu beseitigen.

Die Einführung der Papiere auf jeden Inhaber beruht dagegen noch auf weiteren Gründen: sie sollen vorzugsweise den Verkehr von Forderungsrechten aus einer Hand in die andere von den beschränkten Formen und Folgen der Cession befreien (vgl. v. Savigny a. a. O. § 62 und § 66. S. 134), sie lassen deshalb den Namen des ursprünglichen Gläubigers ganz verschwinden, machen somit von vornherein keine bestimmte Person, von deren Legitimation als solcher die Rede sein könnte, zum Gläubiger, sondern identifiziren das Forderungsrecht bis zu einem gewissen Grade mit dem Eigenthumsrechte am Papier und ertheilen damit effektiv letzterem einen Kourswerth, wovon bei Sparkassen- und ähnlichen Büchern oder Urkunden nicht die Rede ist.

Demgemäß begreift auch das ALR. unter den auf jeden Inhaber lautenden Papieren unmöglich Papiere, die auf eine darin benannte Person lauten, jene verlieren vielmehr ihren rechtlichen Charakter sofort, wenn sie durch Außerkourssetzung eine diesen ähnliche Gestalt annehmen, nämlich die Bezeichnung eines bestimmten Berechtigten erhalten (§§ 47 und 48 ff. I, 15. ALR), welche die Sparkassenbücher schon ursprünglich haben. Von diesem Augenblicke an hat nicht mehr jeder Inhaber jener Papiere das Recht auf Zahlung, vielmehr muß das schuldnerische Institut dieselben auch in den Fällen, wenn es nicht selbst den betreffenden Vermerk darauf gemacht hat (§ 49 daselbst), bei der Präsentation anhalten, damit derjenige, zu dessen Gunsten sie außer Kours gesetzt sind, seine Rechte daran geltend mache (Ges. v. 16. Juli 1835 §§ 2 und 5, GS. S. 133).

Bei Sparkassenbüchern konservirt nach dem mehrgedachten Art. 14 a. E. der einfache Protest gegen die Auszahlung „dem Einzahler oder dessen Erben" seine Forderung an die Kommune, entzieht mit andern Worten derselben und der sie vertretenden Sparkassenverwaltung die stipulirte Befugniß, den Vorzeiger des Buches als den Empfangsberechtigten anzusehen; um so gewisser ist die Sparkassenverwaltung berechtigt, das Buch und die Zahlung des Betrages dem dritten Vorzeiger zu verweigern, wenn sie den Protest oder die Anweisung des Einzahlers, einer bestimmten Person den Betrag herauszugeben, beziehungsweise das Geld zu einem gewissen Zwecke für ihn zu verwenden, acceptirt hat.

Indem der Vorderrichter dieses verneint, weil er das fragliche Quittungsbuch einem in Kours befindlichen Papiere auf jeden Inhaber gleichstellt und ihm deshalb die rechtliche Natur einer körperlichen Sache, sowie der Hingabe desselben von Seiten des Angeklagten an den ꝛc. Tr. zu dessen angeblicher Sicherheit die Wirkung der Verpfändung einer Sache unter Hinweisung auf § 80. I, 20. ALR. beilegt, wendet er diesen § und die Bestimmungen, welche die § 401. I, 11; § 47. I, 15 und §§ 286. 287. I, 20. ALR. lediglich für Papiere enthalten, die „auf jeden Inhaber lauten," unrichtig an und verletzt damit zugleich die Rechtsgrundsätze über die Cession und Verpfändung (beschränkte und bedingte Cession) von Forderungsrechten durch Aushändigung der Schuldurkunde (§ 281. I, 20, vgl. mit § 407. I, 11 ibid.), wonach der Schuldner — hier die Kommune als Sparkassenverwaltung — alle Einwendungen und Gegenforderungen, die er dem cedirenden Gläubiger, — hier dem Angeklagten — entgegensetzen konnte, ebenso gegen den Cessionar oder Pfandnehmer der Forderung geltend machen kann. Denn dadurch, daß nach Obigem die Sparkassenverwaltung von der Unsicherheit eines gewöhnlichen debitor cessus (§ 395. I, 11. ALR.) befreit und zu diesem Ende ihr die Befriedigung des Vorzeigers des Schulddokuments, ohne daß er sich als ihr darin benannter Gläubiger, dessen Erbe oder dessen Rechtsnachfolger durch ein regelmäßiges Cessionsinstrument (§ 394 das.) ausweist, ermöglicht ist, hört die Uebertragung des Quittungsbuches nicht auf, ihrem rechtlichen Wesen und ihren Wirkungen nach die Uebertragung der Forderung des darin gemannten Gläubigers an die Sparkassenverwaltung zu sein, wie seine Uebergabe an einen Gläubiger des letzteren zu dessen Sicherung eine Verpfändung nach § 251 cit. ist.

Die Feststellung des App.-Richters, daß der Angeklagte durch das fragliche Vorbringen seines freien Verfügungsrechts über das Quittungsbuch, beziehungsweise das Unterdrücken seiner Beschränkung in der Disposition darüber den Tr. nicht in seinem Vermögen beschädigt habe, fällt hiernach mit ihrem rechtsirrthümlichen einzigen Grunde zusammen.

Antr. des GStA.s: gleichl. [23. — 5.]

Angeklagter. — Akteneinsicht.

Der Angeklagte hat nicht das Recht, die Einsicht der Untersuchungsakten zu verlangen.

Vdn. v. 3. Jan. 1849 § 17 [vgl. dort n. 1].

Beschl. (I.) v. 28. Febr. 1862 c. Weiß (74. B. I. Cr.).

Der § 17 der Vdn. v. 3. Jan. 1849 gestattet nur dem Vertheidiger eines Angeklagten, nicht aber auch diesem Letzteren selbst, das Recht, die Einsicht der Untersuchungsakten zu verlangen; das Untersuchungsgericht ist daher berechtigt, einen derartigen Antrag des Angeklagten abzulehnen.

Antr. des GStA.s: gleichl. [20. — 5.]

Gewerbe-Polizei-Kontravention. — Gewerbesteuer-Kontravention. — Rechtsmittel.

Ist wegen einer mit einer Gewerbesteuer-Kontravention konkurrirenden Gewerbe-Polizei-Kontravention die polizeigerichtliche Untersuchung eröffnet worden, so ist gegen das ergehende Erkenntniß nur der Rekurs, und gegen das Rekursurtheil kein ferneres Rechtsmittel statthaft, sollte auch der Rekursrichter von der Gewerbe-Polizei-

Kontravention freisprechen und nur wegen der Gewerbesteuer-Kontravention strafen.

AKO. v. 24. Jan. 1848; Einf.-Ges. z. StGB. Art. XX [vgl. dort n. 6]; Vdn. v. 3. Jan. 1849 § 27 [vgl. dort n. 8]; 170; Ges. v. 3. Mai 1852 Art. 135 [vgl. dort n. 7]; Art. 142 [vgl. dort n. 2].

Erk. (Z. I.) v. 5. März 1862 c. Krämer (185. I. Cr.).

K. hatte gegen die polizeirichterliche Verfügung, durch welche gegen ihn wegen einer mit einer Gewerbesteuer-Kontravention konkurrirenden Gewerbe-Polizei-Kontravention eine Strafe festgesetzt worden war, den Einspruch und demnächst gegen das verurtheilende Erk. den Rekurs ergriffen. Der Rekursrichter nahm an, die Gew.-Pol.-Kontravention sei durch das inzwischen ergangene Ges. v. 22. Juni 1861 fortgefallen, und strafte nur wegen der stehen bleibenden Steuer-Kontravention. NB. des Angekl., welche als unstatthaft zurückgewiesen wurde.

Gründe:

Die vollkommen begründete Kompetenz des Rekursrichters wurde dadurch nicht aufgehoben, daß derselbe die in erster Instanz verhängte Strafe ermäßigte, weil er annahm, daß die Gew.-Pol.-Kontravention in Folge des Ges. v. 22. Juni 1861 fortgefallen und nur eine Gew.-Steuer-Kontravention stehen geblieben sei. Der Art. 142 des Ges. v. 3. Mai 1852, wonach ohne Rücksicht auf die Höhe der Strafe bei Steuerkontraventionen 2c. die Appellation resp. die NB. gestattet ist, konnte auf die Erledigung der vorliegenden Ankl. wegen Gew.-Pol.-Kontravention in dem gesetzlichen Instanzenzuge keinen Einfluß ausüben.

Antr. des GStA.s: gleichl. [44.—4.]

Zeugniß. — Versagung. — Schaden im Gewerbe.

Ein Zeuge kann die Entdeckung eines Geheimnisses, durch dessen Bekanntwerden er in seinem Gewerbe 2c. einen Schaden erleiden würde, nur dann versagen, wenn es sich von einem durch das Gewerbe 2c. zu utilisirenden Geheimnisse der Technik handelt.

Vdn. v. 3. Jan. 1849 § 20 [dort einzutr. als n. 9 a]; Cr.-O. § 313 Nr. 3.

Beschl. (I.) v. 5. März 1862 c. Hagen (58. B. I. Cr.).

Die Vorschrift des § 313 der Cr.-Ordn., wonach das Zeugniß versagt werden kann, wo von Jemand die Entdeckung eines Geheimnisses gefordert wird, durch dessen Bekanntwerden Zeuge in seiner Kunst oder seinem Gewerbe einen Schaden erleiden würde, — zielt nur auf besondere Geheimnisse der Technik, welche durch die Kunst oder das Gewerbe utilisirt werden, und wegen ihrer anderweitigen Unbekanntschaft dem damit vertrauten Gewerbtreibenden ꝛc. besondere Vortheile gewähren können.

Antr. des GStA.s: gleichl. [18.—3.]

Urkunde. — Unterkreuzte Quittung. — Mangel der Instrumentszeugen.

Die von einem Analphabeten unterkreuzte Quittung ist, wenn es derselben an der vorschriftsmäßigen Beglaubigung der Instrumentszeugen fehlt, keine Urkunde. Jene Beglaubigung kann auch nicht durch die nachträgliche Beidrückung des Schulzensiegels ersetzt werden.

StGB. § 247 [vgl. dort n. 87].

Beschl. (I.) v. 5. März 1862 c. Speck (67. B. I. Cr.).

Der Landbriefträger Sp. hatte zwei ihm zur Bestellung anvertraute Postauslieferungsscheine unterkreuzt, und nachdem er sie durch den Schulzen mit dem Amtssiegel hatte bedrucken lassen, als Quittungen über die geschehene Auszahlung der betr. Geldsendungen abgeliefert. Auf die wegen Amtsunterschlagung eröffnete Untersuchung erklärte sich die Gerichtsabtheilung inkompetent, weil Urkundenfälschung vorliege; der Anklagesenat theilte indessen diese Ansicht nicht, und sprach die Wiedereröffnung der Untersuchung aus. Dieser letzteren Auffassung hat das OTr. sich angeschlossen und das Inkompetenzurtheil der Abtheilung aufgehoben, indem es erwog:

daß in Gemäßheit der §§ 93—95. I, 16. ALR. bei Quittungen von Personen, welche des Schreibens nicht mächtig sind, über Summen von 50 Thlr. oder weniger, der zuzuziehende Instrumentszeuge bei seiner Unterschrift attestiren muß, daß der Zahlungsnehmer die Kreuze oder sein sonst gewöhnliches Handzeichen der Quittung in seiner, des Zeugen Gegenwart beigefügt habe, daß dieses Attest nicht dadurch ersetzt wurde, daß der Angeklagte neben die Handzeichen die Namen der Adressaten der Briefe, resp. der zur Geldempfangnahme berechtigten Personen schrieb;

daß auch die Beidrückung der Gemeindesiegel durch die Ortsschulzen, welche auf Veranlassung des Angeklagten erfolgte, nachdem die Handzeichen und der Name von letzterem unter die Quittung gesetzt worden waren, nichts relevirt, weil die Beidrückung des Siegels ohne einen desfallsigen Vermerk des Gemeindebeamten, und ohne eine Unterschrift desselben weder nach § 129. I, 10. AGO. noch auf Grund des § 14 der Dienstinstruktion für Landbriefträger v. 2. Juni 1855 eine gültige Beglaubigung der Handzeichen darstellt;

daß der Vermerk auf der Rückseite der Zahlungsanweisungen „selbst Speck" zwar nach der gedachten Dienstinstruktion der Postbehörde gegenüber zum Erweise dienen sollte, daß die Bestellungen durch den Angeklagten an die Empfänger in Person geschehen wären, daß aber auch dieser Vermerk weder eine Beglaubigung der Handzeichen bezweckt noch er hierzu dienen konnte;

daß daher die beiden angeblichen Quittungen bei ihrer völligen gesetzlichen Ungültigkeit nicht als Urkunden im Sinne des § 247. StGB. zu betrachten sind, und es hierin nichts ändert, daß die Postanstalt zu K. die gedachten Quittungen für vorschriftsmäßig vollzogen hielt, und keine Veranlassung fand, gegen die richtige Ablieferung der Gelder durch den Angeklagten Verdacht zu hegen.

Antr. des GStA.s: gleichl. [42. — 3.]

Chausseegeld. — Kirchenfuhre. — Menonit.

Kirchenfuhren der Menoniten innerhalb der Parochie sind frei von der Entrichtung des Chausseegeldes.

Chauss.-Geld-Tarif v. 29. Febr. 1840. Befreiungen Nr. 8.

Erk. (Z. I.) v. 7. März 1862 c. Penner (140. I. Cr.).

Es ist unrichtig, wenn der App.-Richter den [cit.] § 8, nach welchem: „Kirchenfuhren innerhalb der Parochie" von Entrichtung des Chausseegeldes befreit sind, hier deshalb nicht für anwendbar erachtet, weil der Angekl. ein Menonit ist, die Menoniten aber zu staatlich anerkannten Kirchen nicht vereinigt seien; denn auch die Menoniten gehören im weiteren Sinne zu den Protestanten oder Evangelischen, wie sie denn auch in gleicher Weise wie letztere zur Entrichtung der Parochialabgaben in den Kirchspielen, worin sie wohnen, verpflichtet sind (vgl. Gutachten der Ges.-Kommiss. v. 26. Feb. 1799, Raabe 5. S. 360). Der § 8 l. c. muß daher auch auf Kirchenfuhren der Menoniten innerhalb der Parochie für anwendbar erachtet werden, mag es sich um den Besuch einer evangelischen Kirche oder eines menonitischen Bethauses handeln.

Antr. des GStA.s: gleichl. [18.—5.]

Unterschlagung. — Irrthümliche Zuvielzahlung.

Derjenige, welchem irrthümlich ein Fünf-Thalerschein statt eines Ein-Thalerscheines gezahlt worden ist, macht sich keiner Unterschlagung schuldig, wenn er diesen Schein in gutem Glauben weiter verausgabt und nur den darauf herausbekommenen Betrag für sich verbraucht.

StGB. § 226 [vgl. dort n. 13].

Erk. (Z. I.) v. 7. März 1862 c. Fink (154. I. Cr.).

F. hatte einen Fünf-Thalerschein statt eines Ein-Thalerscheins in Zahlung erhalten, denselben aber, ohne den Irrthum zu bemerken, als Ein-Thalerschein weiter verausgabt, und erst durch die Herausgabe von 4 Thalern das Versehen bemerkt; er verbrauchte diese 4 Thaler, und ward deshalb der Unterschlagung (§ 226. StGB.) angeklagt, von den Instanzrichtern aber freigesprochen. NB. des OStA.s. Zurückweisung.

Gründe:

Der zweite Richter führt zuvörderst richtig aus, daß von Unterschlagung des Fünf-Thalerscheins selbst keine Rede sein könne, da der Angeklagte erst, als er am Abend den Schein in einem Schanklokal zur Berichtigung seiner Zeche verausgabte und mehr Geld wie auf einen Ein-Thalerschein herausbekam, davon Kenntniß erhielt, daß ihm K. bei Auszahlung seines Arbeitslohnes statt eines Ein-Thalerscheins irrthümlich einen Fünf-Thalerschein gegeben hatte, der Schein also vom Angeklagten bona fide weggegeben sei. Aber auch die Frage, ob der Angeklagte nicht wenigstens die mehr herausbekommenen 4 Thaler unterschlagen hat, verneint der App.-Richter mit Recht, weil sie in das Eigenthum des Angekl. übergegangen waren und keineswegs dem K. gehörten, da sie dem Angekl. vom Schankwirth tradirt waren, der Angekl. sich auch bei Verausgabung des Scheins gar nicht als Bevollmächtigter des K. gerirt hatte. Weder der Fünf-Thalerschein, noch die dafür eingewechselten Gelder waren dem Angeklagten von K. anvertraut; es bestand zwischen Beiden zur Zeit der Verausgabung des Fünf-Thalerscheins Seitens des Angeklagten weder aus einem Kontrakt, noch aus einer unerlaubten Handlung ein obligatorisches Verhältniß und das Versehen des K. bei Zahlung des Arbeitslohnes an den Angeklagten hatte nur die civilrechtliche Folge, daß K. gegen den Angeklagten die ihm zuvielgezahlten 4 Thaler mit der condictio indebiti einklagen konnte.

War aber das dem Angeklagten auf den Fünf-Thalerschein herausgegebene Geld weder fremdes Geld, noch ihm mit der Verpflichtung zur Rückgabe, wenigstens in genere, anvertraut, so liegt auch weder der Thatbestand des § 225 noch des § 226. StGB. vor, wenn der Angekl. später die 4 Thaler für sich ausgab.

Antr. des GStA.s: gleichl. [18.—5.]

1. Amtshandlung. — Unbefugte Vornahme. — Thatbestand.

2. Urkunde. — Polizeiliche Bekanntmachung.

1. Wer unbefugter Weise eine Amtshandlung vornimmt, und dabei den Anschein erregt, als sei dieselbe von der zuständigen Behörde ausgegangen, unterliegt der Strafe des § 104. StGB.; es ist nicht erforderlich, daß er dabei im eignen Namen gehandelt und sich selbst den Charakter des kompetenten Beamten beigelegt habe.

StGB. § 104 [dort einzutr. als n. 3 a].

2. Die Bekanntmachung eines polizeilichen Strafverbots ist nicht als eine Urkunde zu betrachten.

StGB. § 247 [dort einzutr. als n. 123 a].

Erk. (Z. I.) v. 7. März 1862 c. Rolle (155. I. Cr.).

R. hatte unbefugter Weise mehrere Warnungstafeln aufgestellt, welche ein polizeiliches Verbot und eine Strafandrohung enthielten und die Unterschrift: „Königliches Domainen-Rentamt" trugen. In beiden Instanzen aus § 104. StGB. bestraft, ergriff er die NB. und suchte auszuführen: dieser § könne nur dann Platz greifen, wenn Jemand die betr. Handlung selbst und im eignen Namen ausübe, und bei der Vornahme sich selbst den Charakter des kompetenten Beamten resp. der Behörde beilege. Zurückweisung.

Gründe:

Der § 104. StGB. findet sich im Tit. 6. Thl. II des StGB.s vor, der von den Vergehen wider die öffentliche Ordnung handelt. Er unterscheidet

a. wenn sich Jemand unbefugt mit der Ausübung eines öffentlichen Amtes befaßt, und

b. wenn Jemand unbefugt solche Handlungen vornimmt, die ihrem Wesen nach nur in Kraft eines öffentlichen Amtes vorgenommen werden können.

Gegen den Angeklagten ist die zweite Alternative festgestellt. Dazu ist es nicht erforderlich, daß der Handelnde, wie die NB. behauptet, sich gerade ausdrücklich den Charakter eines kompetenten Beamten respective einer zuständigen Behörde beilegt. Es genügt vielmehr für den so eben sub b. hervorgehobenen Fall, daß die bezügliche Handlung das Wesen einer amtlichen an sich trage, und der Handelnde dabei das Bewußtsein gehabt, dieselbe unbefugt in Kraft einer amtlichen auszuüben. Sein etwaiges Bemühen, dies Verfahren zu verdecken, ist gleichgültig. Diese Grundsätze hat der App.-Richter wohl erkannt und demgemäß seine Entscheidung gefällt. Es ist dabei rechtlich ohne Zweifel, daß Polizeiverordnungen respective Strafandrohungen nur von der diesfällig kompetenten Polizeibehörde erlassen und öffentlich bekannt gemacht werden dürfen. Ein Zuwiderhandeln hiergegen greift in diese amtliche Befugniß ein, verstößt gegen die öffentliche Ordnung und verletzt den § 104 cit., ohne daß die Herbeiführung eines wirklichen Schadens dazu gehört. Daß der Angeklagte davon Kenntniß gehabt, eine ihm nicht zustehende amtliche Handlung vorgenommen zu haben, ist vom zweiten Richter als erwiesen angesehen worden und die oben mitgetheilte thatsächliche Feststellung enthält auch sonst alle wesentlichen Merkmale des zur Anwendung gebrachten § 104. StGB. Die ausgesprochene Strafe ist die niedrigste, auf die erkannt werden konnte.

Die Anwendbarkeit des § 254 l. c. ist von dem App.-Richter mit Recht ausgeschlossen worden, da die in Rede stehenden Warnungstafeln nicht als Urkunden im Sinne des § 247 l. c. zu betrachten sind. Die gedachten Tafeln fallen lediglich in das Bereich der polizeilichen Maaßnahmen, um etwaige Zuwiderhandlungen gegen erlassene Anordnungen zu verhindern, und sind nur von diesem Standpunkte aus in Betracht zu ziehen.

Antr. des GStA.s: entg. [20.—5.]

Kreuzbandsendung. — Schriftlicher Zusatz. — Zeitpunkt.

Die Strafe des § 35 Nr. 4 des Post-Gesetzes v. 5. Juni 1852 ist auch dann verwirkt, wenn ein

beschriebener und demnächst erst bedruckter Bogen unter Kreuzband versendet worden ist.

Post-Ges. v. 5. Juni 1852 § 35 N. 4; Post-Regl. v. 21. Dez. 1860 § 15 Nr. VII.

Erk. (Z. I.) v. 7. März 1862 c. Lobeck (165. I. Cr.).

L. hatte einen zur Rekognition vom Papierhändler mit mehreren Worten und Buchstaben beschriebenen Probebogen bedrucken lassen und dann unter Kreuzband zurückgeschickt. Deshalb aus § 35 Nr. 4 des Post-Ges. bestraft, ergriff er die NB., weil das Post-Regl. v. 21. Dez. 1860 § 15 Nr. VII ausdrücklich diese Versendungsart nur dann verbiete, wenn die Druckschrift nach ihrer Fertigung Zusätze rc. erhalten habe. Zurückweisung.

Gründe:

Nach dem im Wesentlichen mit der betr. Stelle des früheren Reglements v. 27. Mai 1856 übereinstimmenden § 15 Nr. VII des Post-Regl. v. 21. Dez. 1860 sind, wie das OTr. auch bereits mehrfach, und namentlich in dem B. I. v. 30. März 1860 c. Alexander [225; G. A. 8. S. 401] ausgesprochen und ausgeführt hat, abgesehen von den im Postreglement speziell gestatteten Ausnahmen, geschriebene Zusätze aller und jeder Art zu einer Streifband- oder Kreuzbandsendung außer der Adresse verboten, gleichviel ob der Zusatz sich auf der Druckschrift selbst oder auf dem sonstigen Inhalt der Sendung, also auf dem Couvert oder auf dem Streif- oder Kreuzband befindet, und ohne daß es auf die Natur und Beschaffenheit solcher Zusätze oder auf ihren Inhalt ankommt, sowie ohne Unterschied, ob sie erst zur Zeit der Kreuzbandsendung und behufs derselben oder schon früher zu einem anderen Zweck gemacht sind. Es kommt vielmehr bei der Beurtheilung, ob ein verbotener Zusatz zu einer Streif- oder Kreuzbandsendung stattgefunden hat, nur darauf an, wie die Sendung objektiv zur Zeit der Einlieferung zur Post vorlag, und wenn § 15 Nr. VII des Post-Regl. v. 21. Dez. 1860 von Zusätzen nach der Fertigung spricht, so ist hier allerdings nur der Fall ausdrücklich hervorgehoben, wie er gewöhnlich vorkommt, daß nämlich eine Druckschrift hinterher mit einem Zusatz versehen ist. Daraus folgt aber noch nicht umgekehrt, daß es statthaft sei, einen bereits beschriebenen und später bedruckten Bogen unter Kreuzband zu versenden, wie im vorliegenden Falle geschehen ist. Auch hierin muß nach dem Zweck des § 15 Nr. VII des Post-Reglements: Mittheilungen zwischen dem Absender und Empfänger der Streifband- oder Kreuzbandsendung zu verhindern, ein verbotener Zusatz im Sinne dieser Vorschrift gefunden werden, weil auch in einem solchen Fall die geschriebenen Worte oder Zeichen auf der Druckschrift zur Zeit der Einlieferung bei der Post äußerlich und der Postbehörde gegenüber als Zusätze zur Druckschrift erscheinen, und sie ebenfalls zu Mittheilungen zwischen dem Absender und Empfänger dienen können, wenn in dieser Beziehung eine Verabredung unter ihnen besteht.

Antr. des GStA.s: gleichl. [18.—5.]

---

1. Sachverständige. — Auswahl.
2. Sachverständige. — Superarbitrium. — Anfechtung.

1. Die Auswahl der zu vernehmenden Sachverständigen steht nur dem Gerichte zu.

Vdn. v. 3. Jan. 1849 § 52 [vgl. dort n. 52 und RdO. I. S. 248].

2. Die Vorschriften der §§ 169—177 der Cr.-Ordn. über die Einholung eines Gutachtens des Medizinalkollegiums, oder der wissenschaftlichen Deputation für das Medizinalwesen sind in dem Sinne noch maaßgebend, daß solche Gutachten auch jetzt noch als gültige Beweismittel statthaft sind; dagegen ist der Richter an das Ergebniß derselben nicht gebunden, er kann demnächst noch andere Sachverständige vernehmen, und dem Angeklagten steht es zu, eine derartige anderweitige Vernehmung zu beantragen.

Vdn. v. 3. Jan. 1849 § 43 [vgl. dort n. 24. 25]; Cr.-Ordn. § 169—177.

Erk. (B. I.) v. 7. März 1862 c. Mucha (192. I. Cr.).

Die Ankl. gegen M. lautete auf tödtliche Körperverletzung; in Betreff des objektiven Thatbestandes hatten die Obduzenten ein Gutachten erstattet, außerdem aber waren Superarbitria des Medizinalkollegiums und der wissenschaftlichen Deputation für das Medizinalwesen eingeholt worden. Der Angekl. bestritt die Richtigkeit derselben, und beantragte die Vernehmung zweier von ihm benannter Aerzte als Sachverständige darüber, daß die von ihm der Denata zugefügten Schläge nicht als unbedingte Todesursache angesehen werden könnten. Der Schw.-G.H. wies indessen diesen Antrag als unstatthaft zurück, weil über die Feststellung des objektiven Thatbestandes die Vorschriften der §§ 169 ff. der Cr.-Ordn. maaßgebend seien, und § 177 l. c., den einzuschlagenden Weg vorzeichne, wenn nach Erstattung des Gutachtens des Medizinalkollegiums noch Zweifel obwalten," und diesem gemäß verfahren sei. Auf die NB. des Angekl. ist das verurtheilende Erk. vernichtet und die Sache vor den Schw.-G.H. zurückverwiesen worden.

Gründe:

Wenn auch in Fällen, in welchen es bei der Entscheidung über die Thatfrage zugleich auf Beurtheilung technischer Fragen ankommt, dem Angeklagten unbenommen ist, zur Herbeiführung eines richtigen Verständnisses über diese Fragen die Vernehmung dazu geeigneter Sachverständigen zu beantragen und demnach auch im vorliegenden Falle der Angeklagte zu dem Antrage auf Vernehmung ärztlicher Sachverständigen an sich unbedenklich befugt war, indem bei einer Mißhandlung mit tödtlichem Erfolge die Feststellung der Thatfrage zugleich von Beurtheilung der wesentlich in das Gebiet ärztlicher Wissenschaft und Erfahrung fallenden Frage abhängig ist, ob der eingetretene Tod des Verletzten als eine Folge der dem Beschuldigten zur Last gelegten Handlung angesehen werden muß, — so ist es doch, da die früher gültigen positiven Regeln über die Wirkungen der Beweise nicht mehr in Kraft bestehen, und demnach der Richter der Thatfrage auch in Betreff derartiger technischer Fragen an das Gutachten von Sachverständigen nicht weiter gebunden, sondern ebenso berechtigt wie verpflichtet ist, sowie über die Thatfrage überhaupt, so auch über diese mit derselben zusammen gehörenden Fragen selbstständig nach seiner Ueberzeugung zu entscheiden, allein Sache seines freien Ermessens, ob er für die ihm obliegende Entscheidung der Thatfrage eine technische Aufklärung noch für erforderlich erachtet oder nicht, und wenn ersteres der Fall, ob ihm hierzu die von dem Angeklagten bezeichneten Sachverständigen als die geeigneten erscheinen.

Es steht daher auch die Auswahl der zu vernehmenden Sachverständigen in allen Fällen allein dem Richter zu, ohne daß er dabei irgend wie an die in dieser Beziehung von dem Angeklagten etwa gemachten Vorschläge gebunden wird; und würde demzufolge auch im vorliegenden Falle der Schw.-G.H., welcher gesetzlich zur Prüfung der Beweisanträge des Angeklagten berufen war, insofern er bei dieser Prüfung keine Veranlassung fand, auf eine weitere und namentlich auf die von dem Angeklagten beantragte sachverständige Aufklärung einzugehen, hierzu nach seinem in dieser Beziehung freien Ermessen vollkommen befugt gewesen sein.

Es mußte alsdann aber auch aus dem hierüber von dem Schw.-G.H. gefaßten Beschlusse sich ergeben, daß derselbe bei der Zurückweisung des Beweisantrages des Angeklagten dieses sein Ermessen habe entscheiden lassen. Dies ist jedoch nicht nur nicht erkennbar, sondern es geht vielmehr aus den Gründen des Beschlusses unzweideutig hervor, daß der Schw.-G.H. sich hierbei von der rechtlichen Annahme hat leiten lassen, daß der Beweisantrag des Angeklagten in Gemäßheit der vorangeführten Vorschriften der §§ 169 bis 177 der Cr.-Ordn. unzulässig sei, und daß er allein aus diesem Grunde denselben zurückgewiesen hat. Diese Annahme ist indessen eine irrige. Es sind zwar jene Vorschriften der Cr.-Ordn. in Betreff der Einholung eines Gutachtens des Medizinalcollegii, sowie eventuell der wissenschaftlichen Deputation für das Medizinalwesen mit dem gegenwärtig in Untersuchungssachen stattfindenden mündlichen Verfahren keinesweges unvereinbar und deshalb nach

§§ 183 und 22 der Vdn. v. 3. Jan. 1849 noch immer maaßgebend. Es gilt dies aber nur in dem Sinne, daß sie auch jetzt noch als gültiges Beweismittel in Kraft geblieben und als solches geeigneten Falles in Anwendung zu bringen sind. Dagegen, sowie einerseits es in allen Fällen dem thatsächlichen Ermessen des Richters unterliegt, ob er zu einer Anordnung dieses Beweisverfahrens Veranlassung findet, und wenn dieses der Fall, seine Ueberzeugung in keiner Weise durch das von ihm erforderte sachverständige Gutachten gebunden wird, so ist andererseits derselbe auch auf das in den §§ 173 bis 177 der Cr.-Ordn. vorgeschriebene Verfahren in Bezug auf die Einholung von Superarbitrien keinesweges beschränkt, sondern, selbst wenn in der hier vorgeschriebenen obersten Medizinalinstanz ein Gutachten abgegeben worden ist, ihm unbedenklich gestattet, auch andere Sachverständige noch zu vernehmen.

Indem nun aber der Schw.-GH. bei seinem Beschlusse über den Beweisantrag des Angeklagten diese in Bezug auf die Zulassung desselben ihm zustehende Befugniß verkannt und demnach solchen aus einem rechtsirrthümlichen Grunde zurückgewiesen hat, hat derselbe hierdurch zugleich aber auch, und ohne daß es hierin eine Aenderung machen kann, daß der Angeklagte nicht berechtigt war, die Vernehmung bestimmter Sachverständigen zu verlangen, und daß es in dem freien Ermessen des GH.s stand, ob überhaupt eine weitere sachverständige Ermittelung noch zu veranlassen sei, das Vertheidigungsrecht des Angeklagten unzulässigerweise beschränkt, da der Angeklagte auf Grund dieses ihm zustehenden Rechts unter allen Umständen vom Gerichtshofe eine von Rechtsirrthum freie Prüfung und Entscheidung in Bezug auf den von ihm gestellten Beweisantrag fordern konnte.

Antr. des GStA.s: gleichl. [42. — 5.]

Stempel. — Pachtvertrag. — Unbestimmter Pachtzins.

Ein Pachtvertrag, in welchem der Pachtzins nicht vorausbestimmt, sondern von künftigen Ereignissen abhängig gemacht ist, verliert dadurch die Natur des Pachtvertrages nicht, und kann folgerichtig nicht als Innominatvertrag mit einem Stempel von 15 Sgr. versteuert, es muß vielmehr der Werth des Pachtzinses für die ganze Pachtzeit in Gemäßheit des § 4. f. des Stempelgesetzes v. 6. März 1822 ermittelt werden.

Erk. (V. I.) v. 12. März 1862 c. v. Kutzschenbach (145. I. Cr.).

v. K. hatte durch schriftlichen Vertrag an H. einen Eisenhammer auf 3 Jahre verpachtet, und sich einen Pachtzins stipulirt, der alljährlich zum Satze von 1 Thlr. 5 Sgr. für jeden Centner geschmiedeten Eisens berechnet werden sollte. Auf die gegen ihn wegen Stempeldefraude erhobene Anklage hielt der App.-Richter dafür, daß jener Vertrag, weil darin gar nicht bestimmt sei, wieviel Eisen jährlich vom Pächter geschmiedet werden solle, als Innominatvertrag anzusehen sei und nur einem Stempel von 15 Sgr. unterlegen habe. Auf die NB. des OStA.s hat das OTr. das betr. Erk. vernichtet, und das verurtheilende Erk. erster Instanz wieder hergestellt.

Gründe:

Nach dem Stempeltarif sub voce „Pachtverträge" erfolgt die Versteuerung solcher Verträge mit $\frac{1}{3}$ p. C. des festgesetzten Pachtzinses, welcher nach Maaßgabe der §§ 4 und 6 des Stempelges. berechnet werden soll. Der § 4. f. setzt aber fest, daß der Betrag aller Gegenstände, insofern er aus den stempelpflichtigen Verhandlungen selbst nicht unzweifelhaft hervorgeht, von den Stempelpflichtigen nach dem gegenwärtigen Werth angegeben werden soll. Die nach dem vorliegenden Vertrage nur relativ bestimmte Summe des Pachtzinses, daß nämlich für jeden Centner vom Pächter des Eisenhammers geschmiedetes Eisen 1 Thlr. 5 Sgr. an Pachtzins zu entrichten ist, mußte hiernach von den Contrahenten behufs der Versteuerung des Pachtvertrages durch Angabe des Betrages bei der Steuerbehörde fixirt, und der nach diesem fixirten Betrage des Pachtzinses erforderliche

Stempel nach § 6 c. des Stempelges. für die ganze Dauer des Vertrages, also für alle drei Pachtjahre, auf einmal zum Voraus von den Kontrahenten gelöst werden. — Das vom zweiten Richter allegirte Rescript des Finanzministers v. 10. Nov. 1828 paßt hier überhaupt nicht, weil es sich auf Pachtverträge gar nicht bezieht, sondern nur von Lieferungsverträgen spricht. —

Ob später, und namentlich im ersten Pachtjahre, wie Angeklagter behauptet, in Wirklichkeit nicht volle 1200 Centner Eisen vom Pächter geschmiedet sind, darauf kommt es rechtlich nicht an, weil die Kontrahenten, wie schon bemerkt, behufs der Versteuerung des Pachtvertrages die Höhe des Pachtzinses nach seinem ungefähren und durchschnittlichen Betrage zum Voraus auf alle drei Pachtjahre anzugeben und demgemäß den Stempel zu dem Vertrag zu verwenden verpflichtet waren.

Antr. des GStA.s: gleichl. [18.—4.]

Rückfall. — Straferlaß.

Der im Wege der Gnade erfolgte Erlaß der Strafe beseitigt für den späteren Rückfall die Strafverschärfung wegen des letzteren nicht.

StGB. § 58 [vgl. dort n. 17].

Erk. (Z. I.) v. 12. März 1862 c. Dluczack (161. I. Cr.).

Mit Recht ist angenommen worden, daß der Erlaß im Wege der Begnadigung einer Vorbestrafung die Wirkungen der Verurtheilung nicht aufgehoben habe, insoweit es sich jetzt um den Rückfall handelt. Denn der § 58 des StGB. erfordert zur Annahme des Rückfalls nur die frühere rechtskräftige Verurtheilung wegen desselben Verbrechens ꝛc., nicht aber die Verbüßung der erkannten Strafe; der Erlaß dieser letztern ist daher hierbei ohne Wirkung. Eine solche würde nur dann eintreten, wenn durch Abolition die Verurtheilung überhaupt in allen ihren Folgen aufgehoben wäre.

Antr. des GStA.s: gleichl. [15.—4.]

Strafantrag. — Bevollmächtigter.

1. Ein Strafantrag kann gültiger Weise auch von einem nur mündlich Bevollmächtigten gestellt werden. StGB. § 50 [vgl. dort n. 10].

2. Es ist nicht unerläßlich, daß der zur Stellung eines Strafantrags Bevollmächtigte, bei Vollziehung dieses Auftrags, ausdrücklich im Namen des Auftraggebers handle.

StGB. § 50 [dort einzutr. als n. 10 a].

Erk. (Z. I.) v. 12. März 1862 c. Genz (177. I. Cr.).

Das StGB. schreibt weder in den einzelnen Bestimmungen, in denen zur strafrechtlichen Verfolgung der Strafantrag des Verletzten erfordert ist, noch auch in den allgemeinen Bestimmungen der §§ 50 ff. eine besondere Form für diesen Strafantrag vor. Nach dem Sinne des Gesetzes ist vielmehr nur der bestimmte Wille des Verletzten resp. der in Abs. 2 des § 54 genannten Personen, daß die Strafverfolgung eintreten solle, sowie die Kundgebung dieses Willens bei der Behörde erforderlich. Es ist nun aber unbedenklich, daß eine solche Kundgebung auch durch Mittelspersonen erfolgen könne. Von einer Verletzung des angeblichen Grundsatzes, daß eine Stellvertretung im Kriminalprozesse in der Regel nicht stattfinde, kann hierbei keine Rede sein, da es sich hierbei nicht um eine Stellvertretung des Angeschuldigten selbst, sondern nur einer dritten bei der Untersuchung konkurrirenden Person, nämlich des Verletzten, handelt. Ebensowenig aber ist auch das Erforderniß einer schriftlichen Bevollmächtigung der beauftragten Mittelsperson anzuerkennen. Abgesehen von den Vorschriften des Civilrechts über die Wirkungen bloß mündlicher Vollmachtsaufträge in Beziehung auf das Rechtsverhältniß zu dritten Personen, kommt es hier, wie in der Regel im Strafverfahren, nur auf die Existenz der Thatsachen überhaupt an. Diese Thatsachen sind hier der Wille des Verletzten und dessen Kundgebung innerhalb der vom Gesetze vorgeschriebenen Frist bei der Behörde. Der App.-Richter hat dieselben festgestellt; er hat festgestellt, daß die Wittwe S. durch ihren minorennen Sohn resp. durch dessen Vormund zur Anbringung des Strafantrages beauftragt worden sei, und denselben in Folge dieses Auftrages innerhalb jener Frist gestellt habe. Dies ist sonach genügend. Allerdings bemerkt der App.-Richter zugleich, daß die Mutter bei der Anbringung des Antrages sich nicht als Bevollmächtigte legitimirt und gerirt, vielmehr den Antrag nur im eigenen Namen formirt habe. Dieser Mangel in der Form der Erklärung kann aber in der Sache selbst die Wirkung nicht haben, daß nun der Antrag als in der That Namens des Verletzten rechtzeitig angebracht nicht zu erachten wäre, vielmehr genügt auch in dieser Beziehung jene Feststellung des vorhanden gewesenen Auftrages und des Handelns in Folge desselben. — [15. — 4.]

Fragestellung. — Abänderung. — Statthaftigkeit.

Die Fragestellung kann, so lange ein regelrechter die Anklage erschöpfender Wahrspruch nicht verkündet, resp. als noch nicht über die Anklage durch Erkenntniß abgeurtheilt worden ist, nachträglich berichtigt werden.

Ges. v. 3. Mai 1852 Art. 79 [vgl. dort n. 38]; Art. 84 [vgl. dort n. 17. 18]; Art. 86 [vgl. dort n. 25]; Art. 87 [vgl. dort n. 5. 10].

Erk. (Z. I.) v. 12. März 1862 c. Schnur (196. I. Cr.).

Es ist wesentlich die Pflicht des erkennenden Richters, die Anklage vollständig zu erschöpfen, also nicht allein dieselben zur Anklage gestellten und durch den Eröffnungsbeschluß zur Untersuchung gewiesenen strafbaren Handlungen durch die Beweisaufnahme und durch die Entscheidung zum prozessualischen Austrage zu bringen, sondern auch insbesondere die Verhandlung und die Entscheidung auf die wesentlichen Merkmale dieser strafbaren Handlungen selbst, also auf diejenigen, welche den im Strafgesetze vorgeschriebenen Thatbestand derselben bilden, zu richten, mithin auch in dieser Hinsicht die Anklage zu erschöpfen. Von diesem Grundsatze können die Formen des Schwurgerichtsprozesses keine Ausnahme machen. Allerdings gebietet die Feststellung der Thatfrage vermittelst der Fragestellung und des Verdikts der Geschwornen in diesem Prozesse eine Sonderung des Verfahrens und einen bestimmten Abschluß innerhalb desselben, soweit es diese Feststellung auf dem vorgeschriebenen Wege betrifft, daß also in der Regel die Stellung nachträglicher Fragen an die Geschwornen nach verkündetem Verdikte derselben unstatthaft ist. Dies setzt jedoch voraus, daß diese Verdikte sowohl formell regelrecht, als auch materiell in Beziehung auf den Umfang des zu erledigenden Thatbestandes der Anklage vollständig sind. Ist dies nicht der Fall, so muß in beiderlei Hinsicht der Mangel ergänzt werden. Fälle solcher Art sieht der Art. 97 des Ges. v. 3. Mai 1852 vor; hiernach kann der Mangel so lange, als nicht auf Grund des Verdikts ein Urtheil des GH.s ergangen ist, ergänzt werden. Allerdings setzt der Art. 97 voraus, daß dieser Mangel in dem Verdikte allein, also in einem Versehen der Geschwornen liegt, weil sie ihren Ausspruch verbessern sollen. Allein es ist gar kein Grund vorhanden, weshalb nicht in der gedachten Weise verfahren werden sollte, wenn der Mangel, wie hier, in einem Versehen des GH.s, und zwar nicht in einer materiell unrichtigen oder durch einen Rechtsirrthum mangelhaften Fassung der Frage, sondern in einer bloßen Omission oder in einem Schreibfehler bei der Niederschreibung oder Abschreibung der Fragen besteht. Für eine gleiche Behandlung auch dieses Falles spricht jene höhere prozessualische Pflicht des Gerichtshofes, die Anklage zu erledigen, so lange er darüber nicht bereits durch ein verkündetes Urtheil entschieden hat. Nur wenn ein solches bereits vorläge, würde ein ferneres Verfahren unstatthaft sein; es würde alsdann die Erledigung der Sache nur durch einen

Angriff gegen die Entscheidung, durch deren Vernichtung und durch die Zurückweisung der Sache an das Schwurgericht erfolgen können. Dieser von dem StA. im vorliegenden Falle geforderte Weg ist aber unnöthig, nachdem der GH. vor der Beendigung des Verfahrens und vor der Verkündigung des Urtels die Hebung des Mangels und dadurch die Erschöpfung der Anklage herbeigeführt hat.

Antr. des GStA.s: gleichl. [15. — 4.]

Mahlsteuer. — Halbmeiliger Umkreis. — Verkauf.

Ein (gewerbsmäßiger) Verkauf im halbmeiligen Umkreise einer mahlsteuerpflichtigen Stadt im Sinne des § 1 b. Nr. 1 des Ges. v. 2. April 1852 ist auch dann anzunehmen, wenn steuerpflichtige Waaren auf Grund einer vorherigen, an einem andern Orte gemachten, Bestellung im halbmeiligen Umkreise abgeliefert werden.

Ges. v. 2. April 1852 § 1 b. Nr. 1; M.- u. Schl.-St.-Ges. vom 30. Mai 1820 § 15 d. 17 a.

Erk. (V. I.) v. 14. März 1862 c. Bodenberger (955. I. Cr. v. 1861).

Der im steuerfreien Gebiete wohnende Mehlhändler B. hatte bei seiner Anwesenheit in der mahlsteuerpflichtigen Stadt Fr. von verschiedenen außerhalb Fr. wohnenden Personen Bestellungen auf Mehl, zum Theil gegen sofortige Bezahlung, entgegengenommen, und die betreffender Mehlquantitäten demnächst mit seinem Fuhrwerk in die zum halbmeiligen Umkreise gehörige Vorstadt von Fr. gebracht und hier an die Besteller abgeliefert, als die Beschlagnahme erfolgte. Wegen Mahlsteuerdefraude verfolgt, ward er von den Instanzgerichten freigesprochen, weil das Mehl verkauft gewesen sei, noch ehe es den halbmeiligen Umkreis berührt, der (gewerbsmäßige) Verkauf also nicht in diesem stattgefunden habe. Auf die NB. des Pr.-St.-D.s erfolgte Vernichtung des zweiten Erk.s und Zurückverweisung der Sache in die zweite Instanz zur Feststellung, ob das Mehl an die Besteller im halbmeiligen Umkreise bereits übergeben gewesen sei, als die Beschlagnahme erfolgte.

Gründe:

Es ist zwar richtig, daß durch die bloße Einführung des Mehls in die Vorstadt von Fr. noch keine Steuerdefraudation vom Angeklagten verübt wurde, da der § 15a des M.= u. Schl.=St.=Ges. v. 30. April 1820 an und für sich nur auf den inneren oder eigentlichen Steuerbezirk einer Stadt Anwendung findet, und der Angeklagte, obwohl er ein mahlsteuerpflichtiges Gewerbe treibt, doch nicht im halbmeiligen äußern Steuerbezirke von Fr. wohnt, also auch § 1 lit. a des Ges. v. 2. April 1852 hier nicht Platz greift. Dagegen kommt es bei der Frage, ob Seitens des Angeklagten ein gewerbsmäßiger Verkauf des Mehls innerhalb des halbmeiligen Umkreises von Fr., also im äußern Steuerbezirk dieser Stadt, erfolgt ist, nicht bloß darauf an, wie der App.=Richter anzunehmen scheint, wo die Bestellung des Mehls geschehen ist, sondern auch darauf, wo diese Bestellung später zur Ausführung gebracht ist. War daher auch die Bestellung des Mehls in der Stadt Fr. selbst, also nicht im halbmeiligen Umkreis dieser Stadt erfolgt, so würde doch, wenn auf Grund dieser Bestellung die Uebergabe des Mehls an die Besteller im halbmeiligen Umkreis von Fr. geschah, schon hierin ein Verkauf des Mehls im halbmeiligen Umkreis dieser Stadt im Sinne des § 1 lit. b. Nr. 1 des Ges. v. 2. April 1852 rechtlich gefunden werden müssen, der Angeklagte also bei der vom App.=Richter nicht bezweifelten Gewerbsmäßigkeit seiner Handlung allerdings zur Versteuerung des Mehls vor der Uebergabe desselben an die Besteller verpflichtet gewesen sein. Der App.=Richter geht daher darin zu weit, wenn er den Angeklagten bloß deshalb freispricht, weil vor der Einführung des Mehls in die Vorstadt von Fr. dasselbe schon früher in der Stadt Fr. selbst beim Angeklagten bestellt gewesen ist.

Antr. des GStA.s: gleichl. [18.—5.]

Diebstahl. — Früchte auf dem Felde. — Kaule 2c.

Die Strafe des § 217 Nr. 2 des StGB. wird dadurch nicht ausgeschlossen, daß die gestohlenen Früchte auf dem Felde sich in einer sogenannten Kaule 2c. befanden. [vgl. l. c. n. 26.]

Erk. (B. I.) v. 14. März 1862 c. Jahnke (116. I. Cr.).

Der App.-Richter hat die Anwendbarkeit des § 217 Nr. 2. StGB. ohne nähere Begründung nur deshalb ausgeschlossen, weil die qu. Kartoffeln nicht vom Felde, sondern von einer auf einem Ackerstücke befindlichen sogenannten Kaule entwendet worden sind. Dadurch allein wird aber das allegirte Strafgesetz nicht ausgeschlossen. Der innere Grund desselben besteht darin, daß die Schwierigkeit der genauen Beaufsichtigung ebenso dann vorhanden ist, wenn die geernteten Früchte frei auf dem Felde sich befinden, als dann, wenn sie an den gedachten Orten in Kaulen, Gruben ꝛc. aufbewahrt werden.

Antr. des GStA.s: gleichl. [20.—5.]

Siegel. — Amtliche Anlegung. — Zweck. — Verletzung. — Plombe.

1. Das im Auftrage einer zuständigen Behörde von einem Nicht-Beamten angelegte Siegel ist als ein „amtliches Siegel" anzusehen.

StGB. § 108 [dort einzutr. als n. 1a].

2. Eine Plombe steht einem Siegel gleich.

Ibid. [dort einzutr. als n. 2a].

3. Für die Anwendung des § 108. StGB. ist es gleichgültig, zu welchem Zwecke die Siegelanlage erfolgt ist, sobald sie nur von einem zuständigen Beamten ausging.

Ibid. [dort einzutr. als n. 1b].

Erk. (B. I.) v. 14. März 1862 c. Quandt (173. I. Cr.).

Qu. hatte auf der Stargardt-Posener Privateisenbahn von einem Güterwagen die im Auftrage der Kgl. Bahn-Direktion von einem Gesellschaftsbeamten angelegte Plombe vorsätzlich unbefugter Weise abgelöst, war aber von der aus § 108. StGB. erhobenen Ankl. freigesprochen worden, weil, wenn auch die Kgl. Direktion die Rechte einer öffentichen Behörde habe, daraus doch ein Gleiches für die übrigen Gesellschaftsbeamten nicht folge, die Plombe also nicht als amtliches Siegel angesehen werden könne. Auf die NB. des OStA.s erfolgte Vernichtung des Erk.s zweiter Instanz und Verurtheilung.

Gründe:

Die Verwaltung der betr. Eisenbahn wird im Interesse des Staats von diesem durch eine seiner Behörden ausgeführt. Was daher diese öffentliche Behörde zum Zwecke und zur Herbeiführung einer ordnungsmäßigen Administration vorschreibt, erlangt eben dadurch das Gepräge einer amtlichen Anordnung und verliert diesen ihren öffentlichen Charakter um deshalb nicht, daß die mechanische Realisirung derselben von Personen ausgeführt wird, denen an sich die Qualität öffentlicher Beamten nicht beiwohnt. Im vorliegenden Falle hat festgestelltermaaßen die Kgl. Direktion der rc. Eisenbahn das Plombiren der Güterwagen instruktionsmäßig vorgeschrieben, die diesfällig angelegte Plombe erscheint daher als eine solche, die Stelle eines amtlichen Siegels vertretende, welche in Folge Anordnung einer öffentlichen Behörde angebracht wurde. Dadurch wird den Anforderungen des § 108. StGB. Genüge geleistet, und es bleibt völlig gleichgültig, zu welchem Zwecke diese Maaßregel dienen soll, und von wem sie im Auftrage der kompetenten öffentlichen Behörde ausgeführt worden ist.

Antr. des GStA.s: gleichl. [20. — 5.]

Banquerutt. — Differenzhandel. — Zeitkauf. — Absicht der wirklichen Vollziehung.

Zeitkäufe über Waaren und Börseneffekten stellen jederzeit einen „Differenzhandel" dar, sollte die Absicht der Parteien auch auf wirkliche Lieferung der Waare und Zahlung des vereinbarten Kaufpreises und nicht bloß auf die Zahlung der Differenz zwischen dem vereinbarten und dem am Stichtage geltenden Preise gegangen sein. [StGB. § 261 Nr. 1 (vgl. dort n. 7).]

Erk. (S. I.) v. 21. März 1862 c. Lickfett (114. I. Cr.).

Der App.-Richter hatte den in Konkurs gerathenen Angeklagten von der Anklage des einfachen Bankerutts aus § 261 Nr. 1. StGB. freigesprochen, weil dieser § unter „Differenzhandel mit Waaren oder

Börseneffekten" nur solche Geschäfte begreife, bei welchen von vorne herein eine Erfüllung, d. h. eine Uebergabe der gekauften Waaren von der einen und die Zahlung des Kaufpreises von der andern Seite gar nicht in der Absicht der Kontrahenten gelegen, diese Absicht vielmehr lediglich auf Zahlung der Differenz zwischen dem vereinbarten und dem am Lieferungs- (Stich-) Tage geltenden Preise gerichtet gewesen, mithin Geschäfte, welche eine reine Wette darstellten. Auf die NB. des OStA.s erfolgte Vernichtung des angefochtenen Erk.s, und Zurückverweisung der Sache in die zweite Instanz.

Gründe.

Aus dem Umstande, daß im § 261 Nr. 1. StGB. Handelsleute, die ihre Zahlungen eingestellt haben, ebenso verantwortlich erklärt werden, wenn sie durch Ausschweifungen, Aufwand, Spiel übermäßige Summen verbrauchten oder schuldig wurden, als wenn dieses durch Differenzhandel mit Waaren oder Börseneffekten geschehen ist, folgt keinesweges, daß dieser Differenzhandel nur reine Wetten umfaßte. Fälle dieser Art würden sich fast gänzlich der Kognition des Strafrichters entziehen, und eine derartige, ausdrücklich auf eine Wette gerichtete Verabredung beider Kontrahenten nur selten zu ermitteln sein, sowie denn auch die Sachverständigen begutachtet haben, daß in D. zu der hier maaßgebenden Zeit gar kein Differenzhandel in dem von den anderen Richtern aufgestellten Sinne getrieben worden sei, während es bei dem großen Geschäftsverkehr daselbst und bei der notorischen Ausbreitung, welche der Differenzhandel in neuerer Zeit erlangt hat, nicht zweifelhaft sein konnte, daß ein solcher auch in D. stattfand.

Wie wenig aber die von dem App.-Richter für nothwendig erachtete ausdrückliche Verabredung einer Wette Seitens beider Kontrahenten maaßgebend sein kann, dieses erhellet schon daraus, daß ein Handelsmann, welcher durch Differenzhandel übermäßige Summen verbraucht hat, nicht dadurch von der ihn treffenden Verantwortlichkeit frei werden kann, daß die Personen, mit denen er in Geschäftsverbindung stand, nicht die Absicht hatten, reine Wetten einzugehen; vielmehr die Anwendbarkeit des § 261 Nr. 1 l. c.

lediglich von der Art und Weise abhängen muß, wie der Handelsmann, welcher einen Differenzhandel mit Waaren oder Börseneffekten ausführte, diesen betrieben hat. In den häufigen Fällen, wo sich ein solcher Kaufmann zu seinen Handelsoperationen der Mitwirkung von Kommissionären bedient, ist seine eigentliche Intention den Personen, mit welchen die Kommissionäre kontrahiren, oft gänzlich unbekannt, und noch weniger kann die Verantwortlichkeit desselben davon abhängig gemacht werden, ob die Absicht der betreffenden Personen auf wirkliche Lieferung oder Empfangnahme von Waaren, oder ausschließlich auf Erhebung einer Preisdifferenz gerichtet war. Denn nicht die Verfahrungsweise dieser Personen, sondern die des Handelsmannes, welcher seine Zahlungen einstellte, unterliegt der Prüfung des Strafrichters. Die im zweiten Erkenntnisse enthaltene Beschränkung des § 261 Nr. 1 b. c. auf ausdrücklich verabredete Wetten ist danach nicht gerechtfertigt.

Ebenso wenig läßt sich ein sicherer Anhalt für diese Interpretation der qu. Gesetzesvorschrift durch ein Zurückgehen auf die französische Gesetzgebung und die Entstehungsgeschichte dieses Paragraphen gewinnen. Das Rheinische Handelsgesetzbuch spricht im Art. 586 Nr. 2 von „operations de pur hasard," und das Fallitgesetz v. 28. Mai 1838 fügt die „operations fictives de bourses ou de marchandises" hinzu. Anscheinend in Anschluß hieran wollte der Entwurf zum StGB. v. 1851 § 237: „Handelsoperationen, welche auf reinen Zufall berechnet waren, oder Differenzhandel ꝛc." neben „Ausschweifungen, Aufwand und Spiel" aufführen. In der Kommission der II. Kammer wurde jedoch der Passus „Handelsoperationen, welche auf einen Zufall berechnet waren," gestrichen, weil es nichts Ungewöhnliches sei, daß der Kaufmann sich in Spekulationen einlasse, deren glücklicher Erfolg von dem Zufall abhängig wäre; ihn nun bloß darum zu strafen, weil die Operation einen unglücklichen Ausgang genommen habe, lasse sich nicht rechtfertigen. Der Vorschlag, an die Stelle des gedachten Passus „leichtsinnige Handelsoperationen“ zu setzen, fand keinen Beifall (vgl. Beseler Comm. § 261. S. 497; Verh. der ersten und zweiten K. S. 163; G. Arch. 8. S. 775). Abgesehen nun davon, daß nicht constirt, welchen Gesichtspunkt die übrigen Faktoren der Gesetzgebung eingenommen haben, so folgt aus dem obigen Hergange doch weiter nichts, als daß neben der Gewährung von Ausschweifungen, Aufwand, Spiel und Differenzhandel mit Waaren und Börseneffekten nicht noch die der „Handelsoperationen, welche auf reinen Zufall berechnet waren,“ genehmigt worden ist; ferner daß der Standpunkt des StGB.s keineswegs identisch mit dem der erwähnten französischen Gesetze erscheint. Der Differenzhandel mit Waaren oder Börseneffekten ist aus dem Entwurf v. 1851 in das StGB. übergegangen, und für die Feststellung des Begriffs desselben ohne Einfluß, daß neben ihm die auf reinen Zufall berechneten Handelsoperationen fortgefallen sind.

Danach hat der Strafrichter frei zu bemessen, ob der Kaufmann, welcher seine Zahlungen einstellte, durch Differenzhandel mit Waaren oder Börseneffekten übermäßige Summen verbrauchte oder schuldig wurde. Zeitkäufe der gedachten Art, welche der Angeklagte betrieben haben soll, fallen mit in die Kategorie dieses Differenzhandels, ohne daß es etwas relevirt, welche Wirkung das neue Handelsgesetzbuch ihnen beimißt, da das letztere weder eine Deklaration des StGB.s, noch die der bisherigen Civilgesetze bezweckt.

Bei Zeitkäufen über Waaren und Börseneffekten ist die Spekulation jederzeit auf die Differenz zwischen dem kontraktsmäßigen Preise und dem Preise am Stichtage gerichtet. Auf die Art, wie diese Differenz demnächst festgestellt wird, kommt es dabei nicht wesentlich an, und es macht auch in dem Gegenstande der Spekulation keinen Unterschied, ob der Angeklagte die Differenz berechnet, oder ob sie sich für ihn daraus ergeben hat, daß er die gekauften Waaren sogleich weiter veräußerte (vgl. Erk. OTr. IV. Sen.

v. 24. Febr. 1859 Härtter und Waldmann c. Konkursmasse). Der Differenzhandel an und für sich ist nicht mit Strafe bedroht, wohl aber trifft den Handelsmann, welcher seine Zahlungen einstellte, die Strafe des Bankerutts, sobald er durch denselben übermäßige Summen verbrauchte oder schuldig wurde. Das Motiv liegt in den großen Wagnissen, welche der Differenzhandel mit sich führt, und die Tendenz des Gesetzes geht dahin, daß der Kaufmann verhindert werden soll, übermäßige Spekulationen der erwähnten Art zu machen, und dadurch die Interessen seiner Gläubiger in die größte Gefahr zu bringen. Thut er es dennoch, und wird er dadurch übermäßige Summen schuldig, so hat er, sobald Zahlungseinstellung eingetreten ist, die Bankeruttsstrafe verwirkt. Aus dieser Tendenz des Gesetzes ergiebt sich deutlich, daß Zeitkäufe, bei denen diese Gefahr in vollem Maaße vorhanden ist, mit in die Kategorie des § 261 Nr. 1 l. c. gehören, und sie bilden sogar die häufigsten Fälle des Differenzhandels, ohne daß letzterer auf die Verträge zu beschränken wäre, wo eine ausdrücklich ausgesprochene Wette sich herausstellte.

Antr. des GStA.s: gleichl. [44. — 1.]

Konflikt. — Geistlicher. — Bischof. — Nichtigkeitsinstanz.

1. **Im Falle einer Strafverfolgung wegen einer Amts- oder Diensthandlung ist die Erhebung des Konflikts auch in der Nichtigkeitsinstanz statthaft.**

Ges. v. 13. Febr. 1854 § 1. Sic: Beschl. I. 19. Nov. 1858 c. Gost, 1054. Cr.; vgl. Erk. d. Komp.-GH.s v. 11. Mai 1862 (JMBl. S. 110).

2. **Wenn gegen einen katholischen Geistlichen wegen einer Amts- 2c. Handlung eine gerichtliche Verfolgung eingeleitet ist, so steht dem betr. Bischofe die Erhebung des Konflikts zu.**

Ebendaselbst. Vgl. Erk. d. Komp.-GH.s v. 30. Jan. 1858; 23. Juni 1858 und vom 13. Okt. 1860 (JMBl. 1858 S. 111; 1859 S. 237; 1861 S. 225).

Beschl. (I.) v. 21. März 1862 c. Bukowiecki (203. I. Cr.).

Der Pfarrer B. war in beiden Instanzen aus § 87. StGB. verurtheilt worden; nachdem er die NB. ergriffen hatte, erhob der Erzbischof zu Gn. auf Grund des Ges. v. 13. Febr. 1854 den Konflikt, worauf das OTr. das gerichtliche Verfahren einstweilen einstellte:

„da gegen die Zulässigkeit des Konflikts nach § 1 des cit. Gesetzes kein Bedenken obwalte."

Antr. des GStA.s: gleichl. [20. — 3.]

Prävention. — Feststellung des objektiven Thatbestandes.

Ein auf Feststellung des objektiven Thatbestandes gerichteter Antrag der Staatsanwaltschaft begründet die Prävention des betreffenden Gerichts selbst dann, wenn in demselben gar keine bestimmte Person als Thäter bezeichnet war.

Ges. v. 3. Mai 1852 Art. 4 [dort einzutr. als n. 3 a].

Beschl. (I.) v. 21. März 1862 c. Spiecker (90. B. I. Cr.).

Wegen eines am 22. Febr. 1862 verübten schweren Diebstahls trug der StA. zu Str. am 25. ej. bei dem Untersuchungsrichter daselbst auf „Feststellung des objektiven Thatbestandes und der Verdachtsgründe" an. Am 26. ej. ward Sp. in P. wegen anderer Straffälle zur Haft gebracht, und gestand hier freiwillig, daß er auch jenen Diebstahl verübt habe. Der StA. zu Str. legte demzufolge die Akten dem OTr. vor mit dem Antrage, diese Sache an das (einem andern AG. unterworfene) Gericht zu P. zu verweisen, indem er zugleich seine Ansicht dahin aussprach, daß es eigentlich der Mitwirkung des OTr.s nicht bedürfe, da der beim KG. zu Str. am 25. genommene, gar nicht gegen die Person des Sp. gerichtete Antrag die Prävention nicht begründen könne. Das OTr. entsprach dem Antrage, indem es aber gleichzeitig erwog:

„daß in der vom 25. Febr. erlassenen Verfügung ein Einschreiten im Sinne des Art. 4 des Ges. v. 3. Mai 1852 zu finden sei."

[15. — 3.]

Disziplinarvergehen. — Strafthat. — Kompetenz.

Der Disziplinarrichter, welcher findet, daß die zum Gegenstande der disziplinarischen Verfolgung gemachte Handlung den Thatbestand eines

im StGB. vorgesehenen Straffalles darstelle, darf sich deshalb nicht inkompetent erklären.

Ges. v. 21. Juli 1852 §§ 2—7. 66; Vdn. v. 30. April 1847 § 20.

Erk. (I. Civ.-Sen.) v. 24. März 1862 c. Rechtsanwalt Z. (297. I. D.).

Gegen den Rechtsanwalt Z. war wegen verschiedener Dienstwidrigkeiten die Disziplinaruntersuchung eingeleitet worden, nachdem die StA.-schaft erklärt hatte, daß sie eine strafrechtliche Anklage wegen der betr. Handlungen nicht zu erheben beabsichtige. Der Ehrenrath sprach gleichwohl unter Bezugnahme auf § 20 der Vdn. v. 30. April 1847 seine Inkompetenz aus, weil er in jenen Handlungen den in den §§ 263. 309 und 326 des StGB.s vorgesehenen Thatbestand zu erkennen glaubte. Auf die Berufung des OStA.s hat das OTr. jenes Erk. aufgehoben und die Sache an den Ehrenrath zurückverwiesen.

Gründe:

Gewann der Ehrenrath die Ueberzeugung, daß der Angeklagte sich des Wuchers nach § 263. StGB. schuldig gemacht, oder daß er gegen § 309 und event. gegen § 326 ebend. gefehlt hätte, so konnte ihn dies immer nicht einer materiellen Entscheidung überheben, insbesondere nicht abhalten, disziplinarisch diejenigen Strafen gegen den Angeschuldigten festzusetzen, auf welche er nach § 12 der Vdn. v. 30. April 1847 zu erkennen befugt ist. Maaßgebend müssen hier die §§ 2—7 des Ges. v. 21. Juli 1852 sein, die nach § 66 ebend. auch auf die Rechtsanwalte Anwendung finden. Hieraus folgt aber doch immer nur so viel, daß der Ehrenrath niemals auf die in den §§ 263. 309 und 326. StGB. angedrohten Strafen erkennen durfte, worauf in der That auch gar nicht angetragen war. Der § 20 der Vdn. v. 30. April 1847, der ohnehin zu dem jetzigen Verfahren und zu dem Anklageprozeß nicht mehr vollständig paßt, konnte den Ehrenrath aber niemals veranlassen, jene Prüfung von vornherein von der Hand zu weisen, jede materielle Entscheidung und Disziplinar-Straffestsetzung abzulehnen und sich darauf zu beschränken, lediglich seine Inkompetenz auszusprechen, wie es in dem angefochtenen Erk. geschehen ist. Die §§ 4—7 des Ges. vom 21. Juli 1852 ergeben deutlich, daß das Disziplinarverfahren in mehrfacher Hinsicht von der gerichtlichen Untersuchung unabhängig ist und beide Prozeduren sehr wohl für sich bestehen können; ja der § 5 läßt selbst dann, wenn von den gewöhnlichen Strafgerichten auf Freisprechung erkannt ist, wegen derjenigen Thatsachen, welche in der gerichtlichen Untersuchung zur Erörterung gekommen sind, doch noch ein Disziplinarverfahren stattfinden, insofern nur jene Thatsachen an sich, und ohne ihre Beziehung zu dem gesetzlichen Thatbestande der Uebertretung, des Vergehens oder des Verbrechens, welche den Gegenstand der Untersuchung bildeten, ein Dienstvergehen enthalten. Allerdings darf dem § 4 zufolge im Laufe einer gerichtlichen Untersuchung gegen den Angeschuldigten ein Disziplinarverfahren wegen der nämlichen Thatsachen nicht eingeleitet werden; und wenn im Laufe eines Disziplinarverfahrens wegen der nämlichen Thatsachen eine gerichtliche Untersuchung gegen den Angeschuldigten eröffnet wird, soll das Disziplinarverfahren bis zur rechtskräftigen Erledigung des gerichtlichen Verfahrens ausgesetzt werden. Diese Bestimmung findet ihren natürlichen Grund in dem § 7:

> Ist von dem gewöhnlichen Strafrichter auf eine Freiheitsstrafe von längerer als einjähriger Dauer, auf eine schwerere Strafe, auf Verlust der bürgerlichen Ehre, auf zeitige Untersagung der Ausübung der bürgerlichen Ehrenrechte, auf immerwährende oder zeitweise Unfähigkeit zu öffentlichen Aemtern oder auf Stellung unter Polizeiaufsicht erkannt, so zieht das Straferkenntniß den Verlust des Amtes von selbst nach sich, ohne daß darauf besonders erkannt wird.

Da nun sowohl die §§ 14 und 16 des Ges. v. 21. Juli 1852, wie der § 12 der Vdn. v. 30. April 1847 in der Staffel der verschiedenartigen Disziplinarstrafen die Dienstentlassung als die höchste und schwerste aufführen, so erledigt sich jedes weitere Disziplinaraerfahren einleuchtend von selbst, wenn schon die von dem gewöhnlichen Strafrichter rechtskräftig erkannte Strafe für den Verurtheilten den Verlust des Amtes zur Folge hat. Deshalb sollen nach § 4 nicht beide Untersuchungen neben einander fortgehen, sondern das Disziplinarverfahren bis zur rechtskräftigen Erledigung des gerichtlichen Verfahrens ausgesetzt werden. Ein Kollisionsfall, wie ihn der § 4 voraussetzt, liegt hier indessen eben nicht vor; eine gerichtliche Untersuchung wegen der betr. Angelegenheit ist bisher gegen den R.-Anw. Z. noch gar nicht eröffnet, ja die StA.-schaft hat sogar wiederholt erklärt, daß sie nicht beabsichtige, eine desfallsige Anklage zu erheben. Zu einer derartigen Sistirung des Disziplinarverfahrens, wie sie der Ehrenrath in der That eintreten lassen will, fehlt es mithin an jedem gesetzlichen Grunde. Bliebe es bei dem Erkenntisse v. 2c., so würde sich das gewiß befremdende und schwer zu rechtfertigende Resultat herausstellen, daß der R.-Anw. Z. kriminalgerichtlich unbestraft bleibt, weil keine Anklage gegen ihn erhoben wird, daß er aber auch noch immer in seinem Amte verbleibt und selbst jeder Disziplinarrüge entgeht, wiewohl er sich nach dem judikatmäßigen Urtheile seiner Standesgenossen sogar des Wuchers schuldig gemacht, also doch gewiß die Pflichten verletzt hat, die durch Ehrenhaftigkeit, Redlichkeit und Anstand bedingt werden.

Antr. des GStA.s: gleichl. [2.]

Meineid. — Manifestationseid. — Assertorischer und promissorischer Theil.

Nach Ausschwörung eines in seinem assertorischen Theile falschen Manifestationseides bleibt in Beziehung auf andere Gegenstände auch noch eine Zuwiderhandlung gegen den promissorischen Theil desselben möglich [1]).

StGB. § 125. 131 [dort einzutr. als n. 3 a].

[1]) Dagegen kann in Beziehung auf dieselben Gegenstände, auf welche sich der assertorische Theil des falsch ausgeschworenen Manifestationseides bezog, nicht demnächst das Vergehen des § 131. StGB. durch Unterlassung der nachträglichen Anzeige begangen werden. — Umgekehrt wird aber der falsche Manifestationseid auch nicht durch nachträgliche Anzeige straflos: Z. I. 2. April 1862 c. Morenz, 257.

Erk. (Z. I.) v. 26. März 1862 c. Laugk (156. I. Cr.).

Die gegen die verehelichte L. erhobene Anklage lautete auf wissentliche Ausschwörung eines falschen Manifestationseides, welcher nach der näheren Ausführung in der Anklageschrift darin gefunden wurde, daß sie mehrere Forderungen verschwiegen habe. Im Hauptverfahren stellte der Vorsitzende außer der dem Anklagebeschlusse entsprechenden Frage noch eine zweite (nicht eventuelle) Frage: ob die L. dem in jenem Manifestationseide abgegebenen Versprechen vorsätzlich zuwidergehandelt habe. Auf die Bejahung beider Fragen erfolgte die Verurtheilung aus §§ 125 und 131. StGB. zum geringsten Strafmaße des § 125. Die NB. der Angeklagten rügte Verletzung des § 131, weil durch die festgestellte Falsch-Ausschwörung des assertorischen Theiles des Manifestationseides eine Zuwiderhandlung gegen den promissorischen Theil desselben ausgeschlossen werde. Zurückweisung.

Gründe:

Beim ersten Anblicke könnte die gleichzeitige Anwendung der §§ 125 und 131. StGB. auf Grund der ersten und zweiten Frage auffallend erscheinen. Da jedoch bei einem Manifestationseide eine doppelte straffällige Handlung theils nach § 125, theils nach § 131 vorkommen kann, und gar wohl möglich ist, daß sich bei Verhandlung der Sache ergeben hat, daß Angeklagte einige der in der Anklage bezeichneten Vermögensgegenstände wissentlich verschwiegen, andere vergessen und vorsätzlich nicht angezeigt habe, so ist eine Nichtigkeit der Entscheidung wegen unberechtigter Anwendung der gedachten §§, wobei sich das Richteramt übrigens auf das Strafminimum aus § 125 beschränkt hat, nicht erfindlich.

Antr. des GStA.s: gleichl. [17.—4.]

Geschworne. — Verkehr mit Dritten. — Nichtigkeit.

So lange die Geschwornen sich noch nicht zum Zweck ihrer Berathung in das betreffende Zimmer begeben haben, hat der Gerichtshof ihren Verkehr mit dritten Personen nicht zu überwachen. Aus einem solchen kann daher auch kein Nichtigkeitsgrund entlehnt werden.

Ges. v. 3. Mai 1852 Art. 90 [vgl. dort n. 2].

Erk. (Z. I.) v. 26. März 1862 c. Kuhnke (279. I. Cr.).

In den Vorschriften der beiden Gesetze v. 3. Jan. 1849 und 3. Mai 1852, soweit sie die Verhandlung mit Geschwornen betreffen, findet sich keine Bestimmung, welche dem Schwurgerichtshofe gebietet, bei stattfindenden Unterbrechungen der Verhandlung den Verkehr der Geschwornen mit dritten Personen, insbesondere mit Zeugen, zu überwachen und zu verhindern. Sie würde namentlich da unausführbar sein, wo längere Pausen, in denen sich die Geschwornen aus dem Gerichtsgebäude entfernen, eintreten. Hier hat die Verhandlung drei Tage gewährt; die Geschwornen haben sich daher mehrmals entfernen müssen. Das Gesetz hat daher in Art. 90 erst von dem Zeitpunkt an, wo sie sich zur Beschließung ihres Verdiktes in das Berathungszimmer verfügen, ihre Abschließung von jedem äußern Verkehr vorgeschrieben. Es legt ihnen aber außerdem im Art. 95 die durch ihren Eid anzugelobende Pflicht auf, ihre Ueberzeugung von der Schuld oder Nichtschuld des Angeklagten nur aus dem Inbegriffe der vor ihnen gepflogenen Beweisverhandlungen zu schöpfen. Darin allein ist ein Sicherungsmittel gegen einen solchen Verkehr derselben während der Unterbrechungen und gegen die Wirkung von Eindrücken auf ihr Urtheil, welche sie außerhalb der Beweisverhandlungen selbst empfangen können, zu suchen. Außerdem würde es allerdings auch die Pflicht des SH.s sein, sie vor einem Verkehr mit Zeugen während solcher Unterbrechungen zu warnen, sobald ihm in dieser Beziehung eine Anzeige zugeht; von einer solchen erhellt aber aus den Protokollen über die vorliegende Schwurgerichtsverhandlung Nichts.

Antr. des GStA.s: gleichl. [15. — 4.]

Urkunde. — Bücher. — Hüttenbeamter.

Die von einem Königl. Hüttenbeamten über seinen Geschäftsbetrieb geführten Bücher sind keine Urkunden. [StGB. § 323 (vgl. dort n. 4. 6. 20a und oben S. 115)].

Beschl. (I.) v. 26. März 1862 c. Erbrich (91. B. I. Cr.).

E. war beschuldigt worden, als Rendant einer Königl. Hütte sein Dienstjournal, sowie die monatlichen Debitslisten und die jährlich gelegten Produktenrechnungen in der Weise unrichtig geführt zu haben, daß er eine Quantität Hüttenprodukte, welche er instruktionswidrig einem gewissen H. auf Kredit verabfolgt hatte, nicht eingetragen, resp. dieselben wahrheitswidrig als Naturalbestände aufgeführt habe. Die StA.-schaft fand hierin die unrichtige Aufnahme (Ausstellung) von Urkunden, welche von ihm vermöge seines Amtes aufzunehmen gewesen seien (StGB. § 323). Das AG. setzte dagegen außer Verfolgung, weil eine Nichteintragung nicht den Thatbestand des cit. § darstellen könne, die betr. Bücher 2c. aber auch keine öffentlichen Urkunden seien. Beide Gründe focht der OStA. durch Beschw. an, indem er auszuführen suchte: die Unterlassung einer Eintragung stelle eine unrichtige Aufnahme dar, wenn dadurch die durch die Register 2c. zu konstatirende Thatsache falsch dargestellt werde (vgl. Oppenh. StGB. § 323 n. 23); als Urkunden seien dagegen die betr. Register 2c. deshalb anzusehen, weil sie amtliche Eintragungen beträfen, und nicht bloß zum Zweck des innern Verkehrs der Behörden unter sich geführt würden, sondern auch dritten Personen gegenüber beweisende Kraft hätten, zumal da ihnen auch die Bedeutung von Handelsbüchern beiwohne. — Die GStA.-schaft hielt die Beschw. für nicht begründet: unter „Urkunden, deren Aufnahme 2c. einem Beamten vermöge seines Amtes obliege," seien nur solche zu verstehen, bei welchen diese amtliche Eigenschaft wesentlich in Betracht komme, damit dadurch der Urkunde ihre begriffliche Bedeutung zu Theil werde; hierdurch schieden zunächst alle Schriftstücke aus, welche nur den innern Verkehr zwischen den Behörden beträfen, und weder für noch gegen dritte Personen beweisend seien (Oppenh. StGB. § 323 n. 6); nicht minder schieden aber auch diejenigen Schriftstücke aus, welche zwar an und für sich eine Urkunde darstellten, für deren Beweiskraft aber die amtliche Eigenschaft desjenigen, von welchem sie ausgegangen, deshalb bedeutungslos sei, weil derselbe nur als Vertreter des Staats (einer Gemeinde 2c.) in ihrer Eigenschaft als Vermögenssubjekt mitgewirkt habe; in einem solchen Falle stehe der von einem Beamten abgeschlossene Vertrag einem zwischen Privaten zu Stande gekommenen ganz gleich; dieses müsse namentlich da gelten, wo der Staat auf eigene Rechnung Handels- oder Industriegeschäfte betreibe, und sich dabei durch seine fiskalischen Beamten vertreten lasse. — Das OTr. hat die Beschw. zurückgewiesen. Erwogen ward:

daß, abgesehen von der hier nicht vorliegenden Voraussetzung des § 254, der Begriff der Urkunden im § 323. StGB. mit der im § 247 l. c. gegebenen Definition übereinstimmt, daß danach zum Wesen einer Urkunde gehört, daß die Schrift als Beweismittel für oder gegen Dritte dienen soll (vgl. Beschl. I. 30. Jan. 1861 c. Spiegelthal [37. B; RdO. I. S. 232];

In Erw., daß die Pflichtwidrigkeiten des Angeklagten, namentlich das Unterlassen der Benachrichtigung des Hüttenamts von den an H. gemachten Ablieferungen, die nicht bewirkte Eintragung derselben in das Debitsjournal, sowie in die monatlichen und jährlichen Debitslisten, ferner die Thatsache, daß in der von dem Angeklagten dem Hüttenamt gelegten jährlichen Produktenrechnungen die an H. verabfolgten Produkte als Naturalbestände aufgeführt worden sind, um somehr nur den innern Verkehr des Angeklagten mit seiner vorgesetzten Behörde betreffen, als feststeht, daß der Angeklagte von allen Lieferungen die Liquidationen anfertigte, und er sie in das Liquidationsbuch eintrug ꝛc. —

In Erwägung, daß hiernach nicht abzusehen ist, wie die Schriftstücke, welche der Angeklagte mit Rücksicht auf den innern Verkehr der Kgl. Hütte anzufertigen hatte, und die theils Ommissionen, theils, wie die von ihm dem Hüttenamt gelegten jährlichen Produktenrechnungen, direkte unrichtige Angaben enthielten, als Beweismittel für oder gegen einen Dritten hätten dienen sollen. [44. — 3.]

---

1. Generalfragen. — Beantwortung. — Protokoll.
2. Geschwornenspruch. — Abänderung.
3. 4. Amtsunterschlagung. — Buchführung. — Unterlassung. — Urkunde.

1. Wenn das Sitzungsprotokoll darthut, daß den Zeugen die Generalfragen vorgelegt worden sind, so ist es, in Ermanglung eines darauf ge-

richteten Antrags, nicht unerläßlich, daß auch die Beantwortung derselben protokollirt werde.

Vdn. v. 3. Jan. 1849 § 22 [vgl. dort n. 51]; Cr.-Ordn. § 319.

2. Die Geschwornen können den beschlossenen und niedergeschriebenen Spruch abändern, so lange die Verlesung desselben noch nicht stattgefunden hat; in diesem Falle bedarf es demnächst nur der Verlesung des abgeänderten Spruchs.

Ges. v. 3. Mai 1852 Art. 96 [vgl. dort n. 6].

3. Im Falle einer Amtsunterschlagung ist die Unterlassung einer vorgeschriebenen Buchung als unrichtige Führung des Buchs anzusehen.

StGB. § 325 [vgl. dort n. 14].

4. Zum Thatbestande der qualifizirten Amtsunterschlagung ist es nicht erforderlich, daß die unrichtig geführten Bücher ꝛc. den Charakter einer Urkunde haben.

Ebendaselbst [vgl. dort n. 2, und oben S. 115].

Erk. (Z. II.) v. 27. März 1862 c. Hille (66. II. Cr.).

Das über die schwurgerichtliche Verhandlung aufgenommene Sitzungsprotokoll bekundete, zwar, daß den vernommenen Zeugen und Sachverständigen die Generalfragen nach § 319. Cr.-Ordn. vorgelegt worden seien, that aber der darauf ertheilten Antworten nicht vollständig Erwähnung. Dieses rügte die NB. des Angekl. nebst verschiedenen andern angeblichen Verstößen gegen die Grundsätze des Verfahrens, sowie auch Verletzung des Strafgesetzes. Zurückweisung. Erwogen ward:

daß nach Art. 78 des Ges. v. 3. Mai 1852 von dem Inhalte der Erklärungen der Zeugen und Sachverständigen nur das Wesentliche in das Sitzungsprotokoll aufgenommen werden soll; daß in Folge dieser Vorschrift und mit Rücksicht darauf, daß der Angeklagte und dessen Vertheidiger, in deren Gegenwart die Vernehmung jener Personen erfolgte und diesen die allgemeinen Fragen vorgelegt wurden, im Stande gewesen wären, über dasjenige, was ihnen aus den auf diese Fragen ausdrücklich oder stillschweigend abgegebenen Erklärungen rücksichts der Glaubwürdigkeit jener Personen erheblich schien, Akt nehmen zu lassen, — angenommen werden muß, daß daraus ein Mehreres, als was registrirt worden ist, allseitig nicht für erheblich erachtet worden ist; daß aber deshalb auch darin, daß über die Beantwortung der allgemeinen Fragen ein Mehreres, als angegeben worden, in das Sitzungsprotokoll nicht aufgenommen worden ist, ein Verstoß gegen § 319. Cr.-Ordn. und insbesondere die Verletzung einer wesentlichen Vorschrift des Verfahrens sich nicht finden läßt; —

daß den Geschwornen nicht versagt ist, einen bereits niedergeschriebenen Wahrspruch vor Verlesung desselben, nach weiterer Berathung in ihrem Berathungszimmer, selbst zu verbessern und abzuändern, und in dem Falle einer solchergestalt stattgehabten Abänderung nur der anderweit gefaßte Beschluß die, nach Art. 96 Abs. 3 l. c. durch den Vorsteher der Geschwornen zu verlesende Antwort bildet; —

daß unbedenklich die Unterlassung einer durch das Amt gebotenen Eintragung in ein zur Kontrolle der Einnahmen eines Beamten bestimmtes Buch, namentlich der Eintragung eines eingelieferten Geldbriefes in das Postannahmebuch durch einen Postbeamten, eine unrichtige Führung eines solchen Buchs darstellt, und die Deduktionen der NB., welche diese Annahme des Schw.-GH.s zu widerlegen sich bemühen, umsomehr unrichtig sind, als auch sonst im StGB. Fälle vorkommen, in welchen absichtliche Unterlassungen Verbrechensstrafen nach sich ziehen (§ 259 Nr. 3), und als es sich in Beziehung auf die im § 325 gedachten Rechnungen, Register und Bücher bei der unrichtigen Führung 2c. derselben gar nicht um die Fälschung oder Verfälschung von Urkunden (wie im Falle des § 323), also wenn auch um eine qualifizirte amtliche Unterschlagung, doch nicht, wie die NB. vermeint, um eine qualifizirte Urkundenfälschung handelt.

Antr. des GStA.s: gleichl. [26. — 2.]

Vertheidiger. — Vorladung. — Appellationsinstanz.

In der Appellationsinstanz bedarf es einer besonderen Vorladung des Vertheidigers des nicht verhafteten Angeklagten nicht.

Vdn. v. 3. Jan. 1849 § 134 [vgl. dort n. 5. 19] § 51 [vgl. dort n. 7].

Erk. (Z. II.) v. 27. März 1862 c. Hagedorn (70. II. Cr.).

In Erw., daß der für das Verfahren in zweiter Instanz maaßgebende § 134 cit. dem Richter in einem Falle, wo der Angeklagte, wie es hier zutrifft, nicht verhaftet ist, nur die Pflicht auferlegt, den Angeklagten zum Termine vorzuladen; es demnach einer besonderen Vorladung des von ihm bestellten Vertheidigers nicht bedarf, es vielmehr Sache des Angeklagten bleibt, seinen Bevollmächtigten von der erhaltenen Ladung in Kenntniß zu setzen, und ihn zum Erscheinen im Termine zu veranlassen.

Antr. des GStA.s: gleichl. [27. — 2.]

---

1. Rheinisches Verfahren. — Uebertretung. — Kompetenz.

2. Rheinisches Verfahren. — Dienstbote. — Verlassen des Dienstes. — Kompetenz.

1. Seit der Verkündung des Einf.-Ges. vom 14. April 1851 Art. XIV gehören nach Rheinischem Verfahren alle Uebertretungen zur polizeirichterlichen Kompetenz; die sämmtlichen älteren hiermit im Widerspruche stehenden Kompetenz-Vorschriften sind aufgehoben [1]).

Einf.-Ges. v. 14. April 1851 Art. XIV [vgl. dort n. 3].

---

[1]) Das mitgetheilte Erkenntniß hat den obigen Grundsatz ganz allgemein anerkannt und dadurch den Zweifel gelöst, ob im Gebiete des Rheinischen Rechts die früher dort ausnahmsweise begründete Kompetenz der Verwaltungsbehörden zur Verhängung von Polizeistrafen, welche für die übrigen Theile des Staats unbestrittenermaaßen durch § 161 der Vdn. v. 3. Jan. 1849 und Art. 120 des Ges. v. 3. Mai

2. Demgemäß ist für die Verhängung der Polizeistrafe gegen den den Gesindedienst ohne gesetzmäßige Ursache verlassenden Dienstboten nur noch der Polizeirichter und nicht mehr die Polizei-Verwaltungsbehörde kompetent.

Rhein. Gesinde-Ordnung vom 19. Aug. 1844 § 42. 50; Gesetz vom 24. April 1854 § 1. Vgl. Z. II. 27. März 1862 c. Lehmann (unten S. 326).

1852 gänzlich beseitigt worden ist, noch fortbestehe. Für das Gegentheil war mehrfach geltend gemacht worden, daß zwar die Artt. VIII. XIII. XIV und XX des Einf.-Ges. im Allgemeinen alle strafbaren Handlungen der richterlichen Kompetenz unterwerfen, und daß damit alle besonderen die Kompetenz der Verwaltungsbehörden anerkennenden Bestimmungen im Widerspruche ständen, daß aber ein solcher Widerspruch zur Beseitigung der letzteren nach dem (dem innern Staatsrechte angehörenden) § 59 der Einl. des ALR. nicht genüge, es dazu vielmehr einer ausdrücklichen Aufhebung bedurft habe, welche nicht erfolgt sei; die citt. Artikel der Einf.-Ges. regulirten daher die Kompetenz der Gerichte nur hinsichtlich derjenigen Sachen, welche bereits früher der richterlichen Kognition unterlegen hätten. Eine Bestätigung dieser Auslegung fand man im Art. 136 des Ges. v. 3. Mai 1852, welcher (für die im Art. 135 ibid. erwähnten Zuwiderhandlungen gegen fiskalische Vorschriften) das nach den „bisherigen Gesetzen" zulässige administrative Strafverfahren aufrecht erhält. — Diese Auffassung ist nunmehr durch das mitgetheilte Erk. gänzlich beseitigt, und die ausschließliche Kompetenz der Gerichte anerkannt worden. Demgemäß tritt dieselbe jetzt auch bei folgenden Zuwiderhandlungen ein: 1) gegen die Vdn. vom 24. Febr. 1834 Nr. 10 die Gestellung von Mobilmachungspferden betreffend (vgl. B. II. 16. Febr. 1860 c. v. Spiegel; 390; JMBl. S. 240); 2) gegen § 34 des Ges. v. 8. Mai 1837 das Feuer-Vers.-Wesen betreffend; 3) gegen die AKO. v. 20. Juni 1835 in Betreff der Schulversäumnisse (nach der AKO. v. 14. Mai 1825 konnte es sich rücksichtlich der letzteren fragen, ob das angeordnete administrative Verfahren nicht als Exekutionsmittel aufzufassen sei; dieser Zweifel ist aber durch die unzweideutige Fassung der AKO. v. 20. Juni 1835 beseitigt). Zweifelhafter ist es dagegen, ob dasselbe auch 4) bei den in den §§ 13. 14 des Regl. für die Rheinlootsen v. 24. Juni 1844 (GS. S. 257) vorgesehenen Uebertretungen der Lootsen gelte, da das betr. Verfahren auch als Disziplinarmaaßregel angesehen werden kann, wie

Erk. (V. II.) v. 27. März 1862 c. Stipp (75. II. Cr.).

Die St. war unter der Beschuldigung: „— — den Gesindedienst bei dem rc. D., bei welchem sie sich als Magd verdungen hatte, ohne gesetzmäßige Ursache verlassen zu haben," vor das Pol.-Gericht Köln Nr. I. gestellt worden; hier beantragte der Pol.-Anwalt die Verhängung einer Geldbuße aus § 1 des Ges. v. 24. April 1854; der Pol.-Richter erklärte sich indessen inkompetent, weil § 50 der Rh. Gesinde-Ordn. nur die Polizei-Verwaltungsbehörde für diesen Fall für zuständig erkläre, das Ges. v. 24. April 1854 aber nur als eine Ergänzung

---

solches auch bei andern Gewerbtreibenden statthaft ist, z. B. bei Feldmessern und Medizinalpersonen, vgl. Regl. v. 1. Dez. 1857 § 3. 4 (GS. 58. S. 234); Min.-Verf. v. 6. Juni 1833 (Jahrb. 41. S. 573) und vom 27. Febr. 1850. — Ebenso ist aus dem mitgetheilten Erk. nicht zu folgern, daß das administrative Straf-Vorverfahren, welches für gewisse Zuwiderhandlungen gegen fiskalische Vorschriften durch frühere Gesetze begründet war, durch das Einf.-Gesetz beseitigt worden sei, da dasselbe die richterliche Kompetenz nicht ausschließt, sondern als rechtlich begründet voraussetzt. Für die fortdauernde Gültigkeit dieser Vorschriften spricht die Fassung des cit. Art. 136 des Ges. v. 3. Mai 1852, sowie der Umstand, daß neuere Gesetze, z. B. das Postges. vom 5. Juni 1852 § 43 und das Ges. v. 25. Mai 1857 (GS. S. 517) betr. die Revision der Aktiengesellschaften im Stempelinteresse §§ 2. 3 ähnliche Bestimmungen enthalten. Vgl. Min.-Verf. v. 29. Juni 1849 (JMBl. S. 347). Dieser Auffassung entspricht es durchaus, wenn das OTr. das in den §§ 2—4 des Regulativs v. 7. Juni 1844 vorgeschriebene Submissionsverfahren für Chaussee-Polizei-Uebertretungen (im Gebiete des Rheinischen Rechts) für noch geltend erachtet hat. Sic: Z. II. 25. Okt. 1855 c. Emmerich (282; Rh. Arch. 51. 2. A. S. 53), und indirekt: Z. II. 5. Jan. 1860 c. Spittmann (13; Rh. Arch. 55. 2. A. S. 72); vgl. KB. I. K. zum Ges. v. 14. Mai 1842 S. 11; Min.-Verf. v. 3. Mai 1850 Nr. I. 2 b a. E. (JMBl. S. 171); Min.-Verf. v. 13. Dez. 1859 (VMBl. S. 336); contra: Verf. d. Min. d. Hand. u. d. Inn. v. 29. Jan. 1858 (VMBl. S. 60), welches jenes Submissionsverfahren für beseitigt erachtete; vgl. Oppenhoff Strafverf. Art. 120 u. 6 und Ges. v. 14. Mai 1852 § 1 n. 6. — Das Gleiche muß ev. auch von dem nach der Rhein-Schifffahrts-Ordn. v. 31. März 1831 § 81a (GS. S. 120) und der Vdn. v. 30. Juni 1834 § 57 (GS. S. 145) bei Rheinschifffahrts-Kontraventionen zulässigen Submissionsverfahren gelten, zumal dasselbe zum Theil auf einem Staatsvertrage beruht. —

der Ges.-Ordn. anzusehen sei, und den § 50 cit. um so weniger abgeändert habe, als dasselbe im § 1 ausdrücklich vorschreibe, daß die Herrschaft auf Bestrafung bei der Lokalbehörde antragen solle. Dieses Erk. ist auf den Rekurs des Pol.-Anw.s vernichtet, und die Sache vor ein anderes Pol.-Gericht verwiesen worden. Erwogen ward:

daß die gegen die Kassationsverklagte eingeleitete Verfolgung eine Uebertretung der Vorschriften der Gesinde-Ordn. für die Rheinprovinz v. 9. Aug. 1844 (§ 42) und des, auch für die Rheinprovinz geltenden, Ges. v. 24. April 1854 (§ 1) zum Gegenstand hatte;

daß allerdings im § 50 der cit. Ges.-Ordn. ausgesprochen ist, daß die, im § 42 bestimmte, Strafe von einem bis fünf Thalern gegen das, den Dienst vor Ablauf der Dienstzeit ohne gesetzmäßige Ursache verlassende Gesinde auch im Bezirke des App.-GH.s zu Köln von den Polizei-Verwaltungs-Behörden festgesetzt werden solle;

daß aber die zur Zeit der Erlassung der Ges.-Ordn. bestehenden strafrechtlichen Kompetenzbestimmungen seitdem in Gemäßheit der in der Verf.-Urkunde v. 31. Jan. 1850 ausgesprochenen Grundsätze eine durchgreifende Umwandlung erfahren haben, und namentlich in dem Art. XIV des Einf.-Ges. z. StGB. in Betreff der Kompetenz allgemein bestimmt ist, daß im Bezirke des Rh. App.-GH.s die Untersuchung und Entscheidung in Ansehung der Uebertretungen (§ 1 Abs. 3. StGB.) durch die Polizeigerichte zu erfolgen habe;

daß durch diese das ganze Gebiet des Strafrechts umfassende Bestimmung alle ältere, hiermit im Widerspruch stehende Kompetenzvorschriften, namentlich auch die, die Polizeigerichtsbarkeit der Verwaltungsbehörden betreffenden älteren Gesetze, in Wegfall gekommen sind und an die Stelle der administrativen Polizeijurisdiktion die Zuständigkeit des Polizeirichters getreten ist;

daß die, in dem angegriffenen Urtheile aus § 1 des Ges. v. 24. April 1854 für die entgegenstehende Ansicht hergeleitete Folgerung eine durchaus unzutreffende ist, indem die darin enthaltene Bestimmung, „wonach in der Regel der Strafantrag der verletzten Dienstherrschaft bei der Lokal-Polizei-Behörde angebracht werden kann,“ lediglich nur auf diejenigen Landestheile Bezug hat, in denen das, die Befugniß des Polizeiverwalters zur vorläufigen Straffestsetzung betreffende Ges. v. 14. Mai 1852 zur Anwendung kommt, wogegen in der Rheinprovinz das im Art. XIV des Einf.-Ges. ausgesprochene Prinzip in Beziehung auf die vorliegende Materie durch kein neueres Gesetz geändert oder modifizirt worden ist; wie denn auch selbst in den Landestheilen, wo das Ges. v. 14. Mai 1852 gilt, die Kompetenz des Polizeigerichts, über Uebertretungen zu erkennen, keineswegs grundsätzlich ausgeschlossen, vielmehr selbst in dem Falle, wo der Polizeianwalt vor Ausübung der dem Polizeiverwalter zustehenden Befugniß zur vorläufigen Straffestsetzung nicht einschritt, der Polizeirichter immerhin nach dem Gesetze zur definitiven Entscheidung berufen ist, sobald der im administrativen Verfahren Verurtheilte innerhalb zehn Tagen gegen die vorläufige Straffeststellung auf gerichtliches Erkenntniß provozirt;

daß endlich der, von dem öffentlichen Ministerium zur Aufrechthaltung des angegriffenen Erkenntnisses angeführte, aus dem Gesammtinhalte des Ges. v. 24. April 1854 hergeleitete Grund nach dem oben Gesagten von selbst zerfällt, da, wenn Inhalts der, der Gesinde-Ordn. von 1844 nachfolgenden, Gesetzgebung die Zuständigkeit des Pol.-Richters begründet, und die in der Gesinde-Ordnung statuirte administrative Polizei-Jurisdiktion aufgehoben worden ist, es in dem Ges. v. 24. April 1854, welches sich zu der Gesinde-Ordnung als ergänzendes Gesetz verhält, einer besondern Bestimmung wegen der Kompetenz nicht bedurfte, diese sich vielmehr nach den allgemeinen Grundsätzen der damals bestehenden Gesetzgebung regulirte und aus dem Stillschweigen des Ges. v. 24. April 1854 über diesen Punkt der Schluß nicht hergeleitet werden kann, daß man in Betreff dieser Materie die früheren Kompetenzbestimmungen der Gesinde-Ordnung von 1844 unverändert habe fortbestehen lassen wollen.

Antr. des GStA.s: gleichl. [16.—2.]

Rheinisches Verfahren. — Dienstbote. — Verweigerter Dienstantritt. — Zwangsmaaßregel. — Kompetenz.

Die Androhung und Festsetzung einer Geld- oder Gefängnißstrafe gegen das den Dienstantritt ohne rechtlichen Grund verweigernde Gesinde hat nicht den Charakter einer Bestrafung, sondern den einer Exekutionsmaaßregel; dieselbe steht daher in der Rhein-Provinz nach wie vor den Ortspolizeibehörden zu; die Polizeigerichte sind dazu nicht kompetent.

Rh. Gesinde-Ordnung v. 19. Aug. 1844 § 16. Vergl. Gesinde-Ordnung v. 8. Nov. 1810 § 51 und B. II. 27. März 1862 c. Stipp (oben S. 321).

Erk. (Z. II.) v. 27. März 1862 c. Lehmann (76. II. Cr.).

Die L. war unter der Beschuldigung: „den Gesindedienst bei der Wittwe J., bei welcher sie sich als Dienstmagd verdungen gehabt, ohne gesetzmäßige Ursache anzutreten verweigert zu haben," vor das Pol.-Gericht Köln Nr. I gestellt; nach geschehener Verhandlung beantragte der Pol.-Anwalt gegen sie die Verhängung einer Geldbuße aus § 1 des Ges. v. 24. April 1854; der Polizeirichter erklärte sich dagegen auf Grund des § 16 der Rh. Ges.-Ordn. v. 19. Aug. 1844 inkompetent. Kassationsrekurs des Pol.-Anwalts, welcher aber vom OTr. verworfen wurde, und zwar:

In Erwägung, daß die der Beschuldigten zur Last gelegte Handlung nicht unter die Bestimmung des § 1 des Ges. v. 24. April 1854, welcher nur Ungehorsam, Widerspenstigkeit oder Versagung des Dienstes nach dessen Antritt oder Verlassung des Dienstes betrifft, sondern unter die des § 16 der Gesinde-Ordn. für die Rheinprovinz vom 19. Aug. 1844 fiel, indem darin verordnet ist, „daß das, den Dienstantritt ohne rechtlichen Grund verweigernde Gesinde, auf den Antrag der Herrschaft, von der Polizeibehörde unter Androhung einer Geldstrafe von einem bis fünf Thalern oder verhältnißmäßigen Gefängnisses dazu aufgefordert, und im Falle die Aufforderung erfolglos bleibt, diese Strafe von der Ortspolizeibehörde festgesetzt werden soll;"

daß sonach für den, im § 16 l. c. vorgesehenen Fall ein polizeiliches, aus mehreren Stadien bestehendes Verfahren angeordnet worden ist, welches die von der Ortspolizeibehörde und zwar erst nach vorgängiger erfolgloser Androhung festzusetzende Strafe nicht unter dem Gesichtspunkte einer eigentlichen Polizeistrafe (Art. XIV des Einf.-Ges. v. 14. April 1851), sondern als eine Exekutions-Maaßregel erscheinen läßt, wodurch die Polizeibehörde ihren Anordnungen Nachdruck verleiht;

daß an der, den Polizeibehörden nach den bisherigen Gesetzen zustehenden Exekutionsgewalt durch die Gesetzgebung nichts geändert, und dieselbe namentlich nicht durch die, nach Erlassung der Ges.-Ordn. v. 1844 ergangenen allgemeinen strafrechtlichen Kompetenzvorschriften berührt worden ist (§ 20 des Ges. v. 11. März 1850);

daß auch dafür, daß einer Zuwiderhandlung gegen den § 16 l. c. nicht der Charakter einer Uebertretung im Sinne des § 1 des StGB. beigelegt werden könne, der Umstand spricht, daß im § 50 der Ges.-Ordn. nur die im § 12 und 42 bestimmten Strafen hervorgehoben worden sind, dagegen darin des § 16 keine Erwähnung geschehen ist und hieraus sich ergiebt, daß man es als selbstverständlich erachte, daß es sich hierbei von einer blos polizeilichen, durch Anwendung der gesetzlichen Zwangsmittel durchzusetzenden Verfügung handle.

Antr. des GStA.s: gleichl. [16. — 2.]

Sachverständiger. — Zeugeneid.

Es begründet keine Nichtigkeit, wenn ein gleichzeitig als Zeuge vernommener Sachverständiger nur mit dem Zeugeneide belegt worden ist.

Verordnung v. 3. Jan. 1849 § 55 [vgl. dort n. 31 a]. Sic: Z. II. 19. Sept. 1861 c. Schäfer, 270. Vgl. Z. II. 3. April 1862 c. Michaelis, 80 (unten S. 334.).

Erk. (Z. I.) v. 28. März 1862 c. Coßmann (Heyland u. Gen. 261. I. Cr.).

K. wurde in erster Instanz vom Angekl. ausdrücklich als Zeuge benannt und er ist auch als solcher vernommen worden. Der Umstand, daß der Angekl. ihn außerdem noch als Sachverständigen in Vorschlag brachte, und daß K. in dieser Qualität ebenfalls gehört worden ist, machte es bei der Fassung, welche der Zeugeneid nach der Vdn. v. 28. Juni 1844 hat, und die sich auf die Richtigkeit des abgegebenen Gutachtens mit erstrecken läßt, nicht durchaus nothwendig, den K. außer mit dem Zeugeneide auch noch mit dem Sachverständigeneide zu belegen.

Antr. des GStA.s: gleichl. [44.—1.]

Zeugenaussage. — Verlesung. — Augenschein.

Die Aussagen von Zeugen, welche auf Anordnung des erkennenden Richters bei Einnehmung eines Augenscheins vernommen worden sind, können mit dem über den letzteren aufgenommenen Protokolle im Hauptverfahren verlesen werden, ohne daß es der nochmaligen persönlichen Abhörung in der Sitzung bedarf.

Vdn. v. 3. Jan. 1849 § 19 [dort einzutr. als n. 7] § 21 [n. 17].

Erk. (Z. I.) v. 2. April 1862 c. Büttner (125. I. Cr.).

Die Beschwerde des Imploranten darüber, daß die Vernehmung der Zeugen nicht im Audienztermine erfolgt ist, erledigt sich dadurch, daß die Abhörung der Zeugen nicht in der Audienz erfolgen konnte, weil der App.-Richter für zweckmäßig gefunden hatte, sie an Ort und Stelle zu vernehmen und gleichzeitig die Lokalität, wo die Zolldefraudation verübt sein sollte, festzustellen. Einer nochmaligen Abhörung dieser Zeugen in der Audienz bedurfte es aber nicht, weil ihre Aussage als integrirender Theil des über die erfolgte Einnehmung des Augenscheins an Ort und Stelle aufgenommenen Protokolls anzusehen ist, also nach § 19 cit. nur die Vorlesung dieses Protokolls erforderlich war, welche denn auch erfolgt ist.

Antr. des GStA.s: entg. [18. — 4.]

---

1. **Schwurgerichtshof. — Anklageschrift. — Verlesung. — Auslassungen.**
2. **Hauptverfahren. — Verfügung. — Gründe.**
3. **Ergänzungsrichter. — Anwesenheit bei den Berathungen des Kollegiums.**

1. Es begründet keine Nichtigkeit, wenn bei der Verlesung der Anklageschrift vor dem Schwurgerichtshofe einzelne Theile derselben überschlagen worden sind, sobald nicht behauptet wird, daß daraus ein materieller Nachtheil erwachsen sei.

Ges. v. 3. Mai 1852 Art. 74 [vgl. dort n. 11].

2. Es begründet keine Nichtigkeit, wenn eine den Gang des Hauptverfahrens regelnde Verfügung nicht durch Angabe der Gründe unterstützt ist, sobald die betr. Maaßregel nach der obwaltenden Sachlage ihre Begründung so in sich trug, daß diese aus ihr von selbst erkennbar wurde.

Ges. v. 3. Mai 1852 Art. 31 [vgl. dort n. 25].

3. Ein Ergänzungsrichter muß den im Laufe des Verfahrens stattfindenden Berathungen beiwohnen; dagegen darf er, so lange er nicht als wirkliches Mitglied eingetreten ist, sich an der Berathung und Beschlußfassung nicht betheiligen.

Ges. v. 3. Mai 1852 Art. 54 [vgl. dort n. 2].

Erk. (Z. I.) v. 2. April 1862 c. Sander (225. I. Cr.).

Im Eingange des Audienzprotokolls ist die Verlesung der Anklageschrift konstatirt, und sollte auch bei dieser Verlesung insofern ein Versehen untergelaufen sein, als ein Blatt der Schrift überschlagen worden wäre, — was übrigens im Laufe der Prozedur hätte gerügt werden müssen, um eine sofortige Remedur eintreten lassen zu können, — so würde dieses doch keinen so wesentlichen Prozedurverstoß darstellen, daß er eine Vernichtung des Verfahrens zur Folge haben müßte, und dies zwar um so weniger, als die NB. [des Angekl.] nicht behauptet, daß dem Angekl. aus der Nichtverlesung der angeblich überschlagenen Stelle ein materieller Nachtheil erwachsen sei; —

Dasselbe ist der Fall mit der gerügten Nichtmotivirung des Beschlusses des Schw.=GH.s, in Folge dessen dem Angeklagten der Bart während der Verhandlung der Sache abgenommen wurde. Der von der StA.=schaft hierauf gerichtete Antrag hatte, wie das Audienzprotokoll ergiebt, seine Veranlassung darin, daß die Rekognition des Angeklagten durch die Belastungszeugen um deswillen schwankend ausfiel, weil derselbe in der Zwischenzeit sich den Bart hatte stehen lassen, was ihn entstellen mochte. Die Anordnung des GH.s, ihm den Bart abnehmen zu lassen, war daher eine in den Befugnissen desselben liegende Maaßregel, die keinen andern Zweck haben konnte, als möglichste Gewißheit über die Identität der Person herbeizuführen. —

Der Zweck der Ernennung eines Ersatzrichters erfordert es, daß derselbe zu den Berathungen des Kollegii zugelassen wird, die im Laufe der Prozedur stattfinden, vorausgesetzt, daß er, so lange er nicht ein verhindertes Mitglied des Kollegii dabei zu vertreten hat, sich nicht an der Berathung und Beschlußfassung betheiligt.

Antr. des GStA.s: gleichl. [14.—4.]

Bankerutt (betrügl.). — Absicht die Gläubiger zu benachtheiligen.

In den Fällen des § 259 Nr. 1 und 2 bedarf es der Feststellung der Absicht, die Gläubiger zu benachtheiligen, nicht.

StGB. § 259 [dort einzutr. als n. 43 a; vgl. n. 36. 38].

Erk. (Z. I.) v. 2. April 1862 c. Kirberger (248. I. Cr.).

Gegen den Bäcker C. K. war der Thatbestand des betrüglichen Bankerutts durch Aufstellung eines erdichteten Rechtsgeschäfts, und gegen den Schieferdecker J. K. die Theilnahme an jenem Verbrechen durch Hülfeleistung festgestellt worden; die NB. des letzteren rügte es, daß rücksichtlich seiner die Absicht, die Gläubiger zu benachtheilen, nicht speziell nachgewiesen worden sei. Zurückweisung.

Gründe:

Das Verdikt der Geschwornen stellt fest, daß der Angeklagte dem Hauptthäter in den Handlungen, welche die That erleichtert und vollendet haben, wissentlich Hülfe geleistet habe. Dies genügt durch die Bezugnahme auf die Frage 1. sowohl um festzustellen, daß der Angeklagte die Zahlungseinstellung, als auch, daß er die Aufstellung eines erdichteten Rechtsgeschäfts gewußt habe. Daß dies geschehen sei, um die Gläubiger zu benachtheiligen, liegt in dem Thatbestande selbst und bedarf nach dem Wortlaut des Gesetzes einer besonderen und ausdrücklichen Feststellung, wie solche die Nrn. 3 und 4 des § 259 fordern, nicht, obwohl sie, wenn darauf besonders angetragen wird, was hier nicht geschehen ist, der Deutlichkeit wegen durch eine besondere Frage geschehen kann.

Antr. des GStA.s: gleichl. [15.—4.]

Schlägerei. — Gesammtwirkung.

Unter „Verletzung" ist im § 195 Abs. 2 des StGB. jede der Gesundheit nachtheilige thätliche Einwirkung auf den Körper des Mißhandelten zu verstehen.

StGB. § 195 Abs. 2 [dort einzutr. als n. 22 a].

Beschl. (I.) v. 2. April 1862 c. Roch Motyl u. Gen. (93. B. I. Cr.).

Am 27. Juni 1861 ward in einem Walde die Leiche des Tagelöhners K. aufgefunden, welche die Spuren erlittener Thätlichkeiten an sich trug; die Obduktion ergab, daß zwar die zugefügten Thätlichkeiten in ihrer Gesammtheit als Todesursache zu betrachten seien, daß aber im Einzelnen keine spezielle Verletzung erkennbar sei, von welcher sich hätte sagen lassen, daß sie als alleinige oder als mitwirkende Ursache des Todes angesehen werden könne. Die Voruntersuchung ergab gegen sechs Personen genügende Belastungsmomente, daß dieselben sich an den dem K. im Laufe eines Tages, aber zu verschiedenen Stunden und an verschiedenen Orten zugefügten Mißhandlungen, und zwar einzelne von ihnen an allen, andere nur an einem Theile derselben betheiligt, daß aber außer ihnen noch andere Personen mitgewirkt hatten, und daß keinem von ihnen irgend eine spezielle in ihrer äußeren Einwirkung auf den Körper jetzt noch erkennbare Verletzung nachzuweisen sei. Nach eröffneter Untersuchung erklärte sich die Abtheilung inkompetent, weil sie den Thatbestand des § 192 Abs. 2 für vorliegend erachtete, wogegen der Ankl.-Senat nur den Abs. 1 ibid. für zutreffend hielt. Die Sache gelangte daher zur Hebung des vorliegenden Kompetenzkonflikts an das OTr. Hier sprach sich die GStA.-schaft für die Auffassung des AS.s aus, weil im Abs. 2 cit. unter „Verletzungen" zwar nicht nothwendig äußere Beschädigungen des Körpers zu verstehen seien, nichts desto weniger aber vorausgesetzt werde, daß die dem Einzelnen zur Last fallenden Thätlichkeiten auf den Körper des Verletzten eine speziell erkennbare und nachweisbare Einwirkung gehabt hätten, welche demnächst — zwar nicht für sich allein, wohl aber in Verbindung mit anderen einem anderen Betheiligten zur Last fallenden Thätlichkeiten, die Ursache des Todes rc. gewesen sei. Dieser Fall liege hier nicht vor, da nur feststehe, daß die Beschuldigten den K. mit dritten Personen mißhandelt hätten, und nichts dafür spreche, daß die von ihnen ausgegangenen Thätlichkeiten als Todesursache mitgewirkt hätten, es vielmehr gänzlich im Dunkeln geblieben sei, wann, wie und von wem diejenigen speziellen Schläge zugefügt worden seien, welche — ohne Mitwirkung der übrigen — jenen Erfolg herbeigeführt hätten.

Das OTr. sprach gleichwohl die definitive Versetzung in den Anklagezustand auf Grund des Abs. 2 aus. In den Gründen wird erwogen:

daß die dem rc. K. fortgesetzt und andauernd zugefügten Schläge und Stöße in ihrer Gesammtheit nach dem Gutachten der Aerzte einen so nachtheiligen Einfluß auf die Gesundheit des Mißhandelten gehabt haben, daß in der

Gesammtheit dieser Thätlichkeiten die Todesursache gesucht werden muß;

daß dieser Fall in dem § 195 Abs. 2 cit. vorgesehen ist, indem unter „Verletzungen," von denen in dieser Gesetzesstelle die Rede ist, nicht nur äußere erhebliche Wunden oder bedeutende Beschädigungen im Innern des Körpers zu verstehen sind, sondern alle solche, der Gesundheit nachtheilige thätliche Einwirkungen auf den Körper des Mißhandelten, die in ihrer Gesammtheit und Zusammenwirkung den Tod oder die schwere oder erhebliche Mißhandlung oder Körperverletzung zur Folge gehabt haben;

daß es hierbei hinsichtlich des objektiven Thatbestandes auch darauf nicht ankommen kann, ob alle diejenigen Personen, von denen die Thätlichkeiten ausgegangen sind, ermittelt werden konnten oder nicht, vorausgesetzt, daß die Thäter, wie hier, wissentlich und vorsätzlich sich an der wiederholten oder fortgesetzten Mißhandlung betheiligten, deren Gesammtwirkung eben den Tod ꝛc. des Beschädigten zur Folge hatte. [14.—3.]

Diebstahl im zweiten Rückfall. — Polizeiaufsicht.

Im Falle eines Diebstahls im zweiten Rückfalle tritt die Strafe der Polizeiaufsicht mit Nothwendigkeit selbst beim Vorhandensein mildernder Umstände ein.

StGB. § 219 [dort einzutr. als n. 16 a].

Erk. (V. II.) v. 3. April 1862 c. Jordan (61. II. Cr.).

Wenn der App.-Richter seinem Erkenntnisse den Thatbestand des § 219. StGB. zum Grunde legte, konnte er sich ohne Verletzung der kategorischen Vorschrift des vorletzten Absatzes dieses §, daß in allen Fällen (Nr. 1 u. 2), d. h. wenn der neue Diebstahl des zwei oder mehrmals wegen Diebstahls Vorbestraften ein schwerer oder ein einfacher und mit oder ohne mildernde Umstände begangen ist, zugleich Stellung unter Polizeiaufsicht eintreten soll,

. der Verurtheilung des Angeklagten auch zu dieser nicht entziehen.

Antr. des GStA.s: gleichl. [11.—2.]

---

1. Zeugenaussage. — Verlesung in der Sitzung. — Motivirung.

2. Sachverständiger. — Form des Eides.

1. Der § 21 der Vdn. v. 3. Jan. 1849 gestattet die Verlesung einer in dem Vorverfahren zu Protokoll genommenen Zeugenaussage nur in dem Falle, wo der Zeuge inzwischen verstorben ist; für alle anderen Fälle ordnet jener Paragraph die [nochmalige] kommissarische Vernehmung des Zeugen zu Protokoll an.

Vdn. v. 3. Jan. 1849 §§ 14. 21 [vgl. dort n. 17]; Ges. v. 3. Mai 1852 Art. 25 [vgl. dort n. 6; RdO. I. S. 88; II. S. 186]. Contra: Z. I. 3. Mai 1861 c. Schulz; 311.

2. Es begründet keine Nichtigkeit, wenn die bei einer Handschriftenvergleichung zugezogenen Schreibverständigen den Eid in assertorischer und nicht in promissorischer Form geleistet haben.

Vdn. v. 28. Juni 1844 § 3 (GS. S. 249); Vdn. v. 3. Jan. 1849 § 55 [dort einzutr. als n. 31b].

3. Im Falle des § 249. StGB. bedarf es nicht nothwendig der ausdrücklichen Feststellung, daß der Gebrauch der falschen &c. Urkunde zum Zwecke der Täuschung stattgefunden habe.

StGB. § 249 [vgl. dort n. 7].

Erk. (Z. II.) v. 3. April 1862 c. Michaelis u. Gen. (80. II. Cr.).

Es war allerdings ungenügend und nicht zutreffend, wenn in dem, den Antrag des Angeklagten M., die Sache wegen Ausbleibens des vorgeladenen Zeugen S. zu vertagen, ablehnenden und die Verlesung des Protokolls vom &c. (über kommissarische Vernehmung jenes S.) anordnenden Beschlusse des GH.s zur Motivirung desselben nur auf den § 21 der Vdn. v. 3. Jan. 1849 Bezug genommen wurde, da der S. nicht etwa inzwischen verstorben war, und auch nicht dessen anderweite kommissarische Vernehmung angeordnet wurde, ein Fall, wie ihn jener § 21 voraussetzt, also nicht vorlag. Allein jene Ablehnung des Vertagungsantrags und die angeordnete Verlesung selbst, welche nach einem zuvor mit den Gründen verkündeten Beschlusse des GH.s stattfand, lassen sich nach Art. 25 des Ges. vom 3. Mai 1852 als gerechtfertigt ansehen; rc. —

Es ist zwar richtig, daß der Eid, welchen die bei einer Handschriftenvergleichung mit ihrem Gutachten zu vernehmenden Schreibverständigen (und zwar auch diejenigen, welche nicht ein für alle Male vereidet worden) zu leisten haben, in der AGO. I, 10 §§ 152. 153, wie dies schon im Corp. iur. Fried. I, 10 §§ 60. 70 geschehen war, und sodann im § 3 der Vdn. v. 28. Juni 1844, in promissorischer Norm, nicht, wie der von Zeugen, von sonstigen Sachverständigen und selbst von Taxatoren, die nicht ein für alle Mal vereidet worden, zu leistende Eid (AGO. I, 10 § 202. 203 Nr. 4; Vdn. v. 28. Juni 1844 § 2) in assertorischer Form vorgeschrieben ist. Auch gehören unbedenklich jene Bestimmungen zu den Vorschriften des Verfahrens, auf welche der § 384 der Cr.-Ordn. und sodann der § 22 der Vdn. v. 3. Jan. 1849 verweisen. Allein sie sind auch nur reglementarische Vorschriften, deren in jener Beziehung nicht völlig genau stattgehabte Befolgung eben so wenig eine Nichtigkeit begründen kann, als eine solche in dem Falle eintritt, wo ein Sachverständiger den Zeugeneid leistet (Erk. v. 4. Febr. 1843, Koch Schles. Arch. 5. S. 95 ff.; Erk. v. 6. Dez. 1858, G. A. 7. S. 83 [Oppenh. Strafverf. § 55 n. 33 a; vgl. oben S. 328], wie denn auch die NB. nicht einmal darzulegen versucht hat, aus welchem Grunde und in welcher Beziehung im vorliegenden Falle durch die stattgehabte Prozedur eine wesentliche Vorschrift des Verfahrens verletzt sein sollte. —

Nur für einen Fall des § 247. StGB., wo der Angeklagte eine Urkunde, und zwar in gewinnsüchtiger Absicht, oder in der Absicht, Andern Schaden zuzufügen, selbst fälschlich angefertigt oder verfälscht haben soll, bedarf es auch der Feststellung, daß er von derselben zum Zwecke der Täuschung Gebrauch gemacht habe, während für einen Fall des hier zur Anwendung gekommenen § 249 l. c. die auch hier erfolgte Feststellung, daß der Angeklagte von der falschen oder verfälschten Urkunde, wissend, daß sie falsch oder verfälscht sei, in der Absicht Gebrauch gemacht habe, sich oder Andern Gewinn zu verschaffen oder Andern Schaden zuzufügen, die Feststellung eines solchen in gewinnsüchtiger ꝛc. Absicht geschehenen Gebrauchmachens, hinsichts dessen die nähere Angabe, worin solches bestanden haben soll, keineswegs erforderlich ist, schon mit enthält, daß der Gebrauch zum Zwecke der Täuschung geschehen sei (Präj. Nr. 185; Entsch. 31. S. 267; G. A. 4. S. 213).

Antr. des GStA.s: gleichl. [26.—2.]

Wucher (versteckter). — Reale Konkurrenz.

Bei einer Mehrheit von Fällen des verschleierten Wuchers ist reale Konkurrenz anzunehmen.

StGB. §§ 263 [vgl. dort n. 61]. 56. 57.

Erk. (Z. II.) v. 3. April 1862 c. Fleer (86. II. Cr.).

In Erw., daß eine Verletzung des § 263 sowie der §§ 56 und 57. StGB. nicht darin liegt, daß der App.-Richter in den hervorgehobenen eilf Fällen des verschleierten Wuchers verschiedene selbstständige Vergehen erkannt hat, indem aus der Fassung des § 263 und dem damit aufgestellten Gegensatze zwischen dem Falle des Gewohnheitswuchers und dem Falle versteckter Wuchergeschäfte unzweideutig sich ergiebt, daß bei letzterem, nicht wie bei ersterem, eine Mehrheit von Fällen zur Herstellung des Thatbestandes erforderlich ist, sondern daß jeder Fall des verschleierten Wuchers an und für sich strafbar, demnach bei mehreren Fällen dieser Art eine der Vorschrift des § 56 unterliegende reale Konkurrenz vorhanden ist; ꝛc.

A. d. Gr. Zurückweisung der NB. des Angeklagten.

Antr. des GStA.s: gleichl. [16.—2.]

Lotterie (auswärtige). — Spiel. — Ort der That.

Derjenige, welcher im Auslande ein Loos zu einer auswärtigen Lotterie genommen hat, und sodann vom Inlande aus den Preis zahlt, macht sich des Spielens vom Inlande aus schuldig[1]).

Vdn. v. 5. Juli 1847 § 1.

Erk. (3. II.) v. 3. April 1862 c. Schwitzky & Röttgen (70. II. Cr.).

Die Angeklagten waren aus § 1 der cit. Vdn. bestraft worden, weil sie „vom Inlande aus" in einer auswärtigen Lotterie gespielt hätten; diese Annahme der Instanzrichter ward dadurch gerechtfertigt, daß zwar der Spielvertrag im Auslande abgeschlossen, die Zahlung des Preises aber erst nach der Rückkehr nach Preußen von hier aus bewirkt worden sei. NB. der Angekl. Zurückweisung; es ward erwogen:

daß die jener Würdigung des Spielvertrags zum Grunde liegende Rechtsanschauung eine Verletzung des Gesetzes nicht darstellt, indem das für strafbar erklärte Lotteriespiel schon in der durch den Spielenden vermittelst Erwerbs eines Looses herbeigeführten Thatsache besteht, daß derselbe bei den durch die Ziehung festzustellenden Gewinnsten betheiligt ist, eine solche Betheiligung aber vorliegend nach der thatsächlichen Feststellung des App.-Richters Seitens der Angeklagten während ihres Aufenthalts in Preußen stattgehabt hat; daß hiernach die vorbezeichnete thatsächliche Feststellung des App.-Richters alle Erfordernisse der Strafanwendung des § 1 der Vdn. v. 5. Juli 1847 enthält.

Antr. des GStA.s: gleichl. [22. — 2.]

---

[1]) Der § 1 der cit. Verordnung untersagt das Spielen in auswärtigen Lotterien jedem Preußen unbedingt, ohne Beschränkung auf das vom Inlande aus betriebene Spiel; das dürfte sich aus dem Gegensatze gegen die Unternehmung öffentlicher Lotterien ergeben, bei welchen ausdrücklich vorausgesetzt wird, daß es innerhalb des Landes geschehe.

Chaussee-Hebestelle. — Umfahren. — Absicht.

Das „Umfahren" einer Chaussee-Hebestelle setzt die Absicht voraus, sich der Entrichtung des Chausseegeldes zu entziehen.

Zus.-Bemerkk. z. Chauss.-Geld-Tarif, v. 29. Febr. 1840 § 5. Sic: Z. I. 25. Mai 1855 c. Grouve, 277; Z. II. 2. April 1857 c. Gareiß, 35; Z. I. 19. Nov. 1858 c. Wendling, 1046; Z. I. 30. Juli 1859 c. Wegner, 352; V. I. 12. Okt. 1859 c. Ruszinski, 867; Z. I. 7. Mai 1862 c. Jonas, 312.

Beschl. (I.) v. 7. April 1862 c. Jablonski (76. B. I. Cr.).

Der App.-Richter hatte die Eröffnung der Untersuchung wegen Umfahrens der Hebestelle aus dem Grunde abgelehnt, weil nicht erwiesen sei, daß die Vermeidung der Hebestelle in der Absicht geschehen sei, sich der Zahlung des Chausseegeldes zu entziehen. Beschw. des Prov.-Steuer-Direktors. Zurückweisung.

Gründe:

Wenn es auch bei Zuwiderhandlung gegen die Vorschriften wegen Erhebung öffentlicher Gefälle in der Regel auf eine strafbare Absicht des Handelnden nicht ankommt, so kann doch der § 5 der zusätzlichen Bestimmungen zum Tarif zur Erhebung des Chausseegeldes v. 29. Febr. 1840, indem er denjenigen mit Strafe bedroht, welcher eine Chaussee-Hebestelle umfährt, nur dasjenige Vermeiden der Hebestelle im Auge haben, welches in der Absicht geschieht, um sich der Entrichtung des Chausseegeldes zu entziehen, wie sich dies einestheils aus den Schlußworten des § 5 l. c.:

„oder überhaupt es unternimmt, sich der Entrichtung des Chausseegeldes auf irgend eine andere Art ganz oder theilweise zu entziehen;"

anderntheils aus dem Ausdruck „umfährt" ergiebt, welcher ein absichtliches Handeln voraussetzt.

Antr. des GStA.s: gleichl. [18. — 4.]

Dienstbote. — Zweimaliges Vermiethen. — Betrug.

Der § 31 der Ges.-Ordn. v. 8. Nov. 1831, welcher das gleichzeitige Vermiethen eines Dienstboten bei mehreren Herrschaften mit einer Geld-

strafe bedroht, schließt die Strafe des Betrugs nicht aus, wenn die Voraussetzungen desselben vorliegen.

StGB. § 241 [vgl. dort n. 71]; Ges.-Ordn. v. 8. Nov. 1810 § 31.

Erk. (Z. I.) v. 9. April 1862 c. Föltz (286. I. Cr.).

Der § 31 der Ges.-Ordn. v. 8. Nov. 1810 straft allerdings das Vermiethen des Gesindes bei mehreren Herrschaften schlechthin mit Annahme des Miethgeldes. Sobald aber dabei noch besondere Handlungen hinzutreten, welche den Thatbestand des Betrugs enthalten, ist nur der § 241 StGB. und nicht jener § 31 anwendbar.

Antr. des GStA.s: gleichl. [15. — 4.]

---

1. Zeuge. — Zwangspflicht. — Eigne Schande.
2. Zeugniß. — Verweigerung. — Kompetenz.

1. Ein Zeuge kann in Strafsachen seine Vernehmlassung nicht deshalb verweigern, weil ihm zugemuthet wird, seine oder der Seinigen Schande zu bekennen.

AGO I, 10 § 180 Nr. 3; Cr.-Ordn. § 313 [vgl. Oppenhoff Strafverf. § 20 n. 11].

2. Ueber die Pflicht zur Ablegung eines verweigerten Zeugnisses hat jetzt stets das mit der Hauptsache befaßte Gericht zu entscheiden; § 314 der Cr.-Ordn. ist aufgehoben. (Indirekt entschieden.)

Vgl. Oppenh. Strafverf. § 20 n. 14.

Beschl. (I.) v. 9. April 1862 c. Spiller (85. B. I. Cr.).

Der Richter erster Instanz hatte gegen G. und H., welche die Vernehmlassung als Zeuge verweigerten, Zwangsmaaßregeln verfügt, welche auf ergriffene Beschwerde auch vom Kammergericht für gerechtfertigt erachtet wurden. In einer an das OTr. gerichteten ferneren Beschwerde machten dieselben geltend, daß sie unter Verkennung der Vorschrift des § 180 Nr. 3. I, 10. AGO. zum Bekenntnisse ihrer eigenen Schande genöthigt werden sollten; zugleich hoben sie hervor, daß nach § 314 der Cr.-Ordn. der erste Richter gar nicht befugt gewesen sei, über ihre Weigerung zu befinden. Zurückweisung.

Gründe:

Auf die Vorschrift des § 179 [180 Nr. 3] I, 10 der AGO. kommt es in Untersuchungssachen nicht an, und nicht minder ist dem Kgl. Kammergericht darin beizupflichten, daß der § 314 der Cr.-Ordn. durch die neue Gesetzgebung als aufgehoben zu betrachten ist.

Antr. des GStA.s: gleichl. [20. — 3.]

---

1. Schwurgerichtshof. — Thatsächliche Erwägungen.
2. Urkunde. — Unterschrift. — Anfangsbuchstaben.

1. Der Schwurgerichtshof darf die thatsächliche Unterlage für seine rechtliche Beurtheilung nur dem Spruche der Geschwornen, nicht dem sonstigen Ergebnisse der Verhandlungen entlehnen.

Vdn. v. 3. Jan. 1849 § 125 [dort einzutr. vor n. 1];
StGB. § 247 [vgl. dort n. 66].

2. Eine Schrift kann nur dann als Urkunde angesehen werden, wenn sie die Unterschrift eines für den Inhalt haftenden Ausstellers trägt; die Anfangsbuchstaben eines Namens reichen dazu nicht aus.

StGB. § 247 [vgl. dort n. 89. 74].

Erk. (V. II.) v. 10. April 1862 c. Stein (52. II. Cr.).

Bei der Hütte M. erfolgte die Anfuhr des zu verwendenden Eisensteins zum Preise von 5 Sgr. pro Scheffel; die Fuhrleute erhielten auf der Steingrube über das zur Anfuhr ihnen anvertraute Quantum eine Bescheinigung, auf deren Rückseite das wirklich abgelieferte Quantum nach geschehener Vermessung zunächst durch einen Steinmesser und dann durch den Platzmeister attestirt wurde, worauf die Auszahlung des Fuhrlohns gegen Einlieferung des Scheins durch den Rendanten erfolgte. St. ward durch den Spruch der Geschwornen schuldig befunden, von zwei auf die Namen anderer Personen lautenden und durch die auf die Rückseite gesetzten Worte: „26½ Scheffel. W. W.," respective „27½ Scheffel. W. W." gefälschten Ladescheinen, wissend, daß sie verfälscht seien, in der Absicht sich Gewinn zu verschaffen, Gebrauch gemacht zu haben, — worauf der Schw.-GH. aus § 249. StGB. verurtheilte, indem er erwog: „daß nach der eidlichen Aussage des Zeugen S. die erwähnten Scheine als Schriftstücke anzusehen seien, auf deren Vorzeigung bei dem Rendanten die Auszahlung des Fuhrlohns erfolgt; daß auch diese Schriftstücke wohl dazu geeignet seien, als Beweismittel dafür zu dienen, daß der Angekl. die darin verzeichneten Quantitäten Eisenstein an das Hüttenamt abgeliefert habe, daß sie also als Urkunde zu betrachten seien." Auf die NB. des Angekl. erfolgte Vernichtung und Freisprechung von diesem Anklagepunkte.

Gründe:

Der Schw.-GH. war zu thatsächlichen Erwägungen, wie er sie, über die thatsächliche Feststellung der Geschwornen hinaus, unter Bezugnahme auf die eidliche Aussage eines Zeugen S. zu dem Behufe angestellt hat, um die thatsächliche Unterlage für die rechtliche Beurtheilung, ob die fraglichen Schriftstücke Urkunden seien, zu erlangen, nicht befugt. Er mußte, wenn solches thatsächliche Moment in dieser Beziehung von ihm für erheblich erachtet wurde, darüber das, was er dieserhalb festzustellen nöthig fand, in die den Geschwornen zu stellenden Fragen aufnehmen.

Nach dem Ausspruche der Geschwornen waren aber die fraglichen Schriftstücke und namentlich die danach gefälschten, auf der Rückseite befindlichen Vermerke, welche von dem Schw.-GH. als Theile der auf der Vorderseite befindlichen Scheine angesehen wurden, wirklich keine Urkunden. Denn diese Vermerke waren danach nicht unterschrieben, nur Namenszeichen, die Anfangsbuchstaben eines Namens (W. W.) befanden sich unter denselben, welche vielleicht, wenn sie nicht gewesen wären, nach der in der Anklage gegebenen Sachdarstellung, dem Platzmeister für die von ihm erst noch zu ertheilende Bescheinigung hätten genügen, immer aber diesen Vermerk nicht zu einer Urkunde machen konnten.

Wie nämlich bereits vielfach in früheren Entscheidungen ausgeführt ist (vgl. Oppenhoff StGB. § 247 Nr. 89. 74), ist wesentliches Erforderniß einer Schrift, wenn sie als Urkunde im Sinne des StGB. § 247 angesehen werden soll, daß sie mit einer Unterschrift versehen ist. Mit Unrecht hat daher der Schw.-GH. die auf der Rückseite der in Rede stehenden Scheine befindlichen, von ihm als Theile dieser Scheine angesehenen Vermerke für Urkunden erachtet. Er hat hierdurch den § 247 des StGB. verletzt, sein Erkenntniß mußte deshalb vernichtet werden.

Antr. des GStA.s: gleichl. [26.—2.]

Insinuation an die Person. — Bevollmächtigter.

Insinuationen können auch dann gültig an die Person des Angeklagten erfolgen, wenn derselbe zur Empfangnahme einen Andern ermächtigt hatte.

Ges. v. 3. Mai 1852 Art. 33 [vgl. dort n. 5].

Beschl. (II.) v. 10. April 1862 c. Fricke (23. B. II. Cr.).

Der Angekl. war mit seiner NB. vom Gerichte erster Instanz wegen Verabsäumung der Rechtfertigungsfrist zurückgewiesen worden. Die dagegen vom Vertheidiger eingereichte Beschwerde ward vom OTr. zurückgewiesen; ausgeführt ward:

Die Frist zur Angabe der Beschwerdepunkte lief vom Tage der dem Angeklagten geschehenen Behändigung der Urtelsausfertigung; diese Insinuation ist am 2c. bewirkt, gleichwohl eine Rechtfertigung innerhalb der gesetzlichen Frist nicht eingereicht worden. Hieran wird auch durch die Ihnen in der Vollmacht ertheilte Ermächtigung zur Empfangnahme der Urtelsausfertigung und die von Ihnen bei Anmeldung der NB. vorgetragene Bitte: „Ihnen die Ausfertigung behändigen zu lassen" wesentlich Nichts geändert, da falls das Gericht in Gemäßheit des Art. 110 es vorzog, die Ausfertigung dem Angeklagten selbst zu ertheilen, es an Letzterem gewesen wäre, Sie davon in Kenntniß zu setzen 2c.

Antr. des GStA.s: gleichl. [16.—4.]

Eßwaaren, Getränke (verdorbene). — Genießbarkeit.

Die Strafbarkeit des Feilhaltens verdorbener Eßwaaren ꝛc. ist nicht dadurch bedingt, daß die betreffenden Gegenstände ꝛc. sofort ohne weitere Zubereitung genießbar seien.

StGB. § 345 Nr. 5 [dort einzutr. als n. 23 a].

Erk. (B. I.) v. 11. April 1862 c. Tourbier & Zellermann (184. I. Cr.).

Der § 345 Nr. 5. StGB., welcher denjenigen mit Strafe bedroht, „wer verfälschte oder verdorbene Eßwaaren und Getränke feilhält," bezieht sich keinesweges bloß auf solche Eßwaaren, welche im Augenblicke des Verkaufs sofort, ohne vorgängige Zubereitung, verzehrt werden können. Schon die Wortfassung des Gesetzes bedingt nicht mit Nothwendigkeit eine solche Beschränkung desselben, und noch viel weniger läßt sich ein innerer Grund dafür auffinden, weshalb — um bei dem vorliegenden Fall stehen zu bleiben — das Feilhalten eines verfälschten Backwerks strafbar, das Feilhalten verfälschten rohen Mehls dagegen straflos sein sollte. Die nachtheiligen Folgen können in beiden Fällen dieselben sein. Der § 345 Nr. 5 kann daher auch nach seiner Absicht und nach seinem Zwecke: im Interesse der öffentlichen Sicherheit das Feilhalten verfälschter und verdorbener Eßwaaren und Getränke wegen der dadurch herbeigeführten Täuschung des Publikums und möglichen Gefährdung der Gesundheit zu verhüten, nicht bloß solche Gegenstände, welche sofort und ohne weitere Zubereitung verzehrbar sind, im Auge gehabt haben. Unzutreffend ist es aber, wenn der vorige Richter auf § 349 Nr. 3 Bezug nimmt, da hier, wo es sich um aus Lüsternheit oder momentanem Bedürfniß verübte Diebstahle an Früchten, Eßwaaren oder Getränken handelt, allerdings zwar nur solche gemeint sind, welche im Augenblicke ihrer Entwendung und ohne vorgängige Zubereitung verzehrt werden können; allein diese Interpretation des § 349 Nr. 3 kann für die

Auslegung des § 345 Nr. 5 nicht maaßgebend sein, weil die ratio legis eine wesentlich verschiedene ist.

Antr. des GStA.s: gleichl. [18. — 1.]

Branntweinsteuer. — Wasserzuguß.

Das Verdünnen der reifen Maische mittelst eines Wasserzugusses ist als eine neue Einmaischung zu betrachten; es ist daher eventuell die Kontraventionsstrafe verwirkt, sollte auch eine strafbare Absicht nicht vorgewaltet und ein Gewinn an Spiritus nicht stattgefunden haben.

AKO. v. 10. Jan. 1824 [vgl. RdO. I. S. 148].

Erk. (S. I.) v. 11. April 1862 c. Daumann & v. Falkenhayn (250. I. Cr.).

D. hatte in der Brennerei des v. F. in einen Maischbottich, welcher zum Abbrennen reife Maische enthielt, etwa 50 Quart reinen Wassers zugegossen; diese Handlung erachteten indessen die Instanzgerichte nicht für eine „Einmaischung," weil nach dem Gutachten von Sachverständigen eine solche nur da vorliege, wo durch den Zusatz neuer Elemente vermöge eines Gährungsprozesses Spiritus entstehe, was aber beim Wasserzuguß nicht stattfinde, da dieser nur ein Aufschäumen, nicht aber einen chemischen Prozeß bewirke, die Maische auch nicht vermehrt, sondern nur verdünnt werde. Auf die NB. des Pr.-St.-Direktors hat das OTr. das Erk. zweiter Inst. vernichtet, und die Kontraventionsstrafe gegen die Angeklagten verhängt.

Gründe.

Die Frage, ob das Verdünnen der reifen Maische durch Wasser im Maisch- oder Gährbottich oder im Maischreservoir, wenn es der Steuerbehörde nicht vorher angesagt worden, eine strafbare Handlung, nämlich eine nicht deklarirte Einmaischung oder Zubereitung von Maische im Sinne der AKO. v. 10. Jan. 1824 Nr. 5 bildet, ist keine technische, sondern eine Rechtsfrage, welche daher nicht der Beurtheilung Sachverständiger unterliegt, vielmehr vom Richter selbstständig nach der Natur der Maischbottichsteuer, so wie nach dem Grunde und dem Zweck der cit. AKO. zu entscheiden ist.

Die Maischbottichsteuer wird aber als eine Raumsteuer erhoben, indem sie allein nach dem Rauminhalt der zur Einmaischung gebrauchten Gefäße, nämlich nach dem Quartgehalt der Bottiche unter Berücksichtigung des erforderlichen Steigraums berechnet wird. Jede Handlung, durch welche diese auf dem Rauminhalt beruhende Berechnung der Steuer auch nur alterirt werden könnte, involvirt daher schon an und für sich, und ganz abgesehen von einer etwa beabsichtigten Steuerverkürzung eine durch die cit. AKO. mit Strafe bedrohte Ordnungswidrigkeit bei Zubereitung der Maische, wie dies vom OTr. bereits in vielfachen Entscheidungen ausgesprochen und namentlich in dem Erkenntniß v. 29. Jan. 1858 [c. Abitz, 137] — Entsch. Bd. 37. S. 52 — in eingehender Weise näher ausgeführt ist.

Eine solche Ordnungswidrigkeit liegt nun aber auch in dem Verdünnen der reifen Maische im Maischbottich oder Gährbottich oder im Maischreservoir mittelst eines Zugusses von Wasser, weil es dadurch wenigstens ermöglicht wird, ursprünglich und von vorne herein ein größeres Quantum von Maischgut (Malz und Kartoffeln) zu verwenden und in den Bottich zu bringen, als sonst unter Beachtung des nöthigen Steigraums und des für die reife Maische, um sie durch die Röhrleitung des Brennapparats hindurchführen zu können, erforderlichen dünnflüssigen Zustandes bei einem ordnungsmäßigen Betriebe zulässig gewesen sein würde, also bei der Versteuerung des Bottichs vorausgesetzt war. Dazu kommt, daß durch einen Wasserzuguß die Maische in ihren Bestandtheilen resp. in ihrer Beschaffenheit verändert wird.

Hiernach muß ein solches der Steuerbehörde nicht angesagtes Verdünnen der reifen Maische im Maischbottich oder Gährbottich oder im Maischreservoir allerdings im Sinne der cit. AKO. als ein neuer Maischungsakt in einem zu diesem Zweck und zu diesem Tage der Steuerbehörde weder angesagten Gefäß noch angesagten Raum angesehen werden, wodurch jedenfalls die Kontraventions-strafe verwirkt ist. Darauf aber, in welcher Absicht das Verdünnen der reifen Maische geschehen ist, kommt es nur bei der Frage, ob auch die Defraudationsstrafe verhängt werden muß, an. Ganz gleichgültig aber ist es, ob dem Brennereibesitzer wirklich ein Vortheil erwachsen ist, sowie ob in der That stärker eingemaischt oder mehr Spiritus gewonnen worden, als ohne diesen Wasserzuguß geschehen sein würde. B. I. v. 28. Jan. 1859 c. Berger [1084. v. 1858]; G. Arch. 7 S. 281.

Antr. des GStA.s: gleichl. [18. — 1.]

---

1. Geschworner. — Alter. — Nichtigkeit.
2. Brandstiftung. — Vorrath.

1. Der Mangel des gesetzlichen Alters eines Geschwornen kann nicht als Nichtigkeitsgrund geltend gemacht werden.

Vdn. v. 3. Jan. 1849 §§ 62. 63; Ges. v. 3. Mai 1852 Art. 56 [vgl. dort n. 5].

2. Ob eine Quantität landwirthschaftlicher Erzeugnisse 2c. als ein „Vorrath" im Sinne des § 286 StGB. anzusehen sei, ist eine von den Geschwornen zu beantwortende Frage.

StGB. l. c. [vgl. dort n. 3].

Erk. (Z. I.) v. 11. April 1862 c. Wanczura (287. I. Cr.).

Der § 62 der Vdn. v. 3. Jan. 1849 beruft nur denjenigen zum Geschwornen, welcher die Eigenschaft eines Preußen besitzt, im Vollgenusse der bürgerlichen Rechte sich befindet, 30 Jahre alt ist u. s. w., allein der Art. 56 des Ges. v. 3. Mai 1852 spricht die Nichtigkeit des Verfahrens nur dann aus, wenn ein Geschworner mitgewirkt habe, dem die beiden ersten genannten Eigenschaften fehlen, mit dem ausdrücklichen Zusatz, daß der Mangel der übrigen Bedingungen der §§ 62 und 63 der cit. Vdn. vor den Gerichten nicht geltend gemacht werden könnte. Hiermit ist dem Mangel des gesetzlichen Alters die Wirkung, eine Nichtigkeit des Verfahrens zu begründen, abgesprochen, und bedurfte es nach dieser klaren Fassung noch einer weiteren Unterstützung, so zeigt die Entstehungsgeschichte (K.-Ber. d. II. K.; Matt. S. 114) noch, daß die Frage wegen des Einflusses des Alters zur Sprache gekommen und in dem erwähnten Sinne entschieden ist. —

In dem durch den Ausspruch der Geschwornen festgestellten Thatbestande sind sammtliche Voraussetzungen des angewandten § 286 StGB. enthalten, insbesondere ist darin das in Brand gesteckte Objekt als ein Vorrath landwirthschaftlicher Erzeugnisse bezeichnet. Dürfte man bei dieser Feststellung noch auf den übrigen Inhalt der Verhandlungen zurückgehen, so würde der Umstand, daß ein Haferschober im Werthe von 374 Thlr. niedergebrannt ist, das aus der Entstehungsgeschichte und dem Erk. v. 16. Jan. 1852 [Oppenh. l. c. n. 3] entnommene Bedenken beseitigen, daß es sich hier von einer unbedeutenden Quantität Früchte handle.

Antr. des GStA.s: gleichl. [13.—1.]

Konkurrenz (reale). — Gleichheit des Zwecks. — Unterschlagung. — Urkundenfälschung zur Verdeckung.

1. Die Gleichheit des Zwecks ist für die Entscheidung der Frage, ob ein Fall der realen oder der idealen Konkurrenz vorliege, gleichgültig.

StGB. §§ 55. 56 [vgl. dort n. 4. 14. 17; § 186 n. 16; § 244 n. 1.]

2. Reale Konkurrenz liegt vor, wenn Jemand nach Verübung einer Unterschlagung zur Verdeckung derselben eine Urkundenfälschung begeht.

StGB. § 225. 247 [vgl. dort n. 15]. 56 [vgl. dort n. 5].

Beschl. (I.) v. 11. April 1862 c. Müller (97. B. I. Cr.).

Nach der thatsächlichen Annahme der Instanzrichter hatte sich M. einer Unterschlagung, und nach Beendigung derselben zu ihrer Verdeckung einer Urkundenfälschung schuldig gemacht; gleichwohl nahm das

AG. hier einen Fall der idealen Konkurrenz an, und versetzte nur wegen der Urkundenfälschung in Anklagestand, weil bei beiden Handlungen dieselbe gewinnsüchtige Absicht, nämlich der Verbrauch und die Sicherung des betr. Geldbetrags zum Nachtheil des Eigenthümers obgewaltet habe, so daß die Fälschung nur eine Fortsetzung der Unterschlagung bilde. Auf die Beschwerde des OStA.s hat das OTr. den betr. Beschl. aufgehoben und die Versetzung in Anklagestand wegen beider Straffälle ausgesprochen. Erwogen ward:

J. E., daß der Rechtsansicht des AG.s nicht beigetreten werden kann, zunächst, weil sie auf einer Verwechselung des Zwecks, der durch beide Gesetzesübertretungen verfolgt worden ist, mit dem strafrechtlichen dolus beruht, welcher zu jeder derselben gesetzlich erforderlich ist;

daß der Zweck, zu dessen Erreichung eine strafbare Handlung unternommen wird, für die Entscheidung der Frage, ob beim Zusammentreffen mehrerer Verbrechen oder Vergehen eine ideelle oder eine reale Konkurrenz anzunehmen sei, gleichgültig ist;

daß aber auch, anlangend den strafrechtlichen dolus, bei der Fälschung die Absicht, sich einen Gewinn zu verschaffen, oder einem Andern einen Schaden zuzufügen, erfordert wird, wogegen bei der Unterschlagung schon das Bewußtsein der Benachtheiligung eines Andern genügt;

daß überdies im vorliegenden Fall nach der thatsächlichen Annahme des vorigen Richters das Vergehen der Unterschlagung bereits am 9. Nov. 1861 consumirt war, während das Verbrechen der Fälschung vor dem 12. ej. gar nicht verübt worden sein kann;

daß, wenn auch der Fall nicht ausgeschlossen ist, daß zwei oder mehrere, der Zeit nach getrennt vorgenommene, an sich strafbare Handlungen in einer solchen Verbindung zu einander stehen können, daß sie nur ein und dasselbe Verbrechen oder Vergehen bilden, gleichwohl hiefür besondere faktische, von dem erkennenden Richter zu würdigende Momente vorliegen müssen, an denen es hier nach der Annahme des vorigen Richters mangelt;

daß die Ansicht desselben auch durch die Bezugnahme auf die §§ 324 und 325. StGB. nicht gerechtfertigt werden kann, theils weil der § 325 die Fälschung einer Urkunde im gesetzlichen Sinne mit Nothwendigkeit nicht voraussetzt, theils weil bei der Konkurrenz einer Fälschung im gesetzlichen Sinne mit der Unterschlagung der Annahme einer realen Konkurrenz Nichts entgegen stehen würde.

Antr. des GStA.s: gleichl. [14. — 3.]

---

1. Kompetenzkonflikt zwischen der ersten und zweiten Instanz. — Lösung.
2. Restitution. — Zuständigkeit.

1. Wenn zwischen dem Gerichte erster und dem zweiter Instanz ein negativer Kompetenzkonflikt obwaltet, so ist das Ober-Tribunal berufen, denselben zu erledigen. (Indirekt entschieden.)

Ges. v. 26. April 1851 Art. V Nr. 1; vgl. Ges.-v. 3. Mai 1852 Art. 8 [und dort n. 3]; 102 [und dort n. 23].

2. Ueber Restitutionsgesuche hat stets das Gericht erster Instanz zu entscheiden.

Vdn. v. 3. Jan. 1849 § 152 [vgl. dort n. 1].

Beschl. (I.) v. 11. April 1862 c. Keßler (Cohn u. Gen. 98. B. I. Cr.).

K. war in erster Instanz wegen Hehlerei verurtheilt, und das betr. Erk. in zweiter Instanz auf Grund einer neuen Beweisaufnahme bestätigt worden. Nach eingetretener Rechtskraft reichte er beim Gerichte erster Instanz ein Restitutionsgesuch ein, welches er auf den angeblichen Meineid eines in zweiter Instanz vernommenen Sachverständigen stützte. Das Kr.-G. nahm unter diesen Umständen an, daß nur das AG. zuständig sei, über das Gesuch zu entscheiden, und reichte daher dem letzteren mit einem motivirten Berichte die Akten ein; das AG. hielt dagegen die Zuständigkeit des Richters erster Inst. für begründet und wies demgemäß das Kr.-G. an, sich der Prüfung zu unterziehen. Gleichwohl verharrte das letztere bei seiner ersten Ansicht, und reichte deshalb die Akten dem OTr. mit dem Antrage ein: ex anal. Art. V Nr. 1 des Ges. v. 26. April 1851 den entstandenen Kompetenzkonflikt zu lösen.

Die Gen.-St.-Anw.-schaft erachtete den Antrag des Kr.-G.s formell für begründet, obgleich hier eine Beschwerde gegen den appellationsgerichtlichen Beschluß (welche dem Kr.-G. gar nicht zugestanden hätte) nicht vorliege. Das AG. habe, nachdem es die kreisgerichtliche Zuständigkeit ausgesprochen, nach Art. 102 Abs. 3 zwar selbst in der Sache entscheiden können, sei aber auch befugt gewesen, dieselbe an das Kr.-G. zurückzuverweisen; das letztere werde indessen in einem solchen Falle durch die app.-richterliche Entscheidung nicht gebunden, und habe daher abermals seine Inkompetenz aussprechen können. Da nun auf diesem Wege der Zwiespalt unlösbar werden könne, so sei jetzt das OTr., nach dem im Ges. v. 26. April 1851 Art. V Nr. 1 u. 2 anerkannten Grundsatze: daß es jedes dem Fortgange der Rechtspflege entgegentretendes, sonst nicht zu hebendes Hinderniß zu beseitigen habe, — berufen, den zuständigen Richter mit bindender Kraft zu bestimmen.

Zur Sache selbst sprach sich die GStA.-schaft im vorliegenden Falle für die Zuständigkeit des Kr.-G.s aus, und führte in dieser Beziehung Folgendes aus: Die Vdn. v. 3. Jan. 1849 habe die Vorschriften über die Restitution fast wörtlich aus dem Ges. v. 17. Juli 1846 entlehnt; das letztere habe im § 99 vorgeschrieben, daß das Gesuch bei dem Gerichte derjenigen Instanz einzureichen sei, in welcher das angeblich falsche Zeugniß ꝛc. zuerst vorgebracht sei, und dann im § 102 angeordnet, daß das Gericht (d. h. also das im § 99 erwähnte) ev. unter Aufhebung seines früheren Urtheils ein neues fällen solle. Jener § 99 habe nun aber bei seiner Uebernahme in die Vdn. v. 3. Jan. 1849 (§ 152) die Abänderung erfahren, daß die „Anbringung" des Restitutionsgesuchs stets beim Erst-Instanz-Gerichte erfolgen solle, wogegen der dem § 102 des Ges. v. 1846 entsprechende § 155 nichts destoweniger die Bestimmung beibehalten habe, daß das das Gesuch für begründet erachtende Gericht sein früheres Urtheil aufheben solle. Die Gründe jener Abänderung seien aus den kurzen Motiven zur Vdn. v. 3. Jan. 1849 nicht zu ersehen, könnten aber denkbarer Weise nur darin gesucht werden, daß die im § 99 des Ges. v. 1846 gemachte Unterscheidung sich nicht als zutreffend bewährt haben könne, da aus dem zufälligen Umstande: vor welchem Gerichte das falsche Zeugniß ꝛc. zuerst vorgebracht worden sei, nicht gefolgert werden dürfe, daß es sich jetzt auch um die Aufhebung des Urtheils dieses Richters handle, es vielmehr sehr möglich bleibe, daß dieser Richter das betr. Beweismittel bereits in dem durch das Restitutionsgesuch vertretenen Sinne aufgefaßt, und daß erst der höhere Richter bei einer erneuerten Prüfung (Ges. v. 17. Juli 1846 § 85) eine vom ersten Richter verworfene Schlußfolgerung daraus hergeleitet, und deshalb eine reformatorische Entscheidung erlassen habe. — Durch die erfolgte Aenderung sei nun aber der zwischen den §§ 99 und 102 des Ges. v. 1846 bestehende Einklang gestört, und man dürfe jetzt aus der Fassung der neuen §§ 152 und 155 nicht mehr folgern, daß der erste Richter, bei welchem jetzt das Gesuch angebracht werde, über dasselbe auch nothwendig entscheiden solle, da es leicht geschehen könne, daß der Zweck des Restitutionsgesuchs gerade dahin gehe, unter Aufhebung des Urtheils zweiter Instanz eine dem früheren Erkenntniß erster Instanz entsprechende neue Entscheidung an die Stelle treten zu lassen. Eine solche Annahme würde den Grundprinzipien der gerichtlichen Hierarchie widersprechen und grade denjenigen Uebelstand in erhöhtem Maaße herbeiführen, dessen Beseitigung jene Aenderung des Gesetzes bezweckt habe; der Gesetzgeber habe auch, wenn er dies gewollt, im § 155 die Worte: „unter Aufhebung seines früheren Urtheils" unmöglich beibehalten können. Der anscheinende Widerspruch löse sich aber in ganz befriedigender Weise, wenn man (allerdings abweichend von den §§ 99 und 102 des Ges. v. 1846) den jetzigen § 152 seinem Wortlaute gemäß dahin auslege, daß das Restitutionsgesuch beim ersten Richter lediglich „angebracht" werde, ebenso wie der frühere § 143 die „Anbringung" der NB. beim Erst-Instanzgerichte vorgeschrieben habe; so wenig hier daraus zu folgern gewesen sei, daß demselben ersten Richter auch die Entscheidung über die NB. zustehe, eben so wenig sei eine solche Folgerung in Betreff der Restitution aus § 152 herzuleiten, vielmehr sei die hierfür maaßgebende Vorschrift nur aus § 155 zu entnehmen, welche klar anordne, daß nur derjenige Richter zur Entscheidung berufen sei, welcher das jetzt aufzuhebende Urtheil erlassen habe, da er selbst sein früheres Urtheil aufheben solle. Damit trete das Ganze durchaus in Einklang mit den allgemeinen Grundsätzen von der Zuständigkeit und gelange zu demjenigen Resultate, welches der Gesetzgeber von 1846 gewollt, aber nicht in vollem Maaße erzielt habe.

Mit dieser Auffassung stehe der von Oppenhoff (Strafverf. § 152 n. 1) cit. Beschl. v. 8. Dez. 1849 c. Beneke (360 B.) nicht im Widerspruche, da der damals zu lösende Zweifel ein ganz anderer gewesen sei.

Hiernach liege die Entscheidung über ein Restitutionsgesuch gegen ein reformatorisches Erk. zweiter Instanz nur dem AG. ob; anders verhalte es sich aber, wenn (wie hier) das erstrichterliche Erk. in zweiter Instanz bestätigt sei, weil dann doch dieses bestätigte Urtheil aufzuheben sein würde; das müsse auch dann gelten, wenn das als falsch angegriffene Zeugniß 2c. in zweiter Instanz abgelegt worden sei, weil das Rechtsmittel nicht gegen dieses Zeugniß, sondern gegen das bestehen gebliebene erstrichterliche Erk. gerichtet, und die dem Angekl. angeblich präjudizirliche thatsächliche Auffassung beim zweiten Richter keine andere als beim ersten gewesen sei.

Hierauf hat das OTr., ohne die Statthaftigkeit des vom Kr.-G. gestellten Antrags einer ausdrücklichen Prüfung zu unterwerfen, das letztere angewiesen, die Verfügung in der vorliegenden Sache zu erlassen, und in dieser Beziehung Folgendes ausgeführt:

Der § 152 der Vdn. v. 3. Jan. 1849 schreibt vor, daß das Restitutionsgesuch bei dem Gerichte, welches in erster Instanz erkannt hat, angebracht werden soll. Allerdings ist die „Anbringung" für die Frage, welchem Gerichte die Entscheidung über das Gesuch zustehen soll, allein nicht entscheidend. Denn nach § 128 ibid. und nach Art. 110 des Ges. v. 3. Mai 1852 soll auch die Appellation und die NB. bei dem Gerichte erster Instanz „angemeldet" werden, obwohl die Entscheidung selbst über diese Rechtsmittel, deren Instruction außerdem jenem Gerichte übertragen ist, dem AG. resp. dem OTr. zusteht. Dagegen fehlt es zwar allerdings an einer ausdrücklichen Bestimmung darüber, welchem Gerichte, außer dem etwa bloß instruirenden Gerichte erster Instanz, die Entscheidung über die Restitution zustehen soll; jedoch ist aus § 154 mit Sicherheit zu schließen, daß dem Gerichte erster Instanz auch jene Entscheidung gebührt. Denn der § 154 schließt sich, da der § 153 nur über die Behandlung, nicht aber über die Kompetenz selbst disponirt, in dieser Hinsicht unmittelbar an jenen § 152 an; es kann daher unter dem im § 154 ohne weiteren Zusatz genannten, vielmehr durch den Ausdruck „das Gericht" remissiv bezeichneten Gerichte nur dasjenige gemeint sein, von welchem in dem vorangehenden § 152 die Rede gewesen ist. Sodann aber ist im § 154 dem Angeklagten auch das Recht der Beschwerde über die Zurückweisung seiner Restitution bei dem Gerichte der höheren Instanz gestattet, und es ist hinzugefügt, daß eine weitere Beschwerdeführung unzulässig sei. Die Beschwerde konnte also nur an das AG. gehen, da erst später durch den Art. 13 des Ges. v. 3. Mai 1852 eine weitere Beschwerdeführung an das OTr. aus Rechtsgründen zugelassen ist. „Das Gericht," welches nach § 155 das neue

Urtheil fällen soll, ist dem klaren Wortsinn nach kein anderes, als das im § 152 und 154 gemeinte und daraus folgt mit Evidenz, daß es nur das Gericht erster Instanz sein kann. Zwar heißt es zugleich, daß das Gericht, wenn es die Restitution für begründet erachtet, *sein* früheres Urtheil aufheben soll, und in dieser allgemeinen Vorschrift liegt insofern anscheinend ein Widerspruch, als die Verurtheilung auch erst in höherer Instanz reformatorisch ausgesprochen sein, unter dem aufzuhebenden Urtheil zufolge § 151 aber nur dasjenige verstanden werden kann, welches auf eine falsche Urkunde oder auf die Aussage eines meineidigen Zeugen gegründet ist. Dieser scheinbare Widerspruch wird jedoch durch einen Hinblick auf die Quelle der vorliegenden Vorschriften erläutert. Das Ges. v. 17. Juli 1846, betreffend das Untersuchungsverfahren in den bei dem Kammergericht u. s. w. zu führenden Untersuchungen, enthielt nämlich in den §§ 99—102 fast wörtlich dieselben Vorschriften, welche jetzt in den §§ 151—155 der Vdn. v. 3. Jan. 1849 enthalten sind, hauptsächlich nur mit Ausnahme einer verschiedenen Fassung des § 99. Dieser verordnet nämlich:

„Das Restitutionsgesuch muß bei dem Gerichte derjenigen Instanz eingereicht werden, in welchem zuerst die Urkunde oder das Zeugniß, deren Falschheit behauptet wird, vorgebracht sind."

In Verbindung mit § 98 (jetzt § 151), nach welchem die Restitution, wie erwähnt, nur dann zugelassen wird, wenn dargethan wird, daß das Urtheil auf eine falsche Urkunde oder auf die Aussage eines meineidigen Zeugen gegründet ist, kann nun nicht angenommen werden, daß hier bloß ein „Vorbringen" gemeint sei, welches lediglich in einem Einreichen der Urkunde oder in einer Benennung des Zeugen bestanden hätte, also entweder in dieser Instanz behufs der mündlichen Verhandlung, oder in zweiter, resp. in dritter Instanz mit den nach §§ 74 und 90 jenes Gesetzes bei dem Gerichte erster Instanz anzumeldenden und zu rechtfertigenden Beschwerden; vielmehr muß angenommen werden, daß hier dasjenige Gericht gemeint sei, welches auf die bei ihm behufs seiner Entscheidung vorgebrachte Urkunde oder das vorgebrachte Zeugniß hiernächst auf seine, dem Angeklagten ungünstige, Entscheidung selbst „gegründet" hat. In dieser Auffassung findet sodann auch der § 102 (jetzt § 155) seine genügende Erklärung, indem er den Richter ermächtigt, seine durch solche falsche Beweismittel motivirte Entscheidung wieder aufzuheben. Wenn nun durch diese Verbindung der §§ 99 und 102 allein der Sinn des Gesetzes dahin erläutert wurde, daß derjenige Richter die Restitution instruiren und über dieselbe entscheiden sollte, welcher auf Grund jener falschen Beweismittel die angefochtene Entscheidung erlassen hatte, so ist es von erheblichem Einfluß auf die Interpretation der Vdn. v. 3. Jan. 1849, daß gerade die als Grundlage dieses Systems des Ges. v. 17. Juli 1846 dienende Vorschrift jenes § 99 desselben in dem vorliegenden § 151 dahin abgeändert ist, daß an Stelle des Gerichts, bei welchem die Beweismittel, vorgebracht sind, und welches darauf hin entschieden hat, nunmehr in allen Fällen das Gericht erster Instanz gesetzt ist. Dadurch gewinnt also auch der Ausdruck „sein früheres Urtheil" im § 155 nothwendig eine andere Bedeutung, als er sie früher haben mußte. Es fehlt für denselben jeder andere Zusammenhang, als derjenige, welchen der Wortlaut der Verordnung von 1849 selbst enthält, und dieser ist allein in der Verbindung der §§ 152. 154. 155 unter einander zu suchen und nicht bloß in dem § 155 für sich betrachtet. Wenn das Restitutionsgesuch für begründet erachtet wird, so muß der erste Richter das mündliche Verfahren erneuern und das frühere kondemnatorische Urtheil, mag er es selbst abgefaßt haben oder nicht, aufheben und in der Sache erkennen was Rechtens. Es beginnt also, sobald das Restitutionsverfahren zur kontradiktorischen Verhandlung und Entscheidung eingeleitet wird, ein neues Verfahren, welches vom Gericht erster Instanz ausgeht, aber zu seiner Beendigung die Aufhebung des früheren

Urtheils nothwendig macht. Darin liegt zugleich die Berechtigung des ersten Richters zur Aufhebung des ersten Urtheils, sollte es auch nicht von ihm, sondern in höherer Instanz gefällt sein, und es ist mithin nicht davon die Rede, daß der niedere Richter berufen werde, einen thatsächlichen oder rechtlichen Irrthum des höheren Richters zu korrigiren.

Gegen dieses neue Urtheil finden jetzt indistincte die gewöhnlichen Rechtsmittel, d. h. der Appellation und NB. statt, während nach der Vdn. v. 1846 nur die gewöhnlichen Rechtsmittel in den noch offen stehenden Instanzen nachgelassen waren. Auch diese Aenderung zeigt ganz klar, daß das neue Urtheil gegenwärtig jedesmal vom Richter erster Instanz zu fällen ist. [15.—3.]

Nachdruck. — Dolus.

Beim Vergehen des Nachdrucks besteht der Dolus lediglich in dem Bewußtsein vom Verlagsrechte eines Dritten.

Ges. v. 11. Juni 1837 § 10. 13. Vgl. RdO. I. S. 101. 220. 473. Sic: Z. II. 13. Sept. 1860 c. Friedländer, 186.

Erk. (Z. II.) v. 24. April 1862 Gall c. Stürmer (94. II. Cr.).

St. war auf die Civilklage des G. in erster Instanz wegen Nachdrucks verurtheilt worden, weil er in dem von ihm redigirten „Trierschen Schulblatte" unbefugter Weise eine Abhandlung hatte abdrucken lassen, welche zuerst in dem im Verlage des Klägers erschienenen „Schulfreunde" veröffentlicht worden war. Seine Berufung ward von der App.-Kammer verworfen, indem gleichzeitig erwogen wurde: „dem Beschuldigten falle zwar, nach dem für ähnliche Zeitschriften bestehenden Gebrauche, einander durch Abdruck zu ergänzen, kein Vorsatz zur Last, vielmehr stehe ihm der gute Glaube zur Seite, gleichwohl werde dadurch die Anwendbarkeit des cit. § 10 des Ges. v. 11. Juni 1837 nicht ausgeschlossen, da dieser nur die Thatsache des durch Nachdruck verletzten Autorenrechts voraussetze." Gegen dieses Erk. hat der Ober-Prokurator den Kass.-Rekurs ergriffen, und ausgeführt: wenn auch die Entschädigungspflicht wegen Nachdrucks vom Dolus unabhängig sei, so könne doch eine Bestrafung nicht Platz greifen, wenn, wie hier festgestellt worden, der Beschuldigte ohne Dolus in gutem Glauben gehandelt habe, indem ihm dann § 44. StGB. zur Seite stehe. Das OTr. hat den Rekurs verworfen, indem es erwog:

daß durch das angegriffene Urtheil thatsächlich festgestellt worden ist, daß der Verklagte St. einen in der Quartalschrift „der Schulfreund" erschienenen Conferenzvortrag bis zu den beiden letzten Blättern wörtlich in dem von ihm herausgegebenen „Schulblatt" abgedruckt hat, ohne hierzu die Einwilligung des Autors oder des als Verleger legitimirten Civilklägers erhalten zu haben;

daß diese Feststellung den objektiven Thatbestand des im § 10 des Ges. v. 11. Juni 1837 vorgesehenen Vergehens erschöpft und es zu dem Ende einer selbstständigen Feststellung des allgemeinen strafrechtlichen Dolus nach der Formulirung des Gesetzes nicht bedurft hat;

daß dieser letztere Dolus aber auch nicht durch die Erwägung des Appellationsrichters ausgeschlossen wird, daß nach dem für ähnliche Zeitschriften bestehenden Gebrauche, einander durch Abdruck zu ergänzen, dem Verklagten kein Vorsatz zur Last falle, vielmehr der gute Glaube zur Seite stehe, indem der so formulirte gute Glaube des Beschuldigten im Sinne des App.-Richters nur dahin aufzufassen ist, daß der Beschuldigte nach dem bestehenden usus wohl geglaubt habe, auch seinerseits ohne die Eventualität einer Strafverfolgung der Vorschrift des Gesetzes zuwiderhandeln zu können, ein solcher, das Wesen und die Wirksamkeit des Strafgesetzes berührender Irrthum aber dem Uebertreter in keiner Weise nach § 44 des StGB. zu statten kommt, indem die Strafbarkeit der hier in Rede stehenden Thathandlung des Nachdrucks weder von besondern Eigenschaften der betreffenden Personen, noch auch von besondern Umständen des Falles abhängig oder bedingt war;

daß der beim Vergehen des Nachdrucks vorausgesetzte, jedoch einer ausdrücklichen Feststellung im Strafurtheile nicht bedürfende Dolus lediglich in dem Bewußtsein von dem Verlagsrechte eines Dritten besteht, dieses Bewußtsein aber bei dem dem Stürmer durch den App.-Richter zugeschriebenen guten Glauben auf Grund des vorbezeichneten usuellen Nachdruckes nicht bloß nicht ausgeschlossen, sondern unmittelbar subintelligirt wird, indem jene Bezugnahme auf den bestehenden usus nur durch die Annahme einen Sinn erhält, daß dem zc. Stürmer, welcher bei Uebernahme des Redaktionsgeschäftes vorzugsweise darauf angewiesen war, sich mit den betreffenden Gesetzen bekannt zu machen, die Existenz eines, durch das Strafgesetz sanktionirten ausschließlichen Rechtes des Verlegers G. wohl bekannt war, die bisherige Nichtbestrafung ähnlicher Rechtsverletzungen aber selbstredend ohne jeden Einfluß auf die fernere Handhabung des Gesetzes selber bleiben muß.

Antr. des GStA.s: gleichl. [22.—2.]

Arbeitsschen. — Verweigerung einer Arbeit.

Die Verweigerung einer Arbeit durch einen aus öffentlichen Armenfonds Unterstützten ist nur dann strafbar, wenn sie aus Arbeitsscheu geschieht.

StGB. § 119 Nr. 2 [dort einzutr. als n. 2 a].

Erk. (B. II.) v. 24. April 1862 c. Schaffberg (106. II. Cr.).

Sch. hatte, obgleich er aus öffentlichen Armenfonds eine Unterstützung empfing, die Verrichtung einer ihm angewiesenen Arbeit verweigert; deshalb aus § 119 Nr. 2. StGB. angeklagt, stellte er unter Beweis, daß er am betr. Tage, einer kontraktlichen Verpflichtung gemäß, das Kreisblatt habe austragen müssen, und dadurch an der Verrichtung der zugewiesenen Arbeit verhindert worden sei; diesen Einwand beseitigte das AG. aus dem Grunde, weil jene Thatsache das den Charakter der Weigerung an sich tragende Nichterscheinen zur zugewiesenen Arbeit um so weniger rechtfertigen könne, als Sch. gar nicht behaupte, den Magistrat vorher von jenem Hindernisse in Kenntniß gesetzt, oder um Bestimmung eines anderen Tages für die zugewiesene Arbeit nachgesucht zu haben. Das verurtheilende Erk. ist auf die NB. des Angekl. vernichtet, und die Sache in die 2. Instanz zurückverwiesen worden, und zwar:

In Erw., daß die Ausführung des App.-Richters und die demgemäß erfolgte Verurtheilung des Imploranten wegen Verweigerung öffentlicher, gegen den Genuß einer Armenunterstützung zu leistender Arbeit im Rückfalle der Strafbestimmung des § 119 Nr. 2. StGB. in keiner Weise entspricht, indem dieselbe nach ihrem Wortlaute und nach der Ueberschrift des Ges. v. 6. Jan. 1843 über die Bestrafung der Landstreicher, Bettler und Arbeitsscheuen, dessen § 6 jene Bestimmung wörtlich entnommen ist, nur den Sinn hat, daß die aus Arbeitsscheu hervorgegangene Weigerung der Verrichtung einer von der Behörde zugewiesenen Arbeit Seitens der aus öffentlichen Armenfonds Unterstützten mit Gefängnißstrafe geahndet werden solle;

daß hiernach die Erheblichkeit des Einwandes des Beschuldigten, an dem fraglichen Tage zu einer anderweiten Arbeit verpflichtet gewesen zu sein und diese Arbeit auch ausgeführt zu haben, nicht bezweifelt werden kann, die desfallsige Beweisaufnahme auch nicht durch die Erwägung abgeschnitten werden konnte, daß der Beschuldigte kraft der ihm gewährten Armenunterstützung vertragsmäßig die in Rede stehende Arbeit ohne Rücksicht auf die behauptete Behinderung unweigerlich hätte leisten müssen, indem diese spezielle Verpflichtung des Beschuldigten gegenüber dem Magistrate einen rein privatrechtlichen Charakter an sich trägt und mit der Strafbestimmung des § 119 Nr. 2 des StGB.s in keinem unmittelbaren Zusammenhange steht.

Antr. des GStA.s: entg. [22.—2.]

Gewerbsunzucht. — Polizeiliche Gestattung. — Gesundheitskontrolle.

Die polizeiliche Anordnung periodischer ärztlicher Untersuchungen ist nicht als eine Gestattung der Gewerbsunzucht anzusehen, durch welche die Strafbarkeit derselben beseitigt werden könnte.

StGB. § 146 [dort einzutr. als n. 2 a]; vgl. I. S. 242.

Erk. (Z. II.) v. 24. April 1862 c. Freistedt (104. I. Cr.).

In dem von der Angeklagten hervorgehobenen Umstande, daß ihrer Ortspolizei ihr Umgang mit Männern bekannt und sie in Folge dessen genöthigt sei, sich allwöchentlich einer ärztlichen Untersuchung zu unterziehen, ist nicht der Beweis zu finden, daß sie, den polizeilichen Anordnungen nicht zuwider, sich gewerbsmäßiger Unzucht hingegeben. Die von Polizeiwegen zeitweise angeordnete körperliche Untersuchung der Angeklagten stellt sich lediglich als eine sanitätspolizeiliche Maaßregel im öffentlichen Interesse dar, die als solche jedenfalls keine ausnahmsweise Erlaubniß der allgemein verbotenen und unter Strafe gestellten gewerbsmäßigen Unzucht in sich einschließt.

Antr. des OStA.s: gleichl. [11.—2.]

Rückfall. — Rechtskraft des Vorerkenntnisses.

Der Rückfall ist durch eine vorgängige rechtskräftige Verurtheilung bedingt; eine solche liegt nicht vor, wenn das verurtheilende Erkenntniß erster Instanz vom Staats-Anwalt durch Appellation deshalb angefochten ist, um eine schwerere Bestrafung herbeizuführen.

StGB. § 58 [vgl. dort n. 14].

Beschl. (I.) v. 25. April 1862 c. Streich (119. B. I. Cr.).

Str. war in erster Instanz wegen einfachen Diebstahls verurtheilt; der StA. appellirte, weil schwerer Diebstahl vorliege; das in Abwesenheit des Angekl. ergangene bestätigende Urtheil des AG.s ward demselben an 18. Febr. 1862 behändigt. Inzwischen hatte er sich am 27. Jan. eines neuen Diebstahls schuldig gemacht, welcher von den Instanzgerichten nicht als ein rückfälliger angesehen wurde. Die den betr. Beschl. des AG.s anfechtende Beschw. des OStA.s ist zurückgewiesen worden.

Gründe:

Ein von der StA.-schaft allein eingelegtes Rechtsmittel hat, selbst wenn es eine dem Angeklagten nachtheiligere Entscheidung bezweckt, jedesmal die Folge, daß der dadurch berufene Richter nach allen Seiten hin mit der Sache befaßt, und dadurch in den Stand gesetzt wird, sogar eine für den Angeklagten günstigere als die angefochtene Entscheidung zu treffen, die Untersuchung bleibt deshalb eine, auch für den Angeklagten rechtshängige, was um so mehr daraus erhellt, daß ihm gegen das diesfällige, in der höheren Instanz ergangene Erkenntniß, es mag ausgefallen sein wie es will, das dagegen zulässige ordentliche Rechtsmittel zusteht, eben weil die Sache noch nicht endgültig entschieden ist; vgl. [Z. II.] 14. Okt. 1858 c. Trolsch [332; Oppenh. Strafverf. Art. 109 n. 8]. Dem gemäß hat der angefochtene Beschluß des AG.s zu 2c. richtig angenommen, daß der in der Nacht zum 27. Jan. c. begangene Diebstahl von dem Angeschuldigten nicht im Rückfalle verübt worden. Dem stehen auch nicht die §§ 158 und 159 der Verordnung v. 3. Jan. 1849 entgegen. Der § 159 l. c. paßt auf den vorliegenden Fall schon um deshalb nicht, weil derselbe von der Voraussetzung ausgeht, die hier nicht zutrifft, daß der Angeklagte das zuständige Rechtsmittel eingelegt hat. Der § 158 l. c. bleibt dagegen um deshalb außer Betracht, weil sich derselbe nur auf die Frage erstreckt, ob zu Gunsten des Angeklagten für gewisse Straffolgen, namentlich für die Zeit des Antritts der Strafe, die Rechtskraft eines Urtheils erster Instanz bis zum Tage der Verkündung desselben, oder sonst bis zu einem gewissen anderweitigen Zeitpunkt zurückzubeziehen ist, nicht aber zugleich auf die davon ganz verschiedene, ob im Sinne des § 58 StGB. ein Rückfall vorliegt; vgl. [B. I.] v. 7. Febr. 1862 c. Pritzkeleit [24; Rechtspr. d. OTr. 2. S. 240].

Antr. des GStA.s: gleichl. [20.—3.]

Verbindungszeichen. — Verbot. — Dolus.

Das öffentliche Tragen eines von der Bezirksregierung verbotenen äußern Verbindungszeichens 2c. fällt unter die Strafvorschrift des § 93 Nr. 2 des StGB., ohne daß es dabei auf die Absicht des Thäters: das Zeichen als ein Verbindungszeichen zu tragen, ankommt.

StGB. § 93 Nr. 2 [dort einzutr. als n. 4].

Beschl. (I.) v. 25. April 1862 c. Wozniakowski (120. B. I. Cr.).

W. war beschuldigt worden, einem Verbote der Bezirksregierung zuwider an einem öffentlichen Orte eine polnische Kokarde getragen zu haben; beide Instanzgerichte lehnten aber die Eröffnung der Untersuchung aus § 93 Nr. 2 StGB. ab, weil die Anklage gar nicht behauptet habe, daß die polnische Kokarde das äußere Zeichen einer Verbindung oder Vereinigung sei, und weil (wie das AG. hinzufügte) die Regierungsverfügung den Thatbestand des Paragraphen nicht abändern und nicht den Nachweis überflüssig machen könne, daß W. die Kokarde als ein äußeres Verbindungszeichen im Sinne des Paragraphen getragen habe, dieser Nachweis aber nicht geführt sei. Die vom OStA. gegen den betr. Beschl. des AG.s ergriffene Beschwerde erachtete die GStAnw.-schaft für begründet, und beantragte daher Aufhebung des Beschlusses und Zurückverweisung der Sache an das AG. zur näheren Prüfung, ob die Kokarde ein äußeres Zeichen einer Verbindung &c. sei. Sie machte in dieser Beziehung geltend, die Anklage habe die zuletzt erwähnte Thatsache allerdings behauptet, dagegen bedürfe es zum Thatbestande des cit. Paragraphen der vom AG. vermißten Absicht nicht [1]). Das OTr. hat den Beschl. des AG.s aufgehoben und sofort die Eröffnung der Untersuchung wegen des im § 93 Nr. 2 vorgesehenen Thatbestandes ausgesprochen, indem es eines Theils erwog, daß die Anklage allerdings und unzweifelhaft behauptet habe, die von W. getragene Kokarde sei ein äußeres Verbindungszeichen &c., und im Uebrigen ausführte:

Der Zurückweisungsgrund des AG.s verletzt den § 93 Nr. 2 des StGB.s. Denn wenn unbedenklich anzunehmen ist, was der App.-Richter selbst nicht in Abrede stellt, daß Kokarden äußere Verbindungs- oder Vereinigungszeichen im Sinne des cit. Paragraphen sein können, wenn ferner die K. Regierung zu P. zur Aufrechthaltung der öffentlichen Ruhe und Sicherheit das Tragen anderer Kokarden als

---

[1]) Die GStAnw.-schaft ging dabei von der Annahme aus, daß die Frage, ob irgend ein bestimmtes Zeichen im Einzelfalle ein „äußeres Verbindungs- oder Vereinigungszeichen" gewesen sei, der Prüfung des Richters unterliege, welcher dabei an die im Verbote der Bezirksregierung ausgesprochenen Auffassung nicht gebunden sei. — Daß es dagegen da, wo ein solches Verbot vorliegt, nicht mehr auf die „Absicht" des Thäters ankommen kann, ergiebt sich auch aus Nr. 1 des cit. Paragraphen („böswillig oder gegen das Verbot der Obrigkeit").

preußischer im dortigen Departement mit Bezugnahme auf den cit. Paragraphen verboten hat, und der Angeklagte diesem Verbote zuwider, an einem öffentlichen Ort oder in einer öffentlichen Zusammenkunft eine polnische Kokarde getragen hat, so ist damit der Thatbestand des Paragraphen vollständig erfüllt, und es konnte über diesen Thatbestand hinaus nicht noch in Frage kommen, worauf der vom App.-Richter vermißte Nachweis hinausläuft, ob der W. beabsichtigt hat, die polnische Kokarde als ein äußeres Zeichen einer Verbindung oder Vereinigung zu tragen.

[18.—2.]

---

1. **Nothwehr. — Feststellung.**
2. **Verstümmelung. — Vorsatz.**
3. **Nothwehr. — Hinausgehen. — Fragstellung.**

1. Die Voraussetzungen des § 41 StGB. sind nicht in genügender Weise festgestellt, wenn die den Geschwornen vorgelegte und von diesen bejahte Frage nur dahin lautete: ob der Angeklagte sich bei der That im Zustande der Nothwehr befunden habe.

StGB. § 41 [vgl. dort n. 1 a. 13; Z. I. 25. Sept. 1861 c. Tregel, 743; RdO. I. S. 546].

2. Hat eine vorsätzlich zugefügte Körperverletzung eine Verstümmelung des Verletzten zur Folge gehabt, so ist es für den Thatbestand gleichgültig, ob der Thäter die Beibringung der Verstümmelung gewollt hat.

StGB. § 193 [vgl. dort n. 20; § 192 a. n. 10].

3. Das Hinausgehen über die Grenzen der Vertheidigung aus Bestürzung ꝛc. rechtfertigt eine Freisprechung nur dann, wenn gleichzeitig (durch den Geschwornenspruch) festgestellt ist, daß es sich von der Abwendung eines gegenwärtigen rechtswidrigen Angriffs handelte.

StGB. § 41 [vgl. dort n. 9; RdO. I. S. 215].

Erk. (V. I.) v. 30. April 1862 c. Friedrich (171. I. Cr.).

Der Förster F. war unter der Anklage: „— in den seiner Aufsicht übergebenen Forsten in Veranlassung der Ausübung seines Amtes vorsätzlich dem rc. Spr. eine Verletzung beigebracht zu haben, welche eine Verstümmelung desselben zur Folge hatte" — vor den Schw.-GH. gestellt worden. Die Vertheidigung beantragte die Stellung mehrerer die Nothwehr betreffender Fragen, insbesondere auch: „ob die That durch die Nothwehr geboten gewesen sei;" der Schw.-GH. entsprach diesem Antrage in der Weise, daß er die Zusatzfragen stellte:

4. Hat der Angeklagte bei dem Vorfalle zu 1. im Zustande der Nothwehr sich befunden?

5. Ist der Angeklagte bei dem Vorfalle zu 1. nur aus Bestürzung, Furcht oder Schrecken über die Grenzen der Vertheidigung hinausgegangen?

Die Geschwornen bejahten die erste, die Hauptthat betr. Frage mit dem Zusatze: „es sei nicht erwiesen, daß der Angekl. dem Sp. eine Verstümmelung habe beibringen wollen," bejahten sodann auch die vierte Frage und beantworteten die fünfte dahin: „Nein, der Angeklagte ist überhaupt nicht über die Grenzen der Vertheidigung hinausgegangen, worauf der GH., gestützt auf § 41 StGB., die Freisprechung aussprach. Auf die NB. des StA.s hat das OTr. das Erk. vernichtet, und die Sache vor den Schw.-GH. zurückverwiesen.

Gründe:

Von der Vertheidigung war die Fragstellung beantragt worden: „war die That durch die Nothwehr geboten." Diese, die Worte des ersten Satzes des § 41 StGB. wiederholende Fassung wurde von dem GH. nicht approbirt, sondern ohne daß die Gründe dieser Abänderung ersichtlich wären, die oben [Nr. 4] erwähnte Frageformel gewählt. Dadurch, daß das Gericht ausdrücklich von den Worten des Gesetzes abwich, gab es zu erkennen, daß es die Frage: „ob sich der Angeklagte bei dem Vorfalle zu 1. im Zustande der Nothwehr befunden," nicht für gleichbedeutend mit der hielt: „ob die That des Angeklagten durch Nothwehr geboten gewesen," weil sonst die Abweichung von den Worten des Gesetzes nicht würde concludirt worden sein. Die adoptirte Frageformel involvirte eine Verwerfung der von der Vertheidigung verlangten, welche sich an die Worte des Gesetzes anschloß. Eine Unabsichtlichkeit läßt sich bei diesem Verfahren des Gerichts nicht annehmen, und wenn sich auch das Gericht nicht, wie es hätte geschehen sollen, über die Gründe, die den betreffenden Beschluß herbeiführten, näher ausgelassen hat, so steht doch soviel fest, daß es eben die Frage: „ob die That des Angeklagten durch die Nothwehr geboten war," nicht stellen wollte, sondern ihr eine andere substituirte.

Bei dieser Sachlage läßt sich auch aus der Bejahung des Umstandes, daß sich der Angeklagte bei dem Vorfalle zu 1. im Zustande der Nothwehr befunden, nicht mit Sicherheit entnehmen, daß die Geschwornen damit haben ausdrücken wollen: „die That des Angeklagten wäre durch Nothwehr geboten gewesen," und es ist danach die Voraussetzung des § 41 l. c. keineswegs genügend festgestellt.

Die hierauf basirte Freisprechung des Angeklagten läßt sich mithin nicht aufrecht erhalten, ohne daß es auf die Entscheidung der Frage ankommt:

> ob überhaupt der Begriff „Nothwehr" eine allgemein bekannte Bedeutung hat und zu dessen Verständniß Rechtskenntnisse nicht erforderlich sind,

oder ob auch, wenn kein Streit entstanden ist, namentlich zur Unterscheidung der Nothwehr von der ihr gleichgeachteten Ueberschreitung der Grenzen der Vertheidigung aus Bestürzung, Furcht oder Schrecken, ferner zur Vermeidung einer möglicherweise irrigen Auffassung der Frage Seitens der Geschwornen, die Aufnahme der Voraussetzungen der legalen Definition von Nothwehr, als derjenigen Vertheidigung, welche erforderlich ist, um einen gegenwärtigen rechtswidrigen Angriff von sich selbst oder Anderen abzuwenden, in die betreffenden Fragen geboten erscheint. Im vorliegenden Falle ist nicht ersichtlich, daß die Geschwornen diese Momente für vorhanden erachtet haben, und daß die von ihnen gegebene Antwort dieses ausdrücken sollte, noch weniger aber ist diese Antwort respective die gestellte Frage so präcise gefaßt, daß mit Rücksicht auf den oben erwähnten Hergang der Sache die Voraussetzungen, von denen der § 41 l. c. Abs. 1 und 2 ausgeht, thatsächlich festgestellt wären.

Die anderweitig von den Geschwornen ertheilten Antworten sind ebenfalls nicht geeignet, eine Freisprechung des Angeklagten zu motiviren.

Das betreffende Verdikt besagt zwar, bei der Bejahung der Frage 1., es sei nicht erwiesen, daß der Angeklagte dem Verletzten eine Verstümmelung habe beibringen wollen; dieses ist aber gleichgültig, da feststeht, daß der Angeklagte dem Kolonisten Sp. vorsätzlich eine Verletzung beibrachte, welche eine Verstümmelung desselben zur Folge hatte, und es nichts relevirt, ob diese Folge im Willen des Angeklagten lag, oder nicht.

Die Antwort auf die Frage 5. verneint, daß der Angeklagte bei dem Vorfalle zu 1. nur aus Bestürzung, Furcht oder Schrecken über die Grenzen der Vertheidigung hinausgegangen wäre, mit dem Zusatze: „der Angeklagte ist überhaupt nicht über die Grenzen der Vertheidigung hinausgegangen." Eine Feststellung, welche die Anwendbarkeit des Schlußsatzes des § 41 StGB. motivirte, liegt nicht vor, weil die Geschwornen die ihnen vorgelegte Frage verneint haben, und der gemachte Zusatz hierin nichts ändern konnte. Es hätte aber auch die unbedingte Bejahung der qu. Frage nicht genügt, weil die letztere das nothwendige Requisit nicht enthielt, daß ein gegenwärtiger rechtswidriger Angriff stattgefunden hatte, vgl. B. I. 22. Febr. 1861 c. Pompecki (1251; RdOTr. I. S. 215).

Antr. des GStA.s gleichl. [18.—4.]

1. Vorladung. — Falsche Ortsangabe. — Nichtigkeit.
2. Oeffentliche Urkunde. — Gegenbeweis. — Statthaftigkeit.
3. 4. Nöthigung. — Gefaßter Entschluß. — Bestimmte Handlung ꝛc.

1. Die Unrichtigkeit der Ortsangabe in einer Behändigungsurkunde macht die letztere nicht nichtig.

AGO. I, 7 § 20; Vdn. v. 5. Mai 1838; Ges. v. 3. Mai 1852 Art. 33 [dort einzutr. als n. 18 b].

2. Der Beweis der Unrichtigkeit des Inhalts einer öffentlichen Urkunde kann nicht lediglich durch das eigene Zeugniß des Beamten geführt werden, der die Urkunde aufgenommen ꝛc. hat.

AGO. I, 7 § 40; I, 10 § 126. 131; Ges. v. 3. Mai 1852 Art. 33 [dort einzutr. als n. 18 c].

3. Das Vergehen der Nöthigung setzt keineswegs voraus, daß der Bedrohte gezwungen werden soll, einen bereits gefaßten Entschluß aufzugeben, liegt vielmehr auch da vor, wo der Zwang sich nur auf einen demnächst erst zu fassenden Entschluß bezieht.

StGB. § 212 [dort einzutr. als n. 2a].

4. Dagegen setzt die „Nöthigung" einen Zwang zu einer bestimmten künftigen Handlung oder Unterlassung voraus.

Ebendas. [vgl. dort n. 2].

Erk. (Z. I.) v. 30. April 1862 c. Heling (259. I. Cr.).

H. war wegen des Vergehens der Nöthigung zu einer Unterlassung aus § 212 bestraft, und das betr. Erk. in zweiter Instanz in contumaciam bestätigt worden. In der NB. rügte er:

1. daß mit Unrecht in contumaciam erkannt sei; zwar liege ein in gehöriger Form ausgestelltes Insinuationsdokument des Postboten S. vor, nach welchem die Vorladung am ꝛc. zu N. bewirkt sein solle; er berufe sich aber auf das Zeugniß des S. selbst, ob derselbe ihm die Vorladung zu N. behändigt habe;

2. behauptete er Verletzung des § 212, weil dieser voraussetze, daß es sich um die Vereitelung eines vom Bedrohten bereits gefaßten Entschlusses handle, eine solche sei hier nicht festgestellt. Zurückweisung.

Gründe:

Soll durch den Beweisantrag des Angekl. bewiesen werden, daß die Behändigung nicht in N. sondern in L. erfolgt sei, so hat dies auf die Sache selbst keinen Einfluß; denn für die Entscheidung über den Angriff des Angekl. ist nicht die Frage, wo derselbe die Vorladung erhalten habe, sondern allein die Frage, ob er sie überhaupt erhalten habe, maaßgebend. Die etwaige unrichtige Bescheinigung kann zu einer disziplinarischen Rüge gegen den Postboten Veranlassung geben, ist aber auf die Sache selbst ohne allen Einfluß. Abgesehen davon aber, und wenn man auch in Verbindung mit der Behauptung des Angeklagten im Eingang seiner NB. annehmen müßte, derselbe berufe sich auf das Zeugniß des S. darüber, daß dieser ihm die Vorladung überhaupt gar nicht insinuirt habe, so ist ein solcher Beweis unstatthaft. Das Gesetz gestattet allerdings den Beweis, daß die öffentlichen, im Prozesse produzirten Urkunden ihrem Inhalte nach unrichtig seien (§ 126. 131. I, 10. AGO), allein es forbert augenscheinlich einen andern Beweis dieser Thatsache, als das eigne Zeugniß desjenigen öffentlichen Beamten, welcher diese Urkunden ausgestellt oder aufgenommen hat, darüber, daß der von ihm bezeugte Inhalt derselben unrichtig sei. Einen solchen anderweiten Beweis hat der Angeklagte aber nicht angetreten.

Was sodann die NB. in der Sache selbst betrifft, so spricht der § 212. StGB. von dem Zwange oder dem Versuch des Zwanges zu einer Handlung oder Unterlassung mittelst Bedrohung mit der Verübung eines Verbrechens oder Vergehens. Hierin liegt in keiner Art eine Andeutung darüber, daß es sich hierbei allein um einen Zwang gegen den jetzt schon vorhandenen Willen des Bedrohten zu einer Handlung oder Unterlassung, also um die

Vereitelung eines bereits gefaßten Entschlusses des Bedrohten handle. Der Charakter des Vergehens besteht vielmehr nur in der, vermöge des unerlaubten Mittels strafbaren Beschränkung der Willensfreiheit eines Andern, und diese ist sowohl dann vorhanden, wenn der Bedrohte genöthigt werden soll, einen bereits von ihm gefaßten Entschluß aufzugeben, als auch dann, wenn er bei einem künftig zu fassenden Entschluß zu einer bestimmten Handlung oder Unterlassung sich der ihm angedrohten Gefahr bewußt, und dadurch gezwungen werden soll, einen solchen Beschluß überhaupt gar nicht zu fassen.

Mit Recht fordert der App.-Richter eine bestimmte künftige Handlung oder Unterlassung; denn allerdings muß die Bedrohung selbst ein bestimmtes Objekt im Auge haben; ein solches ist aber hiernach festgestellt, nämlich die Unterlassung einer Civilklage oder Denunziation gegen den Angeklagten, sobald sich dazu eine neue Veranlassung finden sollte. Hiernach ist die Anführung der NB., daß eine zur Zeit der Drohung vorhanden gewesene Veranlassung zu einer Klage oder Denunziation gegen den Angeklagten weder behauptet noch auch festgestellt, der § 212. StGB. daher im vorliegenden Falle nicht anwendbar sei, hinfällig. [15.--4.]

---

1. Beschwerde. — Unstatthaftigkeit.

2. Anklagebeschluß. — Beschwerde. — Staatsanwaltschaft.

3. Ober-Tribunal. — Rechtsgutachten.

1. Die Unstatthaftigkeit der Beschwerde gegen eine richterliche Verfügung kann auch aus dem Zusammenhange des Gesetzes gefolgert werden.

Ges. v. 3. Mai 1852 Art. 11 [vgl. dort n. 1].

2. Die Staatsanwaltschaft ist nicht befugt, gegen einen die definitive Versetzung in den Anklagestand aussprechenden Beschluß aus dem Grunde Beschwerde zu erheben, weil die That

zur Zuständigkeit der Gerichts-Abtheilung gehöre.

Vdn. v. 3. Jan. 1849 § 12 [vgl. dort n. 3]; Ges. v. 3. Mai 1852 Art. 15 [vgl. dort n. 9]. — Contra (indirect): Beschl. II. 22. Febr. 1855 c. Nagel; Beschl. II. 15. Dez. 1859 c. v. Kotze, 74. B.

3. Das Ober-Tribunal kann nicht angegangen werden, daß es, ohne durch eine Beschwerde ꝛc. mit einer Sache befaßt zu sein, sich über eine demnächst vielleicht von den Instanzgerichten zur Sprache kommende Rechtsfrage vorweg ausspreche.

Ges. v. 3. Mai 1852 Art. 12 [dort einzutr. als n. 8 a]; 13 [dort einzutr. als n. 9 a]; Vdn. v. 3. Jan. 1849 § 145 [vgl. dort n. 9]. Sic: Beschl. I. 28. Nov. 1860 (216. B.).

Beschl. (I.) v. 30. April 1862 c. Gäde & Chomse (118. B. I. Cr.).

G. u. Ch. waren, weil sie in einer Brauerei, in welcher die Braumalzsteuer als Mahlsteuer erhoben wurde, den amtlich unter Verschluß gelegten Schrotkasten der Schrotmühle mittelst falschen Schlüssels geöffnet, und unversteuertes Malzschrot herausgenommen und zur Brauerei verwendet hatten, vom AG., welches hierin (nach § 86. 87 der Steuer-Ordn. v. 8. Febr. 1819) eine „Fälschung" und eine Steuerdefraude erkannte, definitiv in Anklagestand versetzt worden. Unter Bezugnahme auf den Beschl. I. v. 20. Dez. 1861 c. Pfuhl u. Gen. (250. B; RbOTr. 2. S. 178) ergriff der OStA. die Beschwerde, und suchte auszuführen, daß nur ein Betrug vorliege, für welchen die Abtheilung zuständig sei. Gleichzeitig bat er, das OTr. wolle sich vorweg über eine von der Steuerverwaltung angeregte Frage aussprechen, ob nämlich ev. die Strafe des Betrugs mit der der Steuerdefraude zu kumuliren sei.

Der GStAnw. erörterte in seinem Antrage zunächst, ob der StA.-schaft in einem Falle, wie der vorliegende, die Beschwerde zustehe, und sprach sich für die Bejahung dieser Frage aus, indem er Folgendes geltend machte: Im Allgemeinen lasse Art. 11 des Ges. vom 3. Mai 1852 die Beschwerde gegen alle Verfügungen zu, insofern sie nicht ausdrücklich ausgeschlossen sei; nun sei zwar eine „ausdrückliche Ausschließung" auch da als vorliegend anzusehen, wo die Unzulässigkeit der Beschwerde aus dem Zusammenhange des Ges. hervorgehe (Matt. S. 760. 810. 811; Oppenh. Strafverf. Art. 11 n. 1), für den vorliegenden Fall fehle es aber an derartigen Bestimmungen. Der Staat habe ein Interesse dabei, daß für geringfügige, zur Zuständigkeit der Abtheilungen gehörende Sachen nicht der langsamere und kostspieligere

Weg des schwurgerichtlichen Verfahrens eingeschlagen werde, und der StA. habe dieses Interesse zu wahren. Zwar könne nach Art. 6 l. c. der mit einer Abtheilungssache befaßte Schw.-GH. sich nicht unzuständig erklären, daraus folge aber gar nicht, daß zu einer Zeit, wo für die Vorbereitung des Hauptverfahrens weiter noch Nichts geschehen sei, der betr. Anklagebeschluß nicht im Beschwerdewege abgeändert werden könne. Ebenso wenig sei die Ausschließung der Beschwerde per arg. e contr. aus § 12 der Vdn. v. 3. Jan. 1849 herzuleiten; Art. 15 des cit. Ges. spreche dagegen nur dem Angeklagten die Beschwerde ab, und auch nur in Beziehung auf einen Eröffnungsbeschluß, und es sei nichts weniger als klar, daß das Gleiche auch in Beziehung auf die Versetzung in Anklagestand gelten müsse; jedenfalls sei eine Ausdehnung jenes Verbots auf die StA.-schaft ungerechtfertigt; man habe angenommen, daß dem Angeklagten sein Vertheidigungsrecht im mündlichen Verfahren genügend gewahrt sei, und besorgt, er werde die Beschwerde zu Verzögerungen mißbrauchen, eine Befürchtung, die bei dem persönlich unbetheiligten StA. nicht zutreffe, weshalb es für ihn bei der Regel des Art. 11 bleiben müsse. Für diese Ansicht habe sich auch das OTr. durch die Beschl. II. 22. Febr. 1855 c. Nagel, und II. 15. Dez. 1859 c. v. Kotze dadurch ausgesprochen, daß es sich auf eine materielle Prüfung der Beschwerde der StA.-schaft eingelassen, und zwar nachdem in der letzteren Sache die Frage der Statthaftigkeit von der GStAnw.-schaft ausdrücklich angeregt worden war.

Das OTr. hat gleichwohl die Beschw. zurückgewiesen, und zur Begründung erwogen:

J. E., daß nach Art. 15 des Ges. v. 3. Mai 1852 dem Angeklagten gegen den Beschluß, durch welchen die Untersuchung eröffnet wird, keine Beschwerde zusteht;

daß eben dieses von Beschlüssen wegen Versetzung in den Anklagestand gilt, wie schon daraus zu entnehmen, daß jene Bestimmung im Abschn. 1 unter den allgemeinen Vorschriften über das Verfahren bei Untersuchungen steht und daß in dem KB. II. K. bei Rechtfertigung der betreffenden Bestimmung unter Mitallegirung des § 78 der Vdn. vom 3. Jan. 1849 hervorgehoben wird, es sei dem Angeklagten gegen übereilte Anklage ausreichender Schutz gewährt (Matt. S. 75);

daß der § 12 der Vdn. der StA.-schaft gegen den Beschluß des Gerichtes, durch welchen der Antrag auf Eröffnung einer Untersuchung zurückgewiesen wird, die Beschwerde gestattet, und wie die Materialien ergeben, nur eine nähere Präcisirung dieser Vorschrift, keinesweges aber eine Aufhebung derselben bezweckt worden ist, was auch nach der Fassung des Art. 13 des Ges. v. 3. Mai 1852 nicht in Zweifel gestellt werden kann; hieraus aber folgt, daß die Kgl. StA.-schaft nicht nach jeder Richtung hin Beschwerde gegen Beschlüsse wegen Eröffnung einer Untersuchung oder Versetzung in den Anklagestand anstellen darf, weil es sonst unmotivirt gewesen wäre, einen besonderen Fall zu bezeichnen, wo die Beschwerde stattfinden sollte; daß vielmehr aus dem § 12 der Vdn. als Grundsatz erhellet, daß die Beschwerde der Kgl. StA.-schaft lediglich da gestattet ist, wo sie ein Interesse der Strafverfolgung geltend macht, nicht aber da, wo ihre Beschwerde dieselben Beziehungen hat, welche eine Beschwerde des Angeklagten als unstatthaft erscheinen lassen;

J. E., daß das Wort: „ausdrücklich" im Art. 11 des cit. Ges. nicht den Sinn hat, als sei, um eine Beschwerde als unstatthaft erscheinen zu lassen, eine gesetzliche Bestimmung unerläßlich, welche die Ausschließung der Beschwerde geradezu ausspräche, es vielmehr genügt, wenn die Unzulässigkeit der Beschwerde aus dem Zusammenhange der Gesetze sich ergiebt;

ferner daß die vielleicht größeren Kosten des Schwurgerichtes und die möglicher Weise entstehende Verzögerung kein Moment darbieten, um der Kgl. StA.-schaft die Beschwerde zu Gunsten des Angeklagten da zu gewähren, wo dieser sie selbst nicht besitzt, indem, wenn auf diese Verhältnisse hätte Gewicht gelegt werden sollen, sie auch bei der Frage wegen Statthaftigkeit der Beschwerden des Angeklagten würden berücksichtigt worden sein; während der entscheidende Grund, daß das Verfahren nicht unnütz aufgehalten werden soll, indem die Gesetze dem Angeklagten nicht bloß gegen übereilte Anklagen, sondern auch gegen unbegründete Anklagen einen genügenden Schutz darbieten, ein allgemeiner ist, und es dabei nicht darauf ankommen kann, ob die Beschwerde gegen die Eröffnung der Untersuchung oder den Beschluß über Versetzung in den Anklagestand von dem Angeklagten oder von der Kgl. StA.-schaft ausgeht;

J. E., daß hiernach die Beschwerde der Kgl. OStA.-schaft darüber, daß die beiden Angeklagten wegen Mahlsteuer-Defraudation und Fälschung resp. wegen Theilnahme daran, definitiv in Anklagestand versetzt sind, unstatthaft ist, wie auch das Kgl. OTr. in mehrfachen Beschlüssen, mit denen auch die Beschlüsse v. 22. Febr. 1855 c. Nagel und vom 15. Dez. 1859 c. v. Kotze [74. B.] nicht im Widerspruche stehen, ausgesprochen hat;

In schließlicher Erwägung, daß dem Ansuchen des Kgl. OStA.s, darüber zu befinden, ob neben der Strafe des Betruges (§ 241. StGB.) noch die Strafe der Steuerdefraudation zu verhängen sein würde, nicht deferirt werden kann, weil es zur Zeit hier an einer Unterlage für eine Beschwerde fehlt, und das Kgl. OTr. wohl Bescheide auf Beschwerden, nicht aber Rechtsgutachten zu geben hat, welche für die betreffenden Gerichte in Fällen der vorliegenden Art nicht maaßgebend sein würden.

Antr. des GStA.s: entg. [44.—1.]

Non bis in idem. — Identität der That. — Vorfrage.

Die Rechtskraft einer strafgerichtlichen Entscheidung ist stets auf die den Gegenstand der betreffenden Anklage bildende konkrete That zu beschränken, sie erstreckt sich daher nicht auf Berechtigungsfragen, welche damals Prämissen der Entscheidung bildeten; diese müssen im Falle einer neuen Anklage wegen eines andern wenn auch durchaus gleichartigen Falles einer neuen Prüfung unterzogen werden.

Vgl. Oppenhoff Strafverf. § 1 [vgl. dort n. 47]. **Sic:** B. II. 19. Sept. 1861 c. Bergstein (Rh. Arch. 56. 2 A. S. 75).

Erk. (B. II.) v. 1. Mai 1862 c. Schröder (81. II. Cr.).

Sch. war im J. 1858 von der Anklage: „ohne gesetzliche Befähigung das Dachdeckergewerbe selbstständig betrieben zu haben," in beiden Instanzen deshalb freigesprochen worden, weil erwiesen sei, daß er bereits vor dem Gew.-Ges. v. 9. Febr. 1849 die Berechtigung zu jenem Gewerbebetriebe gehabt habe. Er setzte darauf diesen Gewerbebetrieb fort und ward im J. 1861 abermals der Gewerbe-Polizei-Kontravention angeklagt, weil er in diesem Jahre, ohne das gesetzlich vorgeschriebene Befähigungszeugniß zu besitzen, das Dachdeckergewerbe ausgeübt habe; es erfolgte indessen abermals in beiden Instanzen Freisprechung, weil durch das rechtskräftig gewordene Erk. zweiter Instanz aus dem J. 1858 die Berechtigung des Sch. zu dem fraglichen Gewerbebetriebe anerkannt worden sei, und seine fortgesetzten Dachdeckerarbeiten keine neue strafbare Handlung darstellen könnten, da sie weiter nichts als Akte desselben von ihm betriebenen Gewerbes seien. Auf die mit Ermächtigung des Justiz-Ministers ergriffene NB. des OStA.s hat das OTr. das Erk. des AG.s vernichtet und die Sache zur näheren Prüfung in die zweite Instanz zurückverwiesen.

Gründe:

Dem rechtskräftig gewordenen, freisprechenden Erkenntnisse ist in dem jetzt angefochtenen Erkenntnisse des Rekursrichters eine Wirksamkeit beigelegt, welche ihm nicht zukam. Die im Tenor jenes Erkenntnisses erfolgte Entscheidung: „daß der rc. Schröder des selbstständigen Betriebes des Dachdeckergewerbes ohne gesetzliche Befähigung nicht schuldig und daher von Strafe und Kosten freizusprechen;" hatte lediglich auf die damals zur Anklage gekommenen Handlungen, — die selbstständige Ausführung von Dachdeckerarbeiten bei dem Schuhfabrikanten Wiegand zu Erfurt — Bezug, welche Handlungen von dem erkennenden Richter für nicht strafbar erachtet wurden (vgl. Vdn. v. 3. Jan. 1849 § 125). Behufs dieser seiner Entscheidung mußte der erkennende Richter, mit Rücksicht auf die Bestimmungen der Gew.-Ordn. v. 17. Jan. 1845 § 15 Abs. 2 und § 45, sowie des § 24 der Vdn. v. 9. Febr. 1849, allerdings auch die Frage seiner Beurtheilung unterziehen, ob schon vor Emanation der Gewerbe-Ordn. der im Besitze eines in dieser gedachten Befähigungszeugnisses nicht befindliche Angeschuldigte das Dachdeckergewerbe selbstständig nicht etwa bloß betrieben habe, sondern zu betreiben berechtigt gewesen sei, wie dies denn auch in den Erkenntnißgründen geschah.

Allein die in den Erkenntnißgründen erörterten Prämissen der richterlichen Entscheidung, namentlich auch jene Berechtigung zum selbstständigen Betriebe des gedachten Gewerbes, machten nicht den Gegenstand der richterlichen Entscheidung selbst aus. Solche Berechtigung dem Angeschuldigten durch seine Entscheidung zu- oder abzusprechen, stand dem Gerichte ebenso wenig zu, als in einem Strafverfahren über Zoll- oder Steuerdefraudationen dem Gerichte, wenn gleich es auch dabei, um die für seine Entscheidung erforderliche Grundlage zu erlangen, zu beurtheilen und festzustellen hat, ob und welche Zoll- oder Steuerabgabe zu entrichten gewesen sei, es zukommt, über die Verpflichtung zu dieser Zoll- oder Steuerzahlung zu erkennen; vgl. Erk. d. Kgl. Komp.-G.H.s v. 14. April 1855; 17. April 1858; 12. Febr. 1859 (J.M.Bl. 55. S. 201; 58. S. 353; 59. S. 432); O.Tr. Erk. v. 22. Nov. 1855 c. Püttmann und v. 18. Okt. 1860 (G. A. 4. S. 233; 9. S. 64). Auch im Strafverfahren wird aber nur die im Tenor des Erkenntnisses ausgesprochene wirkliche Entscheidung, gegen welche allein auch ein Rechtsmittel ergriffen werden kann (vgl. Oppenhoff Strafverf. Abschn. IV n. 1; § 126 n. 7; Art. 106 n. 2), rechtskräftig; nicht aber erlangen Erkenntnißgründe und namentlich auch nicht die in diesen, als Grundlage der Entscheidung erfolgte thatsächliche Feststellung, Rechtskraft; vgl. Oppenhoff Strafverf. Abschn. IV n. 59; § 130 n. 12; J.M.Bl. 1851 S. 62; 1855 S. 204; 1859 S. 435. Das rechtskräftig gewordene Erkenntniß des Polizeirichters v. 9. Sept. 1858, welches nur die damals zur Anklage gekommenen konkreten Handlungen zum Gegenstande hatte und nur in Betreff ihrer rechtskräftig entschied, daß der Angeschuldigte wegen derselben keiner Bestrafung unterliege, konnte daher weder, wie sich von selbst versteht, für die Zukunft den Mangel des Qualifikationszeugnisses ersetzen, noch nach den Grundsätzen der rechtskräftig entschiedenen Sache für spätere gewerbliche Handlungen des Angeschuldigten, welche schon als solche spätere Handlungen einen von dem Gegenstande des früheren Strafverfahrens und der darin ergangenen Entscheidung verschiedenen Gegenstand ausmachen, ein Präjudiz bilden; vgl. B. II. 20. Dez. 1860 c. Schmidts, 367 (Oppenhoff StGB. Th. III Tit. 1 n. 3). Rücksichts dieser kann daher von der Anwendbarkeit der prozessualischen Regel: daß über eine und dieselbe Handlung in allen ihren strafrechtlichen Beziehungen in einem Verfahren abgeurtheilt werden soll, und des daraus folgenden Grundsatzes: daß nach rechtskräftig ohne Vorbehalt erfolgter Erledigung einer Anklage wegen derselben eine neue Verfolgung nicht mehr stattfinden kann (non bis in idem), nicht die Rede sein.

Der Rekursrichter hat daher allerdings diesen Grundsatz in seiner Entscheidung dadurch unrichtig angewandt, daß er angenommen hat, es sei durch das rechtskräftig gewordene, den rc. Sch. freisprechende Erkenntniß v. 9. Sept. 1858 zugleich für die jetzige Untersuchung rechtskräftig festgestellt, daß der Betrieb des Dachdeckergewerbes für den Angeschuldigten auch ohne Befähigungszeugniß ein erlaubter sei.

Antr. des GStA.s: gleichl. [26. — 2.]

Unterschlagung. — Faustpfandgläubiger.

Der Faustpfandgläubiger, welcher die ihm pfandweise übergebenen Sachen zum Nachtheile des Eigenthümers rc. bei Seite schafft rc., macht sich der Unterschlagung schuldig.

StGB. § 225 [dort einzutr. als n. 23 a].

Erk. (Z. II.) v. 1. Mai 1862 c. Lißner (87. II. Cr.).

Zurückweisung der NB. des Angekl., indem erwogen ward:

daß, abgesehen davon, daß auch für das gemeine Criminalrecht aus den in der Beschwerdeschrift citt. Artt. 170 der C. C. C. und L. 7. C. 8, 28 keineswegs herzuleiten ist, daß der Faustpfandgläubiger, welcher widerrechtlich und heimlich zum Nachtheil des Pfandbestellers die verpfändeten Sachen veräußert, nur sich dem letzteren civilrechtlich verantwortlich mache, derselbe vielmehr hierdurch auch nach gemeinem Rechte strafbar ward und wird (vgl. L. 52 § 7. D. 47, 2; Feuerb. 14. Ausg. § 315 a ad 8 u. 9; Wächter in Weiske's R.-Lex. 3. S. 360. 34; Köstlin in G. Arch. 4. S. 55. 60), und daß eben dies nach dem landrechtlichen Strafrechte (ALR. II, 20 § 1366 vgl. mit I, 20 §§ 14. 86. 87. 126 ff.) eintrat, — es keinem Bedenken unterliegt, daß ein solcher Faustpfandgläubiger den unvollständigen (ALR. I, 7 § 6) Besitz der ihm pfandweise übergebenen Sache unter Verpflichtung sie zu verwahren und dereinst abzugeben oder abzuliefern erlangt hatte, und daher ein solcher ist, der in dem gedachten Falle der Bestrafung nach § 225. 227 StGB. verfällt; rc.

Antr. des GStA.s: gleichl. [26. — 2.]

---

1. Anstiftung. — Mittel. — Nothwendigkeit der Feststellung.

2. Anklageformel. — Ergänzung aus der Anklageschrift. — Erschöpfung.

1. Eine Verurtheilung wegen Anstiftung zu einer Strafthat kann nur erfolgen, wenn das Mittel der Anreizung rc. festgestellt worden ist.

StGB. § 34 Nr. 1 [vgl. dort n. 37].

2. Die im Anklagebeschlusse enthaltene Anklageformel ist aus der Anklageschrift zu ergänzen; ist daher in dieser ein in jener übergangenes Begriffsmerkmal des Straffalles behauptet, so muß sich die Fragstellung auf dasselbe mit erstrecken, widrigenfalls im Falle einer Vernichtung die Sache zur nochmaligen Aburtheilung an das Schwurgericht zurückzuverweisen ist.

Vdn. v. 3. Jan. 1849 § 1 n. 21. 22; Ges. v. 3. Mai 1852 Art. 116 n. 2.

Erk. (B. II.) v. 1. Mai 1862 c. Albertz (Kiene u. Gen. 96. II. Cr.).

A. war definitiv in den Anklagestand versetzt worden, weil er — den K. zu einer Urkundenfälschung „verleitet und bestimmt habe;"

die in Uebereinstimmung mit der im Anklagebeschlusse enthaltenen Anklageformel gestellte Frage ward von den Geschwornen bejaht. Auf die NB. des Angekl. hat das ObTr. das verurtheilende Erk. vernichtet, und die Sache an das Schwurgericht zurückverwiesen.

Gründe:

Als Erfordernisse strafbarer Anstiftung zu einem Verbrechen oder Vergehen giebt der § 34 Nr. 1 des StGB. an, daß der an einem Verbrechen oder Vergehen Theilnehmende den Thäter „durch Geschenke oder Versprechen, durch Drohungen u. s. w. oder durch andere Mittel zur Begehung des Verbrechens angereizt, verleitet oder bestimmt habe.“ Darnach wird strafbare Anstiftung nur dann festgestellt, wenn auch das Mittel, durch welches der Anstifter zur Begehung des Verbrechens oder Vergehens angereizt, verleitet oder bestimmt hat, speziell festgestellt wird; vgl. [Oppenh. StGB. § 34 n. 37]; Berner Grundss. § 27.

Eine solche Feststellung ist gegen den Angekl. A. durch die Beantwortung der den Geschwornen zugestellten Frage Nr. 3 nicht erfolgt. Der Schw.-GH. hat dadurch, daß er ohne solche Feststellung den A. als Theilnehmer (durch Anstiftung) mit Anwendung der §§ 247 und 251. StGB. zu Strafe verurtheilt hat, diese Gesetze und insbesondere den § 34 Nr. 1 a. a. O. verletzt, weshalb sein Erkenntniß hinsichts dieses Angekl. und in Bezug auf den die Theilnahme an dem Verbrechen des Angekl. K. betr. Anklagepunkt der Vernichtung unterliegt.

Der die letztere herbeiführende Mangel findet jedoch zunächst seine Veranlassung in der Fragestellung. Allerdings war auch in der Anklageformel des Anklagebeschlusses und der Anklageschrift der rc. A. nur einfach beschuldigt worden, „den rc. K. zur Begehung der rc. That verleitet und bestimmt zu haben,“ und insofern würde die Anklage durch die Fragestellung erledigt sein. Allein jenes konnte für den Schwurgerichtshof kein Hinderniß sein, die Frage den Erfordernissen des Gesetzes (§ 34 Nr. 1) entsprechend zu stellen, sobald sich dazu thatsächliche Momente aus der

Verhandlung ergaben, oder die in der Anklageschrift enthaltene Darstellung des Sachverhalts dergleichen behauptet hatte, und letzteres war, Inhalts der Anklageschrift, der Fall. Deshalb kann auch nicht Freisprechung des A. eintreten, vielmehr war Hinsichts seiner die Sache, soweit nicht schon zu seinen Gunsten rechtskräftige Entscheidung vorliegt, an das Schwurgericht zurückzuweisen. [26. — 2.]

Beschluß. — Gründe. — Gesetzesstelle.

Ein Beschluß ist nicht genügend begründet, wenn derselbe lediglich auf eine Gesetzesstelle verweist.

Ges. v. 3. Mai 1852 Art. 13 [vgl. dort n. 2].

Beschl. (Pl.) v. 1. Mai 1862 c. Stefanski (131. B. I. Cr.).

J. E., daß der Urtels-Senat des Kgl. Kammergerichts für Staatsverbrechen durch den ꝛc. Beschluß den Antrag des OStA.s auf sofortige Verhaftung des Angekl. St., welcher am betr. Tage zu zwei Jahr Einschließung verurtheilt wurde, bloß unter Allegirung der §§ 516. 208 und 210 der Cr.-Ordn., abgelehnt hat;

daß dieses bloße Allegat die Stelle der erforderlichen Angabe der den Beschluß motivirende Gründe nicht vertreten kann, da daraus nicht zu entnehmen ist, ob diese Gründe rechtlicher oder thatsächlicher Natur und ob sie im ersteren Falle den Gesetzen und Rechtsgrundsätzen gemäß waren oder nicht.

A. d. Gr. Aufhebung des betr. Beschlusses und Zurückverweisung der Sache an den betr. Senat.

Antr. des GStA.s: gleichl. [26. — 3.]

Antrag auf Hinverweisung vor ein anderes Gericht. — Prüfung.

Wenn der Angeklagte vor dem mit der Sache befaßten Instanzgerichte einen angeblichen Perhorrescenzgrund gegen dieses Gericht vorbringt und damit den Antrag verbindet, „die Sache zurückzuweisen," so kann dasselbe über den letzteren selbst entscheiden und ist nicht gehalten, die Sache an das für wirkliche Verweisungsgesuche zuständige höhere Gericht abzugeben.

Ges. v. 26. April 1851 Art. V. 2a; Dekl. v. 6. April 1839 Art. 3 Nr. 3 [vgl. Oppenhoff Strafverf. S. 55 n. 6; RdO. I. S. 378].

Erk. (Z. I.) v. 2. Mai 1862 c. Rohrmoser (178. I. Cr.).

Gegen R. war die Untersuchung wegen Beleidigung eines Gerichtsexekutors im Dienste eingeleitet; im Termine erster Instanz erschien er nicht, sondern zeigte schriftlich an, daß er „den Termin nicht innehalten werde, weil das Gericht nicht kompetent sei, da ein Beamter desselben, also ein Mitglied, der angeblich Beleidigte sei;" er verband damit den Antrag „die Sache zurückzuweisen." Das Gericht verfuhr darauf gegen ihn in contumaciam. Er ergriff die Appellation und demnächst die NB., indem er es rügte, daß sein „Perhorrescenzgesuch" nicht berücksichtigt worden sei. Zurückweisung.

Gründe:

Die Eingabe des Angeklagten vom ꝛc. enthält keinen Antrag auf Verweisung der Sache an das Ober-Gericht, welches nach § 143 Abs. 3. I, 2. AGO. und Art. V. 2a. des Ges. v. 26. April 1851 behufs der Bestimmung eines anderen Gerichts statt des gesetzlich zuständigen St.-G.s dem Angeklagten oblag, sondern nur eine „Anzeige," daß letzterer im Verhandlungstermine nicht erscheinen werde, und den Antrag: „die Sache zurückzuweisen." Das Kgl. St.-G. hat daher überhaupt kein Perhorrescenzgesuch unbeachtet gelassen (Art. 3 Nr. 3 der Dekl. v. 6. April 1839), wenn es aus den Motiven dieser Eingabe, die ausdrücklich nur als solche angebracht waren, keine Veranlassung nahm, sich der Entscheidung zu enthalten.

Antr. des GStA.s: gleichl. [23. — 1.]

Wohnsitz. — Eingerichtete Wirthschaft. — Hausirhandel.

Die Frage, ob Jemand an einem Orte seinen beständigen Wohnsitz habe, ist auch in strafrecht-

licher Beziehung nach Maaßgabe der §§ 9 ff. I, 2. AGO. zu beantworten.

AGO. I, 2 § 9 ff.

Erk. (Z. I.) v. 2. Mai 1862 c. Krause (214. I. Cr.).

K. war wegen Hausir-Kontravention verurtheilt worden, weil er „— zu U. das Gewerbe des Musikmachens umherziehend betrieben habe, ohne sich über seine Befugniß dazu mittelst Gewerbescheins ausweisen zu können.“ Seine NB. rügte es, daß die Instanzrichter die Annahme, er habe zur fraglichen Zeit nicht in U., sondern nur in A. gewohnt, lediglich darauf stützten, daß er zu U. keine eingerichtete Wirthschaft, sondern nur ein Absteigequartier in einem Gasthofe gehabt habe. Zurückweisung.

Gründe.

Die Vorschriften im § 9 ff. I, 2. AGO. sind nicht bloß, wenn es sich um den persönlichen Gerichtsstand handelt, sondern in Ermanglung anderer desfallsiger gesetzlicher Bestimmungen ganz allgemein in Beziehung auf die Frage, ob Jemand an einem Orte seinen beständigen Wohnsitz genommen habe, maaßgebend, wobei nach § 11 l. c. der Umstand, ob er daselbst eine eingerichtete Wirthschaft hat, allerdings von Erheblichkeit ist.

Antr. des GStA.s: gleichl. [18.—1.]

Notar. — Aufnahme eines ungültigen Akts. — Verlangen der Parteien.

Der § 3 der Not.-Ordn. v. 11. Juli 1845 gestattet dem Notar nur die Aufnahme materiell ungültiger Verhandlungen in dem Falle, wo dieselbe von den Parteien, trotz der ihnen gewordenen Belehrung, verlangt wird, er bezieht sich daher nicht auf solche Geschäfte, deren Gültigkeit durch die gerichtliche Form bedingt ist.

Not.-Ordn. v. 11. Juli 1845 § 3.

Erk. (Best. I. Civ.-Sen.) v. 2. Mai 1862 c. Notar R. (290. I. D.).

R. hatte wiederholt als Notar Kaufgeschäfte unter Eheleuten aufgenommen, obgleich es zur absoluten Gültigkeit derselben der gerichtlichen Aufnahme bedurft hätte (ALR. II, 1 § 198—201). Deshalb disziplinarisch verfolgt, berief er sich auf § 3 der Not.-Ordn. und machte geltend, daß er die Parteien darüber belehrt habe, daß der Akt von der Ehefrau angefochten werden könne. Das OTr. erachtete gleichwohl die Verurtheilung des Ehrenraths für gerechtfertigt.

Gründe:

Abgesehen von der Unvollständigkeit der Belehrung, so hatte der Angeschuldigte keine Veranlassung, auf den wiederholten Antrag der Parteien Geschäfte, welche zur unbedingten äußern Rechtsbeständigkeit gerichtlichen Abschluß erforderten, vor sich zu ziehen, da nichts im Wege stand, die Paciscenten an die, an seinem Wohnort bestehende Gerichtskommission zu verweisen und dadurch der relativen Unkräftigkeit des Vertrages vorzubeugen.

Der § 3 der Not.-Ordn. v. 11. Juli 1845 behandelt materiell ungültige Geschäfte, die auch durch die Verhandlung vor Gericht eine Rechtsverbindlichkeit nicht würden erlangen können, und autorisirt den Notar, sich deren Aufnahme zu unterziehen, wenn die Betheiligten dieselbe ungeachtet der ihnen gewordenen belehrenden Auseinandersetzung beharrlich verlangen.

Auf Fälle der vorliegenden Art, in welchen die Parteien nicht verhindert sind, dem zu vollziehenden Akt durch Antretung des Gerichtes die volle formelle Gültigkeit zu verschaffen und dadurch alle Angriffe zu beseitigen, welche aus der nur notariellen Abfassung hergeleitet werden können, findet der § 3 cit. keine Anwendung. [2.]

Fragstellung (besondere). — Angeklagter.

Der Angeklagte hat kein Recht, die Stellung einer Frage zu beantragen, welche die der Anklage zum Grunde liegende That unter einen andern strafrechtlichen Gesichtspunkt bringt, als es in dem Anklagebeschlusse geschehen war.

Ges. v. 3. Mai 1852 Art. 86 [vgl. dort n. 22].

Erk. (Z. I.) v. 2. Mai 1862 c. Timm (334. I. Cr.).

T. war wegen versuchten Todtschlages verurtheilt worden; eine NB. rügte es, daß der Schw.-GH. seinen Antrag auf Stellung einer die Verletzung des Hausrechts betr. Frage an die Geschwornen abgelehnt und dadurch seine Vertheidigung beschränkt habe. Zurückweisung.

Gründe:

Die Artt. 84 und 85 des Ges. v. 3. Mai 1852 geben zwar dem Angekl. das Recht, die Stellung besonderer Fragen dann zu verlangen, wenn das Gesetz die Anwendung einer geringeren Strafe von dem Vorhandensein mildernder Umstände abhängig gemacht hat. Hieraus folgt aber weiter nichts, als daß der Angekl. die Stellung solcher Fragen verlangen kann, durch welche das Vorhandensein mildernder Umstände ermittelt werden soll, von deren Vorhandensein die mildere Bestrafung derjenigen That abhängig ist, die dem Angekl. von der StA.-schaft zur Last gelegt wird. Keineswegs steht ihm aber die Befugniß zu, diejenigen Thathandlungen, die der Anklage zu Grunde liegen, unter einen andern strafrechtlichen Gesichtspunkt dergestalt zu bringen, daß ihm eine andere strafbare Handlung, auf die die Anklage gar nicht gerichtet ist, zur Last fallen würde. Denn die Verfolgung der Verbrechen und Vergehen steht nur der StA.-schaft zu, sie allein ist nur berechtigt, ein Verbrechen ꝛc., welches sie entdeckt zu haben glaubt, vor Gericht zu verfolgen und dessen Bestrafung zu erwirken, der Angekl. dagegen ist nicht berufen, sich selbst anzuklagen und zu verlangen, daß die von ihm angeblich begangenen strafbaren Handlungen vor Gericht festgestellt werden, und er deshalb bestraft werde. Dies folgt mit Nothwendigkeit aus der Stellung, die einerseits die StA.-schaft und andererseits der Angeklagte vor dem Strafrichter gesetzlich einzunehmen haben. Es kann daher auch nur der StA.-schaft zustehen, den strafrechtlichen Gesichtspunkt hervorzuheben und zu bestimmen, unter welchen die zur Untersuchung gestellten Thathandlungen gebracht werden sollen, und die

Entscheidung darüber, ob die festgestellten Thathandlungen unter diesen strafrechtlichen Gesichtspunkt zu subsumiren sind, gebührt lediglich dem Gerichte.

Antr. des GStA.s: gleichl. [14. — 1.]

Disziplinarverfahren. — Plenar-Sitzung. — Dispensation einzelner Mitglieder.

Es begründet keine Nichtigkeit, wenn in der zur Erledigung einer Disziplinarsache berufenen Plenar-Sitzung eines Appellationsgerichts die Mitglieder einer Abtheilung wegen einer gleichzeitigen Sitzung fehlen.

Disz.-Ges. v. 7. Mai 1851 § 20.

Erk. (Best. I. Civ.-Sen.) v. 5. Mai 1862 c. Ger.-Assessor J. (298. I. D.)

Der Angeschuldigte griff ein gegen ihn im Disziplinarverfahren ergangenes Erk. als nichtig an, weil dasselbe nicht in einer Plenar-Sitzung des betr. AG.s ergangen sei, da die Mitglieder der zweiten Civilabtheilung durch eine gleichzeitige Spruchsitzung verhindert gewesen seien, daran Theil zu nehmen. Das OTr. hat das Erk. des AG.s bestätigt.

Gründe:

Die Akten ergeben, daß zur mündlichen Verhandlung der Sache ausdrücklich eine Plenar-Sitzung des AG.s auf den ꝛc. anberaumt worden ist, so wie daß außer den beiden Präsidenten noch dreizehn AG.-Räthe an derselben Theil genommen haben. Wenn daher auch fünf Mitglieder des AG.s wegen einer gleichzeitigen Sitzung der zweiten Civilabtheilung von dem Erscheinen in der Plenar-Sitzung Seitens des Präsidii dispensirt gewesen sind, so hat diese Sitzung doch dadurch den Charakter einer Plenar-Sitzung nicht verloren, da es unbedenklich von dem pflichtmäßigen Ermessen des Präsidii abhing, einzelne Mitglieder von der Plenar-Sitzung zu entbinden.

Antr. des GStA.s: entg. [2.]

Geschwornenliste. — Unrichtigkeit. — Nichtigkeit.

Eine Unrichtigkeit in der Angabe des Standes eines Geschwornen, welche sich in der dem Angeklagten zugestellten Geschwornenliste findet, begründet keine Nichtigkeit, wenn dadurch die Identität der Person des Geschwornen nicht zweifelhaft wird.

Vdn. v. 3. Jan. 1849 § 82 [vgl. dort n. 13].

Erk. (Z. I.) v. 7. Mai 1862 c. Weck (400. I. Cr.).

Die unrichtige Angabe des Standes des Geschwornen v. S. als Rittergutsbesitzer kann eine Nichtigkeit des Verfahrens nicht begründen, da der § 82 cit. eine solche nicht ausspricht, im vorliegenden Falle auch kein Anhaltspunkt dafür besteht, daß durch diese Unrichtigkeit die Identität der Person des v. S. ungewiß geworden und hierdurch das Recht des Angeklagten, denselben abzulehnen, irgendwie beschränkt worden wäre, zumal nach der Anzeige des Landraths sonst ein v. S. in W. nicht wohnt.

Antr. des GStA.s: gleichl. [13. — 4.]

Schlägerei. — Betheiligung. — Anwesenheit.

Als eine „Betheiligung" bei einer Schlägerei ist die nicht unfreiwillige und nicht unverschuldete Anwesenheit unter den Streitenden anzusehen. StGB. § 195 [vgl. dort n. 11].

Erk. (Z. II.) v. 8. Mai 1862 c. Frohmeier (99. II. Cr.).

F. war wegen „Betheiligung bei einer Schlägerei, wobei ein Mensch erheblich verletzt worden," aus § 195. StGB. verurtheilt worden. Seine NB. rügte Gesetzesverletzung, weil der App.-Richter davon ausgegangen sei, daß es nach der Bestimmung des cit. § Abs. 1 nicht nothwendig sei, daß er (der Angekl.) am Kampfe thätigen Antheil genommen habe, es vielmehr ausreiche, wenn er in der Rauferei unter den Streitenden anwesend gewesen sei. Zurückweisung.

Gründe:

Wie aus der Entstehungsgeschichte des § 195. StGB. sich ergiebt, und auch noch durch die Verhandlungen über des Ges. v. 14. April 1856, namentlich durch die Aeußerung im Kommissionsbericht des Abgeordnetenhauses:

„Die Wahl des Ausdrucks: . . . „Betheiligung" und „betheiligt" . . . im ersten und zweiten Absatze (des § 195) ist gebilligt worden, weil dadurch besser die Thatsachen bezeichnet werden, daß die Personen sich in die Schlägerei gemischt, resp. (bezüglich auf den zweiten Absatz) dabei thätlich mitgewirkt haben." (G. Arch. 4. S. 117.)

dargelegt wird, soll jeder, der sich in einen Raufhandel begiebt, wobei tödtliche, schwere oder erhebliche Verletzungen vorfallen, einer härteren als der im § 187 Abs. 1 bestimmten Strafe verfallen. Es genügt also allerdings schon eine (nicht unfreiwillige und nicht unverschuldete) Anwesenheit unter den Streitenden im Raufhandel oder der Schlägerei zur Anwendung jener Strafe und stellt eine Betheiligung im Sinne des § 195 Abs. 1 her.

Antr. des GStA.s: gleichl. [26. — 2.]

Trauung. — Ausländer. — Erlaubniß. — Aufgebot.

Der Strafe des Ges. v. 13. März 1854 unterliegt nur derjenige Geistliche ꝛc., welcher, ohne sich das vorgeschriebene Attest vorlegen zu lassen, die Trauung eines Ausländers vornimmt, nicht auch derjenigen, welcher nur das Aufgebot bewirkt.

Ges. v. 13. März 1854 § 1. 3.

Erk. (Z. I.) v. 9. Mai 1862 c. Strybel (254. I. Cr.).

Es steht thatsächlich fest, daß der Angekl. nur das Aufgebot des Ausländers O. v. B. mit der M. v. B. veranlaßt hat, ohne sich das im § 1 l. c. vorgeschriebene Attest vorlegen zu lassen, und daß die demnächstige Trauung von dem Probste Z. zu M. vorgenommen worden ist, ohne daß dieser das erforderliche Attest erhalten hätte. Der App.-Richter führt sodann aus, daß das Ges. v. 13. März 1854 auch auf den Angeklagten, als den das Aufgebot vornehmenden Geistlichen, Anwendung finde.

Dies ist indeß ein Rechtsirrthum; das allegirte Gesetz hat ausschließlich nur den die Trauung vornehmenden Geistlichen im Auge, wie sich dies aus dem Gange der Gesetzgebung, namentlich aber aus der Entstehungsgeschichte des Ges. v. 13. März 1854 ergiebt.

Der § 143. II, 1. ALR. bestimmte:

„Auch ein Fremder, der in Kgl. Landen getraut sein will, muß sich in der Parochie seiner Heimath aufbieten lassen,"

und der § 144 l. c. lautet:

„Kann er dies nicht bewerkstelligen, so muß er durch gerichtliche oder beglaubigte Notariatszeugnisse nachweisen, daß an dem Orte seiner Heimath kein Ehehinderniß wider ihn bekannt sei."

Nach den betr. Akten des Kgl. Staatsministerii hatte sich in der neueren Zeit das Unzureichende dieser landrechtlichen Bestimmungen, sofern es sich um die Eingehung einer Ehe eines Ausländers handelte, herausgestellt. Nach den Gesetzgebungen der mehrsten deutschen Bundesländer, namentlich Baiern, Hannover, Würtemberg u. s. w., war die Zulässigkeit und Gültigkeit der von männlichen Unterthanen dieser Staaten im Auslande einzugehenden Ehen von der vorgängigen Zustimmung der betreffenden heimathlichen Obrigkeit abhängig gemacht. Es kam aber häufig vor, daß Ausländer, nachdem sie sich längere oder kürzere Zeit in den diesseitigen Staaten aufgehalten hatten, hier mit Inländerinnen getraut wurden, ohne daß ihrerseits den obigen Vorschriften Genüge geleistet worden. Solche Fälle hatten theils Reklamationen auswärtiger Regierungen zur Folge, theils führten sie den Uebelstand herbei, daß solche Ehen von der heimathlichen Behörde des Ehemannes für ungültig erklärt wurden, und den Ehefrauen und Kindern solcher Ausländer die Aufnahme in die Heimath des Ehemannes und Vaters versagt blieb, so daß deren Ernährung den inländischen Kommunen zur Last fiel.

Unter den verschiedenen Ministerien herrschte demnächst darüber vollkommenes Einverständniß, daß die Geistlichen, resp. Personenstandsbeamten angewiesen würden: von einem Fremden, der in diesseitigen Staaten getraut werden wolle, auch noch ein gehörig beglaubigtes Attest der Ortsobrigkeit seiner Heimath zu verlangen, nach welchem es ihm den dortigen Gesetzen zufolge erlaubt sei, eine gültige Ehe mit einer Ausländerin im Auslande einzugehn.

Nur darüber war man verschiedener Meinung, ob eine solche Anweisung von dem Minister der geistlichen Angelegenheiten allein, ohne Allerhöchste Genehmigung Sr. Majestät des Königs, an die Geistlichen derjenigen Landestheile, in welchen das Französische Recht nicht gelte, erlassen werden könne, und es wurde deshalb unter dem 31. März 1840 die Allerhöchste Entscheidung beantragt. Se. Majestät bestimmten sodann durch AKO. v. 13. Mai 1840, daß eine derartige Verordnung vorgelegt und durch die Gesetz-Sammlung bekannt gemacht werden solle.

In den Stadien, welche diese Gesetzesvorlage durchlief, hob das Votum des Ministerii des Innern v. 5. Dez. 1840 noch hervor, daß die Unzulänglichkeit der Vorschriften des ALR. nicht als alleiniges Motiv der Vdn. darzustellen sei, da die letztere auch in der Rheinprovinz Gültigkeit haben solle. Dort lasse aber die Vorschrift des Civilgesetzbuchs ein gleiches Bedürfniß erkennen, indem ein Jeder, der ein ununterbrochenes Domizil von sechs Monaten nachweisen könne, sich aufbieten und trauen lassen dürfe, wenn er nur die im Kap. 3. I, 2 des Code civil enthaltenen Vorschriften zu erfüllen vermöge. In der Sitzung des Staatsministerii v. 2. März 1841 wurde diesem Voto beigetreten, und beschlossen, daß in dem Eingange des Entwurfs der Verordnung von der beispielsweisen Bezugnahme des ALR., als entbehrlich, Abstand genommen werden solle. Hierauf erging die Vdn. v. 28. April 1841 wegen der in den Kgl. Preußischen Staaten erfolgenden Trauungen von Ausländern mit Inländerinnen, welche nur der Trauungen gedenkt (GS. S. 121).

Allein auch dieses Gesetz stellte sich als unzureichend dar, namentlich in Hinblick auf den mit mehren deutschen Bundesstaaten eingegangenen Vertrag wegen Uebernahme der Auszuweisenden v. 15. Juli 1851 (GS. S. 711). Es wurde deshalb von den Ministerien des Innern, der auswärtigen Angelegenheiten, der Justiz und der geistlichen Angelegenheiten am 7. Febr. 1853 dem Staatsministerio ein neuer Gesetzentwurf vorgelegt, welcher das Ges. v. 13. März 1854 (GS. S. 123) zur Folge hatte. Der § 1 des Entwurfs stimmt im Wesentlichen mit dem § 1 des Gesetzes überein. Der § 2 des Entwurfs nahm die Stelle des § 3 des Gesetzes ein und lautete in seiner ursprünglichen Fassung:

> Geistliche oder Civilstandsbeamte, welche die Ehe eines Ausländers abschließen, ohne daß ihnen das nach § 1 dieses Gesetzes erforderliche Attest beigebracht worden ist, sollen u. s. w.

In den Motiven des Entwurfs wird hervorgehoben:

die Vdn. v. 28. April 1841 habe sich als unzulänglich gezeigt, weil

1. dieselbe sich auf Ehen beschränke, welche Ausländer mit Ausländerinnen schließen, während dem die hierfür sprechenden Gründe auf alle Ehen sich erstreckten, welche Ausländer im Inlande eingehen, und weil sie
2. keine Straffestsetzung für den Fall der Uebertretung enthalte.

Ob man der Strafbestimmung des § 2 (jetzt § 3) auch diejenigen Geistlichen u. s. w. unterwerfen wollte, welche das der Trauung vorhergehende Aufgebot zu besorgen gehabt, darüber findet sich in den Motiven keine Andeutung vor, es werden dort promiscue die Ausdrücke gebraucht: „Ehe schließen, — Ehe eingehn, — Verheirathung.“ Der Entwurf gelangte in Folge AKO. v. 14. März 1853 zur Berathung an die erste Kammer. Die Justiz-Kommission derselben schlug in der Sitzung v. 12. April 1853 ad § 2 die Fassung desselben dahin vor: Geistliche und Civilstandsbeamte, statt Geistliche oder u. s. w. Diese Abänderung wurde in dem Bericht der Justiz-Kommission vom 18. April 1853 beibehalten und dabei bemerkt:

> Die Partikel „oder" zwischen Geistliche und Civilstandsbeamte ist in „und" verwandelt worden, um den Geistlichen auch in den Landestheilen, wo die Civilehe gilt, ebenso wie den Civilstandsbeamten, die Pflicht, auf die Erfüllung der Bestimmung des § 1 zu halten, aufzuerlegen.

Im Uebrigen wurde dem materiellen Inhalt des Paragraphen beigetreten, derselbe indeß als § 3 aufgeführt, und der § 3 des Entwurfs als § 2. Sodann aber erhielt derselbe, ohne daß dies näher motivirt wurde, nach dem Protokolle v. 12. April 1853 die Fassung: „Geistliche und Civilstandsbeamte, welche bei Schließung der Ehe eines Ausländers amtlich mitgewirkt, u. s. w." statt „welche die Ehe eines Ausländers abschließen." Der Entwurf gelangte indeß noch nicht zur definitiven Erledigung und wurde in der nächsten Legislaturperiode wieder eingebracht.

Die Justiz-Kommission der zweiten Kammer bemerkte sodann in ihrem Berichte v. 10. Jan. 1854 ad § 3 unter Anderem:

> Es sei nicht zu billigen, durch neue Strafandrohungen die Konflikte zwischen dem Gewissen der Geistlichen und der Gesetzgebung zu vermehren und die kirchliche Selbstständigkeit noch mehr zu beeinträchtigen. In der Rheinprovinz nehme der Geistliche nur die religiöse Feierlichkeit vor, es erscheine daher gerechtfertigt, das Gesetz auf den in jener Provinz belegenen Theil des App.-Gerichts zu Köln nicht auszudehnen.
>
> Der Herr Regierungskommissarius habe hierauf die Erklärung abgegeben, daß die Vorlage nur dahin zu verstehen sei, daß in dem gedachten Bezirk der Rheinprovinz nur die Civilstandsbeamten, in dem übrigen Theile der Rheinprovinz und in den alten Provinzen dagegen die Geistlichen mit Strafe bedroht würden, und daß dieser Sinn durch die Worte: „amtlich mitwirken" habe ausgedrückt werden sollen.

Zuletzt wurde noch erwähnt, daß es in schleunigen Fällen dem die Trauung vollziehenden Geistlichen gestattet werden müsse, zur Abwendung der Strafe das Attest nachzubringen. Die Kommission habe diesem Antrage aber nicht beigestimmt. Die zweite Kammer trat im Wesentlichen bei und nahm nur die einzige Aenderung in der Fassung des § 3, nämlich die vor, statt „Geistliche und Civilstandsbeamte" zu sagen: „Geistliche oder ..." So gelangte der Entwurf wieder in die erste Kammer, deren Justiz-Kommission in der Verhandlung v. 2. Febr. 1854 sich für die so eben gedachte Aenderung entschied, „weil Fälle vorkommen könnten, in denen nur der Civilakt, nicht aber der geistliche Akt vollzogen werden könne." Der Bericht der Justiz-Kommission v. 4. Febr. 1854 stimmte dem bei, und zwar um so mehr, als diese Aenderung nicht sehr wesentlich und erheblich erscheine, und so wurde schließlich der Entwurf angenommen.

Der demnächstige Bericht des Staatsministerii vom 28. Febr. 1854 an Se. Majestät den König hob die Aenderung des Wortes „und" in „oder" im § 3 des Gesetzes hervor und bemerkte, daß hiergegen Nichts zu erinnern sei. Die Absicht des Gesetzes gehe dahin, Ehen zu verhindern, zu deren Eingehung der ausländische Bräutigam seine persönliche Befugniß durch das vorgeschriebene Attest nicht nachgewiesen habe. Sei nun mit Uebertretung des Gesetzes da, wo die Civilehe gelte, durch Aufnahme der Heirathsurkunde die Ehe perfekt geworden, so treffe den Civilstandsbeamten die Strafe des Gesetzes. Es sei aber kein Interesse vorhanden, die kirchliche Einsegnung einer bereits rechtsgültigen Ehe zu hindern, weshalb den Geistlichen, welcher auf Grund der Heirathsurkunde der Ehe die kirchliche Weihe gegeben habe, keine Strafe treffe. Demnächst wurde das Gesetz am 13. März 1854 Allerhöchst vollzogen.

Hiernach ist es unbedenklich, daß in denjenigen Provinzen, in denen, wie im Großherzogthum Posen, das ALR. gilt, unter der Strafandrohung des Ges. v. 13. März 1854 nur derjenige Geistliche gemeint ist, welcher die Trauung vorgenommen hat. Lediglich die Vollziehung einer

Ehe sollte verhindert werden, denn blos diese führte die Inkonvenienzen mit den auswärtigen Regierungen herbei. Damit harmonirt auch der § 148. II, 1. ALR., nach welchem das Aufgebot seinen Fortgang behalten, und nur die Trauung nicht statt haben soll, wenn der betreffende Geistliche Bedenken gegen die Zulässigkeit der Ehe hat.

A. d. Gr. Vernichtung des angefochtenen Erk. und Zurückverweisung der Sache in die zweite Instanz zur anderweitigen Verhandlung und Entscheidung.

Antr. des GStA.s: gleichl. [20. — 1.]

Widerstand im Amte. — Gewalt. — Einschließen des Beamten.

1. Zum Thatbestande des „Widerstandes im Amte" genügt es, wenn die Gewalt nicht unmittelbar gegen die Person des Beamten, sondern gegen seine Thätigkeit geübt wird.

StGB. § 89 [vgl. dort n. 32. 33].

2. Daher kann es als Gewalt angesehen werden, wenn ein Exekutor während der Vornahme einer Amtshandlung eingeschlossen und dadurch an der Fortsetzung oder Beendigung derselben zeitweise gehindert wird.

Ibid. [vgl. dort n. 41].

Erk. (Z. I.) v. 9. Mai 1862 c. Hielscher (340. I. Cr.).

Die Angekl. hatte einen Exekutor, welcher eine Mobiliar-Exekution bei ihr vornahm, durch Verschließen der Thüre eingesperrt und dadurch zeitweise verhindert, die Pfandstücke wegzuschaffen. Aus § 89 StGB. verurtheilt ergriff sie die NB., welche sie auf Verletzung des cit. Paragraphen stützte. Der betr. StA. hielt diese Ausstellung für begründet, weil die Handlung der H. gegen den äußerlich noch gar nicht erkennbar gewordenen Willen des Beamten gerichtet und deshalb als Widerstand nicht anzusehen gewesen sei. Das OTr. hat gleichwohl die NB. zurückgewiesen.

Gründe:

Es ist keineswegs unerheblich, ob das Verschließen der Stubenthür als Gewalt im Sinne dieses Gesetzes anzusehen, und es trifft die Supposition nicht zu, daß es an einer Handlung, welcher die Angeklagte Widerstand geleistet hätte, fehle, daß, wenn die Angeklagte, auch durch das Verschließen der Thür, die bis zu ihrer Rückkehr möglicherweise eintretende Absicht des Exekutors, die Stube mit den Pfandstücken zu verlassen, hätte vereiteln wollen, diese ihre vorliegende Thätigkeit doch als ein Widerstand gegen den noch gar nicht äußerlich wahrnehmbar gewordenen Willen des Beamten nicht anzusehen sei. Hierbei wird nicht beachtet, daß die vorderen Richter ausdrücklich thatsächlich feststellen, daß die Angeklagte dem Exekutor während der Vornahme einer Amtshandlung Widerstand leistete, und daß die durch das Einschließen zeitweise verhinderte Fortschaffung der Betten, welche den Gegenstand der Exekution bildeten, nicht den Beginn der Amtshandlung des Exekutors, sondern eine Fortsetzung derselben ausmachte. Nach den thatsächlichen Annahmen der vorderen Richter kann mithin davon, daß der Wille des Beamten noch nicht äußerlich wahrnehmbar geworden wäre, nicht die Rede sein. Die hierauf sich stützenden, mit Bezugnahme auf die Entstehungsgeschichte des § 89 l. c. aufgestellten Deduktionen treffen daher nicht zu. Aus dieser Entstehungsgeschichte läßt sich allerdings, wie in dem Erk. [V. I.] v. 20. Febr. 1857 c. Stobik [216; G. A. 5. S. 557 (Oppenh. StGB. § 89 Nr. 32)] ausgeführt wird, entnehmen, daß die in materieller Kraftäußerung hervorgetretenen Widerstandshandlungen aktiv und wenigstens indirekt gegen die Person des in der Amtsthätigkeit begriffenen Beamten gerichtet sein müssen, und es wurde ein solcher Widerstand durch das Verschließen der Thür vor der Vornahme der Exekution, welche durch den Beamten erfolgen sollte, nicht gefunden. Dagegen ist zu demselben nicht erforderlich, daß die Gewalt gerade unmittelbar gegen die Person des Beamten geübt werde, sondern es genügt zur Anwendbarkeit des § 89 l. c., wenn dem Beamten in den Maaßnahmen, welche er zur aktuellen Ausführung der Amtshandlung ergreift, und in den Mitteln und Werkzeugen, deren er sich dazu bedient, nach der Natur des zu vollziehenden Auftrages ein aktiver Widerstand der Art entgegengesetzt wird, daß er dadurch an der Vollziehung der Amtshandlung verhindert wird und davon abstehen muß; vgl. Erk. [Z. I.] v. 7. Mai 1856 c. Gumtow [393; G. A. 4. S. 555 (Oppenh. l. c. Nr. 33)]. Wenn sonach die vorderen Richter in dem Einschließen des Exekutors, der dadurch verhindert wurde, die Betten, welche den Gegenstand der Exekution bildeten, fortzuschaffen, so lange das Zimmer nicht wieder geöffnet wurde, einen Widerstand durch Gewalt gefunden haben, so liegt hierin keine Verletzung des § 89 l. c.

Antr. des GStA.s: gleichl. [44. - 1.]

Diebstahl. — Falscher Schlüssel. — Verschlossenes Behältniß.

Wenn auch § 218 Nr. 3 des StGB. einen Verschluß voraussetzt, so genügt doch die bloße Möglichkeit, den Diebstahl auch ohne Oeffnung des Schlosses auszuführen, zur Ausschließung der Strafe des Paragraphen nicht, sobald die anderweitige Zugänglichkeit nicht offenkundig war.

StGB. § 218 Nr. 3 [vgl. dort n. 38].

Erk. (Z. I.) v. 9. Mai 1862 c. Witt (379. I. Cr.).

W. hatte aus einer verschlossenen Kommodenschublade einen Gelddiebstahl mittelst falschen Schlüssels verübt; gleichwohl nahm der erste Richter nur einen einfachen Diebstahl an, weil über der verschlossenen Schublade sich eine offene befunden habe, der Angekl. also durch Ausziehung der letzteren ohne Weiteres in die verschlossene mittlere habe gelangen können, diese daher kein verschlossenes Behältniß gewesen sei. Das AG. nahm dagegen schweren Diebstahl an, weil der zuletzt erwähnte Umstand für die Qualifizirung der That gleichgültig sei, sobald zur Verübung der That wirklich ein Verschluß mittelst falschen Schlüssels geöffnet worden sei. — NB. des Angekl. Zurückweisung.

Gründe:

Obgleich nicht angenommen werden kann, daß es bei Anwendung des § 218 Nr. 3 ganz allein entscheidend ist, ob der Dieb das Schloß eines Behältnisses mittelst eines falschen Schlüssels geöffnet hat, indem sich allerdings Fälle denken lassen, in welchen ein Behältniß, obschon dessen Schloß in diebischer Absicht mit einem falschen Schlüssel geöffnet ist, dennoch nach den obwaltenden besondern Umständen bei seiner festgestellten offenbaren anderweitigen Zugänglichkeit nicht als ein verschlossenes Behältniß, wie solches der § 218 Nr. 3 voraussetzt, angesehen werden kann, so ist dem App.-Richter doch darin beizutreten, wenn er annimmt, daß es auf eine bloße Möglichkeit, den beabsichtigten Diebstahl auch ohne Oeffnung des Schlusses des Behältnisses zur Ausführung zu bringen, bei Anwendung des Paragraphen nicht ankommt.

Antr. des GStA.s: gleichl. [18. — 1.]

Urkunde. — Exekutor. — Anzeige.

Die von einem Exekutor dem vorgesetzten Gerichte eingereichte berichtliche Anzeige, daß er eine aufgetragene Exekution nicht habe vollstrecken können, und deshalb Sachen des Exequendus mit Arrest belegt und die Veräußerung derselben untersagt habe, ist, wenn sie außer der Unterschrift des Exekutors auch die des Exequendus trägt, eine Urkunde.

StGB. §§ 247. 323 [vgl. dort n. 12. 19].

Beschl. (I.) v. 9. Mai 1862 c. Garski (138. B. I. Cr.).

Der Gerichtsexekutor G. hatte bei einer ihm aufgetragenen Exekution den betr. Betrag vom Exequendus in Empfang genommen, denselben aber nicht abgeliefert, sondern dem Gerichte eine schriftliche Anzeige eingereicht, welche dahin lautete:

> daß er nicht im Stande gewesen sei, die klägerische Forderung beizutreiben, weshalb er bei dem Verklagten ein Pferd im Werthe von rc. mit Arrest belegt und die Veräußerung desselben bei Strafe untersagt habe.

Dieser Schrift hatte G. nicht nur seine eigene Unterschrift, sondern fälschlicher Weise auch die des Exequendus hinzugefügt.

Das AG. zu M. nahm an, dieses Schriftstück sei keine Urkunde, sondern nur eine wahrheitswidrige amtliche Anzeige, und lehnte deshalb die beantragte Versetzung in Anklagestand wegen Urkundenfälschung (§ 323 StGB.) ab; auf die Beschw. des OStA.s hat das OTr. diesen Beschl. aufgehoben und die Sache zur nähern thatsächlichen Prüfung an das AG. zurückverwiesen.

Gründe:

Unter der Schrift befindet sich außer der Unterschrift des Angekl. auch die des Exequenden N. Gegen letzteren würde daher jene Anzeige, wenn es sich darum handelte, ob derselbe etwa das gepfändete Pferd, dem § 272 StGB. zuwider, der Beschlagnahme entzogen hätte, als ein Beweisstück darüber gelten können, daß er dies vorsätzlich im bösen Glauben gethan habe, weil, wie auch bereits das Kgl. OTr. mehrfach, und namentlich noch in dem Erk. v. 15. Mai 1861 c. Willkommen, I. 346 (RdOTr. I. S. 404) ausgesprochen, die Aufnahme eines überall formgemäßen Pfändungsprotokolls durch den betr. Exekutor dazu nicht gehört, um geeigneten Falls gegen den Exequendus die Strafe des § 272 l. c. eintreten zu lassen, indem das Wesen der Beschlagnahme zugleich darin zu finden ist, daß dieselbe dem Schuldner überhaupt nur erkennbar gemacht worden und er sich daher bei seiner Handlungsweise im bösen Glauben befunden hat, ein Moment, welches auch anderweitig als durch ein formelles Pfändungsprotokoll bewiesen werden kann.

In vorliegender Sache würde daher die in Rede stehende amtliche Anzeige des Angekl. allerdings ausreichend gewesen sein, um wider den Schuldner dessen Bewußtsein von der Gesetzwidrigkeit seines Verfahrens darzuthun, woraus wiederum folgt, daß das qu. Schriftstück selbst unter die Kategorie der im § 247 StGB. erwähnten fällt.

Antr. des GStA.s: gleichl. [20. — 3.]

Bankerutt (einfacher, betrüglicher). — Reale Konkurrenz.

Gegen einen, wegen einfachen Bankerutts rechtskräftig bestraften Kaufmann ist in Beziehung auf ebendieselbe Zahlungseinstellung noch eine an-

derweite Verfolgung wegen betrüglichen Bankerutts zulässig, insofern es sich dabei nur nicht um dasselbe positive oder negative äußere Verhalten desselben handelt.

StGB. § 259 [vgl. dort n. 43]. § 261 [dort einzutr. als n. 3 a].

Erk. (V. Pl.) v. 12. Mai 1862 c. Möller (29. II.; 4. Pl. Cr.).

Nachdem M. rechtskräftig wegen einfachen Bankerutts aus § 261 Nr. 1 und 2 (Verbrauch übermäßiger Summen durch Spiel rc. und unordentliche Buchführung) verurtheilt worden war, ward er auf Grund neuer Anzeigen wegen betrüglichen Bankerutts in Anklagestand versetzt, auch von den Geschwornen schuldig befunden: „als Handelsmann, welcher seine Zahlungen eingestellt, sein Vermögen theilweise bei Seite geschafft zu haben," von dem Schw.-GH. aber „mit Strafe verschont," weil der einfache und der betrügliche Bankerutt zu derselben Species der Gesetzesverletzungen gehörten, die Zahlungseinstellung das Haupterforderniß des Thatbestandes beider bilde und die jedem besonderen Umstände nur zur Qualifikation jener dienten; es handle sich also jetzt um dieselben Thatsachen, über welche bereits früher abgeurtheilt worden sei, und die daher durch diese Aburtheilung für gänzlich erschöpft und erledigt angesehen werden müßten (ne bis in idem). Auf die NB. des StA.s hat das OTr. dieses Erk. vernichtet, und den M. auch wegen betrüglichen Bankerutts zur vollen Strafe verurtheilt.

Gründe:

Der Schw.-GH. hat in seinem Erkenntnisse dem darin angeführten Grundsatze „ne bis in idem", welchen der Entwurf einer Strafprozeßordnung vom Jahre 1851 (JMBl. S. 127) § 368, im Anschlusse an die Bestimmungen und als Folge der Bestimmungen, die jetzt das Ges. v. 3. Mai 1852 in den Artt. 30 und 86 enthält, dahin aussprechen wollte:

„Außer diesem Falle findet wegen derjenigen Thatsachen, welche zum Gegenstande eventueller Fragen hätten gemacht werden können, eine anderweite Verfolgung nicht statt,"

überhaupt, und insbesondere in der Anwendung auf strafbaren Bankerutt, eine zu weite Ausdehnung gegeben. Er hat zunächst die Anklage-Thatsachen und die nähern Umstände, deren die Artt. 30 und 86 a. a. O. als „begleitende" gedenken, nicht in der Begrenzung aufgefaßt, welche selbigen nach dem Gesetze zukommt, und er hat sodann nicht genügend beachtet, daß die Handlungsweisen, welche nach dem Gesetze einerseits betrüglichen Bankerutt (§ 259 des StGB.) und andererseits fahrlässigen oder einfachen Bankerutt (§ 261 a. a. O.) ausmachen, von einander verschiedene selbstständige Handlungen sind, die nicht zu einander in einem solchen Verhältnisse stehen, daß sich die eine dieser Handlungsweisen als blos begleitender Umstand der andern ansehen ließe.

Allerdings ist durch die Bestimmungen der Artt. 30 und 86 cit. das Mittel gegeben, eine den Gegenstand der Anklage bildende That, den der Anklage zu Grunde liegenden Sachverhalt nach allen Richtungen hin, — auch in Bezug auf thatsächliche Qualifikationen, deren die Anklage keine Erwähnung gethan hatte, in einem und demselben Verfahren zu erörtern und zur Aburtelung zu bringen, oder event. doch einer anderweiten Verfolgung in Bezug auf letztern nach bestimmter Richtung hin ausdrücklich vorzubehalten. Auch sind allerdings, was insbesondere den Bankerutt betrifft, in der Konk.-Ordn. v. 8. Mai 1855 §§ 123 Abs. 3, 140 Abs. 2 und 3, 163, 189 Abs. 2, 315 Abs. 1 und 2 Vorschriften gegeben, welche bezwecken, den StA. in den Stand zu setzen, das ganze Gebahren, das gesammte schuldhafte Verhalten eines Handelsmannes, welcher seine Zahlungen eingestellt hat, in Beziehung auf diese Zahlungseinstellung zu prüfen und event. Behufs der strafrechtlichen Verfolgung zum Gegenstande seiner Anträge zu machen. Allein immer ist Voraussetzung jener Bestimmungen der Artt. 30 und 86 ein und dasselbe äußere Verhalten des Angeklagten, ein und derselbe Vorgang, welcher als That des Angeklagten Gegenstand der Anklage geworden ist. Nur unter der Voraussetzung, daß dieses konkrete Thun oder Verhalten Fundament des Strafverfahrens bleibe, sollen darauf Bezug habende und damit in Verbindung stehende Thatsachen, — die Anklage-Thatsachen begleitende Umstände, — in eben demselben Verfahren dergestalt Berücksichtigung finden können, daß auch dann, wenn der danach ermittelte

Sachverhalt den Thatbestand einer strafbaren Handlung oder Gesetzesverletzung anderer Art oder Haltung ergiebt, als die Anklage angenommen hatte, darüber Aburtelung in demselben Verfahren stattfinden könne. Dagegen fällt ein davon verschiedenes äußeres Verhalten des Angeklagten, welches real konkurrirend eine andere selbstständige strafbare Handlung desselben ausmacht, auch wenn es mit jenen Anklage-Thatsachen, sei es durch einen gemeinsamen Zweck des Handelns oder sonst, sich in Zusammenhang bringen läßt, unter die Bestimmung des § 119 der Vdn. v. 3. Jan. 1849; es läßt sich dies nicht als zu den nähern Umständen, von welchen die Anklage-Thatsachen begleitet waren, gehörig, nicht als ein begleitender Umstand im Sinne der cit. Artt. 30 und 86 ansehen.

Die Handlungsweise nun, welche das StGB. als Bankerutt bei solchen Personen, die allein dieses Verbrechens resp. Vergehens sich schuldig machen können (§§ 259, 261, 262 und jetzt Art 18 des Einf.-Ges. v. 24. Juni 1861), bestraft wissen will, hat dasselbe nach dem Vorgange des Rhein. HGB.s (Art. 437—439, 586—599), Rhein. StGB.s (Art. 402—404), als zwei verschiedene Arten des Bankerutts ausmachend, dergestalt in zwei Kategorien gebracht, daß zwar nicht Hinsichts der zu einer jeden dieser Kategorien gehörigen Handlungen je unter sich, wohl aber Hinsichts der Handlungen der einen Kategorie im Verhältnisse zu denen der andern, reale Konkurrenz, — nur mit Ausnahme des Falles § 259 Nr. 3 (und zum Theil Nr. 4) im Verhältnisse zu dem Falle § 261 Nr. 2, — eintreten kann, demzufolge aber auch (mit jener Ausnahme) Identität der That nicht vorliegt, wenn, nachdem eine oder mehrere der im § 261 bezeichneten kommissiven oder omissiven Handlungen Gegenstand eines Strafverfahrens und der Aburtelung gewesen sind, in Bezug auf eben dieselbe Zahlungseinstellung eine oder mehrere der im § 259 aufgeführten Handlungen Gegenstand anderweiter Verfolgung werden. Die Zahlungseinstellung nämlich, zu der das Verhalten solcher Personen, für welche der Bankerutt ein delictum proprium bildet, sowohl in den Fällen des § 259 als in denen des § 261 in Beziehung steht, und gemeinsame Voraussetzung ist, ist für sich keine in das Gebiet des Strafrechts fallende Handlung (§ 1 und 2 des StGB.). Sie bildet nicht schon den Thatbestand einer strafbaren Handlung, auch nicht einer solchen in ihrer einfachsten Gestalt, so daß sich in Bezug auf selbige die im Gesetze aufgeführten Handlungen jener in den Zustand der Zahlungseinstellung verfallenden oder verfallenen Personen, welche das Gesetz allein als strafbare Handlungen, nämlich als betrüglichen und resp. einfachen Bankerutt bezeichnet, nicht als bloße Qualifikationen und nicht als begleitende Umstände im Sinne der citt. Art. 30 und 86 ansehen. Es sind vielmehr diese bestimmten Handlungen, wie schon angegeben, auch im Verhältnisse zu einander, sofern bei ihnen das Verhalten des Gemeinschuldners einerseits Fahrlässigkeit und andererseits Betrug kennzeichnet, von einander verschiedene selbstständige strafbare Handlungen. Ist demnach gegen einen Handelsmann wegen einfachen Bankerutts rechtskräftig auf Strafe erkannt, so ist gegen denselben dennoch in Beziehung auf eben dieselbe Zahlungseinstellung noch eine anderweite Verfolgung wegen betrüglichen Bankerutts zulässig. Nur insofern wird diese Regel der Zulässigkeit eine Ausnahme erleiden, als es sich bei der neuen Anklage um dasselbe positive oder negative äußere Verhalten des Schuldners, wie z. B. im Falle des § 261 Nr. 2 und des § 259 Nr. 3 und 4 des StGB.s handeln sollte.

Antr. des GStA.s: gleichl. [26. — 1.]

Insinuation. — Formfehler. — Deckung.

Die Behändigung eines Aktenstücks ist als gehörig bewirkt anzusehen, sobald dasselbe nachweislich in die Hände desjenigen gelangt ist, für den es bestimmt war, sollten auch bei der Insinuation selbst wesentliche Förmlichkeiten verletzt sein.

Ges. v. 3. Mai 1852 Art. 33 [vgl. dort n. 16 a]; AGO. I, 7 § 20 ff.

Beschl. (I.) v. 12. Mai 1862 c. Prusinowski (116. B. I. Cr.).

v. P. hatte sich darüber beschwert, daß ihm ein Erk. zweiter Instanz nicht gehörig behändigt worden sei, und verlangte die nochmalige Insinuation. Das OTr. nahm an, die stattgehabte Behändigung sei für eine ordnungsmäßige nicht zu erachten, beschied indessen den v. P. ablehnend, indem es ausführte:

Der betr. Mangel ist dadurch beseitigt, daß Sie nach Ihren eigenen Angaben die Erkenntniß-Ausfertigung von dem 2c. v. C. in der That am 2c. ausgehändigt erhalten haben. Denn die Zustellung eines amtlichen Schriftstücks ist allemal dann außer Zweifel, sobald die betreffende Partei den wirklichen Empfang derselben anerkennt. Durch die bei der Insinuation etwa vorgekommenen Verstöße wird nur soviel bewirkt, daß die sonst bei einer ordnungsmäßigen Prozedur eintretenden gesetzlichen Vermuthungen hinsichts der vollzogenen Behändigung und der Zeit derselben nicht Platz greifen können, keineswegs folgt daraus aber, daß die eingestandene thatsächliche Empfangnahme, die das Gesetz allein konstatirt wissen will, als nicht geschehen zu erachten ist.

Antr. des GStA.s: gleichl. [20.—4.]

---

1. Stempel. — Vollmacht. — Rechtsanwalt. — Armuth. 2. Appellationsrichter. — Vernichtung des erstrichterlichen Urtheils. — Grund.

1. Ein Rechtsanwalt, welcher zu seiner eigenen Legitimation im Prozesse die Vollmacht seines Machtgebers beibringt, ist als Produzent derselben anzusehen, er unterliegt daher der Strafe, welche durch die verabsäumte Verwendung des vorschriftsmäßigen Stempels verwirkt ist.

Stemp.-Ges. v. 7. März 1822 § 22; AKO. v. 24. Febr. 1830 (Jahrb. 35. S. 296; Gräff 7. S. 369; vgl. RbO. I. S. 488).

2. Eine solche vom Rechtsanwalt beigebrachte Vollmacht ist auch keine gerichtliche Verhandlung, welche wegen Armuth des Machtgebers stempelfrei wäre.

Stemp.-Ges. v. 7. März 1822 § 3 b.

3. Der App.-Richter kann das erstrichterliche Urtheil nur wegen eines Verstoßes gegen die Grundsätze ꝛc. des Verfahrens vernichten; wegen unrichtiger Gesetzesanwendung kann er nur abändern.

Ges. v. 3. Mai 1852 Art. 102 [vgl. dort n. 7; RbO. I. S. 206; II. S. 255].

Erk. (V. I.) v. 16. Mai 1862 c. Engelmann (212. I. Cr.).

Der Rechtsanwalt E. hatte „in einer Prozeßsache zu seiner Legitimation als Bevollmächtigter des Klägers eine Vollmacht beigebracht, zu welcher kein Stempel verwendet war." In erster Instanz deshalb wegen Stempelkontravention verurtheilt, appellirte er, worauf das AG. das erste Erkenntniß als nichtig aufhob und freisprach, weil nach der AKO. v. 24. Febr. 1830 unter dem „Inhaber und Vorzeiger" einer Urkunde (Stemp.-Ges. § 22) nur diejenige Partei zu verstehen sei, deren Interesse Gegenstand der betr. Urkunde sei; bei Vollmachten sei nur das Interesse des Mandanten Gegenstand der Urkunde, wenn auch der Mandatar durch Annahme und Erledigung des Auftrags einen Anspruch auf Gebühren erlange. Auf die NB. des OStA.s ist dieses Erk. vom OTr. vernichtet und das erste Urtheil bestätigt worden.

Gründe:

Es ist unrichtig, wenn der App.-Richter den Angeklagten auf Grund der AKO. v. 24. Febr. 1830 freispricht. Dieselbe verordnet:

> daß Mandatarien, welche von ungestempelten oder nicht mit dem vorgeschriebenen Stempel versehenen Schriften im Interesse ihrer Mandanten Gebrauch machen, insofern sie nicht durch eigene Uebertretung der Stempelvorschriften Strafe verwirkt haben, in ihrer Eigenschaft als Mandatarien nicht in Stempelstrafe genommen werden können, indem das Stempelgesetz unter dem Vorzeiger eines Dokumentes nichts anderes verstehe, als was die Prozeßordnung den Produzenten einer Urkunde nenne, unter welcher Bezeichnung sie jederzeit die Partei begreife, deren Interesse der Gegenstand der betreffenden Verhandlung sei.

In dem Z. II v. 4. Juli 1861 c. Marggraf [174], worauf hier verwiesen werden kann, da es sich vollständig abgedruckt in G. A. 9. S. 696 [RvOTr. I. S. 488] befindet, ist jedoch bereits ausgesprochen und näher ausgeführt, daß, weil Rechtsanwalte die Vollmachten ihrer Mandanten zu ihrer eigenen Legitimation ad processum, also in ihrem eigenen Interesse und keinesweges blos im Interesse ihrer Machtgeber beibringen, sie, wenn sie die Vollmacht ungestempelt einreichen, und auch die im § 12 des Stemp.-Ges. gestattete vierzehntägige Nachfrist abgelaufen ist, selbst als Producenten oder Vorzeiger der Vollmacht in Stempelstrafe genommen werden können. Es ist ferner in dem gedachten Erk. v. 4. Juli 1861 anerkannt, daß auch der Schlußsatz des § 12 cit., nach welchem es bei Vollmachten keiner Bescheinigung des Zeitpunktes der Beibringung des Stempels bedarf, nur dahin zu verstehen ist, daß es bei Vollmachten nur darauf ankommt, daß sie zur Zeit, wo davon zur Legitimation des Mandatars Gebrauch gemacht wird, mit vorschriftsmäßig cassirtem Stempel versehen sind, wenn auch ihre Ausstellung früher als vierzehn Tage vor der Kassation des Stempels erfolgt sein sollte, und endlich ist in jenem Erk. v. 4. Juli 1861 gleichfalls bereits ausgeführt, daß in Beziehung auf die verwirkte Stempelstrafe durch den § 16 des Ges. v. 10. Mai 1851 (GS. S. 631), den Art. 21 Abs. 2 des Ges. v. 9. Mai 1854 (GS. S. 283) und die dazu ergangene Just.-Min.-Instr. v. 10. Sept. 1851 (JMBl. 52. S. 124) nichts geändert worden, als daß die Gerichte nicht mehr die Kassation des Stempels zu den Akten zu bewirken haben, sondern den Betrag als Gerichtsgebühren liquidiren sollen.

Zwar hat sich Implorant auch noch auf § 3 b des Stemp.-Ges. berufen, weil sein Mandant, worüber er Beweis schon in erster Instanz angetreten hat, zahlungsunfähig sei. Aber auch dieser Einwand des Angeklagten ist hinfällig, weil § 3 b des Stemp.-Ges. nur verordnet:

daß gerichtliche Verhandlungen, für welche die Sportelfreiheit armuthshalber bewilligt worden, schon deshalb stempelfrei sind, es sich aber hier um keine gerichtliche Verhandlung, sondern um einen außerhalb des prozessualischen Verfahrens liegenden außergerichtlichen Akt handelt.

Schließlich kann nicht unerwähnt bleiben, daß der App.-Richter auch insofern gefehlt hat, als von ihm auf Vernichtung des ersten Erkenntnisses wegen angeblicher unrichtiger Anwendung des Gesetzes erkannt ist. Denn lag eine solche unrichtige Anwendung des Gesetzes Seitens des ersten Richters nach der Ansicht des zweiten Richters vor, so konnte dies nur eine Abänderung, aber niemals eine Vernichtung des ersten Erkenntnisses rechtfertigen, da die dem App.-Richter in Art. 102 des Ges. v. 3. Mai 1852 ertheilte Befugniß, das erste Erkenntniß zu vernichten, durch einen Verstoß gegen wesentliche Vorschriften oder Grundsätze des Verfahrens bedingt ist, während der zweite Richter niemals behindert ist, das materielle Gesetz selbst und unmittelbar richtig zur Anwendung zu bringen.

Antr. des GStA.s: gleichl. [18. 1.]

Preßvergehen. — Rückfall. — Untersagung des Gewerbebetriebes.

Wegen eines im Rückfalle verübten Preßvergehens kann gegen die im § 1 des Preßgesetzes genannten Gewerbtreibenden auf den Verlust der Befugniß zum Gewerbebetriebe erkannt werden, sollte der Angeklagte nunmehr auch ein anderes der l. c. erwähnten Gewerbe betreiben, als er bei Verübung des ersten Vergehens gethan hatte.

Preßges. v. 12. Mai 1852 § 54. 1.

Erk. (Z. I.) v. 16. Mai 1862 c. Golkowski (318. I. Cr.).

Die vom Angekl. behauptete Verletzung des § 54 des Preßgesetzes liegt nicht vor, weil Angekl. nach der thatsächlichen Feststellung der vorigen Richter das Gewerbe als Buchdrucker betreibt, also zu den im § 1 l. c. genannten Gewerbtreibenden gehört, und bereits einmal wegen eines mittelst der Presse begangenen Vergehens rechtskräftig innerhalb der letzten 5 Jahre verurtheilt ist, also nach § 54 cit. auf den Verlust der Befugniß zum Gewerbebetriebe erkannt werden mußte, worin es keinen Unterschied macht, ob er bei jener Vorbestrafung als Verleger, Drucker oder Redakteur gefehlt hat, indem der § 54 cit. in dieser Beziehung nicht unterscheidet, sondern nur erfordert, daß die Vorbestrafung wegen eines der mittelst der Presse begangenen Vergehen erfolgt ist, was hier vom vorigen Richter festgestellt ist.

Antr. des GStA.s: gleichl. [18.—1.]

Urkunde. — Verbürgung. — Genaue Bezeichnung. — Datum.

1. Eine Schrift, durch welche Jemand erklärt: für eine bestimmte Schuld, oder für gewisse Schulden, welche ein Dritter kontrahiren würde, gut zu sagen, ist eine Urkunde, sollte es auch an einer genaueren Bezeichnung jener Schulden fehlen.

StGB. § 247 [vgl. dort n. 154].

2. Der Mangel des Datums nimmt einer Schrift den Charakter der Urkunde nicht.

Ebendas. [vgl. dort n. 92].

Erk. (B. I.) v. 16. Mai 1862 c. Wiesecke (362. I. Cr.).

Nach dem Geschwornenspruche hatte W.: „— — in der Absicht ꝛc. eine Schrift ohne Ort und Datum, Inhalts dessen E. mit seiner Namensunterschrift erklärte, für eine bestimmte Schuld, oder für gewisse Schulden, welche W. kontrahiren würde, gut zu sagen, fälschlich angefertigt und von derselben zum Zwecke der Täuschung Gebrauch gemacht." Der Schw.-GH. sprach gleichwohl von der Ankl. der Urkundenfälschung frei, weil die gestellte Frage zu allgemein gehalten sei, um eine Gewähr dafür zu bieten, daß die Schrift in Wahrheit eine Urkunde sei. Auf die NB. des StA.s erfolgte Vernichtung dieses Erk.s und Verurtheilung aus § 247. 249.

Gründe:

Wenn im § 247 gesagt ist, daß unter Urkunde jede Schrift zu verstehen, welche zum Beweise von Verträgen, Verfügungen, Verpflichtungen, Befreiungen oder überhaupt von Rechten oder Rechtsverhältnissen von Erheblichkeit ist, so wird hiermit nicht das Requisit aufgestellt, daß das Schriftstück für sich allein den vollständigen Beweis eines Rechtsgeschäfts liefert; sondern es genügt schon, daß es in Verbindung mit anderen Umständen das Dasein eines Rechtsgeschäftes bescheiniget, sobald dieses Rechtsgeschäft aus ihm erkennbar, resp. durch dasselbe indizirt ist; vgl. J. Pl. 29. Jun. 1855 c. Tellien (Entsch. 30. S. 308); B. I. 15. Juli 1859 c. Fischer (G. A. 7. S. 848); B. I. 31. Mai 1861 c. Schulze (RdO. I. S. 420) [Oppenh. StGB. § 247 n. 80]; ferner speziell wegen einer Bürgschaft: B. II. 28. Mai 1853 c. Ritter.

Das gefälschte Schriftstück enthielt die Erklärung des angeblichen Unterzeichners E.: „für eine bestimmte Schuld, oder für gewisse Schulden, welche W. kontrahiren würde, gut zu sagen.“ Mag sich danach das „Gutsagen“ auf eine Schuld bezogen haben, welche als eine bereits existirende bezeichnet wurde, oder hat es sich auf gewisse, erst später von W. zu kontrahirende Schulden erstreckt, so wurde dadurch immer ein Beweisstück gegeben, welches für eine Bürgschaft des E. von Erheblichkeit war; vgl. §§ 202. 269. I, 14. ALR.

Das „Gutsagen“ bedeutete, daß der Erklärende für die Verpflichtungen eines Dritten haften wollte, und eine Bürgschaft kann namentlich auch in der Weise geleistet werden, daß der Bürge sich für das verbürgt, was ein Anderer überhaupt oder aus einem gewissen Geschäfte schuldig geworden ist, oder endlich aus einem Geschäft schuldig werden möchte; vgl. § 266. 269 l. c.

Daß das betreffende Schriftstück ohne Datum ausgestellt wurde, hebt dessen Qualität als Urkunde nicht auf, und dieses geschieht auch dadurch nicht, daß die bestimmte Schuld, die bereits vorhanden war, oder die gewissen Schulden, welche W. kontrahiren würde, nicht noch spezieller bezeichnet sind.

Antr. des GStA.s: gleichl. [44. — 1.]

Aufruhr. — Symbole. — Verbot. — Zuständigkeit.

Im Falle des § 93 Nr. 1 StGB. kann das Verbot der „Obrigkeit" auch von der Bezirksregierung ausgehen.

StGB. § 93 Nr. 1 [dort einzutr. als n. 1 a].

Beschl. (I.) v. 16. Mai 1862 c. Kwilecka & Jonas (144. B. I. Cr.).

Die Gräfin Kw. und J. waren beschuldigt worden: „einem ausdrücklichen Verbote der Bezirksregierung zuwider an einem öffentlichen Orte ein Symbol aufgestellt zu haben, welches geeignet war, den Geist des Aufruhrs zu verbreiten rc.;" das AG. lehnte indessen die aus § 93 Nr. 1. StGB. beantragte Eröffnung der Untersuchung ab, weil unter „Obrigkeit" in jener Vorschrift nur die Ortspolizeibehörde zu verstehen sei. Auf die Beschw. des OStA.s hat das OTr. den betr. Beschl. aufgehoben, und die Eröffnung der Untersuchung ausgesprochen.

Gründe:

Der § 93 l. c. bedient sich in der Nr. 1 der allgemeinen Bezeichnung „Obrigkeit". Nach den gewöhnlichen Interpretationsregeln muß nun von vorn herein angenommen werden, daß der Gesetzgeber hierunter, dem Sprachgebrauche folgend, jede Obrigkeit, sowohl höhere als untergeordnete, verstanden hat. Hätte eine Abweichung hiervon in der Absicht gelegen, so würden dafür jedenfalls mehrere Anhaltspunkte wenigstens angedeutet worden sein.

Der angefochtene Beschluß glaubt zwar einen solchen in der Nr. 2 des erwähnten § 93 l. c. zu finden, wo von dem Verbot des Tragens äußerer Verbindungs- oder Vereinigungszeichen die Rede ist, das nur von der Bezirksregierung erlassen werden soll. Allein auch diese Erwägung ist eine irrthümliche.

Denn daraus, daß in der Nr. 2 l. c. Anordnungen bezeichnet sind, die blos von der betreffenden Bezirksregierung ausgehen können, folgt an sich noch keineswegs der Schluß, daß mit dem sub Nr. 1 l. c. gebrauchten Ausdruck „Obrigkeit", nunmehr nothwendig und ausschließlich die jedesmalige untergeordnete Lokal-Polizei-Behörde gemeint worden sein muß. Der natürliche Gegensatz zwischen beiden Nummern liegt vielmehr darin, daß im Falle der Nr. 2 l. c. das Verbot nur von der höheren Behörde ausgehen darf, während dem das in der Nr. 1 gedachte jeder, also auch einer untergeordneten Lokal-Polizei-Behörde zusteht. Der Grund hierzu liegt nahe. Denn in den Fällen der Nr. 1 wird es oft auf ein augenblickliches Einschreiten der zunächst gelegenen Behörde ankommen, um der nahe drohenden Gefahr vorzubeugen. Es würde daher nicht angethan sein, die entsprechenden Gegenmaaßregeln so lange auf sich beruhen zu lassen, bis die vielleicht sehr entfernt gelegene höhere Behörde verhindernd dazwischen treten könnte. Dies schließt aber selbstredend keineswegs aus, daß dieselbe nicht auch unter geeigneten Umständen ähnliche Maaßregeln treffen dürfte, indem es etwas ganz Abnormes sein würde, einer vorgesetzten Behörde dasjenige ohne Weiteres zu entziehen, zu dem die ihr untergeordnete befugt ist. In den Fällen der Nr. 2 dagegen waltet eine solche Gefahr im Verzuge, wie bei den Voraussetzungen der Nr. 1, in der Regel nicht ob, und es konnte daher, um nicht oft voreilige Maaßregeln in's Leben treten zu lassen, der höheren Behörde ausschließlich das Recht übertragen werden, den Umständen nach geeignete Verbote zu erlassen. — Daß andere Gesichtspunkte etwa maaßgebend gewesen, erhellt auch aus der Entstehungsgeschichte des § 93 l. c. nicht. Diesem entsprach der § 83 des Entw. z. StGB. von 1851, welcher wörtlich den § 15 der Vdn. v. 30. Juni 1849 wiedergab und unter der Nr. 1 die jetzt darin befindlichen Worte, „böswillig oder gegen das Verbot der Obrigkeit," nicht enthielt. Erst die Kommission der zweiten Kammer beantragte diesen Zusatz:

> „um die böse Absicht des Thäters hervorzuheben, und nicht möglicherweise ganz unschuldige Handlungen unter Strafe zu stellen."

Demgemäß wurde die jetzige Fassung der Nr. 1 des § 93 angenommen, woraus sich ergiebt, daß der von dem

K. AG. jetzt in dieselbe hineingetragene Sinn nicht zum Grunde gelegen hat; vgl. Verhh. der I. u. II. K. rc. S. 100.

Antr. des OStA.s: gleichl. [20.—3.]

Disciplinarverfahren. — Zeugenvernehmung. — Requisition.

Das Gericht, welches von einer Behörde eines andern Ressorts requirirt worden ist, behufs Vorbereitung eines Disciplinarverfahrens Zeugen zu vernehmen, hat nicht zu prüfen, ob Veranlassung zur Einleitung eines Disciplinarverfahrens vorliege; diese Prüfung steht vielmehr lediglich der betr. Disciplinarbehörde zu.

Vdn. v. 3. Jan. 1849 § 20 [vgl. dort n. 9; u. oben S. 249].

Beschl. (I.) v. 16. Mai 1862 (154. B. I. Cr.).

Die „D. Zeitung" hatte einen Cirkularerlaß des Kriegsministers veröffentlicht, in Betreff dessen der letztere annahm, daß die Mittheilung nur auf einer Verletzung der Amtsverschwiegenheit Seitens eines Beamten beruhen könne. Auf seine Requisition ward daher der Redakteur R. darüber vernommen, auf welchem Wege er zur Kenntniß des Wortlauts jenes Erlasses gelangt sei. Dieser verweigerte seine Vernehmlassung, und sowohl das St.- u. Kr.-G. zu D. als das AG. zu M. erachteten diese Weigerung für gerechtfertigt. Das letztere nahm zwar an, daß auch für disciplinarische Verfolgungen eine Zwangspflicht zum Zeugnisse gesetzlich bestehe, hielt aber dafür, daß nur die erwiesene oder wenigstens wahrscheinliche Existenz einer strafbaren Handlung jene Pflicht zu begründen vermöge; hier spreche Nichts für eine solche Existenz, da gar keine Gründe angeführt seien, aus welchen die betr. Beamten jenen Erlaß für ein Geheimniß hätten erachten müssen; eventuell sei auch die Annahme, daß derselbe nur durch die Schuld eines Beamten in die Hände des R. gelangt sein könne, durch Nichts motivirt; auf die bloße Möglichkeit hin ein Voruntersuchungsverfahren zu eröffnen, widerspreche den Grundsätzen der Str.-Pr.-Ordn. (§ 202 Cr.-Ordn.). Auf die Beschw. des OStA.s hat das OTr. jene Verfügungen aufgehoben, und das St.- u. Kr.-G. angewiesen, die Vernehmung des R. zu bewirken, und ihn nöthigenfalls zur Abgabe seines Zeugnisses durch die gesetzlichen Zwangsmittel anzuhalten. Zur Begründung ward ausgeführt:

Der AG. nimmt zwar mit Recht an, wie der Umstand, daß es sich hier nur um ein einzuleitendes Disciplinarverfahren handelt, den 2c. R. zur Verweigerung des von ihm verlangten Zeugnisses nicht berechtigen könne. Dagegen sind in beiden Beschlüssen die ersten Grundsätze von der Kompetenz und der Stellung einer requirirten gegen die requirirende Behörde verkannt, indem in denselben auf eine Erörterung darüber eingegangen ist, ob eine Veranlassung zur Einleitung eines Disciplinarverfahrens vorliegt oder nicht, sowie ob der Militairbeamte gegen seine Amtspflicht verstoße, welcher den ihm mitgetheilten Erlaß des Kgl. Kriegs- und Marineministers weiter verbreitet, oder dessen Veröffentlichung durch eine Zeitung veranlaßt hat. Diese Prüfung steht lediglich der vorgesetzten, resp. der Disciplinarbehörde des betreffenden Beamten zu. Hiernach muß im vorliegenden Falle der Requisition des Herrn Kriegs- und Marineministers Folge geleistet werden, ohne daß sich die requirirte Gerichtsbehörde in eine Kritik des Verfahrens des letzteren einlassen darf.

Antr. des GStA.s: gleichl. [18. — 3.]

Stempel. — Punktation. — Unterschrift.

1. **Die Stempelpflichtigkeit einer Schrift ist nach ihrem äußerlich erkennbaren Inhalte zu beurtheilen, vorausgesetzt, daß sie wirklich von demjenigen herrührt, welcher als Aussteller darin bezeichnet ist.**

Stemp.-Ges. v. 7. März 1822 § 21. 22. Vgl. im Allg. Z. Pl. 9. März 1857 c. Hartung (Präj. Nr. 233, Entsch. 36. S. 460); B. I. 30. Mai 1859 c. Schöning (461; A. G. 7. S. 520); B. I. 5. Okt. 1859 c. Schreiber (672; G. A. 7. S. 810).

2. **Die Punktation eines Kaufakts ist nicht stempelpflichtig, wenn einer der beiden Käufer dieselbe nicht selbst unterzeichnet hat.**

AKO. v. 19. Juni 1834 (GS. S. 81). Sic: B. I. 9. Okt. 1857 c. Wollstein (963; G. A. 5. S. 842); Z. I. 20. Mai 1859

c. Kolbe (483; G. A. 7. S. 529). Vgl. RdO. I. S. 388. [Noch weiter ging: B. I. 19. Okt. 1855 c. Warm, Präj. Nr. 157 (955; Entsch. 31. S. 302), welches die Stempelpflichtigkeit einer von beiden Seiten vollzogenen Punktation deshalb verneinte, weil einer der Kontrahenten nur seinen Namen schreiben konnte; diese Auffassung ist durch das oben cit. Präj. Nr. 233 aufgegeben worden.]

Erk. (B. I.) v. 21. Mai 1862 c. Burandt (209. I. Cr.).

B. hatte mit den Eheleuten Biernacki eine Kaufpunktation über ein Grundstück abgeschlossen, zu welcher kein Stempel verwendet worden war; nach der instanzrichterlichen Feststellung war aber die unter der Punktation befindliche Unterschrift der Mitkäuferin Ehefrau Biernacki nicht von dieser selbst, sondern von ihrem Ehemanne geschrieben. Nichtsdestoweniger verurtheilten die Instanzrichter den Angekl. Burandt wegen Stempeldefraudation; auf seine NB. hat das OTr. das Erk. zweiter Instanz vernichtet und auf Freisprechung erkannt.

Gründe:

Wenn die in der Punktation ausdrücklich als Mitkäuferin aufgeführte verehelichte B. die gedachte Punktation nicht unterschrieben hat, so folgt hieraus, daß aus dieser Punktation, da der Vertrag noch nicht perfekt geworden ist, auch nicht von beiden Theilen auf Erfüllung geklagt werden kann, daß sie mithin überhaupt nicht stempelpflichtig ist, weil nach der AKO. v. 19. Juni 1834 nur solche Punktationen über einen zu errichtenden Vertrag der Stempelsteuer unterliegen, welche die Kraft eines Vertrages haben, und demnach beiden Theilen eine Klage auf Erfüllung d. h. auf Errichtung eines förmlichen Instruments, insofern ein solches, wie im vorliegenden Falle nach § 122. I, 5 ALR. erforderlich ist, gestatten. Zwar kommt es bei der Frage, ob eine Schrift stempelpflichtig ist, nur auf ihren äußerlich erkennbaren Inhalt an, dies setzt jedoch immer voraus, daß die Schrift wirklich von demjenigen herrührt, welcher als Aussteller derselben darin bezeichnet ist, was hier in Beziehung auf die ausdrücklich mitkontrahirende Ehefrau B. in der That nicht der Fall ist, obgleich die Punktation anscheinend allerdings auch mit ihrer Unterschrift versehen ist.

Unzutreffend ist es aber, wenn der App.-Richter im vorliegenden Falle die fehlende Unterschrift der verehelichten B. deshalb für unerheblich erklärt, weil sie in der Punktation als Mitkäuferin auftrete und mit ihrem Ehemanne in Gütergemeinschaft lebe, der Ehemann aber zum Ankauf von Grundstücken die Genehmigung seiner mit ihm in Gütergemeinschaft lebenden Ehefrau nicht bedürfe. Denn abgesehen davon, daß aus der Punktation selbst nicht erhellt, daß die B.schen Eheleute in Gütergemeinschaft leben, so ist es auch für die Verkäufer keineswegs gleichgültig, ob ihnen für die Erfüllung des Vertrages blos das gütergemeinschaftliche Vermögen, oder auch das etwa noch vorhandene oder auch ihr später zugefallene besondere Vermögen der ausdrücklich mitkaufenden Ehefrau haftet.

Antr. des GStA.s: gleichl. [18.—4.]

Vergiftung. — Versuch. — Quantität. — Dolus.

1. Der Versuch einer Beibringung von Gift ist nach § 31. 32. 197. StGB. strafbar.

StGB. § 197 [vgl. dort n. 9].

2. Die Beibringung einer jeden Quantität „Gift" fällt unter die Strafvorschrift des § 197 cit., insofern der betr. Stoff nicht überhaupt die Eigenschaft als „Gift" verloren hat; daher kann der Umstand, daß die beigebrachte Quantität nicht geeignet gewesen sei, „die Gesundheit zu zerstören," zur Ausschließung der Strafe nicht genügen.

Ebendas. [vgl. dort n. 3. 4]. Vgl. oben S. 207.

3. Die Strafbarkeit einer Vergiftung ist nicht durch den Eintritt einer nachtheiligen Wirkung auf die Gesundheit bedingt.

Ebendas. [vgl. dort n. 8].

4. Als Dolus genügt beim Verbrechen der Vergiftung das Bewußtsein und der Wille, einem Andern „Gift" beizubringen; es bedarf nicht

außerdem des Bewußtseins der Zulänglichkeit des dargereichten Giftmaaßes zur Hervorbringung gewisser Nachtheile im Gesundheitszustande, und noch weniger der Absicht, solche Nachtheile herbeizuführen.

Ebendas. [vgl. dort n. 5. 6].

Erk. (B. I.) v. 21. Mai 1862 c. Viereck (314. I. Cr.).

Der App.-Richter hatte thatsächlich festgestellt, daß die zur Zeit der That noch nicht 16 J. alte Angeklagte: „— — vorsätzlich in ein Glas Wasser, welches sie ihrer Dienstherrin D. zum Trinken ans Bett stellte, 0,02847 Gran Phosphor gemischt habe; daß Phosphor [an sich] „Gift" sei, daß aber die erwähnte Quantität nicht geeignet gewesen, die Gesundheit der D. zu zerstören, sondern dieselbe höchstens durch Erbrechen zu stören; endlich: daß die Angeklagte nur die allgemeine Wissenschaft hatte, daß Phosphor der Gesundheit schädlich sei, die Meinung: die D. werde „Leibschmerzen oder auch Erbrechen bekommen," und keine weitere Absicht, als „die D. solle ein bischen krank werden." Auf diesen Thatbestand erachtete der App.-Richter den § 197 nicht für anwendbar und sprach frei. Auf die NB. des OStA.s erfolgte Vernichtung des betr. Erk.s, und Zurückverweisung der Sache in die zweite Instanz.

Gründe.

Darüber, daß es sich nur von einem Versuche des im ersten Satze des § 197 vorgesehenen Verbrechens der Beibringung von Gift handle, weil die D. das ihr vorgesetzte Getränk nur im Munde gekostet und darauf wegen seines üblen Geschmacks ausgespuckt hat, ist der Implorant mit den Vorderrichtern einverstanden, und der von der Doktrin erhobene Zweifel der Strafbarkeit eines solchen Versuches auf Grund der §§ 31. 32 in Verbindung mit § 197 unberührt geblieben. Es kann demselben auch kein Gewicht beigelegt werden; denn der erste Satz des § 197 bedroht die „vorsätzliche Beibringung von Gift" an dem Nebenmenschen als ein formales Verbrechen, ohne alle Rücksicht auf die Wirkungen (vgl. Beseler Komm. S. 381. IV.) selbstständig und für sich allein mit der Zuchthausstrafe, stellt somit den Begriff eines in sich vollendeten Verbrechens positiv auf und hieran wird nichts dadurch geändert, daß die nämlichen Merkmale materiell modifizirt und in Verbindung mit anderen Umständen den Inhalt anderweitig vorgesehener Verbrechen bilden helfen oder in reale Verbrechen übergehen, deren niedrigstes Strafmaaß über dem höchsten der bloßen vorsätzlichen Giftreichung hinausliegt (§ 197 Abs. und § 175); das Richteramt kann sich darum der Anwendung der §§ 31 und 32 auf jede einzelne Bestimmung des § 197 nicht entziehen, und es kommt im vorliegenden Falle Alles darauf an, ob in der Voraussetzung, daß die D. die beschriebene Phosphormischung wirklich getrunken hätte, die Angekl. nach § 197 (im Anfange) bestraft werden müßte.

Enthielte das angegriffene Erkenntniß die thatsächliche Feststellung, entweder: „das fragliche Getränk sei kein Gift und kein zur Zerstörung der Gesundheit geeigneter Stoff gewesen," oder: „die Angekl. habe nicht gewußt, daß es Gift, noch daß es ein Stoff sei, der sich zur Zerstörung der Gesundheit eigne," so würde hieran der Angriff unbedenklich scheitern; es fehlte dann im ersteren Falle am objektiven Thatbestande, im letzteren an der Vorsätzlichkeit der Giftreichung, dem nach § 197, wie nach allgemeinen Grundsätzen erforderlichen strafrechtlichen Dolus (B. I. 20. Juni 1856 c. Frinke, Entsch. 33. S. 218 [Oppenh. StGB. § 197 n. 5], vgl. Gengler: die strafrechtliche Lehre vom Verbrechen der Vergiftung, Bd. II. §§ 27 und 28. S. 118 ff.; Arg. § 44. StGB.). Allein keine von diesen Feststellungen ist in dem Erkenntnisse mit Bestimmtheit zu finden. Es ist darin gar nicht untersucht, ob die Angeklagte etwa Phosphor als gemeinhin so angesehenes und genanntes Gift gekannt habe, was für das Urtheil um so erheblicher hätte werden können, als die Worte: „andere Stoffe, welche die Gesundheit zu zerstören geeignet sind," ihrer Entstehungsgeschichte nach keinesweges eine Definition des „Giftes" enthalten sollen, welche der Gesetzgeber vielmehr ihrer Schwierigkeit halber dem gemeinen Leben und der Wissenschaft überlassen hat, sondern die Anwendbarkeit des § 197 auf andere Stoffe, die als Gifte nicht allgemein anerkannt sind, gleichwohl die Gesundheit zerstören, ermöglichen (Bes. S. 381. III.; Goltd. Matt. 2. S. 427, vgl. über den Einfluß der gemeinen Lebensanschauung auf die Beurtheilung der Vergiftungen, Gengler a. a. O. und B I. S. 9. 10; Engert in G. Arch. 9. S. 675).

Wie demnach an die Geschwornen die Frage: „ob Angekl. der D. Gift beigebracht habe?" nicht hätte umgangen und durch die Frage: „ob sie der D. einen Stoff beigebracht habe, der die Gesundheit zu zerstören geeignet sei?" ersetzt werden können, so lag auch dem vorigen Richter die Beantwortung der ersteren vorzugsweise ob. Diese vermißt man aber jedenfalls direkt, auch spricht der App.-Richter nicht aus, daß der Phosphor in der von der Angekl. gebrauchten geringen Menge durch die Mischung mit mehreren Unzen Wasser seine Eigenschaft als Gift verloren habe, beschränkt sich vielmehr im Wesentlichen auf die Ausführung, daß die Dosis nicht geeignet gewesen sei, die Gesundheit zu zerstören.

Der § 197 des StGB. bedingt jedoch die Strafbarkeit der eigentlichen Giftmischung nicht durch die Quantität der Gabe, sondern durch die Qualität derselben als Gift, und die Strafbarkeit der Beibringung anderer Stoffe eben so nur durch ihre qualitative (stoffliche) Wirksamkeit. Es entspricht dieses vollkommen der deutschrechtlichen Anschauung des Verbrechens der Vergiftung, welche sowohl dem Art. 130 C. C. C. als den Bestimmungen des ALR. darüber (II. 20. §§ 856 ff.) zu Grunde liegt: der unberechenbaren Gefährlichkeit einer jeden Gabe von Giftstoff, zu dessen Begriffsmerkmalen die Wissenschaft sogar gerade seine Wirkung in möglichst kleinen Dosen zählt (Engert und Beseler ll. cc.) und der daraus für den Gesetzgeber fließenden Nothwendigkeit, es nicht der Beurtheilung jedes Einzelnen zu überlassen, wie viel von diesem oder jenem Gifte er einem Anderen ungestraft beibringen dürfe, sondern unbedingt zu verbieten, daß er Jemandem Gift beibringe. Eben deshalb hat auch die Vergiftung gewissermaaßen die Natur eines formalen Verbrechens angenommen und zwar wesentlich nicht erst, wie schon hervorgehoben ist (vgl. Goltd. Matt. a. a. O., Bes. S. 380. II.; Z. I. 11. April 1856 c. Licht, Entsch. 33. S. 216) im § 197 des StGB., sondern schon nach gemeinem und unserm vaterländischen Rechte insofern, als die Beibringung des Giftes an sich stets für den maaßgebenden Kern des Verbrechens, die Größe des für die Gesundheit angerichteten Schadens als Nebensache betrachtet und jeder, auch der vorübergehende, Nachtheil oder die bloße Störung der Gesundheit zur Anwendung der schweren Strafen für hinreichend erkannt wurde, wobei die Zweifel, ob schon ein bloßes Uebelbefinden von momentaner Dauer eine Störung oder Beschädigung der Gesundheit sei, ins Gebiet der thatsächlichen Untersuchung gehören (vgl. Tittm. Handb. 2. § 250. 253; Grolm. Grds. § 250; Feuerb. Lehrb. § 247; § 865. II, 20. ALR.).

Der Unterschied zwischen dem früheren Rechte, welchem noch die Entwürfe zum StGB. bis 1846 einschließlich folgten, und dem § 197 des jetzigen StGB. besteht eben nur darin, daß die Giftreichung ohne alle Wirkung früher als Versuch nach den damaligen Begriffsbestimmungen hierüber bestraft wurde (Tittm. § 256; Feuerb. § 250; ALR. II, 20. § 40. 41), jetzt für sich allein (formell) ein Verbrechen consumirt.

Mit dem angegebenen, die ganze Lehre beherrschenden, Hauptgrunde der besonderen Strafbarkeit, mit der Absicht des Gesetzgebers und mit dem Buchstaben der ersten Bestimmung des § 197 läßt es sich nicht vereinigen, wenn der Vorderrichter die Strafbarkeit der Angekl. von der Frage abhängig macht, ob dieselbe genug Gift (Phosphor) der D. gereicht habe, um deren Gesundheit zerstören zu können. Zur Feststellung des objektiven Thatbestandes scheint er selbst auch dieser Frage kein entscheidendes Gewicht beizulegen, indem er sagt:

„Wäre nun die Angekl., als sie das Glas Wasser der D. „brachte, der Meinung gewesen, durch das Wasser (den darin „enthaltenen Phosphor) werde, falls es die D. trinke, deren „Gesundheit zerstört werden, hätte sie also in dieser Meinung „und wie daraus unzertrennlich folgen würde, auch in dieser „Absicht gehandelt, so ließe sich für die Feststellung des ersten „Richters geltend machen, daß Phosphor an sich — in abstracto — „ein die Gesundheit zu zerstören geeigneter Stoff sei u. s. w."

und darauf die oben erwähnte Feststellung über die Meinung und Absicht der Angekl. zum Träger seines Erk. macht.

Gegen eine Verneinung des objektiven Thatbestandes in Folge einer sachlichen Trennung desselben vom subjektiven erhebt sich indessen schon das allgemeine Bedenken, daß der „Vorsatz" im Sinne des StGB. gerade nichts mehr und nicht weniger ist, als die freie Willensrichtung auf eben jenen Thatbestand mit seinen gesetzlich bezeichneten äußerlichen Merkmalen, mit andern Worten, wenn die „Beibringung von Gift" ohne Unterschied, ob dessen Quantität zur Beschädigung der Gesundheit hinreicht, oder nicht, ob es deshalb wirkt, oder nicht, den objektiven Thatbestand erfüllt, so muß auch Bewußtsein und Willen, einem Andern Gift beizubringen, den zur Strafandrohung erforderlichen Vorsatz erfüllen und es kann nach § 197 im Eingange nicht erforderlich sein, daß dem Thäter außerdem das Bewußtsein der Zulänglichkeit des dargereichten Giftmaaßes zur Hervorbringung gewisser Nachtheile im Gesundheitszustande des Betroffenen und die Absicht, solche bestimmte Nachtheile hervorzubringen oder gar geradezu die Gesundheit des Anderen zu zerstören, nachgewiesen werde. Aus dem nämlichen Grunde, weshalb die Gesetzgebung und die Rechtslehre die Beibringung von Giftstoff ohne Weiteres objektiv für strafbar erklärte, weil die Gefahr des Schadens in der Qualität liegt, hat sie die unbestimmte Absicht zu schaden, den sogenannten dolus eventualis, immer zur subjektiven Strafbarkeit des Thäters für ausreichend gehalten, weil er auch die Begrenzung seiner Absicht auf einen geringen Schaden und bloße Störung der Gesundheit die Gefahr der Ausführung nicht hierauf begrenzen oder beherrschen kann. Das Erforderniß der Absicht zu schaden, in dieser allgemeinen Bedeutung, des dolus malus, tritt auch nicht in Widerspruch mit der vorgedachten gegenseitigen Deckung des subjektiven und objektiven Thatbestandes der Verbrechen überhaupt; es korrespondirt nur mit dem Bewußtsein der Schädlichkeit des Giftes an sich, ist die Absicht, dasselbe Jemandem als Gift, dessen Schädlichkeit und die Gesundheit zerstörende Kraft selbstverständlich ist, wie der zweite Richter mit Recht anführt, beizubringen, und schließt hiernach allerdings die Beibringung des Giftes als Heilmittel oder in einer bestimmten guten Absicht von dem Begriffe des Verbrechens aus (vgl. Tittm. § 154 a. E.; Feuerb. § 249; ALR. § 865 cit; Gengler 2. § 30; Goltd. Matt. 2. S. 427).

Gewiß ist, daß das StGB. zum Verbrechen der Giftreichung (§ 197) keine weiter gehende Absicht, als die zu schaden erfordert, denn alle Entwürfe zum Strafgesetzbuch beschränkten sich ausdrücklich auf dieses Erforderniß des Vorsatzes, und der Entwurf von 1850 hat nur statt der früheren Worte: „in der Absicht zu schaden“ sich mit dem Worte: „vorsätzlich“ begnügt, offenbar aber nach Inhalt der Verhandlungen keinesweges von den vorhergegangenen Entwürfen dahin abweichen wollen, daß die Absicht, die Gesundheit „zu zerstören,“ zum subjektiven Thatbestande der Giftreichung nothwendig sein solle (Goltd. Matt. 2. S. 427 ff.). Wäre ohne den Beweis gerade dieser Absicht der Giftreicher nicht strafbar, so würde das Gesetz seinen oben dargelegten Zweck in den wenigsten Fällen erreichen. Auch die Zulassung „anderer Stoffe, welche die Gesundheit zu zerstören geeignet sind“ als Merkmale des objektiven Thatbestandes im § 197 außer den unbestrittenen „Giften“ sollte ihrer Entstehung nach durchaus keine Aenderung in der Beurtheilung des Dolus bei der Beibringung von Gift, das der Thäter als solches kannte, herbeiführen. Ebenso reicht es zur Strafbarkeit der Beibringung jener anderen Stoffe hin, wenn der Thäter weiß, daß sie vermöge ihrer Qualität die Gesundheit zerstören können, jedoch im gegebenen Falle mit der Gabe keine Zerstörung, sondern blos eine Benachtheiligung der Gesundheit beabsichtigt.

Indem der App.-Richter im Zusammenhange seiner Erkenntnißgründe das entscheidende Gewicht nicht darauf gelegt, daß die Angekl. den Phosphor als Gift gekannt und in der Absicht, der D. zu schaden, gereicht habe, sondern darauf, daß die dargereichte Quantität nicht genügt habe, die Gesundheit der D. zu zerstören, die Angekl. auch die Zerstörung ihrer Gesundheit nicht beabsichtigt habe, so hat er die Bedeutung des § 197 verkannt und sein Urtheil deshalb der Vernichtung ausgesetzt. In der Sache selbst muß ihm jedoch die thatsächliche Prüfung der Kenntniß der Angeklagten über die Natur des Phosphor in Wasser und der Absicht derselben aus obigen leitenden Gesichtspunkten überlassen bleiben, da sein rechtlicher Standpunkt ihn gehindert hat, jene Prüfung zu erschöpfen und anstatt der erstrichterlichen Schlußfeststellung eine erhebliche andere aufzustellen oder aber dieselbe beizubehalten. Eventuell würden die thatsächlichen Voraussetzungen der Anwendbarkeit des § 31 des StGB.s selbst für den Fall noch zu prüfen sein, daß 0,02847 Gran Phosphor vermöge der Mischung mit mehreren Unzen Wasser ihre Qualität als Gift verlieren könnten oder relativ zur Vergiftung untauglich wären.

Antr. des GStA.s: gleichl. [23.—4.]

Unzüchtige Handlung. — Vater. — Kind unter vierzehn Jahren.

Ein Vater, welcher mit seinem noch nicht vierzehn Jahre alten Kinde unzüchtige Handlungen vornimmt, unterliegt der Strafe des § 144 Nr. 3 StGB.

StGB. § 144 Nr. 3 [dort einzutr. als n. 17a].

Erk. (Z. I.) v. 21. Mai 1862 c. v. Kalkstein-Oslowski (438. I. Cr.).

Der Angekl. war auf Grund des Wahrspruchs: daß er „im J. 1861 — mit seiner im J. 1853 gebornen Tochter rc. unzüchtige Handlungen vorgenommen," aus § 144 Nr. 3 bestraft worden. Seine NB. machte, gestützt auf Z. I. 30. Sept. 1853 c. Albrecht (G. A. 1. S. 703; Oppenh. StGB. § 141 n. 1) geltend, daß zwischen Eltern und Kindern nur die Blutschande im eigentlichen Sinne, also die Vollziehung des Beischlafs, nicht aber andere unzüchtige Handlungen strafbar seien. Zurückweisung.

Gründe:

Allerdings ist unter dem, im § 141 StGB. gebrauchten Ausdrucke „Unzucht" ausschließlich die Vollziehung des Beischlafes zu verstehen, so daß andere unzüchtige Handlungen darunter nicht begriffen sind. Allein daraus folgt noch keineswegs, daß der § 144 des StGB. und namentlich auch dessen Nr. 3 auf den Fall keine Anwendung findet, wenn der leibliche Vater der Thäter ist.

Das allegirte Strafgesetz handelt von der Nothzucht und den, dieser gleichgestellten, strafbaren Handlungen. Es unterscheidet ebenso wenig, wie es das ALR. II. 20 in den §§ 1048 ff. und die gemeinrechtliche Doktrin gethan, ob der Thäter zu den Eltern der gemißbrauchten Person gehört, oder eine fremde Person ist. Das Verbrechen der Nothzucht wird vielmehr an Jedem geahndet, und es findet sich überall keine Spur davon, daß das Strafgesetz davon habe abgehen wollen.

Die Nr. 3 des § 144 l. c. verdankt ihren Ursprung der AKO. v. 9. Nov. 1815, nach welcher jede an einer unerwachsenen Person unter 12 Jahren verübte Brutalität für erzwungen erachtet werden soll, auch wenn keine Gewalt gegen sie ausgeübt worden. Das StGB. hat hieran nur das geändert, daß das Alter der gemißbrauchten Person auf das 14. Jahr bestimmt worden ist. Demgemäß muß dem angefochtenen Schw.-G.s-Erk. überall beigepflichtet und angenommen werden, daß der § 144 Nr. 3 l. c. auch auf den leiblichen Vater Anwendung findet, sobald er mit seiner unter 14 Jahre alten Tochter unzüchtige Handlungen vorgenommen hat. Etwas Anderes ist in dem Urtheile des KOTr.s v. 30. Sept. 1853 c. Albrecht ebenfalls nicht ausgesprochen. Damals hatten die Geschworenen nicht festgestellt, daß die gemißbrauchte Tochter, mit der unzüchtige Handlungen vorgenommen worden, zur Zeit der That noch nicht 14 Jahre alt gewesen und es war der § 141 des StGB. von dem Schwurgerichtshofe nicht in Anwendung gebracht worden. Hiergegen hatte sich die damalige Nichtigkeitsbeschwerde gerichtet und die Verletzung des § 141 l. c. behauptet. Sie wurde durch das so eben allegirte Erkenntniß zurückgewiesen und dabei lediglich ausgeführt, daß der § 141 l. c. eine Beischlafsvollziehung voraussetze, die nicht vorliege. Der § 144 l. c. respektive dessen Nr. 3 kam damals gar nicht in Betracht und gab auch keinen Gegenstand der Beurtheilung ab.

Antr. des GStA.s: gleichl. [20. — 4.]

Unzüchtige Handlungen. — Krankenanstalt. — Krankenpfleger. — Beamter.

Ein bei einer öffentlichen Kankenanstalt beschäftigter Krankenpfleger ist als Beamter derselben im Sinne des § 142 Nr. 3 StGB. anzusehen; er wird daher nach diesem Gesetze strafbar, wenn er mit einer in die Anstalt aufgenommenen Person unzüchtige Handlungen vornimmt.

StGB. § 142 Nr. 3 [dort einzutr. als n. 12 a].

Erk. (Z. I.) v. 21. Mai 1862 c. Markert (464. I. Cr.).

M. war aus § 142 Nr. 3 l. c. verurtheilt worden, weil er „als ein in einer öffentlichen zur Pflege von Kranken bestimmten Anstalt beschäftigter Krankenwärter mit einer in der Anstalt aufgenommenen Person unzüchtige Handlungen vorgenommen habe.“ Seine NB. rügte Gesetzesverletzung', weil er nach der Feststellung im Wahrspruche nur als Krankenwärter „beschäftigt,“ auch weder vereidet noch definitiv angestellt, sondern nur in Tagelohn angenommen sei, unter diesen Umständen aber nicht als „Beamter“ angesehen werden könne. Zurückweisung.

Gründe:

Ein bei einer öffentlichen Krankenanstalt, also jedenfalls auch von der zuständigen Behörde beschäftigter Krankenpfleger ist ein Organ, ein Beamter der Verwaltung, er sei vereidet oder nicht, definitiv oder interimistisch angestellt, beziehe Gehalt oder nicht, er wird für seine Handlungen in dieser Eigenschaft amtlich verantwortlich. Das Schw.-G. hat daher auch den Angeklagten mit Fug als einen bei der Anstalt angestellten Beamten bezeichnet und das richtige Strafgesetz innerhalb seiner Grenzen angewendet.

Antr. des GStA.s: gleichl. [17.—4.]

Geschworne. — Aufklärung. — Protokoll. — Gerichtsschreiber.

Ertheilt der Vorsitzende des Schwurgerichtshofs den Geschwornen im Berathungszimmer der letztern eine Aufklärung, so bedarf es einer Protokollisirung darüber, worauf sich diese Aufklärung erstreckt habe, und überhaupt der Aufnahme eines besonderen Protokolls nicht.

Diese Aufklärung kann auch in Abwesenheit des Gerichtsschreibers ertheilt werden.

Ges. v. 3. Mai 1852 Art. 94 [vgl. dort. n. 9. 10].

Erk. (Z. I.) v. 21. Mai 1862 c. Finkbein (Eichmann u. Gen. 465. I Cr.).

Nach dem Sitzungsprotokolle hatten „die Geschwornen sich während ihrer Berathung Belehrung erbeten, welche ihnen der Vorsitzende in Gegenwart der übrigen Mitglieder des GH.s im Berathungszimmer ertheilte." Hierauf gestützt, machte die NB. der Angekl. Verletzung der Artt. 52. 90. 94 des Ges. v. 3. Mai 1852 geltend, weil nicht zu ersehen sei, daß die gesuchte und ertheilte Aufklärung sich innerhalb der durch Art. 94 cit. gesetzten Grenzen gehalten habe, und weil eben deshalb der Eintritt des GH.s in das Berathungszimmer der Geschwornen überhaupt nicht gerechtfertigt sei; auch erhelle nicht, ob der Gerichtsschreiber, welcher nach Art. 52 cit. zum Sch.-GH. gehöre, sich mit in das Berathungszimmer begeben habe. Zurückweisung.

Gründe:

Der Mangel der größern Ausführlichkeit der Registratur im Sitzungsprotokolle verstößt weder gegen eine Vorschrift, noch gegen einen wesentlichen Grundsatz des Verfahrens im Sinne der Art. 107. 108 des Ges. v. 3. Mai 1852.

Der Art. 94 das. bezeichnet zwar im Allgemeinen den Kreis der Gegenstände, worüber die Geschwornen von dem Vorsitzenden des G.H.s Aufklärung erbitten und erhalten können, schreibt ihnen aber nicht vor, schon in der Bitte an den Vorsitzenden, in ihr Berathungszimmer behufs einer Aufklärung zu kommen, den Gegenstand beziehungsweise die Gründe derselben anzugeben, vielmehr soll nach den Materialien die bezügliche Besprechung zwischen dem Vorsitzenden und den Geschwornen von der öffentlichen Verhandlung fern gehalten werden, woraus von selbst folgt, daß ihr Inhalt nicht im Sitzungsprotokolle festgestellt werden kann (vgl. Art. 78).

Eben so wenig ist die Aufnahme eines besondern Protokolles darüber im Berathungszimmer geboten, und die Natur der fraglichen Aufklärung, als eines bloßen Hülfsmittels der Geschworenen zur regelrechten Lösung der Aufgabe ihrer innern Berathung, führte die Nothwendigkeit oder Zweckmäßigkeit einer formellen Konstatirung des Herganges nicht mit sich. Als nothwendige und zugleich ausreichende Gewähr dafür, daß der Vorsitzende die Grenzen, welche der Art. 94 seiner Aufklärung an die Geschwornen zieht, nicht überschreite und insbesondere nicht etwa auf ihr Urtheil über Schuld oder Nichtschuld der Angeklagten einwirke, hat das Gesetz die Gegenwart der übrigen Mitglieder des G.H.s angeordnet und ein Mehreres kann als wesentlich dabei nicht erfordert werden. Namentlich hat nach Vorstehendem der Gerichtsschreiber keine Funktion dabei und seine Zuziehung wird folgeweise auch durch den Wortlaut des Art. 94 nicht verlangt, da unter den „übrigen Mitgliedern des Gerichtshofs" neben dem Vorsitzenden nicht der Gerichtsschreiber, sondern nur die beisitzenden Richter nach dem gesetzlichen Sprachgebrauche zu verstehen sind, vgl. § 1 III, 1 AGO. und der Gesetzgeber in Art. 94 wohl eine dem Art. 52 näher liegende Ausdrucksweise gewählt haben würde, wenn der ganze Schw.-GH. im Sinne dieses Art.'s in das Berathungszimmer der Geschwornen hätte eintreten sollen. Dazu kommt, daß der Art. 108 Nr. 3 das. ausdrücklich nur die Zuziehung des Gerichtsschreibers bei der (öffentlichen) Hauptverhandlung, wo er nach Art. 78 das Protokoll zu führen hat, für wesentlich erklärt, und was zur Berathung der Geschwornen gehört, dahin ebenso wenig zu rechnen ist, als die Berathung der Richter unter einander. Nur eine unzweideutige positive Bestimmung könnte daher die Zuziehung des Gerichtsschreibers in den Fällen der Anwendung des Art. 94 nöthig machen.

Antr. des GStA.s: gleichl. [23.—4.]

Rheinisches Verfahren. — Kassationsrekurs. — Mangel der Succumbenzstrafe. — Verurtheilung zu derselben.

Wird der Kassationsrekurs des Beschuldigten als unannehmbar verworfen, weil derselbe die Succumbenzstrafe nicht hinterlegt hat, so ist nichts destoweniger die Verurtheilung zur Zahlung der letzteren auszusprechen.

Ges. v. 14. brum. V. Art. 1. — Rh. StPO. Artt. 419. 420. Contra: Z. II. 21. Juni 1862 c. Weiß, 120, Z. II. 26. Juni 1862 c. Dassel und die frühere Praxis des OTr.s.

Erk. (Z. II.) v. 22. Mai 1862 c. Birgels (130. II. Cr.).

In Erw., daß der Kass.-Kläger weder ein Armuthszeugniß, noch auch den Nachweis über Hinterlegung der gesetzlichen Geldbuße beigebracht hat, der eingelegte Rekurs mithin nach Art. 420 der StPO. unter Verurtheilung des Kass.-Klägers zu jener Geldbuße als unannehmbar zu verwerfen ist.

A. d. Gr. Verwerfung ꝛc. und Verurtheilung ꝛc.

Antr. des GStA.s: gleichl. [12.—2.]

Spruch der Geschwornen. — Aenderung. — Unterschrift.

Wird ein mangelhafter Geschwornenspruch durchstrichen und durch einen andern ersetzt, so kann die unter dem ersteren befindlich gewesene Unterschrift des Vorstehers für den zweiten bestehen bleiben, wenn sie nach ihrer Stellung auf diesen zu beziehen ist.

Ges. v. 3. Mai 1852 Art. 96 [vgl. dort n. 5].

Erk. (Z. II.) v. 22. Mai 1862 c. Paul (133. II. Cr.).

Die Geschwornen hatten einen mangelhaften Spruch durchstrichen und einen verbesserten darunter gesetzt, so daß die ursprüngliche Unterschrift des Vorstehers unter dem verbesserten Spruche bestehen geblieben war. Die NB. des Angekl. rügte den Mangel der neuen Unterschrift. Zurückweisung.

Gründe:

Eine Nichtigkeit kann nicht daraus hergeleitet werden, daß die bereits unter den mangelhaft befundenen Antworten verzeichnete Unterschrift des Vorstehers der Geschwornen für den verbesserten über diese Unterschrift geschriebenen Ausspruch bestehen gelassen wurde, da sie sich ihrer Stellung nach nothwendig auf letzteren bezieht, der Vorschrift des Art. 96 in Betreff der Nothwendigkeit einer Unterzeichnung des Verdikts durch den Vorsteher vollständig Genüge leistet, und eine Cancellirung der ursprünglichen Unterschrift und deren Ersetzung durch eine neue, resp. eine zweite Unterschrift unter der ersteren gar keinen Zweck gehabt haben würde.

Antr. des GStA.s: gleichl. [16.—2.]

Zeugenvernehmung (kommiss.) — Vorladung des Vertheidigers.

Es genügt, wenn zu einer vom erkennenden Richter angeordneten kommissarischen Zeugenvernehmung der Angeklagte vorgeladen wird; es bedarf dann nicht auch noch der Vorladung des Vertheidigers.

Vdn. v. 3. Jan. 1849 § 21 [vgl. dort n. 8].

Erk. (Z. I.) v. 23. Mai 1862 c. Czerwinski (328. I. Cr.).

Verfehlt ist die Rüge, daß zu den rc. Zeugenvernehmungsterminen nicht auch der Vertheidiger des Angekl. vorgeladen worden. Es genügte die erfolgte Citation des Angekl., dem es überlassen blieb, seinen Defensor mitzubringen, wenn er es für erforderlich hielt.

Antr. des GStA.s: gleichl. [20. — 1.]

Zeitschrift. — Kautionsbestellung. — Politische Frage.

Die Befreiung einer Zeitschrift von der Kautionsbestellung ist durch den Ausschluß aller politischen und socialen Fragen bedingt; dabei macht es keinen Unterschied, ob dergleichen Fragen mehr oder weniger ausführlich in dieser oder jener Form zur Sprache gebracht sind, und zu welchem Zwecke dieses geschehen ist.

Preßges. v. 12. Mai 1851 § 11. 17. 42; vgl. RdO. I S. 261.

Erk. (Z. I.) v. 23. Mai 1862 c. Bloch (342. I. Cr.).

Die von Bl. ohne Erlegung einer Kaution redigirte und verlegte „Theaterzeitung" hatte in verschiedenen Nummern eine Anzahl Couplets mitgetheilt, welche nach der Feststellung der Instanzrichter spöttische Ansichten über politische und sociale Fragen aussprachen, und ein bestimmtes Urtheil in sich schlossen, ohne dasselbe gleichwohl näher zu begründen. Deshalb aus §§ 11. 17. 42 des Preßges. verurtheilt, ergriff Bl. die NB., welche er auf Gesetzesverletzung stützte: die Theaterzeitung diene gewerblichen Zwecken, ihr Inhalt habe nur diese im Auge, das treffe auch bei jenen Couplets zu, da sie, wenn auch politische Fragen berührend, doch nicht in der Absicht mitgetheilt seien, Politik zu treiben, sondern lediglich um den gewerblichen (künstlerischen) Bedarf des Schauspielers zu befriedigen; das Gesetz verbiete nur politische rc. Fragen zu erörtern, d. h. dieselben durch Mittheilung von Thatsachen, Raisonnements und Urtheilen ins Licht zu stellen; etwas derartiges sei aber nicht festgestellt. Zurückweisung.

Gründe:

Der Ausschluß aller politischen und socialen Fragen bleibt unter allen Umständen die Bedingung der Befreiung von der Kautionsbestellung, wie es im bezüglichen Kom=

missionsberichte der II. Kammer (v. Rönne S. 117) heißt, und wo daher in einer Druckschrift dergleichen Fragen, sei es mehr oder weniger ausführlich, in der einen oder andern Form zur Sprache gebracht sind, kommt es für die Anwendung des § 11 mit Beseitigung des § 17 l. c. gar nicht darauf an, zu welchem Zwecke dies geschehen sei, oder welche Bestimmung die Zeitschrift, worin es geschieht, im Ganzen oder in einzelnen Theilen ihres Inhalts habe.

Antr. des GStA.s: gleichl. [23. — 1.]

Stempelkontravention. — Verschulden der Steuerbehörde.

Eine Stempelkontravention wird durch eine von der Steuerbehörde selbst ausgegangene Erschwerung der Stempelverwendung nicht straflos, sobald nur für die Partei nicht eine völlige Unmöglichkeit herbeigeführt war.

Stemp.-Ges. v. 7. März 1822 §§ 12. 21. [Dagegen macht die Unmöglichkeit der Stempelverwendung die Unterlassung straflos: Z. (V.) II. v. 27. März 1856 c. Hesse, 106; Z. II. 1. Okt. 1857 c. Hartmann, 306 (G. A. 5. S. 841).]

Erk. (Z. I.) v. 23. Mai 1862 c. Bijalke & Schwanebeck (361. I. Cr.).

Der Einwand der Angekl., daß die Steuerbehörde selbst dadurch, daß sie die Punktation nicht früher an den Notar herausgegeben, die Kontravention herbeigeführt habe, ist von den vorigen Richtern mit Recht verworfen, weil, wie der App.-Richter thatsächlich feststellt, aus den eigenen Angaben der Angekl. nicht zu entnehmen ist, daß sie auf Herausgabe der Punktation so zeitig bei der Steuerbehörde angetragen haben, daß die 14tägige Frist, binnen welcher sie mit dem Antrage auf notarielle Vollziehung in Gemäßheit der AKO. v. 24. Nov. 1835 zur Abwendung der Stempelstrafe dem Notar eingereicht werden mußte, noch inne gehalten werden konnte, anderntheils aber auch kein Hinderniß obwaltete, die Stempelgefälle, so lange sich die Punktation in den Händen des Hauptsteueramts befand, an letzteres unmittelbar zu berichtigen, was die Angeklagten unterlassen haben.

Antr. des GStA.s: gleichl. [18. — 1.]

Vertheidiger. — Staatsbeamter. — Genehmigung.

Es begründet keine Nichtigkeit, wenn ein Staatsbeamter eine Vertheidigung ohne die vorgeschriebene Genehmigung der ihm vorgesetzten Dienstbehörde geführt hat.

Ges. v. 3. Mai 1852 Art. 20 Nr. 4 [dort einzutr. als n. 13a].

Erk. (Z. I.) v. 23. Mai 1862 c. Glaser (Hinß u. Gen. 462. I. Cr.).

Gründe:

Zwar bestimmt Art. 20 Nr. 4 des Ges. v. 3. Mai 1852, daß andere als die unter Nr. 1 bis 3 genannten Personen die Vertheidigung nur mit besonderer Genehmigung des Gerichts, Staatsbeamte außerdem nur mit Bewilligung ihrer vorgesetzten Dienstbehörde übernehmen können, diese Bewilligung wird aber nur im Interesse des Staatsamtes, welches der Vertheidiger bekleidet, erfordert und nicht im Interesse der Untersuchung, namentlich des Angeklagten, welches in der vorbehaltenen besonderen Genehmigung des Gerichts seine Wahrung findet. Wenn daher in dem vorliegenden Fall aus der Rücksicht, daß es damals an andern Vertheidigern mangelte, das Kgl. KG. zu C. den Gerichtsassessor W. zum Defensor bestellte und wenn der Angeklagte, statt sich einen andern Vertheidiger zu wählen, dessen Vertheidigung ohne Widerspruch annahm, so kann aus dem Umstande, daß die vom Kgl. KG. nachgesuchte höhere Einwilligung des Kgl. AG.s zu M. erst nach Aburtheilung der Sache eintraf, eine Nichtigkeit des Verfahrens nicht hergeleitet werden. Diese Folge ist weder in dem Art. 20 angedroht, noch geht sie aus dem Wesen dieser Vorschrift hervor.

Antr. des GStA.s: gleichl. [13. — 1.]

Mahlsteuer. — Defraude. — Rückfall. — Gewerbebetrieb.

Einen Müller und Mehlhändler, welcher zweimal wegen Mahlsteuerdefraude bestraft worden ist, trifft im Falle einer abermaligen Mahlsteuerdefraude die Strafe der Untersagung des Betriebs beider Gewerbe, ohne Unterschied, in welcher Eigenschaft er in den früheren oder in dem jetzigen Falle defraudirt hatte, und ob, resp. in welcher Weise früher gegen ihn die Untersagung verhängt worden ist [1]).

Schl. u. M.-St.-Ges. v. 30. Mai 1820 § 17; St.-Ordn. v. 8. Febr. 1819 § 62. 63. — Sic: B. I. 30. Mai 1862 c. Wittig, 392.

Erk. (B. I.) v. 30. Mai 1862 c. Wittig (391. I. Cr.).

Der Müller W., welcher früher wiederholt wegen Mahlsteuerdefraude bestraft worden war, ward eines neuen Vergehens gleicher Art schuldig befunden; gleichwohl verhängte das AG. zu M. gegen ihn nicht die Strafe der Untersagung des Gewerbebetriebes, weil die Vorbestrafungen nur solche Defrauden betroffen hätten, deren er sich als Mehlhändler, nicht solche, deren er sich als Müller schuldig gemacht habe, und weil ihm auch früher nur das Mehlhandelgewerbe untersagt worden sei, obgleich er auch damals schon gleichzeitig das Müller-

---

[1]) Die Praxis des Kgl. OTr.s in Betreff der oben angeregten Frage hat geschwankt. Ein Z. II. 8. März 1844 c. Tzschepke (216; Präj. Nr. 88; Entsch. 27. S. 415; G. A. 2. S. 416) nahm an, daß die Untersagung des Gewerbebetriebes nur da Platz greife, wo der Gewerbtreibende *als solcher* wegen einer gleichen Defraude bereits zweimal bestraft wroden sei, und die volle Strafe des § 62 der St.-Ordn. erlitten habe; demgemäß ward jene Strafe da nicht für verwirkt erachtet, wo die Vorbestrafungen Defrauden betroffen hatten, welche von dem angeklagten Müller früher in seiner Eigenschaft als Müllergeselle verübt worden waren. Sodann entschied Z. I. 6. Sept. 1856 c. Stumpf (825; G. A. 2. S. 684), daß die Untersagung sich stets nur auf dasjenige Gewerbe beziehen könne, in Ausübung dessen die frühere Defraude begangen worden sei, nicht aber auf ein anderes derselben Steuer unterliegendes Gewerbe (z. B. Bäckerei und Mehlhandel); ähnlich: Z. I. 14. März 1854 c. Protzen (117), welches die Rückfallsstrafe überhaupt da für unanwendbar erachtete, wo derjenige, welcher sich jetzt beim eigenen Gewerbebetriebe einer Steuerdefraude schuldig gemacht hat,

gewerbe betrieben habe, und weil er endlich als Müller überhaupt noch nicht bestraft sei. Auf die NB. des Pr. St.-Direktors hat das OTr. jenes Erk. vernichtet, und die Untersagung des Betriebes des Müllergewerbes zusätzlich ausgesprochen.

Gründe:

Die vorigen Richter stellen thatsächlich fest, daß der Angekl. zweimal wegen Mahlsteuerdefraudation bestraft ist, sowie, daß ihm der Gewerbebetrieb als Mehlhändler durch das Erk. v. 2c. auf drei Monate, und durch das Erk. v. 2c. für immer untersagt ist. Dies genügt, da der Angekl. sich abermals einer Mahlsteuerdefraudation schuldig gemacht hat und gegenwärtig das Müllergewerbe betreibt, um wider ihn nach § 63 der St.-Ordn. v. 8. Febr. 1819 auf Einstellung des letzteren für immer zu erkennen. Ob der Angeklagte früher nur in seiner Eigenschaft als Mehlhändler, oder auch als Müller, oder überhaupt gar nicht als Gewerbetreibender, sondern in einer Art defraudirt hat, wie es auch von einem Nichtgewerbetreibenden hätte geschehen können, kann gar nicht in Frage kommen, da von einem Unterschied zwischen Gewerbshandlungen und anderen nicht gewerbsmäßigen Handlungen, welche den Thatbestand einer

---

früher für die beim Gewerbebetriebe eines Andern von einem Dritten verübte Defraude deshalb für verantwortlich erklärt worden war, weil er damals jenem Geschäfte als Werkführer vorstand. — Die in dem oben mitgetheilten Erk. vertretene strengere Ansicht hat dagegen das OTr. bereits durch: Z. I. 21. April 1858 c. Abers u. Gen. (297; G. A. 6. S. 412) und durch B. I. 15. Mai 1861 c. Karaszkiewicz (401; RdOTr. 1. S. 391) angenommen. — Endlich entschied ein Z. I. 16. Dez. 1857 c. Kummerehl (1340; G. A. 6. S. 101), daß die von einem Gewerbsgehülfen verübte Steuerdefraude nie die Untersagung des Gewerbebetriebes in dem Sinne nach sich ziehen könne, daß er nun auch nicht mehr Gewerbsgehülfe bleiben dürfe. Contra: Vdn. v. 7. Aug. 1846 § 20 (GS. S. 335) die Rübenzuckersteuer betr., und allgemein das durch AKO. v. 8. Dez. 1833 genehmigte Regulativ für Erfurt 2c. v. 24. Nov. 1833 § 55; dieser letztere Paragraph gestattet indessen auch die Auslegung, daß derjenige, welchem der selbstständige Gewerbebetrieb untersagt ist, auch nicht Gewerbsgehülfe eines Andern werden dürfe.

Steuerdefraudation bilden, bei Uebertretung der Vorschriften über die Mahl- und Schlachtsteuer überhaupt keine Rede sein kann, weil dieselbe eine allgemeine Konsumtionssteuer ist, welche nicht blos wie die Brau- und Branntweinsteuer von Gewerbtreibenden zu entrichten ist. Dies ist vom OTr. bereits in dem [V. I.] v. 15. Mai 1861 c. Fiskal und Karaszkiewicz [401; RdOTr. 1. S. 391] ausgesprochen und näher ausgeführt worden.

Wenn dem Angekl. aber in den vorerwähnten Erk. nur die Ausübung des Gewerbes als Mehlhändler, nicht jedes mahlsteuerpflichtigen Gewerbes untersagt ist, so erscheint auch dieser Umstand für die gegenwärtige Entscheidung unerheblich. Denn nach § 63 l. c. soll im dritten Fall der Uebertretung der Steuergesetze, nach vorhergegangener zweimaliger Bestrafung, der Schuldige, wenn er ein Brenner oder Brauer ist, das Gewerbe des Brauers oder Brenners nie und zu keinen Zeiten weder selbst ausüben, noch durch einen Andern zu seinem Vortheil ausüben lassen dürfen. Das M.- und Schl.-St.-Ges. v. 30. Mai 1820 verordnet aber im § 17, daß bei Mahl- und Schlachtsteuerdefraudationen außer der Konfiskation die Strafen eintreten sollen, welche die St.-Ordn. v. 8. Febr. 1819 §§ 60—65 und §§ 83—90 auf die Uebertretung der gesetzlichen Vorschriften zur Gefährdung der Steuer angedroht hat, und daß überall, wo in diesen Vorschriften von Brennern und Brauern geredet wird, dies auf diejenigen Gewerbetreibenden Anwendung findet, welche die Mahl- und Schlachtsteuer zu entrichten schuldig sind. Hieraus folgt, daß, wenn bei einer Mahl- und Schlachtsteuerdefraudation der Defraudant, wie im vorliegenden Falle, bereits früher zweimal wegen gleicher Defraudation bestraft ist, und er zur Zeit der abermaligen Defraudation irgend ein mahl- und schlachtsteuerpflichtiges Gewerbe, wie hier der Angekl. das Müllergewerbe, treibt, er dasselbe weder in Person, noch durch einen Anderen für seine Rechnung weiter ausüben lassen darf, ihm das gedachte Gewerbe also für immer untersagt werden muß, gleichviel, ob ihm schon früher ein anderes mahl- und schlachtsteuerpflichtiges Gewerbe, hier z. B. der Mehlhandel, untersagt ist, oder nicht.

Allerdings setzt die Strafe der Einstellung des Gewerbes nach § 94 der cit. St.-Ordn. zwar voraus, daß der Angeschuldigte bei Verkündung der früheren Strafentscheidungen auf die Erhöhung der Strafe aufmerksam gemacht sein muß, welche er im Falle einer Wiederholung seines Vergehens zu erwarten hat. Diese Warnung muß jedoch auch im vorliegenden Falle als geschehen unterstellt werden, weil sonst in dem Erk. v. 2c. nicht auf Untersagung des Gewerbes als Mehlhändler für immer hätte erkannt werden können, jedenfalls aber in der gegenwärtigen Untersuchung nicht mehr erörtert und darüber befunden werden kann, ob das frühere rechtskräftige Erk. v. 2c. den § 94 der St.-Ordn. gehörig beachtet hat, oder nicht. Einer ausdrücklichen Androhung der Einstellung gerade des Müllergewerbes bedurfte es endlich nach § 94 l. c. nicht, weil das Gesetz nirgend vorschreibt, daß die Anwendung des § 63 der St.-Ordn. in Verbindung mit § 17 des M.- und Schl.-St.-Ges. die Androhung der Einstellung eines bestimmten mahl- und schlachtsteuerpflichtigen Gewerbes voraussetzt, der Gesetzgeber auch nicht beabsichtigt haben kann, bei demjenigen, welchem ein mahl- und schlachtsteuerpflichtiges Gewerbe wegen wiederholter Mahl- und Schlachtsteuerdefraudationen für immer untersagt ist, wenn er später ein anderes mahl- und schlachtsteuerpflichtiges Gewerbe betreibt, und sich abermals einer Defraudation schuldig macht, die frühere Untersagung des damals betriebenen Gewerbes gänzlich zu ignoriren, und die Einstellung des jetzt betriebenen Gewerbes noch von einer neuen speziell auf das gegenwärtig betriebene Gewerbe gerichteten Warnung abhängig zu machen, sowie in dieser Beziehung mit den in den §§ 62 und 63 der St.-Ordn. vorgeschriebenen Straferhöhungen erst gradatim von Neuem vorzuschreiten.

Hat aber der Angeklagte, wie er behauptet, bereits zur

Zeit, als ihm der Gewerbebetrieb des Mehlhandels für immer untersagt wurde, zugleich das Müllergewerbe betrieben, so folgt hieraus nur, daß, wenn solches dem Richter damals bekannt geworden, er verpflichtet gewesen wäre, dem Angekl. in dem Erk. v. rc. nicht blos den Betrieb des Mehlhandels, sondern auch den Betrieb des Müllergewerbes für immer zu untersagen, und es kann jedenfalls in der gegenwärtigen Entscheidung zu Gunsten des Angekl. nichts ändern, wenn dies in dem gedachten Erkenntniß — gleichviel, aus welchem Grunde — unterlassen ist.

Nach § 63 der St.-Ordn. in Verbindung mit § 17 des M.- u. Schl.-St.-Ges. v. 30. Mai 1820 müssen dem Defraudanten im zweiten Rückfall sämmtliche mahl- und schlachtsteuerpflichtige Gewerbe, welche er damals betrieb, für immer untersagt werden, und kann von einer Beschränkung dieses Verbots auf ein einzelnes der von ihm gleichzeitig betriebenen mahl- und schlachtsteuerpflichtigen Gewerbe nicht die Rede sein, weil § 17 des cit. Ges. ganz allgemein von Gewerbetreibenden spricht, welche die Mahl- und Schlachtsteuer zu entrichten haben, und, wie oben bereits ausgeführt worden, bei Mahl- und Schlachtsteuerdefraudationen zwischen Gewerbshandlungen und anderen nicht gewerbsmäßigen Handlungen überhaupt nicht zu unterscheiden ist, also auch rücksichtlich der zu erkennenden Einstellung des Gewerbebetriebes es gleichgültig erscheint, wenn die im zweiten Rückfall begangene Defraudation nur mit dem einen oder dem anderen der von dem Defraudanten gleichzeitig betriebenen mahl- und schlachtsteuerpflichtigen Gewerbe in Beziehung steht, die übrigen aber nicht berührt, so daß dadurch die Beschränkung der Untersagung des Gewerbebetriebes auf das einzelne betheiligte Gewerbe nicht gerechtfertigt werden kann.

Antr. des GStA.s: gleichl. [18. — 1.]

Fragen (besondere). — Zeit der Stellung.

Die Stellung einer besonderen Frage an die Geschwornen ist so lange statthaft, als nicht ein regelrechter, die Anklage erschöpfender Wahrspruch der Geschwornen verkündet worden ist.

Ges. v. 3. Mai 1852 Art. 86 [vgl. dort n. 25. 26; Art. 79 n. 37. 38]; Art. 97 [vgl. dort n. 33 a]. Vgl. oben S. 301.

Erk. (B. I.) v. 30. Mai 1862 c. Weugrzik (Podstawka u. Gen. 425. I. Cr.).

Der Schw.-GH. hatte die von den Geschwornen auf die gestellten Fragen ertheilten Sprüche für widersprechend erachtet, und deshalb verordnet, daß die Geschwornen sich in ihr Berathungszimmer zurückbegeben sollten, um jenem Mangel abzuhelfen. Hierauf beantragte der StA. noch die Stellung einer besonderen Frage, welche indessen der GH. als nicht mehr statthaft ablehnte. Auf die NB. des StA.s erfolgte Vernichtung des Erkenntnisses und Zurückverweisung der Sache vor den Schw.-GH.

Gründe:

Wenn der Schw.-GH. den bei der Publikation seines Beschlusses von der StA.-schaft formirten Antrag, jetzt noch eine Zusatzfrage nach § 182 des StGB.s zu stellen, aus dem Grunde ablehnte, weil er sich durch den Art. 97 des Ges. v. 3. Mai 1852 zur Stellung einer solchen Zusatzfrage nicht für berechtigt erachtete, so liegt in dieser Motivirung eine irrige Rechtsansicht. Denn der Art. 97 bestimmt über dem Zeitpunkt, bis zu welchem besondere Fragen an die Geschwornen gerichtet werden können, nichts, und er berührt überhaupt das hierbei einzuschlagende Verfahren in keiner Weise, sondern es läßt sich aus demselben nur der Grundsatz entnehmen, daß die Thatfrage erst durch einen regelrechten Ausspruch der Geschwornen ihre definitive Erledigung findet. Eben weil das Gericht, so lange nicht ein Urtheil auf Grund eines Verdikts der Geschwornen ergangen, und so die Vollständigkeit und Regelmäßigkeit desselben anerkannt ist, eine neue Berathung der Geschwornen anordnen darf, und dieser neuen Berathung faktische Erörterungen zur Basis dienen können, deren Zweckmäßigkeit und Nothwendigkeit sich nachträglich herausgestellt hat, gelangt die Thatfrage zu einem endlichen Abschluß nicht durch ein mangelhaftes, sondern nur durch ein regelrechtes Verdikt der Geschwornen. Die Konsequenz dieses Grundsatzes führt dahin, daß, so lange nicht die Verkündung eines regelrechten, die Anklage erschöpfenden Wahrspruchs der Geschwornen stattgefunden hat, auch noch die Stellung besonderer Fragen in Gemäßheit des Art. 86 l. c. zulässig ist, und das Schw.-G., welches, anstatt das dort vorgeschriebene Verfahren eintreten zu lassen, unter Verkennung seiner Befugnisse sich zur Stellung der von der StA.-schaft beantragten Frage durch den Art. 97 l. c. für verhindert erklärte, hat somit einen wesentlichen Grundsatz des Verfahrens resp. den Art. 97 durch unrichtige Anwendung und den Art. 86 l. c. durch Nichtanwendung verletzt.

Antr. des GStA.s: gleichl. [44.—1.]

Zeitung. — Geschworne. — Nennung.

Das Verbot des § 48 des Preßgesetzes, die Namen der Geschwornen in Zeitungen anders als bei der Bildung des Schwurgerichts zu nennen, bezieht sich nur auf die (zwölf) Urtheilsgeschwornen, nicht auf alle auf die Dienstliste gebrachten.

Preß-Ges. v. 12. Mai 1851 § 48.

Erk. (Z. II.) v. 31. Mai 1862 c. Hoppe (105. II. Cr.).

Die Vorschrift des Preßgesetzes v. 12. Mai 1851 § 48 im ersten Satze dahin lautend:

„Die Namen der Geschwornen dürfen in Zeitungen nur bei der Mittheilung über die Bildung des Schwurgerichts genannt werden,"

ist, nach Ausweis der Kammerverhandlungen über den Entwurf dieses Gesetzes § 69 (Stenogr. Bericht 1850—51 der II. K., Anl. S. 1152; id. I. K. S. 83. 728) dem französischen Pr.-Ges. v. 9. Sept. 1835 Art. 10 nachgebildet worden, während die im dritten Satze eben jenes § 48 dahin getroffene Bestimmung:

„Gleiche Strafe trifft denjenigen, der eine Anklageschrift oder ein anderes Schriftstück eines Kriminalprozesses veröffentlicht, bevor die mündliche Verhandlung stattgefunden, oder der Prozeß auf anderem Wege sein Ende erreicht hat,"

nur mit veränderter Fassung, dem französischen Gesetze vom 27. Juli 1849 Art. 10 entnommen wurde. Zunächst kann es keinem Bedenken unterliegen, daß in jenem ersten Satze die Worte: „Geschworne" und „Bildung des Schwurgerichts" in derselben Bedeutung gebraucht worden sind, welche diese Ausdrücke in den zur Zeit der Redaktion des Preß-Ges. in den verschiedenen Landestheilen des Preußischen Staats geltend gewesenen Gesetzen über das Institut der Schwurgerichte, also in der Rh. StPO. und in der Vdn. v. 3. Jan. 1849 hatten. Aber der Ausdruck „Geschworne" (jurés) ist sowohl in der Rh. StPO. als in der cit. Vdn. theils in engerer, theils in weiterer Bedeutung gebraucht worden. In der engern und eigentlichen der Abstammung des Worts entsprechenden Bedeutung werden Geschworne (douze jurés) aufgeführt, in der Rh. StPO. Artt. 309. 312. 319. 320. 323. 328. 332. 336. 341—344. 346—349. 351—353. 393. 406 und in der cit. Vdn. §§ 60 Nr. 2. 75. 79. 80. 93—95. 97—117; in der weiteren Bedeutung dagegen, in welcher als „Geschworne" auch schon die Personen bezeichnet werden, die in eine Liste gebracht und einberufen werden, um aus ihnen jene Geschworne im engern Sinne, welche das Geschwornengericht (die Urtelsjury, jury de jugement) ausmachen sollen, zu entnehmen, in der Rh. StPO. Art. 387. 390. 391. 394—396. 398—401. 403 und in der cit. Vdn. §§ 62—64. 66. 68. 71—74. 82. 85—87. Unter diesen Umständen erscheint es an sich schon gerechtfertigt, das Wort „Geschworne" im § 48 des Preß-Ges.s in seiner eigentlichen engern Bedeutung zu verstehen.

Auch der Ausdruck „Schwurgericht" wird in zwiefacher Bedeutung gebraucht, nämlich einmal zur Bezeichnung nur der — wie es im § 60 Nr. 2 der cit. Vdn. heißt — als beisitzende Richter zuzuziehenden Geschwornen in den §§ 83.

84. 93. 96 dieser Vdn., und dann zur Bezeichnung der Gesammtheit des GH.s und dieser Geschwornen in den §§ 75. 78 ibid. (vgl. Entsch. 18. S. 490). Immerhin aber deutet eben hiernach der Ausdruck „Geschworne" in Verbindung mit der erfolgten Bildung des Schw.=G.s, wie sie der § 48 des Pr.=Ges. enthält, auf die Urtelsgeschwornen, also die Geschwornen in der engern Bedeutung, hin. Zwar ist hiergegen eingewendet werden, daß nach § 82 der cit. Vdn. dem Angekl. erst am Tage vor der Verhandlung der betr. Sache ein Verzeichniß derjenigen Geschwornen, aus welchen das Schw.=G. für seine Sache genommen werden soll, — die Dienstliste der Geschwornen, — zugestellt, resp. dem nicht verhafteten Angeklagten (Art. 67 des Ges. v. 3. Mai 1852) auf Verlangen zur Einsicht vorgelegt oder abschriftlich mitgetheilt werden soll, daß ferner die Rh. StPO. im Art. 394 bestimmt:

> „Die Liste der Geschwornen wird jedem Angeklagten an dem Tage bekannt gemacht, der demjenigen unmittelbar vorhergeht, welcher zur Bildung des Geschwornengerichts bestimmt ist; diese Bekanntmachung ist nichtig, so wie alles, was darauf erfolgt ist, wenn sie früher oder später geschehen ist,"

und daß der Grund dieses Verbots einer früheren Mittheilung der Dienstliste an den Angeklagten nur der sein könne, etwanigen Einwirkungen auf die einzuberufenden Geschwornen überhaupt und auf die demnächst fungirenden Geschwornen insbesondere vorzubeugen, daß es aber diesem Zwecke zuwider zu sein scheine, wenn schon vorher und namentlich bei Mittheilungen über die erst bevorstehende Sitzungsperiode des Schw.=G.s die Dienstliste der Geschwornen in Zeitungen veröffentlicht würde, daß auch, wenn schon vor der Bildung des Schw.=G.s die Namen der in der Dienstliste aufgeführten Geschwornen, welche nach dieser zur Sitzung des Schw.=G.s einberufen werden, in den Zeitungen genannt werden, sich hierunter jedenfalls auch die Namen der Geschwornen, welche demnächst die Urtelsjury bilden und also demnächst als Geschworne im engern Sinne fungiren, befinden, nur daß sie freilich, was die Erheblichkeit dieses Umstandes beseitigt, dabei eben nicht als Namen von Urtelsgeschwornen bezeichnet werden. Allein daß die Bestimmung des ersten Satzes des § 48 des Pr.-Ges. mit dem § 82 der Vdn. v. 3. Jan. 1849 und Art. 6 des Ges. v. 3. Mai 1852 so wie mit Art. 394 der Rhein. StPO. nicht in Verbindung steht, ergiebt sich aus dem Folgenden.

Zuvörderst untersagt der § 48 des Pr.-Ges.s, der die Bekanntmachung durch andere Blätter als Zeitungen überhaupt nicht verbietet, auch nicht, schon in dem Zeitungsberichte über die Bildung des Schw.-G.s für die erste in einer Schw.-G.s-Periode zur Verhandlung kommende Sache das, was öffentlich verhandelt worden, nämlich den stattgehabten namentlichen Aufruf der in der Dienstliste der Geschwornen aufgeführten und danach einberufenen Personen und die Namen derjenigen von diesen, welche das Schw.-G. gebildet haben, anzugeben, so daß es für die demnächst noch in eben dieser Sitzungsperiode zur Verhandlung kommenden Sachen keinen Zweck haben würde, wenn hätte untersagt werden sollen, vorher schon die Namen der nach der Dienstliste der Geschwornen für eine solche Periode einberufenen Personen in Zeitungen zu veröffentlichen. Ein solches Verbot, wenn es getroffen werden sollte, bestimmt auszusprechen, würde die Gesetzgebung um so mehr Veranlassung gehabt haben, als nach der in Goltd. Arch. 3. S. 421 erwähnten Praxis in dem Bezirke des AGH.s zu Köln die Namen der vom Assisenpräsidenten designirten 36 Geschwornen durch die öffentlichen Blätter bekannt gemacht wurden.

Sodann aber ist die oben erwähnte Bestimmung des französischen Preß-Ges. v. 9. Sept. 1835 Art. 10:

„Il est interdit de publier les noms des jurés, excepté dans le compte rendu de l'audience, où le jury aura été constitué," dahin motivirt worden:

„daß die Namen gewissenhafter Geschwornen oft Monate lang in drohender, selbst zu Verbrechen provozirender Weise der Oeffentlichkeit preisgegeben würden, und daß darum zwar nicht eine jede Veröffentlichung ihrer Namen schlechthin, — wie dies in dem Gesetzentwurfe proponirt war, zu untersagen, wohl aber nur insofern zu gestatten sei, als dieselbe in dem Sitzungsberichte selber als Theil der öffentlich stattgehabten Gerichtsverhandlung bewirkt werde, indem jede andere Veröffentlichung als eine Bedrohung angesehen werden müsse (vgl. G. Arch. 8. S. 398)."

Ebenso wurde in dem Komm.=Bericht der I. K. zur Motivirung des § 48 Abs. 1 und 2 des Preß=Ges.s bemerkt:

„daß der Geschworne denselben Anspruch auf Schutz wie der angestellte Richter habe, ja der ihm zu gewährende Schutz ein noch größerer sein müsse, da der Geschworne, sowie er seiner Geschwornenpflicht genügt habe, in die Kreise des bürgerlichen Lebens zu seinem bürgerlichen Berufe zurückkehre, in diesem aber es für ihn um vieles lästiger, ja gefährlicher sei, wenn er von der Presse noch fortwährend als eine öffentliche Person behandelt werde, als für den Richter, welcher eben in seiner richterlichen Eigenschaft fortwährend dem öffentlichen Leben angehöre;

„daß daher der Geschworne, so wie er nach erfüllter Geschwornenpflicht thatsächlich aus dem öffentlichen in das Privatleben zurückkehre, auch aus der Oeffentlichkeit der Presse, ihrem Parteigetriebe verschwinden und sein Name nicht mehr Gegenstand öffentlicher Diskussion sein solle (Stenogr. Bericht 1850—51 der I. K. S. 728)."

Diese Motive weisen überall unzweideutig darauf hin, daß bei dem ersten Absatz des § 48 des Preß=Ges.s eine Rücksicht auf § 82 der Vdn. v. 3. Jan. 1849 oder § 394 der Rh. StPO. gar nicht vorwaltet, daß vielmehr dort nur Geschworne in der oben gedachten engern Bedeutung gemeint worden sind, also nur die Geschwornen der Urtelsjury nach stattgehabter Bildung des Schwurgerichts.

In diesem Sinne äußerte überdies auch bei den Verhandlungen über den Entwurf des Preß=Ges.s in der Sitzung der I. Kammer v. 15. März 1851 (Stenogr. Ber. S. 709) der damalige Justizminister:

„es ist hier (§ 48 des Pr.-Ges.) allerdings nur von einer Nennung der Namen derjenigen Geschwornen die Rede, die in einer bestimmten Sache fungiren, die Fassung des Paragraphen giebt dies hinlänglich zu erkennen ꝛc.“

Ist nun auch der NB. zuzugeben, daß jene Aeußerung sich nicht als authentische Erläuterung des Ausdrucks „Geschworne“ im § 48 cit. ansehen läßt; so gab sie doch zu erkennen, in welchem Sinne die Regierung, welche den Gesetzentwurf (§ 69; Stenogr. Bericht S. 83. 40) vorgelegt hatte und deren Vertreter jene Erklärung abgab, den gedachten Ausdruck in der Verbindung mit der „Bildung des Schwurgerichts,“ von welcher in demselben Satze die Rede ist, gemeint hatte, weshalb der vorbezeichneten Aeußerung ein erhebliches Gewicht um so weniger versagt werden kann, als ihr bei den Kammerverhandlungen von keiner Seite widersprochen wurde.

Die Gründe, welche das Gesetz veranlaßt haben, und der Zusammenhang desselben führen daher zu der Auslegung, welche ihm der App.-Richter gegeben hat.

Antr. des GStA.s: gleichl. [26.—2.]

Hausirkontravention. — Konfiskation. — Selbstverfertigte Waaren.

1. Im Falle einer Hausirkontravention sind nicht nur die in die Wohnungen der gesuchten Käufer mitgenommenen und letzteren vorgelegten, sondern alle Waaren zu konfisziren, welche zum Zwecke der Ausübung des Hausirhandels an einen fremden Ort gebracht worden sind.

Regul. v. 28. April 1824 § 26. Sic: B. I. 16. März 1855 c. Schäfer, 183. [Die Konfiskation ist selbst auf solche Waaren auszudehnen, welche zu dem gedachten Zwecke an den andern Ort voraus- oder nachgeschickt worden sind: Z. II. 2. Nov. 1854 c. Gregoire, 463.]

2. Der Begriff des Hausirhandels wird dadurch nicht ausgeschlossen, daß es sich von selbst-

verfertigten Waaren handelt, welche ohne vorherige Bestellung an einen fremden Ort gebracht sind.

Regul. v. 28. April 1824 § 26. 2.

Erk. (Z. II.) v. 31. Mai 1862 c. Hartung (110. I. Cr.).

H. war wegen Hausirkontravention u. A. auch zur Konfiskation aller mitgeführten Waaren verurtheilt worden; seine NB. behauptete Gesetzesverletzung, weil er nur selbstverfertigte Waaren mit sich geführt habe, auch die Konfiskation nur diejenigen Waaren treffen könne, welche er bei der Verkaufsofferte unmittelbar bei sich gehabt habe, resp. zum Verkaufe angeboten habe. Zurückweisung.

Gründe:

Der Angriff stellt sich nicht als begründet dar, indem nach § 26 des Regul. v. 28. April 1824 der Hausirende die Konfiskation derjenigen Gegenstände verwirkt, welche er wegen seines Geschäftes bei sich führt, und es sonach lediglich darauf ankommt, ob die von dem Hausirer außerhalb seines Wohnortes gebrachten Waaren zum Zwecke der Ausübung eines Hausirhandels mit denselben an den fremden Ort gebracht wurden, nicht aber die Vorschrift wegen der Konfiskation durch die Thatsache bedingt ist, daß der Hausirende an dem fremden Orte, wohin er die Waaren gebracht und an welchem er Handlungen, die an sich einen Hausirhandel darstellen, vorgenommen hat, jeden einzelnen Handelsartikel zum Verkaufe angeboten oder ihn bei dem Verkaufsanerbieten in die Wohnungen der gesuchten Käufer mitgenommen und Letzteren vorgelegt haben müsse, so daß nur derjenige Artikel, bei welchem diese Voraussetzung eintrifft, der Konfiskation unterliegen könne;

daß ferner der Begriff des Hausirhandels im Allgemeinen dadurch nicht ausgeschlossen wird, daß es selbstverfertigte Waaren sind, welche der Hausirer ohne Bestellung an fremde Orte, außerhalb seines Wohnortes bringt, um solche daselbst zu Zeiten (nicht fortdauernd) zu verkaufen (§ 2 l. c.), und von den im § 4 ibid. für selbstverfertigte Waaren unter gewissen Voraussetzungen statuirten

Ausnahmefällen, nach der thatsächlichen Feststellung der Instanzrichter, keiner vorhanden ist.

Antr. des GStA.s: gleichl. [16.—2.]

Wiederholung der Beweisaufnahme.—Voruntersuchung.— Zeugenaussage. — Verlesung.

Die vom App.-Richter angeordnete Verlesung der in der Voruntersuchung zu Protokoll genommenen Zeugenaussagen ist nicht als eine zulässige Wiederholung der Beweisaufnahme anzusehen.

Ges. v. 3. Mai 1852 Art. 101 [vgl. dort n. 86. 95].

Erk. (V. II.) v. 31. Mai 1862 c. Schaller (126. II. Cr.).

J. E., daß die Verlesung der Aussagen der in der Voruntersuchung protokollarisch vernommenen, in der ersten Instanz persönlich sistirten Zeugen als eine zulässige Wiederholung der Beweisaufnahme erster Instanz im Sinne des Art. 101 des Ges. v. 3. Mai 1852 nicht angesehen werden kann, indem der Zeugenbeweis nach § 14 der Vdn. v. 3. Jan. 1849 bei Strafe der Nichtigkeit des Verfahrens durch mündliche Vernehmung der Zeugen vor dem erkennenden Richter stattfinden muß und eine Ausnahme hiervon nach § 21 l. c. nur insofern zulässig ist, als jene Vernehmung wegen Krankheit, Alterschwäche, großer Entfernung der Zeugen oder wegen anderer unabwendbarer Hindernisse nicht erfolgen kann;

daß das Vorhandensein derartiger Hindernisse von dem App.-Richter vorliegend nicht festgestellt worden ist, die von ihm zur Wiederholung der Beweisaufnahme angeordnete Verlesung der protokollarischen Zeugendepositionen mithin nach jenen Paragraphen die Nichtigkeit des Verfahrens herbeigeführt;

daß in dieser Beziehung der Art. 25 des cit. Gesetzes ohne Einfluß ist, weil er nur zum Zweck der Aufklärung der Sache und unter Anführung der Gründe der Abweichung von der Regel der §§ 14 und 21 der cit. Vdn. die Verlesung gestattet, nicht aber, wie hier geschehen, ohne Angabe von Gründen und statt der wirklichen Beweisaufnahme.

A. d. Gr. Vernichtung rc.

Antr. des GStA.s: gleichl. [22.—2.]

---

1. 2. Erkenntniß. — Gründe. — Fristenlauf. — Nichtigkeit.

3. Schwurgerichtliches Erkenntniß. — Vernichtung. — Aufrechthaltung des Wahrspruchs.

1. Nur die mit den Gründen erfolgende Verkündung des Erkenntnisses begründet den Lauf der Frist für das statthafte Rechtsmittel.

Ges. v. 3. Mai 1852 Art. 32 [vgl. dort n. 6].

2. Ein Erkenntniß, welches der Gründe gänzlich ermangelt, ist nichtig.

Ebendas. Art. 31 [vgl. dort n. 26. 27].

3. Wird ein schwurgerichtliches Erkenntniß wegen eines Mangels des Verfahrens vernichtet, so ist der von diesem Mangel nicht mitbetroffene Geschworenenspruch aufrecht zu erhalten, und die Sache ist vor den Schw.=GH. zurückzuverweisen, damit dieser ohne Zuziehung der Geschworenen ein neues Erkenntniß fälle.

Ebendas. Art. 116 [vgl. dort n. 14. 16]. 117 [vgl. dort n. 4. 7].

Erk. (V. I.) v. 4. Juni 1862 c. Peter (390. I. Cr.).

Nachdem die Geschwornen alle ihnen vorgelegten Fragen verneint hatten, sprach der Schw.=GH. in einem ohne alle Gründe verkündeten und abgefaßten Erk. den Angekl. zwar von der erhobenen Ankl. der Urkundenfälschung frei, hielt aber dem StA. eine anderweite Verfolgung wegen Unterschlagung vor. Nach Ablauf der zehntägigen Frist von dieser Verkündung an ergriffen sowohl der StA. als der Angekl. die NB., jener rügte den Mangel der Gründe, dieser den nach dem regelrechten Geschwornenspruche nicht mehr statthaften Vorbehalt. Das OTr. hat auf die NB. des StA.s die Vernichtung des Erk.s und die

Zurückverweisung der Sache vor den Schw.-GH. ausgesprochen, und dadurch gleichzeitig die NB. des Angekl. für erledigt erklärt.

Gründe:

Das Urtheil ist den Interessenten nicht mit Gründen publicirt worden, und die Akten ergeben, daß solche überhaupt nicht abgefaßt sind, weshalb auch eine Zustellung derartig ausgefertigter Erkenntnisse an die Parteien nicht hat erfolgen können. Da erst die Kenntniß der Entscheidungsgründe beurtheilen läßt, ob ein Rechtsmittel zu ergreifen und wie dasselbe zu begründen sein wird, so folgt daraus von selbst, daß in Ermanglung derselben die Frist der an sich zulässigen Rechtsmittel nicht ablaufen kann, dieselbe vielmehr offen bleibt. In gleicher Weise hat das Kgl. OTr. früher schon entschieden, namentlich in dem Erk. v. 9. Feb. 1854 c. Bunsen (Präj. Nr. 78, JMBl. S. 175). Demgemäß waren noch gegenwärtig beide Nichtigkeitsbeschwerden zuzulassen. Sodann erscheint

1) die der Kgl. StA.-schaft begründet, die sich auf die Verletzung des § 22 der Vdn. v. 3. Jan. 1849 resp. des Art. 31 des Ges. vom 3. Mai 1852 stützt, nach welchem jedes Erkenntniß, wenn es als ein solches im vollen Umfange des Gesetzes gelten solle, mit Gründen versehen sein müsse. Die allegirten Gesetzesstellen lassen auch über die Richtigkeit dieser Behauptung keinen Zweifel aufkommen. Der § 22 cit. bestimmt ausdrücklich:

> „daß der Richter über Schuld oder Nichtschuld zu entscheiden habe, jedoch verpflichtet sei, die Gründe, welche ihn dabei geleitet haben, in dem Urtheile anzugeben."

Eine gleiche Anweisung enthält der Art. 31 cit., welcher die Art und Weise, wie dergleichen Gründe abzufassen, näher feststellt, und der Art. 32 l. c. spricht sodann ausdrücklich von „Urtheilen mit schriftlich abgefaßten Gründen;" endlich lassen die Materialien zum Ges. v. 3. Mai 1852 S. 433 ganz positiv erkennen, daß ein eigentliches und vollständiges Urtheil erst dann vorhanden ist, wenn die Entscheidungsgründe beigegeben sind. Es wird dort nämlich unter Anderem bemerkt:

„das Gesetz habe anzuerkennen, daß Jemand, der verurtheilt sei, das Recht habe, sich über die Gründe, aus denen dies geschehen, näher zu unterrichten, und daß dies nur möglich sei, wenn solche Gründe vorhanden."

Und an einer andern Stelle heißt es:

„Ohne Gründe wird das Urtheil dem Angekl. wenig nützen."

Demgemäß ist es unbedenklich, die Vorschriften des § 22 und des Art. 31 cit., soweit sie die Bestimmung enthalten, daß den zu erlassenden Erkenntnissen Entscheidungsgründe beizufügen seien, als wesentliche zu betrachten, deren Verabsäumung nach Art. 108 i. f. des cit. Ges. eine Nichtigkeit nach sich zieht.

Eine Ausnahme hiervon kann auch nicht durch den § 118 der cit. Vdn. begründet werden. Dieser bestimmt, wenn das Verdikt der Geschworenen auf Nichtschuldig lautet:

„Ist der Angekl. für nicht schuldig erklärt worden, so spricht der Gerichtshof denselben von der Anklage frei und verordnet, daß derselbe sofort in Freiheit gesetzt werde, wenn er nicht aus einem sonstigen Grunde verhaftet ist."

Es leuchtet ohne Weiteres ein, daß hiermit nur die materiellen Folgen eines dem Angeklagten günstigen Wahrspruchs haben ausgedrückt werden sollen, keineswegen aber auch eine Vorschrift darüber, wie das zu erlassende Erkenntniß formell einzurichten sei. In dieser Beziehung findet sich keine Andeutung, daß die oben entwickelten Grundsätze haben abgeändert werden sollen.

Im vorliegenden Falle war aber die Abfassung von Gründen zu dem gefällten entscheidenden Theile des Erkenntnisses um so nöthiger, als nicht einmal eine gänzliche Freisprechung des Angeklagten erfolgte, der Kgl. StA.-schaft vielmehr die fernerweitige Verfolgung desselben vorbehalten wurde, eine Maaßregel, die jedenfalls der besonderen Motivirung bedurfte.

Nach diesen Erwägungen ist in Gemäßheit des Art. 107

Nr. 2 l. c. die Vernichtung des in Rede stehenden Erkenntnisses geboten, und es konnte nur noch die Frage sein, in welcher Ausdehnung dieselbe erfolgen mußte. Da nun, wie nachgewiesen, gegenwärtig nur ein anomales Urtheil besteht, welches die Wirkungen eines formgerechten nicht beanspruchen kann, so erschien es auch nicht zweifelhaft, der dagegen erhobenen NB. ausschließlich die Tragweite beizulegen, durch gänzliche Wegschaffung desselben die Abfassung eines, den gesetzlichen Vorschriften entsprechenden, herbeizuführen, gegen welches sodann das gewöhnliche Rechtsmittel mit den, diesem beiwohnenden Folgen offen steht. Auf der andern Seite aber konnte diese Vernichtung sich nur auf das unvollständige Erkenntniß selbst, als solches, erstrecken, und mußte das gesammte, demselben vorangegangene mündliche Verfahren, sowie die Verdikte der Geschworenen, die damit in keinem Zusammenhange stehn, unberührt lassen, da es eben nur darauf ankam, den gesetzlichen Standpunkt wieder zu gewinnen, den allein das regelwidrige Erkenntniß verrückt hatte. Unter diesen einmal vorwaltenden Umständen steht daher auch der Antrag der Kgl. StA.-schaft nicht entgegen, welcher blos die Vernichtung des derselben zugesprochenen Vorbehalts der anderweitigen Verfolgung des Angeklagten verlangt, weil die unter gewöhnlichen Verhältnissen sonst geltende Regel für den vorliegenden Fall selbstredend nicht maaßgebend sein kann. Aus demselben Grunde kommt auch der Art. 109 l. c. nicht in Betracht, welcher ebenfalls nach Art. 106 ibid. ein, den Gesetzen entsprechend redigirtes Urtheil voraussetzt. Hierdurch erledigt sich zugleich

2) die NB. des Angeklagten, ohne daß es auf die nähere Prüfung der von dieser aufgestellten Angriffspunkte ankommt. Denn bei der Nichtexistenz einer formell gesetzmäßigen Entscheidung kann eine Beurtheilung in materieller Beziehung selbstverständlich nach keiner Richtung hin eintreten und es hat daher der Angeklagte auch kein weiteres Recht, als zu verlangen, daß zuvörderst ein vorschriftsmäßiges Erkenntniß herbeigeführt wird, wogegen er dann, wenn

es ihm erforderlich erscheint, das betreffende Rechtsmittel anzubringen hat.

Sonach mußte, wie geschehen, das ganze Schw.G.s.-Erk. v. 2c. unter Aufrechthaltung der Verdikte der Geschworenen und des mündlichen Verfahrens, vernichtet und die Sache zur anderweitigen Verhandlung und Entscheidung vor einen neuen Schwurgerichtshof zu M. verwiesen werden. Dabei versteht es sich von selbst, daß die Verhandlung nicht vor Geschworenen, sondern nur vor dem Schw.-GH. zu erfolgen hat, und zwar zu dem Zwecke, um auf Grund des am 2c. stattgehabten und aufrechterhaltenen, schwurgerichtlichen Verfahrens, ein den gesetzlichen Vorschriften entsprechendes Erkenntniß zu fällen.

Antr. des GStA.s: gleichl. [20.—4.]

Mangel der Vorladung. — Nichtigkeit. — Prüfung.

Nichtigkeit tritt ein, wenn der Appellationsrichter den Einwand des Angeklagten, er sei zur ersten Instanz nicht gehörig vorgeladen und deshalb mit Unrecht in contumaciam verurtheilt worden, ungeprüft läßt.

Ges. v. 3. Mai 1852 Art. 108 Nr. 5 [dort einzutr. als n. 37a].

Erk. (S. I.) v. 4. Juni 1862 c. Bernholz (404. I. Cr.).

Die Angekl. hatte in zweiter Instanz u. A. geltend gemacht, sie sei zur ersten Instanz nicht gehörig vorgeladen, und daher mit Unrecht in contumaciam verurtheilt worden; der App.-Richter hat diesen Einwand gänzlich ungeprüft gelassen; das rügt die NB. Die GStA.-schaft beantragte Zurückweisung, weil nach den Akten die Vorladung in vorschriftsmäßiger Weise bewirkt worden, und das OTr. befugt sei, diese prozessualische Thatsache selbst zu prüfen. Das OTr. hat vernichtet, indem es erwog:

daß die Angekl. in ihrer App.-Beschwerde das stattgefundene Kontumazialverfahren in erster Instanz deshalb rügt, weil die Insinuation der Vorladung zur Audienz nicht erfolgt, sie vielmehr während der Zeit der angeblich an sie erfolgten Insinuation abwesend gewesen sei; der App.-Richter aber diese Beschwerde gänzlich mit Stillschweigen übergeht, obwohl sie eine im Art. 108 Nr. 5 des Ges. v. 3. Mai 1852 ausdrücklich hervorgehobenen Nichtigkeitsgrund enthält, und mit Beweis unterstützt war.

Antr. des GStA.s: entg. [15.—4.]

Angeklagter. — Haft. — Vertheidiger. — Appellations-Gericht.

Nichtigkeit tritt ein, wenn der vom verhafteten Angeklagten rechtzeitig beim Gerichte erster Instanz angebrachte Antrag um Zuordnung eines Vertheidigers für das Appellationsverfahren deshalb unberücksichtigt bleibt, weil derselbe [vom Gerichte erster Instanz] zu spät an das App.-Gericht befördert worden ist.

Vdn. v. 3. Jan. 1849 § 134 [vgl. dort n. 16 und oben S. 106].

Erk. (V. I.) v. 4. Juni 1862 c. Herrmann (517. I. Cr.).

Nach § 134 Abs. 2 der Vdn. v. 3. Jan. 1849, worin es heißt, daß der Angekl., wenn er verhaftet sei, im Termine nur durch einen Vertheidiger vertreten werden könne, der ihm auf seinen Antrag von Amtswegen bestellt werden müsse, war der Angekl. zu jenem Antrage berechtigt und das Gericht zweiter Instanz war solchem zu genügen verpflichtet. Dadurch, daß dieser Verpflichtung nicht entsprochen, daß vielmehr im Termine vom 2c. gegen den Angekl. in contumaciam verfahren worden ist, ohne daß ihm ein Vertheidiger bestellt worden war, ist gegen den § 134 a. a. O. gefehlt und dem Angekl. die Vertheidigung abgeschnitten worden, und zwar ohne Schuld des Angekl., weil dessen Antrag, obgleich zeitig genug vorgebracht, doch zu spät zur Post befördert worden ist, daß er erst nach Aburtelung der Sache zur Kenntniß des Gerichts der zweiten Instanz gelangte.

Antr. des GStA.s: gleichl. [45.—4.]

Geschworne. — Aufklärung. — Protokollirung.

Es begründet keine Nichtigkeit, wenn es unterlassen ist, über die den Geschwornen im Berathungszimmer derselben vom Vorsitzenden ertheilte Aufklärung ein Protokoll aufzunehmen.

Ges. v. 3. Mai 1852 Art. 94 [vgl. dort n. 10].

Erk. (Z. I.) v. 4. Juni 1862 c. Geisler (528. I. Cr.).

Wenn es auch richtig ist, daß das Schw.-G.s-Protokoll nichts von dem, durch den Imploranten behaupteten Umstande enthält, daß der Vorsitzende und die Mitglieder des Schwurgerichtshofes auf Ansuchen der Geschwornen sich in deren Berathungszimmer zur Ertheilung einer Auskunft begeben haben, so folgt daraus doch noch nicht die Nichtigkeit des gesammten Schw.-G.s-Verfahrens.

Der Angekl. behauptet selbst nicht, daß jene Auskunftsertheilung über die in dem Art. 94 des Ges. vom 3. Mai 1852 vorgeschriebenen Grenzen hinausgegangen sei, und nur in diesem Falle könnte der Angriff eine Bedeutung gewinnen. Die blos unterlassene Registrirung des ganzen, zur Sprache gebrachten Vorfalles aber, dessen Richtigkeit überall vorausgesetzt, — berührt in keiner Weise das damals bereits geschlossene Hauptverfahren, resp. den Hergang im Audienztermine über den sich nach Art. 78 l. c. das aufzunehmende Protokoll zu verbreiten hat, wenngleich es anzuerkennen ist, daß ein Vermerk des in Rede stehenden Begebnisses zweckmäßig erscheint.

Antr. des GStA.s: gleichl. [20.—4.]

---

1. Vernichtung. — Neue Verhandlung. — Verfahren.
2. Theilnahme. — Wesentlichkeit. — Fragstellung.

1. Die in Folge einer ausgesprochenen Vernichtung nothwendig werdende neue Verhandlung der Sache bedingt eine neue durchaus selbstständige Untersuchung und Entscheidung; es können

daher neue in der früheren Verhandlung nicht vorgekommene Beweise erhoben, und solche, welche früher erhoben waren, unberücksichtigt gelassen werden.

Ges. v. 3. Mai 1852 Art. 116. 117 [vgl. dort n. 9].

2. Im Falle des § 35 Abs. 2 des StGB. ist die Frage an die Geschworenen zweckmäßig dahin zu fassen: „Ist festgestellt, daß die Theilnahme keine wesentliche gewesen sei?" Gleichwohl ist eine andere Fassung bei gleichbleibendem Inhalte nicht ausgeschlossen.

StGB. § 35 [vgl. dort n. 11].

Erk. (Z. II.) v. 12. Juni 1862 c. Schertling (142. II. Cr.).

J. E., daß nach Vernichtung einer Kriminalprozedur und eines, auf Grund derselben ergangenen Erkenntnisses, sowie bei Verweisung der Sache zur anderweiten Verhandlung und Entscheidung der durch die Verweisung befaßte Gerichtshof zu einer durchaus selbstständigen Untersuchung und Entscheidung berufen, und auf eine bloße Reproduktion des Materials der früheren Prozedur nicht beschränkt ist; — daß die Aufgabe eines jeden Kriminal-Verfahrens eben darin besteht, in den gesetzlichen Formen zur Ermittelung der Wahrheit zu gelangen, und es sonach sowohl in den Rechten als in den Pflichten des mit der Sache befaßten Instanzrichters liegt, die zu diesem Ziele führenden Momente zu eruiren, ohne Rücksicht darauf, ob sie bereits einen Bestandtheil des früheren Verfahrens gebildet haben oder nicht, vorausgesetzt, daß die zu ihrer Vorführung und Geltendmachung vorgeschriebenen Förmlichkeiten auch in dem neuen Verfahren beobachtet worden sind; —

daß Letzteres in Betreff des als Zeugen abgehörten &c. T. geschehen, indem dem Angeklagten vor der mündlichen Verhandlung zum Protokolle eröffnet worden ist, „daß außer den in der Anklage genannten 28 Personen auch der &c. T. als Zeuge vorgeladen sei;" daß daher bei der Verhandlung selbst der Angeklagte sich der Abhörung dieses Zeugen blos aus dem Grunde, „weil dies eine Belastung für ihn involvire," oder (wie er gegenwärtig näher erläutert) „weil der 2c. T. nicht bereits in der vernichteten Prozedur vernommen worden sei," mit Fug nicht widersetzen konnte, wie er denn auch seinerseits zu demselben Protokolle 7 in der früheren Prozedur nicht abgehörte Personen, als Entlastungszeugen, benannt hat, welche auf seinen Antrag zur Sitzung vorgeladen und darin vernommen worden sind; —

daß es aus demselben Grunde ebenso wenig eine Nichtigkeit darstellt, wenn die bei der früheren Verhandlung abgehörte A. G. zur gegenwärtigen Verhandlung nicht vorgeladen wurde, indem dieselbe weder damals, noch jetzt unter den von der StA.-schaft laudirten, dem Angeklagten notifizirten Personen sich befand, sie vielmehr bei der früheren Verhandlung auf Anstehen ihres mitangeklagten Vaters als Entlastungszeugin geladen worden, und es dem Angeklagten, falls er deren Aussage auch in seinem Interesse für nothwendig erachtete, unbenommen war, deren Vorladung und Vernehmung in Antrag zu bringen; daß er einen derartigen Antrag aber nicht gestellt hat;

J. E., daß die den Geschwornen vorgelegte dritte Frage, den Worten des § 35 des StGBs. entsprechender, dahin formulirt worden wäre: Ist festgestellt, daß die Theilnahme keine wesentliche war? statt, daß sie dahin gefaßt worden ist: Ist die Theilnahme eine nicht wesentliche gewesen? indem bei jener ersteren Fassung der Frage das Ja oder Nein der Antwort sich viel unmittelbarer dem Verständniß des Antwort Gebenden darbietet; —

daß indeß beiderlei Art von Fragestellung denselben Inhalt hat und auf dasselbe Resultat hinausläuft, so daß, da auch die Frage, sowie sie gestellt worden, der Vorschrift des § 35 entsprach, die Behauptung des Imploranten: „der Schw.-GH. habe schon durch die Fragestellung einen wesentlichen Grundsatz des Verfahrens verletzt", zerfällt.

Antr. des GStA.s: gleichl. [16. — 2.]

Chaussee. — Pflug 2c. — Schleife.

Die Regierungen sind befugt, über die Einrichtung der zum Transporte von Pflügen 2c. auf Chausseen bestimmten „Schleifen" verbindliche Polizeiverordnungen zu erlassen.

Chausseegeld-Tarif v. 29. Febr. 1840 Zus. Vorschr. Nr. 9.

Erk. (V. II.) v. 12. Juni 1852 c. Schlüter (147. II Cr.)

Die Kgl. Regierung zu M. hatte durch eine Pol.-Vdn. „die ortsüblichen Pflugschleppen," weil sie ohne Herstellung einer Axe mit zwei kleinen Rädern unter den Schenkeln für Chausseen schädlich seien, verboten, eigentliche Schleifen aber ferner für zulässig erklärt. Schl. war gleichwohl von der Anklage, diesem Verbote entgegen gehandelt zu haben, deshalb freigesprochen, weil es nach Nr. 9 l. c. zulässig sei, auf bloßen Schleifen Pflüge auf Chausseen fortzuschaffen, und jenes Verbot mit dieser Gestattung im Widerspruche stehe. Auf die NB. des OStA.s ist das betr. Erk. vernichtet und die Sache in die Rekursinstanz zurückverwiesen worden; es ward erwogen:

daß die Nr. 9 der zusätzlichen Bestimmungen zum Chausseegeld-Tarife, indem sie bestimmt, daß auf Chausseen Holz nicht geschleppt, Pflüge, Eggen und ähnliche Gegenstände nur auf Schleifen fortgeschafft werden dürften, unter „Schleifen" in diesem Gegensatze und nach dem gewöhnlichen Sprachgebrauche schlittenartige Gestelle versteht, die sie für die Chausseen minder nachtheilig hält, ohne jedoch die Art und Beschaffenheit derselben näher zu bestimmen;

daß, wenn nun die Kgl. Regierung zu M. in der Vdn. v. 2c. die Anwendung der ortsüblichen Pflugschleppen, weil sie einer solchen Einrichtung nicht entsprechend und ohne Herstellung einer Axe mit zwei kleinen Rädern unter den Schenkeln der Pflugschleppen für die Chausseen schädlich seien, verboten, eigentliche Schleifen aber ferner zugelassen hat, hierdurch die Bestimmung der Nr. 9 der zusätzlichen Vorschriften zum Chausseegeld-Tarife nur eine ihrem Sinne entsprechende Auslegung und nähere Bestimmung erhalten hat, die als solche nach §§ 6 und 11 des Ges. v. 11. März 1850 unzweifelhaft in den Befugnissen der Regierung lag.

Antr. des GStA.s: gleichl. [14.—2.]

Zeugenaussage. — Voruntersuchung. — Verlesung.

Es begründet eine Nichtigkeit, wenn die in der Voruntersuchung zu Protokoll genommene Aussage eines Zeugen, welcher zum Erscheinen in der Sitzung nicht angehalten werden kann, im Hauptverfahren verlesen wird, wenn diese Verlesung nicht durch motivirten Gerichtsbeschluß in Gemäßheit des Art. 25 des Ges. v. 3. Mai 1852 gerechtfertigt worden ist.

Vdn. v. 3. Jan. 1849 § 21 [vgl. dort. n. 17. — Die Praxis des K. OT.s über diese Frage hat sich noch nicht festgestellt; in gleichem Sinne, wie das hier mitgetheilte Erk., entschieden: V. II. 13. Dez. 1860 c. Hahn, 413 (I. S. 87); V. II. 9. Jan. 1862 c. Schertling, 1 (oben S. 186); Z. II. 3. April 1862 c. Michaelis, 80 (oben S. 334); Z. I. 7. Mai 1862 c. Bäcker, 421. Contra: Z. I. 3. Mai 1861 c. Schulz, 311; Z. I. 13. Juni 1862 c. Rosenlöcher, 535 (unten S. 453).]

Erk. (V. II.) v. 12. Juni 1862 c. Wegner (Burschack u. Gen. 148. II. Cr.).

In der schwurgerichtlichen Hauptverhandlung war die in der Voruntersuchung zu Protokoll genommene Aussage eines ausländischen Zeugen, welcher der Vorladung zur Sitzung keine Folge geleistet hatte, ohne Weiteres verlesen worden. Auf die dieses als Verletzung des § 14 der Vdn. v. 3. Jan. 1849 rügende NB. des Angekl. erfolgte Vernichtung des Verfahrens, indem erwogen wurde:

daß, abgesehen auch davon, daß der Angekl. W., Inhalts der Akten, davon, daß der in der Anklage als Belastungszeuge benannte Bordellwirth L. zu dem Verhandlungstermine in M. sich einzufinden verweigert, die Behörde zu Hamburg ihn dazu anzuhalten abgelehnt und die Vorladung des L. zu der Schw.-G.s-Sitzung den 2c. nicht stattgefunden hatte, nicht benachrichtigt worden war (Vdn. vom 3. Jan. 1849 § 52 Abs. 2; Ges. v. 3. Mai 1852 Art. 26

Abs. 2) und daß über einen, jene Verlesung als eine zur Aufklärung der Sache im Sinne des Art. 25 l. c. dienende Maaßregel motivirenden Beschluß des Gerichtshofes das Sitzungsprotokoll nichts ergiebt, jene eidliche Vernehmung des L., wie sie außerhalb der Hauptverhandlung erfolgt war, nicht, unter vorgängiger Benachrichtigung des Angekl. von der Anordnung derselben (Präj. Nr. 176 v. 15. Okt. 1855; Entsch. 31. S. 322 [Oppenh. Strafverf. § 21 n. 7]) nach Maaßgabe des § 21 der cit. Vdn. stattgefunden hatte, dieselbe vielmehr in der Voruntersuchung, welche damals noch gar nicht den Angekl. W. betraf, sondern gegen diesen erst später eingeleitet wurde, eingetreten war (vgl. Z. I. 7. Sept. 1860 [c. Krüger, 796]; G. A. 8. S. 681).

Antr. des GStA.s: gleichl. [26. — 2.]

Zeugenaussage. — Voruntersuchung. — Verlesung.

Es begründet keine Nichtigkeit, wenn das Gericht die Verlesung der in der Voruntersuchung zu Protokoll genommene Aussagen eines am Erscheinen im Hauptverfahren verhinderten Zeugen beschlossen und veranlaßt hat.

Vdn. v. 3. Jan. 1849 § 21 [vgl. dort n. 17, und oben S. 452 die Bemerkung zu Z. II. 12. Juni 1862 c. Wegner, 148].

Erk. (Z. I.) v. 13. Juni 1862 c. Rosenlöcher (Kimmritz u. Gen. 535. I. Cr.).

Die NB. des Angekl. rügte es als eine Beschränkung der Vertheidigung, daß der zur Sitzung vorgeladene Zeuge W. nicht persönlich vor dem Schw.-GH. vernommen, seine Aussage vielmehr nur verlesen worden sei [und zwar ohne daß diese Abweichung von der Regel des § 14 der cit. Vdn. in Gemäßheit des Art. 25 des Ges. v. 3. Mai 1852 durch Angabe der Gründe gerechtfertigt worden wäre]. Zurückweisung.

Gründe:

Der zur Sitzung vorgeladene Zeuge W. ist durch Krankheit zu erscheinen verhindert gewesen, und wenn deshalb der GH. das Protokoll über die schon im Laufe der Voruntersuchung erfolgte eidliche Vernehmung des Zeugen vorzulesen beschlossen und die Verlesung veranlaßt hat, so ist von demselben der Vorschrift des § 21 der Vdn. vom 3. Jan. 1849 entsprochen worden und es kann daher nicht das gesetzliche Vertheidigungsrecht des Angekl. beeinträchtigt worden sein. Dies gilt auch von seiner jetzigen Behauptung, die Aussage des Zeugen in der Voruntersuchung sei mangelhaft gewesen und würde bei persönlicher Vernehmung Aenderungen zu seinen Gunsten erfahren haben; denn der Angekl. hat im Audienztermine dergleichen Mangelhaftigkeit nicht gerügt, vielmehr ist die Verlesung der Aussage an Stelle persönlicher Vernehmung in Gegenwart und ohne Widerspruch des Angekl. und mit ausdrücklicher Genehmigung seines Vertheidigers erfolgt.

Antr. des GStA.s: entg. [45 4.]

Nichtigkeitsbeschwerde. — Legalisirung. — Rechtsanwalt a. D.

Ein freiwillig aus dem Staatsdienste geschiedener Rechtsverständiger ist zur Legalisirung einer Nichtigkeitsbeschwerde nicht qualifizirt.

Ges. v. 3. Mai 1852 Art. 110 [vgl. dort n. 33].

Erk. (3. Pl.) v. 16. Juni 1862 c. Haberecht (6 Pl.; 245. I. Cr.).

Die von dem Angekl. unterschriebene NB., auf welcher sich der Vermerk vorfindet: „Legalisirt durch K., Just.-Rath, Rechtsanwalt a. D.," muß als formell unzulässig zurückgewiesen werden, da ein nicht mehr im Amte befindlicher Rechtsanwalt, auch wenn die Entlassung aus dem Amte auf sein Ansuchen erfolgte, nicht zu den, zum Richteramte befähigten Rechtsverständigen im Sinne des Art. 110 des Ges. v. 3. Mai 1852 zu zählen.

Die Vorschriften der Kriminal-Gesetzgebung über den Begriff und die Befugniß zur Legalisirung haben ihre Grundlage in den für das Civil-Verfahren gegebenen Bestimmungen. Nachdem bereits ältere Gesetze bei einzelnen Schriftstücken angeordnet hatten, daß sie von Justiz-Kommissarien unterschrieben und legalisirt sein müßten, stellte die AGO. eben dieses Erforderniß resp. die Nothwendigkeit der Unterzeichnung oder Legalisirung durch einen Justiz-Kommissarius mehrfach für die Schriftsätze im Prozesse, sowie für Eingaben, Gesuche, Beschwerden und dergleichen auch außerhalb von Prozessen auf; vgl. AGO. Einl. § 53; § 12, I. 12; § 47. 62, I. 14 l. c.; § 29, III. 1 und Tit. 7 § 1 ff.

Es wird dabei ausgesprochen, daß der Justiz-Commissarius für die Zweckmäßigkeit und die Legalität des Schriftstücks haftet, vgl. § 12, I. 12 und § 35, III. 7 l. c., ferner, daß dem Treiben der Winkelschreiberei entgegengetreten werden sollte, § 29, I. 12 l. c., und das staatliche Interesse geltend gemacht, welches erfordere, daß die Sicherheit und der Wohlstand der Unterthanen durch eine ordentliche, zuverlässige und legale Besorgung ihrer rechtlichen Angelegenheiten befestigt werde. In Verbindung hiermit stand das Recht der Parteien, sich der mehreren Gewißheit und Beglaubigung wegen bei Handlungen, bei denen eine besondere Form nicht vorgeschrieben war, des richterlichen Amts oder des Amts eines Justiz-Kommissarii oder Notarii zu bedienen, §§ 1 und 12, II. 2 l. c.

Danach besteht die Tendenz und die Wirksamkeit der Legalisirung darin, daß ein in Eid und Pflicht befindlicher Beamter, welcher die nöthigen Rechtskenntnisse besitzt, für die Zweckmäßigkeit und die Gesetzmäßigkeit des Inhalts der von ihm legalisirten Schrift Gewähr leistet, und es fällt hierbei wesentlich mit in das Gewicht, daß eine Vernachlässigung der ihm obliegenden Verpflichtungen die Anwendung der Maaßregeln nach sich ziehen würde, welche in Gemäßheit der Disziplinar- und der Strafgesetze gegen einen solchen Beamten Platz greifen.

Derselbe Gesichtspunkt findet sich auch in der neueren Civil-Gesetzgebung vor. Die Vdn. v. 1. Juni 1833 § 71 gestattete es zwar den Parteien, ihre Schriftsätze selbst zu verfassen; indeß wurde bereits durch die Vdn. v. 14. Dez. 1833 §§ 11 und 14 bei schriftlich angebrachten Nichtigkeitsbeschwerden der Privatparteien und der betreffenden Beantwortung ein von einem Justiz-Kommissarius unterzeichneter Schriftsatz erfordert, und dann durch die Decl. v. 6. Apr. 1839 Art. 7 bestimmt:

„Die Nichtigkeitsbeschwerde muß stets schriftlich eingereicht und die Beschwerdeschrift von einem der Partei beigeordneten rechtsverständigen, d. h. zum Richteramte befähigten Assistenten unterzeichnet werden.

„Die schriftliche Einreichung ohne Zuziehung eines Justiz-Kommissarius ist nur den öffentlichen Behörden und solchen Privatpersonen gestattet, welche selbst zu den Rechtsverständigen gehören."

Die den Parteien beigeordneten rechtsverständigen Assistenten konnten nur Beamte im Dienst sein, und der Zusatz, „d. h. zum Richteramte befähigten" (Assistenten), welcher den Ausdruck „rechtsverständigen" näher erläutern sollte, bezieht sich hiernach ebenfalls ausschließlich auf solche Beamte, nicht aber auf Personen, welche früher im Staatsdienst gestanden haben, aus demselben aber ausgeschieden sind.

Rücksichtlich der Justiz-Kommissarien gab die Instr. v. 7. April 1839 unter Nr. 28 und 29 nähere Anweisungen mit dem Bemerken, sie dürften nichts unterschreiben, was sie nicht gelesen und geprüft hätten. Die Vdn. v. 21. Juli 1843 räumt ihnen die Befugniß zur Anfertigung und Legalisirung von Rechtsschriften aller Art ein, jedoch mit der Maaßgabe, daß sie, sobald sie bei dem Gericht, welchem die Schrift eingereicht werden soll, nicht angestellt sind, derselben außer dem Datum und der Namensunterschrift ihr Dienstsiegel beizufügen haben. Es wird mithin nicht allein vorausgesetzt, daß der Justiz-Kommissarius sich noch im Amte befindet, sondern auch bestimmt, daß die amtliche Qualität da, wo sie dem Gerichte nicht bekannt ist, sofort erkennbar gemacht werden muß.

Für schriftliche Klagebeantwortungen, Repliken, Dupliken, Appellations-Rechtfertigungen und Beantwortungen schreibt sodann die Vdn. v. 21. Juli 1846 §§ 3. 7. 17. 21 und 33 vor, daß sie von einem Justiz-Commissarius unterzeichnet sein müssen, und sie erlaubt die Einreichung dieser Schriftsätze ohne Zuziehung eines Justiz-Kommissarius nur öffentlichen Behörden und solchen Privatpersonen, welche „zum Richteramte befähigt“ sind. Es geschah dieses, um der Winkelschriftstellerei entgegen zu treten und der Verwirrung vorzubeugen, welche die Schriftsätze rechtsunkundiger Parteien zu deren eigenem Schaden herbeizuführen pflegen; vgl. Denkschr. v. 2. Apr. 1846, Justiz-Minist.-Akten betr. die Vdn. v. 21. Juli 1846 (JMBl. 1849 S. 325).

Sowohl dem Wortlaute als der Tendenz der vorstehenden Bestimmungen gemäß, kennt die Civilgesetzgebung die Legalisirung eines Schriftstücks durch eine Person, welche keine amtliche Qualität besitzt, nicht, und es macht hierbei keinen Unterschied, ob die gedachte Person ein Beamter gewesen oder ob sie aus dem früher bekleideten Amte ausgeschieden ist.

In Beziehung auf das Strafverfahren ordnete die Vdn. v. 17. Juli 1846 § 90 an, daß die Revisionsbeschwerde zum Protokoll zu geben oder von „einem zum Richteramte befähigten Rechtsverständigen“ zu unterzeichnen sei. Die Vdn. v. 3. Jan. 1849 § 143 nahm diese Bestimmung dahin auf, daß die NB., wenn sie nicht zu Protokoll erklärt würde, von einem zum Richteramte befähigten Rechtsverständigen legalisirt sein müsse, und dasselbe besagt der Art. 110 des Ges. v. 3. Mai 1852. Der Entwurf einer Straf-Prozeß-Ordn. § 453 (JMBl. 1851 S. 130) wollte bei den Schriften der Beschuldigten in der Nichtigkeits-Instanz die Unterzeichnung durch einen Rechtsanwalt oder Advokaten für nöthig erklären; ein hierauf gerichteter Antrag wurde jedoch in der Kommission der zweiten Kammer bei Berathung des Ges. v. 3. Mai 1852 abgelehnt (Matt. S. 161);

desgleichen der Antrag, daß das Protokoll über die Rechtfertigung einer NB. durch einen richterlichen Beamten oder durch einen zu dessen zeitweiser Vertretung befähigten Beamten aufzunehmen sei (Matt. S. 160; vgl. S. 781).

Die beibehaltene Legalisirung einer von dem Angekl.

schriftlich eingereichten NB. durch einen zum Richteramte befähigten Rechtsverständigen bezweckte, wie der KB. II. K. ausführt, den Angekl. nicht in die Hände von Winkelkonsulenten fallen zu lassen und dem Eingange von Schriften vorzubeugen, welche, ohne Nutzen für die Sache, nur dem Gerichtshofe zur Last sind. Es haben also hier dieselben Motive obgewaltet, die im Civilverfahren sich Geltung verschafft hatten.

Wenn dabei dem Worte „unterzeichnet" das Wort „legalisirt" substituirt worden ist, so wird damit noch klarer ausgedrückt, daß der zum Richteramte befähigte Rechtsverständige im Stande sein muß, volle Gewähr pro legalitate zu geben. Diese Gewähr bietet nur die Prüfung der Schrift durch einen Beamten, der in Eid und Pflicht steht, dar, indem jede Vernachlässigung der gebotenen Sorgfalt im Disziplinarwege gerügt werden würde, während Beamte außer Dienst keiner Beaufsichtigung durch den Staat unterliegen.

Die rechtswissenschaftlichen Kenntnisse allein sind bei der Befugniß zur Legalisirung nicht entscheidend. Denn sie können sehr wohl bei Personen vorhanden sein, welche, da sie die betreffenden Examina nicht absolvirten, dennoch zum Richteramte nicht qualifizirt sind, und in hohem Grade Richtern und Rechtsanwälten beiwohnen, die kassirt oder im Disziplinarverfahren aus dem Staatsdienst entlassen wurden, und bei denen es nicht zweifelhaft sein kann, daß sie die Befähigung zum Richteramte verloren haben. Die scientifische Qualifikation desjenigen, der legalisiren soll, kommt mithin nicht ausschließlich in Betracht, sondern es muß dem Angekl. auch Sicherheit dafür geboten sein, daß der Legalisirende von seinen Fähigkeiten und Rechtskenntnissen in jedem einzelnen Falle gehörig Gebrauch macht. In dieser Hinsicht ist die Stellung eines Beamten im Dienst von der eines Beamten außer Dienst wesentlich verschieden.

Abgesehen davon, daß die Dienstentlassung bisweilen da nachgesucht und erlangt wird, wo sie ohne ein solches anscheinend freiwilliges Ausscheiden aus dem Dienste sehr wohl im Disziplinarwege hätte erfolgen können, läßt sich ein Unterschied bei der Befugniß zur Legalisirung zwischen unfreiwillig aus dem Staatsdienst entfernten und auf ihr Ansuchen entlassenen Beamten gesetzlich nicht begründen. Einer Zulassung von Legalisirungen durch nicht im Staatsdienst stehende Personen widerspricht aber auch die klar und wiederholt ausgesprochene Tendenz, zu verhüten, daß die Angekl. Winkelkonsulenten in die Hände gerathen; denn die Erfahrung lehrt zur Genüge, daß Winkelkonsulenz nicht blos von kassirten, sondern zum Theil auch von solchen Beamten betrieben wird, die ihre Dienstentlassung auf ihr Ansuchen erhalten haben.

Aus dem Vorstehenden folgt, daß die Bestimmung des Art. 110 des Ges. v. 3. Mai 1852, wonach die von dem Angekl. mittelst einer Schrift eingereichte NB. von einem zum Richteramte befähigten Rechtsverständigen legalisirt sein muß, nicht beabsichtigt hat, einem Rechtsanwalt a. D. die Berechtigung zu einer solchen Legalisirung zu gewähren, sondern, daß unter den zum Richteramte befähigten Rechtsverständigen solche im Staatsdienst befindliche Personen zu verstehen sind, welche zum Richteramte als befähigt zu betrachten; und es steht dieser Auslegung auch die Wortfassung nicht entgegen. Ein aus dem Staatsdienst entlassener Rechtsverständiger, der Grund der Entlassung mag gewesen sein, welcher er wolle, ist keinesweges ohne Weiteres zum Richteramte befähigt, sondern bei dem Vorhandensein der sonstigen Erfordernisse immer nur insofern, als ihm der Wiedereintritt in den Staatsdienst gestattet wird. Läßt nun hiernach die wörtliche Auslegung des Art. 110 l. c. sehr wohl die Deutung zu, daß einem Rechtsanwalt a. D., und überhaupt aus dem Staatsdienst entlassenen oder ausgeschiedenen Personen eine Befugniß zur Legalisirung von NB. nicht beiwohnt, so ergiebt der Zusammenhang dieser Vorschrift mit der Civil- und der das Strafverfahren regelnden Gesetzgebung in Verbindung mit den leitend gewesenen Motiven deutlich, daß eine solche Befugniß nicht anzuerkennen ist.

Antr. des GStA.s: gleichl. [44. – 1.]

---

1. Obduktion. — Unerläßlichkeit.

2. Wiederholung der Beweisaufnahme. — Verlesung des Sitzungsprotokolls. — Gutachten.

1. Zur Feststellung des objektiven Thatbestandes einer Tödtung ist die Obduktion des Leichnams nicht unerläßlich.

Cr.-Ordn. § 157 [einzutr. in Oppenh. Strafverf. zu § 43 als n. 16a].

2. Die Verlesung eines in erster Instanz abgegebenen Gutachtens aus dem betr. Sitzungsprotokolle ist nicht als neue Beweisaufnahme anzusehen.

Ges. v. 3. Mai 1852 Art. 101 [vgl dort n. 87; RdO. I. S. 436].

Erk. (Z. B. I.) v. 18. Juni 1862 c. Märtens (310. I. Cr.).

Der App.-Richter hat zunächst mit Recht dem § 157 der Cr.-Ordn. die Auslegung gegeben, daß nach den gegenwärtig geltenden Prozeßvorschriften dessen unterbliebene Anwendung eine Nichtigkeit des Verfahrens nicht zur Folge habe. —

Wenn derselbe bestimmt, daß eine Sektion des Leichnams durch Sachverständige im Beisein des Justizbedienten stattfinden müsse, im Falle der auf irgend eine Art gewaltsam erfolgte Tod durch Schuld eines Dritten auch nur wahrscheinlich herbeigeführt ist, so schließt diese allerdings noch bestehende Vorschrift nicht aus, daß bei der gänzlichen Aufhebung der bisherigen positiven Regeln über die Wirkungen der Beweise der Thatbestand einer Tödtung nicht auch durch andere Beweise, als durch Obduktionsprotokoll festgestellt werden könne. Es bleibt vielmehr der richterlichen Beurtheilung anheimgestellt, sich auch durch Zeugnisse oder ärztliche Gutachten von dem erfolgten Tode eines

Menschen und der Todesursache zu überzeugen, wie das Kgl. OTr. bereits in mehreren Entscheidungen angenommen hat.

In dem ersten Urtheil ist sodann der Tod des G. nicht vorschriftsmäßig konstatirt erachtet, überhaupt nicht festgestellt, daß der G. an den Folgen der Verletzungen verstorben sei, sondern nur die hierüber abgegebene Aussage des Dr. S. erwähnt, ohne aus derselben einen Schluß auf jene Thatsache zu ziehen. Es mußte daher der App.-R., um den § 184 des StGB.s anwenden zu können, auch diesen Theil des Thatbestandes feststellen, und er hat zu diesem Zweck das von dem Dr. S. in erster Instanz abgegebene Gutachten aus dem Sitzungsprotokoll verlesen lassen. Diese Verlesung kann jedoch, wie bereits vielfach in der Rechtssprechung angenommen, nicht als eine neue oder wiederholte Beweisaufnahme angesehen werden, um im Sinne des Gesetzes den App.-R. zur Abänderung des in erster Instanz festgestellten Thatbestandes zu berechtigen. Denn eines Theils hat die Aufnahme der von den Zeugen und Sachverständigen abgegebenen Erklärungen in das Sitzungsprotokoll gar nicht den Charakter einer förmlichen und vollständigen Konstatirung ihrer Aussagen, sondern bildet nur eine Registratur über einzelne Theile ihrer Vernehmung, — anderntheils erfordert der Art. 25 des Ges. v. 3. Mai 1852 die Angabe der Gründe des Beschlusses, weshalb von dem allgemeinen Grundsatze der Mündlichkeit abgewichen und statt der persönlichen Vernehmung zur Verlesung eines Schriftstückes übergegangen ist, welche Begründung hier ebenfalls vermißt wird.

Antr. des GStA.s: gleichl. [13. — 4.]

Jude. — Familiennamen. — Genehmigung.

Die durch Edikt v. 11. März 1812 zu ertheilende Genehmigung der Provinzial-Regierung zu dem von einem Juden angenommenen Familien-Namen konnte auch stillschweigend ertheilt und

dadurch der Betreffende verpflichtet werden, sich ferner nur dieses Namens zu bedienen.

Edikt v. 11. März 1812 § 3; StGB. § 105 [dort einzutr. als n. 25 a].

Erk. (Z. I.) v. 18. Juni 1862 c. Saul (504. I. Cr.).

Der Angekl. war im J. 1858 von der Anklage: „anstatt mit dem Familiennamen Saul, sich Herm. Laser genannt zu haben, was der Vorname seines Vaters Laser Saul gewesen," deshalb freigesprochen, weil er sich in einer faktischen Ungewißheit über den ihm gesetzlich zukommenden Namen befunden habe, wiewohl rechtlich kein Zweifel obwalte, daß dies der Name Saul sei. Dagegen ist er auf eine demnächst erhobene neue gleichlautende Ankl. aus § 105 bestraft worden. Seine NB. rügte Verletzung des Edikts v. 11. März 1812 und der Instr. v. 25. Juni 1812, nach welchen ein Jude den von ihm gewählten Familiennamen zwar der Ortsbehörde seines Wohnorts habe anzeigen müssen, die Bestimmung des Namens aber der Prov.-Regierung vorbehalten geblieben sei; die vom AG. i. c. angenommene stillschweigende Genehmigung habe diese Bestimmung nicht ersetzen können. Zurückweisung.

Gründe:

Es kann nicht als richtig anerkannt werden, daß die Gesetzgebung des Jahres 1812 die Verpflichtung der Juden zur Führung eines bestimmten Familiennamens erst von der auf Anzeige desselben bei der Obrigkeit des Wohnortes zu ertheilenden ausdrücklichen Genehmigung der Provinzialregierung abhängig gemacht hätte. Das Edikt v. 11. März 1812 hat zwar im § 12 eine sechsmonatliche Frist zur Anzeige des fortan zu führenden beständigen Familiennamens und die Ausfertigung eines darauf bezüglichen Regierungszeugnisses, welches statt Schutzbriefes zu dienen hat, vorgeschrieben. Allein nach einfacher logischer Auslegung stellen sich Genehmigung und Zeugniß nur als Sicherungsmittel zur Handhabung der gesetzlich mit der Ertheilung des Staatsbürgerrechts auferlegten Verpflichtung dar, deren Erfüllung die Regierungsbehörden zu überwachen hatten, nicht aber als Bedingung und Voraussetzung, mit welcher zuerst die fortdauernde Eigenschaft eines preußischen Staatsbürgers einzutreten habe. Und wenn die Instr. v. 25. Juni 1812 § 6 den Regierungen gestattete, nach ihrem Ermessen die

Genehmigung des gewählten Namens zu verweigern, so erscheint das ebenfalls nur als ein Vorbehalt polizeilicher Kognition, wovon nach Umständen Gebrauch zu machen war oder nicht. Derselbe Paragraph erklärte überdies, daß Juden, die bereits einen bleibenden Familiennamen hätten, denselben nur wie Christen unter den gleichen Modalitäten wieder ändern dürften. Wegen der fremden Juden, die sich in Preußen niederlassen wollten, schrieb § 31. 32 l. c. die vorerstige Erwerbung des preußischen Staatsbürgerrechts mittelst einer auf Anfrage der Provinzialregierung vom Ministerium des Innern zu ertheilenden Genehmigung vor und es verstand sich von selbst mit dem Erwerb des Staatsbürgerrechts auch in solchem Falle die Verpflichtung zur Führung eines festbestimmten Familiennamens.

Es fragt sich nun aber noch, ob der vom App.-Richter allein festgestellte Umstand, „daß der Vater des Angekl. (über dessen frühere Verhältnisse wenigstens in vorliegender Sache nichts Näheres konstatirt ist), im J. 1827 bei dem Magistrat zu M. um Bewilligung des Bürgerrechts unter dem Namen Laser S. nachgesucht und unter diesem Namen dasselbe erhalten, daß derselbe auch am ꝛc. als Bürger der Stadt vereidigt worden ist und sich hinterher stets Laser S. unterschrieben hat" — die Verpflichtung für denselben, folgeweise für den Imploranten, begründete, jenen Namen zu führen.

Man muß aber mit dem App.-Richter einverstanden sein, daß es nach dem Obigen nicht durchaus einer ausdrücklichen Genehmigung des Namens Seitens der Regierung bedurfte, daß vielmehr eine solche auch stillschweigend ertheilt werden durfte, und der App.-Richter konnte eine derartige Genehmigung aus dem Umstande folgern, daß die nachgesuchte Niederlassung in M. als Bürger der Stadt erfolgt ist, was ohne Genehmigung der Regierung nicht geschehen durfte, ja nach dem App.-Urtheil in der früher entschiedenen Sache von der Regierung unter dem ꝛc. wirklich genehmigt worden war.

Es erübriget also nur noch die Frage: ob mit dem Nachsuchen des städtischen Bürgerrechts unter dem Namen Laser S. wie der im Edikte v. 11. März 1812 § 3 vorgeschriebenen für die Folge normativen Anzeige gleichstehende Angabe des beständigen Familiennamens zu befinden sei. Und auch dieses ist als richtig anzuerkennen; denn das städtische Bürgerrecht setzt unstreitig die Erfüllung der staatsbürgerlichen Pflichten voraus; der Vater des Imploranten hatte jedenfalls in jenem Zeitpunkt mit fest bestimmten Namen darzustellen; die Kgl. Regierung ist von diesem Namen in Kenntniß gesetzt, ohne ihn zu mißbilligen.

Antr. des GStA.s: gleichl. [17.—4.]

Angeklagter. — Entfernung aus der Sitzung. — Fortsetzung des Verfahrens.

Wenn sich der [nicht verhaftete] Angeklagte in einem andern als dem schwurgerichtlichen Verfahren freiwillig aus der Sitzung entfernt, so kann die Verhandlung gültiger Weise in contumaciam fortgesetzt werden.

Vdn. v. 3. Jan. 1849 §§ 14 [vgl. dort n. 26]. 35. 136 Nr. 4; Ges. v. 3. Mai 1852 Art. 28. 66.

Erk. (Z. I.) v. 18. Juni 1862 c. Hellriegel (543. I. Cr.).

Der nicht verhaftete Angekl. hatte sich bei der Verhandlung in der Appellationsinstanz unmittelbar nach seiner Auslassung aus dem Sitzungssaale entfernt; demnächst focht er das ergangene Erk. an, weil in seiner Abwesenheit das Verfahren fortgesetzt, der OStA. gehört und das Urtheil verkündet, und er hierdurch in seiner Vertheidigung beschränkt worden sei.

Gründe:

Der Angekl. ist zu dem gedachten Termine vorschriftsmäßig vorgeladen, es hätte also nach der Vorschrift der §§ 35 und 136 Abs. 4 der Vdn. v. 3. Jan. 1849 in contumaciam mit der Verhandlung der Sache verfahren werden können, wenn er überhaupt nicht erschienen wäre, oder seine Auslassung verweigert hätte, und dieser Grundsatz muß selbstredend auch in dem Falle zur Anwendung kommen, wenn der Angekl. nur einem Theile der Verhandlung seine Anwesenheit entzogen hat und dies nur in Folge seines eigenen Willens geschehen ist, übrigens auch, da er sich auf freiem Fuße befand, und ein schwurgerichtliches Verfahren nicht vorlag (Art. 66 des Ges. v. 3. Mai 1852) vom Vorsitzenden nicht hätte gehindert werden können. Ein Beschränken der Vertheidigung würde vielmehr nur darin gefunden werden können, wenn seitens des Gerichts die Entfernung des Angekl. aus dem Sitzungssaale bewirkt wäre, ohne daß demnächst nach seinem Wiedereintritt die erforderliche Wiederholung (Art. 28 l. c.) stattgefunden hätte. Im vorliegenden Falle war dagegen dem Angekl. die Möglichkeit gegeben, der ganzen Verhandlung beizuwohnen, und sein Vertheidigungsrecht vollständig zu wahren, er hat daher die Folgen seines Entfernens lediglich sich selbst zuzuschreiben.

Antr. des GStA.s: gleichl. [46. — 4.]

Dollmetscher. — Nothwendigkeit. — Vertheidiger.

Ist der Angeklagte der deutschen Sprache nicht mächtig, so ist die Zuziehung eines Dollmetschers unerläßlich, und wird auch dadurch nicht überflüssig, daß der Angeklagte sich des Beistandes eines Vertheidigers bedient.

Ges. v. 3. Mai 1852 Art. 27 [dort einzutr. als n. 5a].

Erk. (B. I.) v. 20. Juni 1862 c. Mielczusny (396. I. Cr.).

Der App.-Richter hatte das erstinstanzgerichtliche Erk. wegen Nichtzuziehung eines Dollmetschers vernichtet, indem er es für feststehend erachtet hatte, daß der Angekl. der deutschen Sprache nicht mächtig sei. Nichtsdestoweniger zog er selbst zur ferneren Verhandlung zweiter Instanz ebenfalls keinen Dollmetscher zu, „weil der Angekl. mit einem vorschriftsmäßig bevollmächtigten Vertheidiger versehen, resp. durch denselben vertreten sei.“ Auf die NB. des Angekl. ward dieses Erk. vernichtet.

Gründe:

Die Erwägung des App.-Richters ist eine offenbar rechtsirrthümliche und verletzt den Art. 27 des Ges. vom

3. Mai 1852 ebenso, wie der erste Richter gethan. Das allegirte Gesetz verordnet ohne Rücksicht auf die erste oder zweite Instanz und ohne Ausnahme oder sonstige Unterscheidung ganz allgemein: „daß die Zuziehung eines Dollmetschers erforderlich ist, sobald ein Angeklagter, ein Zeuge, oder ein Geschworner der deutschen Sprache nicht mächtig ist." Der Grund dieser Bestimmung ist klar; es soll den Interessenten sowohl, wie dem Gerichtshofe die Möglichkeit gewährt werden, den Hergang der Verhandlung und die Richtigkeit der abgegebenen Erklärungen in gehöriger Weise aufzufassen, resp. zu überwachen. In vorliegender Sache war der Angekl. zu dem App.-Audienztermine persönlich vorgeladen, und auch in demselben erschienen. Er hatte damit seine Absicht, bei der mündlichen Verhandlung zweiter Instanz seine Gerechtsame selbst wahrzunehmen, hinreichend an den Tag gelegt und der App.-Richter durfte dieselbe nicht ignoriren, wobei es ganz gleichgültig ist, daß dem Angeklagten gleichzeitig ein mit Vollmacht versehener Vertheidiger zur Seite stand. Denn dieser letztere Umstand beseitigt noch nicht die für sich bestehende Befugniß des Angeklagten, über sein eigenes Recht zu wachen, und seine eigenen Erklärungen, neben denen seines Vertheidigers, abzugeben, und es folgt daraus, daß mit ihm, so lange er anwesend ist, nach Vorschrift der Gesetze verhandelt werden muß.

Antr. des. G.StA.s: gleichl. [20.—1.]

Vermögensbeschädigung. — Dolus.

Zum Thatbestande der strafbaren Vermögensbeschädigung gehört das Bewußtsein von der Rechtswidrigkeit; eine bloße Fahrlässigkeit reicht dazu nicht hin.

StGB. § 281 [vgl. dort n. 4].

Erk. (S. I.) v. 20. Juni 1862 c. Werner (409. I. Cr.).

W. hatte als Oberförster der Gräfin L. auf den Befehl der Ortspolizeibehörde einen Schäferhund, welcher in dem seiner Obhut anvertrauten Jagdreviere in der Schonzeit ohne Leine und ungeknüppelt sich bei der Schafheerde befand, erschossen, und war deshalb aus § 281 StGB. bestraft worden. Auf seine NB. hat das OTr. das betr. Erk. vernichtet, indem es einestheils annahm, der Angekl. sei zu jener Handlung nach Tit. 20 §§ 1. 2 der Schles. Hetz-, Mast- und Jagd-Ordn. v. 19. April 1756 berechtigt gewesen, anderntheils aber auch den zum Thatbestande des § 281 erforderlichen Dolus für nicht gehörig festgestellt erachtete. In der letzteren Beziehung ward erwogen:

Wenn das zweite Erk. den qu. polizeilichen Befehl als einen Akt der Willkür bezeichnet und besagt, der Angekl. hätte ihn nicht beachten dürfen, weil ihm die Rechtswidrigkeit desselben hätte bekannt sein müssen, dann aber bei den Milderungsgründen ausgeführt wird, der Angekl. wäre durch ungerechtfertigte Polizeimaaßregeln zu seiner unüberlegten Handlungsweise bestimmt worden und er habe sich dabei auch anscheinend in einem, freilich nicht entschuldbaren Rechtsirrthum befunden, — so läßt sich hierin keine genügende Feststellung finden, daß der Angekl. mit dem Bewußtsein der Rechtswidrigkeit gehandelt habe. Eine bloße Fahrlässigkeit bei der Ausübung seiner Pflichten als Privat-Forstbeamter oder bei der Ausführung einer Anordnung der Ortspolizeibehörde, wenn der Angekl. der Ueberzeugung war, daß diese Anordnung gerechtfertigt gewesen, würde die Anwendbarkeit des § 281 des StGB.s nicht motiviren.

Die Freisprechung des Angekl. rechtfertigt sich jedoch schon aus den von den vorderen Richtern als erwiesen angenommenen faktischen Umständen.

Danach steht fest, daß die Gräfin L., bei welcher der Angekl. als Oberförster fungirt, auf den Dominial- und Rustikalgründen von W. das Jagdrecht besitzt und am 1. Juni pr. besessen hat, und daß die Hunde des K. auf W.er Jagdterrain ohne Leine und ungeknüppelt in der Schonzeit bei der ausgetriebenen Schafheerde sich befunden haben, als sie von dem Angekl. erschossen wurden. Ob der Angekl. dieses wegen des angeblich von den Hunden verursachten Wildschadens gethan hat oder nicht, darauf ist kein entscheidendes Gewicht zu legen, sondern es kommt darauf an, ob er unter den obwaltenden Umständen überhaupt die Hunde erschießen durfte. Denn war dieses der Fall, so wurde die an und für sich nicht strafbare That dadurch nicht straffällig, daß der Angekl. bei ihr von einer besonderen Voraussetzung ausging, selbst wenn diese Voraussetzung nicht die zutreffende sein sollte, 2c. [44.—1.]

Stempel. — Wechsel. — Mehrere Exemplare.

Ein „nur zum Accept bestimmtes" Wechselexemplar ist nur dann stempelfrei, wenn der Wechsel gleich Anfangs in mehreren Exemplaren ausgefertigt [und das zum Umlaufe bestimmte Exemplar gestempelt] ist.

AKO. v. 3. Jan. 1830 Nr. 5. Vgl. I. S. 296 u. 311.

Erk. (B. I.) v. 20. Juni 1862 c. Schloßmann (480. I. Cr.).

An und für sich unterliegt es keinem Bedenken, und wird auch von den vorigen Richtern nicht bezweifelt, daß derjenige, welcher einen auf ihn gezogenen ausländischen Wechsel im Inlande acceptirt, ihn vorher stempeln lassen muß. Der Angekl. ist auch nur deshalb von der ihm zur Last gelegten Stempelkontravention freigesprochen, weil ihm die AKO. v. 3. Jan. 1830 zur Seite stehe.

Im vorliegenden Falle steht nun zwar thatsächlich fest:

1) daß der vom Angekl. acceptirte ungestempelte Wechsel mit dem Vermerk: „Nur zum Accept bestimmt" versehen war;

2) daß dieser Wechsel zum Umlauf nicht benutzt ist;

3) daß eine Copie des Wechsels angefertigt und zum Umlauf gebraucht ist.

Dies Alles rechtfertigt jedoch die Freisprechung des Angekl. noch nicht, weil die Anwendung der cit. AKO. Nr. 5 voraussetzt, daß der Wechsel gleich Anfangs vom Aussteller gleichzeitig in mehreren Exemplaren ausgefertigt ist, in welchem Fall dann die Stempelsteuer allerdings nur einmal, und zwar von dem zum Umlauf bestimmten und benutzten Exemplar zu entrichten ist. Wollte man dies nicht annehmen, so würde es nicht blos bei ausländischen, sondern auch bei inländischen Wechseln ermöglicht sein, durch Uebersendung eines angeblich nur zum Accept bestimmten Wechsels Seitens des Ausstellers an den Bezogenen sich steuerfrei davon zu vergewissern, ob er auch acceptirt wird, und erst, wenn das Accept auf diese Weise beschafft worden, den Wechsel mittelst eines später angefertigten zweiten Exemplars wirklich in Umlauf zu setzen. Dies kann aber nicht zulässig sein, weil Wechsel gleich nach der Ausstellung, und ehe ein Geschäft damit gemacht wird (das Accept bildet aber ein Wechselgeschäft), versteuert werden müssen.

Im vorliegenden Fall stellt nun der App.-Richter selbst thatsächlich fest, daß die zum Umlauf benutzte Wechselcopie erst hinterher, nachdem das dem Angekl. übersandte Wechselexemplar von ihm bereits im Inlande acceptirt war, angefertigt und in Umlauf gesetzt ist, daß also zur Zeit des Accepts ein zweites Wechselexemplar noch gar nicht existirte. Die cit. AKO. kann daher hier auch nicht Anwendung finden.

Antr. des GStA.s: gleichl. [18. — 1.]

Stempel. — Schuldverschreibung. — Causa.

Eine Schuldverschreibung, welche keine causa debendi angiebt, und deshalb keine Klage begründet, ist nicht stempelpflichtig.

Stemp.-Ges. v. 7. März 1822, Tarif s. v. Schuldverschreibung; AKO. v. 19. Juni 1834 (GS. S. 81). — Sic: Z. I. 9. Sept. 1857 c. Leist, 807; vgl. Entsch. 4. S. 118.

Erk. (Z. I.) v. 20. Juni 1862 c. Zimmermann (539. I. Cr.).

Die freisprechenden Erkk. der Instanzgerichte stützten sich auf den obigen Grundsatz; die NB. des OStA.s suchte auszuführen, daß unter „Schuldverschreibung" im Stempel-Tarif nicht blos ein „Schuldschein," sondern jedes schriftliche Schuldbekenntniß, aus welchem die schuldige Summe, sowie die Namen des Gläubigers und Schuldners hervorgingen, zu verstehen sei. Zurückweisung.

Gründe:

Der Tarif zum Stemelges. besteuert zwar „Schuldverschreibungen jeder Art“ mit $^1/_{12}$ pCt. des Kapitalbetrages, auf welchen die Verschreibung lautet, also nicht blos Schuldscheine im Sinne des § 730. I, 11. ALR., welcher sich nur auf Darlehne bezieht; es ist jedoch den vorigen Richtern darin beizutreten, daß das vorliegende Skriptum, weil es keine causa debendi enthält, auch nicht stempelpflichtig ist, da, sowie in Bezug auf Punktationen durch die AKO. v. 19. Juni 1834 (GS. S. 81) ausdrücklich bestimmt ist, daß sie nur dann stempelpflichtig sind, wenn sie eine Klage auf Erfüllung begründen, auch der Tarif zum Stempelges. sub voce „Schuldverschreibungen“ nur solche einseitig ausgestellte Instrumente im Auge haben kann, welche nach ihrem Inhalt ohne Weiteres die Einklagung der darin verschriebenen Summe gestatten, was dann nicht der Fall ist, wenn das Schuldbekenntniß keine causa debendi enthält.

Antr. des GStA.s: gleichl. [18.—1.]

Angeklagter (verhaftet). — Sitzung. — Vorführung.

Der verhaftete Angeklagte kann nicht auf seine Vorführung vor den erkennenden Richter verzichten [insofern er sich nicht nach Art. 23 des Gesetzes vom 3. Mai 1852 in dem Hauptverfahren vertreten lassen kann].

Vdn. v. 3. Jan. 1849 § 14 [vgl. dort n. 26]; Ges. v. 3. Mai 1852 Art. 23.

Erk. (V. I.) v. 20. Juni 1862 c. Blödern (581. I. Cr.).

Gegen den Angekl., welcher sich zu St. in Haft befand, war in erster Instanz vom KG. zu B. in contumaciam verhandelt worden, nachdem er zu Protokoll erklärt hatte, er verzichte darauf, im Termine persönlich zu erscheinen, und verlange daher seinen Transport von St. nach B. nicht. Das rügte derselbe in der App.-Instanz und demnächst durch die NB. Vernichtung und Zurückverweisung in die erste Instanz.

Gründe:

Eine Vertretung des Angekl. durch seinen Vertheidiger konnte allerdings nach Art. 23 des Ges. v. 3. Mai 1852 im vorliegenden Falle, wo es sich um ein Verbrechen handelt, nicht zugelassen werden; es liegt aber eine Verletzung wesentlicher Vorschriften des Verfahrens darin, daß das Gericht erster Instanz den Angekl. veranlaßte, am ꝛc. zu erklären: er verzichte darauf, in dem Termine vom ꝛc. persönlich zu erscheinen, und verlange daher seinen Transport von St. nach B. nicht. Denn abgesehen davon, daß aus dem Zusatz, den der Angekl. machte: „er habe für jetzt zu seiner Vertheidigung nichts anzuführen," hervorgeht, daß der Angekl. nicht wußte, daß in dem Audienztermine ein Rechtsanwalt, welcher die Vertheidigung auf Instanz des Vaters des Angekl. übernommen hatte, nicht zugelassen werden konnte, und daß er, der Angekl., nun gänzlich ohne Vertheidigung bleiben würde, so kennt das Strafverfahren einen solchen Verzicht auf persönliche Vorführung seitens eines verhafteten Angekl. nicht. Die von dem App.-Richter für die Zulässigkeit des Verzichtes aufgestellten Gründe sind nicht haltbar. Um dem § 14 der Vdn. v. 3. Jan. 1849 zu genügen, muß der verhaftete Angekl. dem Richter erster Instanz vorgeführt werden, und der § 30 l. c. enthält keine besondere Norm für das Verfahren vor dem Einzelrichter, sondern die Anwendung dieses allgemeinen Grundsatzes. Der von dem App.-Richter allegirte § 49 l. c. spricht nicht von einer Vorladung des verhafteten Angekl., sondern von der Vorlesung der Anklageschrift und des Beschlusses, sowie von der Vernehmung des Angekl. über seine Vertheidigungsmittel. Eine Vorladung unter Androhung des Kontumazialverfahrens (vgl. § 32 l. c.) findet in Gemäßheit des § 51 l. c. nur bei nicht verhafteten Angekl. statt, und lediglich auf diese (schriftlichen) Vorladungen bezieht sich das Kontumazialverfahren (§§ 35 und 56 l. c.). Die Verhältnisse eines verhafteten Angekl. sind von denen eines nichtverhafteten wesentlich verschieden, weshalb der

Argumentation im zweiten Erk. sich nicht beitreten läßt, daß, weil es dem nicht verhafteten Angekl., falls der Richter sein persönliches Erscheinen nicht für unerläßlich hält, freisteht, in contumaciam gegen sich verhandeln zu lassen, es an jedem Grunde fehle, anzunehmen, daß dem verhafteten Angekl. nicht eine gleiche Entschließung darüber freistehen soll, ob er behufs seiner Vorführung zur Verhandlung der Sache an den Sitz des erkennenden Richters transportirt werden, oder das Kontumazialverfahren gegen sich eintreten lassen will. Ein derartiges Wahlrecht ist dem verhafteten Angekl., was doch hätte geschehen müssen, um es in das Leben zu rufen, durch das Gesetz nicht nur nicht gegeben, sondern es steht auch damit in Widerspruch, daß der Richter und nicht der verhaftete Angekl. die Anordnungen zu bestimmen hat, welche einerseits zur Erforschung der Wahrheit und andrerseits zu dem Zwecke nothwendig sind, daß ein Angekl., welcher sich nicht auf freiem Fuße befindet, und der daher nicht nach unbeschränktem Gutdünken handeln kann, in die Lage kommt, bei der Hauptverhandlung erster Instanz in Beziehung auf Alles, was darin vorkommt, vollständig sein Vertheidigungsrecht zu wahren.

Wäre die Ansicht des App.-Richters richtig, so ließe sich nicht absehen, weshalb für die zweite Instanz dem verhafteten Angekl. auf seinen Antrag ein Vertheidiger von Amtswegen bestellt werden müßte (§ 134 l. c.), während der Art. 23 des Ges. v. 3. Mai 1852 eine Vertretung des nicht erschienenen Angekl. nur bei Uebertretungen und mit Geldbuße bedrohten Vergehen zuläßt. Denn hätte der verhaftete Angekl. das Recht, auf seine persönliche Vorführung zu verzichten, so müßte ihm dann doch wenigstens die Befugniß beigelegt sein, sich auch in erster Instanz durch einen Vertheidiger vertreten zu lassen. Die allegirten Gesetze stehen aber keineswegs mit einander im Widerspruch, da der Art. 23 l. c. unter dem Ausdruck: „nicht erschienenen Angeklagten“ nur einen auf freiem Fuße befindlichen, gehörig vorgeladenen, aber dennoch ausgebliebenen Angekl. versteht, wogegen von dem rücksichtlich eines verhafteten Angekl. einzuschlagenden Verfahren hier nicht die Rede ist.

Antr. des GStA.s: gleichl. [44. — 1.]

Druckschrift. — Vernichtung. — Besitz eines Dritten.

Die in Gemäßheit des § 50 Abs. 1 des Preß-Gesetzes ausgesprochene Vernichtung eines Preß-erzeugnisses ist nicht auf die im Besitze eines Dritten, Nicht-Gewerbtreibenden, befindlichen Exemplare zu beziehen.

Preßges. v. 12. Mai 1851 § 50 Abs. 1. 2.

Beschl. (I.) v. 20. Juni 1862 c. Prusinowski (161. B. I. Cr.).

v. P. war als Verfasser einer Druckschrift strafbaren Inhalts rechtskräftig verurtheilt, und die Vernichtung der vorfindlichen Exemplare der Schrift angeordnet worden. Bei dem Verfasser resp. Verleger ward nur eine geringe Anzahl der letzteren vorgefunden, dagegen vermuthete die StA.-schaft, daß v. P. einen Theil derselben, um sie der Beschlagnahme zu entziehen, behufs weiterer Verbreitung bei Dritten (nicht gewerbtreibenden) Personen niedergelegt habe, und daß sie von solchen Stellen aus verbreitet würden; eine solche Vermuthung hegte sie insbesondere in Betreff des K., und brachte deshalb beim betr. Kr.-G., behufs der Beschlagnahme im Wege der Urtheilsvollstreckung eine Haussuchung bei dem letzteren in Antrag. Beide Instanzgerichte lehnten diesen Antrag ab, weil K. nicht zu den im Abs. 2 des § 50 des Preßgesetzes v. 12. Mai 1851 genannten Personen gehöre, die ausgesprochene Vernichtung also nicht auf die in seinem Besitze vorfindlichen Exemplare zu beziehen sei. Der OStA. ergriff die Beschw. an das OTr. und suchte auszuführen, daß der erste Abs. des cit. Paragraphen die Vernichtung aller „vorfindlichen" Exemplare vorschreibe, und daß mit Rücksicht auf § 29 ibid. als „vorfindlich" alle „zur Verbreitung bestimmten" Exemplare zu betrachten seien; nur diese Auslegung entspreche dem Geiste und Zwecke des Gesetzes. Zurückweisung

Gründe:

J. E., daß der § 50 des Preßgesetzes unter Abänderung der früheren Gesetzgebung, vgl. v. Rönne, Ges. über die Presse, n. 273 ff. in dem Passus:

„Diese Vernichtung bezieht sich auf alle noch im Besitze des Verfassers, Druckers, Herausgebers, Buchhändlers befindlichen, oder an öffentlichen Orten ausgelegten Exemplare.“

welcher nicht blos für den unmittelbar vorher erwähnten Satz, sondern für die drei verschiedenen Fälle Abs. 1 maaßgebend ist, die Bestimmung, daß, wenn in einer Schrift der Thatbestand einer strafbaren Handlung erkannt wird, durch das Strafurtel die Vernichtung aller vorfindlichen Exemplare und der dazu bestimmten Platten und Formen auszusprechen, näher präcisirt;

J. E., daß der § 19 des StGB.s, wie dessen Entstehungsgeschichte darthut, nicht beabsichtigte, von dem Preßgesetz abweichende Sanctionen festzusetzen, vielmehr die Tendenz dahin ging, daß der Preßgesetzgebung die spezielleren Anordnungen über die Art und Ausdehnung der zu verhängenden Vernichtung von Schriften zu überlassen;

J. E., daß, da das Erk. v. 18. Febr. c. gegen den ꝛc. K. nicht ergangen, und ebenso wenig behauptet ist, daß er zu den im § 50 des Preßgesetzes erwähnten Personen zu zählen, danach aber der Antrag der K. StA.-schaft: „im Wege der Requisition eine Haussuchung bei dem K. zu veranlassen und die in seinem Besitz befindlichen, zur Verbreitung bestimmten Exemplare der gedachten Schrift in Ausführung des qu. Erk. zu vernichten;“ sich nicht gerechtfertigt erweist;

J. E., daß es sich nicht um die Frage handelt, in wie fern gegen den K. in Gemäßheit der bestehenden Gesetze überhaupt vorgeschritten werden kann, sondern nur darum, ob das Erk. vom ꝛc. in der von der K. StA.-schaft verlangten Weise gegen ihn vollstreckt werden darf, was verneint werden muß.

Antr. des GStA.s: gleichl. [44. — 3.]

Strafantritt. — Rechtsmittel des Angeklagten.

Hat der zu einer Gefängnißstrafe verurtheilte Angeklagte sich bei dem Erkenntnisse ausdrücklich beruhigt, und ist demzufolge die Vollstreckung jener Strafe ins Werk gesetzt worden, so verliert dieselbe dadurch, daß der Angeklagte später doch noch rechtzeitig das statthafte Rechtsmittel ergreift, den Charakter einer Strafverbüßung für die Zwischenzeit nicht; dieselbe ist daher auf die endgültig erkannte Strafe in Anrechnung zu bringen.

Vdn. v. 3. Jan. 1849 §§ 158. 159 [dort einzutr. als n. 4 b].

Beschl. (I.) v. 20. Juni 1862 c. Wiggert (172. B. I. Cr.).

Der Angekl. war in erster Instanz wegen Betrugs zu dreimonatlicher Gefängnißstrafe verurtheilt worden. Auf seine Erklärung sich bei dem Erk. zu beruhigen, ward der Strafvollzug verfügt und der 24. Juli als Tag des Strafantritts festgesetzt. Demnächst ergriff W. dennoch am 1. Aug. (rechtzeitig) die Appellation, worauf in zweiter Instanz eine Verurtheilung zu dreimonatlicher Gefängnißstrafe wegen Unterschlagung erfolgte. Nichts destoweniger verfügte das betr. AG., daß die Haft vom 24. Juli bis zum 1. Aug. dem W. auf diese Strafe anzurechnen sei. Beschw. des OStA.s. Zurückweisung; erwogen ward:

daß der Angekl. in der Zeit v. 24. Juli bis 1. Aug. 1861 sich nicht blos in Haft befunden hat, sondern daß gegen ihn ein Theil der dreimonatlichen Gefängnißstrafe wirklich vollstreckt worden ist, und daß diese Strafvollstreckung auch vollständig begründet war, da der Angekl. erklärt hatte, sich bei dem ersten Erk. beruhigen zu wollen;

daß die spätere Einlegung der Appellation Seitens des Angekl. in Gemäßheit des § 159 der Vdn. v. 3. Jan. 1849 die Vollstreckung der Strafe aufhielt, d. h. bewirkte, daß mit der weiteren Strafvollstreckung innegehalten werden mußte, sie aber keineswegs die Verbüßung der Strafe, soweit sie in der That zur Ausführung gelangt war, außer Wirksamkeit setzte;

daß die Einlegung des Rechtsmittels danach nicht zur Folge haben kann, daß der bereits vollstreckte Theil der dreimonatlichen Gefängnißstrafe nochmals von dem Angekl. zu verbüßen wäre.

Antr. des GStA.s: entg. [44. — 4.]

1. Aufforderung zum Ungehorsam gegen Anordnungen der Obrigkeit.

2. Druckschrift. — Dienstvergehen. — Beschlagnahme.

1. Die Aufforderung zum Ungehorsam gegen die Anordnungen der Obrigkeit fällt nur dann unter § 87 des StGB.s, wenn diese Anordnungen generell verpflichtend sind.

StGB. § 87 [vgl. dort n. 1].

2. Die Beschlagnahme einer Druckschrift ist nur dann statthaft, wenn der Inhalt derselben den Thatbestand einer „strafbaren Handlung," d. h. einer solchen umfaßt, welche gegen allgemeine, alle Staatsangehörigen verpflichtende Strafgesetze verstößt; es genügt daher nicht, wenn die Handlung nur ein disziplinarisch zu rügendes „Dienstvergehen" darstellt.

Preßges. v. 12. Mai 1850 §§ 29. 50.

Beschl. (I.) v. 20. Juni 1862 (174. B. I. Cr.).

Die Instanzgerichte hatten die polizeiliche Beschlagnahme einer Zeitungsnummer u. A. aus den oben hervorgehobenen Gründen aufgehoben. Die dagegen ergriffene Beschw. des OStA.s ward, was diese Gründe anlangt, vom OTr. für ungerechtfertigt erachtet, und in dieser Beziehung ausgeführt.:

Es ist die Ausführung richtig, daß der § 87 des StGB. auf den gegenwärtigen Fall nicht anwendbar ist, weil jener nur den Ungehorsam gegen allgemein gültige Gesetze und gegen generell verpflichtende Anordnungen der Obrigkeit, welche Ausfluß der gesetzgebenden Gewalt sind, beahndet, hier aber blos eine spezielle Verfügung der Lokalpolizeibehörde gegen einen ausschließlich örtlichen Verein vorliegt.

Auch die fernere, gegen den in Rede stehenden Beschluß zu Nr. 2 gerichtete Beschwerde des K. OStA.s zu K. ist unbegründet und mußte zurückgewiesen werden. Denn da nach § 29 des Preßges. v. 12. Mai 1851 die Beschlagnahme einer Druckschrift nur dann gerechtfertigt ist, wenn deren Inhalt den Thatbestand einer strafbaren Handlung umfaßt, so können unter den letztern in der Regel, wenn nicht etwa ganz besondere Umstände, die im vorliegenden Falle nicht behauptet und auch nicht festgestellt sind, obwalten, nur solche verstanden werden, die gegen allgemeine, alle Staatsangehörige verpflichtenden Strafgesetze verstoßen.

Antr. des GStA.s: gleichl. [20. — 3.]

Polizeiverordnung. — Beschränkung des Eigenthums.

1. Das verfassungsmäßig garantirte Eigenthum schließt die Statthaftigkeit einer auf die Ausübung desselben bezüglichen Beschränkung durch Polizeiverordnung nicht aus.

Verf. v. 31. Jan. 1850 Art. 9; StGB. § 332 [vgl. dort n. 24].

2. Insbesondere ist es statthaft, im Wege der Polizeiverordnung die Ausübung einer Forstservitut in der Weise zu beschränken, daß durch dieselbe die Bestimmung des belasteten Grundstücks nicht behindert werde.

ALR. I, 22 § 213; I, 19 § 17; StGB. § 332 [vgl. dort n. 24].

Erk. (V. II.) v. 21. Juni 1862 c. Kaup (101. II. Cr.).

Die Regierung zu M. hatte eine Polizeiverordnung erlassen, nach welcher „die Waldnutzungsberechtigten ohne besondere Erlaubniß des Waldeigenthümers die Nutzungen niemals ausüben sollten: in den den Schonungen gleich zu achtenden Schlägen, in welchen die Holzschläger noch mit dem Einschlagen und Aufklaftern der Hölzer beschäftigt, oder welche sonst noch nicht Seitens des Waldeigenthümers zur Wegnahme des Abraums aufgegeben seien." K. war von der Anklage, diesem Verbote zuwider gehandelt zu haben, in den Instanzen deshalb freigesprochen worden, weil jene Polizeiverordnung das verfassungsmäßig garantirte Eigenthum antaste, sonach die für solche Verordnungen bestehenden Grenzen überschreite, wogegen die §§ 213. 214. I, 22. ALR. mit Gesetzeskraft versehene polizeiliche Verordnungen voraussetzten. Auf die NB. des OStA.s ist die den Rekurs des P.-Anw.s zurückweisende app.-gerichtliche Verfügung vernichtet und die Sache zur Verhandlung rc. an das betr. AG. zurückverwiesen worden.

Gründe:

Zunächst ist der Art. 9 der Verfassungsurkunde, welcher die Unverletzlichkeit des Eigenthums und den Folgesatz ausspricht, daß dasselbe nur aus Gründen des öffentlichen Wohls gegen vorgängig festzustellende Entschädigung nach Maaßgabe des Gesetzes, entzogen oder beschränkt werden könne, mit Unrecht angerufen, da hier eine Entziehung des Eigenthums, oder eine die Substanz desselben betreffende Beschränkung, welche eine Expropriation im öffentlichen Interesse zur Folge haben müßte, überall nicht in Frage steht, überdem aber auch das verfassungsmäßig garantirte Eigenthum eine auf die Ausübung desselben bezügliche Beschränkung aus allgemeinen polizeilichen Rücksichten selbst für den Eigenthümer nicht ausschließt.

Unberechtigt ist sodann aber auch die Annahme der Vorderrichter, daß die fragliche Vdn. der K. Regierung zu M. ꝛc. eine Beschränkung der Holzberechtigten in ihrer wohlhergebrachten Gerechtsame enthalte. —

Nach § 213 I, 22. ALR. müssen auch die zum Brenn- und Nutzholzberechtigten sich nach der vorgeschriebenen Forst-Ordn. richten. Diese Bestimmung beruht auf dem allgemeinen, auch in den §§ 25—27 des Kulturedikts v. 14. Sept. 1811 klar ausgesprochenen Grundsatz, daß die Berechtigungen nur in dem Maaße ausgeübt werden dürfen, daß dadurch die Bestimmung des belasteten Grundstückes nicht behindert wird (§ 17. I, 19 ALR.). Der Forsteigenthümer selbst ist daher auch zu solchen Anordnungen berechtigt, welche auf den Schutz und die Kultur des Waldes berechnet sind, und diesen Anordnungen müssen sich die Forstberechtigten unterwerfen, jedenfalls in soweit ein wirklicher Eingriff in ihre Berechtigung selbst nicht vorliegt.

Wenn es nun nach § 6 und 11 des Ges. ü. d. Pol.-Verw. v. 11. März 1850 den Polizeibehörden und namentlich den Regierungen zusteht, polizeiliche Vorschriften zum Schutze der Wälder zu erlassen, so kann es mit gleichzeitiger Rücksicht auf die eben hervorgehobenen allgemeinen gesetzlichen Bestimmungen keinem Zweifel unterliegen, daß die K. Regierung zu M. zu der in Rede stehenden Forstpolizeiverordnung und insbesondere der in dem § 14 enthaltenen Bestimmung vollkommen berechtigt gewesen ist.

Antr. des GStA.s: gleichl. [27. — 2.]

Ausländer. — Staatsvertrag.

Nach dem Staatsvertrage mit Sachsen-Meiningen vom 2. Mai 1859 ist in Preußen ein Kontumazialverfahren zweiter Instanz gegen einen Meiningenschen Unterthan wegen einer Zuwiderhandlung gegen ein Abgabengesetz statthaft, sobald derselbe zur Haft gebracht und in erster Instanz abgeurtheilt, und erst demnächst aus der Haft entlassen worden ist.

Staatsvertr. v. 2. Mai 1859 Art. 34 — 36 (GS. S. 231).

Erk. (B. II.) v. 21. Juni 1862 c. Boßhecker (125. II. Cr.).

Der Angekl. B., ein Sachsen-Meiningenscher Unterthan, war wegen einer in Preußen verübten Hausir-Kontravention zur Haft gebracht, und in erster Instanz zu einer Geldbuße und zur Konfiskation der in Beschlag genommenen Waaren verurtheilt worden; der Pol.-Anwalt ergriff wegen unrichtiger Abmessung der Geldbuße die Appellation, wogegen B. selbst sich beruhigte und demzufolge der Haft entlassen wurde. Das AG. erkannte im Grundsatze an, daß die Strafabmessung dem Gesetze nicht entspreche, bestätigte aber dennoch das erste Erk., indem es ausführte: nach dem Staatsvertr. v. 2. Mai 1859 Art. 34. 36 finde gegen einen Meiningenschen Unterthan in Preußen ein Kontumazialverfahren wegen einer in Preußen verübten Strafthat nur in soweit statt, als es sich bei der Uebertretung von Abgabengesetzen um in Beschlag genommene Gegenstände handle; es könne daher jetzt in zweiter Instanz nicht in contumaciam gegen B. das erste Erk. verschärft, ebenso wenig könne es aber auch zu seinen Gunsten gemildert werden, da die spätere Entlassung des B. das gültige Strafurtheil erster Instanz nicht nichtig machen, dieselbe vielmehr ihre Wirkung in Gemäßheit des Art. 35 l. c. nur bei der Strafvollstreckung hervorbringen könne. Auf die NB. des OStA.s hat das OTr. dieses Erk. vernichtet und unter Abänderung des ersten Erk.s die höhere Geldbuße verhängt.

Gründe:

Der Art. 36 Abs. 2 des Staatsvertrags v. 2. Mai 1859 scheint, namentlich nach der präciseren Fassung, welche sie gegen die Fassung früherer Verträge erhalten hat, allerdings der Auffassung des App.-Richters dahin Raum geben zu können, daß überhaupt wegen einer derartigen Gesetzesübertretung, wie sie im vorliegenden Falle in Rede steht, nämlich wegen Uebertretung eines Preußischen, nicht zu den Zollgesetzen gehörenden Abgabengesetzes, gegen einen Sachsen-Meiningenschen Unterthanen, dem, wie auch dies hier der Fall ist, in Preußen wegen einer solchen Uebertretung Waaren in Beschlag genommen sind, von Preußischen Gerichten eine andere Verurtheilung, als welche sich auf die in Beschlag genommenen Gegenstände beschränkt, niemals, und selbst dann nicht ausgesprochen werden dürfe, wenn er bei der Gesetzesübertretung betroffen und zur Haft gebracht worden war, oder Realkaution für die künftige Erlegung der Strafe bestellt hatte. Dafür scheint auch die erwähnte Verweisung in dem Art. 37 früherer derartiger Verträge („von welchen der nächstfolgende Artikel handelt") in sofern geltend gemacht werden zu können, als sie anzugeben schien, daß für derartige Uebertretungen eben nur die Bestimmungen des in Bezug genommenen nächstfolgenden Art. 38 (also Art. 36 des Vertrages mit Sachsen-Meiningen vom 2. Mai 1859) gelten, die vorhergehenden allgemeineren Bestimmungen (Art. 34 und 35 des letztgedachten Vertrages), also darauf keine Anwendung finden sollten.

Allein gerade aus den Aenderungen, welche in der Fassung früherer derartiger Verträge bei den spätern nöthig gefunden wurden, und aus dem Zusammenhange der Bestimmungen in den Artt. 34—36 des Vertrags v. 2. Mai 1859 unter sich, ergiebt sich die Unhaltbarkeit jener Auffassung.

In diesen Artt. 34—36 ist der Grundsatz der Territorialität der Strafgesetze, worauf die Vorschrift des StGB.s § 3 beruht, und ebenso dem Prinzipe nach die

Zuständigkeit des Gerichts, in dessen Bezirke eine Gesetzesübertretung begangen ist (das forum delicti commissi), sowie des Gerichts, in dessen Bezirk der Uebertreter ergriffen ist (das forum deprehensionis) gegen einen Ausländer, und selbst in Bezug auf Uebertretung eigenthümlicher Abgabengesetze, gegenseitig nicht aufgegeben worden. Nur Beschränkungen des Prinzips enthalten die Vertragsbestimmungen in sofern, als nur die Bestrafung des nicht auszuliefernden Uebertreters durch den Staat, dem er angehört, dann, wenn die Handlung auch nach dessen Gesetzen strafbar ist, soll stattfinden können, daher aber auch in solchem Falle ein Kontumazialverfahren des Staats, in welchem die Gesetzesübertretung verübt ist, nicht zulässig sein soll (Art. 34), als ferner die Vollstreckung des (rechtskräftigen) Straferkenntnisses, welches von Gerichten des Staats, in welchem die Handlung verübt, erlassen worden ist, dem Staate, welchem der Uebertreter angehört, nur unter den im Art. 35 bestimmten Voraussetzungen und Maaßgaben angesonnen werden kann, und alsdann, wenn die Uebertretung eines Abgabengesetzes stattgefunden hat und wegen derselben nur Waaren dem Uebertreter in Beschlag genommen sind, ein Mehreres als solche Beschlagnahme mithin nicht geschehen ist, das Gericht des fori delicti commissi namentlich weder den Uebertreter in Haft genommen, noch von ihm Realkaution hat bestellen lassen, die Verurtheilung, es möge der Uebertreter gegen sich in contumaciam verfahren lassen oder sich selbst gestellen, nur in sofern eintreten soll, als sie sich auf die in Beschlag genommenen Gegenstände beschränkt (Art. 36).

Daß auch da die Verurtheilung wegen Uebertretung eines Abgabengesetzes sich hierauf beschränken solle, wo außerdem die nicht für unzulässig erklärte, vielmehr im Art. 35 als zulässig vorausgesetzte Verhaftung des Uebertreters stattgefunden oder er Realkaution bestellt hatte, und in Folge dessen gegen ihn in dem foro delicti commissi prozedirt war, ist nicht in dem Vertrage bestimmt. Ob aber die Strafvollstreckung, mit Rücksicht auf die Bestimmungen des Art. 35, namentlich anders, als wenn etwa der Verurtheilte sich wieder in dem Staate betreffen läßt, dessen Abgabengesetz von ihm übertreten war, werde stattfinden können, ist für die Entscheidung einflußlos.

Der App.-Richter hat hiernach allerdings den Staatsvertrag v. 2. Mai 1859 unrichtig ausgelegt, und da er in Folge solcher unrichtigen Auslegung das Gesetz unangewendet gelassen hat, dieses verletzt. Sein Erk. war daher zu vernichten.

Antr. des GStA.s: gleichl. [14.—2.]

Unterschlagung. — Beauftragter. — Geldwechselung.

Eine Unterschlagung liegt vor, wenn der mit der Umwechselung eines Werthpapiers und der Wiederablieferung des einzuwechselnden Geldes Beauftragte dieses Papier oder Geld zum Nachtheile des Auftraggebers für eigene Zwecke verwendet.

StGB. § 225 [vgl. dort n. 24. Vgl. RdOTr. I. 553. — Sic: B. I. 30. Okt. 1861 c. Wilke, 811; B. I. eod. c. Zappel, 885; Z. I. 20. Nov. 1861 c. Simon, 943; Z. I. 21. Mai 1862 c. Klose, 289; Z. I. 18. Juni 1862 c. Sczesny, 515. — Contra: v. Diepenbroick-Grüter, Abh. in Gruchots Beitr. 6. S. 220].

Erk. (Z. II.) v. 21. Juni 1862 c. Pastor (127. II. Cr.).

J. E., daß nach der [vom zweiten Richter festgehaltenen] Annahme des Richters erster Instanz Kassationskläger P. die rc. Banknote zwar durch die Hand des M. K., jedoch für den rc. D. mit der Verpflichtung erhalten hat, diesem D. das eingewechselte Geld, oder, wenn die Verwechselung nicht geschehen könne, die Note selbst zurückzugeben;

daß, da er nach der nämlichen Feststellung, dieser Verpflichtung entgegen, die Banknote weder zurückgegeben noch umgesetzt und das eingewechselte Geld abgeliefert, vielmehr die Note zum Nachtheile des Inhabers in Zahlung für eine eigene Schuld gegeben hat, alle Begriffserfordernisse der Unterschlagung nach § 225 des StGB. vorhanden sind; —

daß die Behauptung, Kassationskläger könne keine Unterschlagung begangen haben, weil er das Eigenthum der Banknote unter der Pflicht erhalten habe, dagegen das genus des Geldes zu restituiren, auf einer unrichtigen Auffassung des festgestellten Thatbestandes und des daraus hervorgehenden Rechtsverhältnisses beruht, da derjenige, welchem ein Geldpapier nicht zum Verwechseln aus eignen Mitteln, sondern nur zur Vermittelung der Verwechselung bei einem Dritten anvertraut wird, bis die Verwechselung erfolgt ist, das Geldpapier und, wenn sie erfolgt, das dafür empfangene Geld nicht für sich, sondern nur als Inhaber für denjenigen, der ihm den Auftrag der Verwechselung ertheilt und mit der Pflicht der Zurückgabe in Händen hat.

Antr. des GStA.s: gleichl. [12.—2.]

Fragstellung. — Reihenfolge.

Wenn im Falle einer idealen Konkurrenz dieselbe That zum Gegenstande mehrerer Fragen gemacht wird, so muß der schwerste Thatbestand zuerst in Frage gestellt werden, sollte auch im Anklagebeschlusse eine andere Reihenfolge beobachtet sein. Wird in diesem Falle die erste Frage bejaht, so bedarf es der Beantwortung der folgenden, nur eventuell gestellten Fragen nicht mehr.

Ges. v. 3. Mai 1852 Art. 86 [vgl. dort n. 31].

Erk. (Z. II.) v. 21. Juni 1862 c. Ermels (135. II. Cr.).

E. war 1) wegen Diebstahls, 2) wegen vorsätzlicher Tödtung des S. M., um ein der Ausführung des erwähnten Diebstahls erwähntes Hinderniß zu beseitigen 2c, „oder aber in jedem Falle“ 3) wegen vorsätzlich und mit Ueberlegung verübter Tödtung des S. M. vor den Schw.-GH. gestellt worden. Hier wurde aber der Mord (Nr. 3) zum

Gegenstande der ersten Frage gemacht, und nur für den Fall der Verneinung derselben eine Eventualfrage in Betreff des Thatbestandes des § 178 StGB. gestellt. Auf die Bejahung jener ersten Frage erfolgte die Verurtheilung des E. Seine NB., welche die Abweichung von der Reihenfolge des Anklagebeschlusses rügte, wurde zurückgewiesen.

Gründe:

Es fehlt jede nähere Andeutung darüber, und es ist überhaupt nicht ersichtlich, welches Grundsatzes und zwar wesentlichen Grundsatzes Verletzung hier hat behauptet werden sollen. Soll in Folge solcher Umstellung der Fragen die Anklage unerledigt geblieben, — diese in irgend einer Beziehung nicht erschöpft sein, oder auch eine Beeinträchtigung des Vertheidigungsrechtes stattgefunden haben, so ist ein solcher Vorwurf unbegründet. Denn auch schon der Anklagebeschluß, welcher bei der Verhandlung durch die Fragestellung zu erledigen und in so weit für die Verhandlung und die dabei erfolgende Fragestellung maaßgebend ist, hatte, als die dem Angekl. zur Last gelegte strafbare Handlung, — nicht blos vorsätzliche, jedoch ohne Ueberlegung (im Affekte) zu einem der im § 178 des StGB. angegebenen Zwecke verübte Tödtung eines Menschen, also qualifizirten Todtschlag bezeichnet und zum Gegenstande der Anklage und der Verhandlung gemacht, sondern auch — wie es in dem Beschlusse hieß: „oder aber in jedem Falle," — vorsätzlich und mit Ueberlegung geschehene Tödtung eines Menschen, also Mord.

Das Ergebniß der Verhandlung in dem Hauptverfahren aber, — welches ohnehin auf eine Modifikation des Thatbestandes dergestalt führen konnte, daß eine darauf bezügliche besondere Frage auch dann gestellt werden durfte, wenn danach die That sich als eine Gesetzesverletzung einer andern, selbst schwereren Gattung darstellte, als die Anklage sie charakterisirt hatte (Ges. v. 3. Mai 1852 Art. 86. 30), konnte um so mehr berechtigen, die Folgeordnung der zur Erledigung der Anklage zu stellenden Fragen von der in dem Anklagebeschlusse zum Ausdrucke gekommenen Ansicht, welche, als nur auf dem vorläufigen Ergebnisse der Voruntersuchung beruhend, der demnächstigen Ermittelung des wahren Sachverhalts in der Hauptverhandlung nicht hindernd entgegentreten kann, abweichend zu bestimmen, als an sich der Thatbestand des Mordes (StGB. § 175) immer ein schwererer ist, als der des Todtschlages (§ 176 ibid.), wenn auch des qualifizirten, auch mit Todesstrafe bedrohten Todtschlages (§§ 178. 179), und als da, wo solche Thatbestände zugleich Gegenstand der Anklage und der Verhandlung geworden sind, schon mit Rücksicht auf § 55 des StGB.s, der schwerste Thatbestand zuerst in Frage kommen muß. Erledigt wird aber die Anklage in einem solchen Falle auch dann, wenn die auf den schwersten Thatbestand gerichtete Frage bejaht, und dann die auf den minder schweren Thatbestand gerichtete Frage, in Folge ihrer, — wie im vorliegenden Falle, — nur eventuell geschehenen Stellung, unbeantwortet bleibt.

Antr. des GStA.s: entg. [26. — 2.]

Diebstahl. — Gebäude. — Vollendung.

Als Gebäude im Sinne des § 218 Nr. 2 ist auch ein in den nackten Wänden dastehender Neubau anzusehen.

StGB. § 218 Nr. 2; 220 [dort einzutr. als n. 4 a].

Erk. (Z. II.) v. 21. Juni 1862 c. Hendrichs (157. II. Cr.).

J. E., daß der § 218 Nr. 2 StGB. sich des Ausdrucks: „Gebäude“ ohne alle nähere Bestimmung bedient und namentlich keinen Unterschied macht, ob dasselbe bewohnt oder zur Wohnung dienlich und ob es in allen seinen Theilen seiner Bestimmung gemäß vollendet ist oder nicht;

daß deshalb nichts darauf ankommen kann, daß, — wie Kassationskläger behauptet, und was jedenfalls bei Verhandlung der Sache durch die Geschwornen hätte festgestellt werden müssen, — der Neubau erst im Rohen vollendet, im Innern noch nicht mit Abtheilungen, Treppen und Böden und nach außen hin nicht mit Fenstern und Thüren versehen gewesen sei, sondern nur in den nackten Wänden dagestanden habe;

daß Kassationskläger auch mit Unrecht behauptet, daß das in dem Hausfriedensbruche bestehende erschwerende Moment des Einsteigens bei einem Neubau überhaupt nicht denkbar sei, da der sogenannte Hausfriedensbruch in der Verletzung des durch gehörige Befriedigung geschützten Eigenthums besteht, welche, sowie sie nach ausdrücklicher gesetzlicher Vorschrift in einem bloßen umschlossenen Raum erfolgen kann, unzweifelhaft auch in einem noch nicht vollendeten Hause denkbar ist.

Antr. des GStA.s: entg. [14. — 2.]

Diebstahl. — Strandung. — Rettung.

Derjenige, welcher mit der Bergung der Sachen aus einem gestrandeten Schiffe beauftragt ist, begeht, wenn er einzelne dieser Sachen in der Absicht rechtswidriger Zueignung wegbringt, einen schweren Diebstahl, und nicht eine Unterschlagung; ebenso findet die Pommersche Strandordnung vom 4. April 1743 Nr. 10 b. c. auf einen solchen Fall keine Anwendung.

StGB. § 215 [dort einzutr. als n. 31a]; Pommersche Strand-Ordn. v. 4. April 1743 Nr. 10 b. c.

Erk. (Z. I.) v. 25. Juni 1862 c. Schulz & Borghardt (394. I. Cr.).

Die Angeklagten, welche zur Bergung der Sachen von einem gestrandeten Schiffe gedungen waren, hatten einen Theil derselben von dem Strande, wo sie aufgelagert worden, in der Absicht rechtswidriger Zueignung weggeschafft. Die Instanzrichter straften aus § 218 Nr. 8 StGB., weil die Sachen den Angeklagten nicht zur Aufbewahrung übergeben worden, sie daher die Gewahrsam nicht erhalten hätten, die letztere vielmehr höchstens nur bei demjenigen angenommen werden könne, welcher sie zur Bergung gedungen habe. Der OStA. ergriff die NB. und suchte auszuführen, daß hier die Pommersche Strand-Ordn. v. 4. April 1743 Platz greife. Zurückweisung.

Gründe:

In der Strand-Ordn. für Pommern v. 4. April 1743 wird zur Verhütung:

„daß Fischer, Bauern oder andere am Strande wohnende Unterthanen die strandtriftigen Güter an sich raffen, solche vertuschen oder wohl gar gestrandete Schiffe und Güter berauben,"

bestimmt sub 10:

b) wenn Obrigkeiten des Orts oder sonst Unterthanen die an den Strand treibenden Güter verschweigen oder vertuschen, so sollen sie zur Strafe den vierfachen Werth dafür bezahlen ꝛc.

c) mit gleichmäßiger Strafe werden diejenigen angesehen, welche das Schiffsgeräth, als Anker, Taue, Bretter oder was sonst zum Schiffe gehört, rauben ꝛc.

Man kann von der Frage absehen, ob diese Strand-Ordn. in Gemäßheit des Art. II. des Einf.-Ges. v. 14. April 1851 noch in Kraft fortbesteht, jedenfalls liegen die Voraussetzungen nicht vor, von welchen dieselbe bei ihrer Strafandrohung ausgeht. Die Angeklagten haben weder „an den Strand treibende Güter" sich zugeeignet und verheimlicht (an sich gerafft und vertuscht), noch Schiffsgeräth vom Schiffe geraubt, — sondern sie haben Ballastschaufeln und ein Taustück, welche durch ihre Mitwirkung als angenommene Arbeiter für den Eigenthümer aus der Strandung gerettet und zusammengetragen waren, in der Absicht rechtswidriger Zueignung weggebracht. Diese Sachen sind durch sie unter Leitung des P. wieder in die Gewahrsam des Eigenthümers des gestrandeten Schiffes zurückgekommen und die Arbeiter, welche sich dieselben widerrechtlich zueigneten, verübten einen gewöhnlichen Diebstahl. Personen, welche in solcher Weise das Eigenthum ihres Arbeitgebers wegnehmen, können sich nicht, wie die NB. anführt, auf das Vorurtheil berufen, daß an den Strand treibende Güter als eine Art erlaubter Beute anzusehen, welche zu machen ein der Sache kundiger und mit dem gehörigen Muth ausgerüsteter Strandungszuschauer sich nicht nehmen lassen dürfe.

Daß die Handlung der Angeklagten nicht unter den Begriff einer Unterschlagung falle und daß der Diebstahl die Qualifikation nach § 218 Nr. 8 des StGB.s an sich trage, hat der App.-Richter bereits ausgeführt.

Antr. des GStA.s: gleichl. [13.—1.]

Gotteslästerung. — Oeffentlichkeit.

Eine Gotteslästerung ist „öffentlich" geschehen, wenn sie Andern erkennbar geworden und solchergestalt in die Oeffentlichkeit getreten ist.

StGB. § 135 [vgl. dort n. 2, und oben S. 119].

Erk. (B. I.) v. 25. Juni 1862 c. Müller (448. I. Cr.).

Die Voraussetzungen des § 36 StGB. sind, was der App.-Richter verkennt, wesentlich von denen des § 135 l. c. verschieden. Denn der § 36 spricht ausdrücklich von öffentlichen Orten oder öffentlichen Zusammenkünften, wogegen der § 135 l. c. diese Bezeichnung nicht enthält, sondern sich lediglich des Ausdrucks „öffentlich" bedient.

Der § 36 kann mithin für die Auslegung des § 135 nicht entscheidend sein, sondern die Fassung des letzteren beweist, daß der Gesetzgeber weder die Oeffentlichkeit des Ortes allein, noch einen unbedingt öffentlichen Charakter der betreffenden Zusammenkunft hier als ausschließliches Requisit hingestellt hat, daß er vielmehr von einem weiteren Begriff, nämlich dem der Oeffentlichkeit der Handlung in den verschiedensten Beziehungen ausging, i. e. einer Handlung, welche vermöge der im betreffenden Falle obwaltenden Umstände Anderen erkennbar geworden, und solchergestalt in die Oeffentlichkeit gelangt ist; vgl. Beschl. I. 4. Dez. 1861 c. Heller (252. B., oben S. 119). Danach irrt der App.-Richter, wenn er sagt, daß Privatgesellschaften, falls sie auch noch so zahlreich besucht wären, an sich nicht geeignet wären, einer Aeußerung die Eigenschaft einer öffentlichen im Sinne des § 135 l. c. zu verleihen, sondern es können solche Aeußerungen, obgleich sie nur in einem

Privatzimmer, aber doch in Gegenwart mehrerer Personen geschehen sind, sehr wohl in das Gebiet der „öffentlichen" fallen. Dabei ist es auch nicht unerläßlich, daß das betreffende Lokal jedem Dritten unbeschränkt zugänglich sein müsse, oder anzunehmen, daß die Gotteslästerung eit nur dann strafbar wäre, wenn sie an die ganze Versammlung gerichtet worden.

Der Unterschied, welchen der zweite Richter zwischen an die ganze Versammlung gerichteten Reden und sogenannten Zwiegesprächen macht, ist vielmehr ein ganz willkührlicher, ebenso wie die darauf gestützte Konklusion: „es könne nicht angenommen werden, Angekl. hätte voraussetzen müssen, seine Aeußerungen würden weiter verbreitet und auf diese Weise in die Oeffentlichkeit gebracht werden," nicht von entscheidendem Gewicht sein kann.

Für den Begriff der Oeffentlichkeit im Sinne des § 135 l. c. liegt das Hauptmoment nicht darin, daß nothwendig eine Ansprache an die sämmtlichen versammelten Personen müßte vorgekommen sein, sondern darin, daß die Aeußerung, vermöge der im concreten Falle obwaltenden Umstände Anderen erkennbar geworden und solchergestalt in die Oeffentlichkeit gedrungen ist. Ob die Personen, welche die betreffende Wahrnehmung machten, die waren, welche direkt angeredet wurden, oder nicht, darauf kommt es nicht an, und ebenso wenig darauf, ob die gotteslästerlichen Worte an die ganze Versammlung oder an einen Theil derselben gerichtet wurden; vielmehr kann auch im letzteren Falle die Oeffentlichkeit als vorhanden betrachtet werden.

Sonach ist in jedem Einzelfalle zu prüfen, ob das Moment der Oeffentlichkeit mit Rücksicht auf die ermittelten Umstände anzunehmen sei. Hierbei fällt die Zahl der anwesenden Personen mit in das Gewicht.

Antr. des GStA.s: gleichl. [44. — 4.]

Anschuldigung (falsche). — Beleidigung. — Verleumdung. — Absicht zu beleidigen.

Eine falsche Anschuldigung, welche nicht nach § 133 des StGB. zu bestrafen ist, kann nur dann mit der Strafe der Beleidigung (Verleumdung) geahndet werden, wenn die Absicht zu beleidigen festgestellt wird.

StGB. § 133 [vgl. dort n. 11. 10]; 154 [vgl. dort n. 1].

Erk. (B. I.) v. 25. Juni 1862 c. Gruschka (506. I. Cr.).

Gr. hatte eine Denunziation bei der StA.-schaft eingereicht, und war dieserhalb gegen ihn die Ankl. wegen falscher Anschuldigung erhoben worden; die Instanzgerichte hielten diese für nicht begründet, weil nicht erwiesen sei, daß die Anschuldigung gegen besseres Wissen gemacht worden, verurtheilten aber wegen Verleumdung, ohne jedoch eine beleidigende Absicht festzustellen. Die NB. des Angekl. behauptete Verletzung des § 154 des StGB. durch Nichtberücksichtigung; der betr. StA. erachtete diese für nicht vorliegend, weil der Angekl. einen Einwand aus diesem Paragraphen nicht gemacht habe. Das OTr. hat das Erk. zweiter Instanz vernichtet und die Sache in diese Instanz zurückgewiesen.

Gründe:

Die Vorschriften des IX. und XVI. Titels des StGB. Th. II. stehen, wenn sie auch von einander getrennt worden sind, in einem nahen Zusammenhange. Sie bezielen den Schutz der Unbescholtenheit eines Menschen gegen unbefugte Verneinung derselben, und es muß in dieser Hinsicht ganz vorzügliches Gewicht auf die Vorschriften des § 154 gelegt werden. Wenn es sich im Besonderen darum handelt, ob nicht eine Anzeige, die an sich nicht strafbar erscheint, etwa als Verleumdung anzusehen sei, so ist hierzu nicht anders zu gelangen, als indem man sich die Frage stellt, ob nicht die Ausübung des Anzeigerechts zu einer Ehrenkränkung gemißbraucht worden sei, wobei dann die Kriterien des § 154 maaßgebend sind.

Antr. des GStA.s: gleichl. [17. — 4.]

1. Seeschiff. — Mannszucht. — Gewohnheitsrecht.
2. Beweisantrag. — Ausbleiben. — Verzicht.

1. Der Ungehorsam eines Schiffsmannes gegen die Befehle des Kapitäns wird durch ein bestehendes Gewohnheitsrecht, nach welchem der Kapitän von der Mannschaft nicht verlangen kann, mit unvollzähliger Mannschaft aus einem Hafen in See zu gehen, nicht straflos.

Ges. v. 31. März 1841 § 5 [vgl. RbOTr. I. S. 400].

2. Der Appellationsrichter begeht keine Nichtigkeit, wenn er einen vom Angeklagten vor der Sitzung gestellten Beweisantrag ungeprüft läßt, sollte der letztere in der Sitzung auch weder selbst noch durch einen Vertreter erschienen sein.

Vdn. v. 3. Jan. 1849 § 52 [vgl. dort n. 18; RbOTr. I. S. 155; II. S. 122).

Erk. (Z. I.) v. 25. Juni 1862 c. Schäfer (521. I. Cr.).

Sch. hatte als Bootsmann auf einem Seeschiffe sich eines Ungehorsams gegen den Kapitän schuldig gemacht, und machte in der NB. geltend, daß die an sich begründete Gehorsamspflicht gegen den Kapitän eine Ausnahme erleide, wenn 1) das kontraktliche Heuerverhältniß zu einer Weiterreise nur mit vollständiger Mannschaft verpflichte, oder wenn 2) die Weiterreise mit unvollzähliger Mannschaft geradezu unvernünftig sei; im vorliegenden Falle habe nun der erste Richter festgestellt, daß ein Gewohnheitsrecht in dem unter Nr. 1 erwähnten Sinne bestehe, der App.-Richter dieses aber mit Unrecht beseitigt; sodann aber habe der App.-Richter seinen ad 2) gestellten Beweisantrag unberücksichtigt gelassen. Zurückweisung.

Gründe:

Ob die Imploranten dem Kapitän den Gehorsam vor oder nach erfolgtem Einverständnisse über eine (ihnen zu gewährende) Entschädigung versagt haben, ist rechtlich unerheblich, weil die angebliche Gewohnheit oder Rechtsübung wohl für das privatrechtliche Verhältniß des Schiffsvolkes zur Begründung einer Forderung oder Einrede von Erheblichkeit sein könnte; nicht aber kann ihr ein Einfluß von durchgreifender Art auf die Straffälligkeit wegen Ungehorsams gegen die dennoch ergangenen Befehle des Kapitäns zugestanden werden. Denn nach dem hier entscheidenden Ges. v. 31. März 1841 ist die Mannschaft auf Seeschiffen von dem Tage ab, an welchem sie in Folge des Heuervertrages den Dienst auf dem segelfertigen Schiffe angetreten hat, der Disziplin des Schiffskapitäns unterworfen und schuldig, allen Anweisungen desselben in Betreff des Schiffsdienstes ohne Widerrede pünktlich Folge zu leisten, es mag sich das Schiff auf offener See oder in einem in- oder ausländischen Hafen befinden (§§ 1 und 4). Verweigerung des Gehorsams gegen wiederholte Befehle des Kapitäns zieht die im § 5 gesetzte Strafe nach sich, ohne daß hierbei einer Berufung auf den Heuervertrag oder auf ein Gewohnheitsrecht Raum gegeben ist, was in den eigenthümlichen Verhältnissen einer Seereise, in der dafür nöthigen Ordnung, Eintracht und Sicherheit, sowie in der Verantwortlichkeit des Kapitäns seine Erklärung findet. —

Was nun noch die zweite obige Einrede des Imploranten betrifft, so würde die Unterlassung des App.-Richters um deswillen gegen den Vorwurf einer Verletzung des Vertheidigungsrechts gedeckt sein, weil der Beweisantrag in der Appellationsausführung in der Hauptverhandlung vor dem App.-Richter selbst von dem nicht erschienenen und nicht vertretenen Imploranten nicht festgehalten worden ist.

Antr. des GStA.s: gleichl. [17.—4.]

Schuldbekenntniß eines von mehreren Angeklagten. — Verfahren.

Legt einer von mehreren Angeklagten vor dem Schwurgerichtshofe ein Schuldbekenntniß ab, so ist in Betreff seiner sofort in Gemäßheit des Art. 75 des Ges. v. 3. Mai 1852 zu verfahren; es ist keineswegs erforderlich, damit bis nach der Abgabe der Wahrsprüche über die übrigen Angeklagten zu warten, noch auch, den Geschwornen

selbst in Betreff des Geständigen eine Frage vorzulegen.

Ges. v. 3. Mai 1852 Art. 75 [vgl. vor. n. 34. 35].

Erk. (Z. I.) v. 25. Juni 1862 c. Berger (584. I. Cr.).

Von vier Angeklagten hatte die O. ein Schuldbekenntniß abgelegt, worauf der Schw.-GH. in Betreff ihrer in Gemäßheit des Art. 75 cit. verfuhr, und sodann rücksichtlich der übrigen drei Angeklagten unter Zuziehung der Geschwornen verhandelte. Das rügte die NB. eines der letzteren. Zurückweisung.

Gründe:

Die Artt. 74 ff. des Ges. v. 3. Mai 1852 regeln das Verfahren des Schw.-GH.s. Hiernach beginnt die Verhandlung mit der Verlesung der Anklage und mit der an jeden der Angeklagten zu richtenden Frage, ob er sich schuldig bekenne oder nicht? Bekennt sich der Angekl. schuldig, so ordnet der Art. 75 sodann das in Betreff des abgelegten Geständnisses einzuschlagende Verfahren. Daß nun dieses Verfahren sofort einzutreten habe, folgt aus dem Eingange der sodann folgenden Vorschrift des Art. 76. Nach dieser erfolgt, wenn in Betreff keines der sämmtlichen Angekl. ein abgelegtes Geständniß zu erledigen ist, oder nachdem in Betreff eines derselben ein abgelegtes Geständniß nach den im Art. 75 vorgeschriebenen Formen erledigt ist, die weitere Verhandlung mit den Geschwornen.

Es würde sich indeß fragen, ob dieses Verfahren ein so unabänderliches wäre, daß davon selbst dann nicht abgewichen werden könnte, wenn sich daraus Nachtheile, wie die in der Beschwerde angedeuteten, wirklich ergeben sollten. Sobald ein Mitangeklagter, wie hier die O., von vorn herein ein vollständiges Geständniß der That ablegt, so tritt sofort von selbst die Wirkung ein, daß die Geschwornen daraus ein Indizium gegen die übrigen leugnenden Mitangeklagten entnehmen können. Da nun alle zur Sache dienliche Mittel zur Erforschung der Wahrheit ihnen unterbreitet werden sollen, so folgt von selbst, daß auch ein solches Geständniß vor Abgabe des Verdiktes vollständig abgelegt und erörtert, den Geschwornen also nicht vorenthalten, vielmehr recht eigentlich zu ihrer Kenntniß gebracht werden muß. Die Mittel aber, die Glaubwürdigkeit des Geständnisses festzustellen, giebt eben der Art. 75 an; er fordert die Erklärung des StA.s und des Vertheidigers darüber, sowie das Befinden des GH.s, ob gegen die Richtigkeit des Geständnisses ein Bedenken obwalte. Daß diese Erklärungen des StA.s, des Vertheidigers und des GH.s demnächst einen Einfluß auf die Geschwornen in Beziehung auf die Beurtheilung der Thatsachen, welche das Geständniß enthält, ausüben können, mag zugegeben werden; ein solcher Einfluß ist aber ein unvermeidlicher, und er ist ein gesetzlich zulässiger, weil eben das Gesetz jene Erklärungen über das Geständniß ausdrücklich fordert, aber hierbei, wie in anderen ähnlichen Fällen, davon ausgeht, daß die Geschwornen schließlich nur ihrer eigenen Ueberzeugung und Einsicht folgen werden.

Wenn das Gesetz, wie erwähnt, das Befinden des GH.s über die Richtigkeit des Geständnisses fordert, so läßt es sich nur damit in Verbindung bringen, daß der Vorsitzende die Uebereinstimmung des Geständnisses der O. mit den sonstigen Ermittelungen der Voruntersuchung konstatirt hat. Der Vorsitzende ist also insoweit über die ihm gezogenen Grenzen nicht hinausgegangen.

Was schließlich eingetreten sein würde, wenn die Geschwornen die drei Hauptangeklagten des hier in Rede stehenden Diebstahls nicht schuldig erklärt hätten, nun aber in Frage gekommen wäre, ob die O. dennoch aus ihrem vollständigen Geständnisse wegen Theilnahme an diesem Diebstahl verurtheilt werden könne, ist hier nicht zu erörtern, hat auch keinen Einfluß auf die vorliegende Frage. Nach der Auffassung der NB. würde man dahin gelangen müssen, die im Art. 75 vorgeschriebene Verhandlung über das Geständniß eines Mitangeklagten bis nach der Abgabe der sämmtlichen Verdikte über die anderen Angeklagten auszusetzen, oder sogar, wie die Beschwerde will, den Geschwornen selbst in Betreff des geständigen Mitangeklagten eine Frage über die bereits zugestandene That vorzulegen. Das Unzulässige eines solchen Verfahrens liegt aber auf der Hand.

Antr. des GStA.s: gleichl. [15.—4.]

---

1. Rheinisches Verfahren. — Blödsinniger Zeuge. — Bereidung.

2. 3. Schwurgerichtshof. — Rathskammermitglied. — Untersuchungsrichter.

1. Nach Rheinischem Verfahren unterliegt es dem Ermessen des Instanzrichters, inwiefern ein blödsinniger Zeuge vereidet werden könne.

Rh. StPO. Art. 317. 79.

2. Die Mitglieder der Rathskammer, welche in einer Kriminalsache Beschluß gefaßt hat, sind fähig, später als Mitglieder des Schwurgerichtshofs in derselben Sache thätig zu sein.

Rh. StPO. Art. 257.

3. Nur derjenige, welcher als Untersuchungsrichter die Voruntersuchung geführt hat, nicht aber derjenige, welcher als Vertreter des Untersuchungsrichters den Vortrag in der Rathskammer erstattet hat, ist unfähig, später als Mitglied des Schwurgerichtshofs zu fungiren.

Rh. StPO. Art. 257. 9. 55. 127.

4. Derjenige, welcher zwar selbst Untersuchungsrichter ist, nicht aber in dieser Eigenschaft, sondern lediglich als mitbeschließender Richter an einem Rathskammerbeschlusse Theil genommen hat, verliert dadurch nicht die Fähigkeit, später in derselben Sache als Mitglied des Schwurgerichtshofs zu fungiren.

Rh. StPO. Art. 257; Dekr. v. 18. Aug. 1810 Art. 13.

Erk. (Z. II.) v. 26. Juni 1862 c. Reinehr (167. II. Cr.).

Die Voruntersuchung gegen R. war vom Untersuchungsrichter in Simmern geführt worden; demnächst erfolgte die durch Art. 133 der

StPO. verordnete Beschlußnahme durch die Rathskammer des Landgerichts zu Koblenz, in welcher der vorsitzende Kammerpräsident W. statt des Untersuchungsrichters den Vortrag hielt, und der beim LG. zu Koblenz als Untersuchungsrichter fungirende Assessor v. N. als Mitglied mitwirkte. Schließlich haben sowohl W. als v. N. auch an der Hauptverhandlung als Mitglieder des Schw.-GH.s Theil genommen. Der Kass.-Rekurs des verurtheilten Angekl. rügte dieses als einen Verstoß gegen Art. 257 der StPO., sowie außerdem, daß ein blödsinniger Zeuge vereidet worden sei, obgleich sein Blödsinn notorisch und selbst Gegenstand des Verfahrens gewesen, indem die Ankl. einen zum Nachtheile dieses Blödsinnigen verübten Diebstahl (§ 218 Nr. 5) zum Gegenstande hatte. Verwerfung. Es ward erwogen:

daß die Vernehmung blödsinniger Personen als Zeugen im Strafverfahren durch kein Gesetz untersagt und ebensowenig hinsichtlich derselben eine Ausnahme von der Vorschrift des Art. 317 der StPO. gemacht ist, daß jeder Zeuge vor seiner Vernehmlassung vereidet werden soll;

daß daher dem Ermessen des GH.s in jedem gegebenen Falle die thatsächliche Entscheidung überlassen ist, ob eine zur Ablegung eines Zeugnisses vorgeführte Person an einem solchen Grade von Blödsinn oder einer andern Geisteskrankheit leide, daß sie zu einem Begriffe von der Bedeutung des Eides physisch unfähig sei und ebenso die Geschwornen zu beurtheilen haben, ob und welches Gewicht sie auf die Eidesleistung und darnach gemachten Angaben eines Blödsinnigen legen können;

daß aber in Ermangelung einer ausdrücklichen gesetzlichen Bestimmung, welche die eidliche Vernehmung eines Blödsinnigen bei Strafe der Nichtigkeit des Verfahrens verbietet, dieselbe niemals zur Begründung eines Kassationsgesuchs nach Art. 408 der StPO. dienen kann;

J. E., auf das zweite Kassationsmittel: daß kein gesetzliches Verbot diejenigen Richter, welche der Rathskammer über die Abgabe einer Sache an den Generalprokurator (Art. 133 ff. der StPO.) beigesessen haben, deshalb von der Theilnahme an der Bildung des Assisenhofes in der nämlichen Sache ausschließt, vielmehr aus der Beschränkung des betreffenden Verbotes im Art. 257 der StPO. auf die Mitglieder des Anklagesenats und den Instruktionsrichter erhellet, daß die Beisitzer der Rathskammer, mit Ausnahme des Instruktionsrichters als Mitglieder des Assisenhofes fungiren können, selbstverständlich ohne Unterschied, ob die Funktionen desselben, je nach der Stimmenzahl der Geschwornen auch auf Entscheidung der Schuldfrage sich zu erstrecken haben oder nicht;

daß also lediglich zu untersuchen bleibt, ob der Instruktionsrichter in dieser Sache im Sinne des Schlußsatzes des Art. 257 dem Assisenhofe beigesessen habe;

daß bei der Organisation des Rheinischen Gerichtswesens in Folge Allerh. Erlasses v. 19. Nov. 1818, insbesondere des § 24 der dazu gehörigen Instruktion, nach § 10 der Ausführungs-Verordnung v. 17. Juni 1820 für den Bezirk des ehemaligen KG.s zu Simmern ein Untersuchungsamt daselbst eingerichtet worden ist, und der dortige Untersuchungsrichter gemäß Art. 55. 59 ff. der StPO. zur Führung der vorliegenden Untersuchung mit Ausschluß des Instruktionsrichters in Koblenz, kompetent war und dieselbe geführt hat;

daß hieraus die Anwendbarkeit des Art. 127 der StPO. gleichwie des Art. 13 des Dekr. über die Gerichtsorganisation v. 18. Aug. 1810, welche die Anstellung des Instruktionsrichters bei einer Kammer des Tribunals gemäß Art. 11 und 12 daselbst voraussetzen, auf den Instruktionsrichter in Simmern (und diejenigen an anderen vormaligen Kreisgerichtssitzen) von selbst folgt, und der Vortrag in der Strafrathskammer zu Koblenz über die zu Simmern instruirten Sachen nicht von dem dazu, wenn er am Orte des Landgerichts seinen Sitz hätte, berufenen Untersuchungsrichter erstattet werden kann, sondern von einem andern Mitgliede der Rathskammer übernommen werden muß und in gegenwärtiger Sache von dem Kammerpräsidenten W. übernommen worden ist;

daß Letzterer dadurch aber keinesweges zum Untersuchungsrichter im Sinne der Art. 9 a. E., 55 und 257 der StPO. für diese Sache geworden ist, oder sein Referat den Charakter eines Referats des Untersuchungsrichters als solchen erhalten hat, welcher in seiner Stellung als Hülfsbeamte der gerichtlichen Polizei gewissermaaßen als befangen angesehen und deshalb von der Theilnahme an den Assisenverhandlungen ausgeschlossen werden konnte, ohne daß das Nämliche von dem Referenten unter den obwaltenden Umständen sich behaupten läßt;

daß der Landgerichtsassessor und Untersuchungsrichter für den Bezirk des Untersuchungsamtes zu Koblenz, v. R., dem Amte des Instruktionsrichters in vorliegender Sache vollkommen fremd geblieben ist und um so gewisser nicht in dieser Eigenschaft an dem Rathskammerbeschlusse vom 14. März c. Theil genommen hat, als er sonst den Vortrag nach Art. 133 der StPO. hätte erstatten müssen.

Antr. des GStA.s: gleichl. [23. — 2.]

Jagd. — Schonzeit. — Polizeiverordnung.

Die Regierungen sind selbst da, wo die Schonzeit durch ältere provinzielle Gesetze festgesetzt ist, befugt, in dieser Beziehung neue verbindliche Polizeivorschriften zu erlassen.

AKO. v. 18. Nov. 1841 (JMBl. 1842 S. 79).

Erk. (S. I.) v. 27. Juni 1862 c. Püschel (264. I. Cr.).

P. hatte in seinem Jagdreviere am 2. Aug. einen Hasen geschossen, obgleich der betr. Tag in die durch Regierungsverordnung bestimmte Schonzeit fiel. Nichtsdestoweniger sprach der erste Richter frei, weil die die Regierungen zur Bestimmung der Schonzeit ermächtigende AKO. v. 18. Nov. 1841 nicht gehörig publizirt, und daher nicht verbindlich sei. Die den Rekurs des Pol.-Anw.s zurückweisende Verf. des AG.s ist vom OTr. auf die NB. des OStA.s vernichtet, und die Sache zur kontradiktorischen Verhandlung an das AG. zurückverwiesen worden.

Gründe:

Allerdings kann die AKO. v. 18. Nov. 1841, weil sie weder in den Amtsblättern, noch in der Gesetz-Sammlung publizirt ist, für ein die Preußischen Unterthanen verbindendes allgemeines Landesgesetz nicht erachtet werden. Wenn sie aber auch in diesem Sinne nicht Gesetzeskraft erlangt hat, so bleibt sie doch immer als Ausspruch des Allerhöchsten Willens eine gültige Norm für die Verwaltungsbehörden, insbesondere also für die K. Provinzialregierungen.

Allein auch ganz abgesehen von der gedachten AKO. sind die Provinzialregierungen schon in ihrer Eigenschaft als Landespolizeibehörden, sowohl früher nach der Vdn. v. 26. Dez. 1808 (Raabe 9. S. 485) und den in der Ges.-Sammlung publizirten Regierungsinstruktionen v. 23. Okt. 1817 und 31. Dez. 1825 ermächtigt gewesen, als auch noch jetzt nach dem Ges. ü. d. Pol.-Verw. v. 11. März 1850 befugt, für ihren Verwaltungsbezirk gültige Vorschriften über Gegenstände zu erlassen, deren polizeiliche Regelung durch die Verhältnisse einzelner Gemeinden oder des ganzen Regierungsbezirkes erfordert wird. Nur dürfen dergleichen landespolizeiliche Anordnungen nicht mit den Gesetzen in Widerspruch stehen.

Muß man nun aber auch das Jagdmandat v. 5. Nov. 1736 im Allgemeinen als ein für die Niederlausitz gültiges Provinzialgesetz ansehen, so folgt daraus doch noch nicht, daß auch die darin enthaltene Bestimmung über die Termine der Schonzeit des Wildes als ein Gesetz im eigentlichen Sinne aufzufassen sei. Denn wie in älteren landesherrlichen Verordnungen sehr häufig eigentlich gesetzliche Bestimmungen mit bloßen Verwaltungsvorschriften gemischt sich vorfinden, so kann auch die Bestimmung in dem Jagdmandate v. 5. Nov. 1736, nach welcher die Schonzeit für die niedere Jagd auf die Zeit v. 1. März bis 31. Juli festgesetzt ist, nur für eine Verwaltungsvorschrift, nicht aber für eine gesetzliche Bestimmung in dem Sinne, daß sie nur durch ein neues Gesetz abgeändert werden kann, gelten. Denn bei Festsetzung der Schonzeit sind die jedesmaligen lokalen Verhältnisse, sowie die nach Zeit und Ort oft sehr verschiedenen Erfordernisse der Feldkultur und Jagdpflege zu berücksichtigen. Die Regelung der Schonzeit kann daher auch nur von der mit der Landespolizei betrauten Behörde nach den jedesmal obwaltenden besonderen Umständen erfolgen und nur von ihr diesen entsprechend zweckmäßig bestimmt werden, in welcher Zeit die verschiedenen Arten des Wildes geschont werden sollen.

Antr. des GStA.s: gleichl. [18. — 1.]

Konkurs. — Vortheil für Abstimmung. — Benachtheiligung der Gläubiger.

Die Strafbarkeit desjenigen, welcher sich im Konkurse besondere Vortheile dafür gewähren 2c. läßt, daß er bei der Berathung 2c. der Gläubiger in einem gewissen Sinne stimme, ist nicht dadurch bedingt, daß die gedachte Handlung „zum Nachtheil der übrigen Gläubiger“ geschehen sei.

Konk.-Ordn. v. 8. Mai 1855 § 309; — Einf.-Ges. z. StGB. Art. XII § 3 [dort einzutr. als n. 19a].

Erk. (Z. I.) v. 27. Juni 1862 c. Höpner (Föllmer u. Gen. 386. I. Cr.).

H. war aus § 309 der Konk.-Ordn. bestraft worden, weil er als Gläubiger des in Konkurs gerathenen Kaufmanns F. „nach erlangter Kenntniß von der Zahlungseinstellung sich von einem Dritten besondere Vortheile dafür habe gewähren lassen, daß er bei der Berathung der Gläubiger für den Akkord stimme.“ Dabei hatte das AG. ausgeführt, daß dieses im zweiten Satze des cit. § 309 vorgesehene Vergehen ein selbstständiges, von dem im ersten Satze erwähnten ganz unabhängiges sei, und daß das bei dem letzteren erforderte Begriffsmerkmal: „der Begünstigung des Thäters und der Benachtheiligung der übrigen Gläubiger“ nicht in den Thatbestand des hier vorliegenden Straffalles hinüber zu ziehen sei. Die dieses rügende NB. des H. ward zurückgewiesen.

Gründe:

Implorant verkennt selbst nicht, daß der Wortlaut des § 309 für seine Interpretation nicht spricht, und in der That spricht derselbe vielmehr für diejenige des vorigen Urtels. Denn durch die Wiederholung des Wortes welcher nachdem „oder“ erhält der folgende Satz sein Subjekt für sich, dessen Prädikate nicht mehr vor dem „oder" und dem vorgesetzten Komma grammatisch zu suchen sind: derselbe wird dadurch zu einer in sich vollendeten Bestimmung. Die inneren Gründe dieser Bestimmung stehen der Nothwendigkeit, sie als eine von der vorhergegangenen verschiedene und erschöpfende aufzufassen, nicht weniger zur Seite. Der Zwang eines Gläubigers, einem Akkorde sich zu unterwerfen, einen Theil seiner Forderung aufzugeben (§ 198 l. c.), ist eine so außerordentliche Maaßregel der positiven Gesetzgebung, daß sie nur unter gewissen genau bestimmten Bedingungen und Formen (§§ 181 ff. das.) eintreten darf. Dazu gehört die Gewißheit, daß dadurch für die Gesammtheit der Gläubiger größerer Schaden, den die Durchführung des Konkursverfahrens mit sich bringen würde, abgewendet wird, daß wenigstens die Mehrzahl der anwesenden Gläubiger, die zugleich mindestens drei Viertheile aller Forderungen besitzt (§ 186 das.), diese Ueberzeugung oder außerordentlich billige Rücksichten gegen den Gemeinschuldner habe. Nur wenn dies der Fall ist, wenn jeder Gläubiger, welcher mit jener Mehrzahl stimmt, das gleiche Opfer bringt, das er von jedem andern Gläubiger fordert, muß sich die Minderzahl demselben fügen (§ 186 Nr. 3 und § 193). Die Erfahrung lehrt indessen, daß nicht Jeder, der das Opfer vermöge seiner Abstimmung bringen zu wollen erklärt, dasselbe auch bringt; in diesem Falle übt er — und das wird in der NB. auffallenderweise ganz verkannt — einen eben so gesetzwidrigen, als unmoralischen Zwang auf die gegen den Akkord stimmenden Gläubiger, und hiervor mußte das Gesetz den letzteren einen wirksamen Schutz gewähren, den es eben mit der zweiten Bestimmung des § 309 gemäß den Motiven erreichen wollte. Derselbe würde fast alle Wirksamkeit und selbst seine ganze Bedeutung verlieren, wenn man zur Bestrafung eines Gläubigers, dessen Stimme für den Akkord eine durch besondere Vortheile bestochene war, mit dem ersten Richter und dem Imploranten auch noch den Beweis einer realen Vermögensbeschädigung der übrigen

Gläubiger erfordern wollte. Der Vertrag, welchen der erste Satz des § 309 verbietet, erlangt allerdings erst durch die Benachtheiligung Anderer seine (materielle) Strafbarkeit; die Annahme von Vortheilen, um bei der Berathung der Gläubiger in einem gewissen Sinne zu stimmen und dadurch Andern Opfer für den Schuldner unter dem falschen Scheine, daß man gleiche bringe, aufzulegen, ist nach Analogie der passiven Beamtenbestechung (§§ 390. 310 StGB.) formell strafbar und muß es sein, um die Wahrheit und rechtliche Möglichkeit des Akkordverfahrens überhaupt zu erhalten. Sie ist es deshalb ohne Unterschied, ob der Angeklagte „von dem Gemeinschuldner" oder „von andern Personen" die Vortheile erlangt hat, ob sie ihm schon gewährt oder erst versprochen sind, ob er die damit erkaufte Stimme schon abgegeben hat oder nicht: in den letzteren dieser Alternativen giebt das Gesetz eben Fällen Raum, wobei von einer erfolgten Benachtheiligung der übrigen Gläubiger noch keine Rede sein kann.

Antr. des GStA.s: gleichl. [23.—1.]

Fiskalbehörde. — Vertreter. — Vorladung.

Hat eine Fiskalbehörde selbstständig Anklage erhoben, oder sich einem anhängigen Strafverfahren angeschlossen, aber keinen Vertreter bestellt, so muß sie bei Nichtigkeitsstrafe selbst von dem zur Hauptverhandlung angesetzten Termine in Kenntniß gesetzt werden.

Ges. v. 3. Mai 1852 Art. 140 [vgl. dort n. 2].

Erk. (B. I.) v. 27. Juni 1862 c. Goldberg (427. I. Cr.).

Vernichtung des angefochtenen Erk.s, indem erwogen wurde:

daß zum Audienztermine zweiter Instanz weder die Steuerbehörde selbst, noch ein Vertreter derselben vorgeladen und auch im Erkenntnisse zweiter Instanz des Anschlusses der Steuerbehörde an die Anklage und der von ihr eingelegten Appellation gar nicht gedacht ist; hierdurch aber die Artt. 140 und 145 des Ges. v. 3. Mai 1852 verletzt sind, und die Vorschrift im Art. 140 l. c., nach welcher der Vertreter der Verwaltungsbehörde zur Hauptverhandlung vorgeladen werden muß, nach Art. 108 i. f. ibid. für eine wesentliche Prozeßvorschrift zu erachten ist, so daß daraus die Nichtigkeit des Verfahrens hergeleitet werden kann, welche selbstredend auch dann eintreten muß, wenn, wie im vorliegenden Fall, die Verwaltungsbehörde dem Gerichte die Person desjenigen, der sie vertreten soll, noch gar nicht bekannt gemacht hat, indem in einem solchen Fall die Verwaltungsbehörde selbst von dem angesetzten Termine in Kenntniß gesetzt werden muß, um sich darin durch einen Rechtsanwalt oder durch einen Beamten ihres Ressorts vertreten lassen zu können.

Antr. des GStA.s: gleichl. [18. — 1.]

Stempel. — Wechsel (trockener). — Inhaber. — Präsentant.

1. **Der § 22 des Stempel-Gesetzes v. 7. März 1822 bezieht sich auf Wechsel nicht mit, daher haftet der Inhaber eines Wechsels als solcher nicht für die Stempelstrafe.**

Stemp.-Ges. v. 7. März 1822 §§ 22. 20. 26. Sic: Z. I. 24. Okt. 1856 c. Moßner, 991; V. I. 13. Jan. 1858 c. Kähnemann, 30. Contra: V. I. 19. Mai 1854 c. Gürschner.

2. **Wer einen trockenen Wechsel, welcher nicht nach einer bestimmten Zeit „nach Sicht" zahlbar ist, dem Aussteller behufs der Zahlung vorzeigt, ist nicht als „Präsentant" im Sinne des § 26 ibid. anzusehen.**

Ibid. § 26.

Erk. (V. I.) v. 27. Juni 1862 c. Michaelis (454. I. Cr.).

M. hatte einen an seine Verordnung von K. ausgestellten trockenen Wechsel dem letzteren behufs Zahlung vorgezeigt, und erst demnächst zur Stempelung vorgelegt. Von den Instanzgerichten aus § 22 des Stemp.-Ges. verurtheilt, ergriff er die NB.; das OTr. hat auf Vernichtung erkannt und den M. freigesprochen.

Gründe:

Zuvörderst ist der NB. darin beizutreten, daß die Vorschrift im § 22 des Stemp.-Ges., nach welcher die Stempelstrafe gegen jeden Inhaber oder Vorzeiger (Produzenten) einer Urkunde oder Verhandlung verfolgt werden kann, auf Wechsel keine Anwendung findet, hier vielmehr nur die für sie speziell gegebenen Vorschriften der §§ 20 und 26 des Stemp.-Ges. v. 7. März 1822 Platz greifen. Nach § 26 l. c. ist aber der Inhaber eines Wechsels als solcher nur für den Betrag des Stempels mit Vorbehalt seines Regresses an den Aussteller verantwortlich, haftet aber für die Stempelstrafe nicht. Allerdings bezogen sich ursprünglich die §§ 20 und 26 l. c. nur auf gezogene Wechsel. Durch die AKO. v. 26. Mai 1852 sind aber trockene Wechsel den gezogenen in Beziehung auf die Versteuerung ganz gleichgestellt, und ist namentlich ausdrücklich ausgesprochen, daß die §§ 20 und 26 des Stemp.-Ges. auch auf trockene Wechsel Anwendung finden sollen.

Sodann hat zwar der Aussteller eines Wechsels die Stempelstrafe verwirkt, wenn er den gezogenen Wechsel dem Remittenten, oder den trockenen Wechsel demjenigen, an dessen Ordre er lautet, ungestempelt aushändigt, also vor der Stempelung ein Geschäft mit dem Wechsel macht. Der Remittent des gezogenen Wechsels, beziehungsweise derjenige, an dessen Ordre der trockene Wechsel lautet, machen sich aber erst dann nach § 26 l. c. strafbar, wenn sie mit dem ihnen vom Aussteller ausgehändigten Wechsel vor der Stempelung auch ihrerseits ein Wechselgeschäft machen, indem sie an dem ferneren Umlauf desselben als Girant, Indossant oder Präsentant Theil nehmen. So lange dagegen der Remittent oder sonstige Inhaber eines Wechsels sich an dem weiteren Umlauf desselben nicht betheiligen, haften sie zwar für den Betrag des nicht verwandten tarifmäßigen Stempels mit Vorbehalt ihres Regresses an den Aussteller, haben aber die Stempelstrafe nicht verwirkt.

Im vorliegenden Fall hat nun der Angekl. den ihm

vom Aussteller ausgehändigten, an seine Ordre lautenden trockenen Wechsel nicht weiter girirt oder indossirt, und es könnte sich daher nur noch fragen, da er den Wechsel dem Aussteller behufs der Zahlung vor der Stempelung vorgezeigt hat: ob er nicht als Präsentant desselben die Stempelstrafe nach § 26 des Stemp.-Ges. verwirkt hat? Aber auch diese Frage muß verneint werden. Allerdings macht derjenige, welcher einen gezogenen Wechsel dem Wechselschuldner zur Zahlung präsentirt, mit demselben ein Wechselgeschäft, da von der Präsentation eines gezogenen Wechsels zur Annahme oder Zahlung wechselmäßige Verpflichtungen abhängig sind (D. W.-O. Artt. 18—20. 31. 91).

Anders verhält es sich aber bei trockenen Wechseln, wo die Artt. 19 und 20 l. c. über die Präsentation der gezogenen Wechsel nur bei Wechseln über eine Zeit nach Sicht gelten, in anderen Fällen jedoch nicht Anwendung finden (Ibid. Art. 98).

Der hier in Rede stehende trockene Wechsel lautet nicht auf Sicht. Die Präsentation desselben seitens des Angekl. an den Aussteller behufs der Zahlung bildete daher auch kein Wechselgeschäft.

Antr. des GStA.s: gleichl. [18.—1.]

Waarenverkauf. — Mitsichführen der Waaren.

Auch derjenige, welcher behufs des Aufkaufs von Gegenständen zum Wiederverkaufe umherreisend einen gewerbescheinpflichtigen Verkehr betreibt, ist straffällig, wenn er die aufgekauften Waaren mit sich führt.

AKO. v. 8. Dez. 1843 § 2 (GS. 44. S. 15).

Erk. (Z. I.) v. 27. Juni 1862 c. Bucka (593. I. Cr.).

Gründe:

Im § 2 der AKO. v. 8. Dez. 1843 ist ganz allgemein das Mitsichführen von Waaren irgend einer Art verboten, ohne daß in dieser Beziehung ein Unterschied zwischen demjenigen, der Waarenbestellungen sucht, und dem, welcher Gegenstände zum Wiederverkauf aufkauft, gemacht wird, wie denn auch ein solcher Unterschied nach dem im Eingange der gedachten AKO. angegebenen Zweck derselben, „den Uebelständen entgegenzuwirken, welche hinsichtlich des Verkehrs der behufs des Suchens von Waarenbestellungen und des Waarenaufkaufs umherreisender Personen wahrgenommen worden," nicht angenommen werden konnte. Beide Fälle, das Suchen von Waarenbestellungen und der Waarenaufkauf zum Wiederverkauf sind in Nr. 2 der cit. AKO. ganz gleichgestellt, und nicht minder widersprechen die Wortfassung dieses Gesetzes und der vorhin erwähnte Zweck desselben der Ansicht des ersten Richters, nach welcher nur solche Waaren mit sich zu führen verboten sein soll, welche der Umherreisende noch außer den zum Zweck des Wiederverkaufs aufgekauften bei sich hat.

Antr. des GStA.s: gleichl. [18. — 1.]

Druckschrift. — Beschlagnahme. — Beschwerde.

Der Beschluß, durch welchen die vorläufige Beschlagnahme einer Druckschrift aufrecht erhalten wird, kann von dem dabei Betheiligten auch nicht aus formellen Gründen durch Beschwerde angefochten werden.

Preßges. v. 12. Mai 1851 § 29; Ges. v. 3. Mai 1852 Art. 15 [vgl. dort n. 8]; 11 [vgl. dort n. 19].

Beschl. (I.) v. 27. Juni 1862 (165. B. I. Cr.).

Bei dem RAnw. A. waren Druckschriften vorläufig in Beschlag gelegt, und die betr. Maaßregel v. KG. zu O. für begründet erachtet worden. A. griff diesen Beschl. durch Beschw. an, weil zu demselben vier Richter mitgewirkt hätten, und aus demselben nicht hervorgehe, in welcher Weise die Majorität berechnet worden sei (vgl. Oppenhoff, Strafverf. § 26 n. 1. 2. 5). Das Ost-Preuß. Trib. erachtete diese Beschwerde für unstatthaft; die fernere Beschw. an das OTr. ist von diesem zurückgewiesen worden.

Gründe:

Der Beschluß des K. KG.s zu O. v. ꝛc., welcher Ihrer Beschwerde zur Grundlage dient, ist in Ausführung des § 29 des Preßges. v. 12. Mai 1851 ergangen. Ein derartiger Beschluß steht jedoch dem über Eröffnung einer Untersuchung gleich, wider einen solchen aber kann nach Art. 15 des Ges. v. 3. Mai 1852 derjenige, gegen den sie ausgesprochen wird, nicht Beschwerde erheben, und es muß daher im vorliegenden Falle dasselbe angenommen werden, wie Ihnen bereits das K. Ost-Pr. Tribunal eröffnet hat. In gleicher Weise ist von dem K. OTr. bereits in den Beschlüssen v. 6. Okt. 1858 und v. 14. Dez. 1859 (Goltd. Arch. 6. S. 836; 8. S. 255) entschieden worden, und namentlich auch in dem Plenarbeschlusse v. 11. Juni 1860 (ibid. 8. S. 369). In dem damaligen Falle handelte es sich nicht um die hier vorliegende Frage, sondern darum, ob gegen Erkenntnisse erster Instanz, welche in Gemäßheit des § 50 Abs. 3 des cit. Preßges. v. 12. Mai 1851 die gänzliche oder theilweise Vernichtung einer inkriminirten Druckschrift ausgesprochen haben, die ordentlichen Rechtsmittel den Beschlagsinteressenten zustehn. Dies wurde bejaht, dagegen ausdrücklich ausgeführt: daß bei der vorläufigen Beschlagnahme (§ 29 ibid.) die Einmischung des Beschlagsinteressenten fern zu halten sei, und die Klage auf Vernichtung selbstredend der Einwirkung desjenigen, bei welchem die Beschlagnahme erfolgte, entzogen sein müsse, nicht minder wie im gewöhnlichen Strafverfahren dem Angekl. selbst, der Weg der Beschwerde gegen den Beschluß, durch welchen eine Untersuchung gegen ihn eröffnet wird, abgeschnitten sei (Art. 15 des Ges. v. 3. Mai 1852).

Durch diese neueren Entscheidungen ist daher der andern Grundsätzen folgende Beschluß des K. OTr.s v. 18. Juni 1852 (Goltd. Arch. 2. S. 103) beseitigt worden.

[20.—3.]

Diebstahl. — Wegnahme. — Gewahrsam.

Die Verhängung der Diebstahlsstrafe ist nur dann gerechtfertigt, wenn festgestellt ist, daß die Sache „aus der Gewahrsam eines Anderen" weggenommen worden sei.

StGB. § 215 [vgl. dort n. 16].

Erk. (V. II.) v. 3. Juli 1862 c. Mauch (152. II. Cr.).

Die Entstehungsgeschichte des § 215 und die Motive dazu (zu § 198 des Entwurfes Nr. 1 S. 59), welche in diesem Punkte bei keinem Faktor der Gesetzgebung ein Bedenken erregt haben, lassen nicht bezweifeln, daß unter dem Ausdrucke: „einem Andern wegnehmen" im § 215 das Wegnehmen aus dem Gewahrsam eines Andern verstanden sei. Die Motive der Staatsregierung (a. a. O.) sagen wörtlich: „aus den gebrauchten Worten: „wer ... eine Sache einem Andern wegnimmt" geht deutlich genug hervor, daß der Bestohlene die Detention der Sachen zur Zeit des Diebstahls noch gehabt haben muß," und in diesem Sinne bezeichnete die vorliegende Anklage die Stangen nicht allein als dem ꝛc. v. R. gehörig, sondern warf auch dem Angekl. vor, daß er dieselben dem v. R. weggenommen habe.

Der erste Richter, an dessen thatsächlichen Feststellungen der zweite nichts geändert hat, stellt aber diesen Anklagepunkt nicht nur nicht fest, obgleich die Vertheidigung des Angekl., er habe die Stangen gefunden, ihn noch besonders auf die Prüfung desselben hinwies, sondern nimmt als feststehend an: die Stangen seien nebst anderen dem ꝛc. v. R. schon „entwendet und hinter einem Zaune des R.'schen Gartens liegend gefunden" gewesen, als der Angeklagte sie von da weggenommen habe. Aus der Gewahrsam des v. R. hat letzterer sie demnach nicht weggenommen; der v. R. hatte seine Gewahrsam daran bereits durch Entwendung, d. h. durch die Besitzergreifung eines unbekannten, wenigstens ungenannten, Diebes verloren (ALR. I, 7 § 1. 50. 111); und eine zweite ungenannte Person hatte sie hinter dem R.'schen Garten gefunden und liegen gelassen (sei es nach einer Besitzergreifung derselben oder ohne dies), als der Angekl. die Handlung der Wegnahme vornahm. Offenbar hat sich das Gericht nicht überzeugt, jedenfalls nicht ausgesprochen, daß in diesem Momente der Wegnahme der Stangen am genannten Orte, irgend Jemand oder ein Anderer, als der Angekl. selbst, die Gewahrsam daran hatte, in welchem Falle es freilich gleichgültig sein würde, ob der Andere der Eigenthümer v. R. oder ein Dritter, ein Dieb bei v. R. oder ein Finder gewesen wäre, der den Besitz ergriffen; es hat eben so wenig ausgesprochen, der Dieb der Stangen und der Angekl. seien eine und die nämliche Person. Ueber die Zeit, so wie den Thatbestand des Diebstahls bei dem Eigenthümer v. R. und über den Entwender der Stangen aus dessen Gewahrsam ist überhaupt gar nichts festgestellt, nur die Wegnahme der 5 Stangen von dem Orte, wo sie hinter dem Zaune des R.'schen Gartens lagen, bildet den Gegenstand der vorigen Erkenntnisse, und das zweite prüft eben so wenig wie das erste, ob sie dort in Jemandes Gewahrsam waren, also noch einmal nach ihrer vorhergegangenen Entwendung bei v. R. Objekt eines Diebstahls nach § 215 des StGB.s sein konnten.

Antr. des GStA.s: gleichl. [23. — 2.]

Entführung einer geistig Gestörten

Auch eine Person, welche getrübten Geistes oder interdizirt ist, kann durch List entführt werden.

StGB. § 207 [vgl. dort n. 3].

Erk. (J. II) v. 3 Juli 1862 c. Cleff & Spitz (155. II. Cr.).

Die Angekl. waren schuldig befunden worden: „die rc. W. durch List entführt zu haben, um sie zur Unzucht zu bringen;" gegen das sie aus § 207 des StGB. verurtheilende schwurgerichtliche Erkenntniß ergriffen sie den Kass.-Rekurs, weil es feststehe, daß die W. zur Zeit der That geistig gestört, also willenlos gewesen, bei einer solchen aber eine

Entführung durch List undenkbar sei, sie auch gültiger Weise eine Ehe nicht eingehen könne. Verwerfung. Es ward erwogen:

daß es für die Anwendbarkeit des § 207 des StGB.s nicht darauf ankommt, wie stark die Willensfreiheit der W. war, welche durch die List der Angekl. unterdrückt worden ist, um ihre Entführung zu bewerkstelligen und sie zur Heirath zu bringen, insbesondere auch eine „geistig getrübte und in Rücksicht auf ihre Willenlosigkeit einem Kinde zu vergleichende“ Person — wie der Anklageakt in seinem Schlußmotive die W. bezeichnet — und eine Interdizirte, was die W. zur Zeit ihrer Entführung jedoch noch nicht war, immerhin thatsächlich durch List wider ihren Willen entführt werden und den Rechtsschutz des § 207 in Anspruch nehmen kann, gleich wie die §§ 205 und 206 daselbst eine Entführung Minderjähriger durch List ausdrücklich anerkennen.

Antr. des GStA.s: gleichl. [23. — 2.]

Verletzung der Schamhaftigkeit. — Oeffentlicher Ort. — Anwesende Person.

Die an einem öffentlichen Orte verübte Verletzung der Schamhaftigkeit ist strafbar, sollte sie auch nur von derjenigen Person wahrgenommen worden sein, welche von derselben betroffen wurde.

StGB. § 151 [vgl. dort n. 10].

Erk. (Z. II.) v. 3. Juli 1862 c. Hoffmann (163. II. Cr.).

Wird eine schamlose, — eine die Schamhaftigkeit verletzende Handlung an einem öffentlichen Orte begangen, wie dies nach der Feststellung der Instanzrichter im vorliegenden Falle auf offener Straße zu M. stattgefunden hat, so ist dadurch ein öffentliches Aergerniß auch dann gegeben, wenn die zugleich die Schamhaftigkeit einer andern Person verletzende, einen Angriff auf deren Schamhaftigkeit enthaltende und hierdurch derselben Aergerniß gebende Handlung auch nur von dieser Person wahrgenommen werden konnte und wahrgenommen wurde. Vgl. Z. II. 8. Jan. 1857 c. Wittgenstein; Beschl. I. 7. Sept. 1860 c. Köppen (130. B; G. A. 8. S. 832).

Antr. des GStA.s: gleichl. [26.—2.]

Zeugniß. — Pflicht. — Schande.

Die Ablegung eines Zeugnisses kann im Strafverfahren nicht aus dem Grunde abgelehnt werden, weil dem Zeugen zugemuthet wird, seine eigene Schande zu bekennen.

Cr.-Ordn. § 315; AGO. I, 10 § 180 Nr. 3 [vgl. Offenh. Strafverf. § 20 n. 11; § 18 n. 5; und oben S. 339].

Beschl. (I.) v. 3. Juli 1862 c. Maaß (189. B. I. Cr.).

Nach § 311 der Cr.-Ordn. ist Jedermann im Staate ohne Unterschied des Standes verpflichtet, sich in Untersuchungssachen als Zeuge vernehmen zu lassen, und sind von diesen Verpflichtungen nur bestimmte, im § 313 ibid. näher bezeichnete Ausnahmen gemacht. — Daß einer der dort erwähnten Ausnahmsfälle vorliegt, ist in der Beschwerde selbst nicht behauptet, diese vielmehr nur darauf gestützt, daß Sie durch Ihr Zeugniß in gesellschaftlicher Beziehung und rücksichtlich Ihrer Familienverhältnisse compromittirt werden könnten, und nicht schuldig seien, über Ihre eigene Schande Zeugniß abzulegen. Dieser Weigerungsgrund, der von Erheblichkeit sein könnte, wenn es sich um einen Civilprozeß handelte, vgl. § 180 Nr. 3. I, 10. AGO., kann in Untersuchungssachen, in welchen über die Verbindlichkeit zur Ablegung eines Zeugnisses die Vorschriften der Cr.-Ordn. entscheiden, nicht berücksichtigt werden.

Antr. des GStA.s: gleichl. [46.—3.]

Stempel. — Analphabet.

Ein Akt, aus welchem hervorgeht, daß einer der Unterzeichner der betr. Sprache nicht mächtig ist, ist nicht stempelpflichtig.

Stempel-Ges. v. 7. März 1822 § 21. [Dagegen ist der Akt für stempelpflichtig zu erachten, wenn der die Klagbarkeit ausschließende Mangel aus ihm selbst nicht zu ersehen ist: V. I. 16. Mai 1860 c. Ostermann und Itzeck, 120, G. A. 8. S. 53; ähnlich: Z. I. 7. Okt. 1860 c. Gudohr u. Gen. 1040.]

Erk. (Z. I.) v. 4. Juli 1862 c. Schönebeck (351. I. Cr.).

Sch. hatte mit C. einen Privatmiethvertrag abgeschlossen, welchen der letztere nur mit hebräischen Schriftzeichen unterschrieben hatte; daraus folgerte der App.-Richter, daß C. des Lesens und Schreibens in deutscher Sprache unkundig und deshalb einem Analphabeten gleich zu achten sei, und hatte demgemäß den Sch. von der Ankl. der Stempeldefraude freigesprochen. NB. des OStA.s. Zurückweisung.

Gründe:

Die NB. des OStA.s führt zwar mit Recht aus, daß es bei Beurtheilung der Stempelpflichtigkeit einer Schrift nur auf den Inhalt derselben, d. h. nur auf die Schrift, wie sie vorliegt, ankommt (Erk. I. 16. Mai 1860 c. Ostermann, 120; G. A. 8. S. 53).

Der App.-Richter nimmt jedoch auch an, wie sich schon aus dem vorliegenden Schriftstücke selbst der vorhandene Mangel der schriftlichen Form ergebe, weil sich nicht annehmen lasse, daß Jemand der mit hebräischen Lettern unterschreibt, die deutsche Sprache versteht. Die Richtigkeit dieser Auslegung des Inhalts des Schriftstückes unterliegt aber als eine thatsächliche Feststellung der Prüfung des Richtigkeitsrichters nicht, so daß dieselbe auch für die gegenwärtige Instanz maaßgebend bleibt. Steht aber fest, daß sich schon aus dem vorliegenden Miethskontrakt selbst ergiebt, daß der eine Kontrahent C. nicht deutsch versteht, derselbe also als Analphabet anzusehen ist (§ 179. I. Tit. 5 ALR.), so folgt hieraus auch, daß der Vertrag, weil er nur außergerichtlich geschlossen ist, und sein Gegenstand über 50 Thlr. beträgt, für den Miether C. nach § 172 l. c. unverbindlich ist, daß also überhaupt kein rechtsgültiger schriftlicher Vertrag, sondern nur eine einseitige Erklärung des Angekl. als Vermiethers vorliegt, welche als solche nicht stempelpflichtig ist.

Antr. des GStA.s: gleichl. [18. — 1.]

Insinuation. — Angehöriger. — Hausgenosse.

Damit die an einen Angehörigen bewirkte Insinuation als gültig angesehen werden könne, bedarf es der Bescheinigung des betr. Beamten, daß der Angehörige Hausgenosse des Adressaten sei.

AGO. I, 7 § 20; vgl. Oppenhoff Strafverf. Art. 33 n. 6.

Erk. (B. I.) v. 4. Juli 1862 c. Peters (455. I. Cr.).

Das Insinuationsdokument über die Vorladung zum Audienztermine bescheinigt die Behändigung an die Mutter des Angeklagten. Der § 20. I, 7 der AGO. gestattet aber die Insinuation der Vorladungen an die „Angehörigen" nur dann, wenn sie Hausgenossen des Adressaten sind. Daß dies bei der Mutter der Fall gewesen, ist aber, wie erforderlich gewesen wäre, von dem Gerichtsboten nicht bescheinigt. Das Insinuationsdokument war daher an und für sich mangelhaft 2c.

Antr. des GStA.s: gleichl. [15. — 1.]

Widersetzlichkeit. — Forstbeamter. — Forst.

Das Gesetz v. 31. März 1837 findet auch dann Anwendung, wenn der bei einem Frevel im Forste Betroffene die Flucht ergreift und nun, außerhalb des Forstes ergriffen, sich widersetzt.

Ges. v. 31. März 1837 § 2. Sic: Z. I. 2. Dez. 1853 c. Ritz, 1325; Z. I. 11. Juni 1858 c. Hantschick, 496, Entsch. 39. 2. S. 66, G. A. 5. S. 834; Z. I. 9. Mai 1860 c. Warwas, 259.

Erk. (Z. I.) v. 4. Juli 1862 c. Hooft (474. I. Cr.).

Wenn der Angeklagte einwendet, daß die Pfändung deshalb eine rechtswidrige gewesen, weil sie nicht auf dem Territorio des Gutes K., sondern auf P.er Gebiet erfolgt sei, so ist dieser Einwand hinfällig, da das Ges. v. 31. März 1837 auch außerhalb der betr. Forst Anwendung findet, wenn der bei einem Forst- oder Jagdfrevel Betroffene die Flucht ergreift, von dem Forstbeamten verfolgt wird, sich der Pfändung widersetzt (vgl. Z. I. 11. Juni 1858 c. Hantschick, 496. Entsch. 39. 2. S. 66).

Antr. des GStA.s: gleichl. [18.—1.]

Medizinalpfuscherei. — Belohnung. — Krankheit.

1. Die Medizinalpfuscherei ist „gegen Belohnung" betrieben, wenn sie in der Erwartung einer solchen statt fand.

StGB. § 199 [vgl. dort n. 11].

2. Als Krankheit im Sinne des cit. § 199 ist jedes körperliche Uebelbefinden oder Unwohlsein anzusehen, sollte dasselbe auch die natürliche Folge einer Schwangerschaft sein.

StGB. § 199 [dort einzutr. als n. 15 a].

Erk. (Z. I.) v. 4. Juli 1862 c. Sommer (475. I. Cr.).

Die Voraussetzung des § 199: „gegen Belohnung" bildet nur den Gegensatz gegen eine unentgeltlich unternommene Heilung, erfordert daher nicht, daß die Belohnung bereits wirklich entrichtet worden, sondern bezieht sich sowohl auf das Versprechen derselben, als auch auf das Erwarten derselben, weil durch die Strafvorschrift des § 199 dem gemeingefährlichen gewerbemäßig betriebenen Eingreifen Seitens unqualifizirter Personen in die ärztliche Praxis vorgebeugt werden sollte. Indem der App.-Richter das Erwarten einer Belohnung dem Umstande „gegen Belohnung" gleichstellt, verkennt er nicht den Sinn des § 199 und setzt damit den Fall nicht auf gleiche Linie, wenn der Kranke nach unternommener Heilung freiwillig ein Geschenk giebt. Die Erwägung, daß die Absicht der Unentgeltlichkeit nach der Persönlichkeit der Angeklagten fern gelegen, führt zu der Annahme, daß die Angeklagte sofort eine Belohnung oder doch das Versprechen einer Belohnung erwartet, und es ist dann gleichgültig, ob dies Versprechen vor oder nach der Heilung gegeben worden.

Mit Recht führt ferner das angegriffene Erk. aus,

daß hier der Grund des Uebelbefindens oder Unwohlseins der ꝛc. H. von keiner Erheblichkeit, und es nicht darauf ankomme, ob dasselbe eine natürliche Folge der Schwangerschaft sei. Die H. suchte die nachtheiligen Einwirkungen der letzteren zu beseitigen und sprach die Hülfe der Angeklagten an, welche ihr auch gewährt wurde. Die allgemeine Fassung des § 199 bezieht sich auch auf diesen Körperzustand, da zweckwidrige Mittel hier ebenso schädlich, wie bei einer eigentlichen Krankheit werden können.

Antr. des GStA.s: gleichl. [13. — 1.]

Hehlerei. — Hauptthat. Unterschlagung.

Zum Thatbestande der Hehlerei genügt es, wenn rücksichtlich der Hauptthat festgestellt ist, daß der Hehler gewußt habe, daß die betreffende Sache mittelst Diebstahls oder Unterschlagung ꝛc. erlangt gewesen sei.

StGB. § 237 [vgl. dort n. 4].

Erk. (Z. I.) v. 4. Juli 1862 c. Paul (478. I. Cr.).

P. hatte nach der thatsächlichen Feststellung Gegenstände, von denen er wußte, daß sie mittelst Diebstahls, Unterschlagung oder anderer Vergehen erlangt waren, an sich gebracht ꝛc. Er rügte Gesetzesverletzung, weil objektiv nicht festgestellt sei, durch welches Vergehen die Sache erlangt worden sei. Zurückweisung.

Gründe:

Die Feststellung, welcher ein Rechtsirrthum ersichtlich nicht zu Grunde liegt, genügt zur Anwendung des § 237. StGB.s vollkommen, und es ist ganz gleichgültig, ob das Vergehen, durch welches der Thäter die Messingplatten erlangt haben mag, sich als Diebstahl, oder Unterschlagung, oder als eine andere strafbare Handlung charakterisiren mag, je nachdem die strafbare Beseitigung der Platten auf dem Transport, vielleicht von Jemandem, dem die Gewahrsam derselben anvertraut gewesen, oder erst aus dem Waarenlager des Eigenthümers erfolgt ist.

Antr. des GStA.s: gleichl. [14. — 1.]

Einsteigen. — Gebäude. — Theil desselben.

Als ein „Einsteigen" ist es nicht anzusehen, wenn Jemand im Innern eines Gebäudes in eine verschlossene Abtheilung desselben eindringt.

StGB. § 222 [vgl. dort n. 5].

Erk. (Z. I.) v. 9. Juli 1862 c. Krössel (560).

Der Angekl. hatte einen Diebstahl in der Weise verübt, daß er aus einem von seinem Vater angepachteten Stalle durch eine Oeffnung in den über dem Stalle befindlichen Kornspeicher des Gutsherrn eingestiegen war. Gegen das nur wegen einfachen Diebstahls strafende Erkenntniß zweiter Instanz ergriff der OStA. die NB. wegen Verletzung des § 222. Zurückweisung.

Gründe:

Nach den bereits feststehenden Rechtsanschauungen des OTr.s kann ein verschlossener Raum oder Theil eines Gebäudes in demselben nicht für einen von dem Gebäude verschiedenen Raum erachtet werden, dergleichen im § 218 Nr. 2 angedeutet wird, auch kann es nicht als Einsteigen in Gebäude gelten, wenn nicht von außen her in ein solches eingedrungen wird: Oppenhoff zu § 222 Nr. 5.

Antr. des GStA.s: gleichl. [17. — 3.]

Appellation. — Erklärung in der Sitzung.

Eine von dem erkennenden Gerichte erster Instanz sofort nach Verkündigung des Urtheils erklärte Appellation kann, wenn sie nicht in das Sitzungs-Protokoll aufgenommen worden ist, eine Berücksichtigung nicht finden.

Vgl. Oppenhoff Strafverf. Abschn. IV (S. 455) n. 30. Vgl. RbOTr. I. S. 406.

Beschl. (I.) v. 9. Juli 1862 c. Palloks (140. B. I. Cr.).

P. war mit seiner Appellation vom AG. wegen Verspätung durch Verfügung zurückgewiesen worden; seine dagegen ergriffene Beschwerde hatte dasselbe Schicksal; in der Verbescheidung hieß es:

Sie behaupten nur, Sie haben sofort im Audienztermine Ihre Unzufriedenheit mit dem von dem K. Kr.-G. zu

H. gefällten Erkenntnisse — mündlich — erklärt. Dieser Umstand, auch seine Richtigkeit vorausgesetzt, würde die Zulassung der Appellation nicht rechtfertigen. Sie bemerken selbst, daß Ihre Erklärung in das Sitzungsprotokoll, welches überdies nicht die Bestimmung hat, die Anmeldung von Rechtsmitteln zu konstatiren, nicht aufgenommen worden ist, und eine Anmeldung zum Protokoll ist also nicht vorhanden. Nur eine solche Anmeldung der Appellation wird aber neben der schriftlichen, wie erwähnt, vom Gesetz berücksichtigt.

Antr. des GStA.s: gleichl. [47. — 3.]

Rheinisches Verfahren. — Kassationsrekurs. — Succumbenzstrafe. — Assisenhof. — Vergehen.

Der Kassationsrekurs des vom Assisenhofe wegen Vergehens korrektionell Verurtheilten ist nur dann annehmbar, wenn die Succumbenzstrafe hinterlegt worden ist.

Ges. v. 14. brum. V. Art. 1; Rh. StPO. Art. 419. 420.

Erk. (Z. II.) v. 10. Juli 1862 c. Classen (156. II. Cr.).

C., vom Assisenhofe wegen Vergehens verurtheilt, ergriff den Kass.-Rekurs, ohne die Succumbenzstrafe zu hinterlegen; das OTr. hat denselben als unannehmbar zurückgewiesen, indem es erwog:

daß das angefochtene Urtheil von dem K. Assisenhofe zu C. erlassen worden ist;

daß Kassationskläger aber nur wegen des Vergehens einer Steuerdefraude condemnirt ist, welches Vergehen wegen seiner Connexität mit dem, dem Kassationskläger zugleich zur Last gelegt gewesenen Verbrechen der Beamtenbestechung vor den Assisenhof verwiesen worden war;

daß, nachdem der Kassationskläger von dem zuletzt erwähnten Verbrechen losgesprochen worden, er also nicht als condamné en matière criminelle zu betrachten ist, derselbe den Vorschriften der Art. 419 und 420 der StPO. nachkommen und die Succumbenzstrafe hinterlegen oder wenigstens seine Armuth in der gesetzlich vorgeschriebenen Weise darthun mußte;

daß demnach, da dieses nicht geschehen, der Kassationsrekurs als unannehmbar verworfen werden muß.

Antr. des GStA.s: gleichl. [14.—2.]

Gewerbsunzucht. — Polizeiliche Beschränkungen. — Gestattung.

Es fällt in den Bereich der thatsächlichen Beurtheilung, ob sitten- und sanitätspolizeiliche Anordnungen und Beschränkungen, welche von der Polizeibehörde in Betreff einer der Gewerbsunzucht verdächtigen Weibsperson erlassen worden, als eine Konzession oder wissentliche Duldung des Betriebs der Unzucht anzusehen seien.

StGB. § 146 [vgl. dort n. 2. Vgl. Z. I. 20. Febr. 1861 c. Knoll; Z. II. 24. April 1862 c. Freistadt (RdO. 1. S. 242; 2. S. 358), welche allgemein aussprechen, solche Anordnungen seien nicht als eine Gestattung der Gewerbsunzucht anzusehen].

Erk. (Z. II.) v. 10. Juli 1862 c. Zitterich (169. II. Cr.).

Die der Gewerbsunzucht Angeklagte Z. hatte unter Beweis gestellt, daß sie, wie überhaupt Weibspersonen, von welchen die Polizeibehörde zu A. annahm, daß sie Lohnhurerei betrieben, nach den von jener Behörde getroffenen Anordnungen gehalten sei, sich wöchentlich ärztlich untersuchen zu lassen, öffentliche Versammlungen zu meiden, und Abends ihre Wohnung nicht zu verlassen. Das AG. lehnte diese Beweiserhebung ab, weil aus solchen Anordnungen eine Konzession oder wissentliche Duldung des Unzuchtbetriebs nicht zu folgern sei. NB. der Angekl. Zurückweisung.

Gründe:

Die Annahme des App.-Richters, daß sanitätspolizeiliche und sittenpolizeiliche Anordnungen und Beschränkungen, wie sie, nach der Behauptung der Angeschuldigten, Rücksichts ihrer von der Polizeibehörde zu A. getroffen sein sollen, weder eine Konzession noch eine wissentliche Duldung des gewerbsmäßigen Betriebes der Unzucht in sich schlössen, ist thatsächlicher Natur, daher dem Angriffe in der Nichtigkeits-Instanz unzugänglich und enthält, soweit sie dies nicht sein möchte, keinen Rechtsirrthum.

Antr. des. GStA.s: gleichl. [26.—2.]

---

1. Geschworne. — Vereidung. — Anwesenheit des Schwurgerichtshofs.
2. Sitzungsprotokoll. — Nachträgliche Registratur.

1. Die Anwesenheit aller den Schwurgerichtshof bildenden Richter bei der Vereidung der Geschwornen ist nicht unerläßlich.

Ges. v. 3. Mai 1852 Art. 73 [vgl. dort n. 2].

2. Es begründet keine Nichtigkeit, wenn die Beobachtung einer Förmlichkeit des Hauptverfahrens nicht gleich bei der Vornahme der betr. Handlung, sondern erst nachträglich an einer späteren Stelle im Sitzungsprotokolle konstatirt ist. Auch ist es nicht unerläßlich, daß eine solche nachträgliche Registratur, selbst wenn sie erst später eingeschaltet worden, vom Vorsitzenden und Gerichtsschreiber besonders unterschrieben werde, wenn nicht aus dem Protokoll zu ersehen ist, daß die Einschaltung nach der Unterschrift des ganzen Protokolls erfolgt sei.

Ges. v. 3. Mai 1852 Art. 78 [vgl. dort n. 53]. Sie: Z. I. 5. Okt. 1860 c. Boas, 492; Z. I. 14. Dez. 1860 c. Krüger, 1242; Z. I. 10. Jan. 1861 c. Zanke, 34.

Erk. (Z. II.) v. 10. Juli 1862 c. Schröder (177. II. Cr.).

Die Vereidung der Geschwornen hatte in Gegenwart des vollständig besetzten Schw.-G.H.s statt gefunden; das betr. Protokoll führte indessen als Mitglied des letzteren den Kreisrichter N. auf, während bei der Verhandlung selbst statt desselben der Kreisrichter W. fungirt hatte. Außerdem war im Laufe der Verhandlung an die Stelle eines verhinderten Geschwornen ein Ersatzgeschworner getreten. Die Protokollirung über diese beiden Personenwechsel fand sich nicht an der Stelle des Protokolls, wohin sie der Zeitfolge nach gehört hätte, sondern an einer spätern Stelle in Form einer nachträglich eingeschalteten Registratur. Das rügte die NB. des Angeklagten als einen Verstoß gegen wesentliche Grundsätze des Verfahrens, und hob dabei hervor, daß diese nachträglichen Einschaltungen auch nicht besonders vom Vorsitzenden und Gerichtsschreiber unterzeichnet worden seien. Zurückweisung.

Gründe:

Zunächst ist, was die Ausstellung zu I. (1.) der Beschwerdeschrift betrifft, eine Verletzung wesentlicher Vorschriften des Verfahrens, Rücksichts der bei dem letzteren erforderlichen Zahl der Richter, nach Art. 108 Nr. 3 des Ges. v. 3. Mai 1852 nur dann vorhanden, wenn an der Hauptverhandlung und Entscheidung nicht die gesetzlich vorgeschriebene Zahl von Richtern Theil genommen hat. Zu jener Hauptverhandlung gehört aber die Bildung des Schwurgerichts, bei welcher es, nach der ausdrücklichen Bestimmung der §§ 83 und 84 der Vdn. v. 3. Jan. 1849, der Anwesenheit sämmtlicher, den Schwurgerichtshof bildenden Richter in der Regel nicht, sondern nur dann bedarf, wenn eine Entscheidung über dabei erhobene Streitigkeiten erforderlich wird, und auch die nach Art. 73 und 74 des Ges. v. 3. Mai 1852 vor dem Beginne der Verhandlung erfolgende Vereidung der Geschwornen (der „Mitglieder des gebildeten Schwurgerichts" § 96 der Vdn.) nicht.

Ohnehin sind aber auch Inhalts des die Bildung des Schwurgerichts und des die Verhandlung vor dem Schwurgerichte betreffenden Protokolles, sowohl bei der Bildung des Schwurgerichts, als bei der Vereidung der Geschwornen fünf Richter anwesend gewesen. Ist auch schon im Eingange des die Verhandlung der Sache betreffenden Protokolls der Kreisrichter W. statt des Kreisrichters N. als anwesend aufgeführt, so weist doch das Protokoll selbst nach, daß der Letztere bei der Vereidigung der Geschwornen anwesend gewesen ist, und es giebt dasselbe darüber vollständige Auskunft, daß, wann und weshalb statt des rc. N. der rc. W. eingetreten und daß in des Letzteren Gegenwart die Vernehmung des Angeklagten über seine persönlichen Verhältnisse wiederholt worden ist.

Sodann erheischt aber auch die Vorschrift des Art. 78 des Ges. v. 3. Mai 1852 über das von dem Gerichtsschreiber aufzunehmende und am Schlusse von ihm und von dem Vorsitzenden zu unterzeichnende Protokoll nicht nothwendig, daß in dem letzteren jeder einzelne Vorgang der schwurgerichtlichen Verhandlung sofort, nach dem er, und in der Zeitfolge, wie er stattgefunden hat, niedergeschrieben werde; es ist nur erforderlich, daß das ein Ganzes bildende, am Schlusse gehörig vollzogene Protokoll die Beobachtung der vorgeschriebenen Förmlichkeiten konstatire, und dies geschieht — zumal für solche Akte, für welche es nicht als Protokoll im engeren Sinne, sondern nur als Registratur erscheint — (vgl. Weiske, Rechtslexikon 8. S. 516. 1. 530; 4. S. 686. 219) — auch dann, wenn selbiges erst im weiteren Laufe der Verhandlung für ein früheres Stadium derselben das darauf Bezügliche aufgenommen hat.

Allerdings deuten sodann — was die weitere Ausstellung der Beschwerdeschrift zu I. (2.) betrifft — der auf spätere Akte Bezug nehmende Inhalt des obigen, den Eintritt des ꝛc. W. an Stelle des ꝛc. N. betreffenden besonderen Vermerks und der den Eintritt des Ersatzgeschwornen E. betreffenden Vermerke darauf hin, daß selbige nicht sogleich, als die Redaktion des Protokolls bis zu der Stelle, wo sie sich finden, gediehen war, sondern erst später eingetragen sind; sie stellen sich insofern als Einschaltungen dar, die allerdings zu vermeiden sind (vgl. Cr.-Ordn. § 55; AGO. I, 10 § 118, II, 2 § 44; ALR. I, 12 § 155; Notariats-Ordn. v. 11. Juli 1845 §§ 12. 41. 42; GS. S. 489). Allein daß sie, und namentlich die auch äußerlich als fortlaufender Theil des Protokolls erscheinende Registratur (Bl. 319) erst in das Protokoll eingetragen seien, nachdem dieses geschlossen und am Schlusse unterschrieben war, ergiebt sich weder aus dem Inhalte, noch aus der Stellung derselben. Auch auf sie bezieht sich daher diese Unterschrift. Es kann deshalb der Umstand, daß diese Vermerke nicht besonders von dem Vorsitzenden und dem Gerichtsschreiber unterschrieben sind, dem Sitzungsprotokolle seine Glaubwürdigkeit nicht nehmen, und es erscheint die Behauptung der Beschwerdeschrift, daß um der gerügten Mängel willen das Protokoll überhaupt die Beachtung der wesentlichen Förmlichkeiten nicht beweisen könne, um so mehr unbegründet, als gar nicht einmal behauptet worden ist, daß der Hergang ein anderer gewesen sei, als die gedachten Vermerke angegeben haben.

Antr. des GStA.s: gleichl. [26. — 2.]

Vertheidiger. — Zuordnung. — Unmündiger.

Dem Unmündigen steht nicht das Recht zu, in nicht-schwurgerichtlichen Sachen die Zuordnung eines Vertheidigers zu verlangen.

Ges. v. 3. Mai 1852 Art. 21 [vgl. dort n. 19].

Erk. (Z. I.) v. 11. Juli 1862 c. Dörr (512. I. Cr.).

Der in der NB. den Vorderrichtern gemachte Vorwurf, daß sie gegen positive Gesetze verstoßen haben, weil sie dem Angeklagten in der Audienz keinen Beistand zugeordnet haben, ist unbegründet, da die Bestellung eines solchen Beistandes selbst für unmündige Angeklagte in den Gesetzen nicht vorgeschrieben ist, dem Angeklagten auch, da die Verhandlung nicht vor dem Schwurgerichte stattfand, nach Art. 21 des Ges. v. 3. Mai 1852 nicht das Recht zustand, die Zuordnung eines Vertheidigers zu verlangen.

Antr. des GStA.s: gleichl. [46. — 1.]

Unterschlagung. — Zufall. — Irrthum.

Es kann als eine „Erlangung der Gewahrsam durch Zufall" angesehen werden, wenn Jemand durch einen Irrthum des Zahlenden ein Werthpapier höheren Betrages erhält, als jener beabsichtigt hatte.

StGB. § 226 [vgl. dort n. 13]. Vgl. oben S. 289.

Erk. (Z. I.) v. 11. Juli 1862 c. Siebert (550. I. Cr.).

Der Angekl. hatte von dem Bäckergesellen S. zwei Bankscheine über 25 und 50 Thlr., welche dieser irriger Weise für Fünf-Thaler-Scheine gehalten, in Zahlung empfangen, und zum Nachtheile desselben bei Seite geschafft. Aus § 226 StGB. verurtheilt, behauptete er in der NB. Gesetzesverletzung. Zurückweisung.

Gründe:

Die Vorderrichter sind von der faktischen Unterstellung ausgegangen, daß der rc. S. dem Angeklagten nur aus einem Versehen die beiden Bankscheine über 25 Thlr. und 50 Thlr., die er für je Fünf-Thaler-Scheine gehalten, gegeben habe. Hierin konnte, wie geschehen, eine Erlangung der Gewahrsam durch Zufall erblickt werden. Denn unter Letzterem wird im Allgemeinen jede unerwartete oder unabwendbare Begebenheit verstanden und es war nach dem vorliegenden Sachverhältniß weder der Wille des rc. S., Bankscheine von weit höherem Betrage als der ihm zum Umwechseln gegebene dem Angeklagten auszuantworten, noch lag es in der Voraussicht oder in der Bestrebung des Imploranten, ein solches Begebniß herbeizuführen. Dasselbe stellt sich daher in der That als ein zufälliges, von Niemandem beabsichtigtes dar, und hierin hat auch bereits das K. OTr. eine Unterlage zur Anwendung des § 226 des StGB.s erblickt, z. B. in dem Erk. v. 25. Mai 1853 c. Langner und v. 14. Juli 1858 c. Wieprecht. Dem widersprechen auch nicht die Erkenntnisse des K. OTr.s vom 3. Febr. 1859 c. Becker Nr. 19. II. und v. 30. März 1857 c. Hentschel Nr. 65. I, weil dort ein anderes Sachverhältniß zum Grunde lag, nämlich das, daß die Mehrzahlenden in der Meinung standen, hierzu verpflichtet zu sein, eine Voraussetzung, die hier nicht zutrifft (G. Arch. 7. S. 397).

Antr. des GStA.s: gleichl. [20. — 1.]

Beleidigung. — Oeffentlichkeit. — Oeffentlicher Ort.

Die an einem öffentlichen Orte zugefügte Beleidigung ist nur dann nicht als eine „öffentliche“ zu betrachten, wenn es für dritte Personen unmöglich war, dieselbe zu vernehmen.

StGB. §§ 152 [vgl. dort n. 4]. 163. Sic: Z. II. 25. Sept. 1862 c. Ritter, 215.

Erk. (Z. I.) v. 11. Juli 1862 c. Löper (597. I. Cr.).

L. hatte einen Beamten auf öffentlicher Straße beleidigt; die Instanzrichter wandten deshalb den § 163 des StGB. gegen ihn an; seine NB. machte geltend, es sei nicht festgestellt, daß auch dritte Personen die Aeußerung gehört hätten. Zurückweisung.

Gründe:

Die dem Publikum zugängliche Straße bildet unzweifelhaft einen öffentlichen Ort, und es ist um so weniger ein Zweifel über die Möglichkeit vorhanden, daß die von dem Angeklagten ausgesprochene Beleidigung von hinzutretenden dritten Personen gehört werden konnte, als der Angeklagte über die Aeußerungen, die er zu dem rc. L. machte, selbst Zeugen benennt, während der § 152 l. c. nur dann unanwendbar sein würde, wenn der Angeklagte Momente dafür aufgestellt hätte, daß ungeachtet der Oeffentlichkeit des Orts eine solche Möglichkeit nicht obgewaltet habe.

Antr. des GStA.s: gleichl. [44. — 1.]

Zeugenaussage. — Verlesung. — Anwesenheit des Zeugen.

Es ist statthaft, die in der Voruntersuchung zu Protokoll gegebene Aussage eines Zeugen in der Sitzung verlesen zu lassen, ohne daß es einer besonderen Rechtfertigung dieser Maaßregel bedarf, sobald diese Verlesung neben der mündlichen Vernehmung des in der Sitzung anwesenden Zeugen erfolgt.

Vdn. v. 3. Jan. 1849 §§ 14 [vgl. dort n. 49]. 21 [vgl. dort n. 17]. 22 [vgl. dort n. 58]; Ges. v. 3. Mai 1852 Art. 76 [vgl. dort n. 16. 17]. — Sic: Z. II. 23. Mai 1861 c. Jansen (65). Dasselbe gilt von der Vernehmung des Angeklagten: Z. II. 8. Nov. 1860 c. Müller (402); Z. I. 5. März 1862 c. Klein (200). Vgl. Z. I. 3. Okt. 1862 c. Vollmer, 840.

Erk. (Z. I.) v. 11. Juli 1862 c. Roggenthin (621. I. Cr.).

Das Audienzprotokoll ergiebt zwar, daß außer dem Protokoll über die Einnahme des Augenscheins auch der Bericht des Aktuarius S. verlesen ist, ohne daß ein dahin gehender Beschluß des Gerichtshofes publizirt ist; diese Verlesung ist jedoch nicht an Stelle der mündlichen Vernehmung des S., sondern neben derselben erfolgt, da Letzterer, wie das Audienzprotokoll ergiebt, in der Reihe der Belastungszeugen vernommen ist; die Vorschriften der §§ 21 und 22 der Vdn. v. 3. Jan. 1849 und Art. 25 des Ges. vom 3. Mai 1852 sind demnach nicht verletzt, in Beziehung auf die Art und Weise aber, wie der Vorsitzende des Gerichtshofes in Ausübung seiner Pflicht, die Wahrheit zu ermitteln, bei Vernehmung der einzelnen Zeugen zu verfahren, und wie er dabei die Vorschriften der §§ 320 und 351 der Cr.-Ordn. mit den aus der Natur des mündlichen Verfahrens sich ergebenden Grundsätzen zu vereinigen hat, sind ihm bestimmte gesetzliche Vorschriften, welche die Lesung der früheren Deposition eines anwesenden Zeugen bei Strafe der Nichtigkeit untersagen, nicht gegeben.

Antr. des GStA.s: gleichl. [46. — 1.]

Rheinisches Verfahren. — Wahrspruch. — Mildernde Umstände. — Stimmenangabe.

Nach Rheinischem Verfahren müssen die Geschwornen auch bei den die Strafmilderungsgründe betreffenden Wahrsprüchen das Stimmenverhältniß angeben, und der Schwurgerichtshof muß im Falle der einfachen Stimmenmehrheit auch über diese selbst entscheiden.

Ges. v. 31. Dez. 1833 §§ 2—5. 7. Contra früher: Z. II. 3. Mai 1860 c. Tervelden, 176, G. A. 8. S. 526; vgl. oben S. 191.

Erk. (V. Pl.) v. 14. Juli 1862 c. Steinfartz (7. Pl.; 122. II. Cr.).

St. war von den Geschwornen mit absoluter Stimmenmehrheit eines schweren Diebstahls schuldig befunden worden, dagegen lautete der Wahrspruch auf die das Vorhandensein mildernder Umstände betreffende Frage wörtlich dahin: „Nein, dem Angeklagten stehen keine mildernde Umstände zur Seite," worauf der Schw.-GH. die Strafe des § 218 des StGB. verhängte. Auf den Kass.-Rekurs des Angeklagten ist dieses Erk. vom Plenum des K OTr.s vernichtet, und die Sache vor einen andern Schw.-GH. verwiesen worden. Erwogen ward:

daß zwar die Rh. StPO. von der im Art. 347 aufgestellten Regel, daß der Ausspruch der Geschwornen für und gegen den Angeklagten sich nach der Mehrheit der Stimmen bilde, und nur im Falle der Stimmengleichheit die dem Angeklagten günstigere Meinung den Vorzug haben soll, im Art. 351 nur eine auf die Hauptthat beschränkte Ausnahme enthält;

daß nämlich nur dann, wenn der Angeklagte blos mit einfacher Stimmenmehrheit der Geschwornen der Hauptthat für schuldig erklärt worden, die Richter noch über diesen Punkt in Berathung treten, und die Stimmen der Richter und Geschwornen zusammengezählt werden sollten;

daß die Geschwornen deshalb auch nur in diesem Falle das Stimmenverhältniß anzuzeigen hatten, und gemäß Art. 341 nur hierauf vom Präsidenten des Assisenhofes vorher aufmerksam gemacht werden mußten;

daß es dagegen rücksichtlich der die Hauptthat begleitenden erschwerenden Umstände, der Thatsachen, welche im Gesetz selbst als Entschuldigungsgrund aufgeführt sind, sowie rücksichtlich der Frage nach dem Unterscheidungsvermögen bei einem Angeklagten unter 16 Jahren bei der im Art. 347 cit. aufgestellten Regel verblieb, so daß in dieser Beziehung die einfache Stimmenmehrheit der Geschwornen für und wider den Angeklagten endgültig entschied, und deshalb auch eine Angabe des Stimmenverhältnisses weiter nicht erforderlich war;

J. E., daß aber dieser Stand der Gesetzgebung durch die AKO. v. 31. Dez. 1833 (G. S. 34. S. 3) geändert worden ist;

daß nämlich diese AKO., welche nach ihrem Eingange erlassen ist, um die für die Einwohner der Rheinprovinz durch die Anwendung des im Art. 351 der Rh. StPO. vorgeschriebenen Verfahrens entstehende Rechtsunsicherheit zu verhüten, im § 1 zunächst die Vorschrift des Art. 351 cit., nach welcher, wenn der Angeklagte nur mit einfacher Stimmenmehrheit der Hauptthat für schuldig erklärt worden, die

Stimmen der Richter und der Geschwornen zusammengezählt werden sollen, aufgehoben, und dann weiter bestimmt hat ꝛc. (§§ 2—5. 7);

daß diese AKO. also unter Aufhebung des im § 351 der Rh. StPO. angegebenen Modus der Stimmenberechnung, die im Falle dieses Artikels in Betreff der Hauptthat getroffenen Bestimmungen ausdrücklich auf die die Hauptthat begleitenden erschwerenden Umstände übertragen hat;

daß aber auch dem Geiste und dem Zusammenhange dieses neuen Gesetzes nur die Annahme für entsprechend erachtet werden kann, daß auch bezüglich der im Strafgesetze vorgesehenen Strafmilderungsgründe dasselbe gelten solle, was rücksichtlich der Hauptthat und der erschwerenden Umstände ausdrücklich gesagt ist;

J. E., daß es zunächst nämlich an jedem innern oder äußeren Grunde fehlt, welcher den neueren Gesetzgeber hätte bestimmen können, für die erschwerenden Umstände und die Strafmilderungsgründe eine verschiedene prozessualische Behandlung eintreten zu lassen;

daß die Strafmilderungsgründe für den Angeklagten und die ihn treffende Strafe von nicht geringerer Bedeutung sind, als die erschwerenden Umstände, ja öfter eine wesentlichere Modifikation der Strafe bedingen, als solches bei letzterer der Fall ist;

daß man daher deshalb schon dem Gesetzgeber, welcher dem Angeklagten bei der mit einfacher Stimmenmehrheit der Geschwornen gegen ihn erfolgten Bejahung eines erschwerenden Umstandes, eine erhöhte Garantie durch die weiter vorgeschriebene Abstimmung des Richterkollegiums geben wollte, eine offenbare Inkonsequenz zutrauen müßte, wenn man ihm die Absicht unterlegen wollte, dem Angeklagten für den Fall, wo ein Strafmilderungsgrund durch einfache Simmenmehrheit der Geschwornen gegen ihn verneint worden wäre, jene Garantie zu entziehen, und auch sohin eine Rechtsunsicherheit zu begünstigen, welcher durch den Erlaß der AKO. überhaupt entgegengetreten werden sollte;

J. E., daß aber auch die Wortfassung des Gesetzes der hier vertheidigten Ansicht nicht nur nicht widerspricht, derselben vielmehr zur Seite steht;

daß namentlich die §§ 2 und 3 cit. unzweideutig das Prinzip zu erkennen geben, daß in allen Fällen, in welchen die einfache Stimmenmehrheit der Geschwornen gegen den Angeklagten statt gefunden hat, die Richter des Assisenhofes selbst in Berathung zu treten, und nach Mehrheit ihrer Stimmen zu entscheiden haben, so daß mit Rücksicht hierauf auch bei jeder dem Angeklagten nachtheiligen Entscheidung der Geschwornen die Angabe des Stimmenverhältnisses erfolgen muß;

daß dafür zunächst der mit den allgemeinen Worten „in allen Fällen" beginnende Hauptsatz des § 2 spricht, der Zwischensatz, „sie möge die Hauptthat, oder das Dasein eines erschwerenden Umstandes betreffen," aber der erschwerenden Umstände neben der Hauptthat besonders nur gedenkt, um die Aenderung der Gesetzgebung an einem der am häufigsten vorkommenden accessorischen Fälle anschaulich zu machen, oder auch, weil die Frage nach den erschwerenden Umständen vielleicht die nächste unmittelbare Veranlassung zu jener Aenderung gewesen ist;

daß aus letzterem Umstande gleichwohl eine Beschränkung auf den Fall der Veranlassung nicht zu folgern wäre, es sich vielmehr daraus, daß nach dem damaligen Strafrecht die im Gesetz berücksichtigten Strafmilderungsgründe nur an wenige Fälle geknüpft waren, erklären ließe, weshalb sie speziell nicht mit hervorgehoben worden sind;

daß sodann aber auch der § 3 die Allgemeinheit des legislativen Gedankens noch näher darlegt, insofern die darin dem Präsidenten zur Pflicht gemachte Anweisung nicht auf die Hauptthat beschränkt, sondern allgemein auf die in den entworfenen Fragen enthaltenen Umstände ausgedehnt ist;

J. E., daß freilich bei Erlaß der fraglichen AKO. das im StGB. v. 14. April 1851 aufgestellte System der mildernden Umstände noch nicht bekannt war;

daß aber diese allgemeinen mildernden Umstände ihrer rechtlichen Bedeutung nach mit den in dem früheren Rheinischen StGB. vorgesehenen besonderen Milderungsgründen auf einer Linie stehen, der Umstand aber, daß der ersteren in der AKO. v. 31. Dez. 1833 noch nicht gedacht werden konnte, eines Theils zur Erklärung dient, weshalb die damaligen weniger hervortretenden Strafmilderungsgründe darin ausdrücklich nicht erwähnt sind, anderntheils aber auch zu der Annahme berechtigt, daß, wenn das heutige System der mildernden Umstände schon bestanden hätte, als die AKO. erging, der Gesetzgeber sicherlich die erschwerenden und mildernden Umstände ganz gleich gestellt haben würde;

daß auch, nachdem in Folge der Einführung des gegenwärtigen StGB.s die Feststellung der mildernden Umstände im Allgemeinen Gegenstand des Strafverfahrens geworden, diese Feststellung durch die für die übrigen Landestheile der Monarchie erlassene Novelle v. 3. Mai 1852 den für die Hauptthat wie für die erschwerenden Umstände geltenden Regeln wirklich unterworfen worden ist (Art. 80. 83. 84. 92. 93. 98 ibid.), und solches offenbar nur im Anschluß an die Grundsätze der für die Rheinprovinz geltenden AKO. v. 1833 geschehen ist;

J. E., daß, wenn nach dem bisher Ausgeführten die Dispositionen dieser AKO. auch die Strafmilderungsgründe umfassen, von selbst vorliegt, daß nach Lage der Rh. Gesetzgebung bei der Verneinung der Frage nach dem Dasein mildernder Umstände, von den Geschwornen ausdrücklich angegeben werden muß, ob die Verneinung mit einfacher oder absoluter Stimmenmehrheit erfolgt sei, und die Unterlassung dieser Angabe die Nichtigkeit des Verfahrens nach sich ziehen muß.

Antr. des GStA.s: gleichl. [27. — 1.]

---

1. Nichtigkeitsbeschwerde. — Staatsanwalt. — Schwurgericht.

2. Geschworne. — Zurücksendung. — Irrthum der Geschwornen.

1. Ist der Angeklagte von den Geschwornen für „nicht schuldig" erklärt worden, so steht dem Staatsanwalt die Nichtigkeitsbeschwerde zu, insoweit er geltend macht, daß nicht ein vollständiger, formgerechter, den Willen der Geschwornen unzweideutig verkündender Spruch vorliege.

Ges. v. 3. Mai 1852 Art. 109 [vgl. dort n. 14].

2. Die Zurücksendung der Geschwornen zum Zweck einer erneuerten Berathung muß auch dann angeordnet werden, wenn der von ihnen verkündete Spruch sich zwar äußerlich als ein durchaus formgerechter darstellt, aus den Erklärungen derselben aber hervorgeht, daß jener Spruch aus einer irrigen Auffassung in Betreff ihrer Befugnisse und Pflichten hervorgegangen ist.

Ges. v. 3. Mai 1852 Art. 97 [vgl. dort n. 6; Art. 96 n. 7; RdO. II. S. 183; ähnlich: Z. II. 12. Juni 1862 c. Schertling, 142].

Erk. (V. I.) v. 16. Juli 1862 c. Klein (541. I. Cr.).

Kl. war von den Geschwornen des ihm zur Last gelegten schweren Diebstahls für „nicht schuldig" erklärt worden. Auf Befragen des StA.s gab indessen der Vorsteher der Geschwornen eine Erklärung ab, aus welcher hervorging, daß die Geschwornen nur deshalb die ganze Fage verneint hatten, weil sie der Meinung gewesen waren: es stehe ihnen nicht zu, die Frage theilweise zu bejahen und theilweise zu verneinen; der StA. beantragte demgemäß die Zurücksendung der Geschwornen zum Zweck einer neuen Berathung und Entscheidung; der Schw.-GH. lehnte dieses als unstatthaft ab und sprach frei. Auf die NB. des StA.s ward das Erk. und das vorhergegangene Verfahren vernichtet ꝛc.

Gründe:

Die Beschwerde des StA.s ist an sich nach Art. 109 des Ges. v. 3. Mai 1852 für zulässig zu erachten. Allerdings ist hier von den Geschwornen ein Nichtschuldig erklärt.

Allein jene Vorschrift, welche in solchem Falle dem StA. die NB. versagt, setzt selbstverständlich ein vollständiges, formgerechtes, den Willen der Geschwornen unzweideutig verkündendes Verdikt voraus. Im vorliegenden Falle wird behauptet, daß nach der eigenen Erklärung der Geschwornen ein solches Verdikt nicht vorliege. Ist also eine solche Erklärung der Geschwornen überhaupt statthaft, um dadurch das Verdikt als ein mangelhaftes darzustellen, so ist auch die Beschwerde des StA.s über die verweigerte Verbesserung dieses Verdiktes zulässig.

In der Sache selbst nun ist von dem, auch das schwurgerichtliche Verfahren beherrschenden Prinzip, die materielle Wahrheit innerhalb der Grenzen, welche die für das Verfahren ausdrücklich vorgeschriebenen Formen gesetzt haben, möglichst zu erforschen und zur Geltung zu bringen, auszugehen. Abänderungen irrthümlich abgegebener Verdikte sind daher auch nicht unbedingt unzulässig. Allerdings darf sich dies nicht auf Anordnungen beziehen, welche durch einen etwaigen Wechsel der Ueberzeugung der Geschwornen in der Sache selbst nach dem Verlassen ihres Berathungszimmers und nach dem Beginne des alsdann vorgeschriebenen Stadiums der Verhandlung etwa begründet würden. Vielmehr ist hier die Frage, ob und wie lange die Geschwornen befugt sind, ein von ihnen irrthümlich niedergeschriebenes, oder unter einem Mißverständniß der ihnen vorgelegten Frage u. s. w. abgegebenes Verdikt ändern zu können. Ihre Befugniß hierzu liegt an sich in der Natur der Sache und ist auch in mehreren Entscheidungen des OTr.s bis zu einer gewissen Grenze hin anerkannt. Vgl. Goltd. Arch. 2. S. 88. 234; 3. S. 664; 4. S. 662; 5. S. 244. 536. 830; 6. S. 764; 7. S. 351. Der Art. 97 des Ges. v. 3. Mai 1852 hat den Fall im Auge, wenn der niedergeschriebene Spruch von dem Gerichtshofe als unregelmäßig in der Form, oder als undeutlich, unvollständig oder sich widersprechend erkannt wird. Davon ist hier allerdings keine Rede. Es würde aber dem Zwecke des

Verfahrens und dem Geiste des Gesetzes nicht entsprechen, wenn jenem Falle des Art. 97 nicht auch diejenigen Fälle sollten gleichgestellt werden, wo zwar der gedachte Mangel nicht sofort dem Gerichtshofe selbst äußerlich aus dem Wortlaut des niedergeschriebenen Spruchs, sondern vielmehr erst durch die Erklärung der Geschwornen über den eigentlichen Sinn und die Bedeutung ihres Spruches erkennbar wird. In der Entscheidung v. 16. Sept. 1857 c. Tzschirner (Goltd. Arch. 5. S. 830 [1052; Oppenhoff Strafverf. Art. 96 n. 7] ist in einem ähnlichen Falle die Nichtbeachtung einer solchen Erklärung der Geschwornen nur deshalb für gerechtfertigt erklärt, weil der Spruch derselben bereits vollständig verkündet gewesen war, und bereits das Plaidoyer über die Gesetzesanwendung begonnen hatte. In dem vorliegenden Falle aber hatte die Verkündung des Spruches an den Angeklagten noch nicht stattgefunden; denn die von dem Gerichtsschreiber erst begonnene Verlesung der Frage, zu welcher das hier in Rede stehende Verdikt ergangen war, ist keine vollendete Verkündung des letzteren.

Die Frage sodann, aus welcher Veranlassung dem GH. die Kenntniß eines Irrthums der Geschwornen zuerst geworden sei, ist ferner ohne Einfluß auf die Sache. Es ist daher gleichgültig, daß sich die Erklärung des StA.s über den vorliegenden Sachverhalt möglicherweise auf einer Privatmittheilung durch die Geschwornen an den StA. gegründet hat. Entscheidend ist es vielmehr, daß demnächst der Vorsteher der Geschwornen selbst sich erhoben und die zum Protokolle registrirte Erklärung abgegeben hat. Der Vorsteher vertritt aber in Absicht auf das Verdikt die Geschwornen, und wenn derselbe, wie hier, ohne den Widerspruch der Geschwornen, also mit ihrem stillschweigenden Einverständnisse, eine Erklärung abgiebt, welche den Sinn des ertheilten Verdikts ändert, oder doch zweifelhaft macht, so hat der GH. die Pflicht, das Sachverhältniß in der im Art. 97 vorgeschriebenen Form aufzuklären.

Der Art. 80 des Ges. v. 1852 giebt nun den Geschwornen die Befugniß, eine Frage theilweise zu bejahen oder zu verneinen. Eine aus mehreren Bestandtheilen zusammengesetzte Frage ist daher unbedenklich unvollständig beantwortet, wenn die Geschwornen der Meinung gewesen sind, daß ihnen die gedachte Befugniß nicht zustehe, sie vielmehr die Frage nur im Ganzen zu bejahen oder zu verneinen hätten. Der Vorsteher hat hier aber erklärt, daß die Geschwornen sich in dieser irrthümlichen Meinung befunden und in derselben ihre Verdikte abgegeben hätten. Allerdings ist dadurch nicht zugleich erklärt, daß dieser Irrthum auch schon bei der hier in Rede stehenden ersten Frage über den dem Kl. zur Last gelegten schweren Diebstahl insofern wirksam gewesen sei, als sie auch hier eigentlich die Absicht gehabt hätten, diese Frage nur theilweise zu verneinen, theilweise aber zu bejahen, sich aber daran durch jene Meinung gehindert erachtet hätten. Allein es genügt, daß ein die ganze Berathung sämmtlicher Verdikte beherrschender Irrthum konstatirt ist, und es war daher Sache des GH.s, diesen Irrthum sofort, als er mit Gewißheit erhellte, und so lange es noch gestattet war, zu berichtigen, also die Geschwornen unter Erläuterung des Gesetzes zu einer erneuten Berathung zurückzusenden, um dadurch festzustellen, bei welchem der verschiedenen Verdikte, und ob namentlich auch bei dem ersten hier in Rede stehenden, der Irrthum wirksam gewesen ist.

Antr. des GStA s: gleichl. [15. — 2.]

Nothzucht. — Personen verschiedenen Geschlechts.

Die Anwendbarkeit des § 144 Nr. 1 ist nicht auf diejenigen Fälle beschränkt, wo die vorgesehenen gewaltsamen Handlungen gegen eine Person des andern Geschlechts verübt sind.

StGB. § 144 Nr. 1 [vgl. dort n. 5].

Erk. (Z. I.) v. 16. Juli 1862 c. Bayer (666. I. Cr.).

Die allgemeine Fassung des § 144 Nr. 1. StGB. beweist deutlich, daß die festgesetzte Strafe nicht auf die Fälle zu beschränken ist, wo die gedachten gewaltthätigen Handlungen von einer Person des einen Geschlechts gegen eine Person des anderen Geschlechts verübt wurden, sondern daß ohne diesen Unterschied alle dort bezeichneten Handlungen der Strafe verfallen sollten, und hiermit stimmt auch die Entstehungsgeschichte des gedachten Gesetzes überein, vgl. Komm.-Bericht der II. K. S. 93.

Antr. des GStA.s: gleichl. [44. — 2.]

---

1. Forum. — Brief. — Ort der That.

2. Zuständiges Gericht. — Verweisung an ein anderes.

1. Enthält ein versendetes Schriftstück den Thatbestand einer Strafthat, so wird diese da vollendet, wo jenes an den Addressaten gelangt.

Ges. v. 3. Mai 1852 Art. 2 Nr. 1 [vgl. dort n. 8]; StGB. § 3 [vgl. dort n. 4].

2. Das Ges. v. 26. April 1851 (Art. V. Nr. 2) bezieht sich nicht nur auf Civil-, sondern auch auf Strafsachen.

Vgl. Oppenhoff Strafverf. S. 54 n. 2.

Beschl. (I.) v. 16. Juli 1862 c. Gäde (177. B. I. Cr.).

Nach Art. 2 l. c. war in der gegenwärtigen Untersuchung das K. Kr.-G. zu Stettin — als forum delicti commissi — ebenfalls an sich kompetent, da die betr. Beleidigung in einem Schriftstück enthalten ist, welches in Stargard zwar abgefaßt, aber an die K. Regierung zu Stettin gerichtet und abgesandt ist, so daß die Mittheilung der den Gegenstand der Untersuchung bildenden Aeußerung an Andere (an die vorgesetzte Behörde des Beleidigten) zuerst in Stettin erfolgt, und dort also die Beleidigung vollendet ist. Vgl. Goltd. Arch. 4. S. 393; 8. S. 834.

Der angegriffene Beschluß wird aber, auch abgesehen hiervon, durch den darin in Bezug genommenen Art. V. Nr. 2 des Ges. v. 26. April 1851 gerechtfertigt. Das Zusatzgesetz v. 26. April 1851 und dessen Art. V bezieht sich nämlich ebenso wie die Vdn. v. 2. Jan. 1849 auf die Organisation der Gerichte und das Gerichtsverfahren überhaupt, nicht ausschließlich auf Civilsachen. Insbesondere kann für den Art. V des Zusatzgesetzes das Gegentheil nicht aus der darin enthaltenen Anführung der §§ 142—147. I, 2 AGO. gefolgert werden, da in der Cr.-Ordn. — vgl. § 47 — ebenfalls auf den § 143. I, 2 AGO. zurückverwiesen wird.

Antr. des GStA.s: gleichl. [47. — 3.]

1. Preßerzeugniß. — Veröffentlichung. — Versendung. 2. Schriftstück. — Vorlegung. — Auslegung. — Vertheidigung.

1. Die „Versendung" und somit die „Veröffentlichung" eines Preßerzeugnisses ist als geschehen anzusehen, sobald dasselbe, zum Zwecke der Weiterbeförderung an die Addressaten, auf die Post gegeben ist.

Preß-Ges. v. 12. Mai 1852 §§ 32. 33.

2. Der Instanzrichter ist nicht verpflichtet, über die Auslegung, welche er einem im Verfahren vorgelegten und verlesenen Schriftstücke zum Zweck der Rechtfertigung des in der Anklage aufgestellten Thatbestandes geben will, mit dem Angeklagten besonders zu verhandeln.

Ges. v. 3. Mai 1852 Art. 108 [dort einzutr. als n. 34 a].

Erk. (Z. Pl.) v. 17. Juli 1862 c. Stefanski & Danielewski (8. Pl).

Der Gerichtshof hat rechtlich nicht geirrt, wenn er in der Aufgabe auf die Post eine Veröffentlichung des Preßerzeugnisses im Sinne der §§ 32 und 33 des Preßges. gefunden hat. Zuvörderst ist nämlich in der Feststellung die Thatsache zu finden, daß die betreffenden Blätter der Zeitung der Post zur Versendung bereits übergeben worden waren, als ihre Beschlagnahme erfolgte. Der § 33 cit. verordnet nun:

Die Veröffentlichung des Preßerzeugnisses ist erfolgt, sobald die Druckschrift verkauft, versendet, verbreitet, oder an Orten, welche dem Publikum zugänglich sind, ausgestellt oder angeschlagen werden.

Der Sinn dieser Vorschrift ist offenbar der, daß nicht auch der Beweis der wirklich erfolgten Kenntnißnahme durch das Publikum erforderlich, sondern daß jede Handlung genügen soll, welche den Eingang in das Publikum zur unmittelbaren Folge hat, sobald nicht ein hemmendes Einschreiten denselben verhindert. In diesem Sinne ist aber die Aufgabe auf die Post zur Weiterbeförderung an die Addressaten unbedenklich ein „Versenden." Denn es ist hierbei nicht, wie die Beschwerde andeuten will, von der Handlung der Postbehörde, welche allerdings die Versendung der ihr übergebenen Sache nach auswärts erst bewirken soll, sondern von der Handlung des Druckers, Verlegers u. s. w., welcher der Postbehörde die Druckschrift übergeben hat, die Rede, und eine solche Uebergabe zum Zwecke der Weiterbeförderung ist in Beziehung auf diese Personen unbedenklich schon ein „Versenden."

Dies ist, wie bereits erwähnt, deshalb anzunehmen, weil nach dem gewöhnlichen Laufe der Dinge mit der Uebergabe auf die Post der Eingang in das Publikum durch die Beförderung an die Addressaten die unmittelbar von dem Absender beabsichtigte Folge ist.

Daß der letztere die Sendung von der Post zurücknehmen kann, so lange die Beförderung noch nicht erfolgt, ist gleichgültig; nur dann, wenn eine Zurücknahme wirklich erfolgt wäre, würde es in Frage kommen können, ob die Versendung dennoch als stattgefunden erachtet werden könne; eine solche Zurücknahme ist aber gar nicht behauptet worden.

Wie aber die Vertheidigung dadurch beschränkt sein soll, daß die besonders gravirenden Punkte der (dem betr. Preßerzeugnisse gegebenen) Auslegung, namentlich alle die gewaltsamen Mittel betreffenden, den Angeklagten gegenüber nicht erörtert und denselben dadurch die Möglichkeit einer

Widerlegung gegeben sei, läßt sich nicht absehen. Der Richter genügt seiner prozessualischen Pflicht durch Mittheilung und Vorlesung der Anklage, welche hier die Beschuldigung des im § 66 StGB. mit Strafe bedrohten Verbrechens enthält, und durch Vorlegung der Urkunde, in welcher der Thatbestand dieses Verbrechens enthalten sein soll; er hat aber nicht die Pflicht, über die Auslegung, welche er selbst dieser Urkunde giebt, mit dem Angeklagten zu verhandeln. Dieser ist vielmehr durch jene Mittel genügend vorbereitet, jeder Auslegung, welche den behaupteten Thatbestand rechtfertigen würde, durch seine Vertheidigung entgegen zu treten.

Antr. des GStA.s: gleichl. [15.—1.]

---

1. 2. Beamter. — Annahme von Vortheilen. — Bestechung.

3. Rheinisches Verfahren. — Neue Aufstellungen des öffentlichen Ministeriums. — Pflicht der Prüfung.

1. Der § 309 des StGB.s setzt solche Amtshandlungen voraus, welche der betr. Beamte unentgeltlich zu verrichten hat.

StGB. § 309 [vgl. dort n. 1a; RdO. 1. S. 512].

2. Derselbe Paragraph findet nur im Falle einer freiwilligen Zuwendung Anwendung, d. h. wenn der Gebende weiß, daß er nicht verpflichtet ist zu geben.

Ibid. [vgl. dort n. 7; § 326 n. 1].

3. Nach Rheinischem Verfahren ist der Instanzrichter verpflichtet, neue thatsächliche Aufstellungen, welche der den Gegenstand der Anklage bildenden That einen andern rechtlichen Charakter beilegen würden, thatsächlich zu prüfen, und sich in den Urtheilsgründen über ihr Vorhandensein auszusprechen.

Erk. (B. II.) v. 17. Juli 1862 c. Jacobs (129. II. Cr.).

Der Katasterkontrolleur J. war beschuldigt worden, aus den Katasterdokumenten der Gemeinde K. mehreren Personen Auszüge ertheilt, und für einen Dritten einen Grundsteuervertheilungsplan über die von den Erwerbern eines parzellarisch veräußerten Güterstocks zu entrichtenden Steuerquoten angefertigt, auch sich für diese Geschäfte von den Extrahenten bezahlen gelassen zu haben, obgleich das letztere von ihm unentgeltlich vorzunehmen war, die Gebühren für das erstere aber nicht ihm, sondern dem betr. Bürgermeister zustanden. Die Beschuldigung hatte hierin das im § 326 StGB. vorgesehene Vergehen gefunden. Die Instanzgerichte straften indessen aus § 309, während das öff. Ministerium beide für unanwendbar, und dagegen die Betrugsstrafe für zutreffend erachtet hatte, weil — wie thatsächlich näher zu begründen versucht war — J. die Extrahenten durch Vorbringung falscher Thatsachen in einen Irrthum versetzt habe. In dieser letzteren Beziehung hatte sich das Erk. zweiter Inst. auf die Erwägung beschränkt: „daß die Charaktere eines Betrugs in den Handlungen des J. nicht zu erkennen seien." Auf den Kass.-Rekurs des Ober-Prokurators ist dieses Erk. vernichtet und die Sache zur näheren Verhandlung vor eine andere App.-Kammer verwiesen worden. Es ward erwogen:

daß der § 309 StGB. den gelindesten Fall der sogenannten passiven Bestechung, der § 326 daselbst dagegen einen Fall der Bedrückung behandelt, unter welcher Rubrik die fraglichen Vergehen auch in den früheren Entwürfen zum StGB. und namentlich noch in dem Entwurfe von 1847 aufgeführt waren;

daß der § 309 insbesondere nur solche Beamte vor Augen hat, welche vermöge ihres Amtes verpflichtet sind, die in Rede stehenden Amtshandlungen unentgeltlich zu leisten und wo dasjenige, was sie annehmen, fordern oder sich versprechen lassen, die Natur von Geschenken oder Vortheilen hat, welche einen diesen ähnlichen Charakter haben;

daß der § 326 dagegen solche Beamten voraussetzt, welche im Allgemeinen Gebühren oder andere Vergütungen für amtliche Verrichtungen zu ihrem Vortheile zu erheben haben und diesen Titel benutzen, Gebühren oder Vergütungen zu erheben, von denen sie wissen, daß die Zahlenden sie entweder gar nicht oder nur in geringerem Maaße verschulden;

daß im Falle des § 309 sich das Annehmen 2c. auf eine freiwillige Zuwendung von Seiten des Gebenden bezieht, so daß der Letztere wohl weiß, daß er zu der Zuwendung nicht verpflichtet ist, während der § 326 StGB. solche Zahlungen voraussetzt, welche in der Meinung ihrer rechtlichen Begründetheit und einer bestehenden Verpflichtung geleistet werden;

daß aber der zweite Richter sich darüber nicht ausgesprochen hat, ob Beschuldigter die Vortheile, welche er für seine Handlungen gefordert und angenommen hat, als freiwillige schenkweise Zuwendungen gefordert, angenommen und erhalten hat, dies aber nöthig gewesen wäre, weil nur in dieser Voraussetzung, wie bereits oben hervorgehoben wurde, die Vortheile den gesetzlichen Charakter haben würden und die Beschuldigung darauf ging, daß der Beschuldigte die angeführten Beträge in seiner Eigenschaft als Kontrolleur als Gebühren resp. Vergütungen erhoben habe;

daß in der fraglichen Beziehung also die thatsächliche Feststellung des zweiten Richters allerdings der näheren rechtlichen Begründung entbehrt und sonach die Basis zur Anwendung des § 309 l. c. nicht abgeben konnte, somit das angegriffene Urtheil wegen unrichtiger Anwendung dieses Paragraphen der Kassation unterliegt;

J. E., daß zur Sache selbst noch nicht erkannt werden kann, da sie noch anderweiter thatsächlicher Erörterung unterliegt, namentlich auch bezüglich auf die in beiden Instanzen von dem öff. Ministerium geltend gemachte Behauptung des Vorhandenseins eines Betruges, indem der Richter zweiter Instanz zwar dieserhalb erwogen hat, daß die Charaktere des Betruges, wie sie § 241 ff des StGB.s aufgestellt, in den Handlungen des J. nicht zu erkennen seien, hieraus aber mit Bestimmtheit nicht zu entnehmen ist, ob aus thatsächlichen oder rechtlichen Gründen das Dasein des Betruges nicht angenommen ist, wie denn auch die Begründung des Urtheils erster Instanz eine deutliche Verneinung der thatsächlichen Erfordernisse des Betruges nicht enthält.

Antr. des GStA.s: gleichl. [23. — 2.]

Ausländer. — Ausweisung. — Kompetenz.

Ein des Landes verwiesener, ohne Erlaubniß zurückkehrender Ausländer unterliegt auch dann der Strafe des § 115 StGB., wenn die Ausweisung nicht von der Regierung, sondern von einer dieser untergeordneten Polizeibehörde ausgegangen ist.

StGB. § 115 [vgl. dort n. 3. 2.].

Erk. (B. II.) v. 17. Juli 1862 c. Waller (165. II. Cr.).

W., ein geborner Preuße, hatte seine Entlassung aus dem Preußischen Unterthanenverbande nachgesucht und erhalten, kehrte später aber zurück, und war durch den Landrath von C. ausgewiesen worden; als er nichtsdestoweniger abermals nach Preußen zurückkehrte, ward er des im § 115 l. c. vorgesehenen Vergehens beschuldigt, von den Instanzgerichten aber freigesprochen, weil eine verbindliche Landesverweisung arg. § 120 ibid. nur durch die Bezirksregierung, nicht durch die untergeordnete Polizeibehörde erfolgen könne. Auf den Kass.-Rekurs des Ober-Prokurators ist das Erk. zweiter Instanz vernichtet, und die Sache vor eine andere App.-Kammer verwiesen worden zur näheren Prüfung, ob W. nach seiner Entlassung aus dem Preußischen Unterthanenverbande Angehöriger eines fremden Staats und somit „Ausländer" im Sinne des § 115 geworden sei [vgl. Oppenhoff StGB. § 29 n. 2]. Es ward erwogen:

daß nach § 115 StGB. Ausländer, welche, nachdem sie des Landes verwiesen sind, ohne Erlaubniß zurückkehren, mit Gefängniß von drei Monaten bis zu zwei Jahren zu bestrafen sind;

daß diese Strafbestimmung sich ganz allgemein ausdrückt, und eine erfolgte Landesverweisung zu ihrer Voraussetzung macht, ohne dabei zu unterscheiden, ob die Verweisung von der gerichtlichen oder von der polizeilichen Behörde ausgegangen ist;

daß nach den zur Zeit der Emanation des StGB.s

v. 14. April 1851 geltenden Bestimmungen die Befugniß der Polizeibehörde zur Ausweisung von Ausländern unzweifelhaft (AKO. v. 10. März 1859), dieselbe auch keineswegs durch irgend eine gesetzliche Vorschrift auf die Landespolizeibehörde beschränkt, vielmehr durch das betr. Ressort-Ministerium es für zulässig erklärt worden war, daß die Verweisung auch von der der Landespolizeibehörde untergeordneten Polizeibehörde (den Landräthen, den Magistraten resp. deren Dirigenten) angewendet werden könne (Reskr. v. 27. April 1827);

daß aus den legislatorischen Vorverhandlungen überall kein Anhaltspunkt dafür zu entnehmen ist, daß man bei Abfassung des § 115 l. c. an dem in dieser Beziehung bestehenden Zustande etwas habe ändern wollen, der cit. Paragraph vielmehr absichtlich und weil eine Kompetenzbestimmung hinsichtlich des polizeilichen Ausweisungsrechts dem Strafgesetzgeber fern lag, so allgemein, wie er lautet, gefaßt worden ist;

daß hiergegen auch ein Argument aus dem Schlußsatze des § 120 StGB. nicht hergeleitet werden kann, da der § 120 sich zunächst und hauptsächlich mit der der Landespolizeibehörde gegebenen Befugniß, die auf Grund der §§ 117—119 verurtheilten Personen nach ausgestandener Strafe in ein Arbeitshaus bringen zu lassen, beschäftigt, diese Befugniß allerdings nur von der Landespolizeibehörde ausgeübt werden kann und demnach dem nur einen Vorbehalt darstellenden Schlußsatze: „daß hiernach die Befugniß der Landespolizeibehörde, Ausländer aus dem Lande zu verweisen, nicht berührt werde,“ nicht die Bedeutung beizulegen ist, als ob hierdurch auch der § 115 habe erläutert und eine allgemeine Kompetenzbestimmung in Betreff des polizeilichen Ausweisungsrechts habe gegeben werden sollen;

daß demnach der App.-Richter dem § 115 l. c. eine unrichtige Auslegung gegeben, wenn er denselben blos im Falle einer durch die Landespolizeibehörde erfolgten

Ausweisung für anwendbar erachtet hat, somit das angegriffene Erkenntniß zu kassiren ist.

Antr. des GStA.s: gleichl. [16.—1.]

Geschwornenliste. — Zustellung. — Verfrühung.

Der Angeklagte kann die verfrühte Zustellung der Geschwornenliste nicht im Wege der Nichtigkeitsbeschwerde rügen, zumal wenn er diese Unregelmäßigkeit im schwurgerichtlichen Verfahren nicht geltend gemacht hat.

Vdn. v. 3. Jan. 1849 § 82 [vgl. dort n. 3].

Erk. (Z. II.) v. 17. Juli 1862 c. Jaffé (201. II. Cr.).

Zurückweisung der NB. des Angekl. Erwogen ward:

daß das im § 82 der Vdn. v. 3. Jan. 1849 erwähnte Verzeichniß der Geschwornen allerdings am Tage vor der Verhandlung dem Angeklagten zugestellt werden soll; daß diese Vorschrift aber zunächst das Interesse des Angeklagten im Auge und die Vorbereitung des ihm zustehenden Rekusationsrechts zum Zwecke hat; dieselbe daher nicht von dem Angeklagten angerufen werden kann, um eine bereits am zweiten Tage vor der Verhandlung bewirkte Zustellung der Liste an ihn als einen, seine Rechte beeinträchtigenden, oder gar als einen nichtigen Akt im Sinne des Art. 108 a. E. zu bezeichnen, und zwar dies um so weniger, als untergebens der Angeklagte bei der demnächstigen mündlichen Verhandlung die verfrühte, und insofern allerdings nicht regelrecht erfolgte Zustellung in keiner Weise gerügt und im Interesse zur Geltendmachung dieses Umstandes behauptet hat.

Antr. des GStA.s: gleichl. [16.—1.]

Urkunde. — Wechsel auf eigene Ordre. — Accept.

Ein auf eigene Ordre gezogener acceptirter Wechsel ist eine Urkunde, selbst wenn derselbe noch nicht mit einem Giro versehen ist.

StGB. §§ 247. 251 Nr. 5 [vgl. dort n. 33].

Erk. (Z. II.) v. 17. Juli 1862 c. Elbers (203. II. Cr.).

E. hatte zwei Wechsel auf eigene Ordre ausgestellt und mit einem falschen Acceptationsvermerke des Bezogenen versehen, dagegen war es zweifelhaft geblieben, ob er die auf den Rückseiten der Skripturen befindlichen Blanko-Giros vor oder nach jener Fälschung hinzugefügt habe. Aus § 251 Nr. 5 StGB. verurtheilt, ergriff er den Kass.-Rekurs. Verwerfung; es ward erwogen:

daß nach Inhalt des Verdikts der Geschwornen der Kassationskläger beide Skripturen dadurch verfälscht hat, daß er den Annahmevermerk mit der Unterschrift des Bezogenen unter dieselben setzte;

daß durch dieses Accept, seine Aechtheit unterstellt, das Schriftstück zu einer Urkunde im Sinne des § 247 StGB. und namentlich zu einem Wechsel im Sinne des § 251 Nr. 5 a. a. O. unzweifelhaft wurde, indem der Acceptant durch das Accept und die demselben beigefügte Unterschrift sich wechselmäßig zur Zahlung des Wechselbetrages verpflichtete;

daß daher unbedenklich eine Wechselfälschung im Sinne der angeführten Gesetze hier vorliegt, gleichviel, ob das auf der Rückseite der Wechsel befindliche Blanko-Indossament des Kassationsklägers zur Zeit der Fälschung schon auf den Wechseln sich befand, oder erst später hinzugefügt wurde, und gleichviel, ob und wann diese Blanko-Indossamente ausgefüllt worden sind, da diese Giros für die Frage, ob eine Urkunden- und namentlich eine Wechselfälschung statt gefunden hat, ohne alle Bedeutung sind, und sie nur rücksichtlich der Frage, ob von den verfälschten Wechseln zum Zwecke der Täuschung Gebrauch gemacht worden ist, in Betracht kommen, da sie nur den Zweck haben konnten, diesen Gebrauch zu vermitteln;

daß, da auch diese letzte Frage durch das Verdikt der Geschwornen bejaht worden ist, der Assisenhof die bezogenen Strafgesetze mit Recht zur Anwendung gebracht hat.

Antr. des GStA.s: gleichl. [14. — 1.]

Richter. — Staatsanwalt. — Unfähigkeit.

Ein Richter, welcher im Vorverfahren Funktionen der Staatsanwaltschaft wahrgenommen hat, kann demnächst nicht an der richterlichen Aburtheilung Theil nehmen.

Vdn. v. 3. Jan. 1849 § 3 [vgl. dort n. 13]; Ges. v. 26. April 1851 Art. V. Nr. 2.

Erk. (V. I.) v. 18. Juli 1862 c. Weichbrodt (698. I. Cr.).

Der StG.-Rath W., welcher in dem schwurgerichtlichen Verfahren gegen W. den Vorsitz führte, war früher im Vorverfahren als StA.s-Gehülfe in Beziehung auf den der Ankl. zum Grunde liegenden Straffall amtlich thätig gewesen. Auf die dieses rügende NB. des Angekl. erfolgte die Vernichtung des ergangenen Erk.s und des schwurgerichtlichen Verfahrens.

Gründe:

Ein Richter, welcher bei den Vorverhandlungen als Vertreter der K. StA.-schaft Amtshandlungen gegen den Angeklagten vorgenommen hat, giebt diesem nicht die formelle Gewähr für diejenige Unbefangenheit, welche das Wesen des Richteramtes bildet, und er kann deshalb in derselben Sache nicht an der richterlichen Aburtheilung Theil nehmen, noch weniger aber ist es zulässig, daß er bei der schwurgerichtlichen Verhandlung den Vorsitz übernimmt. Der Umstand, daß der StG.-Rath W. nur Gehülfe bei der K. StA.-schaft hierselbst gewesen sein soll, ändert dabei nichts. Denn die größere oder geringere Selbstständigkeit, welche der erste StA. seinen Vertretern und Gehülfen einräumen mag, läßt sich hier nicht prüfen und eben sowenig feststellen, welchen Einfluß die Mitunterzeichnung der betr. Verfügungen seitens des ersten StA.s ausübte. Entscheidend bleibt eben nur, daß die Stellung der K. StA.-schaft als der die Anklage vorbereitenden und erhebenden Behörde dem Angeklagten gegenüber von der des Richters wesentlich verschieden ist, und daß daher ein Beamter, welcher die StA.-schaft vertreten hat, in derselben Sache nicht die richterlichen Funktionen übernehmen darf, ohne daß dabei ein Unterschied zwischen einem ersten, zweiten u. s. w. StA., und einem mit den Amtsgeschäften eines solchen betraut gewesenen StA.s-Gehülfen zu machen wäre. Die Nr. 3 des Art. 108 des Ges. v. 3. Mai 1852 umfaßt zugleich den Fall, wo unter den mitwirkenden Richtern ein unqualifizirter sich befindet, weil es auch dann an der vorschriftsmäßigen Zahl der berufenen Richter fehlt, und da hier der betr. Mangel sich bei dem Vorsitzenden selbst vorfindet, so kann das stattgehabte Verfahren und das Erk. v. ꝛc. der Vernichtung nicht entgehen.

Antr. des GStA.s: gleichl. [44. — 1.]

---

1. Blutschande. — Unzucht.
2. Wahrspruch. — Unklarheit. — Eventualfrage.

1. Unter „Unzucht" im Sinne des § 141 des StGB. ist die Vollziehung des Beischlafs zu verstehen.

StGB. § 141 [vgl. dort n. 1].

2. Wenn durch die theilweise Bejahung der den Geschwornen vorgelegten Frage ein Thatbestand festgestellt wird, welcher es zweifelhaft läßt, ob er den Voraussetzungen eines Strafgesetzes entspreche, so muß der dadurch hervorgehobene Zweifel durch Stellung und Beantwortung einer Eventualfrage gehoben werden.

Ges. v. 3. Mai 1852 Art. 97 [dort einzutr. als n. 5 a].

Erk. (B. I.) v. 18. August 1862 c. Schmidt (764. I. Cr.).

Schw. war von den Geschwornen schuldig befunden worden: „— — wiederholt an seiner Stieftochter auf Befriedigung des Geschlechtstriebs gerichtete unzüchtige Handlungen verübt zu haben," dagegen war die Anwendung der Gewalt (§ 144 Nr. 1) verneint worden. Der Schw.-GH. hatte ihn darauf aus § 141 Abs. 2 verurtheilt, das betr. Erk. ward aber vom OTr. vernichtet und die Sache unter Aufrechthaltung des den Thatbestand des § 144 Nr. 1 verneinenden Spruchs zur anderweiten Verhandlung an den Schw.-GH. zurückverwiesen.

Gründe:

Unter „Unzucht" ist im § 141 Abs. 2 des StGB., wie sich aus dem Sprachgebrauch des gemeinen Lebens, der

Rechtswissenschaft und der Entstehungsgeschichte des StGB. ergiebt, die Vollziehung des Beischlafs gemeint — Goltd. Arch. 1. S. 703. — Der in der thatsächlichen Feststellung enthaltene Ausdruck: „unzüchtige, auf Befriedigung des Geschlechtstriebes gerichtete Handlungen," umfaßt aber den Beischlaf nicht nothwendig, der Spruch der Geschwornen, wenn er auch in Beziehung auf die ihnen gestellte, dem Wortlaute des § 144 Nr. 1 a. a. O. gemäß formulirte Frage regelrecht ergangen war, ließ es vielmehr undeutlich, ob sie die in der Anklage behauptete Thatsache, daß der Angeklagte mit seiner Stieftochter wirkliche Unzucht getrieben habe, bejahen oder verneinen wollten, und es wäre dies durch eine eventuelle, den Begriffsbedingungen des § 141 Abs. 2 a. a. O. entsprechende Frage aufzuklären gewesen. Da dies nicht geschehen ist, kann in Beziehung auf das letztgedachte Vergehen weder eine Bestrafung, noch eine Freisprechung des Angeklagten ausgesprochen werden, und es mußte daher das ergangene Erkenntniß, soweit es den Angeklagten wegen Blutschande bestraft, und das schwurgerichtliche Verfahren, jedoch mit Aufrechthaltung des die Freisprechung des Angeklagten von der Anschuldigung der wiederholten Nothzucht begründenden Wahrspruchs der Geschwornen wie geschehen vernichtet, und die Sache zur anderweiten Verhandlung und Entscheidung vor das Schw.-G. verwiesen werden.

Antr. des GStA.s: gleichl. [46. — 4.]

Nichtigkeitsbeschwerde. — Mittheilung an den Staatsanwalt.

Die Nichtigkeitsbeschwerde des Angeklagten gegen ein appellationsgerichtliches Erkenntniß braucht nicht nothwendig dem Ober-Staats-Anwalt mitgetheilt zu werden, diese Mittheilung kann vielmehr unter Zustimmung des letzteren auch an den Staats-Anwalt beim Gericht erster Instanz erfolgen.

Vdn. v. 3. Jan. 1849 § 144 [vgl. dort n. 3].

Beschl. (I.) v. 3. Sept. 1862 c. Ullrich (735. I. Cr.).

Das Erk. v. 27. Mai 1854 spricht nur den Grundsatz aus, daß der OStA. das Recht, gegen Erkenntnisse der App.-Gerichte die NB. einlegen zu dürfen, nicht einem StA., der bei einem Gericht erster Instanz fungirt, übertragen kann. Davon, daß jede NB., welche ein Angekl. einreicht oder zu Protokoll giebt, wenn sie gegen ein Appell.-Erkenntniß gerichtet ist, unbedingt von dem OStA. beantwortet werden müßte, ist dort aber nicht die Rede, und dieses Prinzip läßt sich auch nicht aus dem § 144. l. c. herleiten, welcher sich ganz generell des Ausdrucks „Staatsanwalt" bedient, ohne einen Unterschied zwischen den Ober-Staatsanwälten und den bei den Gerichten erster Instanz angestellten Staatsanwälten zu machen.

Im vorliegenden Falle hat die K. OStA.-schaft das Ansuchen ausgesprochen, der StA.-schaft zu Görlitz die NB. zur Gegen-Erklärung zuzustellen.

Ein Recht des K. Kr.-G.s, dieserhalb die StA.-schaft mit ihrer Gegen-Erklärung zu präkludiren, ist gesetzlich nicht vorhanden und ebenso wenig liegt ein Hinderniß vor, welches jenes Ansuchen als gesetzlich nicht ausführbar erscheinen ließe.

Antr. des GStA.s: gleichl. [44. — 4.]

Perhorrescenz. — Richter. — Beleidigung im Amte.

Der Richter, welcher bei der Verwaltung seines Amtes eine Ehrverletzung erfahren hat, kann in dem deshalb angehobenen Strafverfahren nicht als „bei der Sache betheiligt" abgelehnt werden.

Ges. v. 26. April 1851 Art. V. 2a; Vdn. v. 14. Dez. 1833 § 5 Nr. 5 [vgl. Oppenhoff Strafverf. S. 56 n. 18; RhOTr. I, S. 325 und dort die Note].

Beschl. (I.) v. 3. Sept. 1862 c. Schöpke u. Gen. (208. I. B. Cr.).

Es ist ein bereits gemeinrechtlich feststehender Grundsatz (L. 33 D. de iniur., 47, 10; cap. 1. de poenis in 6to, 5, 9): daß der Richter die ihm bei Verwaltung seines Amts widerfahrenen Ehrverletzungen selbst strafen könne, weil als Beleidigter nicht die Person des bezüglichen Richters, sondern das durch ihn vertretene Amt erscheint. Dieselbe Erwägung trifft auch bei den §§ 143 ff., I. 2. AGO. zu, und das KOTr. hat hiernach konstant und namentlich in der Untersuchung c. Henke v. 7. Febr. 1861 [Beschl. II; RdOTr. 1. S. 325] entschieden.

Antr. des GStA.s: gleichl. [20. — 4.]

Brandentschädigung. — Ueberliquidirung. — Vollendung.

1. Als „Aufstellung einer Entschädigungsforderung" ist es anzusehen, wenn ein Versicherter dem Vertreter der Versicherungs-Gesellschaft gegenüber seine Angaben über den erlittenen Verlust abgegeben hat, sollte er auch noch nicht eine bestimmte Geldsumme verlangt oder später den Betrag ermäßigt haben.

Ges. v. 8. Mai 1837 §§ 17. 28; StGB. § 241 [vgl. dort n. 70].

2. Das betr. Vergehen ist durch die Aufstellung der übermäßigen Forderung vollendet, ohne daß es dazu des Vorhandenseins der Begriffs-Merkmale des Betrugs oder eines Versuchs desselben bedürfte. [Ibid.]

Erk. (Z. I.) v. 5. Sept. 1862 c. Stringe (805. I. Cr.).

Eine Scheune des Angekl., deren Inhalt bei der M.er Mobiliar-Feuer-Versicherungsgesellschaft versichert war, brannte ab; der Spezialdirektor der letztern fand sich zur Ermittlung des Brandschadens bei ihm ein, worauf er seine Angaben über die verbrannten Gegenstände zu Protokoll gab; der Werth derselben würde danach (wie eine später angelegte Berechnung ergab) 1268 Thl. betragen haben. Durch eine vom Direktor auf den Grund des Gesellschaftsstatuts veranlaßte Zeugenvernehmung ward indessen ermittelt, daß die Scheune weniger und geringeres Getreide im Werthe von nur 741 Thlr. enthalten habe, worauf St. sich mit diesem Betrage zufrieden erklärte, „weil er nichts anderes beweisen könne." Wegen jener Zuvielangabe aus §§ 17. 28 des Ges. v. 8. Mai 1837 bestraft, ergriff er die NB., weil die Instanzrichter mit Unrecht in der ersten, dem Direktor gegenüber abgegebenen Angabe eine „Aufstellung der Entschädigungsforderung" gefunden hätten, obgleich er diese Angabe noch vor der Unterschrift des Protokolls berichtigt habe; eventuell liege jedenfalls nur ein strafloser Versuch vor, weil er vor der Vollendung aus freien Stücken (gleichgültig aus welchen Motiven) zurückgetreten sei. Zurückweisung.

Gründe:

Aus den Vorschriften des § 139 Nr. 7 des Statuts der Mobiliar-Feuer-Versicherungsgesellschaft zu Marienwerder ist nicht zu folgern, daß rechtsgrundsätzlich erst die Erklärung des Beschädigten über das durch den Spezialdirektor gewonnene Resultat, den von diesem berechneten Vergütungsbetrag, als Aufstellung der Entschädigungsforderung durch den Angekl. gelten könne und dürfe. Vielmehr ist dieselbe mit Recht schon in den von dem Angekl. gegen den Vertreter der Versicherungsgesellschaft gemachten Angaben über das, was ihm an Getreide verbrannt, also zu ersetzen sei, gefunden worden. Daß Angekl. nicht eine bestimmte Summe beansprucht hatte, steht dem nicht entgegen. Aus seinen Angaben konnte die ihm darnach zustehende Summe mit Rücksicht auf den Inhalt des Versicherungsvertrages (die Versicherungssätze) und die statutenmäßigen Grundsätze, nach denen die Vergütigungen festgestellt werden, ermittelt werden.

Hiernach ist der gegen die Annahme, daß der Angekl. eine zu hohe Entschädigungsforderung aufgestellt hat, gerichtete Angriff hinfällig, und folgt daraus zugleich die Zurückweisung der NB. Denn die Feststellungen der Instanzrichter enthalten im Uebrigen vollständig den Thatbestand des im § 28 (resp. § 17) des Ges. v. 8. Mai 1837 vorgesehenen Vergehens. Zwar kommen auf dasselbe jetzt nicht mehr die in dem gedachten § 28 in Bezug genommenen Strafbestimmungen §§ 1328, 1375, 1376, II. 20 des ALR. zur Anwendung, sondern statt ihrer nach Art. III. des Einf. Gesetzes v. 14. April 1851 die §§ 241, 242 des StGB.s — Allein deshalb sind die Begriffsbestimmungen — die wesentlichen Merkmale — des vorliegenden Vergehens nicht geändert, vielmehr nach wie vor nicht aus § 241 des StGB.s, sondern lediglich aus § 28 des Ges. v. 8. Mai 1837 zu entnehmen und zu beurtheilen. Hieraus ergiebt sich, daß auch § 31 des StGB.s ungeachtet der späteren Berichtigung seiner anfänglichen Angaben Seitens des Angekl. nicht verletzt ist. Denn das im § 28 des Ges. v. 8. Mai 1837 vorgesehene Vergehen ist, wie der Verlauf dieses Gesetzes ergiebt, mit der Aufstellung der zu hohen Entschädigungsforderung in böslicher Absicht vollendet, ohne daß dazu das Eintreten eines Erfolges, einer Benachtheiligung der betreffenden Versicherungsgesellschaft erforderlich wäre, und es mußte also die spätere Berichtigung der Angaben des Angekl. — seiner Liquidation — auf den Thatbestand und die Strafbarkeit des bereits vollendeten Vergehens ohne Einfluß bleiben.

Antr. des GStA.s: gleichl. [44. — 4.]

Beamter. — Synagogen-Gemeinde. — Vorsteher.

Der Vorsteher einer Synagogen-Gemeinde ist ein mittelbarer Staatsbeamter.

StGB. § 102 [vgl. dort n. 22].

Erk. (Z. I.) v. 5. Sept. 1862 c. Rewald u. Gen. (830. I. Cr.).

Einer „faktischen" Feststellung, daß der in Beziehung auf seinen Beruf beleidigte Vorsteher der Synagogen-Gemeinde mittelbarer Beamter sei, bedurfte es nicht. Vielmehr ist es, da feststeht, daß er Vorsteher der Synagogen-Gemeinde ist, Rechtsfrage, ob demselben die Eigenschaft wenigstens eines mittelbaren Staatsbeamten beiwohne, und die Instanzrichter haben bei Bejahung derselben nicht geirrt. Die bezüglich ihres Vermögens mit Korporationsrechten versehenen Synagogen-Gemeinden sind durch die Staatsregierung im öffentlichen Interesse approbirt, stehen unter beständiger Leitung des Staats, und ihre Vorsteher — Vorstandsmitglieder — unter der Aufsicht und Disziplinargewalt der Regierung (Ges. v. 23. Juli 1847 §§ 35. 37. 43 ff.).

Antr. des GStA.s: gleichl. [47. — 4.]

Unzucht (widernatürliche). — Versuch.

Im § 143 des StGB.s bezeichnet „Unzucht" eine auf Befriedigung des Geschlechtstriebes gerichtete unzüchtige Handlung; er umfaßt auch Versuchshandlungen im Sinne des § 31.

StGB. § 143 [vgl. dort n. 2].

Erk. (Z. I.) v. 10. Sept. 1862 c. Langner (590. I. Cr.).

Der App.-Richter hat nicht gefehlt, wenn er angenommen hat, daß der im § 143 des StGB.s gebrauchte Ausdruck „Unzucht" gleichbedeutend sei mit einer auf Befriedigung des Geschlechtstriebes gerichteten unzüchtigen Handlung überhaupt. Das K. OTr. hat stets in gleichem Sinne erkannt, und ebenso, daß der gedachte Paragraph auch solche Fälle umfaßt, welche sonst nur in die Kategorie des Versuches zufolge des § 31 des StGB.s fallen würden; vgl. Z. 20. Febr. 1852 c. Rehmzow; Z. (I.) v. 10. Oktbr. 1860 c. Braun (G.A. 8. S. 831); Z. (I.) v. 21. Febr. 1862 c. Levinski (oben S. 271); Z. (II.) 27. Febr. 1862 c. Krakau (53, G.A. 10, S. 287).

Antr. des GStA.s: gleichl. [20. — 4].

Rechtsmittel. — Staatsanwalt. — Gerichtsbezirk.

Zur Ergreifung eines Rechtsmittels ist nur derjenige Staats-Anwalt (Ober-Staats-Anwalt) befugt, welcher bei dem betreffenden Gerichte bestellt ist.

Vdn. v. 3. Jan. 1849 § 2 [dort einzutr. als n. 2a]; Ges. v. 3. Mai 1852 Art. 109 [dort einzutr. als n. 1a].

Erk. (Z. I.) v. 10. Sept. 1862 c. Woller (603. I. Cr.).

Das OTr. hatte ein früher in dieser Sache vom AG. zu C. gefälltes Erk. vernichtet, und die Sache vor das AG. zu St. verwiesen; nachdem dieses letztere erkannt hatte, ergriff der OStA. zu C. auch gegen dieses Erk. die NB. Zurückweisung.

Gründe:

Dem K. OStA. zu C. kann die Befugniß nicht beigemessen werden, das Erk. d. K. AG.s zu St. v. 2c. im Wege der NB. anzufechten. Mit Rücksicht auf § 2 und 133 der Verordn. v. 3. Jan. 1849 herrscht darüber kein Zweifel, daß hiermit der bei dem betreffenden AG. fungirende OStA. gemeint ist, und daß sich die Wirksamkeit des OStA.s auf den Gerichtsbezirk resp. die Entscheidungen und Beschlüsse des kompetenten AG.s beschränkt. Uebergriffe des einen OStA.s in den einem anderen OStA. überwiesenen Geschäftskreis sind durch kein Gesetz gestattet und mit einem geregelten Geschäftsgange gänzlich unvereinbar. Hieraus folgt, daß der Art. 106 des Ges. v. 3. Mai 1852, welcher die NB. gegen Urtheile der Schwurgerichtshöfe und die in der App.-Instanz ergangenen Erkenntnisse zuläßt, in Verbindung mit dem Art. 109, welcher festsetzt, daß die NB. sowohl der StA.-schaft, als dem Angekl. zustehe, abgesehen von der speziellen Ausnahme des § 10 der Vdn. v. 3. Jan. 1849, nur die Bedeutung hat, daß die NB. dem Beamten der StA.-schaft kompetirt, welcher bei dem Gerichte bestellt ist, dessen Erkenntniß angefochten werden soll, und welcher bei der, der betr. Entscheidung vorangegangenen, Verhandlung die Funktionen der OStA.-schaft wahrzunehmen hatte.

Dieses wird auch dadurch klar, daß in Gemäßheit des Art. 110 l. c. die Frist zur Anmeldung der NB. mit dem Ablaufe des Tages der Verkündung des Urtheils beginnt, und daß das Urtheil wohl dem bei dem Gericht bestellten, nicht aber einem anderen StA. publizirt wird; sowie denn ferner die Frist zur Angabe der Beschwerdepunkte mit dem Ablaufe des Tages anfängt, an welchem der StA.-schaft das mit Gründen abgefaßte Erkenntniß vorgelegt wurde. Diese Vorlegung kann zwar ohne Schwierigkeit an den StA. erfolgen, welcher bei dem erkennenden Gericht fungirt, es gilt dieses aber nicht von der Vorlegung des Erkenntnisses an einen für einen anderen Gerichtsbezirk bestellten StA. oder OStA., und an solche ist sicherlich nicht gedacht worden.

In dem vorliegenden Falle ändert der Umstand, daß der OStA. zu C. thätig gewesen, als die Klage bei dem K.AG. daselbst schwebte, in den Kompetenz-Verhältnissen nichts. Denn die Kompetenz dieses Gerichts und mit ihr die der C. er OStA.-schaft ist dadurch fortgefallen, daß das Erk. v. ꝛc. vernichtet und die Sache zur anderweiten Verhandlung und Entscheidung über die von der StA.-schaft eingelegte Appellation gegen das Erk. erster Instanz an das AG. zu St. verwiesen wurde. Hierauf ging die weitere Verfolgung der Sache an das letztere Gericht und die dortige OStA.-schaft über, welche denn auch mit ihren Anträgen vor und in der Audienz gehört worden ist. Nur diese OStA.-schaft wäre berechtigt gewesen, die NB. gegen das Erk. zu ergreifen und sie war auch allein im Stande, die Sachlage vollständig zu übersehen. Die Nichtigkeitsgründe können sehr wohl in einzelnen Fällen auf Mängel der mündlichen Verhandlung gestützt werden, die gar nicht zur Kenntniß eines bei der betreffenden Verhandlung nicht zugezogenen StA.s gelangen, und es bildet dieser Umstand ebenfalls ein Moment dafür, daß kein fremder StA. oder OStA., sondern der bei dem Gerichte, welches verhandelte und erkannte, bestellte das Rechtsmittel einzulegen hat.

Antr. des GStA.s: gleichl. [44. — 4.]

Beschlagnahme. — Erwerb eines Dritten. — Weiterverkauf.

Derjenige, welcher in gutem Glauben eine bei einem Dritten mit Beschlag belegte Sache erworben hat, verwirkt die Strafe des § 272 des StGB.s, wenn er nach erlangter Kenntniß von der Beschlagnahme die Sache weiter veräußert.

StGB. § 272 [dort einzutr. als n. 21a]; AGO. I, 24 § 71; I, 29 §§ 81. 83.

Erk. (Z. I.) v. 10. Sept. 1862 c. Hoffmann (Jäschke u. Gen. 646. I. Cr.).

Der Exekutor K. hatte auf den Antrag der Wittwe P. bei den Eheleuten J. am 23. Aug. 1861 ein Pferd im Wege der Exekution mit Beschlag belegt; nichtsdestoweniger verkauften und übergaben die Eheleute J. dieses Pferd dem jener Beschlagnahme unkundigen Angeklagten H. Der Exekutor verlangte von diesem vergeblich die Herausgabe des Pferdes, und machte demselben bekannt, daß er das letztere bei J. mit Beschlag belegt habe und daß er es versteigern werde. Demnächst hat H. das Pferd weiter verkauft, und ist deshalb von den Instanzgerichten aus § 272 des StGB.s bestraft worden. In den Gründen des App.-Richters ist ausgeführt, daß es gleichgültig sei, ob die Beschlagnahme durch den von den Eheleuten J. bewirkten Verkauf an H. unwirksam gemacht worden sei, ob sie erneuert werden konnte oder mußte; der § 272 treffe vielmehr jeden, welcher von der erfolgten und formell noch nicht aufgehobenen Beschlagnahme Kenntniß habe und dennoch die Sache bei Seite schaffe. Die NB. des Angekl. behauptet Gesetzesverletzung, und sucht auszuführen, daß durch die Veräußerung an ihn das Pfand der Beschlagnahme vollständig entzogen worden sei, und daß die spätere Benachrichtigung von der früher bewirkten Beschlagnahme ihm das erworbene freie Verfügungsrecht nicht habe nehmen können. Zurückweisung.

Gründe:

Es würde fraglich sein, den Annahmen des App.-Richters ohne jede Einschränkung beizupflichten. Nicht unbedingt und unter allen Umständen wird ein Angekl. aus § 272 des StGB.s bestraft werden müssen, lediglich um deshalb, weil er eine Sache, ungeachtet einer ihm bekannten und formell noch nicht aufgehobenen Beschlagnahme derselben, veräußert hat. Denn das im § 272 verpönte Vergehen ist kein lediglich formelles Vergehen, erfordert vielmehr zum Thatbestande einen verbrecherischen Vorsatz, wenigstens im Allgemeinen den Vorsatz, einer in Wirksamkeit bestehenden Beschlagnahme geflissentlich zuwider zu handeln (vgl. Goltd. Arch. 9. S. 212). Wäre also die Beschlagnahme durch den Verkauf des Pferdes an den Angekl. völlig „unwirksam" gemacht worden, wäre dieselbe insbesondere, wie die NB. will, auf den Eigenthumserwerb des Angekl. ohne allen Einfluß, und das Eigenthum des Angekl. an dem Pferde auch für die Extrahentin der Exekution unangreifbar gewesen, dann müßte sich nothwendig der Zweifel ergeben, wie es möglich sei, in dem Weiterverkaufe des Pferdes durch den Angekl. ein Zuwiderhandeln gegen § 272 zu finden. Der Verkauf wäre unter dieser Voraussetzung in Beziehung auf die durch die Beschlagnahme entstandenen

Rechte einflußlos, ein rechtlich unerheblicher Akt. Konnte die Exekutionsextrahentin aus jener Beschlagnahme dem Angekl. gegenüber keinerlei Anspruch herleiten, so war es gleichgültig, ob der Angekl. selbst das Pferd behielt oder in Ausübung seiner unanfechtbaren Eigenthumsrechte weiter veräußerte. — Ganz mit Recht würde alsdann die NB. behaupten, was der Beschlagnahme bereits entzogen gewesen, habe der Angekl. durch den späteren Verkauf derselben nicht mehr entziehen können, und einer Beschlagnahme, die nicht gegen den Angekl. angelegt worden, und die auf dessen an dem früher mit Beschlag belegten Gegenstande demnächst erworbene Rechte ohne Einfluß gewesen sei, habe der Angekl. durch deren Ausübung nicht zuwider handeln können.

Allein die Voraussetzungen der NB. sind keinesweges sämmtlich zutreffend. Die Beschlagnahme war, als Angekl. das Pferd weiter veräußerte, nicht nur formell noch nicht aufgehoben, sondern zugleich in ihren materiellen, auch in die Rechtssphäre des Angekl. eingreifenden Wirkungen nicht beseitigt. Zwar gewährte dieselbe, wie Angekl. hervorhebt, der Exekutionssucherin nicht die Rechte einer Faustpfandgläubigerin, aber die weitere Behauptung des Angekl., sie habe gegen einen dritten redlichen Besitzer kein Recht gegeben, ist irrthümlich. Der Schuldner bleibt allerdings Eigenthümer der bei ihm mit Beschlag belegten Sache. Er wird jedoch zu Gunsten des Gläubigers (Exekutionssuchers) in seiner Dispositionsbefugniß beschränkt, und darf dieselbe zum Nachtheil des Exekutionssuchers nicht veräußern. Dem zuwider getroffene Veräußerungen können angefochten, und die veräußerte Sache kann von dem neuen Erwerber zurückgefordert werden, sofern letzterer sich in gutem Glauben befunden hatte, gegen Ersatz des gezahlten Preises, sonst unentgeltlich (vgl. § 71. I, 24. AGO. und §§ 81. 83. I, 29 ibid.). Somit dauerten auch materiell die Wirkungen der Beschlagnahme nach der Veräußerung des Pferdes an H. und diesem gegenüber, fort, und die Gläubigerin würde im Mangel gütlicher Einigung im Prozeßwege die Herausgabe des Pferdes wenigstens gegen Ersatz des bezahlten Preises von H. haben erzwingen können. In diese fortdauernde Wirksamkeit der Beschlagnahme, und in die aus ihr erwachsenen Befugnisse griff Angekl. ein, als er das Pferd auf dem Jahrmarkte veräußerte. Das Pferd wurde dadurch nicht nur räumlich an einen andern Ort gebracht, sondern es wurden auch in der Person des dritten Käufers Rechte auf das Pferd begründet, welche die Geltendmachung der aus der Beschlagnahme für die Exekutionssucherin entstandenen Rechte erschweren und vielleicht ganz vereiteln konnten.

Antr. des GStA.s: entg. [46. — 4.]

Beleidigung. — Immediateingabe. — Erlaubniß der Verfolgung.

Ehrverletzungen, welche in einer von einem Preußen an einen fremden Landesherrn gerichteten Immediateingabe enthalten sind, können ohne vorgängige landesherrliche Genehmigung strafrechtlich verfolgt werden.

AKO. v. 20. Aug. 1831; AKO. v. 18. Dez. 1842.

Erk. (S. II.) v. 11. Sept. 1862 c. Hucke (161. II. Cr.).

H. war angeklagt worden, in einer an den Großherzog v. Sachsen-Weimar gerichteten Eingabe eine Weimarsche Behörde beleidigt zu haben; das App.-G. erachtete indessen die strafrechtliche Verfolgung zur Zeit für unstatthaft, weil dieselbe nach den citt. AKO. nur nach vorgängiger landesherrlicher Genehmigung zulässig sein würde. Dieses Erk. ist auf die NB. des OStA.s vernichtet und zur Begründung erwogen worden:

daß die [citt.] beiden Verordnungen nach dem klaren Wortlaute der letztern und dem erläuternden JME. vom 9. Febr. 1842 [JMBl. S. 53] den K. Gerichten und andern Behörden und Beamten, welche sich in einem an Se. Majestät den König eingereichten Immediatgesuche beleidigt erachten, verbieten, eine Rüge dieser Beleidigungen im Untersuchungsverfahren oder Injurienprozesse bei der dazu kompetenten Stelle in Antrag zu bringen, ohne zuvor die Genehmigung Sr. Majestät eingeholt zu haben;

daß dieses Verbot weder an auswärtige Gerichte und Behörden gerichtet ist, noch vermöge der natürlichen Grenzen der Landeshoheit gerichtet sein konnte;

daß zwar der Gesetzgeber nicht blos den beleidigten inländischen Behörden den Antrag auf Untersuchung, sondern auch den Strafgerichten die Einleitung derselben ohne vorgängige Allerh. Genehmigung untersagen konnte und das Verbot vom 20. Aug. 1831 dahin gefaßt war, daß ohne dieselbe eine Untersuchung wegen Beleidigungen in Immediatbittschriften nicht eingeleitet werden dürfe;

daß dieses Verbot aber ausdrücklich voraussetzt, daß das betreffende Immediatgesuch an Se. Majestät den König eingegangen und nach Allerh. Kenntnißnahme des Inhalts ohne Anordnung einer Untersuchung remittirt worden sei, mithin die Anwendbarkeit auf Gesuche an fremde Landesherren ausschließt;

daß auch die in dem angegriffenen Erkenntnisse hervorgehobene Absicht Sr. Majestät Allerhöchst ihren Unterthanen den freien Ausdruck ihrer Beschwerden gegen die Landesbehörden in der angegebenen Weise zu erleichtern, keineswegs zu dem Schlusse berechtigt, daß auch der Beschwerdeweg an fremde Landesherrn gegen ihre Behörden habe erleichtert und auswärtigen Behörden der Schutz gegen objektiv strafbare Beleidigungen bei den diesseitigen Strafgerichten nach Maaßgabe des § 4 Nr. 3 des StGB.s habe entzogen oder das Einschreiten der letzteren von einer Prüfung des an einen fremden Landesherrn gerichteten Gesuchs durch denselben oder durch den diesseitigen Landesherrn habe abhängig gemacht werden sollen;

daß eine solche Interpretation der gedachten Verordnungen vielmehr über die Ausdrucksweise und die Intention derselben weit hinausgehen würde, da Immediateingaben an den eigenen Landesherrn und Eingaben an einen fremden Landesherrn, ihrem Grunde und Zwecke, wie ihrem Verhältnisse zwischen dem Gesuchsteller und Empfänger nach, einen verschiedenen Charakter tragen und auf getrennten Gebieten liegen und eine Beleidigung in den letzteren eben so wenig gleich einer Beleidigung in den ersteren, wie eine Beschwerde gegen eine ausländische Behörde gleich einer Beschwerde gegen eine inländische sich ansehen läßt, somit ohne Weiteres alle Folgerungen zerfallen, welche der Vorderrichter und der Implorat aus der bedingten Strafbarkeit der einen vermöge der K. Ordres von 1831 und 1841 auf die bedingte Strafbarkeit der andern zu ziehen versuchen.

Antr. des GStA.s: gleichl. [23. — 2.]

Chausseehebestelle. — Versäumte Zahlung. — Guter Glaube.

Derjenige, welcher eine Chausseehebestelle, ohne anzuhalten und ohne das verschuldete Wegegeld zu zahlen, passirt, wird durch den guten Glauben, zur unentgeltlichen Passirung berechtigt zu sein, nicht straflos.

Zus.-Vorschr. z. Chausseegeld-Tarif v. 29. Febr. 1840 Nr. 5. — Vgl. dagegen: Beschl. I. 7. April 1862 c. Jablonski, oben S. 388, und die dort citt. Erkenntnisse.

Erk. (B. II.) v. 11. Sept. 1862 c. Schöttler (181. II. Cr.).

Sch. hatte wiederholt eine Chausseegeld-Hebestelle mit zwei beladenen Eseln berührt, ohne anzuhalten und ohne das tarifmäßige Wegegeld, von dessen Entrichtung ihm eine Befreiung nicht zustand, zu berichtigen. Gleichwohl ward er von der aus Nr. 5 der Zus.-Vorschr. z. Chausseegeld-Tarif v. 29. Febr. 1840 erhobenen Anklage freigesprochen, weil die betr. Vorschrift („wer eine Hebestelle umfährt, oder überhaupt es unternimmt, sich der Entrichtung des Chausseegeldes zu entziehen“....) blos diejenigen Fälle im Auge habe, in denen Jemand, wissend, daß er Chausseegeld bezahlen müsse, die Hebestelle umfahre rc., hier aber nach der ganzen Sachlage eine solche Absicht des Sch. nicht anzunehmen sei, er vielmehr habe glauben können, daß er die Barriere unentgeltlich passiren könne. Auf die NB. des Prov.-St.-Direktors ist das Erk. 2. Inst. vernichtet und Sch. in die Contraventionsstrafe verurtheilt worden; erwogen ward:

daß [in Nr. 5 der citt. zusätzlichen Vorschriften], wie in anderen älteren und neueren, namentlich Abgabengesetzen, das Wort „unternimmt“ die Bedeutung hat und dadurch ausgesprochen ist, daß zwar nicht blos vorbereitende Handlungen, wohl aber auch schon der Versuch (einen Anfang der Ausführung enthaltende Handlungen) der vollen Strafe unterliegen, — auch das delictum attentatum mit der Strafe des konsumirten Delikts bedroht sein soll;

daß aber bei der Zuwiderhandlung gegen die Vorschriften über die Erhebung öffentlicher Abgaben und Gefälle, namentlich auch von Kommunikationsabgaben, zu welchen das Chausseegeld gehört, zwar zur Abgaben-Defraudation die Absicht, sich der Entrichtung der Abgabe zu entziehen (dolus), insoweit erforderlich ist, als nicht das Gesetz schon bestimmt hat, daß ein gewisser Vorgang als Defraudation angesehen und bestraft werden soll, nicht aber eine solche Absicht (dolus) auch bei bloßen Kontraventionen gegen Abgabengesetze Bedingung der Straffälligkeit ist, und nicht selbige hierzu da erforderlich ist, wo die Straffälligkeit schon lediglich an die materielle That, — an einen bestimmten Vorgang geknüpft ist. — (Vgl. Erk. v. 15. Aug. 1823, Simon u. Strampff, Rechtsspr. 1. S. 219; id. v. 18. Okt. 1844, Entsch. 10. S. 216; id. v. 22. Dez. 1854, ibid. 29. S. 434; G. A. 3. S. 410; id. v. 22. Jan. 1858, ibid. 6. S. 263; id. v. 23. April 1858, JMBl. S. 199; id. v. 20. Juni 1859, G. A. S. 537; id. v. 12. April 1861, RdOTr. 1. S. 345; id. v. 11. Okt. 1861; ibid. 2. S. 5.)

daß dies letztere namentlich auch bei Zuwiderhandlungen gegen die Vorschriften über die Entrichtung von Chausseegeld der Fall ist, da nach Nr 5 in Verbindung mit Nr. 2 der zusätzlichen Vorschriften v. 29. Febr. 1840 auch schon derjenige in die bestimmte Strafe verfallen soll, der beim Kassirer — der Hebestelle — an derselben nicht anhält, sie also, ohne das Chausseegeld, was er zu zahlen hatte, zu entrichten, passirt;

daß daher der App.-Richter das Gesetz unrichtig ausgelegt und (durch Nichtanwendung) verletzt hat;

daß nämlich auch, wenn der Angeschuldigte, welcher die gesetzlichen Bestimmungen zu kennen im Stande war und sie nicht ignoriren durfte, der Meinung war, daß er beim Passiren der fraglichen Hebestelle mit beladenen Eseln Chausseegeld zu zahlen nicht verpflichtet sei, dies ein Rechtsirrthum war, welchen Irrthum bei ihm zu unterhalten der Ausgang früher gegen ihn erhobener, durch Einwendung des zulässigen Rechtsmittels und resp. durch Beschwerde nicht weiter verfolgter Anklagen wohl geeignet sein mochte, ein solcher Irrthum ihm aber nicht zur Entschuldigung dienen konnte, weil schon das materielle Zuwiderhandeln gegen das Abgabengesetz, ohne daß es auf dolus dabei ankam, ihn der Strafe verfallen ließ (vgl. v. Savigny System 3. S. 393 l.; Revision des Entw. des StGB.s v. 1845 Thl. 1. S. 125).

Antr. des GStA.s: gleichl. [26. — 2.]

Geschwornensprüche. — Widerspruch.

Die Geschwornen, welche den der Thäterschaft eines Verbrechens Angeklagten nicht schuldig finden, können nicht einen Mitangeklagten der Theilnahme am Verbrechen des ersteren schuldig erklären.

Eines solchen Schuldspruches ungeachtet muß die Freisprechung auch des zweiten Angeklagten erfolgen.

Ges. v. 3. Mai 1852 Art. 97 [vgl. aber dort n. 33].

Erk. (B. II.) v. 11. Sept. 1862 c. Walldorf (Busch u. Gen. 271. II. Cr.).

Auf die Frage Nr. 5 ist der, eines gegen den Bergmann D. verübten Betrugs als Thäter angeklagte Wss. von den Geschwornen nicht schuldig erklärt und demzufolge freigesprochen, ohne daß dagegen ein Rechtsmittel eingelegt worden. Wenn nun gleichwohl der, der Theilnahme durch

Hülfsleistung an eben diesem Betruge des Wss. angeklagte Walldorf auf die diesen betreffende Frage Nr. 6, welche auf jene Frage Nr. 5 und — mit namentlicher Bezeichnung des Wss. als des Thäters — auf dessen darin bezeichnete That Bezug nahm, die Geschwornen den Walldorf solcher Hülfsleistung schuldig erklärten, so wurde dadurch der letztere nur der Theilnahme an einer That schuldig erklärt, von der durch Nichtschuldigerklärung des bestimmt bezeichneten angeblichen Thäters festgestellt war, daß sie nicht begangen sei, und die daher auch nicht eine strafbare Handlung sein kann.

Aus der verneinenden Antwort der Geschwornen auf die Frage Nr. 5, wonach es an einem Hauptvergehen fehlte, ergiebt sich als unbedingte gesetzliche Folge die Straflosigkeit des angeblichen Gehülfen Walldorf, da rechtlich eine Theilnahme nicht stattfindet, wo es an dem Hauptvergehen fehlt.

Daher war in Betreff des Walldorf das angefochtene Erkenntniß zu vernichten und sodann dieser Angeklagte freizusprechen.

Antr. des GStA.s: entg. [26. — 2.]

Register.

Eines chronologischen Verzeichnisses der mitgetheilten Erkenntnisse ꝛc. bedarf es nicht, da beim Abdrucke die chronologische Reihenfolge strenge befolgt worden ist. Die einzige Ausnahme bildet das B. Pl. v. 6. Jan. 1862 c. Steinberg und Moll, welches in Folge eines Versehens auf S. 196 statt S. 183 seine Stelle gefunden hat.

I. Sach-Register.

(Die Nummern bezeichnen die Seite.)

II. Quellen-Verzeichniß.

A. Strafgesetzbuch vom 14. April 1851.

B. Verordnung vom 3. Jan. 1849.

C. Gesetz vom 3. Mai 1852.

D. Criminal-Ordnung.

E. Rheinische Strafprozeß-Ordnung.

F. Allgemeine Gerichts-Ordnung.

G. Allgemeines Landrecht.

H. Einzelne Gesetze, Verordnungen ꝛc.

Druckfehler.

S. 18 Z. 4 v. u. l. § 356 st. § 358.
" 26 " 18 v. o. l. nicht geringem u. nicht geringer st. geringem u. geringer.
" 32 " 19 v. o. l. n. 4. st. Nr. 4.
" 44 " 9 v. u. l. Tit. III. [vgl. dort n. 9] st. oben S. 36.
" 57 " 20 v. u. ist zuzusetzen: Ges. v. 3. Mai 1852 Art. 136 n. 15.
" 65 " 19 v. o. ist zuzusetzen: StGB. § 349 n. 5.
" 67 " 7 v. o. l. eine st. einer.
" 91 " 4 v. u. l. 69 st. 96.
" 92 " 11 v. o. l. S. 388 st. S. 338.
" 110 " 2 v. o. l. II, 20 st. I, 20.
" 122 " 19 v. o. ist am Schlusse ein ? statt eines . zu setzen.
" 132 " 13 v. u. l. § 14 st. § 18.
" 140 " 6 v. u. l. Vorbereitung st. Verbreitung.
" 148 " 3 v. o. l. Frist st. Prüfung.
" 181 " 11 v. u. l. § 87 st. § 86.
" 203 " 12 v. o. l. einzutr. st. vgl.
" 215 " 7 u. 8. v. u. l. § 313 st. § 312.
" 216 " 2 v. o. l. § 313 st. § 312.
" 228 " 6 v. o. ist das Wort: „das" zu streichen.
" 238 " 17 v. o. l. II, 18 st. I, 18.
" 240 " 15 v. o. l. Abs. 3 st. Abs. 2.
" 243 " 2 v. o. l. milderen st. mildern.
" 249 " 1 v. u. l. S. 388 st. 338.
" 253 " 12 v. o. l. bloßen st. bloßer.
" 256 " 5 v. u. l. n. 101 st. n. 100.
" 269 " 7 v. o. l. zur That st. zur hatT.
" 332 " 18 v. o. l. § 195 st. § 192.
" 385 " 2 v. o. l. das st. des.
" 385 " 13 v. u. l. derjenige st. derjenigen.
" 385 " 10 v. u. l. B. st. 3.
" 403 " 8 v. u. l. 1851 st. 1852.
" 439 " 16 v. u. l. 4 st. 2.
" 440 " 4 v. u. l. 4 st. 2.
" 442 " 7 v. o. l. 4 st. 2.
" 460 " 16 v. o. l. 439 st. 436.
" 462 " 13 v. u. l. in den §§ 3. 4 st. im § 12.
" 464 " 17 v. u. l. Abs. 4 st. Nr. 4.
" 470 " 8 v. u. l. Blödorn st. Blödern.
" 476 " 18 v. o. l. 1851 st. 1850.
" 490 " 14 v. u. l. XIII. st XVI.
" 510 " 11 v. u. l. 150 st. 151.
" 516 " 8 v. u. l. 455 st. 451.

Kolibri 360 GmbH
Ferdinand-Jühlke-Straße 7
99095 Erfurt, Deutschland
produktsicherheit@kolibri360.de